中国语言资源保护工程

中国语言资源集·河北 编委会

主　任

韩爱丽

副主任

王　晖　单　娟

主　编

吴继章

副主编

盖林海　傅　林　吴丽君　李巧兰　侯建华
李　旭　李小平　王志勇　刘义青

委　员
（以姓氏笔画为序）

马美茹　王志勇　王锡丽　尹　凯　田文静　刘义青
孙　顺　李小平　李巧兰　李　旭　李建昌　吴丽君
吴继章　何怡佳　沈丹萍　张兰英　郑　莉　侯建华
唐健雄　曹梦雪　盖林海　傅　林　戴克良

秘　书

刘宏宇

中国语言资源集

河北

词汇卷·下

吴继章 主编

商务印书馆
The Commercial Press
创于1897

下卷目录

词汇对照 0601—1200 / 2
参考文献 / 402
附　录 / 403
后　记 / 414

词汇对照 0601—1200

	0601 贼	0602 瞎子 统称，非贬称（无统称则记成年男的）	0603 聋子 统称，非贬称（无统称则记成年男的）
兴隆	小偷儿 ɕiau²¹tʰour³⁵ 贼 tsei⁵⁵	瞎子 ɕia³⁵tsʅ⁰ 盲人 maŋ⁵⁵zən⁵⁵	聋子 loŋ⁵⁵tsʅ⁰
北戴河	小偷儿 ɕiau²¹tʰour⁴⁴	瞎子 ɕia⁴⁴tʃʅ⁰	聋子 luŋ³⁵tʃʅ⁰
昌黎	贼 tsei²⁴	瞎子 ɕia⁴²tsʅ⁰	聋子 luŋ⁴²tsʅ²³
乐亭	贼 tsei²¹²	瞎子 ɕia³¹tsʅ⁰	聋子 luŋ³¹tsʅ⁰
蔚县	小偷儿 ɕiʌɯ¹³tʰəur⁵³ 贼 tsei⁴¹	没眼儿的 mɤ⁴¹iɐr⁴⁴ti⁰ 瞎子 ɕia⁵³tsʅ⁰	聋子 luŋ⁴¹tsʅ⁰
涞水	贼 tsei⁴⁵	瞎子 ɕia³³tsʅ⁰	聋子 loŋ²⁴tsʅ⁰
霸州	贼 tsei⁵³ 小偷儿 ɕiau²¹tʰour⁴⁵	瞎子 ɕia²¹tsʅ⁰	聋子 luŋ⁵³tsʅ⁰
容城	贼 tsei³⁵	瞎子 ɕia³¹tsʅ⁰	聋子 luŋ²¹tsʅ⁰
雄县	贼 tsei⁵³ 小偷儿 ɕiau²¹tʰour⁴⁵	瞎子 ɕia⁴⁴tsʅ⁰	聋子 luŋ⁵³tsʅ⁰
安新	小偷儿 ɕiau²¹tʰour⁴⁵	没眼儿的 mei⁴⁵iɐr⁵³ti⁰ 盲人 maŋ⁴⁵zən³¹	没耳朵的 mei⁴⁵ɚr⁵³rə⁰ti⁰
满城	贼 tsei²² 小里 ⁼ɕiau⁴⁵li⁰ 小偷儿 ɕiau²¹tʰou⁴⁵uɐr⁰	瞎子 ɕia⁴⁵tsʅ⁰	聋子 luŋ²²tsʅ⁰
阜平	小偷儿 ɕiɔ⁵⁵tʰour³¹	瞎子 ɕia²¹tsʅ⁰	聋子 loŋ⁵³tsʅ⁰
定州	贼 tsei²⁴	瞎子 ɕia³³tsʅ⁰	聋子 luŋ⁴²tsʅ⁰
无极	贼 tsəi²¹³① 小里 ⁼siɔ³¹li⁰②	瞎子 ɕia²¹³tsʅ⁰	聋子 luŋ³¹tsʅ⁰
辛集	小偷儿 siau²⁴tʰour³³	瞎子 ɕia³³tsʅ⁰	聋子 loŋ³⁵tsʅ⁰
衡水	小偷儿 ɕiau⁵⁵tʰəur²⁴	瞎子 ɕia³¹tsʅ⁰	聋子 luŋ²⁴tsʅ⁰
故城	小偷儿 ɕiɔ³¹tʰour²⁴ 扒手 pʰa⁵⁵ʂou⁰	瞎子 ɕia²¹tsʅ⁰	聋子 luŋ⁵⁵tsʅ⁰

（续表）

	0601 贼	0602 瞎子 统称，非贬称（无统称则记成年男的）	0603 聋子 统称，非贬称（无统称则记成年男的）
巨鹿	小偷儿 ɕiau⁵⁵tʰour³³	瞎子 ɕia³³tsʅ⁰	聋子 loŋ⁵³tsʅ⁰
邢台	贼 tsei⁵³ 小偷儿 siau⁴³tʰour³⁴	瞎子 ɕia³⁴ə⁰	聋子 luŋ⁵³ə⁰ 老聋子 lau⁵⁵luŋ⁵³ə⁰
馆陶	小偷儿 ɕiao⁴⁴tʰəur²⁴	瞎子 ɕia²⁴tə⁰	聋子 luŋ⁵²tə⁰
沧县	小偷儿 ɕiau⁵³tʰour²³	瞎子 ɕia⁴¹tsʅ⁰	聋子 loŋ⁵⁵tsʅ⁰
献县	贼 tsei⁵³	瞎子 ɕia³³tsʅ⁰	聋子 loŋ⁵⁵tsʅ⁰
平泉	小偷儿 ɕiau²¹tʰour⁵⁵ 贼 tsei³⁵	瞎子 ɕia⁵⁵tsʅ⁰ 盲人 maŋ³⁵zən³⁵	聋子 luŋ³⁵tsʅ⁰
滦平	小偷儿 ɕiau²¹tʰour⁵⁵ 贼 tsei³⁵	瞎子 ɕia⁵⁵tsə⁰	聋子 luŋ³⁵tsə⁰
廊坊	小偷儿 ɕiau²¹tʰour⁵⁵ 贼 tsei³⁵	瞎子 ɕia⁵⁵tsʅ⁰	聋子 luŋ³⁵tsʅ⁰
魏县	小偷儿 ɕiau⁵⁵tʰəur³³ 贼 tʂəi⁵³	瞎子 ɕia³³tɛ⁰	聋子 luŋ⁵³tɛ⁰
张北	贼 tsei⁴² 小里 ⁼ɕiau⁴²li⁰	瞎子 ɕiaʔ³²tsə⁰	聋子 luŋ⁴²tsə⁰
万全	贼 tsei⁴¹	瞎子 ɕiaʔ²²tsə⁰	聋子 ləŋ⁴¹tsə⁰
涿鹿	贼 tsei⁴²	瞎子 ɕia⁴²a⁰	聋子 luŋ⁴²ə⁰
平山	贼 tsæi³¹	瞎子 ɕia²¹tsʅ⁰	聋子 loŋ⁴²tsʅ⁰
鹿泉	贼偷儿 tsei⁵⁵tʰour⁵⁵	瞎子 ɕiʌ¹³tʅ⁰	聋子 luŋ⁵⁵tʅ⁰
赞皇	贼 tsei⁵⁴ 小偷儿 sɪɔ⁴⁵tʰəur⁵⁴	瞎子 ɕia²⁴tsə⁰	聋子 luŋ³²tsə⁰
沙河	贼 tsei⁵¹	瞎子 ɕiaʔ⁴tə⁰	聋子 loŋ⁵¹tə⁰
邯郸	贼 tsʅi⁵³	瞎子 ɕiʌʔ⁷tə⁰	聋子 luŋ⁵³tə⁰
涉县	小偷儿 ɕiau⁵³tʰəur⁴¹	没眼儿嘞 mɐi³²iɐr⁵³iə⁰	聋子 luəŋ⁴¹ə⁰

---

① 指入室偷盗的贼。
② 指街头扒手。

	0604 哑巴 统称，非贬称（无统称则记成年男的）	0605 驼子 统称，非贬称（无统称则记成年男的）	0606 瘸子 统称，非贬称（无统称则记成年男的）
兴隆	哑巴 ia²¹pa⁰	罗锅儿 luo⁵⁵kuor³⁵ 驼子 tʰuo⁵⁵tsʅ⁰	瘸子 tɕʰyɛ⁵⁵tsʅ⁰ 拐子 kuai²¹tsʅ⁰
北戴河	哑巴 ia²¹pa⁰	罗锅儿 luo³⁵kuər⁴⁴	瘸子 tɕʰyɛ³⁵tʃʅ⁰
昌黎	哑巴 ia²¹pə⁰	罗锅子 luo²⁴kuo⁴²tsʅ⁰	瘸子 tɕʰyɛ⁴²tsʅ²³
乐亭	哑巴 ia²¹¹pa⁰	罗锅子 luə³⁴kuə³¹tsʅ⁰	瘸子 tɕʰyɛ³¹tsʅ⁰
蔚县	哑巴 iɑ⁴⁴pɑ⁰	背锅儿 pei⁵³kuɤr⁰	拐子 kuɛi⁴⁴tsʅ⁰
涞水	哑巴 ia³¹puo⁰	罗锅儿 luo⁴⁵kuɐr³¹	拐子 kuai³¹tsʅ⁰
霸州	哑巴 ia⁴¹pa⁰	罗锅儿 luo⁴⁴kuor⁴⁵	瘸子 tɕʰyɛ⁵³tsʅ⁰
容城	哑巴 ia⁵²pa⁰	罗锅儿 luo⁴⁴kuɐr⁴³	拐子 kuai⁵²tsʅ⁰
雄县	哑巴 ia⁴¹pa⁰	罗锅儿 luo⁵³kuor⁴⁵	瘸子 tɕʰyɛ⁵³tsʅ⁰
安新	没嗓子的 mei⁴⁵saŋ⁵³tsʅ⁰ti⁰	罗锅儿 luo⁵³kuor⁴⁵	拐子 kuai⁵³tsʅ⁰ 腿脚儿不好的 tʰuei⁴⁵tɕiaur⁴⁵pu⁴⁵xau⁵³ti⁰
满城	哑巴 ia⁴²pa⁰	罗锅儿 luo⁴⁵kuor⁴⁵	拐子 kuai⁴²tsʅ⁰
阜平	哑巴 ia²⁴pa⁰	罗锅儿 luɤ⁵³kuɐr⁰	拐子 kuæ²¹tsʅ⁰
定州	哑巴 ia²¹¹pa⁰	罗锅儿 luo⁴²kuɐr⁰	拐子 kuai²¹¹tsʅ⁰
无极	哑巴 iɑ³⁵pɑ⁰	罗锅子 luɤ³¹kuɤ⁰tsʅ⁰	瘸子 tɕʰyɛ³¹tsʅ⁰
辛集	哑巴 ia³²²pa⁰	罗锅儿 luə³⁵⁴kuər³³	拐子 kuai³²²tsʅ⁰
衡水	哑巴 iɑ²¹pɑ⁰	罗锅儿 luo²⁴kuor⁰	拐子 kuɑi²¹tsʅ⁰
故城	哑巴 ia²⁴pa⁰	罗锅 luɤ⁵⁵ku⁰ 驼背 tʰuɤ⁵³pei³¹	瘸子 tɕʰyɛ⁵⁵tsʅ⁰ 拐子 kuæ²⁴tsʅ⁰
巨鹿	哑巴 ia⁵⁵pa⁰	罗锅儿 luo⁴¹kuor³³	拐子 kuai⁵⁵tsʅ⁰
邢台	哑巴 ia⁵⁵pa⁰	罗锅儿 luo⁵³kuor³⁴ 锅儿腰子 kuor³⁴iau³⁴ə⁰	拐子 kuai⁵⁵ə⁰
馆陶	哑巴 ia⁴⁴pa⁰	罗锅 luo⁵²kuo⁰	瘸子 tɕʰyɛ⁵²tə⁰
沧县	哑巴 iɑ²³pɑ⁰	罗锅儿 luo⁵³kuor²³	瘸子 tɕʰyɛ⁵⁵tsʅ⁰
献县	哑巴 ia²¹pa⁰	罗锅子 luo⁵³kuo³³tsʅ⁰	拐子 kuɛ²¹tsʅ⁰ 瘸子 tɕʰyɛ⁵⁵tsʅ⁰

(续表)

	0604 哑巴 统称,非贬称(无统称则记成年男的)	0605 驼子 统称,非贬称(无统称则记成年男的)	0606 瘸子 统称,非贬称(无统称则记成年男的)
平泉	哑巴 ia²¹pa⁰	罗锅儿 luo³⁵kuor⁵⁵ 驼子 tʰuo³⁵tsʅ⁰	瘸子 tɕʰye³⁵tsʅ⁰ 拐子 kuai²¹tsʅ⁰
滦平	哑巴 ia²¹pa⁰	罗锅儿 luo³⁵kuor⁵⁵	拐子 kuai²¹tsə⁰ 瘸子 tɕʰye³⁵tsə⁰
廊坊	哑巴 ia²¹pa⁰	罗锅儿 luo³⁵kuor⁵⁵	瘸子 tɕʰye³⁵tsʅ⁰
魏县	哑巴 ia⁵⁵pə⁰	罗锅儿 luə⁵³kuɤr³³	瘸子 tɕʰye⁵³tɛ⁰
张北	哑巴子 ia⁵⁵pa⁴²tsə⁰	背锅子 pei⁴⁴kuə⁴²tsə⁰	拐子 kuai⁵⁵tsə⁰
万全	哑巴子 ia⁴⁴pa⁴¹tsə⁰	背锅子 pei⁴¹kuə²⁴tsə⁰	拐子 kuei⁵⁵tsə⁰
涿鹿	哑巴 ia⁵⁵pa⁰	背锅 pei⁴²kuə⁴²	拐子 kue⁵⁵ə⁰
平山	哑巴 ia⁵⁵pa⁰	罗锅儿 luə⁴²kuər⁰	拐子 kue⁵⁵tsʅ⁰
鹿泉	哑巴 ia³⁵pʌ⁰	罗锅儿 luo⁵⁵kuor⁵⁵ 锅锅儿 kuo⁵⁵kuor⁰	拐子 kue³⁵tɤ⁰
赞皇	哑巴 ia⁴⁵pa⁰	罗锅儿 luə⁵⁴kuɤr⁵⁴	拐子 kue⁴⁵tsə⁰
沙河	哑巴 iɔ³³pɔ⁰	背锅儿 pei³³kuər⁴¹	拐子 kuai³³tə⁰
邯郸	哑巴 iɔ⁵⁵pɔ⁰	锅子 kuə³¹tə⁰	拐子 kuai⁵⁵tə⁰
涉县	哑巴 iɒ⁵³pɒ⁰	锅腰子 kuə⁴¹iau⁴¹ə⁰	瘸子 tɕʰyə⁴¹lə⁰

	0607 疯子 统称，非贬称（无统称则记成年男的）	0608 傻子 统称，非贬称（无统称则记成年男的）	0609 笨蛋 蠢的人
兴隆	疯子 fəŋ³⁵tsʅ⁰	傻子 ʂa²¹tsʅ⁰	笨蛋 pən⁵³tan⁵¹
北戴河	魔怔 mɤ³⁵tʃəŋ⁰	傻子 ʃa²¹tʃʅ⁰	笨蛋 pən⁵³tan⁵¹
昌黎	疯子 fəŋ⁴³tsʅ⁰	傻子 sa²¹tsʅ⁰	笨蛋 pən⁴²tan²⁴
乐亭	疯子 fəŋ³¹tsʅ⁰	傻子 ʂa²¹¹tsʅ⁰	笨蛋 pən⁵³tan⁵²
蔚县	疯子 fəŋ⁵³tsʅ⁰	㑳货 tɕʰiəu⁴¹xuɤ⁰ 呆㑳货 tɛi⁵³tɕʰiəu⁴¹xuɤ⁰	笨蛋 pən¹³tã³¹²
涞水	疯子 fəŋ³³tsʅ⁰	傻子 ʂa³¹tsʅ⁰	笨蛋 pən³¹tan³¹⁴
霸州	疯子 fəŋ²¹tsʅ⁰	傻子 ʂa⁴¹tsʅ⁰	笨蛋 pən⁴⁵tan⁴¹
容城	疯子 fəŋ³¹tsʅ⁰	傻子 ʂa⁵²tsʅ⁰	笨蛋 pən⁴⁴tan⁵¹³
雄县	疯子 fəŋ⁴⁴tsʅ⁰	傻子 ʂa⁴¹tsʅ⁰	笨蛋 pən⁴⁵tã⁴¹
安新	脑子病 nɑu²¹tsʅ⁰piŋ⁵¹ 疯子 fəŋ⁴⁵tsʅ⁰	傻子 ʂa⁵³tsʅ⁰	笨蛋 pən⁵³tan⁵¹
满城	疯子 fəŋ⁴⁵tsʅ⁰	傻子 ʂa⁴²tsʅ⁰	笨蛋 pən⁵³tan⁵¹²
阜平	疯子 fəŋ³¹tsʅ⁰	傻子 ʂa²¹tsʅ⁰	笨蛋 pən⁵³tæ̃⁵³
定州	疯子 fəŋ³³tsʅ⁰	傻子 ʂa²¹¹tsʅ⁰	笨蛋 pən⁵³tan⁵¹
无极	疯子 fəŋ³¹tsʅ⁰	傻子 ʂa³⁵tsʅ⁰	笨葫芦 pen³²⁵xu⁰lu⁰
辛集	疯子 fəŋ³³tsʅ⁰	傻子 ʂa³²²tsʅ⁰	笨蛋 pən⁴²tan⁴¹
衡水	疯子 fəŋ³¹tsʅ⁰	傻子 sɑ²¹tsʅ⁰	笨蛋 pən³¹tɑn³¹
故城	疯子 fəŋ²¹tsʅ⁰ 神经病 ʂẽ⁵³tɕiŋ²⁴piŋ³¹	傻子 ʂa²⁴tsʅ⁰ 傻瓜 ʂa²⁴kua⁰	笨蛋 pẽ²⁴tæ̃³¹
巨鹿	疯子 fəŋ³³tsʅ⁰	傻瓜 ʂa⁵⁵kua⁰	木头蛋 mu⁵³tʰou⁰tæ̃²¹
邢台	疯子 fəŋ³⁴ə⁰	傻子 ʂa⁵⁵ə⁰	笨蛋 pən³³tan³¹
馆陶	疯子 fəŋ²⁴tə⁰	傻子 ʂa⁴⁴tə⁰	笨蛋 pen²⁴tæn²¹
沧县	疯子 fəŋ⁴¹tsʅ⁰	傻子 ʂa²³tsʅ⁰	笨蛋 pən²³tan⁴¹
献县	疯子 fəŋ³³tsʅ⁰	傻瓜 ʂa²¹kua⁰	笨蛋 pən³¹tæ̃³¹
平泉	疯子 fəŋ⁵⁵tsʅ⁰	二不愣 ər⁵¹pu⁰ləŋ⁵⁵ 傻子 ʂa²¹tsʅ⁰	笨蛋 pən⁵³tan⁵¹
滦平	疯子 fəŋ⁵⁵tsə⁰	傻子 ʂa²¹tsə⁰	笨蛋 pən⁵¹tan⁵¹

(续表)

	0607 疯子 统称，非贬称（无统称则记成年男的）	0608 傻子 统称，非贬称（无统称则记成年男的）	0609 笨蛋 蠢的人
廊坊	精神病 tɕiŋ⁵⁵ʂən³⁵piŋ⁵¹ 疯子 fəŋ⁵⁵tsɿ⁰	傻子 ʂa²¹tsɿ⁰	笨蛋 pən⁵³tan⁵¹
魏县	疯子 fəŋ³³tɛ⁰	傻子 ʂa⁵⁵tɛ⁰	笨蛋 pən³¹tan³¹²
张北	疯子 fəŋ⁴²tsə⁰	愀货 tɕʰiau²³xuə²¹³	二百五 ər²³pai⁴²u⁵⁵
万全	疯子 fəŋ⁴¹tsə⁰	愀货 tɕʰiɔ²¹³xuə⁰	笨蛋 pən²⁴tan²¹³
涿鹿	疯子 fəŋ⁴²ə⁰	傻子 ʂa⁵⁵ə⁰	笨蛋 pən²³tæ³¹
平山	疯子 fəŋ⁴²tsɿ⁰	傻子 ʂa⁵⁵tsɿ⁰	笨锤 pən²⁴tʂʰæi³¹
鹿泉	疯子 fəŋ⁵⁵tʅ⁰	傻子 ʂa³⁵tʅ⁰	笨蛋 pẽ³¹²tæ³¹
赞皇	疯子 fəŋ⁵⁴tsə⁰	傻子 ʂa⁴⁵tsə⁰	笨蛋 pən³¹²tæ³¹
沙河	疯子 fəŋ⁴¹tə⁰	傻子 ʂɔ³³tə⁰	笨蛋 pən²¹tã⁰
邯郸	疯子 fəŋ³¹tə⁰	傻子 ʂɔ⁵⁵tə⁰	笨蛋 pən⁵³tæ²¹
涉县	疯子 fəŋ⁴¹ə⁰	半吊子 pæ⁵³tiau²⁴ə⁰ 傻子 sɒ⁵³lə⁰	老笨儿 lau⁵³pər²⁴ 笨蛋 pən⁵³tæ⁰

	0610 爷爷 呼称，最通用的	0611 奶奶 呼称，最通用的	0612 外祖父 叙称
兴隆	爷爷 iɛ^{55}iɛ^0	奶奶 nai^{21}nai^0/nai^{55}nai^0	姥爷 lɑu^{21}iɛ^0
北戴河	爷爷 iɛ^{35}iɛ^0 爷 iɛ^{35}	奶奶 nai^{21}nai^0 奶 nai^{214}	姥爷 lɑu^{21}iɛ^0
昌黎	爷 iɛ^{24}	奶 nai^{213}	姥爷 lɑu^{21}iɛ^0
乐亭	爷 iɛ^{212}	奶奶 nai^{211}nei^0	姥爷 lɑu^{21}iɛ^0
蔚县	爷爷 iə^{41}iə^0	奶奶 nei^{44}nei^0	姥爷 lʌɯ^{44}iə^0
涞水	爷 iɛ^{45}	奶奶 nai^{31}nai^0	姥爷 lɑu^{31}iɛ^0
霸州	老爷 lɑu^{21}iɛ^{53}	奶奶 nai^{41}nai^0	姥爷 lɑu^{41}iɛ^0
容城	老爷 lɑu^{21}iɛ^{35}	奶奶 nai^{52}nai^{23}	姥爷 lɑu^{52}iɛ^0
雄县	老爷 lɑu^{21}iɛ^{53}	奶奶 nai^{41}nai^0	姥爷 lɑu^{41}iɛ^0
安新	爷爷 iɛ^{33}iɛ^0	奶奶 nai^{21}nai^0	姥爷 lɑu^{53}iɛ^0
满城	爷 iɛ^{22}	奶奶 nai^{21}nai^0	姥爷 lɑu^{21}iɛ^0
阜平	爷爷 iɛ^{53}iɛ^0	奶奶 næ^{21}næ^0	姥爷 lɔ^{21}iɛ^0
定州	爷 iɛ^{213}	奶奶 nai^{211}nai^0	姥爷 lɑu^{211}iɛ^0
无极	爷 iɛ^{213}	奶奶 næ^{35}næ^0	姥爷 lɔ^{35}iɛ^0
辛集	爷爷 iɛ^{354}iɛ^{42}	奶奶 nai^{322}nai^0	姥爷 lɑu^{322}iɛ^0
衡水	爷爷 iɛ^{24}iɛ^0	奶奶 nɑi^{21}nɑi^0	姥爷 lɑu^{21}iɛ^0
故城	爷爷 iɛ^{55}iɛ^0	奶奶 næ^{24}næ^0	姥爷 lɔ^{24}iɛ^0
巨鹿	爷爷 iɛ^{53}iɛ^0	奶奶 nai^{55}nai^0	姥爷 lɑu^{55}iɛ^0
邢台	爷爷 i^{53}iɛ^0	奶奶 nai^{55}nai^0	姥爷 lɑu^{55}iɛ^0
馆陶	爷爷 iɛ^{52}iɛ^0	奶奶 nai^{44}nai^0	姥爷 lɑo^{44}iɛ^0
沧县	爷爷 iɛ^{55}iɛ^0	奶奶 nai^{23}nai^0	姥爷 lɑu^{23}iɛ^0
献县	爷爷 iɛ^{55}iɛ^0	奶奶 nɛ^{21}nɛ^0	姥爷 lɔ^{21}iɛ^0
平泉	爷爷 iɛ^{35}iɛ^0	奶奶 nai^{21}nai^0	姥爷 lɑu^{21}iɛ^0 外祖父 uai^{53}tsu^{21}fu^{51}
滦平	爷爷 iɛ^{35}iɛ^0	奶奶 nai^{21}nai^0	姥爷 lɑu^{21}iɛ^0
廊坊	爷爷 iɛ^{35}iɛ^0	奶奶 ŋai^{21}ŋai^0	姥爷 lɑu^{21}iɛ^0
魏县	爷 iɛ^{53}	奶奶 nai^{55}nai^{312}	姥爷 lɑu^{55}iɛ^{312}

(续表)

	0610 爷爷 呼称，最通用的	0611 奶奶 呼称，最通用的	0612 外祖父 叙称
张北	爷爷 iɛ⁴²iɛ⁰	奶奶 nai⁵⁵nai⁰	姥爷 lau⁵⁵iɛ⁴²
万全	爷爷 iei⁴¹iei⁰	奶奶 nei⁵⁵nei⁰	姥爷 lɔ⁵⁵iei⁰
涿鹿	爷 iɛ⁴²	奶奶 nɛ⁵⁵nɛ⁰	姥爷 lɔ⁵⁵iɛ⁰
平山	爷爷 iə⁴²iə⁰	奶奶 nɛ⁵⁵nɛ⁰	姥爷 lɔ⁵⁵iə³¹
鹿泉	爷爷 iɤ⁵⁵iɤ⁰	奶奶 nɛ³⁵nɛ⁰	姥爷 lɔ³⁵iɤ⁰
赞皇	爷爷 iɛ⁵¹iɛ⁰	奶奶 nɛ⁴⁵nɛ⁰	姥爷 lɔ⁴⁵iɛ⁰
沙河	爷 iɛ⁵¹	奶奶 nai³³nai⁰	姥爷 lau³³iɛ⁰
邯郸	爷 iɛ⁵³	奶奶 nai⁵⁵nai⁰	姥爷 lɑu⁵⁵iɛ⁰
涉县	爷爷 iə⁴¹²iə⁰	奶奶 nai⁵³nai⁰	姥爷 lau⁵³iə⁰

	0613 外祖母叙称	0614 父母合称	0615 父亲叙称
兴隆	姥姥 lau²¹lau⁰	爹妈 tiɛ³⁵ma³⁵ 爸妈 pa⁵¹ma³⁵ 父母 fu⁵¹mu²¹³	爸 pa⁵¹ 爸爸 pa⁵¹pa⁰ 老爷子 lau²¹iɛ⁵⁵tsʅ⁰①
北戴河	姥 lau²¹⁴	爸妈 pa⁵³ma⁴⁴	爸 pa⁵¹
昌黎	姥姥 lau²¹lau⁰	爹妈 tiɛ³⁴ma⁴²	爹 tiɛ⁴² 爸 pa⁴⁵³
乐亭	姥儿 laur³⁴	爸爸妈 pa³³pa⁰ma³¹	爸 pa⁵²
蔚县	姥姥 lʌɯ⁴⁴lʌɯ⁰	爹娘 tiɛ⁵³n̠io⁴¹	爹 tiɛ⁵³ 爸 pa⁵³
涞水	姥姥 lau³¹lau⁰	爹娘 tiɛ⁵⁵n̠iaŋ⁴⁵	老的儿 lau³¹tər⁰ 老爸 lau²⁴pa³¹⁴ 父亲 fu³¹tɕʰin⁰
霸州	姥姥 lau⁴¹lau⁰	爸爸妈 pa⁴⁵pa⁰ma⁴⁵	爸爸 pa⁴⁵pa⁰ 父亲 fu⁴⁵tɕʰin⁰
容城	姥姥 lau⁵²lau⁰	爹妈 tiɛ⁴⁴ma⁴³	爸爸 pa⁵²pa²³
雄县	姥姥 lau⁴¹lau⁰	爹妈 tiɛ⁴⁵ma⁴⁵	爸爸 pa⁴⁵pa⁰ 父亲 fu⁴⁵tɕʰin⁰ 爹 tiɛ⁴⁵
安新	姥姥 lau²¹lau⁰	爸妈 pa⁵³ma⁴⁵	爸爸 pa⁵⁵pa⁰
满城	姥姥 lau²¹lau⁰	父母 fu⁵³mu²¹³ 爹娘 tiɛ⁴⁵n̠iaŋ²² 老的儿 lau²¹tiər⁰	父亲 fu⁵³tɕʰin⁴⁵
阜平	姥姥 lɔ²⁴lɔ⁰	爹娘 tiɛ⁵⁵n̠iaŋ²⁴	爹 tiɛ³¹
定州	姥姥 lau²¹¹lau⁰	老的儿 lau²¹¹tər⁰	爹 tiɛ³³ 爸爸 pa³⁵pa⁰
无极	姥姥 lɔ³⁵lɔ⁰	爹娘 tiɛ³³n̠ia⁴⁵¹	爹 tiɛ³¹
辛集	姥娘 lau³²²n̠iaŋ⁰	老的儿 lau³²²tər⁰	爹 tiɛ³³
衡水	姥娘 lau²¹n̠iaŋ⁰	老的儿 lau²¹tər⁰	恁爹 ŋən⁵⁵tiɛ²⁴ 他爹 tʰɑ⁵⁵tiɛ²⁴
故城	姥娘 lɔ²⁴n̠iaŋ⁰	爹娘 tiɛ²⁴n̠iaŋ⁵³ 老的儿 lɔ²⁴tiər⁰ 老人儿 lɔ²⁴zər⁰	爹 tiɛ²⁴ 爸爸 pa⁵³pa⁰
巨鹿	姥娘 lau⁵⁵n̠iã²¹	爹娘 tiɛ³³n̠iã⁴¹	爹 tiɛ³³

（续表）

	0613 外祖母叙称	0614 父母合称	0615 父亲叙称
邢台	姥姥 lau⁵⁵lau⁰	爹娘 tiɛ³⁴niaŋ⁵³	老爹 lau⁴³tiɛ³⁴
馆陶	姥娘 lao⁴⁴n̻iaŋ⁰ 姥姥 lao⁴⁴lao⁰	父母 fu²¹mu⁴³ 老人 lao⁴⁴zən⁵²	父亲 fu²¹tsʰin⁰ 爹 tiɛ²⁴
沧县	姥姥 lau²³lau⁰	爸爸妈妈 pa⁵³pa⁰ma⁴¹ma⁰	爸爸 pa⁵³pa⁰
献县	姥姥 lɔ²¹lɔ⁰	爹娘 tiɛ³³n̻iã⁵³	爸爸 pa³³¹pa⁰
平泉	姥姥 lau²¹lau⁰ 外祖母 uai⁵³tsu³⁵mu²¹⁴	爸妈 pa⁵³ma⁵⁵ 爹娘 tiɛ⁵⁵niaŋ³⁵ 父母 fu⁵³mu²¹⁴	爸爸 pa⁵¹pa⁰ 老爷子 lau²¹iɛ³⁵tsɿ⁰ 父亲 fu⁵¹tɕʰin⁰
滦平	姥姥 lau²¹lau⁰	爸妈 pa⁵¹ma⁵⁵ 爹娘 tiɛ⁵⁵niaŋ³⁵ 父母 fu⁵¹mu²¹⁴	爸 pa⁵¹ 爹 tiɛ⁵⁵ 老爷子 lau²¹iɛ³⁵tsə⁰②
廊坊	姥姥 lau²¹lau⁰	父母 fu⁵³mu²¹⁴ 老的儿 lau²¹tɤr⁰	爸爸 pa⁵¹pa⁰ 父亲 fu⁵¹tɕʰin⁰
魏县	姥娘 lau⁵⁵n̻iaŋ³¹²	爹娘 tiɛ³³niaŋ⁵³	爹 tiɛ³³
张北	姥姥 lau⁵⁵lau⁰	爹娘 tiɛ⁴²n̻iã⁴²	爹 tiɛ⁴²
万全	姥姥 lɔ⁵⁵lɔ⁰	父母 fu⁴⁵mu⁵⁵	爹爹 tiei⁴¹tiei⁰
涿鹿	姥姥 lɔ⁵⁵lɔ⁰	爹娘 tiɛ⁴²n̻iã⁵²	爹 tiɛ⁴⁴
平山	姥娘 lɔ⁵⁵n̻iaŋ³¹	爹娘 tiə⁵³n̻iaŋ³¹	爹 tiə³¹
鹿泉	姥娘 lɔ³⁵n̻iaŋ⁰	爹娘 tiɤ⁵⁵n̻iaŋ⁵⁵	爹 tiɤ⁵⁵
赞皇	姥娘 lɔ⁴⁵n̻iaŋ³¹	爹娘 tiɛ⁵⁴n̻iaŋ⁵⁴	爹 tiɛ⁵⁴
沙河	姥姥 lau³³lau⁰ 姥娘 lau³³niaŋ⁰	大人 tɔ²¹zən⁵¹	爹 tiɛ⁴¹
邯郸	姥姥 lau⁵⁵lau⁰	大人 tɔ¹³zən⁰	爹 tiɛ³¹
涉县	姥姥 lau⁵³lau⁰	爹娘 tiə⁴¹n̻iau²⁴	爹 tiə⁴¹

①② 还有"父亲 fu⁵¹tɕʰin⁰"的说法。

	0616 母亲叙称	0617 爸爸呼称，最通用的	0618 妈妈呼称，最通用的
兴隆	妈 ma³⁵ 妈妈 ma³⁵ma⁰ 老奶子 lau³⁵nai²¹tsʅ⁰①	爸 pa⁵¹ 爸爸 pa⁵¹pa⁰	妈 ma³⁵ 妈妈 ma³⁵ma⁰
北戴河	妈 ma⁴⁴	爸爸 pa⁵³pa⁰ 爸 pa⁵¹	妈妈 ma⁴⁴ma⁰ 妈 ma⁴⁴
昌黎	妈 ma⁴²	爹 tie⁴² 爸 pa⁴⁵³	妈 ma⁴²
乐亭	妈 ma³¹	爸爸 pa³¹pa⁰	妈 ma³¹
蔚县	娘 ȵiɔ⁴¹ 妈 ma⁵³	爸爸 pɑ⁵³pɑ⁰	妈妈 mɑ⁵³mɑ⁰
涞水	老娘 lau²⁴ȵiaŋ⁴⁵ 母亲 mu³¹tɕʰin⁰	爸爸 pa³³¹pa⁰	妈 ma³¹
霸州	妈 ma⁴⁵ 母亲 mu⁴¹tɕʰin⁰	爸爸 pa⁴⁵pa⁰	妈 ma⁴⁵
容城	妈 ma⁴³	爸爸 pa⁵²pa⁰	妈 ma⁴³
雄县	妈 ma⁴⁵ 母亲 mu⁴¹tɕʰin⁰	爸爸 pa⁴⁵pa⁰	妈 ma⁴⁵
安新	妈 ma⁴⁵	爸爸 pa⁵⁵pa⁰	妈 ma⁴⁵
满城	母亲 mu²¹tɕʰin⁰	爸爸 pa²¹pa⁰	妈 ma⁴⁵
阜平	娘 ȵiaŋ²⁴	爹 tie³¹	娘 ȵiaŋ²⁴
定州	波 ˭po³³ 妈 ma³³	爸爸 pa³⁵pa⁰	妈 ma³³
无极	娘 ȵia⁴⁵¹	爹 tie³¹	娘 ȵia⁴⁵¹
辛集	娘 ȵian³⁵⁴	爹 tie³³	娘 ȵian³⁵⁴
衡水	恁娘 ŋən⁵⁵ȵiaŋ⁵³ 他娘 tʰa⁵⁵ȵiaŋ⁵³	爹 tie²⁴	娘 ȵian⁵³
故城	娘 ȵiaŋ⁵³ 妈 ma²⁴ 妈妈 ma²¹ma⁰	爸爸 pa⁵³pa⁰	妈 ma²⁴
巨鹿	娘 ȵiã⁴¹	爹 tie³³	娘 ȵiã⁴¹

(续表)

	0616 母亲 叙称	0617 爸爸 呼称，最通用的	0618 妈妈 呼称，最通用的
邢台	老娘 lau⁵⁵niaŋ⁵³	爹 tie³⁴ 爸爸 pa³¹pa⁰	妈 ma³⁴ 娘 niaŋ⁵³
馆陶	母亲 mu⁴⁴tsʰin⁰ 娘 ɲiaŋ⁵²	爹 tiɛ²⁴	娘 ɲiaŋ⁵²
沧县	妈妈 ma⁴¹ma⁰	爸爸 pa⁴¹pa⁰	妈妈 ma⁴¹ma⁰
献县	娘 ɲiã⁵³	爸爸 pa³³¹pa⁰	娘 ɲiã⁵³
平泉	妈妈 ma⁵⁵ma⁰ 老奶子 lau³⁵nai²¹tsʅ⁰ 母亲 mu²¹tɕʰin⁰	爸 pa⁵¹ 爹 tie⁵⁵	妈 ma⁵⁵ 娘 niaŋ³⁵
滦平	妈 ma⁵⁵ 娘 niaŋ³⁵ 老奶子 lau³⁵nai²¹tsə⁰②	爸爸 pa⁵¹pa⁰ 爸 pa⁵¹ 爹 tie⁵⁵	妈妈 ma⁵⁵ma⁰ 妈 ma⁵⁵ 娘 niaŋ³⁵
廊坊	妈妈 ma⁵⁵ma⁰ 母亲 mu²¹tɕʰin⁰	爸 pa⁵¹ 爸爸 pa⁵¹pa⁰	妈 ma⁵⁵ 妈妈 ma⁵⁵ma⁰
魏县	娘 ɲiaŋ⁵³	爹 tie³³	娘 ɲiaŋ⁵³
张北	娘 ɲiõ⁴²	大 ta⁴² 爹 tie⁴²	娘 ɲiõ⁴²
万全	娘 ɲia⁴¹	爸爸 pa⁵⁴pa⁵⁵ 工作的 大大 ta⁵⁴ta⁵⁵ 种地的 爹爹 tiei⁴¹tiei⁰ 做买卖的	娘 ɲia⁴¹
涿鹿	娘 ɲiã⁴²	爹 tie⁴⁴	娘 ɲiã⁴²
平山	娘 ɲiaŋ³¹	爹 tiə³¹	娘 ɲiaŋ³¹
鹿泉	娘 ɲiaŋ⁵⁵	爹 tiɤ⁵⁵	娘 ɲiaŋ⁵⁵
赞皇	娘 ɲiaŋ⁵⁴	爹 tie⁵⁴	娘 ɲiaŋ⁵⁴
沙河	娘 niaŋ⁵¹	爹 tie⁴¹	娘 niaŋ⁵¹
邯郸	娘 niaŋ⁵³	爹 tie³¹	娘 niaŋ⁵³
涉县	娘 ɲiau⁵⁵	爹 tiə⁴¹	娘 ɲiau⁵⁵

①② 还有"母亲 mu²¹tɕʰin⁰"的说法。

	0619 继父 叙称	0620 继母 叙称	0621 岳父 叙称
兴隆	后老儿 xou⁵¹laur²¹³ 继父 tɕi⁵³fu⁵¹	后妈 xou⁵¹ma³⁵ 继母 tɕi⁵¹mu²¹³	老丈人 lau²¹tʂaŋ⁵¹zən⁰ 岳父 yɛ⁵³fu⁵¹
北戴河	继父 tɕi⁵³fu⁵¹ 后爹 xou⁵³tie⁴⁴ 爸 pa⁵¹	继母 tɕi⁵³mu²¹⁴ 后妈 xou⁵³ma⁴⁴ 妈 ma⁴⁴	丈儿爹 tʂãr⁵³tie⁴⁴ 老丈人 lau²¹tʂaŋ⁵³zən⁰
昌黎	继父 tɕi⁴⁵fu²³ 后爹 xou⁴⁵tie⁴² 后爸 xou⁴²pa⁴⁵³	继母 tɕi⁴²mu²¹³ 后妈 xou⁴⁵ma⁴²	丈人 tʂaŋ²⁴zən⁰
乐亭	后爸爸 xou⁵³pa³¹pa⁰	后妈 xou⁵²ma³¹	老丈人 lau³³tʂaŋ²¹²zən⁰
蔚县	后老儿 xəu³¹lʌɯr⁴⁴ 贬称 继父 tɕi¹³fu³¹² 尊称 后爹 xəu³¹tiə⁵³	后娘 xəu¹³ɲio⁴¹	外父 vei³¹fu⁰ 老丈人 lʌɯ⁴⁴tsɿ³¹zəŋ⁰ 岳父 yə¹³fu³¹²
涞水	后爹 xou³¹tie³¹	后娘 xou³¹ɲiaŋ⁴⁵	老丈人 lau²⁴tʂaŋ⁴⁵zən⁰
霸州	后爹 xou⁴¹tie⁴⁵	后妈 xou⁴¹ma⁴⁵ 后娘 xou⁴¹ɲiaŋ⁵³	他姥爷 tʰa²⁴lau⁴¹ie⁰① 丈人 tʂaŋ⁴⁵zən⁰② 岳父 yɛ⁴⁵fu⁵³⁴
容城	后爹 xou⁵²tie⁴³	后妈 xou⁵²ma⁴³	老丈人 lau²¹tʂaŋ³⁵zən⁰
雄县	后爹 xou⁴¹tie⁴⁵	后妈 xou⁴¹ma⁴⁵	他姥爷 tʰa²⁴lau⁴¹ie⁰ 丈人 tʂaŋ⁴⁵zən⁰ 岳父 yɛ⁵³⁴fu⁴¹
安新	后爹 xou⁵³tie⁴⁵	后妈 xou⁵³ma⁴⁵	丈人 tʂaŋ²¹zən⁰
满城	后爹 xou⁵³tie⁴⁵	后妈 xou⁵³ma⁴⁵	丈人 tʂaŋ²¹zən⁰
阜平	后爹 xou⁵³tie³¹	后娘 xou⁵³ɲiaŋ²⁴	丈人 tʂaŋ²⁴zəŋ⁰
定州	后爹 xou⁵³tie³³	后伯 ⁼xou⁵³po³³	老丈人 lau³³tʂaŋ³⁵zən⁰
无极	后爹 xəu⁵¹tie³¹	后娘 xəu⁵¹ɲia⁴⁵¹	丈人 tʂaŋ³²⁵zən⁰
辛集	后爹 xou⁴¹tie³³	后娘 xou⁴²ɲiaŋ³⁵⁴	丈人 tʂaŋ³²⁴zən⁰
衡水	后爹 xəu³¹tie²⁴	后娘 xəu³¹ɲiaŋ⁵³	老丈人 lau⁵⁵tʂaŋ⁵³in⁰
故城	后爹 xou³¹tie²⁴	后娘 xou³¹ɲiaŋ⁵³	老丈人 lɔo²⁴tʂaŋ⁵³zẽ⁰ 老泰山 lɔo⁵⁵tʰæ³¹sæ²⁴
巨鹿	后爹 xou²¹tie³³	后娘 xou²¹ɲiã⁴¹	丈人 tʂã⁵³in⁰

（续表）

	0619 继父 叙称	0620 继母 叙称	0621 岳父 叙称
邢台	叔叔 ʂu⁵⁵ʂu⁰ 后爹 xou³¹tiɛ³⁴	姨姨 i⁵³i⁰ 后娘 xou³¹niaŋ⁵³ 后妈 xou³¹ma³⁴	老丈人 lau⁵⁵tʂaŋ³¹zən⁰ 岳父 yɛ³³fu³¹
馆陶	后爹 xəu²¹tiɛ²⁴	后娘 xəu²¹niaŋ⁵²	老丈人 lao⁴⁴tʂaŋ²¹zən⁰ 岳父 yɛ²⁴fu⁰
沧县	后伯 xou⁴¹pai²³	后丫 ⁼xou⁴¹ia²³	老泰山 lau⁵⁵tʰai⁴¹san²³
献县	后爹 xou³¹tie³³	后娘 xou³¹niã⁵³	老丈人 lɔ²¹tʂã⁵³zən⁰
平泉	后老儿 xou⁵³laur²¹⁴ 继父 tɕi⁵³fu⁵³	后妈 xou⁵³ma⁵⁵ 继母 tɕi⁵³mu²¹⁴	老丈人 lau²¹tʂaŋ⁵¹zən⁰ 岳父 yɛ⁵³fu⁵¹
滦平	后老儿 xou⁵¹laur²¹⁴ 后爹 xou⁵¹tiɛ⁵⁵ 继父 tɕi⁵¹fu⁵¹	后妈 xou⁵¹ma⁵⁵ 后娘 xou⁵¹niaŋ³⁵ 继母 tɕi⁵¹mu²¹⁴	老丈人 lau²¹tʂaŋ⁵¹zən⁰ 岳父 yɛ⁵¹fu⁵¹
廊坊	后爹 xou⁵³tiɛ⁵⁵ 后爸爸 xou⁵³pa⁵¹pa⁰	后妈 xou⁵³ma⁵⁵	老丈人 lau²¹tʂaŋ⁵¹zən⁰ 老丈儿 lau²¹tʂãr⁵¹
魏县	后爹 xəu³¹²tiɛ³³	后娘 xəu³¹²niaŋ⁵³	老丈人 lau⁵⁵tʂaŋ³¹²zən⁰ 丈人 tʂaŋ³¹²zən⁰
张北	后爹 xəu²³tiɛ⁴²	后娘 xəu²³niã⁴²	外父 vai²³fu⁴² 岳父 yəʔ³fu²¹³
万全	后老儿 xou⁴⁵lɔ⁵⁵ər²¹³	后娘 xou²⁴nia⁴¹	外父 vei²¹³fu⁰
涿鹿	后爹 xəu³¹tiɛ⁴²	后娘 xəu²³niã⁵²	外父 uɛ³¹fuə⁰
平山	后爹 xɐu²⁴tiə³¹	后娘 xɐu²⁴niaŋ³¹	丈人 tʂaŋ⁵⁵zəŋ⁰
鹿泉	后爹 xou³¹tiɤ⁵⁵	后娘 xou³¹niaŋ⁵⁵	丈人 tʂaŋ³¹zẽ⁵⁵
赞皇	后爹 xəu³¹²tiɛ⁵⁴	后娘 xəu³¹²niaŋ⁵⁴	丈人 ʂaŋ⁵¹zən⁰
沙河	后爹 xəu²⁴tiɛ⁴¹	后娘 xəu²¹niaŋ⁵¹	丈人 tʂaŋ²¹zən⁵¹
邯郸	后爹 xəu²⁴iɛ³¹	后娘 xəu²⁴niaŋ⁵³	老丈人 lau⁵⁵tʂaŋ²¹zən⁰ 老泰山 lau⁵⁵tʰai²⁴ʂæ̃³¹
涉县	后爹 xou⁵⁵tiə⁴¹	后娘 xou⁵³niau⁰	老丈人 lau⁵³tsã²⁴iəŋ⁰

---

① 还有"小孩儿的姥爷 ɕiau²¹xɐr⁴⁴tɤ⁰lau⁴¹iɛ⁰"的说法。
② 还有"老丈人 lau²¹tʂaŋ⁴⁵zən⁰"的说法。

	0622 岳母叙称	0623 公公叙称	0624 婆婆叙称
兴隆	丈母娘 tṣaŋ⁵¹mu²¹ȵiaŋ⁵⁵ 岳母 yɛ⁵¹mu²¹³	公公 koŋ⁵⁵koŋ⁰	婆婆 pʰo⁵⁵pʰo⁰
北戴河	丈儿妈 tʃãr⁵³ma⁴⁴ 丈母娘 tṣaŋ⁵³mu²¹ȵiaŋ³⁵	公公 kuŋ³⁵kuŋ⁰ 爸 pa⁵¹	婆婆 pʰɤ³⁵pʰɤ⁰ 妈 ma⁴⁴
昌黎	丈母娘 tsaŋ⁴²mu⁰ȵiaŋ²¹³	公爹 kuŋ³⁴tie⁴² 公公 kuŋ²¹³kuŋ⁰	婆婆 pʰɤ⁴²pʰɤ²³
乐亭	丈母娘 tṣaŋ³⁵mu⁰niaŋ²¹²	鳖 ⁼pie³¹	婆婆 pʰə³¹pʰə⁰
蔚县	外母 vei³¹mu⁰ 丈母娘 tso³¹mu⁰ȵio⁴¹ 岳母 yə³¹mu⁰	老爷爷 lʌɯ⁴⁴iə⁴¹iə⁰ 老爷子 lʌɯ⁴⁴iə⁴¹tsɿ⁰	婆婆 pʰɤ⁴¹pʰɤ⁰
涞水	丈母娘 tṣaŋ³³¹mu⁰ȵiaŋ⁴⁵	公公 koŋ⁴⁵koŋ⁰	婆婆 pʰuo²⁴pʰuo⁰
霸州	他姥姥 tʰa²⁴lau⁴¹lau⁰① 丈母娘 tṣaŋ⁴⁵mu⁰ȵiaŋ⁵³② 岳母 yɛ⁴¹mu²¹⁴	公公 kuŋ²¹kuŋ⁰	婆婆 pʰo⁵³pʰo⁰
容城	丈母娘儿 tṣaŋ³⁵mu⁰niaŋ²¹ŋər⁰	公公 kuŋ³¹kuŋ⁰	婆婆 pʰo²¹pʰo⁰
雄县	他姥姥 tʰa²⁴lau⁴¹lau⁰ 丈母娘 tṣaŋ⁴⁵mu⁰ȵiaŋ⁵³ 岳母 yɛ⁴¹mu²¹⁴	公公 kuŋ⁴⁴kuŋ⁰	婆婆 pʰo⁵³pʰo⁰
安新	丈母娘儿 tṣaŋ²¹pu⁰niar³¹	公公 kuŋ⁴⁵kuŋ⁰	婆婆 pʰo³³pʰo⁰
满城	丈母娘 tṣaŋ²¹mu⁰ȵiaŋ²²	公公 kuŋ⁴⁵kuŋ⁰	婆婆 pʰo²²pʰo⁰
阜平	丈母娘 tṣaŋ⁵³mu⁰ȵiaŋ²⁴	老公公 lɔ⁵⁵koŋ³¹ɣoŋ⁰	老婆婆 lɔ⁵⁵pʰuɤ⁵³pʰuɤ⁰
定州	丈母娘 tṣaŋ³⁵mu⁰ȵiaŋ²¹³	公公 kuŋ²¹¹kuŋ⁰	婆婆 pʰo⁴²pʰo⁰
无极	丈母娘 tṣaŋ³²⁵mu⁰ȵiaŋ²¹³	公公 kuŋ³⁵kuŋ⁰	婆婆 pʰuɤ³¹pʰuɤ⁰
辛集	丈母娘 tṣaŋ⁴²mu⁰ȵiaŋ³⁵⁴	公公 koŋ³³koŋ⁰	婆婆 pʰə³⁵pʰə⁰
衡水	丈母娘 tṣaŋ⁵³mu⁰ȵiaŋ⁵³	公公 kuŋ³¹kuŋ⁰	婆婆 pʰo²⁴pʰo⁰
故城	丈母娘 tṣaŋ⁵³mu⁰ȵiaŋ⁵³	公公 kuŋ²¹kuŋ⁰	婆婆 pʰɤ⁵⁵pʰɤ⁰
巨鹿	丈母 tṣã⁵³mu⁰	公公 koŋ³³koŋ⁰	婆子 pʰo⁵³tə⁰
邢台	老丈母 lau⁵⁵tṣaŋ³¹mu⁵⁵ 丈母娘 tṣaŋ³¹mu⁵⁵niaŋ⁵³ 岳母 yɛ³¹mu⁵⁵	公公 kuŋ³⁴kuŋ⁰ 老公公 lau⁴³kuŋ³⁴kuŋ⁰ 孩子他爷爷 xai⁵³ə⁰tʰa³⁴iɛ⁵³iɛ⁰	婆婆 pʰə⁵³pʰə⁰ 老婆婆 lau⁵⁵pʰə⁵³pʰə⁰ 孩子他奶奶 xai⁵³ə⁰tʰa³⁴nai⁵⁵nai⁰

(续表)

	0622 岳母叙称	0623 公公叙称	0624 婆婆叙称
馆陶	丈母娘 tṣaŋ²¹mu⁴⁴n̪iaŋ⁵² 岳母 yɛ²¹mu⁴³	公公 kuŋ²⁴kuŋ⁰	婆婆 pʰo⁵²pʰo⁰
沧县	老岳母 lau⁵⁵yɛ⁴¹mu⁵⁵	公公 koŋ⁴¹koŋ⁰	婆婆 pʰɤ⁵⁵pʰɤ⁰
献县	丈母娘 tṣã³³¹mu⁰n̪iã⁵³	公公 koŋ³³koŋ⁰	婆婆 pʰuo⁵⁵pʰuo⁰
平泉	丈母娘 tṣaŋ⁵³mu²¹nian³⁵ 岳母 yɛ⁵³mu²¹⁴	老公公 lau²¹kuŋ³⁵kuŋ⁰ 公公 kuŋ³⁵kuŋ⁰	老婆婆 lau²¹pʰo³⁵pʰo⁰ 婆婆 pʰo³⁵pʰo⁰
滦平	丈母娘 tṣaŋ⁵¹mu⁰n̪ian³⁵ 岳母 yɛ⁵¹mu²¹⁴	公公 kuŋ⁵⁵kuŋ⁰	婆婆 pʰo³⁵pʰo⁰
廊坊	丈母娘 tṣaŋ⁵¹mu⁰n̪ian³⁵	公公 kuŋ⁵⁵kuŋ⁰ 公公爹 kuŋ⁵⁵kuŋ⁰tiɛ⁵⁵	婆婆 pʰɤ³⁵pʰɤ⁰
魏县	丈母娘子 tṣaŋ³¹²mɛ⁰n̪iaŋ⁵³tɛ⁰ 丈母娘 tṣaŋ³¹²mɛ⁰n̪iaŋ⁵³	公公 kuŋ³³kuŋ⁰	婆子 pʰə⁵³tɛ⁰
张北	外母娘 vai²³mu⁵⁵n̪iɔ̃⁴²	老爷爷 lau⁵⁵iɤ⁴²iɤ⁰	老奶奶 lau⁴²nai⁵⁵nai⁰ 老奶子 lau⁴²nai⁵⁵tsə⁰
万全	外母娘 vei²¹³mu⁰n̪ia⁴¹	老爷爷 lɔ⁴⁴iei⁴¹iei⁰	老奶奶 lɔ⁵⁴nei⁵⁵nei⁰
涿鹿	外父娘 uɛ³¹fuə⁰n̪iã⁴²	老爷 lɔ⁴⁵iɤ⁵²	婆婆 pʰuə⁴²pʰuə⁰
平山	丈母娘 tṣaŋ⁵⁵mu⁰n̪ian³¹	公公 koŋ⁴²koŋ⁰	婆婆 pʰə⁴²pʰə⁰
鹿泉	丈母娘 tṣaŋ³¹mu⁰n̪ian⁵⁵	公公 kuŋ⁵⁵kuŋ⁰	婆婆 pʰo⁵⁵pʰo⁰
赞皇	丈母娘 tṣaŋ³¹mu⁰n̪ian⁵⁴	公公 kuŋ⁴⁵kuŋ⁰	婆婆 pʰuə⁵¹pʰuə⁰
沙河	丈母娘 tṣaŋ²¹mu³³nian⁵¹	公公 koŋ⁴¹koŋ⁰	婆婆子 pʰuo⁵¹pʰuo⁰tə⁰
邯郸	丈母娘 tṣaŋ²¹mu⁵⁵nian⁵³	公公 kuŋ³¹kuŋ⁰	婆子 pʰuə⁵³tə⁰
涉县	老丈母 lau⁵³tsã²⁴mu⁰	老公公 lau⁵³kuaŋ²⁴kuaŋ⁰	婆子 pʰuə⁴¹²lə⁰

---

① 还有"小孩儿的姥姥 ɕiau²¹xɤ⁴⁴tɤ⁰lau⁴¹lau⁰"的说法。
② 还有"老丈母娘 lau²¹tṣaŋ⁴⁵mu⁰n̪ian⁵³"的说法。

	0625 伯父 呼称，统称	0626 伯母 呼称，统称	0627 叔父 呼称，统称
兴隆	大爷 ta⁵¹iɛ⁰ 伯父 po⁵⁵fu⁵¹	大娘 ta⁵¹niaŋ⁵⁵ 大妈 ta⁵¹ma³⁵	叔 ʂou³⁵
北戴河	老爹 lau²¹tie⁴⁴ 大爷 ta⁵³iɛ⁰	老妈 lau²¹ma⁴⁴ 大妈 ta⁵³ma⁴⁴	叔 ʃu⁴⁴
昌黎	大伯 ta⁴⁵pei⁰	大妈 ta⁴⁵mə⁰	叔 sou⁴²
乐亭	大大 ta⁵⁵ta⁰	大妈 ta³⁴ma³¹	叔 sou³¹
蔚县	大爷 ta³¹iə⁰ 大伯 ta³¹pei⁵³	大娘 ta³¹ɲiɔ⁰	叔 səu⁵³
涞水	大伯 ta³¹pai³¹	大大 ta³¹ta³¹⁴	叔儿 ʂou³¹uər⁰
霸州	伯 pai⁴⁵	娘 niaŋ⁵³	叔 ʂou⁴⁵
容城	大伯 ta³⁵pei⁰	大妈 ta⁵²ma⁴³	叔叔 ʂou³¹ʂou⁰
雄县	伯 pai⁴⁵	妈 ma⁴⁵ 娘 ɲiaŋ⁵³	叔 ʂou⁴⁵
安新	大爹 ta⁵³tiɛ⁴⁵①	大妈 ta⁵³ma⁴⁵②	二爸 ər⁵³pa⁵¹③
满城	大大 ta²¹ta⁰	大娘 ta⁵³ɲiaŋ²² 娘 ɲiaŋ²²	叔 ʂou⁴⁵ 叔叔 ʂou²¹ʂou⁰
阜平	大伯 ta⁵³pæ²⁴	大大 ta²⁴ta⁰	叔叔 ʂou²¹ʂou⁰
定州	伯伯 pai²¹¹pai⁰	大娘 ta⁵³ɲiaŋ²¹³	叔叔 ʂou²¹¹ʂou⁰
无极	大伯 ta³²⁵pæ⁰	大娘 ta⁵³ɲiaŋ⁰	叔叔 ʂəu³⁵ʂəu⁰
辛集	大伯 ta³²⁴pai⁰	大妈 ta³²⁴mə⁰	叔 ʂou³³
衡水	大爷 ta³¹iɛ⁵³	大娘 ta³¹ɲiaŋ⁵³	叔 səu²⁴
故城	大爷 ta³¹iɛ⁵³	大娘 ta³¹ɲiaŋ⁵³	叔叔 su²¹su⁰
巨鹿	大伯 ta²¹pai³³	大娘 ta²¹ɲiã⁴¹	叔叔 ʂu⁵⁵ʂu⁰
邢台	大爷 ta³¹iɛ⁵⁵	大娘 ta³¹niaŋ³⁴ 大大 ta³¹ta⁰	叔叔 ʂu⁵⁵ʂu⁰
馆陶	大爷 ta²¹iɛ⁴⁴	大娘 ta²¹ɲiaŋ⁴⁴	叔叔 ʂu⁴⁴ʂu⁰
沧县	大爷 ta⁴¹iɛ⁵³	大娘 ta⁴¹ɲiaŋ⁵³	伯伯 pai⁵³pai⁰
献县	大伯 ta³³¹pɛ⁰	大娘 ta³¹ɲiã⁵³	叔 ʂou³³
平泉	大爷 ta⁵¹iɛ⁰ 伯父 po³⁵fu⁵¹	大娘 ta⁵³niaŋ³⁵ 伯母 po³⁵mu²¹⁴	叔 ʂou⁵⁵

（续表）

	0625 伯父 呼称,统称	0626 伯母 呼称,统称	0627 叔父 呼称,统称
滦平	大爷 ta⁵¹iɛ⁰	大娘 ta⁵¹ɲiaŋ³⁵	叔叔 ʂu⁵⁵ʂu⁰
廊坊	大爷 ta⁵¹iɛ⁰	大娘 ta⁵³ɲiaŋ³⁵	叔 ʂou⁵⁵
魏县	大爷 ta³¹²iɛ⁰	大娘 ta³¹²ɲiaŋ⁰	叔 ʂu⁵⁵
张北	大爷 ta²³iɛ⁴²	大娘 ta²³ɲiɔ̃⁴² 大大 ta²³ta⁰	伯伯 pai⁵⁵pai⁰
万全	大爷 ta²⁴iei⁴¹	大娘 ta²⁴ɲia⁴¹	爹 tiei⁴¹
涿鹿	大爷 ta³¹iɛ⁰	大大 ta³¹ta⁰	伯伯 pɛ⁵⁵pɛ⁰
平山	大伯 ta⁵⁵pɛ⁰	大娘 ta⁵⁵ɲiaŋ⁰	叔叔 ʂɐu²¹ʂɐu⁰
鹿泉	大伯 ta³¹pɛ¹³	大大 ta³¹ta⁰	叔叔 ʂou⁵⁵ʂou⁰
赞皇	伯伯 pɛ⁵⁴pɛ²⁴	大大 ta⁵¹ta⁰	叔叔 ʂəu²¹ʂəu⁰
沙河	大爷 tɔ²⁴iɛ⁴¹	大娘 tɔ²¹niaŋ⁵¹	叔叔 ʂu³³ʂu⁰
邯郸	大爷 tɔ¹³iɛ⁰	大娘 tɔ¹³niaŋ⁰	叔叔 ʂu⁵⁵ʂu⁰
涉县	大大 tai⁵⁵tai⁰	大大 tɒ⁵⁵tɒ⁰	叔 su⁵⁵

---

① 父亲的兄长按照长幼叫大爹、二爹、三爹等，但无统称。
② 伯父的妻子按照排行叫大妈、二妈、三妈等，但无统称。
③ 父亲是老大时，其弟弟依次叫二爸、三爸等；父亲不是老大时，按父亲兄弟总排行，称呼为"排行 + 爸"，无统称。

	0628 排行最小的叔父 呼称，如"幺叔"	0629 叔母 呼称，统称	0630 姑 呼称，统称（无统称则记分称：比父大，比父小，已婚，未婚）
兴隆	老叔 lau²¹ʂou³⁵/ lau²¹ʂu³⁵	婶儿 ʂər²¹³ 婶子 ʂən²¹tsʅ⁰	姑姑 ku⁵⁵ku⁰ 姑 ku⁵⁵
北戴河	老叔 lau²¹ʃu⁴⁴	婶儿 ʃər²¹⁴	姑妈 ku³⁵ma⁴⁴ 姑 ku³⁵
昌黎	老叔 lau²¹ʂou⁰	婶儿 ʂər²¹³	姑 ku²⁴
乐亭	老叔 lau³³ʂou³¹	婶儿 ʂər³⁴	姑 ku⁵²
蔚县	叔 səu⁵³①	娘 ȵiɔ⁴¹	姑娘 ku⁵³ȵiɔ⁰ 姑姑 ku⁵³ku⁰
涞水	老叔儿 lau²⁴ʂou³³uər⁰	婶儿 ʂər²⁴	姑儿 ku⁴⁵uər⁰
霸州	老叔 lau²¹ʂou⁴⁵	婶子 ʂən⁴¹tsʅ⁰ 婶儿 ʂər²¹⁴	姑 ku⁴⁵
容城	老叔 lau²¹ʂou⁴³	婶子 ʂən⁵²tsʅ⁰	姑儿 ku³¹ər⁰
雄县	老叔 lau²¹ʂou⁴⁵	娘 ȵiaŋ⁵³	姑 ku⁴⁵
安新	老爸 lau²¹pa⁵¹	二妈 ər⁵³ma⁴⁵② 老娘 lau⁴⁵ȵiaŋ³¹	大姑 ta⁵³ku⁴⁵③
满城	老叔 lau²¹ʂou⁴⁵	婶子 ʂən⁴²tsʅ⁰	姑姑 ku²¹ku⁰
阜平	小叔 ɕiɔ⁵⁵ʂu²⁴	婶子 ʂən²¹tsʅ⁰	姑姑 ku²⁴ku⁰
定州	小叔儿 siau⁴²ʂou²¹¹uər⁰	婶子 ʂən²¹¹tsʅ⁰	姑姑 ku²¹¹ku⁰
无极	小叔儿叔儿 siɔ³⁵ʂəur³⁵ʂəur⁰	婶子 ʂen³⁵tsʅ⁰	姑 ku⁴⁵¹
辛集	小叔 siau³²⁴ʂou³³	婶子 ʂən³²²tsʅ⁰	姑 ku³³ 姑姑 ku³⁵⁴ku³³
衡水	小叔儿 ɕiau²¹ʂur⁰	婶子 sən²¹tsʅ⁰	姑 ku²⁴
故城	小叔 ɕiɔ³¹su²⁴	婶子 ʂə̃²⁴tsʅ⁰ 婶儿婶儿 ʂər²⁴ʂər⁰	姑 ku²⁴ 姑姑 ku²¹ku⁰
巨鹿	小叔儿叔儿 ɕiau⁵⁵ʂur⁵⁵ʂur⁰	婶子 ʂən⁵⁵tsʅ⁰	姑姑 ku⁵⁵ku⁰
邢台	小叔叔 siau⁵³ʂu⁵⁵ʂu⁰	婶子 ʂən⁵⁵ə⁰	姑姑 ku⁵⁵ku⁰
馆陶	叔叔 ʂu⁴⁴ʂu⁰	婶子 ʂen⁴⁴tə⁰	姑 ku⁴⁴
沧县	老伯伯 lau²³pai⁵³pai⁰	婶子 ʂən²³tsʅ⁰	姑 ku²³
献县	小叔 ɕiɔ²⁴ʂou³³	婶子 ʂən²¹tsʅ⁰	姑 ku³³

(续表)

	0628 排行最小的叔父 呼称，如"幺叔"	0629 叔母 呼称，统称	0630 姑 呼称，统称（无统称则记分称：比父大，比父小，已婚，未婚）
平泉	老叔 lau²¹ʂou⁵⁵	婶儿 ʂər²¹⁴	姑 ku⁵⁵
滦平	老叔 lau²¹ʂu⁵⁵	婶儿 ʂər²¹⁴ 婶子 ʂən²¹tsə⁰	姑姑 ku⁵⁵ku⁰ 姑 ku⁵⁵
廊坊	老叔 lau²¹ʂou⁵⁵	婶儿 ʂər²¹⁴	姑姑 ku⁵⁵ku⁰ 姑儿 kur⁵⁵
魏县	小叔儿 ɕiau⁵³ʂur⁰	婶子 ʂən⁵⁵tɛ⁰	姑姑 ku⁵⁵ku⁰
张北	小伯伯 ɕiau⁴²pai⁵⁵pai⁰ 老叔 lau⁵⁵su⁴²	婶子 sən⁵⁵tsə⁰ 婶婶 sən⁵⁵sən⁰	姑姑 ku⁴²ku⁰
万全	老爹 lɔ⁴⁴tiei⁴¹	娘娘 ȵia⁴¹ȵia⁰	姑姑 ku⁴¹ku⁰
涿鹿	老伯 lɔ⁴²pɛ⁴⁵	婶婶儿 ʂəŋ⁵⁵ʂə̃r⁰	姑姑 ku⁴²ku⁰
平山	小叔叔儿 siə⁵⁵ʂɐu²¹ʂər⁰	婶子 ʂəŋ⁵⁵tsʅ⁰ 婶婶 ʂəŋ⁵⁵ʂəŋ⁰	姑姑 ku⁴²ku⁰
鹿泉	小叔叔 siɔ³⁵ʂou⁵⁵ʂou⁰	婶子 ʂẽ³⁵tɤ⁰	姑姑 ku⁵⁵ku⁰
赞皇	小叔叔 siɔ⁴⁵ʂəu²¹ʂəu⁰	婶婶 ʂən⁴⁵ʂən⁰	姑姑 ku⁴⁵ku⁰
沙河	小叔叔 siau³¹ʂu³³ʂu⁰	婶子 ʂən³³tə⁰	姑姑 ku⁴¹ku⁰
邯郸	小叔叔 siɑu⁵³ʂu⁵³ʂu⁰	婶子 ʂən⁵⁵tə⁰	姑姑 ku⁵⁵ku⁰
涉县	小叔 ɕiau⁵³su²⁴	婶子 sən⁵³ə⁰	姑 ku⁵⁵

---

① 前加数字表示排行。
② 父亲是老大时，其弟弟的妻子依次叫二妈、三妈等，最小的为"老娘"；父亲不是老大时，按父亲兄弟总排行称呼为"排行 + 妈"，无统称。
③ 根据姑姑的长幼顺序，分别称大姑、二姑、三姑等，最小的是老姑，无统称。无血缘关系的可称"姑儿 ku⁴⁵wər⁰"。

	0631 姑父 呼称, 统称	0632 舅舅 呼称	0633 舅妈 呼称
兴隆	姑父 ku³⁵fu⁰	舅 tɕiou⁵¹ 舅舅 tɕiou⁵¹tɕiou⁰	舅妈 tɕiou⁵¹ma³⁵ 妗子 tɕin⁵¹tsʅ⁰ 舅母 tɕiou⁵¹mu⁰
北戴河	姑父 ku³⁵fu⁰	舅 tɕiou⁵¹	妗子 tɕin⁵³tʃʅ⁰
昌黎	姑父 ku²⁴fu⁰	舅 tɕiou²⁴	妗子 tɕin²¹³tsʅ⁰
乐亭	姑父 ku³⁵fu⁰	舅 tɕiou⁵²	妗子 tɕiən²¹²tsʅ⁰
蔚县	姑父 ku⁵³fu⁰	舅舅 tɕiəu³¹tɕiəu⁰	舅母 tɕiəu³¹mu⁴⁴
涞水	姑父 ku⁴⁵fu⁰	舅儿 tɕiou⁴⁵uər⁰	妗子 tɕin⁴⁵tsʅ⁰
霸州	姑父 ku²¹fu⁰	舅 tɕiou⁴¹	妗子 tɕin⁴⁵tsʅ⁰
容城	姑父 ku³¹fu⁰	舅儿 tɕiou³⁵ər⁰	妗子 tɕin³⁵tsʅ⁰
雄县	姑父 ku⁴⁴fu⁰	舅 tɕiou⁴¹	妗子 tɕin²¹tsʅ⁰
安新	姑父 ku⁴⁵fu⁰	大舅 ta⁵³tɕiou⁵¹①	大妗子 ta⁵³tɕin²¹tsʅ⁰②
满城	姑父 ku⁴⁵fu⁰	舅儿 tɕiou²¹ər⁰	妗子 tɕin²¹tsʅ⁰ 舅母 tɕiou⁵⁵mu⁰
阜平	姑父 ku³¹fu⁰	舅舅 tɕiou⁵³tɕiou⁰	妗子 tɕiŋ²⁴tsʅ⁰
定州	姑父 ku³³fu¹¹	舅 tɕiou⁵¹	妗子 tɕin³⁵tsʅ⁰
无极	姑父 ku³²⁵fu⁰	舅 tɕiəu⁴⁵¹	妗子 tɕien³²⁵tsʅ⁰
辛集	姑父 ku³³fu⁰	舅 tɕiou³⁵⁴	妗子 tɕiən³²⁴tsʅ⁰
衡水	姑父 ku³¹fu⁰ 叔 ʂəu²⁴	舅 tɕiəu⁵³	妗子 tɕin⁵³tsʅ⁰
故城	姑父 ku²¹fu⁰	舅 tɕiou³¹	妗子 tɕiẽ⁵³tsʅ⁰
巨鹿	姑父 ku³³fu²¹	舅舅 tɕiou⁵³tɕiou⁰	妗子 tɕin⁵³tsʅ⁰
邢台	姑父 ku³⁴fu⁰	舅舅 tɕiou³¹tɕiou⁰	妗子 tɕin³¹ə⁰
馆陶	姑父 ku²⁴fu⁰	舅 tɕiəu²¹³	妗子 tɕin²¹tə⁰
沧县	姑父 ku⁴¹fu⁰	舅 tɕiou⁴¹	妗子 tɕiən⁵³tsʅ⁰
献县	姑父 ku³³fu⁰	舅 tɕiou³¹	妗子 tɕin³³¹tsʅ⁰
平泉	姑父 ku³⁵fu⁰	舅 tɕiou⁵¹	舅母 tɕiou⁵³mu⁰ 舅妈 tɕiou⁵³ma⁵⁵
滦平	姑父 ku⁵⁵fu⁰	舅舅 tɕiou⁵¹tɕiou⁰	舅妈 tɕiou⁵¹ma⁵⁵/ tɕiou⁵¹ma⁰

（续表）

	0631 姑父呼称,统称	0632 舅舅呼称	0633 舅妈呼称
廊坊	姑父 ku⁵⁵fu⁰	舅 tɕiou⁵¹ 舅舅 tɕiou⁵¹tɕiou⁰	舅妈 tɕiou⁵¹ma⁰/ tɕiou⁵³ma⁵⁵
魏县	姑父 ku³³fu⁰	舅 tɕiəu³¹²	妗子 tɕin³¹²tɛ⁰
张北	姑父 ku⁴²fu⁰	舅舅 tɕiəu²³tɕiəu⁰	舅母 tɕiəu²³mu⁴²
万全	姑父 ku⁴¹fu²¹³	舅 tɕiou²¹³	舅母 tɕiəŋ²¹³mu⁰
涿鹿	姑父 ku⁴²fuə⁰	舅舅 tɕiəu³¹tɕiəu⁰	舅妈 tɕiəu³¹mʌ⁰
平山	姑父 ku⁴²fu⁰	舅舅 tɕiəu⁴²tɕiəu⁰	妗子 tɕin⁵⁵tsʅ⁰
鹿泉	姑父 ku⁵⁵fo⁰	舅舅 tɕiou³¹tɕiou⁰	妗子 tɕiẽ³¹tʅ⁰
赞皇	姑父 ku⁴⁵fu⁰	舅舅 tɕiəu⁵¹tɕiəu⁰	妗子 tɕin⁵¹tsə⁰
沙河	姑父 ku⁴¹fəʔ⁰	舅舅 tɕiəu²¹tɕiəu⁰	妗子 tɕiən²¹tə⁰
邯郸	姑父 ku³¹və⁰	舅舅 tɕiəu²¹tɕiəu⁰	妗子 tɕin²¹tə⁰
涉县	姑父 ku⁵⁵fəʔ⁰	舅 tɕiou⁵⁵	妗子 tɕiəŋ⁵⁵ə⁰

---

① 根据舅舅的长幼顺序，分别称大舅、二舅、三舅等，最小的是老舅，无统称。无血缘关系的可称"舅儿 tɕiou²¹wər⁰"。
② 排行根据舅舅，无统称。

	0634 姨 呼称,统称(无统称则记分称:比母大,比母小;已婚,未婚)	0635 姨父 呼称,统称	0636 弟兄 合称
兴隆	姨 i⁵⁵	姨父 i⁵⁵fu⁰	弟兄 ti⁵¹ɕioŋ⁰ 哥儿们儿 kɤr³⁵mər⁰
北戴河	姨妈 i³⁵ma⁴⁴ 姨 i³⁵	姨父 i³⁵fu⁰	哥儿 kɤr⁴⁴
昌黎	姨 i²⁴	姨父 i⁴²fu²³	哥们儿 kɤ⁴³mər⁰ 哥儿几个 kɤr³⁴tɕi²¹kə⁰
乐亭	姨 i²¹²	姨父 i³¹fu⁰	哥们儿 kə³¹mər⁰
蔚县	姨姨 i⁴¹i⁰	姨父 i⁴¹fu⁰	弟兄 ti³¹ɕyŋ⁰
涞水	姨儿 i²⁴ər⁰	姨父 i²⁴fu⁰	哥儿们 kɤ³³mər⁰
霸州	姨 i⁵³	姨父 i⁵³fu⁰	哥儿们 kɤ²¹mər⁰
容城	姨儿 i²¹ər⁰	姨父 i²¹fu⁰	哥儿们 kɐr³¹mən⁰
雄县	姨 i⁵³	姨父 i⁵³fu⁰	哥儿们儿 kɤr⁴⁴mər⁰
安新	大姨 ta⁵³i³¹①	姨父 i³³fu⁰	哥儿们儿 kɤr⁴⁵mər⁰②
满城	姨儿 iər²²	姨父 i²²fu⁰	弟兄 ti⁵⁵ɕyŋ⁰
阜平	姨姨 i⁵³i⁰	姨父 i⁵³fu⁰	弟兄 ti⁵³ɕioŋ⁰
定州	姨儿 i⁴²iər⁰	姨父 i⁴²fu⁰	弟兄 ti³⁵ɕyŋ⁰
无极	姨儿 iər²¹³	姨父 i³¹fu⁰	弟兄 ti⁵³ɕyŋ⁰
辛集	姨 i³⁵⁴	姨父 i³⁵fu⁴¹	弟兄 ti³²⁴ɕioŋ⁰
衡水	姨 i⁵³	姨父 i²⁴fu⁰	弟兄 ti⁵³ɕyŋ⁰
故城	姨 i⁵³	姨父 i⁵⁵fu⁰	弟兄 ti⁵³ɕyŋ⁰
巨鹿	姨 i⁴¹	姨父 i⁵⁵fu²¹	弟兄 ti⁵³ɕioŋ⁰
邢台	姨 i⁵³	姨父 i⁵³fu⁰	弟兄 ti³¹ɕyŋ⁰
馆陶	姨 i⁵²	姨父 i⁵²fu⁰	弟兄 ti²¹ɕyŋ⁰
沧县	姨 i⁵³	姨父 i⁵⁵fu⁰	哥们儿 kɤ²³mər⁰
献县	姨 i⁵³	姨父 i⁵⁵fu⁰	弟兄 ti³³¹ɕyoŋ⁰
平泉	姨 i³⁵	姨父 i³⁵fu⁰	哥们儿 kə⁵⁵mər⁰ 兄弟 ɕyŋ⁵⁵ti⁰

	0634 姨 呼称，统称（无统称则记分称：比母大，比母小；已婚，未婚）	0635 姨父 呼称，统称	0636 弟兄 合称
滦平	姨 i³⁵	姨父 i³⁵fu⁰	哥儿们儿 kɤr⁵⁵mər⁰ 弟兄 ti⁵¹ɕyŋ⁰
廊坊	姨儿 iər³⁵	姨父 i³⁵fu⁰	兄弟 ɕyŋ⁵⁵ti⁰ 弟兄 ti⁵¹ɕyŋ⁰
魏县	姨 i⁵³	姨父 i⁵³fu⁰	弟儿 tiər³¹²
张北	姨 i⁴²	姨父 i⁴²fu⁰	弟兄 ti²³ɕyŋ⁴²
万全	姨姨 i⁴¹i⁰	姨父 i⁴¹fu²¹³	哥儿们 kə⁴¹ər⁴¹məŋ⁰
涿鹿	姨姨 i⁴²i⁰	姨父 i⁴²fuə⁰	兄弟 ɕyŋ⁴²tə⁰
平山	姨儿 iər⁴²	姨父 i⁴²fu⁰	弟兄 ti⁵⁵ɕyŋ⁰
鹿泉	姨姨 i⁵⁵i⁰	姨父 i⁵⁵fo⁰	弟兄 ti³¹ɕyŋ⁰
赞皇	姨儿 iər³²	姨父 i⁵¹fu⁰	弟兄 ti⁵¹ɕyŋ⁰
沙河	大姨 tɑ²¹i⁵¹ 小姨 siau³³i⁰	姨父 i⁵¹fəʔ⁰	弟儿 tiər²⁴
邯郸	姨 i⁵³	姨父 i⁵³və⁰	[弟兄]们儿 tiŋ³¹mər⁰
涉县	大姨 tɒ⁵⁵i⁰ 小姨 ɕiau⁵³i²⁴	姨父 i⁵⁵fəʔ⁰	弟兄 ti⁵⁵ɕyəŋ⁰

① 面称时，按照母亲姐妹的总排行，根据姨的长幼顺序，分别称大姨、二姨、三姨等，最小的是老姨。无统称。
② 也可包括女性。

	0637 姊妹 合称，注明是否可包括男性	0638 哥哥 呼称，统称	0639 嫂子 呼称，统称
兴隆	姊妹 tsʅ²¹mei⁵¹ 姐妹儿 tɕiɛ²¹mər⁰	哥哥 kə⁵⁵kə⁰ 哥 kə⁵⁵	嫂子 sɑu²¹tsʅ⁰
北戴河	姐儿 tɕiər²¹⁴	哥 kɤ³⁵	嫂子 ʃɑu²¹tʃʅ⁰
昌黎	姐们儿 tɕiɛ²¹mər⁰ 姐儿几个 tɕiər²⁴tɕi²¹kə⁰①	哥 kɤ²⁴	嫂子 sɑu²¹tsʅ⁰
乐亭	姐们儿 tɕiɛ²¹¹mər⁰②	哥 kə⁵²	嫂子 sɑu²¹tsʅ⁰
蔚县	姊妹 tsʅ⁴⁴mei⁰③	哥 kɤ⁵³	嫂子 sʌɯ⁴⁴tsʅ⁰
涞水	姐们儿 tɕiɛ²⁴mər⁰④	哥 kɤ³¹	嫂 sɑu²⁴
霸州	姐们儿 tɕiɛ⁴¹mər⁰⑤	哥 kɤ⁴⁵	嫂 sɑu²¹⁴
容城	姐儿们 tɕiɐr⁵²mən⁰⑥	哥 kɤ⁴³	嫂 sɑu²¹³
雄县	姐们儿 tɕiɛ⁴¹mər⁰⑦	哥 kɤ⁴⁵	嫂 sɑu²¹⁴
安新	姐们儿 tɕiɛ⁵³mər⁰⑧	哥 kɤ⁴⁵	嫂子 sɑu⁵³tsʅ⁰
满城	姊妹 tsʅ²¹mei⁵¹²	哥哥 kɤ²¹kɤ⁰	嫂子 sɑu⁴²tsʅ⁰
阜平	姐们 tɕiɛ²¹məŋ⁰⑨	哥哥 kɤ²⁴kɤ⁰	嫂子 sɔ²¹tsʅ⁰
定州	姐妹 tsiɛ²¹¹mei⁰⑩	哥哥 kɤ²¹¹kɤ⁰	嫂子 sɑu²¹¹tsʅ⁰
无极	姊妹 tsʅ³⁵məi⁰⑪	哥 kɤ⁴⁵¹	嫂子 sɔ³⁵tsʅ⁰
辛集	姊妹 tsʅ³²²mei⁰⑫	哥哥 kə³⁵⁴kə³³	嫂子 sɑu³²²tsʅ⁰
衡水	姊妹 tsʅ²¹mei⁰	哥 kɤ²⁴	嫂 sɑu⁵⁵
故城	姊妹 tsʅ²⁴mei⁰	哥哥 kɤ²¹kɤ⁰	嫂子 sɔɔ²⁴tsʅ⁰
巨鹿	姊妹 tsʅ⁵⁵mei²¹⑬	哥哥 kɤ⁵⁵kɤ⁰	嫂 sɑu⁵⁵
邢台	姊妹 tsʅ⁵⁵mei³¹⑭	哥哥 kə³⁴kə⁰	嫂子 sɑu⁵⁵ə⁰
馆陶	姊妹 tsʅ⁴⁴mei²¹	哥哥 kɤ⁴⁴kɤ⁰ 哥 kɤ⁴⁴	嫂子 sɑo⁴⁴tə⁰ 嫂 sɑo⁴⁴
沧县	姐们儿 tɕiɛ²³mər⁰⑮	哥哥 kɤ⁴¹kɤ⁰	嫂子 sɑu²³tsʅ⁰
献县	姐们儿 tɕiɛ²¹məz⁰	哥 kɤ³³	嫂子 sɔ²¹tsʅ⁰
平泉	姐们儿 tɕiɛ²¹mər⁰ 姐妹 tɕiɛ²¹mei⁵¹	哥 kə⁵⁵ 哥哥 kə⁵⁵kə⁰	嫂子 sɑu²¹tsʅ⁰
滦平	姐们儿 tɕiɛ²¹mər⁰	哥哥 kə⁵⁵kə⁰ 哥 kə⁵⁵	嫂子 sɑu²¹tsʅ⁰

(续表)

	0637 姊妹 合称，注明是否可包括男性	0638 哥哥 呼称，统称	0639 嫂子 呼称，统称
廊坊	姊妹 tsɿ²¹mei⁵¹⑯	哥哥 kɤ⁵⁵kɤ⁰ 哥 kɤ⁵⁵	嫂子 sau²¹tsɿ⁰
魏县	姊妹 tsɿ⁵³məi³¹²⑰	哥 kɤ⁵⁵	嫂 ʂau⁵⁵ 嫂子 ʂau⁵⁵tɛ⁰
张北	姊妹 tsɿ⁵⁵mei²¹³	哥哥 kə⁵⁵kə⁰	嫂子 sau⁵⁵tsə⁰
万全	姊妹 tsɿ⁴⁴mei²¹³⑱	哥哥 kə⁴¹kə⁰	嫂嫂 sɔ⁵⁵sɔ⁰
涿鹿	姊妹 tsɿ⁵⁵mʌ⁰	哥哥 kə⁴²kə⁰ 哥 kə⁴⁴	嫂子 sɔ⁵⁵ə⁰
平山	姊妹 tsɿ⁵⁵mæi⁴²	哥哥 kɤ⁵⁵kɤ⁰	嫂 sɔ⁵⁵
鹿泉	姊妹 tsɿ³⁵mei³¹	哥哥 kɤ⁵⁵kɤ⁰	嫂子 sɔ³⁵tɤ⁰
赞皇	姊妹 tsɿ⁴⁵mei³¹⑲	哥哥 kə⁴⁵kə⁰	嫂 sɔ⁴⁵
沙河	姊妹 tsɿ³³mei²¹	哥哥 kɤ³³kɤ⁰	嫂 sau⁵¹
邯郸	姊妹 tsɿ⁵⁵məi²¹⑳	哥哥 kɤ⁵⁵kɤ⁰	嫂 sau⁵³
涉县	姊妹儿们儿 tsɿ⁵³mər²⁴mər⁰	哥哥 kə⁵³kə⁰ 哥 kə⁵³	嫂 sau⁵³

①⑧⑪⑫⑬⑯⑱⑲ 可包括男性。
②⑥⑨⑩ 不包括男性。
③④ 一般不包括男性，表亲热时可包括男性。
⑤⑦ 如姐最大，可包括男性。
⑭⑰⑳ 包括男性。
⑮ 兄弟姐妹中最大的为女性时，可包括男性。只包括直系亲属。

	0640 弟弟 叙称	0641 弟媳 叙称	0642 姐姐 呼称，统称
兴隆	兄弟 ɕioŋ³⁵ti⁰ 弟弟 ti⁵¹ti⁰	兄弟媳妇儿 ɕioŋ³⁵ti⁵¹ɕi²¹fər⁰ 弟妹 ti⁵³mei⁵¹ 弟媳 ti⁵¹ɕi²¹³	姐 tɕie²¹³ 姐姐 tɕie²¹tɕie⁰
北戴河	兄弟 ɕyŋ³⁵ti⁰	兄弟媳妇儿 ɕyŋ³⁵ti⁰ɕi²¹fər⁰	姐姐 tɕie²¹tɕie⁰ 姐 tɕie²¹⁴
昌黎	兄弟 ɕyŋ²⁴ti⁰	兄弟媳妇儿 ɕyŋ²⁴ti⁴²ɕi²¹fər⁰	姐 tɕie²¹³ 姐姐 tɕie²¹tɕie⁰
乐亭	兄弟 ɕyŋ³⁵ti⁰	兄弟媳妇儿 ɕyŋ³⁵ti⁰si²¹¹fər⁰	姐 tɕie³⁴
蔚县	兄弟 ɕyŋ⁵³ti⁰ 弟弟 ti³¹ti⁰	兄弟媳妇儿 ɕyŋ⁵³ti⁰ɕi⁵³fur⁰	姐姐 tɕiə⁴⁴tɕiə⁰
涞水	兄弟 ɕioŋ⁴⁵ti⁰	兄弟媳妇儿 ɕioŋ³³ti⁰ɕi²⁴fər⁰	姐姐 tɕie³¹tɕie⁰
霸州	兄弟 ɕyŋ⁵³ti⁰ 弟弟 ti⁴⁵ti⁰	兄弟媳妇儿 ɕyŋ⁴⁴ti⁰ɕi⁴¹fər⁰ 弟妹 ti⁴⁵mei⁴¹	姐姐 tɕie⁴¹tɕie⁰
容城	兄弟 ɕyŋ³⁵ti⁰	兄弟媳妇儿 ɕyŋ³⁵ti⁰ɕi⁵²fər⁰	姐姐 tɕie⁵²tɕie⁰
雄县	兄弟 ɕyŋ⁴⁵ti⁰	兄弟媳妇儿 ɕyŋ²¹ti⁰ɕi⁴¹fər⁰ 弟妹 ti⁵³⁴mei⁴¹	姐姐 tɕie⁴¹tɕie⁰
安新	兄弟 ɕyŋ²¹ti⁰	兄弟媳妇儿 ɕyŋ²¹ti⁰ɕi⁵³fər⁰ 弟妹 ti⁵³mei⁵¹	姐 tɕie²¹⁴
满城	兄弟 ɕyŋ⁴⁵ti⁰	兄弟媳妇儿 ɕyŋ⁴⁵ti⁰ɕi⁴²fu²¹ər⁰	姐姐 tɕie²¹tɕie⁰
阜平	弟弟 ti⁵³ti⁰	兄弟媳妇儿 ɕioŋ³¹ti⁰ɕi²¹fər⁰	姐姐 tɕie²¹tɕie⁰
定州	兄弟 ɕyŋ²¹¹ti⁰	兄弟媳妇儿 ɕyŋ²¹¹ti⁰si²¹¹fər⁰	姐姐 tsie²¹¹tsie⁰
无极	兄弟 ɕyŋ³⁵ti⁰	兄弟媳妇儿 ɕyŋ³⁵ti⁰si²¹³fər⁰	姐姐 tsie³⁵tsie⁰
辛集	兄弟 ɕioŋ³³li⁰	兄弟媳妇儿 ɕioŋ³³li⁰si³⁵fər⁰	姐姐 tsie³²²tsie⁰
衡水	兄弟 ɕyŋ³¹ti⁰	兄弟媳妇儿 ɕyŋ³¹ti⁰ɕi²¹fər⁰	姐 tɕie⁵⁵
故城	弟弟 ti⁵³ti⁰ 兄弟 ɕyŋ²¹ti⁰	兄弟媳妇儿 ɕyŋ²¹ti⁰ɕi²¹fur⁰	姐姐 tɕie²⁴tɕie⁰
巨鹿	兄弟 ɕioŋ³³ti²¹	兄弟媳妇儿 ɕioŋ³³ti²¹ɕi⁵⁵fər⁰	姐姐 tɕie⁵⁵tɕie⁰
邢台	弟弟 ti³¹ti⁰ 兄弟 ɕyŋ³⁴ti³¹	兄弟媳妇儿 ɕyŋ³⁴ti³¹si³⁴fər³¹	姐姐 tsie⁵⁵tsie⁰
馆陶	兄弟 ɕyŋ²⁴ti⁰	弟媳 ti²¹si²⁴ 弟妹 ti²⁴mei²¹	姐姐 tsiɛ⁴⁴tsiɛ⁰ 姐 tsiɛ⁴⁴

（续表）

	0640 弟弟叙称	0641 弟媳叙称	0642 姐姐呼称, 统称
沧县	兄弟 ɕyoŋ⁴¹ti⁰	弟妹 ti²³mei⁴¹	姐姐 tɕie²³tɕie⁰
献县	兄弟 ɕyoŋ³³ti⁰	兄弟媳妇儿 ɕyoŋ³³ti⁰ɕi³³fəz̩⁰	姐 tɕie²¹⁴
平泉	兄弟 ɕioŋ⁵⁵ti⁰ 弟弟 ti⁵¹ti⁰	弟媳妇儿 ti⁵³ɕi³⁵fər⁰ 兄弟媳妇儿 ɕyŋ⁵⁵ti⁵³ɕi³⁵fər⁰	姐 tɕie²¹⁴ 姐姐 tɕie²¹tɕie⁰
滦平	兄弟 ɕioŋ⁵⁵ti⁰ 弟弟 ti⁵¹ti⁰	兄弟媳妇儿 ɕyŋ⁵⁵ti⁰ɕi²¹fər⁰ 弟妹 ti⁵³mei⁵¹ 弟媳 ti⁵¹ɕi²¹⁴	姐姐 tɕie²¹tɕie⁰ 姐 tɕie²¹⁴
廊坊	弟弟 ti⁵¹ti⁰ 兄弟 ɕyŋ⁵⁵ti⁰	兄弟媳妇儿 ɕyŋ⁵⁵ti⁰ɕi³⁵fur⁰	姐姐 tɕie²¹tɕie⁰ 姐 tɕie²¹⁴
魏县	兄弟 ɕyŋ⁵³ti³¹²	兄弟[媳妇儿]ɕyŋ⁵³ti³¹²ɕiəur⁵³	姐姐 tɕie⁵⁵ɛ⁰
张北	弟弟 ti²¹ti⁰	兄弟媳妇儿 ɕyŋ⁴²ti⁰ɕiəʔ³fer²¹³	姐姐 tsie⁵⁵tsie⁰
万全	兄弟 ɕyəŋ⁴¹ti²¹³	弟媳妇儿 ti²¹³ɕiəʔ²²fu²¹³ər⁰	姐姐 tɕiei⁵⁵tɕiei⁰
涿鹿	兄弟 ɕyŋ⁴²tə⁰	兄弟媳妇儿 ɕyŋ⁴²tə⁰ɕiʌ⁴³fər⁰	姐子 tɕie⁵⁵ə⁰
平山	兄弟 ɕyŋ⁴²ti⁰	兄弟媳妇儿 ɕyŋ⁴²ti⁰si²¹fər⁰	姐姐 tsiə⁵⁵tsiə⁰
鹿泉	兄弟 ɕyŋ⁵⁵ti⁰	兄弟媳妇儿 ɕyŋ⁵⁵ti⁰si¹³fur⁰	姐姐 tsiɤ³⁵tsiɤ⁰
赞皇	兄弟 ɕyŋ⁴⁵ti⁰	兄弟媳妇儿 ɕyŋ⁵⁴ti⁰si²¹fər⁰	姐姐 tsie⁴⁵tsie⁰
沙河	兄弟 ɕioŋ⁴¹ti⁰	兄弟[媳妇]子 ɕioŋ⁴¹ti⁰siəu⁵¹tə⁰	姐姐 tsie³³tsie⁰
邯郸	兄弟 ɕyŋ⁵⁵ti²¹	兄弟[媳妇]子 ɕyŋ³¹ti⁰siəu⁵³tə⁰	姐姐 tsie⁵⁵tsie⁰
涉县	兄弟 ɕyəŋ⁴¹ti²⁴	兄弟媳妇子 ɕyəŋ⁴¹ti²⁴ɕiəʔ³²fəʔ⁰lə⁰	姐姐 tɕiə⁵³tɕiə⁰

	0643 姐夫 呼称	0644 妹妹 叙称	0645 妹夫 叙称
兴隆	姐夫 tɕiɛ²¹fu⁰	妹子 mei⁵¹tsʅ⁰ 妹妹 mei⁵¹mei⁰	妹夫 mei⁵¹fu⁰
北戴河	姐夫 tɕie²¹fu⁰	妹子 mei⁵³tʂʅ⁰	妹夫儿 mei⁵³fur⁰
昌黎	姐夫 tɕie²¹fu⁰	妹子 mei²⁴tsʅ⁰	妹夫 mei⁴⁵fu⁰
乐亭	姐夫 tɕie²¹¹fu⁰	妹子 mei³⁵tsʅ⁰	妹夫子 mei⁵⁵fu⁰tsʅ⁰
蔚县	姐夫 tɕiə⁴⁴fu⁰	妹子 mei³¹tsʅ⁰ 妹妹 mei³¹mei⁰	妹夫 mei³¹fu⁰
涞水	姐夫 tɕie³¹fu⁰	妹子 mei³³¹tsʅ⁰	妹夫儿 mei³¹fu⁴⁵ər⁰
霸州	姐夫 tɕie⁴¹fu⁰	妹妹 mei⁴⁵mei⁰	妹夫儿 mei⁴⁵fur⁰
容城	姐夫 tɕie⁵²fu⁰	妹子 mei⁵²tsʅ⁰	妹夫儿 mei⁵²fu³⁵ər⁰
雄县	姐夫 tɕie⁴¹fu⁰	妹妹 mei⁴⁵mei⁰	妹夫儿 mei⁴⁵fur⁰
安新	姐夫 tɕie⁵³fu⁰	妹子 mei⁵⁵tsʅ⁰	妹夫儿 mei⁵⁵fu²¹wər⁰
满城	姐夫 tɕie⁴²fu⁰	妹子 mei⁵⁵tsʅ⁰	妹夫儿 mei⁵⁵fu²¹ər⁰
阜平	姐夫 tɕie²¹fu⁰	妹妹 mei²⁴mei⁰	妹夫子 mei⁵³fu²⁴tsʅ⁰
定州	姐夫 tsie²¹¹fu⁰	妹妹 mei³⁵mei⁰	妹夫 mei³⁵fu⁰
无极	姐夫 tsie³⁵fu⁰	妹子 məi⁵³tsʅ⁰	妹夫儿 məi⁵¹fur⁴⁵¹
辛集	姐夫 tsiɛ³²²fu⁰	妹子 mei⁴²tsʅ⁰	妹夫 mei⁴²fu⁰
衡水	姐夫 tɕie²¹fu⁰ 哥 kɤ²⁴	妹子 mei⁵³tsʅ⁰	妹夫 mei⁵³fu⁰
故城	哥哥 kɤ²⁴kɤ⁰ 姐夫 tɕie²⁴fu⁰	妹妹 mei⁵³mei⁰	妹夫 mei⁵³fu⁰
巨鹿	姐夫 tɕie⁵⁵fu⁰	妹子儿 mei⁵³tər⁰	妹夫儿 mei⁵³fur⁰
邢台	姐夫 tsie⁵⁵fu⁰	妹妹 mei³¹mei⁰	妹夫 mei³¹fu⁰
馆陶	哥 kɤ⁴⁴① 姐夫 tsiE⁴⁴fu⁰②	妹妹 mei²¹mei⁰	妹夫 mei²¹fu⁰
沧县	姐夫 tɕie²³fu⁰	妹妹 mei⁵³mei⁰	妹夫儿 mei⁵³fur⁰
献县	姐夫 tɕie²¹fu⁰	妹子 mei³³¹tsʅ⁰	妹夫儿 mei³³¹fur⁰
平泉	姐夫 tɕie²¹fu⁰	妹子 mei⁵¹tsʅ⁰ 妹妹 mei⁵¹mei⁰	妹夫 mei⁵¹fu⁰

(续表)

	0643 姐夫 呼称	0644 妹妹 叙称	0645 妹夫 叙称
滦平	姐夫 tɕiɛ²¹fu⁰	妹子 mei⁵¹tsə⁰ 妹妹 mei⁵¹mei⁰	妹夫 mei⁵¹fu⁰
廊坊	姐夫 tɕiɛ²¹fu⁰	妹妹 mei⁵¹mei⁰	妹夫 mei⁵¹fu⁰
魏县	姐夫 tɕiɛ⁵⁵fu⁰	妹妹 məi³¹²məi⁰	妹夫儿 məi³¹²fur⁰
张北	姐夫 tɕiɛ⁵⁵fə⁰	妹妹 mei²³mei⁰	妹夫 mei²³fə⁰
万全	姐夫 tɕiei⁵⁵fu⁰	妹妹 mei²⁴mei⁰	妹夫 mei²¹³fu⁰
涿鹿	姐夫 tɕiɛ⁵⁵fuə⁰	妹子 mei³¹ə⁰	妹夫 mei³¹fuə⁰
平山	姐夫 tsiə⁵⁵fu⁰	妹子 mæi⁵⁵tsʅ⁰	妹夫儿 mæi²⁴fər³¹
鹿泉	姐夫 tsiɤ³⁵fo⁰	妹子 mei³¹tɤ⁰	妹夫子 mei³¹fo⁰tɤ⁰
赞皇	姐夫 tsiɛ⁴⁵fu⁰	妹子儿 mei⁵¹tsər⁰	妹夫 mei⁵¹fu⁰
沙河	[姐夫]tsiəu⁴¹	姊妹 tsʅ³³mei²¹	妹夫子 mei²¹fəʔ⁰tə⁰
邯郸	姐夫 tsiəu⁵⁵u⁰	姊妹 tsʅ⁵⁵məi²¹	妹夫儿 məi²¹fur⁰
涉县	姐夫 tɕiə⁵³fu⁰	姊妹 tsʅ⁵³məi²⁴	妹夫子 məi⁵⁵fəʔ⁰lə⁰

① 称呼人年龄较小，或与被称呼人关系较近时。
② 称呼人年龄较大，或与被称呼人关系较远时。

	0646 堂兄弟 叙称，统称	0647 表兄弟 叙称，统称	0648 妯娌 弟兄妻子的合称
兴隆	叔伯兄弟 ʂu³⁵pai⁰ɕioŋ³⁵ti⁰ 堂兄弟 tʰaŋ⁵⁵ɕioŋ⁵⁵ti⁰	表兄弟 piau²¹ɕioŋ³⁵ti⁰	妯娌 tʂou⁵⁵li⁰
北戴河	叔伯兄弟 ʃu⁴⁴pai⁴⁴ɕyŋ⁴⁴ti⁰	表兄弟儿 piau²¹ɕyŋ⁴⁴tiər⁵¹	妯们儿 tʃou³⁵mər⁰
昌黎	亲叔伯哥们儿 tɕʰin⁴³sou⁴³pai¹kɤ³⁴mər⁰	表兄弟儿 piau²¹ɕyŋ³⁴tiər⁴⁵³ 连兄弟 lian²⁴ɕyŋ³⁴ti⁴⁵³	妯儿娌 tsour⁴²li²³ 妯们儿 tsou⁴²mər²³
乐亭	叔伯兄弟 ʂu³³pai³³ɕyŋ³⁵tiər⁵²	表兄弟儿 piau²¹¹ɕyŋ³³tiər⁵²	妯娌 tʂu³¹li⁰
蔚县	叔伯兄弟 su⁵³pei⁰ɕyŋ⁵³ti⁰	姑舅弟兄 ku⁵³tɕiəu⁰ti³¹ɕyŋ⁰ 表兄弟 piʌɯ⁴⁴ɕyŋ⁵³ti³¹²	妯娌 tsəu⁴¹li⁰
涞水	叔伯兄弟 ʂu³³pai⁰ɕioŋ⁴⁵ti⁰	表兄弟儿 piau²⁴ɕioŋ⁵⁵ti³³¹ər⁰	妯娌 tʂou²⁴li⁰
霸州	叔伯哥们儿 ʂu⁴⁵pai⁴⁴kɤ²¹mər⁰	表哥们儿 piau²⁴kɤ²¹mər⁰	妯娌 tʂou⁵³li⁰
容城	叔伯哥儿们 ʂu⁴⁴pai⁴⁴kɐr³¹mən⁰	表兄弟 piau²¹ɕyŋ⁴⁴ti⁵¹³	妯娌 tʂou²¹li⁰
雄县	叔伯兄弟 su⁴⁵pai⁵³ɕyŋ⁴⁵ti⁰ 叔伯哥儿们儿 su⁴⁵pai⁴⁴kɤr⁴⁴mər⁰	表兄弟儿 piau²¹ɕyŋ⁴⁵tiər⁴¹ 表哥儿们儿 piau²⁴kɤr⁴⁴mər⁰	妯娌 tʂou⁵³li⁰
安新	叔伯哥儿们儿 ʂu⁴⁵pai⁵³kɤr⁴⁵mər⁰	表兄弟儿 piau²¹ɕyŋ⁴⁵tiər⁵¹	妯娌 tʂou³³li⁰
满城	叔伯哥儿们 ʂu⁴⁵pai⁰kɤr⁴⁵mən⁰	表兄弟 piau²¹ɕyŋ⁴⁵ti⁵¹²	妯娌 tʂou²²li⁰
阜平	叔伯兄弟 ʂu³¹pæ⁰ɕioŋ²⁴ti⁵³	表兄弟儿 piɔ²⁴ɕioŋ⁵⁵tiər⁵³	妯娌 tʂou⁵³li⁰
定州	堂兄弟 tʰaŋ²⁴ɕyŋ²¹¹ti⁰	表兄弟 piau²⁴ɕyŋ³³ti⁵¹	妯娌 tʂou⁴²ti⁰
无极	堂兄弟 tʰaŋ³¹ɕyŋ³⁵ti⁰	表兄弟儿 piɔ³⁵ɕyŋ³⁵tiər⁵¹	妯娌 tʂəu³¹li⁰
辛集	叔伯弟兄 ʂu³³pai⁰ti³²⁴ɕioŋ⁰	两姨弟兄 liaŋ³²²i⁴²ti³²⁴ɕioŋ⁰ 姑舅弟兄 ku³⁵tɕiou⁴¹ti³²⁴ɕioŋ⁰	妯娌 tʂou³⁵li⁰
衡水	叔伯兄弟 ʂu³¹pai⁰ɕyŋ³¹ti⁰	表兄弟 piau⁵⁵ɕyŋ²⁴ti³¹	妯娌 tʂəu²⁴li⁰
故城	叔伯兄弟 ʂu²¹pæ⁰ɕyŋ²⁴ti⁰	表兄弟 piɔ⁵⁵ɕyŋ²⁴ti⁰	妯娌 tʂou⁵⁵li⁰
巨鹿	堂兄弟 tʰã⁴¹ɕioŋ³³ti²¹	表兄弟 piau⁵⁵ɕioŋ³³ti²¹	妯娌 tʂou⁵³li⁰
邢台	堂兄弟 tʰaŋ⁵³ɕyŋ³⁴ti³¹	表兄弟 piau⁴³ɕyŋ³⁴ti³¹	妯娌 tʂou⁵³li⁰/ tʂu⁵³li⁰
馆陶	叔伯兄弟 ʂu²¹pai⁴⁴ɕyŋ²⁴ti²¹	表兄弟 piɔ⁴⁴ɕyŋ²⁴ti⁰	妯娌 tʂu⁵²li⁰
沧县	叔伯兄弟 su⁴¹pai⁰ɕyoŋ⁴¹ti⁰	表兄弟 piau⁵⁵ɕyoŋ²³ti⁴¹	妯娌 tʂou⁵⁵li⁰
献县	叔伯兄弟 ʂu³³pɤ⁰ɕyoŋ³³ti⁰	表兄弟儿 piɔ²¹ɕyoŋ³³tiəʐ³¹	妯娌 tʂou⁵⁵li⁰
平泉	叔伯兄弟 ʂu⁵⁵pai⁰ɕyŋ⁵⁵ti⁰ 堂兄弟 tʰaŋ³⁵ɕyŋ⁵⁵ti⁰	表兄弟 piau²¹ɕyŋ⁵⁵ti⁰	妯娌 tʂou³⁵li⁰

（续表）

	0646 堂兄弟 叙称, 统称	0647 表兄弟 叙称, 统称	0648 妯娌 弟兄妻子的合称
滦平	叔伯兄弟 ʂu⁵⁵peiºɕyŋ⁵⁵tiº 堂兄弟 tʰɑŋ³⁵ɕyŋ⁵⁵tiº	表兄弟 piɑu²¹ɕyŋ⁵⁵tiº	妯娌 tʂou³⁵liº
廊坊	叔伯兄弟 ʂu⁵⁵pai⁵⁵ɕyŋ⁵⁵tiº	表兄弟儿 piɑu²¹ɕyŋ⁵⁵tiər⁵¹	妯娌 tʂou³⁵liº
魏县	叔伯兄弟 ʂue⁵⁵pɛ³³ɕyŋ⁵⁵tiº	表兄弟 piɑu⁵⁵ɕyŋ⁵⁵tiº	姊妹 tʂʅ⁵³mɛi³¹²
张北	堂兄弟 tʰɔ⁴²ɕyŋ⁴²tiº	表兄弟 piɑu⁵⁵ɕyŋ⁴²tiº	妯娌 tsəu⁴²liº
万全	堂兄弟 tʰɑŋ⁴¹ɕyəŋ⁴¹ti²¹³	表兄弟 piɔ⁵⁵ɕyəŋ⁴¹ti²¹³	妯娌 tsou⁴¹liº
涿鹿	当家兄弟 tɑ̃³¹tɕiɑºɕyŋ⁴²təº	表兄弟 piɔ⁴⁵ɕyŋ⁴²təº	妯儿娌 tʂəur⁴²lɛº
平山	叔伯兄弟 ʂɐu²¹pɛºɕyŋ⁴²tiº	姑舅兄弟 ku⁵⁵tɕiɐuºɕyŋ⁴²ti³¹ 两姨兄弟 liɑŋ⁵³iºɕyŋ⁴²ti³¹	妯娌 tʂɐu⁴²liº
鹿泉	叔伯兄弟 ʂu¹³pɛºɕyŋ⁵⁵tiº	表兄弟 piɔ³⁵ɕyŋ⁵⁵tiº	妯娌 tʂou⁵⁵liº
赞皇	堂叔伯 tʰɑŋ⁵⁴ʂu²⁴pɛº	表兄弟 piɔ⁴⁵ɕyŋ⁵⁴tiº	妯娌 tʂəu⁵¹liº
沙河	婶子大娘弟兄们 ʂən³³təºtɔ²¹niɛŋ⁵¹ti²¹ɕioŋºmənº	姑舅弟兄们 ku⁴¹tɕiɐu²¹ti²¹ɕioŋºmənº	妯娌 tʂuɐʔ²liº
邯郸	堂兄弟 tʰɑŋ⁵³ɕyŋ⁵⁵ti²¹	表兄弟 piɑu⁵³ɕyŋ³³ti²¹	妯娌 tʂuɐʔ⁵liº
涉县	叔伯兄弟 suɐʔ³²pɛʔºɕyəŋ⁴¹ti²⁴	表兄弟 piɑu⁵³ɕyəŋ⁴¹tiº	妯儿们 tʂur⁵⁵məŋº

	0649 连襟 姊妹丈夫的关系，叙称	0650 儿子 叙称；我的~	0651 儿媳妇 叙称；我的~
兴隆	一般沉儿 i⁵⁵pan³⁵tʂʰər⁵⁵ 一担挑儿 i⁵⁵tan⁵¹tʰiɑu³⁵ 连桥儿 lian⁵⁵tɕʰiɑur⁵⁵①	儿子 ər⁵⁵tsʅ⁰ 小子 ɕiɑu²¹tsʅ⁰	儿媳妇儿 ər⁵⁵ɕi²¹fər⁰
北戴河	挑担 tʰiɑu⁴⁴tan⁰	儿子 ər³⁵tʃʅ⁰	儿媳妇儿 ər³⁵ɕi²¹fər⁰
昌黎	挑担 tʰiɑu²⁴tan⁰	儿子 ər⁴²tsʅ²³	儿子媳妇儿 ər⁴²tsʅ²³ɕi²¹fər⁰
乐亭	挑担 tʰiɑu³⁵tan⁵²	儿子 ər³¹tsʅ⁰	儿子媳妇儿 ər³¹tsʅ⁰ɕi²¹¹fər⁰
蔚县	曳不停 iə³¹puᵒtʰiŋ⁴¹ 挑担 tʰiʌɯ⁴⁴tã⁰ 两曳 ⁼liɔ⁴⁴iə³¹²	儿子 ər⁴¹tsʅ⁰	儿媳妇儿 ər⁴¹ɕi⁵³fur⁰
涞水	挑担儿 tʰiɑu⁴⁵tɐr⁰	小子 ɕiɑu³¹tsʅ⁰	小子媳妇儿 ɕiɑu³¹tsʅ⁰ɕi²⁴fər⁰
霸州	一担儿挑 i⁴⁵tɐr⁴¹tʰiɑu⁴⁵ 担儿挑 tɐr⁴¹tʰiɑu⁴⁵ 一般儿沉 i⁴⁵pər⁴⁴tʂʰən⁵³	儿 ər⁵³ 小子 ɕiɑu⁴¹tsʅ⁰	儿媳妇儿 ər⁴⁴ɕi⁴¹fər⁰
容城	挑担儿 tʰiɑu³⁵tɐr⁰	小子 ɕiɑu⁵²tsʅ⁰	儿媳妇儿 ər³⁵ɕi⁵²fər⁰
雄县	挑担 tʰiɑu²¹tãn⁰ 一担挑儿 i⁴⁵tãn⁴¹tʰiɑur⁴⁵ 一般儿沉 i⁴⁵pər⁵³tʂʰən⁵³	小子 ɕiɑu⁴¹tsʅ⁰ 儿 ər⁵³	儿媳妇儿 ər⁵³ɕi⁴¹fər⁰
安新	挑担 tʰiɑu²¹tan⁵¹	小子 ɕiɑu⁵³tsʅ⁰	儿媳妇儿 ər⁴⁵ɕi⁵³fər⁰②
满城	挑担 tʰiɑu²¹tan⁰	小子 ɕiɑu⁴²tsʅ⁰	儿媳妇儿 ər²²ɕi⁴²fu²¹ər⁰
阜平	连襟儿 liæ⁵³tɕiər⁰	小子 ɕiɔ²¹tsʅ⁰	小子媳妇儿 ɕiɔ²¹tsʅ⁰ɕi²¹fər⁰
定州	挑担 tʰiɑu²¹¹tan⁰	小子 siɑu²¹¹tsʅ⁰	儿媳妇儿 ər²⁴si²¹¹fər⁰
无极	挑担儿 tʰiɔ³⁵tɐr⁵¹	小子 siɔ³⁵tsʅ⁰	儿媳妇儿 ər³⁵si²¹³fər⁰
辛集	挑担 tʰiɑu³⁵tan⁴¹	小子 siɑu³²²tsʅ⁰	媳妇儿 si³⁵fər⁴¹
衡水	挑担儿 tʰiɑu²¹tɐr⁰ 一担挑儿 i⁵⁵tan³¹tʰiɑur²⁴ 连襟儿 lian²⁴tɕiər⁰	小子 ɕiɑu²¹tsʅ⁰	儿媳妇儿 l̩⁵³ɕi²¹fər⁰
故城	连襟儿 liæ⁵³tɕiər⁰ 一担挑儿 i²⁴tæ³¹tʰiɔor²⁴	小子 ɕiɔ²⁴tsʅ⁰	儿媳妇儿 ər⁵³ɕi²¹fur⁰
巨鹿	挑担儿 tʰiɑu³³tɐr²¹	小子 ɕiɑu⁵⁵tsʅ⁰	儿媳妇儿 əl̩⁴¹ɕi⁵⁵fər²¹
邢台	挑儿 tʰiɑur³⁴ 担挑儿 tan³¹tʰiɑur³⁴ 挑担儿 tʰiɑu³⁴tɐr³¹	小子 siɑu⁵⁵ə⁰	小子媳妇儿 siɑu³⁴ə⁰si³⁴fər³¹ 儿媳妇儿 ər⁵³si³⁴fər³¹

(续表)

	0649 连襟 姊妹丈夫的关系，叙称	0650 儿子 叙称；我的~	0651 儿媳妇 叙称；我的~
馆陶	一条杠 i²⁴tʰiao⁴⁴kaŋ²¹ 一担挑儿 i⁴⁴tæn²¹tʰiaor²⁴	小儿 siaor⁴⁴ 小子 siao⁴⁴tə⁰	儿媳妇 ər⁴⁴si⁵²fu⁰
沧县	连腿儿 lian⁵³tʰuər⁵⁵	小子 ɕiau²³tsʅ⁰	儿媳妇儿 ər⁵⁵ɕi⁴¹fur⁰
献县	连襟儿 liæ⁵³tɕiəzʅ³³ 一担挑 i³³tæ³¹tʰiɔ³³	儿 əzʅ⁵³	儿媳妇儿 əzʅ⁵³ɕi³³fəzʅ⁰
平泉	连桥儿 lian³⁵tɕʰiaur³⁵ 一担挑儿 i³⁵tan⁵³tʰiaur⁵⁵ 连襟儿 lian³⁵tɕiər⁵⁵	小子 ɕiau²¹tsʅ⁰ 儿子 ər³⁵tsʅ⁰	儿媳妇儿 ər³⁵ɕi³⁵fər⁰
滦平	连桥儿 lian³⁵tɕʰiaur³⁵ 连襟 lian³⁵tɕin⁵⁵	小子 ɕiau²¹tsə⁰ 儿子 ər³⁵tsə⁰	儿媳妇儿 ər³⁵ɕi²¹fər⁰
廊坊	一边儿沉 i⁵³piɐr⁵⁵tʂʰən³⁵③ 一担儿挑 i³⁵tɐr⁵³tʰiau⁵⁵ 担儿挑 tɐr⁵³tʰiau⁵⁵	小子 ɕiau²¹tsʅ⁰ 儿子 ər³⁵tsʅ⁰	儿媳妇儿 ər³⁵ɕi³⁵fur⁰
魏县	一条杠 i³³tʰiau⁵³kaŋ³¹²	小儿 ɕiaur⁵⁵	儿媳妇 əɭ⁵³ɕi⁵³fu⁰
张北	连襟 liæ⁴²tɕiŋ⁰	小子 ɕiau⁵⁵tsə⁰	小子媳妇儿 ɕiau⁵⁵tsə⁰ɕiəʔ³fɛr²¹³
万全	连襟杆子 lian⁴⁴tɕiəŋ⁵⁵kan⁵⁵tsə⁰	小子 ɕiɔ⁵⁵tsə⁰	儿媳妇儿 ər⁴¹ɕiəʔ²²fu²¹³ər⁰
涿鹿	挑担 tʰiɔ⁴⁵tæ³¹ 连襟 liæ⁴²tɕiŋ⁰	儿子 ər⁴²ə⁰	儿媳妇儿 ər¹¹³ɕiʌʔ⁴³fər⁰
平山	挑担 tʰiə⁵⁵tæ⁴²	小子 siə⁵⁵tsʅ⁰	儿媳妇儿 ər⁵³si²¹fər⁰
鹿泉	挑担 tʰiɔ³⁵tæ³¹	小子 siɔ³⁵tɤ⁰	儿媳妇儿 ər⁵⁵si¹³fur⁰
赞皇	挑担 tʰiɔ⁴⁵tæ³¹	小子 siɛ⁴⁵tsə⁰/siɔ⁴⁵tsə⁰	儿媳妇儿 ər⁵⁴si²¹fər⁰
沙河	挑转 ⁼tʰiau⁵¹tsuã⁰	小子 siau³³tə⁰	儿[媳妇]子 l̩³³siəu⁵¹tə⁰
邯郸	一根杠 iəʔ²kən⁵⁵kaŋ²¹ 条船 tʰiau²⁴tʂʰuæ⁵³	儿 l̩⁵³	儿[媳妇]子 l̩²⁴siəu⁵³tə⁰
涉县	连襟 liæ⁴¹tɕiəŋ⁰ 条船 tʰiau⁴¹tʂʰuæ⁰	小子 ɕiau⁵³ə⁰	小子媳妇子 ɕiau⁵³ə⁰ɕiəʔ³²fəʔ⁰lə⁰ 儿媳妇子 l̩⁴¹ɕiəʔ³²fəʔ⁰lə⁰

---

① 还有"连襟儿 lian⁵⁵tɕiər³⁵"的说法。
② 婆婆提到儿媳妇儿时可略称为"媳妇儿"，但公公不可以。
③ "沉"声母 tʂʰ 的塞音成分较弱。

	0652 女儿叙称；我的～	0653 女婿叙称；我的～	0654 孙子儿子之子
兴隆	闺女 kuei³⁵ȵy⁰ 千金 tɕʰian³⁵tɕin³⁵ 女儿 ȵy²¹ər⁵⁵	姑爷 ku³⁵iɛ⁰ 女婿 ȵy²¹ɕy⁰	孙子 suən³⁵tsʅ⁰
北戴河	闺女 kuei⁴⁴ȵy⁰	姑爷 ku⁴⁴iɛ⁰	孙子 ʃuən⁴⁴tʃʅ⁰
昌黎	闺女 kuei⁴²ȵy⁰	姑爷 ku⁴³iɛ⁰	孙子 suən⁴³tsʅ⁰
乐亭	闺女 kuei³¹ȵy⁰	姑爷 ku³¹iɛ⁰	孙子 suən³¹tsʅ⁰
蔚县	闺女 kuei⁵³ȵy⁰	女婿 ȵy⁴⁴ɕy⁰	孙子 suŋ⁵³tsʅ⁰
涞水	闺女 kuei³³ȵi⁰	姑老爷儿 ku³³lɑu⁰ier⁰① 女婿 ȵy³¹ɕy⁰②	孙儿 suər³¹
霸州	闺女 kuei²¹ȵy⁰/kuən²¹ȵin⁰	姑爷 ku⁴⁵iɛ⁰	孙子 suən²¹tsʅ⁰
容城	闺女 kuei³¹ni⁰	女婿 ny⁵²ɕy⁰	孙子儿 suən³¹tsər⁰
雄县	闺女 kuei⁴⁴ni⁰	姑爷 ku⁴⁵iɛ⁰	孙子儿 suən⁴⁴tsər⁰
安新	闺女 kuei⁴⁵ni⁰	女婿 ȵy⁵³ɕy⁰③	孙子儿 suən⁴⁵tsər⁰
满城	女儿 ȵy⁵⁵ər⁰	女婿 ȵy⁴²ɕy⁰ 姑爷 ku⁴⁵iɛ⁰	孙子儿 suən⁴⁵tsər⁰
阜平	闺女 kuei³¹ni⁰	闺女女婿 kuei³¹ni⁰ȵy²¹ɕy⁰	孙子 soŋ³¹tsʅ⁰
定州	闺女 kuɑn²¹¹ni⁰	女婿 ȵy²¹¹sy⁰	孙子 suən³³tsʅ⁰
无极	闺女 kuen³¹ni⁰	女婿汉 ȵy³⁵sy⁵¹xãn⁵¹	孙子儿 suen³¹tsər⁰
辛集	闺女 kuei³³ni⁰	闺女女婿 kuei³³ni⁰ȵy³²²sy⁰	孙子 suən³³tsʅ⁰
衡水	闺女 kuei³¹ni⁰	闺女女婿 kuei³¹ni⁰ȵy²¹ɕy⁰	孙子儿 sun³¹tsər⁰
故城	闺女 kuei²¹ȵy⁰	女婿 ȵy²⁴ɕy⁰ 闺女女婿 kuei²¹ȵy⁰ȵy²⁴ɕy⁰	孙子 suẽ²¹tsʅ⁰
巨鹿	闺女 kuei³³ȵy⁰	女婿 ȵy⁵⁵ɕy⁰	孙子儿 suən³³tər⁰
邢台	闺女 kuei³⁴ni⁰ 丫头 ia³⁴tʰou⁰	女婿 ȵy⁵⁵ɕy³¹	孙子 suən³⁴ə⁰
馆陶	闺女 kun²²ȵy⁰	女婿 ȵy⁴⁴ɕy²¹④	孙子 sun²⁴tə⁰
沧县	闺女 kuei⁴¹ȵy⁰	姑爷 ku²³iɛ⁰	孙子 suən⁴¹tsʅ⁰
献县	闺女 kuei³³ȵy⁰	姑爷 ku³³iɛ⁵³	孙子 suən³³tsʅ⁰

（续表）

	0652 女儿叙称：我的~	0653 女婿叙称：我的~	0654 孙子儿子之子
平泉	闺女 kuei⁵⁵ny⁰ 丫头 ia⁵⁵tʰou⁰ 女儿 ny²¹ər³⁵	姑爷 ku⁵⁵iɛ⁰ 姑爷子 ku⁵⁵iɛ³⁵tsʅ⁰ 女婿 ny²¹ɕy⁰	孙子 suən⁵⁵tsʅ⁰
滦平	闺女 kuei⁵⁵ny⁰ 丫头 ia⁵⁵tʰou⁰ 女儿 ny²¹ər⁰	姑爷 ku⁵⁵iɛ⁰ 女婿 ny²¹ɕy⁰	孙子 suən⁵⁵tsə⁰
廊坊	闺女儿 kuei⁵⁵ɲiər⁰ 姑娘 ku⁵⁵ɲiaŋ⁰	姑爷 ku⁵⁵iɛ⁰	孙子 suən⁵⁵tsʅ⁰
魏县	妮儿 ɲiər³³ 闺女 kuɛ³³ɲy⁵⁵	女婿 ɲy⁵⁵ɕy⁰	孙子 ʂuən³³tɛ⁰
张北	闺女儿 kuei⁴²ɲyər⁰ 姑娘 ku⁴²ɲiɔ̃⁰	姑爷 ku⁴²iɛ⁰ 女婿 ɲy⁵⁵ɕy⁰ 闺女女婿 kuei⁴²ɲy⁰ɲy⁵⁵ɕy⁰	孙子 suŋ⁴²tsə⁰
万全	闺女 kuei⁴¹ɲy²¹³	女婿 ɲy⁴⁴ɕy²¹³	孙子 suəŋ⁴¹tsə⁰
涿鹿	闺女 kuei⁴²ny⁰	女婿子 ɲy⁴⁵ɕy³¹ə⁰ 姑爷 ku⁴⁴iɛ⁰	孙子 suŋ⁴²ə⁰
平山	闺女 kuæi⁴²ɲi⁰	女婿 ɲi⁵⁵si⁴²	孙子儿 soŋ⁴²tsər⁰
鹿泉	闺女 kuei⁵⁵ɲiɤ⁰	闺女女婿 kuei⁵⁵ɲy⁰ɲy³⁵sy⁰ 女婿子 ɲy³⁵sy⁰tɤ⁰	孙子儿 suɛ̃⁵⁵tər⁰
赞皇	闺女 kuei⁵⁴ɲy⁰	女婿 ɲy⁴⁵sy⁰	孙子 suən⁵⁴tsə⁰
沙河	闺女 kuei⁴¹ni⁰	女婿 ny³³sy⁰	孙子 suən⁴¹tə⁰
邯郸	闺女 kuəi³¹nieʔ⁰	女婿 ny⁵⁵sy²¹	孙子 sun³¹tə⁰
涉县	闺女 kuəʔ³²ny⁰	女婿 ny⁵³ɕyʔ²⁴/ ny⁵³ɕy²⁴	孙子 suəŋ⁴¹ə⁰

① 女儿的丈夫。
②③ 女儿的丈夫或自己的丈夫。
④ 岳母称女儿的丈夫一般要说"闺女女婿"。

	0655 重孙子 儿子之孙	0656 侄子 弟兄之子	0657 外甥 姐妹之子
兴隆	重孙子 tṣʰoŋ⁵⁵suən³⁵tsɿ⁰	侄子 tsɿ⁵⁵tsɿ⁰ 侄儿 tṣər⁵⁵	外甥 uai⁵¹ʂəŋ⁰
北戴河	重孙子 tʃʰuŋ³⁵ʃuən⁴⁴tʃɿ⁰	侄儿 tʃər³⁵	外甥 uai⁵³ʃəŋ⁰
昌黎	重孙子 tṣʰuŋ⁴²suən⁴³tsɿ⁰	侄儿 tsər²¹³	外甥 uai²⁴ʂəŋ⁰
乐亭	重孙子 tṣʰuŋ³⁴suən³¹tsɿ⁰	侄儿 tṣər²¹²	外甥 uai²¹²ʂəŋ⁰
蔚县	重孙子 tsʰuŋ⁴¹suŋ⁵³tsɿ⁰	侄子 tsɿ⁴¹tsɿ⁰ 侄儿 tṣɿər⁴¹	外甥 vei³¹səŋ⁰
涞水	奔拉孙儿 ta³³la⁰suər³¹	侄儿 tsɿ²⁴ər⁰	外甥儿 uai²⁴ʂəŋ⁰ŋər⁰
霸州	重孙子 tṣʰuŋ⁵³suən²¹tsɿ⁰	侄儿 tṣər⁵³	外甥 uai⁴⁵ʂəŋ⁰ 外甥子 uai⁴⁵ʂəŋ⁰tsɿ⁰
容城	重孙子儿 tṣʰuŋ⁴⁴suən⁴⁴tsər⁰	侄儿 tsɿ²¹zər⁰	外甥子 uai⁴⁵ʂəŋ⁰tsɿ⁰
雄县	重孙子儿 tṣʰuŋ⁵³suən⁴⁴tsər⁰	侄儿 tṣər⁵³	外甥 uai²¹səŋ⁰ 外甥子 uai²¹səŋ⁰tsɿ⁰
安新	重孙子儿 tṣʰuŋ⁵³suən⁴⁵tsər⁰	侄儿 tsɿ³³tər⁰	外甥子 uai²¹səŋ⁰tsɿ⁰
满城	重孙子儿 tṣʰuŋ²²suən⁴⁵tsər⁰	侄儿 tsɿ²²ər⁰	外甥儿 uai²¹səŋ⁴⁵ər⁰
阜平	重孙子 tsʰoŋ⁵⁵soŋ³¹tsɿ⁰	侄儿小子 tsər⁵⁵ɕio²¹tsɿ⁰	外甥儿 uæ²⁴ʂə̃r⁰
定州	重孙子 tṣʰuŋ²⁴suən³³tsɿ⁰	侄儿 tsɿ⁴²ər⁰	外甥儿 uai³⁵səŋ⁰ŋər⁰
无极	重孙子儿 tṣʰuŋ³⁵suen³¹tsər⁰	侄子 tsɿ³¹tsɿ⁰	外甥儿 uæ³²⁵ʂə̃r⁰
辛集	重孙子儿 tṣʰoŋ³⁵⁴suən³³tsər⁰	侄儿 tsɿ³⁵tsɿ⁰	外甥儿 uai³²⁴ʂə̃r⁰
衡水	小孙子儿 ɕiɑu⁵⁵sun²¹tsər⁰	侄儿 tsər⁵³	外甥儿 vɑi⁵³ʂʅr⁰
故城	重孙子 tsʰuŋ⁵⁵suẽ²¹tsɿ⁰	侄儿 tṣər⁵³	外甥 væ⁵³səŋ⁰
巨鹿	重孙子儿 tṣʰoŋ⁴¹suən³³tər⁰	侄子 tɕi⁵³tə⁰	外甥儿 uai⁵³ʂʅr⁰
邢台	重孙子 tṣʰuŋ⁵³suən³⁴ə⁰	侄子 tsɿ⁵³ə⁰	外甥子 vai³¹səŋ³⁴ə⁰
馆陶	重孙子 tṣʰuŋ⁵²sun²⁴tə⁰	侄子 tsɿ⁵²tə⁰ 侄儿 tṣər⁵²	外甥儿 uai²¹ʂʅr⁰
沧县	重孙 tsʰoŋ⁵⁵suən⁰	侄儿 tsər⁵³	外甥 uai⁵³səŋ⁰
献县	同"孙子 tʰoŋ⁵³suən³³tsɿ⁰	侄儿 tsəz⁵³	外甥儿 ue³³¹ʂʅɤr⁰
平泉	重孙子 tṣʰuŋ³⁵suən⁵⁵tsɿ⁰	侄子 tsɿ³⁵tsɿ⁰	外甥 uai⁵¹ʂəŋ⁰

（续表）

	0655 重孙子 儿子之孙	0656 侄子 弟兄之子	0657 外甥 姐妹之子
滦平	重孙子 tsʰuŋ³⁵suən⁵⁵tsə⁰	侄儿 tʂər³⁵ 侄子 tʂʅ³⁵tsə⁰	外甥 uai⁵¹ʂəŋ⁰
廊坊	重孙子 tsʰuŋ³⁵suən⁵⁵tsʅ⁰	侄儿 tʂər³⁵	外甥 uai⁵¹ʂəŋ⁰
魏县	重孙子 tsʰuŋ⁵³ʂuən³³tɛ⁰	侄子 tʂʅ⁵³tɛ⁰	外甥子 uai³¹²ʂəŋ³³tɛ⁰
张北	重孙子 tsʰuŋ⁴²suŋ⁴²tsə⁰	侄儿子 tsər⁴²tsə⁰	外甥子 vai²³ʂəŋ⁴²tsə⁰
万全	重孙子 tsʰuəŋ⁴¹suəŋ⁴¹tsə⁰	侄子 tsəʔ²⁴tsʅ⁵⁵	外甥 vɛi²¹³ʂəŋ⁰
涿鹿	重孙子 tsʰuŋ⁵²suŋ⁴²ə⁰	侄子 tʂʅ⁴²ə⁰	外甥 uɛ³¹ʂəŋ⁰
平山	重孙子儿 tsʰoŋ⁵³soŋ⁴²tsər⁰	侄儿 tʂər⁴²	外甥子 uɛ⁴²ʂəŋ⁵⁵tsʅ⁰
鹿泉	重孙子儿 tsʰuŋ⁵⁵suẽ⁵⁵tər⁰	侄儿 tʂər⁵⁵ 侄子 tʂʅ⁵⁵tɤ⁰	外甥 uɛ³¹ʂəŋ⁰ 外甥子 uɛ³¹ʂəŋ⁰tɤ⁰
赞皇	重孙子儿 tsʰuŋ⁵⁴suən⁵⁴tsər⁰	侄儿 tʂl̩ər³²	外甥儿 uɛ⁵¹ʂl̩ər⁰
沙河	重孙子 tsʰoŋ⁵¹suən⁴¹tə⁰	侄儿子 tʂʅ⁵¹ər⁰tə⁰	外甥子 uai²¹ʂəŋ⁰tə⁰①
邯郸	重孙子 tsʰuŋ⁵³sun³¹tə⁰	侄儿子 tʂəʔ²⁵l̩²¹tə⁰	外甥子 vai²⁴əŋ³¹tə⁰
涉县	重孙子 tsʰuəŋ⁴¹suəŋ³¹ə⁰	侄儿子 tsəʔ³²l̩⁵⁵lə⁰	外甥子 vai⁵⁵ʂəŋ⁴¹ə⁰

---

① 外甥子中的"甥"可弱化成 ʂəŋ⁰。

	0658 外孙女儿之子	0659 夫妻合称	0660 丈夫叙称，最通用的，非贬称：她的～
兴隆	外孙儿 uai⁵¹suər³⁵ 外孙子 uai⁵¹suan³⁵tsʅ⁰	两口子 liaŋ³⁵kʰou²¹tsʅ⁰ 夫妻 fu³⁵tɕʰi³⁵ 公母俩 ku⁵⁵mu⁰lia²¹³	当家的 taŋ³⁵tɕia³⁵tə⁰ 老爷们儿 lau²¹iɛ⁵⁵mər⁰ 他爸 tʰa⁵⁵pa⁵¹①
北戴河	外甥 uai⁵³ʃəŋ⁰	两口子 liaŋ³⁵kʰou²¹tʃʅ⁰	老头子 lau²¹tʰou³⁵tʃʅ⁰ 老爷子 lau²¹iɛ³⁵tʃʅ⁰ 当家的 taŋ⁴⁴tɕia⁴⁴ti⁰
昌黎	外甥 uai²⁴ʂəŋ⁰	两口子 liaŋ²⁴kʰou²¹tsʅ⁰	对象儿 tuei⁴²ɕiar⁴⁵³
乐亭	重外甥 tʂʰuŋ³⁴uai⁴⁵ʂəŋ⁰	两口子 liaŋ³³kʰou²¹¹tsʅ⁰	当家的 taŋ³³tɕia³¹ti⁰
蔚县	外孙子 vei³¹sun⁵³tsʅ⁰	老婆汉子 lʌɯ⁴⁴pʰɤ⁰xã⁵³tsʅ⁰ 两口子 liɔ⁵³kʰəu⁴⁴tsʅ⁰	汉子 xã³¹tsʅ⁰ 老汉子 lʌɯ⁴⁴xã⁰tsʅ⁰ 男人 nã⁴¹zəŋ⁰
涞水	外甥儿 uai²⁴ʂəŋ⁰ŋər⁰	两口子 liaŋ²⁴kʰou³¹tsʅ⁰	当家的 taŋ⁵⁵tɕia³³ti⁰ 丈夫 tʂaŋ³¹fu⁰
霸州	外甥 uai⁴⁵ʂəŋ⁰ 外甥子 uai⁴⁵ʂəŋ⁰tsʅ⁰	两口子 liaŋ²⁴kʰou⁴¹tsʅ⁰ 公母俩 kuŋ²¹mu⁰lia²¹⁴	男的 nan⁵³tɤ⁰ 女婿 ȵy⁴¹ɕy⁰ 当家的 taŋ⁴⁵tɕia²¹tɤ⁰
容城	外孙儿 uai²¹suər⁰	两口子 liaŋ³⁵kʰou⁵²tsʅ⁰	老爷儿们 lau⁴⁴iɐr²¹mən⁰
雄县	外孙儿 uai²¹suər⁰	公母俩 ku⁴⁵mu⁰lia²¹⁴ 两口子 liaŋ²⁴kʰou⁴¹tsʅ⁰	当家的 taŋ⁴⁵tɕia⁴⁴tɤ⁰ 男人 nãn⁵³zəŋ⁰ 女婿 ȵy⁴¹ɕy⁰
安新	外甥子 uai²¹səŋ⁰tsʅ⁰	两口子 liaŋ⁴⁵kʰou⁵³tsʅ⁰	老头子 lau⁴⁵tʰou³³tsʅ⁰
满城	外甥儿 uai³⁵səŋ⁴⁵ər⁰	两口儿 liaŋ²¹kʰou⁴²ər⁰	当家的 taŋ⁴⁵tɕia⁴⁵ti⁰
阜平	小外甥儿 ɕio⁵⁵uæ²⁴ʂr̃⁰	两口子 liaŋ⁵⁵kʰou²¹tsʅ⁰	男人 næ̃²¹zəŋ⁰
定州	外甥儿 uai³⁵səŋ⁰ŋər⁰ 外孙子儿 uai⁵³suan³³tsər⁰	两口子 liaŋ²⁴kʰou²¹¹tsʅ⁰	当家的 taŋ³³tɕia³³ti⁰
无极	外甥子 uæ³²⁵səŋ⁰tsʅ⁰	两口子 liaŋ³¹kʰəu³⁵tsʅ⁰	当家哩 taŋ³³tɕia³¹li⁰ 女婿 ȵy³⁵sy⁰
辛集	外甥儿 uai³²⁴ʂə̃r⁰	两口子 liaŋ³⁵kʰou³⁵tsʅ³⁴	老头儿 lau²⁴tʰour³⁵⁴ 男人 nan³³zəŋ⁰
衡水	外甥儿 vai⁵³ʂɤr⁰	两口子 liaŋ⁵⁵kʰəu⁵³tsʅ⁰	当家的 taŋ²⁴tɕia³¹ti⁰ 男的 nan²⁴ti⁰
故城	外甥 væ⁵³səŋ⁰ 外孙子 væ³¹suẽ²¹tsʅ⁰	两口子 liaŋ⁵⁵kʰou²⁴tsʅ⁰	男的 næ̃⁵⁵ti⁰
巨鹿	外甥儿 uai⁵³ʂɤr⁰	两口子 liã⁴¹kʰou⁵⁵tsʅ⁰	女婿 ȵy⁵⁵ɕy²¹

(续表)

	0658 外孙 女儿之子	0659 夫妻 合称	0660 丈夫 叙称，最通用的，非贬称：她的~
邢台	外甥子 vai³¹ʂəŋ³⁴ə⁰	两口子 liaŋ⁵³kʰou⁵⁵ə⁰	女婿 ny⁵⁵sy³¹ 掌柜哩 tʂaŋ⁵⁵kuei³¹li⁰
馆陶	外孙子 uai²¹sun²⁴tə⁰	两口子 liaŋ⁵²kʰəu⁴⁴tə⁰ 一家人儿 i⁴⁴tɕia²⁴zər⁵²	女婿 ny⁴⁴ɕy²¹
沧县	外孙 uai⁴¹suan²³	两口子 liaŋ⁵³kʰou²³tsʅ⁰	老爷们儿 lau²³iɛ⁵⁵mər⁰
献县	外甥儿 uɛ³³¹ʂʅr⁰	两口子 liã²⁴kʰou²¹tsʅ⁰	男的 næ⁵⁵ti⁰
平泉	外孙儿 uai⁵³suər⁵⁵	两口子 liaŋ³⁵kʰou²¹tsʅ⁰ 夫妻 fu⁵⁵tɕʰi⁵⁵	老爷们儿 lau²¹iɛ³⁵mər⁰ 当家的 taŋ⁵⁵tɕia⁵⁵tə⁰ 丈夫 tʂaŋ⁵¹fu⁰
滦平	外甥 uai⁵¹ʂəŋ⁰ 外孙 uai⁵¹suan⁵⁵	两口子 liaŋ³⁵kʰou²¹tsʅ⁰ 夫妻 fu⁵⁵tɕʰi⁵⁵	老爷们儿 lau²¹iɛ³⁵mər⁰ 男的 nan³⁵tei⁰ 丈夫 tʂaŋ⁵¹fu⁰
廊坊	外甥 uai⁵¹ʂəŋ⁰ 外孙 uai⁵¹suan⁵⁵	公母俩儿 kuŋ⁵⁵mu⁰liar²¹⁴ 两口子 liaŋ³⁵kʰou²¹tsʅ⁰	爷们儿 iɛ³⁵mər⁰
魏县	外甥子 uai³¹²ʂəŋ³³tɛ⁰	两口子 liaŋ⁵⁵kʰəu⁵⁵tɛ⁰	男人 nan⁵³zən⁰ 当家嘞 taŋ³³tɕia³³le⁰ 外头嘞 uai³¹²tʰəu⁰le⁰
张北	外甥甥 vai²³səŋ⁴²səŋ⁰	两口子 lia⁴²kʰou⁵⁵tsə⁰	当家的 tã⁴⁴tɕia⁴²tə⁰ 男人 næ⁴²zən⁰
万全	外甥 vɛi²¹³səŋ⁰	两口子 lia⁴⁴kʰou⁵⁵tsə⁰	家里的位＝口子 tɕia⁵⁴li⁵⁵tə⁰vei⁴⁵kʰou⁵⁵tsə⁰
涿鹿	外甥 uɛ³¹səŋ⁰	两口子 liã⁵³kʰou⁵⁵ə⁰	男人 næ⁴²zən⁰
平山	外甥子 uɛ⁴²ʂəŋ⁵⁵tsʅ⁰	两口子 liaŋ⁵⁵kʰɐu⁵⁵tsʅ⁰	女婿 ȵi⁵⁵si⁴²
鹿泉	外甥 uɛ³¹ʂəŋ⁰ 外甥子 uɛ³¹ʂəŋ⁰tɤ⁰	两口子 liaŋ⁵⁵kʰou³⁵tɤ⁰	女婿 ȵy³⁵sy⁰
赞皇	外孙 uɛ³¹²suan⁵⁴	两口子 liaŋ⁵⁵kʰəu⁴⁵tsə⁰	老头儿 lɔ⁴⁵tʰəur⁰
沙河	外甥子 uai²¹ʂəŋ⁰tə⁰②	两口子 liaŋ³¹kʰou³³tə⁰	男人 nã⁵¹zən⁰
邯郸	外甥子 vai²⁴əŋ³¹tə⁰	两口子 liaŋ⁵³kʰou⁵⁵tə⁰	老汉子 lau⁵⁵xæ²¹tə⁰ 掌柜嘞 tʂaŋ⁵⁵kuəi²¹ləi⁰
涉县	外甥子 vai⁵⁵səŋ⁴¹ə⁰	两口子 liã⁴¹kʰou⁵³ə⁰	汉子 xæ⁵⁵lə⁰

---

① 还有"丈夫 tʂaŋ⁵¹fu⁰"的说法。
② 外甥子中的"生"可弱化成 ɪəŋ⁰。

	0661 妻子 叙称，最通用的，非贬称：他的～	0662 名字	0663 绰号
兴隆	烧火的 ʂɑu³⁵xuo²¹tə⁰ 做饭的 tsuo⁵³fan⁵¹tə⁰ 他妈 tʰa⁵⁵ma³⁵①	名字 miŋ⁵⁵tsʅ⁰	外号儿 uai⁵³xɑur⁵¹ 绰号儿 tʂʰuo⁵³xɑur⁵¹
北戴河	老婆子 lau²¹pʰɤ³⁵tʂʅ⁰ 媳妇儿 ɕi²¹fər⁰ 老婆 lau²¹pʰɤ⁰	名儿 miə̃r³⁵	外号儿 uai⁵³xɑur⁵¹
昌黎	媳妇儿 ɕi²¹fər⁰	名儿 mier²⁴	外号儿 uai⁴²xɑur²⁴
乐亭	家里 tɕia³¹li⁰	名儿 mier²¹²	外号儿 uai⁵³xɑur⁵²
蔚县	老婆 lʌɯ⁴⁴pʰɤ⁰ 媳妇儿 ɕi⁵³fur⁰	名字 miŋ⁴¹tsʅ⁰	外号儿 vei¹³xʌɯr³¹²
涞水	媳妇儿 ɕi²⁴fər⁰ 家里的 tɕia³³li⁰ti⁰	名儿 miŋ²⁴ŋər⁰	外号儿 uai³¹xɑu⁴⁵uər⁰
霸州	媳妇儿 ɕi⁴¹fər⁰ 家[里头]tɕia²¹lou⁰	名儿 mier⁵³	外号儿 uai⁴⁵xɑur⁴¹
容城	媳妇儿 ɕi⁵²fər⁰	名儿 miŋ²¹ŋər⁰	外号儿 uai⁵²xɑu³⁵ər⁰
雄县	家里的 tɕia⁴⁴ni⁰tɤ⁰ 媳妇儿 ɕi⁴¹fər⁰ 老婆 lau⁴¹pʰo⁰	名儿 mier⁵³	外号儿 uai⁴⁵xɑur⁴¹
安新	媳妇儿 ɕi⁵³fər⁰	名儿 miŋ³³ŋər⁰	外号儿 uai⁵⁵xɑu²¹wər⁰
满城	俺们家里 nan⁴²mən⁰tɕia⁴⁵ni⁰	名儿 miŋ²²ŋər⁰	外号儿 uai⁵³xɑu²¹ər⁰
阜平	媳妇儿 ɕi²¹fər⁰	名儿 miə̃r²⁴	绰号儿 tʂʰɔ⁵³xɔr⁰
定州	媳妇儿 si²¹¹fər⁰	名儿 miŋ⁴²ŋər⁰	外号儿 uai⁵³xɑu³⁵uər⁰
无极	媳妇儿 si²¹³fər⁰	名儿 miə̃r²¹³	外号 uæ⁴⁵¹xɔ⁴⁵¹
辛集	家里 tɕia³³li⁰	名儿 miə̃r³⁵⁴	外号儿 uai⁴²xɑur⁴¹
衡水	家里的 tɕia³¹li⁰ti⁰ 媳妇儿 ɕi²¹fər0	名儿 mier⁵³	外号儿 vai³¹xɑur³¹
故城	媳妇 ɕi²¹fur⁰	名儿 miɤr⁵³	外号儿 væ²⁴xɔr³¹
巨鹿	媳妇儿 ɕi⁵⁵fər²¹	名儿 mi ɤr ⁴¹	外号儿 uai³³xɑur²¹
邢台	媳妇子 si³⁴fu⁰ə⁰ 老婆 lau⁵⁵pʰə⁰	名儿 miər⁵³	外号儿 vai³³xɑur³¹
馆陶	媳妇 si⁵²fu⁰	名字 miŋ⁵²tə⁰	外号儿 uai²⁴xɑor⁰

（续表）

	0661 妻子 叙称，最通用的，非贬称；他的~	0662 名字	0663 绰号
沧县	媳妇儿 ɕi⁴¹fur⁰	名儿 miɤr⁵³	外号儿 uai²³xɑur⁴¹
献县	媳妇儿 ɕi³³fəz⁰ 通称 家里 tɕia³³ȵi⁰ 叙称	名儿 miŋɤr⁵³	外号儿 ue³¹xɔr³¹
平泉	媳妇儿 ɕi³⁵fər⁰ 老婆 lau²¹pʰo⁰ 妻子 tɕʰi⁵⁵tsɿ²¹⁴	大号 ta⁵³xɑu⁵¹ 名字 miŋ³⁵tsɿ⁰	外号儿 uai⁵³xɑur⁵¹ 绰号儿 tʂʰuo⁵³xɑur⁵¹
滦平	媳妇儿 ɕi²¹fər⁰ 老婆 lau²¹pʰə⁰ 妻子 tɕʰi⁵⁵tsɿ²¹⁴	名字 miŋ³⁵tsɿ⁰	外号儿 uai⁵¹xɑur⁵¹ 绰号儿 tʂʰuo⁵¹xɑur⁵¹
廊坊	媳妇儿 ɕi³⁵fur⁰	名儿 miə̃r³⁵	外号儿 uai⁵³xɑur⁵¹
魏县	老婆子 lau⁵⁵pʰə⁵³tɛ⁰ 家人儿 tɕia³³zər⁰ [媳妇儿]ɕiəur⁵³	名儿 miɤr⁵³	怪号儿 kuai³¹xɑur³¹²
张北	老婆 lau⁵⁵pʰə⁴² 媳妇儿 ɕiəʔ³fer²¹³ 屋里的 u⁴²li⁰tə⁰	名儿 mier⁴²	外号儿 vai²³xɔr²¹³
万全	老婆 lɔ⁵⁵pʰə⁰	大名儿 ta²⁴mier⁴¹	小名儿 ɕiɔ⁴⁴mier⁴¹
涿鹿	老婆 lɔ⁴⁵pʰuə⁵²	名字 miŋ⁵²tsɿ³¹	外号儿 ue²³xɔr³¹
平山	媳妇儿 si²¹fər⁰	名儿 miər⁴²	外号儿 ue²⁴xɔr⁴²
鹿泉	媳妇儿 si¹³fur⁰	名儿 miə̃r⁵⁵	外号儿 ue³⁵xɔr³¹
赞皇	媳妇儿 si²¹fər⁰	名儿 miə̃r³²	外号儿 ue²⁴xɔr³¹
沙河	[媳妇]子 siəu⁵¹tə⁰	名儿 miər⁵¹	外号儿 uai²¹xɑur²⁴
邯郸	老婆子 lau⁵⁵pʰuə⁵³tə⁰ [媳妇]子 siəu⁵³tə⁰	名儿 miər⁵³	外号儿 uai⁵³xɑur²¹
涉县	老婆 lau⁵³pʰuə²⁴	名儿 miəur⁴¹²	外号儿 vai⁵³xɐr⁰

---

① 还有"妻子 tɕʰi³⁵tsɿ²¹³"的说法。

	0664 干活儿 统称；在地里~	0665 事情 一件~	0666 插秧
兴隆	干活儿 kan^{51}xuor^{55}	事儿 ʂər^{51}	插秧 tʂʰa^{35}iaŋ^{35}
北戴河	干活儿 kan^{53}xuər^{35}	事儿 ʃr^{51}	插秧儿 tʃʰa^{21}iãr^{44}
昌黎	干活儿 kan^{42}xuɤr^{24}	事儿 sər^{453}	插秧 tsʰa^{21}iaŋ^{42}
乐亭	干活儿 kan^{53}xuor^{212}	事儿 ʂər^{52}	插秧 tʂʰa^{33}iaŋ^{31}
蔚县	干活儿 kã^{13}xuɤr^{41}	事儿 sɿər^{312}	插秧子 tsʰa^{53}iɔ^{53}tsɿ^{0}
涞水	干活儿 kan^{31}xuor^{45}	事儿 ʂər^{314}	插秧 tʂʰa^{55}iaŋ^{31}
霸州	干活儿 kan^{41}xuor^{53}	事儿 ʂər^{41}	
容城	干活儿 kan^{52}xuɐr^{35}	事儿 ʂɿ^{35}ər^{0}	插秧 tʂʰa^{44}iaŋ^{43}
雄县	干活儿 kãn^{41}xuor^{53}	事儿 sər^{41}	插秧 tsʰa^{45}iaŋ^{45}
安新	干活儿 kan^{53}xuor^{31}	事儿 sər^{51}	栽稻子 tsai^{45}tɑu^{21}tsɿ^{0}
满城	做活儿 tsuo^{53}xuor^{22}	事儿 ʂɿ^{21}ər^{0}	插稻子 tʂʰa^{45}tɑu^{21}tsɿ^{0}
阜平	干活儿 kæ̃^{53}xuɐr^{24}	事儿 sər^{53}	插秧 tʂʰa^{55}iaŋ^{31}
定州	干活儿 kan^{53}xuɐr^{24}	事儿 sər^{31}	安苗儿 ŋan^{33}miɑu^{42}uər^{0}
无极	干活儿 kãn^{51}xuɤr^{213}	事儿 sər^{451}	
辛集	做活儿 tsou^{42}xuər^{354}	事儿 sər^{41}	
衡水	干活儿 kan^{31}xuor^{53}	事儿 sər^{31}	
故城	干活儿 kæ̃^{31}xuɤr^{53}	事儿 sər^{31}	
巨鹿	做活儿 tsou^{21}xuor^{41}	事儿 sər^{21}	
邢台	干活儿 kan^{31}xuor^{53} 干茧"儿 kan^{31}tɕier^{55}	事儿 sər^{31}	
馆陶	干茧"儿 kæn^{21}tɕier^{44} 干活儿 kæn^{21}xuor^{52}	事儿 sər^{213}	插秧 tsʰa^{24}iaŋ^{24}
沧县	做活儿 tsou^{41}xuor^{53}	事儿 sər^{41}	插秧 tsʰa^{23}iaŋ^{23}
献县	干活儿 kæ̃^{31}xuor^{53}	事儿 səz^{31}	
平泉	干活儿 kan^{53}xuor^{35}	事儿 sər^{51} 事情 ʂɿ^{51}tɕʰiŋ^{0}	插秧 tsʰa^{55}iaŋ^{55}
滦平	干活儿 kan^{51}xuor^{35}	事儿 sər^{51} 事情 ʂɿ^{51}tɕʰiŋ^{0}	插秧儿 tʂʰa^{55}iãr^{55}
廊坊	干活儿 kan^{53}xuor^{35}	事儿 sər^{51}	插秧 tsʰa^{55}iaŋ^{55}

(续表)

	0664 干活儿 统称：在地里~	0665 事情 一件~	0666 插秧
魏县	干活儿 kan³¹²xuɤr⁵³ 干茧 ⁼ 儿 kan³¹²tɕier⁵⁵	事儿 ʂər³¹²	插秧 tʂʰa³³zɑŋ³³
张北	干活儿 kæ²³xuɐr⁴²	事儿 sər²¹³	
万全	做生活 tsuəʔ²²səŋ⁴⁴xuʌʔ²⁴	事儿 sʅ²¹³ər⁰	
涿鹿	做活儿 tsəu²³xuɤr⁵²	事儿 sər³¹	插秧儿 tsʰʌʔ⁴³iãr⁴²
平山	做营生 tsu²⁴iŋ⁴²ʂŋ⁰	事儿 ʂər⁴²	插秧儿 tʂʰa²⁴ier³¹
鹿泉	干茧 ⁼ 儿 kæ³¹tɕier³⁵	事儿 ʂər³¹²	插稻子 tʂʰʌ¹³tɔ³¹tɤ⁰
赞皇	干茧 ⁼ 儿 kæ³¹²tɕier⁴⁵	事儿 ʂʅər³¹²	栽秧儿 tse⁵⁴iãr⁵⁴
沙河	干活儿 kã²¹xuar⁵¹	事儿 ʂər²⁴	
邯郸	干活儿 kæ²⁴xuɤr⁵³ 干茧 ⁼ 儿 kæ²⁴tɕier⁵³	事儿 ʂər²¹³	栽秧子 tsai³¹zɑŋ³¹tə⁰
涉县	做生活儿 tsʔ³²səŋ⁴¹xuɐr²⁴ 干活儿 kæ⁵⁵xuɐr²⁴	事儿 sər⁵⁵	插秧子 tsʰɐʔ³²iã⁴¹ə⁰

	0667 割稻	0668 种菜	0669 犁 名词
兴隆	割稻 kə³⁵tɑu⁵¹	种菜 tʂoŋ⁵³tsʰai⁵¹	耠子 xuo³⁵tsʅ⁰ 犁杖 li⁵⁵tʂaŋ⁵¹
北戴河	割稻子 kɤ⁴⁴tau⁵³tʃʅ⁰	种菜 tʃuŋ⁵³tʃʰai⁵¹	耠子 xɤ⁴⁴tʃʅ⁰
昌黎	割稻子 kɤ³⁴tau²⁴tsʅ⁰	种菜 tsuŋ⁴²tsʰai⁴⁵³	犁杖 li⁴²tʂəŋ²³
乐亭	割稻子 kə³³tau³⁵tsʅ⁰	种菜 tsuŋ⁵³tsʰai⁵²	犁杖 li³¹tʂaŋ⁰
蔚县	割稻子 kɤ⁵³tʌɯ³¹tsʅ⁰	种菜 tsuŋ¹³tsʰei³¹²	犁 li⁴¹
涞水	割稻子 kɤ⁵⁵tau⁴⁵tsʅ⁰	种菜 tʂoŋ³¹tsʰai³¹⁴	犁杖 li²⁴tʂaŋ⁰
霸州		种菜 tsuŋ⁴⁵tsʰai⁴¹	犁 li⁵³
容城	割稻子 kɤ⁴⁴tau³⁵tsʅ⁰	种菜 tsuŋ⁴⁴tsʰai⁵¹³	犁杖 li²¹tʂəŋ⁰
雄县	割稻子 kɤ⁴⁵tau²¹tsʅ⁰	种菜 tsuŋ⁴⁵tsʰai⁴¹	犁杖 li⁵³tʂaŋ⁰
安新	割稻子 kɤ⁴⁵tau²¹tsʅ⁰	种菜 tsuŋ⁵³tsʰai⁵¹	犁 li³¹
满城	割稻子 kɤ⁴⁵tau²¹tsʅ⁰	种菜 tsuŋ⁵³tsʰai⁵¹²	犁杖 li²²tʂaŋ⁰
阜平	割稻子 kɤ²⁴tɔ²⁴tsʅ⁰	种菜 tʂoŋ²⁴tsʰæ⁵³	犁杖 li⁵³tʂaŋ⁰
定州		种菜 tsuŋ⁵³tsʰai⁵¹	犁 li²¹³
无极		种菜 tsuŋ⁵¹tsʰæ⁵¹	犁 li²¹³
辛集		种菜 tʂoŋ⁴²tsʰai⁴¹	犁 li³⁵⁴
衡水		种园子 tʂuŋ³¹yan²⁴tsʅ⁰	犁 li⁵³
故城		种菜 tsuŋ²⁴tsʰæ³¹	犁 li⁵³
巨鹿		栽菜 tsai³³tsʰai²¹	犁 li⁴¹
邢台		种菜 tsuŋ³³tsʰai³¹	犁 li⁵³
馆陶	割稻子 kɤ²⁴tao²¹tə⁰	种菜 tsuŋ²⁴tsʰai²¹	犁 li⁵²
沧县	割稻子 kɤ²³tau⁵³tsʅ⁰	种菜 tsoŋ²³tsʰai⁴¹	犁 li⁵³
献县		种菜 tʂoŋ³¹tsʰe³¹	犁 li⁵³
平泉	割稻子 ka⁵⁵tau⁵¹tsʅ⁰	种菜 tsuŋ⁵³tsʰai⁵¹	耠子 xuo⁵⁵tsʅ⁰ 犁 li³⁵
滦平	割稻子 ka⁵⁵tau⁵¹tsə⁰	种菜 tsuŋ⁵¹tsʰai⁵¹	犁杖 li³⁵tʂaŋ⁰
廊坊	割稻子 kɤ⁵⁵tau⁵¹tsʅ⁰	种菜 tsuŋ⁵³tsʰai⁵¹ 种园子 tsuŋ⁵³yan³⁵tsʅ⁰	犁杖 li³⁵tʂəŋ⁰ 犁 li³⁵
魏县	割稻子 kɤ³³tau³¹²tɛ⁰	种菜 tsuŋ³¹tʂʰai³¹²	犁 li⁵³

（续表）

	0667 割稻	0668 种菜	0669 犁 名词
张北		种菜 tsuŋ²³tsʰai²¹³	犁 li⁴²
万全		种菜 tsuəŋ²⁴tsʰɛi²¹³	犁 li⁴¹
涿鹿	割稻子 kʌʔ⁴³tɔ³²ə⁰	种菜 tsuŋ²³tsʰɛ³¹	犁 lei⁴²
平山	割稻子 kɤ²⁴tɔ⁵⁵tsɿ⁰	洒菜 ʂa⁵⁵tsʰɛ⁴²	犁 li³¹
鹿泉	割稻子 kʌ¹³tɔ³¹tɤ⁰	种菜 tʂuŋ³⁵tsʰɛ³¹	犁 li⁵⁵
赞皇	割稻子 kə²⁴tɔ⁵¹tsə⁰	种菜 tʂuŋ²⁴tsʰɛ³¹	秥子 xə²¹tsə⁰ 犁 li⁵⁴
沙河		种菜 tʂoŋ²¹tsʰai²¹	犁 li⁵¹
邯郸	割稻子 kʌʔ⁵tɑu¹³tə⁰	种菜 tʂuŋ⁵³tsʰai²¹	犁 li⁵³
涉县	割稻子 kɐʔ³²tau⁵⁵ə⁰	种菜 tsuəŋ⁵³tsʰai²⁴	犁 li⁴¹

	0670 锄头	0671 镰刀	0672 把儿刀~
兴隆	锄 tʂʰu⁵⁵ 锄头 tʂʰu⁵⁵tʰou⁰	镰刀 lian⁵⁵tɑu³⁵	把儿pɑr⁵¹
北戴河	锄 tʃʰu³⁵	镰刀 lian³⁵tɑu⁴⁴	把儿pɐr⁵¹
昌黎	锄 tʂʰu²⁴	镰刀 lian⁴²tɑu²³	把儿pɑr⁴⁵³
乐亭	锄 tʂʰu²¹²	镰刀 liɛn³¹tɑu⁰	把儿pɑr⁵²
蔚县	锄 tʂʰu⁴¹	镰刀 liã⁴¹tʌu⁰	把儿pɑr³¹²
涞水	锄 tʂʰu⁴⁵	镰 lian⁴⁵	把儿pɑr³¹⁴
霸州	锄 tʂʰu⁵³	镰 lian⁵³	把儿pɑr⁴¹
容城	锄 tʂʰu³⁵	镰 lian³⁵	把儿pɐr⁵¹³
雄县	锄 tʂʰu⁵³	镰 liã n⁵³	把儿pɑr⁴¹
安新	锄 tʂʰu³¹	镰 lian³¹	把儿pɑr⁵¹
满城	锄 tʂʰu²²	镰 lian²²	把儿pɐr⁵¹²
阜平	藠锄儿 xɔ⁵⁵tʂʰuɚ²⁴	镰刀 liæ⁵³tɔ⁰	把儿pɑr⁵³
定州	锄 tʂʰu²¹³	镰刀 lian⁴²tɑu⁰	把儿pɑr⁵¹
无极	耱地勺 pʰaŋ³⁵ti⁵¹sɔ²¹³	镰刀 liã n³¹tɔ⁰	把儿pɑr³⁵
辛集	锄 tʂʰu³⁵⁴	镰 lian³⁵⁴	把儿pɑr⁴¹
衡水	锄 tʂʰu⁵³	镰刀儿 lian²⁴tɑur⁰	把儿pɑr³¹
故城	锄头 tʂʰu⁵⁵tʰou⁰	镰 liæ⁵³ 镰刀 liæ⁵³tɔ24	把儿pɑr⁵⁵
巨鹿	锄 tʂʰu⁴¹	镰 liɛ̃⁴¹	把儿pɑr⁵⁵
邢台	锄 tʂʰu⁵³	镰 lian⁵³	把儿pɑr³¹
馆陶	锄 tʂʰu⁵²	镰 liæn⁵²	把儿pɑr⁴⁴
沧县	锄 tʂʰu⁵³	镰 lian⁵³	把儿pʌr⁴¹
献县	锛锄子 pən³³tʂʰou⁰tsɿ⁰	镰 liæ⁵³	把儿pʌr²¹⁴
平泉	锄 tʂʰu³⁵ 锄头 tʂʰu³⁵tʰou³⁵	镰刀 lian³⁵tɑu⁵⁵	把儿pɑr⁵¹
滦平	锄 tʂʰu³⁵ 锄头 tʂʰu³⁵tʰou³⁵	镰刀 lian³⁵tɑu⁵⁵	把儿pɑr⁵¹
廊坊	锄 tʂʰu³⁵	镰刀 liɛn³⁵tɑu⁵⁵	把儿pɑr⁵¹

（续表）

	0670 锄头	0671 镰刀	0672 把儿刀~
魏县	锄 tṣʰu⁵³	镰 lian⁵³	把儿 pɑr³¹²
张北	薅锄子 xau⁴²tsʰu⁴²tsə⁰	镰刀 liæ⁴²tau⁰	把儿 pɐr²¹³
万全	薅锄子 xɔ⁴¹tsʰu⁴¹tsə⁰	镰刀 lian⁴¹tɔ⁴¹	把子 pa²¹³tsə⁰
涿鹿	大锄 ta²³tsʰu⁵²	镰刀 liæ⁴²tɔ⁰	把儿 pɑr³¹
平山	锄 tṣʰu³¹	镰 liæ³¹	把儿 pɐr⁵⁵
鹿泉	薅锄儿 xɔ⁵⁵tṣʰur⁵⁵	镰刀 liæ⁵⁵tɔ⁰	把儿 pɑr³⁵
赞皇	薅锄儿 xɔ⁵⁴tṣʰḷur⁵⁴	镰 liæ⁵⁴	把儿 pɑr⁴⁵
沙河	锄 tṣʰu⁵¹	镰 liã⁵¹	把儿 pɑr²⁴
邯郸	锄 tṣʰu⁵³	镰 liæ⁵³	把儿 pɑr²¹³
涉县	锄 tsʰu⁴¹²	镰 liæ⁴¹²	把儿 pɐr⁵⁵

	0673 扁担	0674 箩筐	0675 筛子 统称
兴隆	扁担 piɑn²¹tɑn⁰	箩筐 luo⁵⁵kʰuɑŋ³⁵	筛子 ʂai³⁵tsʅ⁰
北戴河	扁担 piɑn²¹tɑn⁰	筐 kʰuɑŋ⁴⁴	筛子 ʃai⁴⁴tʃʅ⁰
昌黎	扁担 piɑn²¹tən⁰	扎篓 tsa⁴²lou²¹³	筛子 sai⁴²tsʅ⁰
乐亭	扁担 piɛn²¹¹tən⁰	筐 kʰuɑŋ³¹	筛子 sai³¹tsʅ⁰
蔚县	担子 tã³¹tsʅ⁰	筐 kʰɔ⁵³	筛子 sei⁵³tsʅ⁰
涞水	扁担 piɑn²⁴tɑn⁰	筐 kʰuɑŋ³¹①	筛子 sai³³tsʅ⁰
霸州	扁担 piɑn²¹tɑn⁰	箩筐 luo⁴⁴kʰuɑŋ⁴⁵	筛子 sai²¹tsʅ⁰
容城	扁担 piɑn²¹tɑn⁰	筐头儿 kʰuɑŋ⁴⁴tʰou²¹ər⁰ 大台筐 ta⁵²tʰai²¹kʰuɑŋ⁰	筛子 sai³¹tsʅ⁰
雄县	扁担 piãn²¹tãn⁰	择＝筐 tsai⁵³kʰuɑŋ⁴⁵ 有梁 箩筐 luo⁵³kʰuɑŋ⁰ 无梁	筛子 sai⁴⁴tsʅ⁰
安新	扁担 piɑn²¹tɑn⁰		筛子 sai⁴⁵tsʅ⁰
满城	担杖 tɑn⁵⁵tʂɑŋ⁰ 担子 tɑn⁵⁵tsʅ⁰		筛子 sai⁴⁵tsʅ⁰
阜平	担子 tæ²⁴tsʅ⁰ 担杖 tæ²⁴tʂɑŋ⁵³	筐子 kʰuɑŋ³¹tsʅ⁰	筛子 sæ³¹tsʅ⁰
定州	担杖 tɑn³⁵tʂɑŋ⁰	筐 kʰuɑŋ³³	筛子 sai³³tsʅ⁰
无极	担杖 tãn⁵³tʂɑŋ⁰	筐箩 pu³¹luɤ⁰	筛子 sæ³¹tsʅ⁰
辛集	担子 tɑn⁴²tsʅ⁰		筛子 sai³³tsʅ⁰
衡水	担子 tɑn⁵³tsʅ⁰ 水扁担 suei⁵⁵piɑn⁵⁵tɑn⁰	背筐 pei³¹kʰuɑŋ⁰ 粪筐 fən³¹kʰuɑŋ²⁴	筛子 sɑi³¹tsʅ⁰
故城	扁担 piæ²⁴tæ⁰	箩筐 luɤ⁵³kʰuɑŋ²⁴	筛子 sæ²¹tsʅ⁰
巨鹿	担杖 tɛ̃⁵³tʂɑŋ⁰	筐 kʰuɑŋ³³	筛子 sai³³tsʅ⁰
邢台	担杖 tɑn³¹tʂɑŋ⁰	筐 kʰuɑŋ³⁴	筛子 ʂai³⁴ə⁰
馆陶	挑子 tʰiao²⁴tə⁰ 扁担 piæn⁴⁴tæn⁰	筐 kʰuɑŋ²⁴ 箩头 luo⁵²tʰəu⁰	筛子 ʂai²⁴tə⁰
沧县	担杖 tɑn⁵³tʂɑŋ⁰		筛子 sai⁴¹tsʅ⁰
献县	扁担 piæ²⁴tæ³¹	箩筐 luo⁵³kʰuɑ̃³³	筛子 ʂɛ³³tsʅ⁰
平泉	扁担 piɑn²¹tɑn⁵⁵	筐 kʰuɑŋ⁵⁵ 箩筐 luo³⁵kʰuɑŋ⁵⁵	筛子 ʂai⁵⁵tsʅ⁰

（续表）

	0673 扁担	0674 箩筐	0675 筛子 统称
滦平	扁担 pian²¹tan⁰	箩筐 luo³⁵kʰuaŋ⁵⁵	筛子 ʂai⁵⁵tsʅ⁰
廊坊	扁担 piɛn²¹tan⁵⁵	筐 kʰuaŋ⁵⁵	筛子 ʂai⁵⁵tsʅ⁰
魏县	扁担 pian⁵⁵tan³¹²	筐子 kʰuaŋ³³tɛ⁰	筛子 ʂai³³tɛ⁰
张北	扁担 piæ̃⁵⁵tæ²¹³ 担杖 tæ²³tʂɔ̃⁴²	箩头 luə⁴²tʰəu⁴² 筐 kʰuɔ̃⁴²	筛子 sai⁴²tsə⁰
万全	扁担 pian⁴⁴tan²¹³	箩头 lə⁴¹tʰou⁰	筛子 sɛi⁴¹tsə⁰
涿鹿	扁担 piæ̃⁴⁵tæ³¹	筐 kʰuã⁴⁴	筛子 sɛ⁴²ə⁰
平山	担杖 tæ⁵³tʂaŋ⁴²	筐子 kʰuaŋ⁴²tsʅ⁰	筛子 ʂɛ⁴²tsʅ⁰
鹿泉	担杖 tæ³¹tʂaŋ⁰	箩筐 luo⁵⁵kʰuaŋ⁵⁵	筛子 ʂɛ⁵⁵tɤ⁰
赞皇	担子 tæ⁵¹tsə⁰	筐子 kʰuɑŋ⁵⁴tsə⁰	筛子 ʂɛ⁵⁴tsə⁰
沙河	担子 tã²¹tə⁰ 担杖 tã²¹tʂaŋ⁰②	筐子 kʰuaŋ⁴¹tə⁰	筛子 ʂai⁴¹tə⁰
邯郸	钩担 kəu⁵⁵tæ²¹	筐 kʰuaŋ³¹	筛子 ʂai³¹tə⁰
涉县	长担子 tsʰã⁴¹tæ⁵⁵lə⁰	筐子 kʰuã⁴¹ə⁰ 箩头 luə⁴¹tʰəu²⁴	筛子 sai⁴¹ə⁰

① 无特指箩筐的词语。
② 扁担两端系上钩子。

	0676 簸箕_{农具，有梁的}	0677 簸箕_{簸米用}	0678 独轮车
兴隆	粪箕子 fən⁵¹tɕi³⁵tsʅ⁰	簸箕 po⁵¹tɕi⁰	拱车子 koŋ²¹tʂʰə³⁵tsʅ⁰ 手推车儿 ʂou²¹tʰuei³⁵tʂʰɚ³⁵ 小推车儿 ɕiau²¹tʰuei³⁵tʂʰɤr³⁵
北戴河	簸箕 pɤ⁵³ɕi⁰	簸箕 pɤ⁵³ɕi⁰	独轱辘车 tu³⁵ku⁴⁴lu⁰tʂ⁴⁴
昌黎	撮子 tsʰuo⁴³tsʅ⁰	簸箕 pɤ⁴⁵ɕi⁰	独轮儿车 tu²⁴luər³⁴tʂʰɤ⁴²
乐亭	粪箕子 fən³⁴tɕi³¹tsʅ⁰	簸箕 pə⁵⁵ɕi⁰	手推儿 ʂou³³tʰuei³³tʂʰər³¹
蔚县	簸箕 pɤ³¹tɕʰi⁰	簸箕 pɤ³¹tɕʰi⁰	推车子 tʰuei⁵³tsʰɤ⁰tsʅ⁰
涞水	簸箕 puo³³¹ɕi⁰①	簸箕 puo³³¹ɕi⁰	小车儿 ɕiau²⁴tʂʰɤr³¹
霸州		簸箕 po⁴⁵ɕi⁰	小推车儿 ɕiau²¹tʰuei⁴⁵tʂʰɤr⁴⁵
容城	簸箕 po⁵²tɕʰi⁰	簸箕 po⁵²tɕʰi⁰	小推车儿 ɕiau²¹tʰuei⁴⁴tʂʰɐr⁴³
雄县	簸箕 po⁴⁵ɕie⁰	簸箕 po⁴⁵ɕie⁰	小推车儿 ɕiau²¹tʰuei⁴⁵tʂʰɤr⁴⁵
安新	簸箕 po⁵⁵ɕi⁰	簸箕 po⁵⁵ɕi⁰	小推车儿 ɕiau²¹tʰuei⁵³tʂʰɤr⁴⁵
满城	撮子 tsʰuo⁴⁵tsʅ⁰	簸箕 po⁵⁵tɕʰi⁰	小推车儿 ɕiau²¹tʰei⁴⁵tʂʰɤr⁴⁵
阜平	簸箕 puɤ²⁴tɕʰi⁰②	簸箕 puɤ²⁴tɕʰi⁰	单轮儿车 tæ³¹luər⁵³tʂʰɤ⁰
定州	撮子 tsʰuo³³tsʅ⁰	簸箕 po³⁵tɕʰi⁰	一个轱辘的小车儿 i²⁴kə⁰ku³³lu⁰ti⁰siau³³tʂʰer¹¹
无极	簸箕 puɤ⁵³tɕʰi⁰	簸箕 puɤ⁵³tɕʰi⁰	木驴子 mu⁵¹ly³¹tsʅ⁰
辛集	簸箕 pə³⁵⁴tɕʰi⁴²	簸箕 pə³⁵⁴tɕʰi⁴²	红=车儿 xoŋ³⁵⁴tʂʰər³³ 平车儿 piŋ³⁵⁴tʂʰər³³
衡水	簸箕 po⁵³tɕʰi⁰	簸箕 po⁵³tɕʰi⁰	小推车儿 ɕiau⁵⁵tʰuei³¹tɕʰier⁰ 小红=车儿 ɕiau⁵⁵xuŋ²⁴tɕʰier⁰
故城	簸箕 pɤ⁵³tɕʰi⁰	簸箕 pɤ⁵³tɕʰi⁰	小推车儿 ɕiɔ⁵⁵tʰuei²¹tʂʰɤr⁰
巨鹿	簸箕 po⁵³tɕʰi⁰	簸箕 po⁵³tɕʰi⁰	小推车儿 ɕiau⁵⁵tʰuei³³tɕʰi⁰ɤr³³
邢台	大簸箕 ta³³pə³¹tɕʰi⁰	簸箕 pə³¹tɕʰi⁰	平车 pʰiŋ⁵³tʂʰə³⁴ 独轮儿车 tu³³luər⁵³tʂʰə³⁴
馆陶	铁撮子 tʰiɛ⁴⁴tsʰuo²⁴tə⁰	簸箕 po²¹tɕʰi⁰	独轮儿车 tu⁵²luər⁵²tʂʰɤ²⁴
沧县	撮子 tsʰuo⁴¹tsʅ⁰	簸箕 pɤ⁵³tɕʰi⁰	小推车儿 ɕiau²³tʰuei⁴¹tʂʰɤr⁰
献县		簸箕 puo³³¹tɕʰi⁰	小红=车儿 ɕiɔ²¹xoŋ⁵⁵tʂʰɤr⁰

（续表）

	0676 簸箕 农具，有梁的	0677 簸箕 簸米用	0678 独轮车
平泉	粪撮子 fən⁵¹tsʰuo⁵⁵tsʅ⁰ 簸箕 po⁵¹tɕi⁰	簸箕 po⁵³tɕi⁰	小推车 ɕiɑu²¹tʰuei⁵⁵tʂə⁵⁵ 单轮车 tan⁵⁵luən³⁵tʂə⁵⁵ 独轮车 tu³⁵luən³⁵tʂə⁵⁵
滦平	粪箕子 fən⁵¹tɕi⁵⁵tsə⁰	簸箕 po⁵¹tɕi⁰	单轱辘车 tan⁵⁵ku⁵⁵lu⁰tsʰə⁵⁵ 独轮车 tu³⁵luən³⁵tʂə⁵⁵
廊坊	粪箕子 fən⁵³tɕi⁵⁵tsʅ⁰	簸箕 pɤ⁵¹ɕie⁰	小车儿 ɕiɑu²¹tʂʰɚ⁵⁵ 小推车儿 ɕiɑu²¹tʰuei⁵⁵tʂʰɚ⁵⁵
魏县	簸箕 pə³¹²tɕi⁰	簸箕 pə³¹²tɕi⁰	红″车子 xun⁵³tʂɛ³³tɛ⁰
张北	簸箕 pə²³tɕʰi⁰	簸箕 pə²³tɕʰi⁰	单轮儿车 tæ⁴²luər⁰tsʰə⁴²
万全	簸箕 pə²¹³tɕʰi⁰	簸箕 pə²¹³tɕʰi⁰	一轱辘儿车 iaʔ²²ku⁴¹lu⁴¹ər⁰tsʰə⁴¹
涿鹿	簸箕 puə³¹tɕʰi⁰	簸箕 puə³¹tɕʰi⁰	小推车儿 ɕiɔ⁴²tʰuei⁴²tʂʰɚ⁴²
平山	簸箕 pə⁵⁵tɕʰi⁰	簸箕 pə⁵⁵tɕʰi⁰	土车儿 tʰu⁵⁵tʂʰər³¹
鹿泉	簸箕 po³¹tɕʰi⁰	簸箕 po³¹tɕʰi⁰	独轱辘车 tu⁵⁵ku¹³lu⁰tsʰɚ⁵⁵
赞皇	簸箕 puə⁵⁴tɕʰi⁰	簸箕 puə⁵⁴tɕʰi⁰	单轮儿车 tæ⁵⁴luər⁵⁴tsʰə⁵⁴
沙河		[簸箕] puei²⁴	独轱辘车儿 tu⁵¹ku⁴¹lu⁰tsʰər⁰
邯郸	簸箕 puə²¹tɕi⁰	簸箕 puə²¹tɕi⁰	太平车儿 tʰai²⁴pʰin⁵³tʂʰɚ³¹ 小红″车子 siɑu⁵⁵xun²⁴tʂʰɚ³¹tə⁰
涉县		簸箕 puə⁵⁵tɕʰi⁰	独轮儿车 tuəʔ³²luər²⁴tsʰə⁴¹

---

①② 不区分有梁或无梁。

	0679 轮子 旧式的，如独轮车上的	0680 碓 整体	0681 臼
兴隆	车轱辘 tsʰə³⁵ku³⁵lu⁰ 轮子 luən⁵⁵tsʅ⁰		
北戴河	轱辘 ku³⁵lu⁰		
昌黎	轱辘 ku⁴³lu⁰		臼 tɕiou⁴⁵³
乐亭	轱辘 ku³¹lu⁰	碓 tuei⁵²	臼 tɕiou⁵²
蔚县	轱辘 ku⁴¹lu⁰		
涞水	轱辘儿 ku³³luər⁰	碓臼 tei⁴⁵tɕiau⁰	小碓臼儿 ɕiau²⁴tei⁴⁵tɕiau³³¹uər⁰
霸州	车轮儿 tʂʰɤ⁴⁵luər⁵³		
容城	车轱辘 tʂʰɤ⁴⁴ku³¹lu⁰	碓 tuei⁵¹³	臼 tɕiou⁵¹³
雄县	轮儿 luər⁵³ 车轮儿 tʂʰɤ⁴⁵luər⁵³		
安新	轱辘 ku⁴⁵lu⁰	碓臼 tei²¹tɕiau⁰	
满城	轱辘 ku⁴⁵lu⁰	碓臼儿 tei²¹tɕʰiou⁰ər⁰	臼 tɕiou⁴⁵
阜平	轱辘 ku⁵³lou⁰	碓臼 tei²⁴tɕʰiou⁰	臼 tɕʰiou³¹
定州	轱辘 ku³³lu⁰		臼 tɕiou³³
无极	轱辘儿 ku³¹lur⁰		捣蒜臼 tɔ³⁵suãn⁵¹tɕiəu³¹
辛集	轱辘儿 ku³²⁴lur⁰		臼儿 tɕiour⁴¹
衡水	轱辘儿 ku²¹lur⁰		
故城	轱辘 ku²⁴lu⁰		
巨鹿	轱儿辘儿 kur³³lur⁰		石窑儿 ɕi⁴¹iɑur⁴¹
邢台	轱辘 ku⁵⁵lu⁰ 车轱辘 tʂʰə³⁴ku⁵⁵lu⁰ 轮子 luən⁵³ə⁰		臼子 tɕiou³¹ə⁰
馆陶	车脚儿 tʂʰɛ²⁴tɕyor²⁴		石臼 ʂʅ⁵²tɕiəu²¹ 臼 tɕiəu²¹³
沧县	车脚儿 tʂʰɤ²³tɕiɑur²³	端˭子 tuan⁴¹tsʅ⁰	
献县	车脚儿 tʂʰə⁵³tɕior³³		
平泉	车轱辘 tʂʰə⁵⁵ku³⁵lu⁰ 轮子 luən³⁵tsʅ⁰		

（续表）

	0679 轮子 旧式的，如独轮车上的	0680 碓 整体	0681 臼
滦平	车轱辘 tṣʰə⁵⁵ku⁵⁵lu⁰		
廊坊	轱辘 ku⁵⁵lu⁰	碓 tuei⁵¹	臼 tɕiəu⁵¹
魏县	轮子 luən⁵³tɛ⁰	碓臼窑子 tuəi³¹²tɕiəu³³iɑu⁵³tɛ⁰	臼 tɕiəu³³
张北	轱辘 ku⁴²lu⁰		
万全	轱辘 ku⁴¹lu⁰	碓 tsuei⁴¹	钵钵 pʌʔ²²pʌʔ⁰
涿鹿	轱辘 kuʌ⁴³lu⁰		
平山	轱辘 ku⁴²lu⁰		
鹿泉	轱辘 ku¹³lu⁰	碓 tei³¹²	臼 tɕʰiou³⁵
赞皇	轱辘 ku⁵⁴lu⁰	凿子 tsɔ³²tsə⁰	臼儿 tɕiəur³¹
沙河	轱辘 ku⁴¹lu⁰	碓 tuei²¹	臼 tɕiəu²¹
邯郸	轱辘 kuəʔ⁴lu⁵³	碓臼 tuəi¹³tɕiəu⁰	臼 tɕiəu³¹
涉县	轮子 lyəŋ⁴¹ə⁰		碓臼 tuəi⁵⁵tɕiou⁰

	0682 磨 名词	0683 年成	0684 走江湖 统称
兴隆	磨 mo⁵¹	年景儿 nian⁵⁵tɕiɚr²¹³ 收成 ʂou³⁵tʂʰəŋ⁰ 年成 nian⁵⁵tʂʰəŋ⁰	闯江湖 tʂʰuan²¹tɕian³⁵xu⁵⁵ 打游飞 ta²¹iou⁵⁵fei³⁵ 走江湖 tsou²¹tɕian³⁵xu⁵⁵
北戴河	磨 mɤ⁵¹	年头儿 nian³⁵tʰour⁰	走江湖 tʃou²¹tɕian⁴⁴xu³⁵
昌黎	磨 mɤ²⁴	年头儿 nian³⁴tʰour²¹³ 年景 nian³⁴tɕin²¹³	走江湖 tsou²¹tɕian³⁴xu²¹³
乐亭	磨 mə⁵²	年成 nien³¹tʂʰəŋ⁰	走江湖 tsou³³tɕian³¹xu⁰
蔚县	磨子 mɤ³¹tsʅ⁰	年头 niã⁴¹tʰəu⁰	出口外 tsʰu⁵³kʰəu⁴⁴vei³¹²
涞水	磨 muo³¹⁴	年景儿 nian⁴⁵tɕin⁰ŋɚ⁰	跑江湖 pʰau²⁴tɕian⁵⁵xu⁴⁵
霸州	磨 mo⁴¹	年成 nian⁵³tʂʰəŋ⁰	走江湖 tsou²¹tɕian⁴⁵xu⁵³
容城	磨 mo⁵¹³	收成 ʂou³¹tʂʰəŋ⁰	走江湖 tsou²¹tɕian⁴⁴xu³⁵
雄县	磨 mo⁴¹	年景 niã⁴⁵tɕin⁰	跑海儿 pʰau²⁴xɚr²¹⁴
安新	磨 mo⁵¹	年景 nian⁴⁵tɕin⁰	闯江湖 tʂʰuan²¹tɕian⁴⁵xu³¹
满城	磨 mo⁵¹²	年景 nian²²tɕin⁰	走江湖 tsou²¹tɕian⁴⁵xu⁰
阜平	磨子 muɤ²⁴tsʅ⁰	年景 niæ²¹tɕin⁰	闯江湖 tʂʰuan⁵⁵tɕian⁵⁵xu²⁴
定州	磨子 mo³⁵tsʅ⁰	收成 ʂou³³tʂʰəŋ⁰	闯荡江湖 tʂʰuan²¹¹taŋ⁰tɕian³³xu²⁴
无极	磨子 muɤ³²⁵tsʅ⁰	年景 niã³¹tɕin³⁵	跑江湖 pʰɔ³⁵tɕian³¹xu⁰
辛集	磨 mə⁴¹	收成 ʂou³³tʂʰəŋ⁰	跑江湖 pʰau³²⁴tɕian³³xu³⁵⁴
衡水	磨 mo³¹	光景 kuaŋ³¹tɕin⁵⁵	走江湖 tsəu⁵⁵tɕian²⁴xu⁵³
故城	磨 mɤ³¹	收成 ʂou²¹tʂʰəŋ⁰	闯江湖 tʂʰuan⁵⁵tɕian²⁴xu⁵³ 在外边儿混 tsæ³¹væ⁵⁵piɚr²⁴xuẽ³¹
巨鹿	磨 mo²¹	年景 niẽ⁵³tɕin⁰	卖艺哩 mai²¹i⁵³li⁰
邢台	磨 mə³¹	年景儿 nian⁵³tɕiɚr⁵⁵	跑江湖 pʰau⁴³tɕian³⁴xu⁵³
馆陶	磨 mo²¹³	收成 ʂəu²⁴tʂʰəŋ⁵²	闯江湖 tʂʰuan⁴⁴tɕian²⁴xu⁵²
沧县	磨 mɤ⁴¹	年景 nian⁵³tɕin⁵⁵	走江湖 tsou⁵³tɕian²³xu⁰
献县	磨 muo³¹	年景 niæ̃⁵³tɕin²¹⁴	
平泉	磨 mo⁵¹	收成 ʂou⁵⁵tʂʰəŋ⁰ 年成 nian³⁵tʂʰəŋ⁰	跑盲流儿 pʰau²¹maŋ³⁵liour³⁵ 走江湖 tsou²¹tɕian⁵⁵xu³⁵

（续表）

	0682 磨 名词	0683 年成	0684 走江湖 统称
滦平	磨 mo⁵¹	收成 ʂou⁵⁵tʂʰəŋ⁰ 年成 nian³⁵tʂʰəŋ⁰	闯江湖 tʂʰuaŋ²¹tɕiaŋ⁵⁵xu³⁵ 走江湖 tsou²¹tɕiaŋ⁵⁵xu³⁵
廊坊	磨 mɤ⁵¹	收成 ʂou⁵⁵tʂʰəŋ⁰ 年景儿 nien³⁵tɕiə̃r⁰	闯江湖 tʂʰuaŋ²¹tɕiaŋ⁵⁵xu³⁵
魏县	磨 mə³¹²	年景儿 nian⁵³tɕiɤr³¹²	跑江湖 pʰau⁵⁵tɕiaŋ³³xu⁵³ 闯江湖 tʂʰuaŋ⁵⁵tɕiaŋ³³xu⁵³
张北	磨 mə²¹³	收成 sou⁴²tsʰəŋ⁰	跑江湖 pʰau⁵⁵tɕiɔ̃⁴²xu⁰
万全	磨 mə²¹³	年象 nian⁴¹ɕiaŋ²¹³	闯一闯 tsʰuaŋ⁴⁴iəʔ²²tsʰuaŋ⁵⁵
涿鹿	磨 muə³¹	年成 n̠iæ⁴²tsʰəŋ⁰	闯荡 tsʰuã⁵⁵tã⁰
平山	磨子 mə⁵⁵tsʅ⁰	年景 n̠iæ⁴²tɕiŋ⁰	走江湖 tsɤu⁵⁵tɕiaŋ⁴²xu⁰
鹿泉	磨子 mo³¹tɤ⁰	年景 n̠iæ⁵⁵tɕiŋ⁰	跑江湖 pʰɔ³⁵tɕiaŋ⁵⁵xu⁵⁵
赞皇	磨子 mə⁵¹tsə⁰	年景 n̠iæ⁵⁴tɕiŋ⁴⁵	跑江湖 pʰɔ⁴⁵tɕiaŋ⁵⁴xu⁵⁴
沙河	磨 mo²¹	年景 n̠iã⁵¹tɕiəŋ⁰	跑江湖 pʰau³³tɕiaŋ⁴¹xu⁰
邯郸	磨 muə²¹³	年景 n̠iæ⁵³tɕiŋ⁰	跑江湖 pʰau⁵⁵tɕiaŋ³¹xu⁰
涉县	磨 muə⁵⁵	年景 n̠iæ⁴¹²tɕiəŋ⁰	走江湖 tsou⁵³tɕiã⁴¹xu⁰

	0685 打工	0686 斧子	0687 钳子
兴隆	打工 ta²¹koŋ³⁵	斧子 fu²¹tsɿ⁰	钳子 tɕʰian⁵⁵tsɿ⁰
北戴河	打工 ta²¹kuŋ⁴⁴	斧子 fu²¹tʂʅ⁰	钳子 tɕʰian³⁵tʂʅ⁰
昌黎	打工 ta²⁴kuŋ⁴²	斧子 fu²¹tsɿ⁰	钳子 tɕʰian⁴²tsɿ²³
乐亭	打工 ta³⁴kuŋ³¹	斧子 fu²¹¹tsɿ⁰	钳子 tɕʰiɛn³¹tsɿ⁰
蔚县	干活儿 kã¹³xuɤɻ⁴¹	斧子 fu⁴⁴tsɿ⁰	钳子 tɕʰiã⁴¹tsɿ⁰
涞水	打工 ta²⁴koŋ³¹	斧子 fu³¹tsɿ⁰	钳子 tɕʰian²⁴tsɿ⁰
霸州	干活儿 kan⁴¹xuor⁵³	斧子 fu⁴¹tsɿ⁰	钳子 tɕʰian⁵³tsɿ⁰
容城	打工 ta²¹kuŋ⁴³	斧子 fu⁵²tsɿ⁰	钳子 tɕʰian²¹tsɿ⁰
雄县	干活儿 kãn⁴¹xuor⁵³	斧子 fu⁴¹tsɿ⁰	钳子 tɕiãn⁵³tsɿ⁰
安新	干活儿 kan⁵³xuor³¹	斧子 fu⁵³tsɿ⁰	钳子 tɕʰian³³tsɿ⁰
满城	打工 ta²¹kuŋ⁴⁵	斧子 fu⁴²tsɿ⁰	钳子 tɕʰian²²tsɿ⁰
阜平	干活儿 kæ⁵³xuɐr²⁴	斧子 fu²¹tsɿ⁰	钳子 tɕʰiæ⁵³tsɿ⁰
定州	当招工儿 taŋ³³tʂau²¹¹kuŋ⁰ŋər⁰	斧子 fu²¹¹tsɿ⁰	钳子 tɕʰian⁴²tsɿ⁰
无极	打找工 ta³¹tʂɔ³⁵kuŋ³¹	斧子 fu³⁵tsɿ⁰	钳子 tɕʰiãn³¹tsɿ⁰
辛集	扛长活 kʰaŋ³⁵⁴tʂʰaŋ³⁵⁴xuə³⁵⁴	斧子 fu³²²tsɿ⁰	钳子 tɕʰian³³tsɿ⁰
衡水	伺候人的 tsʰʅ⁵³xu⁰in²⁴ti⁰	斧子 fu²¹tsɿ⁰	钳子 tɕʰiɑn²⁴tsɿ⁰
故城	打工 ta³¹kuŋ²⁴	斧头 fu²⁴tʰou⁰	钳子 tɕʰiæ⁵⁵tsɿ⁰
巨鹿	打工 ta⁵⁵koŋ³³	斧子 fu⁵⁵tə⁰	钳子 tɕʰian⁴¹tə⁰
邢台	帮工 paŋ³⁴kuŋ³⁴	斧子 fu⁵⁵ə⁰	钳子 tɕʰian⁵³ə⁰
馆陶	扛活儿 kʰɑŋ²⁴xuor⁵² 打工 ta⁴³kuŋ²⁴	斧子 fu⁴⁴tə⁰	钳子 tɕʰiæn⁵²tə⁰
沧县	打工 ta⁵³koŋ²³	斧子 fu²³tsɿ⁰	钳子 tɕʰian⁵⁵tsɿ⁰
献县	打工 ta²⁴koŋ³³	斧子 fu²¹tsɿ⁰	钳子 tɕʰiæ⁵⁵tsɿ⁰
平泉	打工 ta²¹kuŋ⁵⁵	斧子 fu²¹tsɿ⁰	钳子 tɕʰian³⁵tsɿ⁰
滦平	打工 ta²¹kuŋ⁵⁵	斧子 fu²¹tsə⁰	钳子 tɕʰian³⁵tsə⁰
廊坊	打工 ta²¹kuŋ⁵⁵	斧子 fu²¹tsɿ⁰	钳子 tɕʰiɛn³⁵tsɿ⁰
魏县	打工 ta⁵⁵kuŋ³³	斧子 fu⁵⁵tɛ⁰	钳子 tɕʰian⁵³tɛ⁰
张北	打工 ta⁵⁵kuŋ⁴²	斧子 fu⁵⁵tsə⁰	钳子 tɕʰiæ⁴²tsə⁰

（续表）

	0685 打工	0686 斧子	0687 钳子
万全	打工 ta⁴⁴kuəŋ⁴¹	斧子 fu⁵⁵tsə⁰	钳子 tɕʰian⁴¹tsə⁰
涿鹿	做活儿 tsəu²³xuɤr⁵²	斧子 fu⁵⁵ə⁰	钳子 tɕʰiæ⁴²ə⁰
平山	打工 ta⁵⁵koŋ³¹	斧子 fu⁵⁵tsʅ⁰	钳子 tɕʰiæ⁵³tsʅ⁰
鹿泉	打工 ta³⁵kuŋ⁵⁵	斧子 fu³⁵tɤ⁰	钳子 tɕʰiæ⁵⁵tɤ⁰
赞皇	打工 ta⁴⁵kuŋ⁵⁴	斧子 fu⁴⁵tsə⁰	钳子 tɕʰiæ⁵¹tsə⁰
沙河	当小工儿 taŋ²¹siau³³kuər⁰	斧子 fu³³tə⁰	钳子 tɕʰiã⁵¹tə⁰
邯郸	打工 tɔ⁵⁵kuŋ³¹	斧子 fu⁵⁵tə⁰	钳子 tɕʰiæ⁵³tə⁰
涉县	打工 tɒ⁵³kuəŋ⁴¹	斧子 fu⁵³ə⁰	钳子 tɕʰiæ⁴¹²lə⁰

	0688 螺丝刀	0689 锤子	0690 钉子
兴隆	改锥 kai²¹tʂuei³⁵	锤子 tʂʰuei⁵⁵tsʅ⁰	钉子 tiŋ³⁵tsʅ⁰
北戴河	改锥 kai²¹tʃuei⁴⁴	锤子 tʃʰuei³⁵tʃʅ⁰	钉子 tiŋ⁴⁴tʃʅ⁰
昌黎	改锥 kai²¹tʂuei⁰	榔头 laŋ⁴²tʰou²³	钉子 tiŋ⁴²tsʅ⁰
乐亭	改锥 kai³⁴tʂuei³¹	锤子 tʂʰuei³¹tsʅ⁰	钉子 tiəŋ³¹tsʅ⁰
蔚县	改锥 kei⁴⁴tsuei⁰	锤子 tsʰuei⁴¹tsʅ⁰	钉子 tiŋ⁵³tsʅ⁰
涞水	改锥 kai⁴⁵tʂuei⁰	锤子 tʂʰuei²⁴tsʅ⁰	钉子 tiŋ³³tsʅ⁰
霸州	改锥 kai²¹tʂuei⁴⁵	榔头 laŋ⁵³tʰou⁰ 榔不凿子 laŋ⁴⁴puºtsau⁵³tsʅ⁰ 榔不凿儿 laŋ⁴⁴puºtsaur⁵³	钉子 tiŋ²¹tsʅ⁰
容城	改锥 kai²¹tʂuei⁴³	锤子 tʂʰuei²¹tsʅ⁰	钉子 tiŋ³¹tsʅ⁰
雄县	改锥 kai²¹tsuei⁴⁵	榔头 laŋ⁵³tʰou⁰ 榔不凿子 laŋ⁵³puºtsau⁵³tsʅ⁰	钉子 tiŋ⁴⁴tsʅ⁰
安新	改锥 kai²¹tʂuei⁴⁵	榔头 laŋ³³tʰou⁰	洋钉 iaŋ⁵³tiŋ⁴⁵
满城	改锥 kai²¹tʂuei⁴⁵	锤子 tʂʰuei²²tsʅ⁰	钉子 tiŋ⁴⁵tsʅ⁰
阜平	改锥 kæ⁵³tʂuei⁰	锤子 tʂʰuei⁵³tsʅ⁰	钉子 tiŋ³¹tsʅ⁰
定州	改锥 kai²⁴tʂuei³³	锤子 tʂʰuei⁴²tsʅ⁰	钉儿 tiŋ³³ŋər⁰
无极	改锥 kæ³⁵tʂuəi³¹	锤子 tʂʰuəi³¹tsʅ⁰	钉子 tiŋ³¹tsʅ⁰
辛集	改锥 kai²⁴tʂuei³³	锤子 tʂʰuei³⁵tsʅ⁰	钉儿 tiə̃r³³
衡水	改锥 kɑi⁵⁵tʂuei²⁴	锤子 tʂʰuei²⁴tsʅ⁰	钉子 tiŋ³¹tsʅ⁰
故城	改锥 kæ³¹tsuei²⁴	锤子 tsʰuei⁵⁵tsʅ⁰	钉子 tiŋ²¹tsʅ⁰
巨鹿	改锥 kai⁵⁵tʂuei³³	锤 tʂʰuei⁴¹	钉儿 ti ɤr³³
邢台	改锥 kai⁴³tʂuei³⁴	锤子 tʂʰuei⁵³ə⁰	钉子 tiŋ³⁴ə⁰
馆陶	改锥 kai⁴³tʂuei²⁴	锤子 tʂʰuei⁵²tə⁰	钉 tiŋ²⁴
沧县	改锥 kai²³tʂuei⁰	锤子 tʂʰuei⁵⁵tsə⁰	钉子 tiŋ⁴¹tsʅ⁰
献县	改锥 kɛ²⁴tʂuei³³	锤子 tʂʰuei⁵⁵tsʅ⁰	钉子 tiŋ³³tsʅ⁰
平泉	改锥 kai²¹tʂuei⁵⁵ 螺丝刀 luo³⁵sʅ⁵⁵tau⁵⁵	锤子 tʂʰuei³⁵tsʅ⁰	钉子 tiŋ⁵⁵tsʅ⁰
滦平	改锥 kai²¹tʂuei⁵⁵ 螺丝刀儿 luo³⁵sʅ⁵⁵taur⁵⁵	锤子 tʂʰuei³⁵tsə⁰	钉子 tiŋ⁵⁵tsə⁰

（续表）

	0688 螺丝刀	0689 锤子	0690 钉子
廊坊	改锥 kai²¹tʂuei⁵⁵	锤子 tʂʰuei³⁵tsʅ⁰	钉儿 tiãr⁵⁵ 钉子 tiŋ⁵⁵tsʅ⁰
魏县	改锥 kai⁵⁵tʂuəi³³	锤子 tʂʰuəi⁵³tɛ⁰	洋钉 iaŋ⁵³tiŋ³³ 钉子 tiŋ³³tɛ⁰
张北	改锥 kai⁵⁵tsuei⁴²	斧子 fu⁵⁵tsə⁰	钉子 tiŋ⁴²tsə⁰
万全	改锥 kɛi⁴⁴tsuei⁴¹	锤子 tʂʰuei⁴¹tsə⁰	钉子 tiəŋ⁴¹tsə⁰
涿鹿	改锥 kɛ⁵⁵tsuei⁰	锤子 tʂʰuei⁴²ə⁰	钉子 tiŋ⁴²ə⁰
平山	改锥 kɛ⁵⁵tʂæi³¹	锤子 tʂʰæi⁴²tsʅ⁰	钉儿 tiɔr³¹
鹿泉	改锥 kɛ³⁵tʂuei⁵⁵	锤子 tʂʰuei⁵⁵tɤ⁰	钉儿 tiãr⁵⁵
赞皇	改锥 kɛ⁴⁵tʂuei⁵⁴	锤子 tʂʰuei⁵¹tsə⁰	钉儿 tɔ̃r⁵⁴
沙河	改锥 kai³³tʂuei⁰	锤子 tʂʰuei⁵¹tə⁰	洋钉儿 iaŋ⁵¹tiər²⁴
邯郸	改锥 kai⁵⁵tʂuəi³¹	锤子 tʂʰuəi⁵³tə⁰	钉子 tiŋ³¹tə⁰
涉县	改锥 kai⁵³tsuəi⁴¹	锤子 tsʰuəi⁴¹²ə⁰	钉子 tiəŋ⁴¹ə⁰

	0691 绳子	0692 棍子	0693 做买卖
兴隆	绳子 ʂəŋ⁵⁵tsʅ⁰	棍子 kuən⁵¹tsʅ⁰	做买卖 tsou⁵¹mai²¹mai⁰/ tsuo⁵¹mai²¹mai⁰ 开买卖 kʰai³⁵mai²¹mai⁰①
北戴河	绳子 ʃəŋ³⁵tʃʅ⁰	棍子 kuən⁵³tʃʅ⁰	做买卖 tʃuo⁵³mai²¹mai⁰
昌黎	绳子 səŋ⁴²tsʅ²³	棒子 paŋ²⁴tsʅ⁰ 棍子 kuən⁴⁵tsʅ⁰	做买卖 tsou⁴²mai²¹mai⁰
乐亭	绳子 ʂəŋ³¹tsʅ⁰	棍子 kuən⁵⁵tsʅ⁰	做买卖 tsou⁵³mai²¹¹mai⁰
蔚县	绳子 səŋ⁴¹tsʅ⁰	棍子 kuŋ³¹tsʅ⁰	做买卖 tsuɤ⁵³mei⁴⁴mei⁰ 做生意 tsuɤ⁵³səŋ⁵³i⁰
涞水	绳子 ʂəŋ²⁴tsʅ⁰	棍子 kuən³³¹tsʅ⁰	做买卖 tsuo³¹mai²⁴mai⁰
霸州	绳子 ʂəŋ⁵³tsʅ⁰	棍子 kuən⁴⁵tsʅ⁰	做买卖 tsou⁴¹mai²¹mai⁰
容城	绳子 ʂəŋ²¹tsʅ⁰	棍子 kuən⁵²tsʅ⁰	做买卖 tsuo⁵²mai²¹mai⁰
雄县	绳子 ʂəŋ⁵³tsʅ⁰	棍子 kuən⁴⁵tsʅ⁰	做买卖 tsou⁴¹mai²¹mai⁰
安新	绳子 ʂəŋ³³tsʅ⁰	棍子 kuən⁵⁵tsʅ⁰	做买卖 tsuo⁵³mai²¹mai⁰
满城	绳子 ʂəŋ²²tsʅ⁰	棍子 kuən⁵⁵tsʅ⁰	做买卖 tsou⁵³mai²¹mai⁰
阜平	绳子 ʂəŋ⁵³tsʅ⁰	棍子 koŋ²⁴tsʅ⁰	做生意 tsuɤ⁵³ʂəŋ³¹i⁰
定州	绳子 ʂəŋ⁴²tsʅ⁰	棍子 kuən³⁵tsʅ⁰	做买卖 tsou⁵³mai²¹¹mai⁰
无极	绳子 ʂəŋ³¹tsʅ⁰	棍子 kuen⁵³tsʅ⁰	做买卖 tsəu⁵¹mæ³⁵mæ⁰
辛集	绳儿 ʂər³⁵⁴	棍儿 kuər⁴¹	做买儿卖儿 tsou⁴¹mer³²²mer⁴²
衡水	绳儿 ʂɤr⁵³	棍儿 kuər³¹	做买卖 tsəu³¹mɑi²¹mɑi⁰
故城	绳 ʂəŋ⁵³ 绳子 ʂəŋ⁵⁵tsʅ⁰	棍子 kuẽ⁵³tsʅ⁰	做买卖 tsou³¹mæ²⁴mæ⁰
巨鹿	绳 ʂəŋ⁴¹	棍子 kuən⁵³tsʅ⁰	做买卖 tsou²¹mai⁵⁵mai⁰
邢台	绳子 ʂəŋ⁵³ə⁰	棍子 kuən³¹ə⁰	做买卖儿 tsu³¹mai⁵⁵mer⁰
馆陶	绳子 ʂəŋ⁵²tə⁰	棍子 kun²¹tə⁰	做买卖 tsəu²¹mai⁴⁴mai⁰
沧县	绳子 ʂəŋ⁵⁵tsə⁰	棍子 kuən⁵³tsə⁰	做买卖 tsou⁴¹mai²³mai⁰
献县	绳儿 ʂɤr⁵³ 较小的 绳 ʂəŋ⁵³ 较大的	棍子 kuən³³¹tsʅ⁰	做买卖 tsou³¹mɛ²⁴mɛ³¹
平泉	绳儿 ʂər³⁵ 绳子 ʂəŋ³⁵tsʅ⁰	棍子 kuən⁵¹tsʅ⁰	做买卖 tsuo⁵³mai²¹mai⁰

（续表）

	0691 绳子	0692 棍子	0693 做买卖
滦平	绳子 ʂəŋ³⁵tsə⁰	棍子 kuən⁵¹tsə⁰	做生意 tsuo⁵¹ʂəŋ⁵⁵i⁰ 做买卖 tsuo⁵¹mai²¹mai⁰
廊坊	绳子 ʂəŋ³⁵tsɿ⁰	棍子 kuən⁵¹tsɿ⁰	做生意 tsuo⁵³ʂəŋ⁵⁵i⁰ 做买卖 tsuo⁵³mai²¹mai⁰
魏县	绳子 ʂəŋ⁵³tɛ⁰	棍子 kuən³¹²tɛ⁰	做买卖 tʂue³³mai⁵⁵mai⁰
张北	绳子 səŋ⁴²tsə⁰	棍子 kuŋ²³tsə⁰	做买卖 tsuaʔ³mai⁵⁵mai⁰
万全	绳子 səŋ⁴¹tsə⁰	棍子 kuəŋ²¹³tsə⁰	做买卖 tsuə²¹³mei⁴⁴mei²¹³
涿鹿	绳子 ʂəŋ⁴²ə⁰	棍子 kuŋ³¹ə⁰ 棒子 pã³¹ə⁰	做买卖 tsou³¹mɛ⁵⁵mɛ⁰
平山	绳 ʂəŋ³¹	棍儿 kuər⁴²	做买卖 tsu³¹mɛ⁵⁵mɛ⁰
鹿泉	绳儿 ʂɚr⁵⁵ 索子 suo¹³tʅ⁰	棍子 kuẽ³¹tʅ⁰	做买卖 tsuo³¹mɛ³⁵mɛ⁰
赞皇	绳儿 ʂl̩ɚr³²	棍儿 kuər³¹²	做买卖 tsu²⁴mɛ⁴⁵mɛ⁰
沙河	绳子 ʂəŋ⁵¹tə⁰ 较粗的绳子 绳儿 ʂər⁵¹ 较细的绳子	棍子 kuən²¹tə⁰	做买卖儿 tsuaʔ²mai³³mar⁰
邯郸	绳子 ʂəŋ⁵³tə⁰	棍子 kun²¹tə⁰	做买卖 tsuʌʔ²mai⁵⁵mai²¹
涉县	绳子 səŋ⁴¹²ə⁰	棍子 kuəŋ⁵⁵ə⁰	做买卖 tsuəʔ³²mai⁵³mai²⁴ 做生意 tsəʔ³²səŋ⁴¹i⁰

---

① 还有"做生意 tsuo⁵¹ʂəŋ³⁵i⁰"的说法。

	0694 商店	0695 饭馆	0696 旅馆 旧称
兴隆	商店 ʂaŋ³⁵tian⁵¹	饭店 fan⁵³tian⁵¹ 饭馆儿 fan⁵¹kuɐr²¹³	旅店 ly²¹tian⁵¹ 旅馆儿 ly⁵⁵kuɐr²¹³
北戴河	小卖点儿 ɕiau²¹mai⁵³tiɐr²¹⁴ 小卖铺儿 ɕiau²¹mai⁵³pʰur⁵¹	饭馆儿 fan⁵³kuɐr²¹⁴	旅店 ly²¹tian⁵¹
昌黎	商店 ʂaŋ³⁴tian⁴⁵³	饭店 fan⁴²tian⁴⁵³ 饭馆儿 fan⁴²kuɐr²¹³	旅馆 ly²⁴kuan²¹³ 旅店 ly²¹tian⁴⁵³
乐亭	商店 ʂaŋ³³tiɛn⁵²	馆子 kuan²¹¹tsɿ⁰	旅店 ly³³tiɛn⁵²
蔚县	门市部儿 məŋ⁴¹sɿ⁰pur³¹² 商店 ʂɔ⁵³tiã³¹²	饭馆儿 fã³¹kuɐr⁴⁴ 饭铺 fã³¹pʰu⁰	大店 ta¹³tiã³¹² 旅店 ly⁴⁴tiã³¹²
涞水	商店 ʂaŋ⁵⁵tian³¹⁴	饭馆儿 fan³¹kuɐr²⁴	旅店 ly²⁴tian³¹⁴
霸州	商场 ʂaŋ⁴⁵tʂʰɑŋ²¹⁴	饭馆儿 fan⁴¹kuɐr²¹⁴ 饭铺儿 fan⁴⁵pʰur⁴¹ 规模小	店 tian⁴¹ 大车店 ta⁴¹tʂʰɤ⁴⁵tian⁴¹①
容城	商店 ʂaŋ³⁵tian⁵¹³	饭馆儿 fan⁵²kuɐr²¹³	旅馆 ly³⁵kuan²¹³
雄县	商场 ʂaŋ⁴⁵tʂʰɑŋ²¹⁴	饭馆儿 fã⁴¹kuɐr²¹⁴ 饭铺儿 fã⁴⁵pʰur⁴¹ 规模小	店 tiã⁴¹ 大车店 ta⁴¹tʂʰɤ⁴⁵tiã⁴¹
安新	小铺儿 ɕiau²¹pʰu⁵⁵wər⁰② 小卖部儿 ɕiau²¹mai⁵³pur⁵¹③ 商店 ʂaŋ⁴⁵tian⁵¹	饭店 fan⁵³tian⁵¹	店 tian⁵¹ 较小的 大车店 ta⁵³tʂʰɤ⁴⁵tian⁵¹ 较大的
满城	商店 ʂaŋ⁴⁵tian⁵¹² 铺子 pʰu⁵⁵tsɿ⁰	饭馆儿 fan⁵³kuɐr²¹³	店 tian⁵¹²
阜平	门市部 məŋ²⁴sɿ⁵³pu⁵³④ 商店 ʂaŋ²⁴tiæ⁵³	饭馆儿 fæ⁵³kuɐr⁵⁵	店 tiæ⁵³ 较小的 大车店 ta⁵³tʂʰɤ³¹tiæ⁵³ 较大的
定州	铺子 pʰu³⁵tsɿ⁰	饭馆儿 fan⁵³kuɐr²⁴	车马店 tʂɤ³³ma²⁴tian⁵¹
无极	商店 ʂaŋ³¹tiãn⁵¹	饭馆儿 fãn⁵¹kuɐr³⁵	大车店 ta⁵¹tʂʰɤ³¹tiãn⁵¹
辛集	商店儿 ʂaŋ³⁵tier⁴¹	饭铺儿 fan⁴²pʰur⁴¹	旅店 ly³⁵tian⁴¹ 大车店 ta⁴¹tʂʰə³³tian⁴¹
衡水	门市部儿 mən²⁴sɿ⁰pur³¹	饭馆儿 fan³¹kuɐr⁵⁵	旅店 ly⁵⁵tian³¹
故城	商店 ʂaŋ²⁴tiæ³¹	饭馆儿 fæ³¹kuɐr⁵⁵ 饭店 fæ²⁴tiæ³¹	旅社 ly⁵⁵ʂɤ³¹
巨鹿	商店 ʂaŋ³³tiɛ̃²¹	饭店 fan³³tiɛ̃²¹	旅店 ly⁵⁵tiɛ̃²¹
邢台	小卖铺儿 siau⁵⁵mai³³pʰur³¹ 杂货铺儿 tsa⁵³xuo³³pʰur³¹	饭铺儿 fan³³pʰur³¹	旅舍 ly⁵⁵ʂə³¹ 马车店 ma⁴³tʂʰə³⁴tian³¹
馆陶	商店 ʂaŋ²⁴tiæn²¹	饭庄 fæn²¹tʂuɑŋ²⁴	旅馆 ly⁵²kuæn⁴⁴
沧县	小卖部儿 ɕiau⁵³mai²³pur⁴¹⑤ 商店 ʂaŋ²³tian⁴¹⑥	饭店 fan²³tian⁴¹	旅店 ly⁵⁵tian⁴¹

（续表）

	0694 商店	0695 饭馆	0696 旅馆 旧称
献县	小卖部儿 ɕiɔ²⁴mɛ³¹puɻ³¹ 小型的 超市 tʂʰɔ³³ʂɿ³¹ 商店 ʂɑ̃³³tiæ³¹	饭店 fæ³¹tiæ³¹	店 tiæ³¹
平泉	小卖部 ɕiɑu²¹mai⁵³pu⁵¹ 商店 ʂaŋ⁵⁵tian⁵¹	饭馆儿 fan⁵³kuɐr²¹⁴ 饭馆子 fan⁵³kuan²¹tsɿ⁰	大车店 ta⁵³tʂʰə⁵⁵tian⁵¹ 旅店 ly²¹tian⁵¹ 旅馆 ly³⁵kuan²¹⁴
滦平	商店 ʂaŋ⁵⁵tian⁵¹	饭馆儿 fan⁵¹kuɐr²¹⁴ 饭店 fan⁵¹tian⁵¹	旅店 ly²¹tian⁵¹ 旅馆 ly³⁵kuan²¹⁴
廊坊	商店 ʂaŋ⁵⁵tien⁵¹ 小卖铺儿 ɕiɑu²¹mai³¹pʰuɻ⁵¹	饭馆儿 fan⁵³kuɐr²¹⁴ 饭店 fan⁵³tien⁵¹	旅店 ly²¹tien⁵¹
魏县	门市 mən⁵³ʂɿ³¹²	饭店 fan³¹tian³¹²	旅馆 ly⁵⁵kuan⁵⁵
张北	商店 sɔ̃⁴²tiæ²¹³	饭馆儿 fæ²³kuɐr⁵⁵	旅店 ly⁵⁵tiæ²¹³
万全	铺铺 pʰu²⁴pʰu⁰ 小的 门市部 mən⁴¹ʂɿ²¹³pu²¹³ 大的	饭馆儿 fan⁴⁵kuɐr⁵⁵	二小店儿 ər⁴⁵ɕiɔ⁴⁴tiɐr²¹³ 小的 车马大店 tʂʰə⁴⁴ma⁵⁵ta²⁴tian²¹³ 大的
涿鹿	门市 mən⁵²ʂɿ³¹ 商店 sɑ̃⁴⁴tiæ³¹	饭馆儿 fæ³¹kuɐr⁴⁵	旅店 luei⁴⁵tiæ³¹ 旅馆 luei⁴²kuæ⁴⁵
平山	商店 ʂaŋ⁵³tiæ⁴²	饭铺儿 fæ²⁴pʰər⁴²	店里 tiæ⁵⁵lɛ⁰
鹿泉	商店 ʂaŋ⁵⁵tiæ³¹	饭店 fæ³⁵tiæ³¹	旅馆 ly⁵⁵kuæ³⁵
赞皇	门市 mən⁵¹ʂɿ⁰	饭店 fæ²⁴tiæ³¹	旅馆 ly⁵⁴kuæ⁴⁵ 旅店 ly⁴⁵tiæ³¹
沙河	店铺 tiɑ̃²¹pʰu²¹	馆子 kuã³³tə⁰	旅店 ly³³tiɑ̃²¹
邯郸	门市 mən⁵³ʂɿ²¹	馆子 kuæ⁵⁵tə⁰	店 tiæ²¹³
涉县	门市部儿 mən⁴¹ʂɿ⁵³puɻ²⁴	饭店儿 fæ⁵³tiɐr²⁴ 饭馆儿 fæ⁵⁵kuɐr⁵³	旅馆儿 ly⁴¹²kuɐr⁵³

① 规模较小。
② 小型的商店，旧。
③ 小型的商店。
④ 一般说法。
⑤ 常见的小型商店。
⑥ 新式的百货商店。

	0697 贵	0698 便宜	0699 合算
兴隆	贵 kuei⁵¹	便宜 pʰian⁵⁵i⁰ 贱 tɕian⁵¹	划算 xuɑ⁵⁵suan⁵¹ 上算 ʂɑŋ⁵³suan⁵¹ 合算 xə⁵⁵suan⁵¹
北戴河	贵 kuei⁵¹	贱 tɕian⁵¹ 便宜 pʰian³⁵i⁰	划算 xua³⁵ʃuan⁵¹
昌黎	贵 kuei⁴⁵³	贱 tɕian²⁴	合适 xɤ²⁴ʂʅ⁴⁵³ 合算 xɤ²⁴suan⁴⁵³
乐亭	贵 kuei⁵²	贱 tɕiɛn⁵²	合算 xə³⁴suan⁵²
蔚县	贵 kuei³¹²	贱 tɕiã³¹² 便宜 pʰiã⁵³i⁰	合算 xɤ⁴¹suã³¹²
涞水	贵 kuei³¹⁴	贱 tɕian³¹⁴	合算 xɤ⁴⁵suan⁰
霸州	贵 kuei⁴¹	便宜 pʰian⁵³i⁰ 贱 tɕian⁴¹	合适 xɤ⁴⁴ʂʅ⁴¹ 划算 xua⁴⁴suan⁴¹
容城	贵 kuei⁵¹³	便宜 pʰian²¹i⁰	划算 xua³⁵suan⁵¹³
雄县	贵 kuei⁴¹	便宜 pʰiã⁵³i⁰ 贱 tɕiã⁴¹	值 tʂʅ⁵³
安新	贵 kuei⁵¹	贱 tɕian⁵¹	合适 xɤ⁴⁵ʂʅ⁵¹
满城	贵 kuei⁵¹²	贱 tɕian⁵¹²	上算 ʂɑŋ⁵³suan⁵¹²
阜平	贵 kuei⁵³	便宜 pʰiæ⁵³i⁰	合算 xɤ²⁴suæ⁵³
定州	贵 kuei⁵¹	贱 tsian⁵¹	上算 ʂɑŋ⁵³suan⁵¹
无极	贵 kuəi⁵¹	便宜 pʰiã³¹i⁰ 贱 tsiã⁴⁵¹	上算 ʂɑŋ⁵¹suan⁵¹
辛集	贵 kuei⁴¹	便宜 pʰian³⁵i⁰	上算 ʂɑŋ⁴²suan⁴¹
衡水	贵 kuei³¹	贱 tɕian³¹	上算 sɑŋ³¹suan³¹
故城	贵 kuei³¹	贱 tɕiã³¹ 便宜 pʰiæ̃⁵⁵i⁰	划算 xua⁵⁵suæ⁰
巨鹿	贵 kuei²¹	贱 tɕiɛ̃²¹	划算 xua⁵⁵suɛ̃²¹
邢台	贵 kuei³¹	贱 tsian³¹ 便宜 pʰian⁵³i⁰	合算 xə⁵³suan³¹ 合适儿 xə⁵³ʂər³¹
馆陶	贵 kuei²¹³	贱 tsiæn²¹³ 便宜 pʰiæn⁵²i⁰	划算 xua⁵²suæn²¹

（续表）

	0697 贵	0698 便宜	0699 合算
沧县	贵 kuei⁴¹	贱 tɕian⁴¹	合适 xɤ⁵³ʂʅ²³
献县	贵 kuei³¹	贱 tɕiæ³¹	上算 ʂɑ³¹suæ³¹
平泉	贵 kuei⁵¹	贱 tɕian⁵¹ 便宜 pʰian³⁵i⁰	上算 ʂɑŋ⁵³suan⁵³ 合算 xə³⁵suan⁵³
滦平	贵 kuei⁵¹	贱 tɕian⁵¹ 便宜 pʰian³⁵i⁰	合算 xə³⁵suan⁵¹
廊坊	贵 kuei⁵¹	便宜 pʰien³⁵i⁰ 贱 tɕien⁵¹	划算 xua³⁵suan⁰
魏县	贵 kuəi³¹²	贱 tɕian³¹² 便宜 pʰian⁵³i⁰	上算 ʂɑŋ³¹tʂuan³¹²
张北	贵 kuei²¹³	便宜 pʰiæ⁴²i⁰	合算 xə²³suæ²¹³
万全	贵 kuei²¹³	便宜 pʰian⁴¹i⁰	划算 xua²⁴suan²¹³
涿鹿	贵 kuei³¹	便宜 pʰiæ⁴²i⁰	合算 xə⁵²suæ³¹ 划算 xua⁵²suæ³¹
平山	贵 kuæi⁴²	便宜 pʰiæ⁴²i⁰	上算 ʂɑŋ²⁴suæ⁴²
鹿泉	贵 kuei³¹²	便宜 pʰiæ⁵⁵i⁰	上算 ʂɑŋ³¹²suæ̃³¹
赞皇	贵 kuei³¹²	便宜 pʰiæ⁵¹i⁰	划算 xua⁵⁴suæ³¹
沙河	贵 kuei²¹	便宜 pʰiã⁵¹i⁰	合算 xɤ⁵¹suã²¹
邯郸	贵 kuəi²¹³	便宜 pʰiæ⁵³i⁰	上算 ʂɑŋ⁵³suæ̃²¹ 划算 xɔ⁵³suæ̃²¹
涉县	贵 kuəi⁵⁵	贱 tɕiæ⁵⁵	合算 xəʔ³²suæ⁵⁵

	0700 折扣	0701 亏本	0702 钱 统称
兴隆	折扣 tʂə⁵⁵kʰou⁵¹	亏本儿 kʰuei³⁵pər²¹³ 赔了 pʰei⁵⁵lə⁰	钱 tɕʰian⁵⁵
北戴河	折扣 tʃɤ³⁵kʰou⁵¹	赔本儿 pʰei³⁵pər²¹⁴	钱 tɕʰian³⁵
昌黎	打折儿 ta²⁴tʂɤr²⁴	亏本儿 kʰuei³⁴pər²¹³	钱 tɕʰian²⁴
乐亭	折扣儿 tʂə³⁴kʰour⁵²	赔本儿 pʰei³⁴pər³⁴	钱 tɕʰiɛn²¹²
蔚县	降价 tɕiɔ¹³tɕia³¹	赔钱儿 pʰei¹³tɕʰiɐr⁴¹ 赔 pʰei⁴¹	钱儿 tɕʰiɐr⁴¹
涞水	折儿 tʂɤr⁴⁵	赔 pʰei⁴⁵	钱儿 tɕʰiɐr⁴⁵
霸州		亏本儿 kʰuei⁴⁵pər²¹⁴ 赔钱 pʰei⁴⁴tɕʰian⁵³ 赔本儿 pʰei⁵³pər²¹⁴	钱 tɕʰian⁵³
容城	打折 ta²¹tʂɤ³⁵	赔咧 pʰei²¹lie⁰	钱 tɕʰian³⁵
雄县		赔本儿 pʰei⁵³pər²¹⁴ 赔钱 pʰei⁵³tɕʰiãn⁵³ 赔 pʰei⁵³	钱 tɕʰiãn⁵³
安新	便宜 pʰian³³i⁰	赔 pʰei³¹	钱 tɕʰian³¹
满城	打折儿 ta²¹tʂɤ⁴⁵ər⁰	折本儿 ʂɤ⁴⁵pər²¹³ 赔本儿 pʰei⁴⁵pər⁰	钱儿 tɕʰiɐr²²
阜平	折儿 tʂɐr²⁴	赔 pʰei²⁴	钱儿 tɕʰiɐr²⁴
定州	便宜点儿 pʰian⁴²i⁰tiɐr⁰	赔本儿 pʰei²⁴pər²⁴	钱儿 tsʰiɐr²¹³
无极	折扣 tʂɤ³¹kʰəu⁵¹	赔本儿 pʰəi³¹pər³⁵	钱儿 tsʰiɐr²¹³
辛集	打折儿 tɑ³²⁴tʂər³³	赔钱儿 pʰei³⁵⁴tsʰiɐr³⁵⁴	钱儿 tsʰiɐr³⁵⁴
衡水		赔哰 pʰei²⁴liɑn⁰	钱 tɕʰiɑn⁵³
故城	打折 ta³¹tʂɤ²⁴	赔 pʰei⁵³	钱 tɕʰiæ⁵³
巨鹿	减价 tɕian⁵⁵tɕia²¹	赔本儿 pʰei⁴¹pər⁵⁵	钱儿 tɕʰiar⁴¹
邢台	打折儿 ta⁵⁵tʂər⁵³	赔兰 pʰei⁵³lan⁰ 赔本儿 pʰei⁵³pər⁵⁵	钱儿 tsʰiɐr⁵³
馆陶	折扣 tʂɛ²⁴kʰəu²¹	赔本儿 pʰei⁵²pər⁴⁴	钱 tsʰiæn⁵²
沧县	折扣 tʂɤ⁵³kʰou⁴¹	赔 pʰei⁵³	钱 tɕʰian⁵³
献县	折 tʂlə⁵³	赔 pʰei⁵³	钱 tɕʰiæ⁵³

(续表)

	0700 折扣	0701 亏本	0702 钱统称
平泉	便宜 pʰian³⁵i⁰ 贱 tɕian⁵¹ 折扣 tʂə³⁵kʰou⁵¹	赔了 pʰei³⁵lə⁰ 亏本儿 kʰuei⁵⁵pər²¹⁴	钱 tɕʰian³⁵
滦平	折扣 tʂə³⁵kʰou⁵¹	亏本儿 kʰuei⁵⁵pər²¹⁴ 赔本儿 pʰei³⁵pər²¹⁴	钱 tɕʰian³⁵
廊坊	折扣 tʂɤ³⁵kʰou⁵¹	亏本儿 kʰuei⁵⁵pər²¹⁴	钱 tɕʰien³⁵
魏县	打折儿 ta⁵⁵tʂɤr³³	赔 pʰəi⁵³ 赔本儿 pʰəi⁵³pər⁵⁵	钱儿 tɕʰiɐr⁵³
张北	回扣 xuei⁴²kʰou²¹³	赔本儿 pʰei⁴²pər⁵⁵	钱儿 tɕʰiɐr⁴²
万全	打折 ta⁴⁴tsʌʔ²²	赔嘞 pʰei⁴¹lɛi⁰	钱儿 tɕʰiɐr⁴¹
涿鹿	折扣 tʂʌʔ⁴³kʰou³¹	赔啦 pʰei⁴²la⁰	钱儿 tɕʰiɐr⁴²
平山	尽头儿 tsiŋ⁵⁵tʰər³¹	粘本儿 tʂæ⁵³pər⁵⁵	钱儿 tsʰiær⁴²
鹿泉	折扣儿 tʂɤ⁵⁵kʰour³¹	赔本儿 pʰei⁵⁵pər⁵⁵	钱儿 tsʰiɐr⁵⁵
赞皇	折扣 tʂə²⁴kʰəu³¹	亏本儿 kʰuei⁵⁴pər⁴⁵ 赔兰 pʰei⁵¹læ⁰	钱儿 tsʰiɐr³²
沙河	横头 xəŋ⁵¹tʰəu⁰	赔本儿 pʰei⁵¹pər²⁴	钱儿 tsʰiar⁵¹
邯郸	便宜点儿 pʰiæ⁵³i⁰tiɐr⁰	赔本儿 pʰəi⁵³pər⁵³	钱儿 tsʰiɐr⁵³
涉县	折扣 tsəʔ³²kʰou⁵⁵	赔本儿 pʰəi⁴⁴pər⁵³	钱儿 tɕʰiɐr⁴¹²

	0703 零钱	0704 硬币	0705 本钱
兴隆	零钱 liŋ⁵⁵tɕʰian⁵⁵	钢镚儿 kaŋ³⁵por⁵¹ 硬币 iŋ⁵³pi⁵¹ 硬镚儿 iŋ⁵³por⁵¹	本儿 pər²¹³ 本钱 pən²¹tɕʰian⁵⁵
北戴河	零钱 liŋ³⁵tɕʰian³⁵	钢墩儿 kaŋ⁴⁴tuər⁴⁴	本钱 pən²¹tɕʰian⁰
昌黎	零钱 liŋ⁴³tɕʰian⁰	钢墩儿 kaŋ³⁴tuər⁴²	本钱 pən²¹tɕʰian⁰
乐亭	零钱 liaŋ²¹²tɕʰiɛn²¹²	钢墩儿 kaŋ³³tuər³¹	本儿 pər³⁴
蔚县	零钱儿 liŋ⁴¹tɕʰiɐr⁴¹ 零的 liŋ⁴¹ti⁰	镚儿 pə̃r³¹² 钢镚儿 kɔ⁵³pə̃r³¹² 镚子 pəŋ³¹tsɿ⁰	本钱 pəŋ⁴⁴tɕʰiã⁰
涞水	零钱儿 liŋ⁴⁵tɕʰiɐr⁰	钢镚儿 kaŋ⁵⁵pəŋ³³¹ŋər⁰	本儿 pər²⁴
霸州	零钱 liŋ⁴⁴tɕʰian⁵³	钢板儿 kaŋ⁴⁵pɐr²¹⁴ 钢镚子 kaŋ⁴⁵pəŋ⁴⁵tsɿ⁰	本儿 pər²¹⁴
容城	零钱 liŋ⁴⁴tɕʰian³⁵	钢镚子 kaŋ³⁵pəŋ⁵²tsɿ⁰	本儿 pər²¹³
雄县	零钱 liŋ⁵³tɕʰiãn⁵³	镚子 pəŋ⁴⁵tsɿ⁰ 钢板儿 kaŋ⁴⁵pɐr²¹⁴ 钢镚子 kaŋ⁴⁵pəŋ⁴⁵tsɿ⁰	本儿 pər²¹⁴
安新	零的 liŋ³³ti⁰ 零钱 liŋ⁴⁵tɕʰian³¹	钢镚子 kaŋ⁴⁵pəŋ⁵⁵tsɿ⁰	本儿 pər²¹⁴
满城	零钱儿 liŋ⁴⁵tɕʰiɐr²²	钢墩儿 kaŋ⁴⁵tuər⁴⁵ 钢镚儿 kaŋ⁴⁵pəŋ⁵¹²ŋər⁰	本儿 pər²¹³ 本钱 pən⁴²tɕʰian⁰
阜平	小钱儿 ɕiɔ⁵⁵tɕʰiɐr²⁴	洋钱儿 iaŋ²⁴tɕʰiɐr²⁴	本钱 pəŋ²¹tɕʰiæ̃⁰
定州	零钱儿 liŋ²⁴tsʰiɐr²⁴	钢墩儿 kaŋ³³tuər¹¹	本钱 pən²¹¹tsʰian⁰
无极	零钱儿 liŋ³⁵tsʰiɐr²¹³	钢镚儿 kaŋ³¹pə̃r⁵¹	本钱 pen³⁵tsʰiãn⁰
辛集	零钱儿 liŋ³⁵⁴tsʰiɐr³⁵⁴	钢镚儿 kaŋ³⁵pə̃r⁴¹	本儿 pər³³
衡水	零钱儿 liŋ⁵³tɕʰiɐr⁵³	镚子 pəŋ⁵³tsɿ⁰	本儿 pər⁵⁵
故城	零钱 liŋ⁵³tɕʰiæ⁵³	毛锞儿 mɔɔ⁵⁵kʰɤr⁰	本钱 pẽ²⁴tɕʰiæ̃⁰ 本儿 pər⁵⁵
巨鹿	零钱儿 liŋ⁴¹tɕʰiar⁴¹	镚子 pəŋ⁵³tsɿ⁰	本儿 pər⁵⁵
邢台	零钱儿 liŋ³³tsʰiɐr⁵³	钢壳儿 kaŋ³⁴kʰɤr⁵³ 钢镚儿 kaŋ³⁴pər³¹ 钢墩儿 kaŋ³⁴tuər³⁴	本儿 pər⁵⁵

(续表)

	0703 零钱	0704 硬币	0705 本钱
馆陶	零钱儿 liŋ⁵²tsʰiɐr⁰	小银钱儿 siɑo⁴⁴in⁵²tsʰiɐr⁰	本儿 pər⁴⁴
沧县	零钱儿 liŋ⁴¹tɕʰiɐr⁵³	钢镚子 kaŋ²³pəŋ⁵³tsʅ⁰	本儿 pər⁵⁵
献县	零钱 liŋ⁵³tɕʰiæ⁵³	钢墩儿 kã⁵³tuəʐ³³	本儿 pəʐ²¹⁴
平泉	零钱 liŋ³⁵tɕʰian³⁵	钢镚儿 kaŋ⁵⁵pə̃r⁵¹ 硬币 iŋ⁵³pi⁵¹	本儿 pər²¹⁴ 本钱 pən²¹tɕʰian³⁵
滦平	零钱 liŋ³⁵tɕʰian³⁵	钢镚儿 kaŋ³⁵pə̃r⁵¹ 硬币 iŋ⁵³pi⁵¹	本儿 pər²¹⁴ 本钱 pən²¹tɕʰian³⁵
廊坊	零钱 liŋ³⁵tɕʰiɛn³⁵	钢镚儿 kaŋ⁵⁵pãr⁵¹	本儿 pər²¹⁴ 本钱 pən²¹tɕʰiɛn³⁵
魏县	零花钱儿 liŋ⁵³xua³³tɕʰiɐr⁵³ 零钱儿 liŋ⁵³tɕʰiɐr⁵³	毛锞儿 mau⁵³kʰɤr³³	本儿 pər⁵⁵ 本钱 pən⁵⁵tɕʰian⁵³
张北	零钱儿 liŋ⁴²tɕʰiɐr⁴²	镚子 pəŋ²³tsə⁰	本钱儿 pən⁵⁵tɕʰiɐr⁴²
万全	零钱儿 liəŋ⁴¹tɕʰiɐr⁴¹	镚镚 pʰəŋ²⁴pʰəŋ⁰	本钱儿 pən⁵⁵tɕʰiɐr²¹³
涿鹿	零钱儿 liŋ¹¹³tɕʰiɐr⁵²	镚镚儿 pəŋ³¹pə̃r⁰	本钱 pən⁵⁵tɕʰiæ⁰
平山	零钱儿 liŋ⁵³tsʰiær³¹	轱辘儿 ku⁴²luər⁰	本钱 pən⁵⁵tsʰiæ³¹
鹿泉	零钱儿 liŋ⁵⁵tsʰiɐr⁰	镚子 pəŋ³¹tɤ⁰	本儿 pər³⁵
赞皇	零钱儿 liŋ⁵⁴tsʰiɐr⁵⁴	钢镚儿 kaŋ⁵⁴pə̃r³¹	本儿 pər⁴⁵
沙河	零钱儿 liəŋ⁵⁴tsʰiar⁵¹	钢珠"儿 kaŋ⁴¹tʂur⁰	本儿 pər³³
邯郸	零钱儿 liŋ⁵³tsʰiɐr⁰	毛锞儿 mau⁵⁵kʰʌr³¹	本钱 pən⁵⁵tsʰiæ⁵³
涉县	零钱儿 liəŋ⁴¹tɕʰiɐr²⁴	小银元儿 ɕiau⁵³iəŋ⁴¹yɐr²⁴ 钢镚儿 kã⁴¹pər²⁴	本钱 pən⁵³tɕʰiæ⁴¹ 本钱儿 pən⁵³tɕʰiɐr²⁴

	0706 工钱	0707 路费	0708 花~钱
兴隆	工钱 koŋ³⁵tɕʰian⁵⁵	脚费 tɕiɑu²¹fei⁵¹ 盘缠 pʰan⁵⁵tʂʰan⁰ 路费 lu⁵³fei⁵¹	花 xuɑ³⁵
北戴河	工钱 kuŋ⁴⁴tɕʰian⁰	盘缠钱 pʰan³⁵tʃʰan⁰tɕʰian³⁵	花 xua⁴⁴
昌黎	工钱 kuŋ⁴³tɕʰian⁰	盘缠 pʰan⁴²tʂʰən²³	花 xua⁴²
乐亭	工钱 kuŋ³¹tɕʰiɛn⁰	盘缠 pʰan³¹tʂʰən⁰	花 xua³¹
蔚县	工钱 kuŋ⁵³tɕʰiã⁰	盘缠 pʰã⁴¹tʂʰã⁰	花 xuɑ⁵³
涞水	工钱 koŋ³³tɕʰian⁰	盘缠 pʰan²⁴tʂʰan⁰	花 xuɑ³¹
霸州	工钱 kuŋ²¹tɕʰian⁰	路费 lu⁴⁵fei⁴¹ 盘缠 pʰan⁵³tʂʰan⁰	花 xua⁴⁵
容城	工钱 kuŋ³¹tɕʰian⁰	路费 lu⁴⁴fei⁵¹³	花 xua⁴³
雄县	工钱 kuŋ⁴⁴tɕʰiãn⁰	路费 lu⁵³⁴fei⁴¹ 盘缠 pʰãn⁵³tʂʰãn⁰	花 xua⁴⁵
安新	工钱 kuŋ⁴⁵tɕʰian⁰	盘缠 pʰan³³tʂʰan⁰ 路费 lu⁵³fei⁵¹	花 xua⁴⁵
满城	工钱 kuŋ⁴⁵tɕʰian⁰	盘缠 pʰan²²tʂʰan⁰	花 xua⁴⁵
阜平	工钱 koŋ³¹tɕʰiæ⁰	盘缠 pʰæ⁵³tʂʰæ⁰	花 xuɑ³¹
定州	工钱 kuŋ²¹¹tsʰian⁰	盘缠 pʰan⁴²tʂʰan⁰	花 xua³³
无极	工钱 kuŋ³⁵tsʰiãn⁰	盘缠 pʰãn³¹tʂʰãn⁰	花 xuɑ³¹
辛集	工钱 koŋ³³tsʰian⁰	盘缠 pʰa³⁵tʂʰan⁰	花 xɑ³³
衡水	工资 kuŋ²⁴tsɿ²⁴	盘缠 pʰan²⁴tsʰɑn⁰	花 xua²⁴
故城	工钱 kuŋ²¹tɕʰiæ⁰	盘缠 pʰæ̃⁵⁵tʂʰæ⁰ 路费 lu²⁴fei³¹	花 xua²⁴
巨鹿	工钱 koŋ³³tɕʰiɛ⁴¹	盘缠 pʰɛ̃⁵³tʂʰɛ⁰	花 xua³³
邢台	工钱儿 kuŋ³⁴tsʰiɐr⁵³	路费 lu³³fei³¹	花 xua³⁴
馆陶	工钱 kuŋ²⁴tsʰiæn⁵²	盘缠 pʰæn⁵²tʂʰæn⁰ 路费 lu²⁴fei²¹	花 xua²⁴
沧县	工钱 koŋ⁴¹tɕʰian⁰	盘缠 pʰan⁵⁵tʂʰan⁰	花 xuɑ²³
献县	工钱 koŋ³³tɕʰiæ⁰	路费 lu³¹fei³¹	花 xua³³

(续表)

	0706 工钱	0707 路费	0708 花~钱
平泉	工钱 kuŋ⁵⁵tɕʰian³⁵	盘缠 pʰan³⁵tʂʰan⁰ 路费 lu⁵³fei⁵¹	花 xuɑ⁵⁵
滦平	工钱 kuŋ⁵⁵tɕʰian³⁵	盘缠 pʰan³⁵tʂʰan⁰ 路费 lu⁵¹fei⁵¹	花 xuɑ⁵⁵
廊坊	工钱 kuŋ⁵⁵tɕʰiɛn³⁵	路费 lu⁵³fei⁵¹ 盘缠 pʰan⁵⁵tʂʰan⁰	花 xuɑ⁵⁵
魏县	工钱 kuŋ³³tɕʰian⁵³	盘缠 pʰan⁵³tʂʰan³¹² 路费 lu³¹fəi³¹²	花 xuɑ³³
张北	工钱儿 kuŋ⁴²tɕʰier⁴²	路费 ləu²³fei²¹³	花 xua⁴²
万全	工钱儿 kuəŋ⁴¹tɕʰier⁴¹	路费 lou²⁴fei²¹³	花 xua⁴¹
涿鹿	工钱 kuŋ⁴²tɕʰiæ⁰	盘缠 pʰæ⁴²tʂæ⁰	花 xua⁴²
平山	工价 koŋ⁵³tɕia⁴²	盘缠 pʰan⁴²tʂuæ⁰	花 xua³¹
鹿泉	工钱 kuŋ⁵⁵tsʰiæ⁰	盘缠 pʰæ⁵⁵tʂæ⁰	花 xua⁵⁵
赞皇	工价 kuŋ⁵⁴tɕia³¹	路费 lu²⁴fei³¹	花 xua⁵⁴
沙河	工钱 koŋ⁴¹tsʰiã⁰	盘缠 pʰã⁵¹tʂʰuã⁰	花 xuɔ⁴¹
邯郸	工钱 kuŋ³¹tsʰiæ⁰	盘缠 pʰæ⁵³tʂʰæ⁰ 路费 lu⁵³fəi²¹	花 xɔ³¹
涉县	工钱 kuəŋ⁵⁵tɕʰiæ⁰ 工钱儿 kuəŋ⁵⁵tɕʰier⁰	路费 lu⁵⁵fəi⁰	花 xuɒ⁴¹

	0709 赚 卖一斤能~一毛钱	0710 挣 打工~了一千块钱	0711 欠 ~他十块钱
兴隆	挣 tʂəŋ⁵¹ 赚 tʂuan⁵¹	挣 tʂəŋ⁵¹	该 kai³⁵ 欠 tɕʰian⁵¹
北戴河	挣 tʃəŋ⁵¹	挣 tʃəŋ⁵¹	该 kai⁴⁴
昌黎	赚 tsuan⁴⁵³	挣 tsəŋ⁴⁵³	欠 tɕʰian⁴⁵³
乐亭	赚 tsuan⁵²	挣 tsəŋ⁵²	该 kai³¹
蔚县	赚 tsuã³¹²	挣 tsəŋ³¹²	该 kei⁵³ 欠 tɕʰiã³¹²
涞水	赚 tʂuan³¹⁴	挣 tʂəŋ³¹⁴	该 kai³¹
霸州	赚 tʂuan⁴¹	挣 tʂəŋ⁴¹	该 kai⁴⁵ 欠 tɕʰian⁴¹ 短 tuan²¹⁴
容城	赚 tʂuan⁵¹³	挣 tʂəŋ⁵¹³	该 kai⁴³
雄县	赚 tʂuãn⁴¹	挣 tsəŋ⁴¹	该 kai⁴⁵ 欠 tɕʰiãn⁴¹ 短 tuãn²¹⁴
安新	赚 tʂuan⁵¹	挣 tsəŋ⁵¹	该 kai⁴⁵ 短 tuan²¹⁴
满城	赚 tʂuan⁵¹²	挣 tsəŋ⁵¹²	该 kai⁴⁵ 争 tʂəŋ⁴⁵
阜平	赚 tʂuæ̃⁵³	挣 tsəŋ⁵³	欠 tɕʰiæ̃⁵³ 该 kæ³¹
定州	赚 tʂuan⁵¹	挣 tsəŋ⁵¹	该 kai³³
无极	赚 tʂuãn⁴⁵¹	挣 tsəŋ⁵¹	欠 tɕʰiãn⁵¹
辛集	挣 tʂəŋ⁴¹	挣 tsəŋ⁴¹	该 kai³³
衡水	赚 tʂuɑn³¹	挣 tsəŋ³¹	该 kɑi²⁴
故城	赚 tsuæ̃³¹	挣 tsəŋ³¹	该 kæ²⁴ 欠 tɕʰiæ̃³¹
巨鹿	挣 tʂəŋ²¹	挣 tsəŋ²¹	该 kai³³
邢台	赚 tʂuan³¹ 挣 tʂəŋ³¹	挣 tsəŋ³¹	欠 tɕʰian³¹ 该 kai³⁴

(续表)

	0709 赚 卖一斤能~一毛钱	0710 挣 打工~了一千块钱	0711 欠 ~他十块钱
馆陶	赚 tṣuæn²¹³	挣 tṣəŋ²¹³	争 tṣəŋ²⁴ 欠 tɕʰiæn²¹³
沧县	赚 tṣuan⁴¹	挣 tṣəŋ⁴¹	该 kai²³
献县	赚 tṣuæ³¹	挣 tṣəŋ³¹	该 kɛ³³
平泉	赚 tṣuan⁵¹	挣 tṣəŋ⁵¹	该 kai⁵⁵ 欠 tɕʰian⁵¹
滦平	挣 tṣəŋ⁵¹ 赚 tṣuan⁵¹	挣 tṣəŋ⁵¹	该 kai⁵⁵ 欠 tɕʰian⁵¹
廊坊	挣 tṣəŋ⁵¹ 赚 tṣuan⁵¹	挣 tṣəŋ⁵¹	欠 tɕʰiɛn⁵¹ 该 kai⁵⁵
魏县	赚 tṣuan³¹²	治 ᵊtṣʅ³¹²	争 tṣəŋ³³
张北	赚 tsuæ²¹³	挣 tsəŋ²¹³ 赚 tsuæ²¹³	该 kai⁴²
万全	赚 tsuan²¹³	挣 tsəŋ²¹³	该 kei⁴¹
涿鹿	赚 tṣuæ³¹	挣 tṣəŋ³¹	欠 tɕʰiæ³¹ 该 kɛ⁴⁴
平山	赚 tṣuæ⁴²	挣 tṣəŋ⁴²	欠 tɕʰiæ⁴²
鹿泉	赚 tṣuæ³¹²	挣 tṣəŋ³¹²	欠 tɕʰiæ³¹² 该 kɛ⁵⁵
赞皇	赚 tṣuæ³¹²	挣 tṣəŋ³¹²	短 tuæ⁴⁵ 欠 tɕʰiæ³¹²
沙河	赚 tṣuã²¹	挣 tṣəŋ²¹	短 tuã³³
邯郸	赚 tṣuæ²¹³	挣 tṣəŋ²¹³	争 tṣəŋ³¹ 欠 tɕʰiæ²¹³
涉县	挣 tsəŋ⁵⁵ 赚 tsuæ⁵⁵	挣 tsəŋ⁵⁵	该 kai⁴¹ 欠 tɕʰiæ⁵⁵

	0712 算盘	0713 秤统称	0714 称用秤~
兴隆	算盘 suan⁵¹pʰan⁰	秤 tʂʰəŋ⁵¹	约 iau³⁵ 称 tʂʰəŋ³⁵
北戴河	算盘子 ʃuan⁵³pʰan³⁵tʃʅ⁰	秤 tʃʰəŋ⁵¹	约 iau⁴⁴
昌黎	算盘儿 suan⁴²pʰer²¹³	秤 tʂʰəŋ⁴⁵³	约 iau⁴²
乐亭	算子 suan⁵⁵tsʅ⁰	秤 tʂʰəŋ⁵²	约 iau³¹
蔚县	算盘 suã³¹pʰã⁰	秤 tʂʰəŋ³¹²	约 iʌɯ⁵³
涞水	算盘 suan³¹pʰan⁴⁵	秤 tʂʰəŋ³¹⁴	约 iau³¹
霸州	算子 suan⁴⁵tsʅ⁰ 珠算 tʂu⁴⁵suan⁴¹	秤 tʂʰəŋ⁴¹	约 iau⁴⁵
容城	算子 suan⁵²tsʅ²³	秤 tʂʰəŋ⁵¹³	约 iau⁴³
雄县	算子 suãn⁴⁵tsʅ⁰ 珠算 tʂu⁴⁵suãn⁴¹	秤 tʂʰəŋ⁴¹	约 iau⁴⁵
安新	算子 suan⁵⁵tsʅ⁰	秤 tʂʰəŋ⁵¹	约 iau⁴⁵
满城	算盘 suan⁵⁵pʰan⁰	秤 tʂʰəŋ⁵¹²	约 iau⁴⁵
阜平	算盘 suã²⁴pʰæ⁰	秤 tʂʰəŋ⁵³	约 iɔ³¹
定州	算子 suan³⁵tsʅ⁰	秤 tʂʰəŋ⁵¹	约 iau³³
无极	算子 suãn⁵³tsʅ⁰	秤 tʂʰəŋ⁵¹	约 iɔ³¹
辛集	算子 suan⁴²tsʅ⁰	秤 tʂʰəŋ⁴¹	约 iau³³
衡水	算子 suɑn⁵³tsʅ⁰	秤 tʂʰəŋ³¹	约 iau²⁴
故城	算盘 suæ³¹pʰæ⁵³	秤 tʂʰəŋ³¹	约约 iɔo²⁴iɔo⁰ 称称 tʂʰəŋ²⁴tʂʰəŋ⁰
巨鹿	算子 suẽ⁵³tsʅ⁰	秤 tʂʰəŋ²¹	约 iau³³
邢台	算盘子 suan³¹pʰan⁵³ə⁰ 算盘儿 suan³¹pʰer⁵³	秤 tʂʰəŋ³¹	约 iau³⁴
馆陶	算盘 suæn²¹pʰæn⁵²	秤 tʂʰəŋ²¹³	约 iɑo²⁴ 称 tʂʰəŋ²⁴
沧县	算盘子 suan⁴¹pʰan⁵⁵tsʅ⁰	秤 tʂʰəŋ⁴¹	约 iau²³
献县	算盘儿 suæ³¹pʰer⁵³	秤 tʂʰəŋ³¹	约 iɔ³³
平泉	算盘子 suan⁵³pʰan³⁵tsʅ0 算盘 suan⁵³pʰan³⁵	秤 tʂʰəŋ⁵¹	约 iau⁵⁵ 称 tʂʰəŋ⁵⁵

（续表）

	0712 算盘	0713 秤 统称	0714 称 用秆秤~
滦平	算盘 suan⁵¹pʰan⁰	秤 tʂʰəŋ⁵¹	约 iɑu⁵⁵ 称 tʂʰəŋ⁵⁵
廊坊	珠算 tʂu³⁵suan⁵¹ 算盘 suan⁵¹pʰan⁰	秤 tʂʰəŋ⁵¹	约 iɑu⁵⁵
魏县	算盘子 ʂuan³¹²pʰan⁵³tɛ⁰ 算盘儿 ʂuan³¹²pʰɐr⁵³	秤 tʂʰəŋ³¹²	秩 tʂʅ³¹²
张北	算盘 suæ²³pʰæ⁰	秤 tʂʰəŋ²¹³	秩 tsəʔ³² 约 yəʔ³²
万全	算盘 suan²⁴pʰan⁴¹	秤 tʂʰəŋ²¹³	秩 tsʅ²¹³
涿鹿	算盘 suæ³¹pʰæ⁰	秤 tʂʰəŋ³¹	秩 tsʅ³¹ 约 iɔ⁴⁴
平山	算盘 suæ⁵⁵pʰæ⁰	秤 tʂʰəŋ⁴²	称 tʂʰəŋ³¹
鹿泉	算盘 suæ³¹pʰæ⁰	秤 tʂʰəŋ³¹²	称 tʂʰəŋ⁵⁵ 约 iɔ⁵⁵
赞皇	算盘 suæ⁵¹pʰæ⁰	秤 tʂʰəŋ³¹²	约 iɔ⁵⁴ 称 tʂʰəŋ⁵⁴
沙河	算盘儿 suã²¹pʰar⁵¹	秤 tʂʰəŋ²¹	秤 tʂʰəŋ⁴¹
邯郸	算盘子 suæ²⁴pʰæ⁵³tə⁰	秤 tʂʰəŋ²¹³	称 tʂʰəŋ³¹
涉县	算盘子 suæ⁵⁵pʰæ⁴¹lə⁰ 算盘儿 suæ⁵³pʰɐr²⁴	秤 tsʰəŋ⁵⁵	秩 tsʅ⁵⁵

	0715 赶集	0716 集市	0717 庙会
兴隆	赶集 kan²¹tɕi⁵⁵	集市 tɕi⁵⁵ʂʅ⁵¹	庙会 miɑu⁵³xuei⁵¹
北戴河	赶集 kan²¹tɕi³⁵	集市儿 tɕi³⁵ʃər⁵¹	庙会 miɑu⁵³xuei⁵¹
昌黎	赶集 kan²⁴tɕi²¹³	集 tɕi²⁴ 集市 tɕi²⁴ʂʅ⁴⁵³	庙会 miɑu⁴²xuei²⁴
乐亭	赶集 kan³³tɕi²¹²	集 tɕi²¹²	庙会 miɑu⁵³xuei⁵²
蔚县	赶集 kã⁴⁴tɕi⁴¹	集市儿 tɕi⁴¹sʅər³¹²	庙会 miʌu¹³xuei³¹²
涞水	赶集 kan²⁴tɕi⁴⁵	集 tɕi⁴⁵	庙 miɑu³¹⁴
霸州	赶集 kan²¹tɕi⁵³	集 tɕi⁵³	庙会 miɑu⁴¹xuei⁴¹
容城	赶集 kan²¹tɕi³⁵	集里 tɕi²¹niɛ⁰	庙 miɑu⁵¹³
雄县	赶集 kãn²¹tɕi⁵³	集 tɕi⁵³	庙会 miɑu⁵³⁴xuei⁴¹
安新	赶集 kan⁴⁵tɕi³¹	集 tɕi³¹	庙 miɑu⁵¹
满城	赶集 kan³⁵tɕi²²	集 tɕi²²	庙 miɑu⁵¹²
阜平	赶集 kæ̃⁵⁵tɕi²⁴	集 tɕi²⁴	庙会 miɔ²⁴xuei⁵³
定州	赶集 kan³³tsi²¹³	集 tsi²¹³	庙 miɑu⁵¹
无极	上集 ʂaŋ⁵¹tsi²¹³	集 tsi²¹³	赶庙 kãn³⁵miɔ⁵¹
辛集	赶集 kan³²²tsi⁴²	集 tsi³⁵⁴	过庙 kuə⁴²miɑu⁴¹
衡水	赶集 kan⁵⁵tɕi⁵³	大集 tɑ³¹tɕi⁵³	起会 tɕʰi⁵⁵xuei³¹
故城	赶集 kæ̃²⁴tɕi⁵³	集 tɕi⁵³	庙会 miɔ²⁴xuei³¹
巨鹿	赶集 kan⁵⁵tɕi⁴¹	集 tɕi⁴¹	会 xuei²¹
邢台	赶集儿 kan⁵⁵tɕiər⁵³	集儿 tsiər⁵³	庙会 miɑu³³xuei³¹
馆陶	赶集 kæn⁴⁴tsi⁵²	集 tsi⁵²	会 xuei²¹³
沧县	赶集 kan⁵⁵tɕi⁵³	集 tɕi⁵³	庙会 miɑu²³xuei⁴¹
献县	赶集 kæ̃²¹tɕi⁵³	集 tɕi⁵³	庙会 miɔ³¹xuei³¹
平泉	赶集 kan²¹tɕi³⁵	集 tɕi³⁵ 集市 tɕi³⁵ʂʅ⁵¹	庙会 miɑu⁵³xuei⁵¹
滦平	赶集 kan²¹tɕi³⁵	集 tɕi³⁵ 集市 tɕi³⁵ʂʅ⁵¹	庙会 miɑu⁵¹xuei⁵¹
廊坊	赶集 kan²¹tɕi³⁵	集 tɕi³⁵	庙会 miɑu⁵³xuei⁵¹
魏县	赶集 kan⁵⁵tɕi⁵³	集 tɕi⁵³	会 xuəi³¹²

（续表）

	0715 赶集	0716 集市	0717 庙会
张北			会 xuei²¹³
万全	赶集 kan⁴⁴tɕiəʔ⁴	集市 tɕiəʔ²²sʅ²¹³	庙会 miɔ²⁴xuei²¹³
涿鹿	赶集 kæ̃⁴⁵tɕi⁵²	市场 sʅ³¹tʂʰɑ̃⁴⁵ 大集 ta²³tɕi⁵²	庙会 miɔ²³xuei³¹
平山	赶集 kæ̃⁵⁵tsi³¹	集上 tsiə⁴²ɑŋ⁰	庙会 miɔ²⁴xuæi⁴²
鹿泉	赶集 kæ̃³⁵tsi⁵⁵	集 tsi⁵⁵	庙会 miɔ³⁵xuei³¹
赞皇	赶集 kæ̃⁴⁵tsi⁵⁴	集上 tsi⁵¹ɑŋ⁰	过庙 kuə²⁴miɔ³¹
沙河	赶集 kɑ̃³³tsi⁵¹	集 tsi⁵¹	会 xuei²¹
邯郸	赶集 kæ̃⁵⁵tsi⁵³	集 tsi⁵³	会 xuəi²¹³
涉县	赶会 kæ̃⁵³xuəi²⁴	会 xuəi⁵⁵	庙会 miau⁵³xuəi⁰

	0718 学校	0719 教室	0720 上学
兴隆	学校 ɕye⁵⁵ɕiau⁵¹	教室 tɕiau⁵¹ʂʅ²¹³/ tɕiau⁵³ʂʅ⁵¹	上学 ʂaŋ⁵¹ɕiau⁵⁵/ ʂaŋ⁵¹ɕye⁵⁵
北戴河	学校 ɕye³⁵ɕiau⁵¹	教室 tɕiau⁵³ʃʅ⁵¹	上学 ʃaŋ⁵³ɕiau³⁵
昌黎	学校 ɕye³⁴ɕiau⁴⁵³	教室 tɕiau⁴²ʂʅ²¹³	上学 ʂaŋ⁴²ɕiau²⁴
乐亭	学校 ɕiau³⁴ɕiau⁵²	教室 tɕiau⁵³ʂʅ³⁴	上学 ʂaŋ⁵³ɕiau²¹²
蔚县	学校 ɕyə⁴¹ɕiʌɯ³¹²	教室 tɕiʌɯ³¹ʂʅ⁴⁴	念书 ȵiã³¹su⁵³ 上学 sɔ¹³ɕyə⁴¹
涞水	学校 ɕye⁴⁵ɕiau³¹⁴	课堂 kʰɤ³¹tʰaŋ⁴⁵	上学 ʂaŋ³¹ɕiau⁴⁵
霸州	学校 ɕye⁴⁴ɕiau⁴¹ 学堂 ɕiau⁴⁴tʰaŋ⁵³	教室 tɕiau⁴¹ʂʅ²¹⁴	上学 ʂaŋ⁴¹ɕiau⁵³
容城	学校 ɕye³⁵ɕiau⁵¹³	教室 tɕiau⁵²ʂʅ²¹³	上学 ʂaŋ⁵²ɕiau³⁵
雄县	学校 ɕye⁵³ɕiau⁴¹ 学堂 ɕiau⁵³tʰaŋ⁵³	教室 tɕiau⁴¹ʂʅ²¹⁴	上学 ʂaŋ⁴¹ɕiau⁵³
安新	学校 ɕye⁴⁵ɕiau⁵¹	教室 tɕiau⁵⁵ʂʅ²¹⁴	上学 ʂaŋ⁵³ɕiau³¹
满城	学堂 ɕiau⁴⁵tʰaŋ²² 学校 ɕye⁴⁵ɕiau⁵¹²	教室 tɕiau⁵³ʂʅ²¹³	上学 ʂaŋ⁵³ɕiau²²
阜平	学校 ɕye²⁴ɕiɔ⁵³	课堂 kʰɤ⁵³tʰaŋ²⁴ 教室 tɕiɔ⁵³ʂʅ⁵³	上学 ʂaŋ⁵³ɕiɔ²⁴
定州	校 ɕiau⁵¹	教室 tɕiau⁵³ʂʅ²⁴	上学 ʂaŋ⁵³ɕiau²¹³
无极	学校 ɕye³⁵ɕiɔ⁵¹	课堂 kʰɤ⁵¹tʰaŋ²¹³	上学 ʂaŋ⁵¹ɕiɔ²¹³
辛集	学坊 ɕiau³⁵faŋ⁰	教室 tɕiau⁴¹ʂʅ³³	上学 ʂaŋ⁴²ɕiau³⁵⁴
衡水	学儿 ɕiaur⁵³	教室 tɕiau³¹ʂʅ²⁴	上学儿 ʂaŋ³¹ɕiaur⁵³
故城	学校 ɕye⁵⁵ɕiɔ³¹ 学儿里 ɕiɔr⁵⁵li⁰	教室 tɕiɔ³¹ʂʅ²⁴	上学儿 ʂaŋ³¹ɕiɔr⁵³
巨鹿	学儿 ɕiaur⁴¹	教室 tɕiau²¹ʂʅ³³	上学儿 ʂã²¹ɕiaur⁴¹
邢台	学儿 ɕiaur⁵³	教室 tɕiau³¹ʂʅ³⁴	上学儿 ʂaŋ³¹ɕiaur⁵³
馆陶	学校 ɕyE⁴⁴ɕiao²¹	教室 tɕiao²¹ʂʅ²⁴	上学 ʂaŋ²¹ɕyE⁵²
沧县	学堂 ɕiau⁴¹tʰaŋ⁵³ 学校 ɕye²³ɕiʌu⁴¹	教室 tɕiau⁴¹ʂʅ²³	上学儿 ʂaŋ⁴¹ɕiaur⁵³
献县	学儿 ɕiɔr⁵³	教室 tɕiɔ³¹ʂʅ³³ 课堂 kʰɤ³¹tʰã⁵³	上学儿 ʂã³¹ɕiɔr⁵³

（续表）

	0718 学校	0719 教室	0720 上学
平泉	学校 ɕiau³⁵ɕiau⁵¹/ ɕyɛ³⁵ɕiau⁵¹	教室 tɕiau⁵³ʂʅ⁵¹	上学 ʂaŋ⁵³ɕiau⁵⁵/ ʂaŋ⁵³ɕyɛ⁵⁵
滦平	学校 ɕyɛ³⁵ɕiau⁵¹	教室 tɕiau⁵¹ʂʅ⁵¹	上学 ʂaŋ⁵¹ɕiau⁵⁵/ ʂaŋ⁵¹ɕyɛ⁵⁵
廊坊	学校 ɕyɛ³⁵ɕiau⁵¹	教室 tɕiau⁵³ʂʅ⁵¹/tɕiau⁵³ʂʅ²¹⁴	上学 ʂaŋ⁵³ɕiau⁵⁵/ ʂaŋ⁵³ɕyɛ³⁵
魏县	学校 ɕyə⁵³ɕiau³¹²	教室 tɕiau³¹²ʂʅ³³	上学 ʂaŋ³¹²ɕyə⁵³
张北	学校 ɕyəʔ³ɕiau²¹³	教室 tɕiau²³səʔ³²	上学 sɔ̃²³ɕyəʔ³²
万全	学校 ɕyəʔ²²ɕiɔ²¹³	教室 tɕiɔ²⁴səʔ²²	上学 saŋ⁴⁴ɕyəʔ⁴
涿鹿	学坊 ɕiɔ⁴²fɑ̃⁰	教室 tɕiɔ²³sʌʔ⁴³	去学坊 tɕʰy³¹ɕiɔ⁴²fɑ̃⁰
平山	学里 ɕiɔ⁴²lɛ⁰	教室 tɕiɔ⁴²ʂʅ²⁴	上学 ʂaŋ²⁴ɕiɔ³¹
鹿泉	学校 ɕyɤ⁵⁵ɕiɔ³¹	教室 tɕiɔ³¹ʂʅ¹³ 课堂 kʰɤ³¹tʰaŋ⁵⁵	上学 ʂaŋ³¹ɕiɔ⁵⁵
赞皇	学校 ɕyɛ⁵⁴ɕiɔ³¹	教室 tɕiɔ³¹²ʂʅ²⁴ 课堂 kʰə³¹²tʰaŋ⁵⁴	上学 ʂaŋ³¹²ɕiɔ⁵⁴
沙河	学儿 ɕiaur⁵¹	教室 tɕiau²⁴ʂʅ⁴¹	上学儿 ʂaŋ²¹ɕiaur⁵¹
邯郸	学校 ʂuə⁵³ɕiau²¹	教室 tɕiau²⁴ʂəʔ⁴³	上学 ʂaŋ²¹³ʂuə⁵³
涉县	学校 ɕyaʔ³²ɕiau⁵⁵	教室 tɕiau⁵⁵səʔ⁰	上学 sã⁵⁵ɕyaʔ⁰

	0721 放学	0722 考试	0723 书包
兴隆	放学 faŋ⁵¹ɕiau⁵⁵/ faŋ⁵¹ɕye⁵⁵	考试 kʰau²¹ʂɿ⁵¹	书包 ʂu³⁵pau³⁵
北戴河	放学 faŋ⁵³ɕiau³⁵	考试 kʰau²¹ʃɿ⁵¹	书包儿 ʃu⁴⁴paur⁴⁴
昌黎	放学 faŋ⁴²ɕiau²⁴/ faŋ⁴²ɕye²⁴	考试 kʰau²¹ʂɿ⁴⁵³	书包儿 su³⁴paur⁴²
乐亭	散学 san⁵³ɕiau²¹²	考试 kʰau³⁴ʂɿ⁵²	书包儿 ʂu³³paur³¹
蔚县	散学 sã¹³ɕɯu⁴¹ 放学 fɔ¹³ɕyə⁴¹	考试 kʰʌɯ⁴⁴sŋ⁰	书包儿 su⁵³pʌur⁵³ 书兜儿 su⁵³təur⁵³
涞水	下学 ɕia³¹ɕiau⁴⁵	考试 kʰau²⁴ʂɿ⁰	书包 ʂu⁵⁵pau³¹
霸州	放学 faŋ⁴¹ɕiau⁵³ 散学 san⁴¹ɕiau⁵³	考试 kʰau²⁴ʂɿ⁴¹	书包 ʂu⁴⁵pau⁴⁵
容城	散学 san⁵²ɕiau³⁵	考试 kʰau²¹³ʂɿ⁰	书包 ʂu⁴⁴pau⁴³
雄县	放学 faŋ⁴¹ɕiau⁵³ 散学 sãn⁴¹ɕiau⁵³	考试 kʰau²⁴ʂɿ⁴¹	书包 ʂu⁴⁵pau⁴⁵
安新	散学 san⁵³ɕiau³¹	考试 kʰau²¹ʂɿ⁵¹	书包 ʂu⁵³pau⁴⁵
满城	下学 ɕia⁵³ɕiau²²	考 kʰau²¹³	书包 ʂu⁴⁵pau⁴⁵
阜平	放学 faŋ⁵³ɕiɔ²⁴	考试 kʰɔ⁵⁵ʂɿ⁵³	书包 ʂu⁵⁵pɔ³¹
定州	放学 faŋ⁵³ɕiau²⁴	考试 kʰau²⁴ʂɿ⁰	书包 ʂu³³pau⁰
无极	放学 faŋ⁵¹ɕiɔ²¹³	考试 kʰɔ³⁵ʂɿ⁰	书包 ʂu³³pɔ³¹
辛集	下学 ɕia⁴²ɕiau³⁵⁴	考试 kʰau²⁴ʂɿ⁴¹	书包 ʂu³⁵⁴pau³³
衡水	散学儿 san³¹ɕiaur⁵³	考试 kʰau⁵⁵ʂɿ³¹	书包 ɕy²⁴pau²⁴
故城	放学儿 faŋ³¹ɕiɔor⁵³ 下学儿 ɕia³¹ɕiɔor⁵³	考试 kʰɔ⁵⁵ʂɿ⁰	书包 ʂʅ²⁴pɔo²⁴
巨鹿	放学儿 fã²¹ɕiaur⁴¹	考试 kʰau⁵⁵ʂɿ²¹	书包 ɕy³³pau³³
邢台	放学儿 faŋ³¹ɕiaur⁵³ 下学儿 ɕia³¹ɕiaur⁵³	考试 kʰau⁵⁵ʂɿ³¹	书包 ʂu³⁴pau³⁴ 书兜儿 ʂu³⁴tour³⁴ 兜儿 tour³⁴
馆陶	下学 ɕia²¹ɕyE⁵² 放学 faŋ²¹ɕyE⁵²	考试 kʰao⁴⁴ʂɿ²¹	书包 ʂu⁴³pao²⁴
沧县	放学儿 faŋ⁴¹ɕiaur⁵³	考试 kʰau⁵⁵ʂɿ⁴¹	书包 ʂu²³pau²³
献县	放学儿 fã²⁴ɕiɔr⁵³	考试 kʰɔ²⁴ʂɿ³¹	书包 ʂu⁵³pɔ³³
平泉	放学 faŋ⁵³ɕiau³⁵/ faŋ⁵³ɕye³⁵	考试 kʰau²¹ʂɿ⁵¹	书包 ʂu⁵⁵pau⁵⁵

(续表)

	0721 放学	0722 考试	0723 书包
滦平	下学 ɕia⁵¹ɕiau³⁵/ ɕia⁵¹ɕyɛ³⁵ 放学 faŋ⁵¹ɕiau³⁵/faŋ⁵¹ɕyɛ³⁵	考试 kʰau²¹ʂʅ⁵¹	书兜儿 ʂu⁵⁵tour⁵⁵ 书包儿 ʂu⁵⁵paur⁵⁵
廊坊	放学 faŋ⁵³ɕiau³⁵ 下学 ɕia⁵³ɕyɛ³⁵	考试 kʰau²¹ʂʅ⁵¹	书包 ʂu⁵⁵pau⁵⁵
魏县	下学 ɕia³¹²ɕyə⁵³	考试 kʰau⁵⁵ʂʅ³¹²	书包 ʂu³³pau³³
张北	放学 fɔ̃²³ɕyəʔ³²	考试 kʰau⁵⁵ʂʅ⁴²	书包 su⁴²pau⁴²
万全	放学 faŋ²⁴ɕyəʔ⁴	考试 kʰɑ⁴⁴ʂʅ²¹³	书包 su⁴¹pɔ⁴¹
涿鹿	放学 fɑ̃²³ɕiɔ⁵²	考试 kʰɔ⁴⁵ʂʅ³¹	书包子 ʂu⁴⁴pɔ⁴²ə⁰
平山	散学 sæ²⁴ɕiɔ³¹	考试 kʰɔ⁵⁵ʂʅ³¹	书包 ʂu⁵³pɔ³¹
鹿泉	下学 ɕia³¹ɕiɔ⁵⁵ 放学 faŋ³¹ɕiɔ⁵⁵	考试 kʰɔ³⁵ʂʅ³¹	书包 ʂu⁵⁵pɔ⁵⁵
赞皇	放学 faŋ³¹²ɕiɔ⁵⁴	考试 kʰɔ⁴⁵ʂʅ²⁴	书包 ʂu⁵⁴pɔ⁵⁴
沙河	放学儿 faŋ²¹ɕiaur⁵¹	考试 kʰau³³ʂʅ²¹	书包 ʂu⁴¹pau²¹
邯郸	下学 ɕiɔ²¹³ʂuə⁵³	考试 kʰau⁵⁵ʂʅ²¹	书包儿 ʂu³¹paur³¹
涉县	放学 fɑ̃⁵⁵ɕyɐʔ⁰	考试 kʰau⁵³ʂʅ²⁴	书包 su⁴¹pau⁰

	0724 本子	0725 铅笔	0726 钢笔
兴隆	本儿 pər²¹³ 本子 pən²¹tsʅ⁰	铅笔 tɕʰian³⁵pi²¹³	钢笔 kaŋ³⁵pi²¹³
北戴河	本儿 pər²¹⁴	铅笔 tɕʰian⁴⁴pi²¹⁴	钢笔 kaŋ⁴⁴pi²¹⁴
昌黎	本儿 pər²¹³	铅笔 tɕʰian³⁴pi²¹³	钢笔 kaŋ³⁴pi²¹³
乐亭	本儿 pər³⁴	铅笔 tɕʰiɛn³³pi³⁴	钢笔 kaŋ³³pi³⁴
蔚县	本子 pən⁴⁴tsʅ⁰ 本儿 pɒ̃r⁴⁴	铅笔 tɕʰiã⁵³pei⁴⁴	水笔 suei⁵³pei⁴⁴ 钢笔 kɔ⁵³pei⁴⁴
涞水	本儿 pər²⁴	铅笔 tɕʰian⁵⁵pi²⁴	钢笔 kaŋ⁵⁵pi²⁴
霸州	本儿 pər²¹⁴	铅笔 tɕʰian⁴⁵pi²¹⁴	钢笔 kaŋ⁴⁵pi²¹⁴
容城	本儿 pər²¹³	铅笔 tɕʰian⁴⁴pi²¹³	钢笔 kaŋ⁴⁴pi²¹³
雄县	本儿 pər²¹⁴	铅笔 tɕʰiãn⁴⁵pei²¹⁴	钢笔 kaŋ⁴⁵pei²¹⁴
安新	本儿 pər²¹⁴	铅笔 tɕʰian⁴⁵pei²¹⁴	钢笔 kaŋ⁴⁵pei²¹⁴
满城	本儿 pər²¹³	铅笔 tɕʰian⁴⁵pei⁰	钢笔 kaŋ⁴⁵pei⁰
阜平	本儿 pər⁵⁵	铅笔 tɕʰiæ̃⁵⁵pei²⁴	钢笔 kaŋ⁵⁵pi²⁴
定州	本儿 pər²⁴	铅笔 tɕʰian³³pei¹¹	钢笔 kaŋ³³pei¹¹
无极	本子 pen³⁵tsʅ⁰	铅笔 tɕʰiãn³³pəi²¹³	钢笔 kaŋ³³pəi²¹³
辛集	本儿 pər³²⁴	铅笔 tɕʰian³⁵⁴pei³³	钢笔 kaŋ³⁵⁴pei³³
衡水	本儿 pər⁵⁵	铅笔 tɕʰian²⁴pei²⁴	钢笔 kaŋ²⁴pei²⁴
故城	本子 pẽ²⁴tsʅ⁰	铅笔 tɕʰiæ̃²⁴pei²⁴	钢笔 kaŋ²⁴pei²⁴
巨鹿	本儿 pər⁵⁵	铅笔 tɕʰian³³pei³³	钢笔 kaŋ³³pei³³
邢台	本儿 pər⁵⁵	铅笔 tɕʰian³⁴pei³⁴	钢笔 kaŋ³⁴pei³⁴
馆陶	本子 pen⁴⁴tə⁰ 本儿 pər⁴⁴	铅笔 tɕʰiæn²⁴pei²⁴	钢笔 kaŋ²⁴pei²⁴
沧县	本儿 pər⁵⁵	铅笔 tɕʰian²³pei²³	钢笔 kaŋ²³pei²³
献县	本儿 pəʐ²¹⁴	铅笔 tɕʰiæ̃⁵³pei³³	钢笔 kã⁵³pei³³
平泉	本儿 pər²¹⁴ 本子 pən²¹tsʅ⁰	铅笔 tɕʰian⁵⁵pi²¹⁴	钢笔 kaŋ⁵⁵pi²¹³
滦平	本儿 pər²¹⁴ 本子 pən²¹tsə⁰	铅笔 tɕʰian⁵⁵pi²¹⁴	钢笔 kaŋ⁵⁵pi²¹⁴

(续表)

	0724 本子	0725 铅笔	0726 钢笔
廊坊	本子 pən²¹tsʅ⁰ 本儿 pər²¹⁴	铅笔 tɕʰiɛn⁵⁵pi²¹⁴	钢笔 kaŋ⁵⁵pi²¹⁴
魏县	本儿 pər⁵⁵ 本子 pən⁵⁵tɛ⁰	铅笔 tɕʰian³³pəi³³	钢笔 kaŋ³³pəi³³
张北	本子 pəŋ⁵⁵tsə⁰	铅笔 tɕʰiæ⁴²piəʔ³²	钢笔 kɔ̃⁴²piəʔ³²
万全	本儿 pər⁵⁵	铅笔 tɕʰian⁴¹piəʔ²²	钢笔 kaŋ⁴¹piəʔ²²
涿鹿	本本儿 pəŋ⁴⁵pə̃r⁴⁵	铅笔 tɕʰiæ⁴⁴piʌʔ⁴³	钢笔 kã⁴²piʌʔ⁴³
平山	本儿 pər⁵⁵	铅笔 tɕʰiæ⁴²pæi²⁴	水笔 ʂæi⁵⁵pæi²⁴
鹿泉	本儿 pər³⁵	铅笔 tɕʰiæ⁵⁵pei¹³	水笔 ʂei⁵⁵pei¹³
赞皇	本儿 pər⁴⁵	铅笔 tɕʰiæ⁵⁴pei²⁴	水笔 ʂei⁴⁵pei²⁴
沙河	本儿 pər³³	铅笔 tɕʰiã⁴¹piəʔ²	钢笔 kaŋ⁴¹piəʔ²
邯郸	本子 pən⁵⁵tə⁰	铅笔 tɕʰiæ³¹pieʔ²¹	钢笔 kaŋ³¹pieʔ²¹
涉县	本儿 pər⁵³	铅笔 tɕʰiæ⁴¹piəʔ⁰	钢笔 kã⁴¹piəʔ⁰

	0727 圆珠笔	0728 毛笔	0729 墨
兴隆	油笔 iou⁵⁵pi²¹³ 圆珠笔 yan⁵⁵tʂu³⁵pi²¹³	毛笔 mɑu⁵⁵pi²¹³ 水笔 ʂuei³⁵pi²¹³	墨 mo⁵¹
北戴河	圆珠笔 yan³⁵tʃu⁴⁴pi²¹⁴	水笔 ʃuei³⁵pi²¹⁴	墨 mɤ⁵¹
昌黎	圆珠笔 yan³⁴tʂu⁰pi⁰	毛儿笔 mɑur⁴³pi⁰	墨 mɤ⁴⁵³/ mi⁴⁵³
乐亭	圆珠儿笔 yɛn³⁴tʂur³¹pi³⁴	楷笔 kʰai³⁴pi³⁴	墨 mi⁵²
蔚县	圆珠儿笔 yã⁴¹tsur⁵³pei⁴⁴ 原子笔 yã⁴¹tsʅ⁰pei⁴⁴	毛笔 mʌɯ⁴¹pei⁴⁴	墨 mɤ³¹²/ mei³¹²
涞水	圆珠笔 yan⁴⁵tʂu⁵⁵pi²⁴	毛笔 mɑu⁴⁵pi²⁴	墨 muo³¹⁴
霸州	圆珠儿笔 yan⁴⁴tʂur⁴⁵pi²¹⁴	毛笔 mɑu⁵³pi²¹⁴	墨 mo⁴¹/mei⁴¹
容城	圆珠儿笔 yan⁴⁴tʂur⁴⁴pi²¹³	毛笔 mɑu⁴⁴pi²¹³	墨 mo⁵¹³
雄县	原子笔 yãn⁵³tsʅ⁰pei²¹⁴ 圆珠儿笔 yãn⁵³tʂur⁴⁵pei²¹⁴	毛笔 mɑu⁵³pei²¹⁴	墨 mo⁴¹/mei⁴¹
安新	圆珠儿笔 yan⁵³tʂur⁴⁵pei²¹⁴ 原子笔 yan⁴⁵tsʅ⁰pei²¹⁴	毛笔 mɑu⁴⁵pei²¹⁴	墨 mei⁵¹
满城	原子笔 yan²²tsʅ⁰pei⁰	毛笔 mɑu²²pei⁰	墨 mei⁵¹²
阜平	圆珠儿笔 yæ⁵⁵tʂuər³¹pei³¹	毛笔 mɔ⁵⁵pei³¹	墨 mei⁵³
定州	原子笔 yan⁴²tsʅ⁰pei³³	毛笔 mɑu²⁴pei³³	墨 mei⁵¹
无极	原子笔 yãn²¹³tsʅ⁰pəi²¹³	毛笔 mɔ³⁵pəi²¹³	墨 məi⁵¹
辛集	原子笔 yan³⁵tsʅ⁰pei³³	毛笔 mɑu³⁵⁴pei³³	墨 mei⁴¹
衡水	原子笔 yɑn⁵³tsʅ⁰pei²⁴	毛笔 mɑu⁵³pei²⁴	墨 mei³¹
故城	圆珠笔 yæ⁵³tʂʅ²⁴pei²⁴	毛笔 mɔo⁵³pei²⁴	墨 mei³¹
巨鹿	原子笔 yẽ⁵³tsʅ⁰pei³³	毛笔 mɑu⁴¹pei³³	墨 mei²¹
邢台	圆珠笔 yan⁵³tʂu⁵³pei³⁴	毛笔 mɑu⁵³pei³⁴	墨汁儿 mei³¹tʂər³⁴ 墨水儿 mei³¹ʂuər⁵⁵
馆陶	原子笔 yæn⁵²tsʅ⁰pei⁰	毛笔 mɑo⁵³pei²⁴	墨 mei²¹³
沧县	圆珠儿笔 yan⁵³tʂur²³pei²³	毛笔 mɑu⁵³pei²³	墨汁子 mei²³tʂʅ⁴¹tsʅ⁰
献县	原子笔 yæ⁵³tsʅ²⁴pei³³	毛笔 mɔ⁵³pei³³	墨 mei³¹
平泉	油笔 iou³⁵pi²¹⁴ 圆珠儿笔 yan³⁵tʂur⁵⁵pi²¹⁴	水笔 ʂuei³⁵pi²¹⁴ 毛笔 mɑu³⁵pi²¹⁴	墨 mo⁵¹

(续表)

	0727 圆珠笔	0728 毛笔	0729 墨
滦平	油笔 iou³⁵pi²¹⁴ 圆珠笔 yan³⁵tʂu⁵⁵pi²¹⁴	水笔 ʂuei³⁵pi²¹⁴ 毛笔 mɑu³⁵pi²¹⁴	墨 mo⁵¹
廊坊	圆珠儿笔 yan³⁵tʂur⁵⁵pi²¹⁴	毛笔 mɑu³⁵pi²¹⁴	墨汁儿 mɤ⁵³tʂər⁵⁵
魏县	原子笔 yan⁵³tʂʅ³¹²pəi³³ 圆珠儿笔 yan⁵³tʂur³¹²pəi³³	毛笔 mɑu⁵³pəi³³	墨 məi³¹²
张北	油笔 iəu⁴²piəʔ³²	毛笔 mau⁴²piəʔ³²	墨汁儿 mi²³tsər⁴²
万全	油笔 iou⁴¹piəʔ²²	毛笔 mɔ⁴¹piəʔ²²	墨汁儿 miəʔ⁴⁴tsər⁴¹
涿鹿	油笔 iəu¹¹³piʌʔ⁴³	毛笔 mɔ¹¹³piʌʔ⁴³	墨 muə³¹
平山	原子笔 yæ⁴²tsʅ⁰pæi²⁴	毛笔 mɔ⁴²pæi²⁴	墨子 mæi²¹tsʅ⁰
鹿泉	原子笔 yæ⁵⁵tsʅ⁰pei¹³	毛笔 mɔ⁵⁵pei¹³	墨 mei³¹²
赞皇	原子油儿 yæ⁵⁴tsʅ⁰iəur⁵⁴	毛笔 mɔ⁵⁴pei²⁴	墨 məi³¹²
沙河	原子笔 yã⁵¹tsʅ³³piəʔ²	毛笔 mau⁵¹piəʔ²	墨 miəʔ²
邯郸	自来笔 tsʅ²⁴lai⁵³peiʔ⁴³	毛笔 mɑu⁵³pieʔ⁴³	黑墨 xʌʔ²⁴mieʔ³²
涉县	原子笔 yæ⁴¹tsʅ⁰piəʔ⁰	毛笔 mau⁴¹piəʔ⁰	墨汁 mæʔ³²tsəʔ⁰

	0730 砚台	0731 信一封~	0732 连环画
兴隆	砚台 iɑn⁵¹tʰai⁰	信 ɕin⁵¹	连环画儿 lian⁵⁵xuan⁵⁵xuɐr⁵¹
北戴河	砚台 iɑn⁵³tʰai⁰	信 ɕin⁵¹	连环画儿 lian³⁵xuan³⁵xuɐr⁵¹
昌黎	砚台 iɑn²⁴tʰai⁰	信 ɕin⁴⁵³	小人儿书 ɕiɑu²¹zɚ²⁴ʂu⁴²
乐亭	砚台 iɛn²¹²tʰai⁰	信 ɕiən⁵²	小人儿书 ɕiɑu³³zɚ³³ʂu³¹
蔚县	砚台 iã¹³tʰɛi⁴¹ 砚瓦 iã³¹vɔ⁰	信 ɕiŋ³¹²	小人儿书 ɕiʌɯ⁴⁴zɚ̃⁴¹su⁵³
涞水	砚台 iɑn⁴⁵tʰai⁰	信 ɕin³¹⁴	连环画儿 lian⁴⁵xuan⁴⁵xuər³¹⁴
霸州	砚台 iɑn⁴⁵tʰai⁰	信 ɕin⁴¹	小人儿书 ɕiɑu²¹zɚ⁴⁴ʂu⁴⁵
容城	砚台 iɑn⁴⁴tʰai⁰	信 ɕin⁵¹³	小人儿书 ɕiɑu²¹zɚ³⁵ʂu⁴³
雄县	砚台 iãn⁴⁵tʰai⁰	信 ɕin⁴¹	小人儿书 ɕiɑu²¹zɚ⁵³ʂu⁴⁵
安新	墨盒子 mei⁵³xɤ³³tsɿ⁰	信 ɕin⁵¹	小人儿书 ɕiɑu²¹zɚ⁵³ʂu⁴⁵
满城	砚台 iɑn²¹tʰai⁰ 砚汪 ˉiɑn²¹uɑŋ⁰	信 ɕin⁵¹²	小人儿书 ɕiɑu²¹zɚ²²ʂu⁴⁵ 图书 tʰu²²ʂu⁴⁵
阜平	砚瓦 iæ²⁴ua⁰	信 ɕiŋ⁵³	小人儿书 ɕiɔ⁵⁵zɚ⁵⁵ʂu³¹
定州	砚台 iɑn³⁵tʰai⁰	信 sin⁵¹	小人儿书 siɑu³³zɚ²⁴ʂu³³
无极	砚瓦 iãn³²⁵uɑ⁰	信 sien⁵¹	小人儿书 siɔ³⁵zɚ³⁵ʂu³¹
辛集	砚汪 ˉiɑn³²⁴uɑŋ⁰	信 siən⁴¹	小书儿 siɑu²⁴ʂur³³
衡水	砚台 iɑn⁵³tʰɑi⁰	信 ɕin³¹	花书 xuɑ²⁴ɕy²⁴
故城	墨台 mei³¹tʰæ⁵³	信 ɕiɛ̃³¹	小画本儿 ɕiɔ⁵⁵xuɑ³¹pər⁵⁵
巨鹿	砚台 iɛ⁵³tʰai⁰	信 ɕin²¹	小人儿本儿 ɕiɑu⁵⁵iər⁴¹pər⁵⁵
邢台	砚瓦 iɑn³¹xua⁰	信 sin³¹	画儿书 xuar³¹ʂu³⁴ 小画儿书 siau⁵⁵xuar³¹ʂu³⁴ 小人儿书 siau⁵⁵zɚ⁵³ʂu³⁴
馆陶	砚台 iæn²¹tʰai⁵²	信 sin²¹³	画册儿 xuɑ²¹tʂʰɤr²⁴
沧县	砚台 iɑn⁵³tʰai⁰	信 ɕin⁴¹	小人儿书 ɕiɑu⁵⁵zɚ⁵³ʂu²³
献县	砚台 iæ³³¹tʰɛ⁰	信 ɕin³¹	小人儿书 ɕiɔ²¹zʐ⁵³ʂu³³
平泉	砚台 iɑn⁵³tʰai³⁵	信 ɕin⁵¹	小人儿书 ɕiɑu²¹zɚ³⁵ʂu⁵⁵ 连环画儿 lian³⁵xuan³⁵xuɑr⁵¹
滦平	砚台 iɑn⁵¹tʰai⁰	信 ɕin⁵¹	连环画 lian³⁵xuan³⁵xuɑ⁵¹

(续表)

	0730 砚台	0731 信—封~	0732 连环画
廊坊	砚台 iɛn⁵¹tʰai⁰	信 ɕin⁵¹	小人儿书 ɕiɑu²¹zɚ³⁵ʂu⁵⁵
魏县	砚瓦 ian³¹²uɑ⁰ 砚台 ian³¹²tʰai⁵³	信 ɕin³¹²	小人儿书 ɕiɑu⁵⁵zɚ⁵³ʂu³³ 画册儿 xuɑ³¹²tʂʰɤr³³
张北	砚台 iæ̃²³tʰai⁴²	信 ɕin²¹³	小人儿书 ɕiɑu⁵⁵zɚ⁴²ʂu⁴²
万全	砚台 ian²⁴tʰei⁴¹	信 ɕiəŋ²¹³	连环画儿 lian⁴¹xuan⁴¹xua²¹³ər⁰
涿鹿	砚台 iæ̃²³tʰɛ⁵²	信 ɕin³¹	娃娃儿书 ua⁴²uar⁰ʂu⁴⁴
平山	砚瓦 iæ̃⁵⁵ua⁰	信 siŋ⁴²	画儿书 xuɐr²⁴ʂu³¹
鹿泉	砚瓦 iæ̃³¹ua³⁵	信 siẽ³¹²	画儿书 xuar³¹ʂu⁵⁵ 小人儿书 siɔ³⁵zɚ⁵⁵ʂu⁵⁵
赞皇	砚巴 ˉiæ̃⁵¹pɑ⁰	信 sin³¹²	画儿书 xuar³¹²ʂu⁵⁴ 小人儿书 siɔ⁴⁵z̩r⁵⁴ʂu⁵⁵
沙河	砚瓦 iã²¹xuɔ⁰	信 siən²¹	小画儿书 siau³³xuar²⁴ʂu⁴¹
邯郸	砚台 iæ̃²¹tʰai⁰	信 sin²¹³	小画儿书 siɑu⁵⁵xuɑr²⁴ʂu³¹
涉县	砚台 iæ̃⁵⁵tʰai⁰	信 ɕiəŋ⁵⁵	画儿书 xuɐr⁴¹su⁰

	0733 捉迷藏	0734 跳绳	0735 毽子
兴隆	藏猫儿 tsʰaŋ⁵⁵mɑur⁰ 捉迷藏 tʂuo³⁵mi⁵⁵tsʰaŋ⁵⁵	跳绳儿 tʰiɑu⁵¹sɤr⁵⁵	毽子 tɕian⁵¹tsʅ⁰
北戴河	藏猫猫儿 tʃʰaŋ³⁵mau⁴⁴maur⁰	跳绳儿 tʰiɑu⁵³ʃɚr³⁵	毽儿 tɕʰiɐr⁵¹
昌黎	来猫儿 lai²⁴mɑur⁴²	跳绳儿 tʰiɑu⁴²sɤr²⁴	毽儿 tɕʰiɐr⁴⁵³
乐亭	来猫猫儿 lai³⁴mɑu³¹mɑur⁰	跳绳儿 tʰiɑu⁵³sɤr²¹²	毽儿 tɕʰiɐr⁵²
蔚县	藏老迷儿 tsʰɔ⁴¹lʌɯ⁴⁴mər⁴⁴① 摸瞎瞎儿 mʌɯ⁵³ɕia⁵³ɕiar⁰②	跳绳儿 tʰiʌɯ¹³sɚr⁴¹	毛儿 mʌɯr⁴¹
涞水	偷蒙儿 tʰou⁵⁵məŋ²⁴ŋər⁰	跳绳儿 tʰiɑu³¹ʂəŋ²⁴ŋər⁰	毽儿 tɕʰyɐr³¹⁴
霸州	摸瞎儿 mau⁴⁵ɕiar⁴⁵③ 藏麻﹦儿虎儿④ tsʰaŋ⁴⁴mar⁴⁴xur²¹⁴	跳绳儿 tʰiɑu⁴¹sɤr⁵³	毽儿 tɕʰiɐr⁴¹
容城	藏迷儿迷儿 tsʰaŋ⁴⁴mər³¹mər⁰	跳绳儿 tʰiɑu⁵²ʂəŋ²¹ŋər⁰	毽儿 tɕiɐr⁵¹³
雄县	摸瞎虎儿 mau⁴⁵ɕia⁴⁵xur⁴⁵⑤ 藏麻﹦儿虎儿⑥ tsʰaŋ⁵³mar⁵³xur²¹⁴	跳绳儿 tʰiɑu⁴¹sɤr⁵³	毽儿 tɕʰiɐr⁴¹
安新	藏马猴儿 tsʰaŋ⁴⁵ma²¹xour⁴⁵	跳绳 tʰiɑu⁵³ʂəŋ³¹	毽儿 tɕiɐr⁵¹
满城	来迷糊儿 lai²²mi⁴⁵xur⁰	跳绳儿 tʰiɑu⁵³ʂəŋ²²ŋər⁰	毽儿 tɕiɐr⁵¹²
阜平	迷迷藏儿 mi²¹mi⁰tsʰãr²⁴	跳绳儿 tʰiɔ⁵³ʂɚr²⁴	毽子 tɕiæ²⁴tsʅ⁰
定州	迷迷藏 mi³³mi³³tsʰaŋ²¹³	跳绳儿 tʰiɑu⁵³ʂəŋ⁴²ŋər⁰	毽子 tɕian³⁵tsʅ⁰
无极	藏沟儿 tsʰaŋ³⁵kəur²¹³	跳绳儿 tʰiɔ⁵¹ʂɚr²¹³	毽儿 tɕiɐr⁵¹
辛集	藏迷迷藏儿 tsʰaŋ³⁵⁴mi³⁵⁴mi⁴²tsʰãr³⁵⁴	蹦绳儿 pəŋ⁴¹ʂɚr³³	毽儿 tɕiɐr⁴¹
衡水	藏迷儿 tsʰaŋ⁵³miɐr⁵³	跳绳儿 tʰiɑu³¹sɤr⁵³	毽儿 tɕiɐr³¹
故城	藏迷糊儿 tsʰaŋ⁵³mi⁵³xur²⁴	跳绳 tʰiɔɔ³¹ʂəŋ⁵³	毽子 tɕiæ̃⁵³tsʅ⁰ 毽 tɕiæ̃³¹
巨鹿	藏母﹦儿 tsʰã⁴¹mur⁵⁵	蹦绳 pəŋ²¹ʂəŋ⁴¹	毛儿 maur⁵⁵
邢台	藏老母﹦ tsʰaŋ⁵³lau⁵⁵mu⁰	跳绳 tʰiɑu³¹ʂəŋ⁵³	毽儿 tɕiɐr³¹
馆陶	藏麻﹦儿虎儿 tsʰaŋ⁵²mar⁴⁴xur²⁴	跳绳 tʰiɑo²¹ʂəŋ⁵²	毽儿 tɕiɐr²¹³
沧县	藏摸儿摸儿 tsʰaŋ⁵³mɤr²³mɤr⁰	跳绳 tʰiɑu⁴¹ʂəŋ⁵³	毽儿 tɕiɐr⁴¹
献县	藏麻﹦儿虎儿 tsʰã⁵³mʌr⁵⁵xur⁰	跳绳 tʰiɔ³¹ʂəŋ⁵³	毽儿 tɕiɐr³¹
平泉	藏猫儿猫儿 tsʰaŋ³⁵mɑur⁵⁵mɑur⁰ 捉迷藏 tʂuo⁵⁵mi³⁵tsʰaŋ³⁵	跳绳儿 tʰiɑu⁵³ʂɚr³⁵	毽儿 tɕiɐr⁵¹ 毽子 tɕian⁵¹tsʅ⁰

(续表)

	0733 捉迷藏	0734 跳绳	0735 毽子
滦平	藏猫儿 tsʰɑŋ³⁵mɑur⁵⁵ 捉迷藏 tʂuo⁵⁵mi³⁵tsʰɑŋ³⁵	跳绳儿 tʰiɑu⁵¹ʂɚr³⁵	毽儿 tɕiɐr⁵¹ 毽子 tɕian⁵¹tsə⁰
廊坊	藏迷儿迷儿 tsʰɑŋ³⁵mər⁵⁵mər⁰	跳绳儿 tʰiɑu⁵³ʂɚr³⁵	毽儿 tɕʰiɐr⁵¹
魏县	藏母⁼儿 tʂʰɑŋ⁵³mur⁵⁵	跳绳儿 tʰiɑu³¹²ʂɤr⁵³	毽子 tɕian³¹²tɛ⁰
张北	藏老迷迷 tsʰɔ⁴²lɑu⁵⁵mei⁴²mei⁰	跳绳儿 tʰiɑu²³sər⁴²	毛毽儿 mɑu⁴²tɕiɐr²¹³
万全	藏迷迷 tsʰɑŋ⁴¹mi⁴¹mi⁰	跳绳 tʰiɔ²⁴səŋ⁴¹	毽子 tɕian²¹³tsə⁰
涿鹿	逮迷儿迷儿 te⁴⁵mər⁴⁵mər⁰	跳绳儿 tʰiɔ²³ʂɚr⁵²	毛毽 mɔ⁵²tɕiæ³¹
平山	迷迷藏藏儿 mi²¹mi⁰tsʰɑŋ⁴²tsʰɐr0	跳绳儿 tʰiə²⁴sɔr⁴²	毽子 tɕiæ⁵⁵tsŋ⁰
鹿泉	捉迷藏 tʂuo¹³mi⁵⁵tsʰɑŋ⁵⁵	跳绳儿 tʰiɔ³¹ʂɚr⁵⁵	毽子 tɕiæ³¹tɤ⁰
赞皇	藏老迷儿 tsʰɑŋ⁵⁴lɔ⁴⁵mər²⁴	跳绳儿 tʰiɔ³¹²ʂɚr⁵⁴	毛儿 mɔr³¹²
沙河	浪⁼母⁼浪⁼母⁼藏严点儿 lɑŋ²¹mu³³lɑŋ²¹mu³³tsʰɑŋ⁵⁴iã⁵¹tiɐr⁰	跳绳儿 tʰiɑu²¹ʂɚr⁵¹	毽儿 tɕiɐr²⁴
邯郸	藏浪⁼母⁼ tsʰɑŋ²⁴lɑŋ⁵³mu⁰	跳绳儿 tʰiɑu²⁴ʂɚr⁵³	毽儿 tɕiɐr²¹³
涉县	偷藏老母⁼儿 tʰou⁴¹tsʰã⁰lɑu⁴¹mur⁵³	跳绳儿 tʰiɑu⁵⁵sɚr²⁴	毽儿 tɕiɐr⁵⁵

①④⑤ 一人蒙住眼睛，摸索着去捉在他身边来回躲避的人。
②③⑥ 躲藏起来让人找。

	0736 风筝	0737 舞狮	0738 鞭炮统称
兴隆	风筝 fəŋ³⁵tʂəŋ⁰	耍狮子 ʂua²¹ʂʅ³⁵tsʅ⁰ 舞狮子 u²¹ʂʅ³⁵tsʅ⁰	炮铳 pʰau⁵¹tʂʰoŋ⁰ 鞭炮 pian³⁵pʰau⁵¹
北戴河	风筝 fəŋ⁴⁴tʃəŋ⁰	舞狮子 u²¹ʃʅ⁴⁴tʃʅ⁰	鞭炮 pian⁴⁴pʰau⁵¹
昌黎	风筝儿 fəŋ²¹³tʂʰər⁰	耍狮子 sua²⁴ʂʅ⁴²tsʅ⁰	鞭炮 pian³⁴pʰau⁴⁵³
乐亭	风筝 fəŋ³¹tʂəŋ⁰	耍狮子 ʂua³³ʂʅ³¹tsʅ⁰	鞭炮 piɛn³³pʰau⁵²
蔚县	风筝 fəŋ⁵³tʂəŋ⁰	耍狮子 sua⁴⁴ʂʅ⁵³tsʅ⁰	鞭炮 piã⁵³pʰʌɯ⁰ 鞭 piã⁵³① 炮 pʰʌɯ³¹²②
涞水	风筝 fəŋ³³tʂaŋ⁰	耍狮 ʂua²⁴ʂʅ³¹	炮 pʰau³¹⁴
霸州	风筝儿 fəŋ²¹tʂɤr⁰	耍狮子 sua²⁴ʂʅ²¹tsʅ⁰	炮 pʰau⁴¹③ 鞭 pian⁴⁵④
容城	风筝 fəŋ³¹tʂaŋ⁰	耍狮子 sua²¹ʂʅ³¹tsʅ⁰	鞭炮 pian³⁵pʰau⁵¹³
雄县	风筝 fəŋ⁴⁵tʂəŋ⁰	耍狮子 sua²⁴ʂʅ⁴⁴tsʅ⁰	鞭 piãn⁴⁵⑤ 炮 pʰau⁴¹⑥
安新	风筝 fəŋ⁴⁵tʂaŋ⁰	耍狮子 sua²¹ʂʅ⁴⁵tsʅ⁰	鞭炮 pian⁴⁵pʰau⁵¹
满城	风筝 fəŋ⁴⁵tʂəŋ⁰	耍狮子 sua²¹ʂʅ⁴⁵tsʅ⁰	炮仗 pʰau⁵⁵tʂaŋ⁰
阜平	风筝 fəŋ³¹tʂəŋ⁰	舞狮子 u⁵⁵ʂʅ³¹tsʅ⁰ 耍狮子 sua⁵⁵ʂʅ³¹tsʅ⁰	炮 pʰɔ⁵³
定州	好 ⁼xau²¹³	耍狮子 sua²⁴ʂʅ²¹¹tsʅ⁰	鞭 pian³³⑦ 炮 pʰau⁵¹⑧
无极	风筝 fəŋ³¹tʂəŋ⁰	耍狮子 sua³⁵ʂʅ³¹tsʅ⁰	炮 pʰɔ⁵¹
辛集	风筝 fəŋ³⁵⁴tʂaŋ³³	玩狮子 uan³⁵⁴ʂʅ³³tsʅ⁰	炮 pʰau⁴¹
衡水	风筝 fəŋ³¹tʂəŋ⁰	玩儿狮子 vɚ⁵³ʂʅ³¹tsʅ⁰	炮仗 pʰau⁵³tʂaŋ⁰
故城	风筝 fəŋ²¹tʂəŋ⁰	耍狮子 sua⁵⁵ʂʅ²¹tsʅ⁰	鞭 piæ̃²⁴ 炮 pʰɔ³¹
巨鹿	老鹰 lau⁵⁵iŋ³³	玩狮子 uæ̃⁴¹ʂʅ³³tə⁰	炮 pʰau²¹
邢台	风筝 fəŋ³⁴tʂəŋ⁰	玩狮子 van⁵³ʂʅ³⁴ə⁰	鞭 pian³⁴
馆陶	风筝 fəŋ²⁴tʂəŋ⁰ 鹰 iŋ²⁴	舞狮跑 u⁴⁴ʂʅ²¹pʰao⁴⁴	炮 pʰao²¹³
沧县	风筝 fəŋ⁴¹tʂəŋ⁰	耍狮把 sua²³ʂʅ⁴¹pa⁰	鞭 pian²³

（续表）

	0736 风筝	0737 舞狮	0738 鞭炮_{统称}
献县	风筝 fəŋ³³tʂəŋ⁰		炮仗 pʰɔ³³¹tʂã⁰
平泉	风筝 fəŋ⁵⁵tʂəŋ⁵⁵	耍狮子 ʂua²¹ʂʅ⁵⁵tsʅ⁰ 舞狮子 u²¹ʂʅ⁵⁵tsʅ⁰	炮铳 pʰau⁵¹tʂʰəŋ⁰ 鞭炮 pian⁵⁵pʰau⁵¹
滦平	风筝 fəŋ⁵⁵tʂəŋ⁰	耍狮子 ʂua²¹ʂʅ⁵⁵tsə⁰ 舞狮子 u²¹ʂʅ⁵⁵tsə⁰	炮仗 pʰau⁵¹tʂaŋ⁰ 鞭炮 pian⁵⁵pʰau⁵¹
廊坊	风筝 fəŋ⁵⁵tʂəŋ⁰	耍狮 ʂua²¹ʂʅ⁵⁵tsʅ⁰	炮仗 pʰau⁵¹tʂaŋ⁰
魏县	风筝 fəŋ³³tʂəŋ⁰	玩狮子 uan⁵³ʂʅ³³tɛ⁰	鞭炮 pian³³pʰau³¹²
张北	风筝 fəŋ⁴²tʂəŋ⁰	耍狮子 sua⁵⁵ʂʅ⁴²tsə⁰	鞭炮 piæ⁴²pʰau²¹³
万全	风筝 fəŋ⁴¹tʂəŋ⁰	斗狮子 tou²⁴ʂʅ⁴¹tsə⁰	鞭炮 pian⁴¹pʰɔ²¹³
涿鹿	风筝 fəŋ⁴²tʂəŋ⁰	耍狮子 suʌʔ⁴³ʂʅ⁴²ə⁰	鞭 piæ⁴⁴ 炮 pʰɔ³¹
平山	风筝 fəŋ⁴²tʂəŋ⁰		鞭炮 piæ⁵³pʰɔ⁴²
鹿泉	风筝 fəŋ⁵⁵tʂʰəŋ⁰	耍狮子 ʂua³⁵ʂʅ⁵⁵tɤ⁰	鞭炮 piæ⁵⁵pʰɔ³¹
赞皇	风筝 fəŋ⁵⁴tʂəŋ⁰	耍狮子 ʂua⁴⁵ʂʅ⁵⁴tsə⁰	鞭炮 piæ⁵⁴pʰɔ³¹²
沙河	风筝 fəŋ⁴¹tʂəŋ²¹	玩狮子 uã⁵⁴ʂʅ³¹tə⁰	鞭炮 piã⁴¹pʰau²¹
邯郸	风筝 fəŋ⁵⁵tʂəŋ⁰	耍狮子 ʂɔ⁵⁵ʂʅ³¹tə⁰	鞭炮 piæ⁵⁵pʰau²¹
涉县	风筝 fəŋ⁵⁵tʂəŋ⁰	耍狮子 suɒ⁵³ʂʅ⁴¹ə⁰	鞭炮 piæ⁴¹pʰau²⁴

---

① 成挂的。
②⑧ 单个的。
③⑥ 单个儿的或成串的。
④⑤ 成串的。
⑦ 无总称，连在一起的。。

	0739 唱歌	0740 演戏	0741 锣鼓 统称
兴隆	唱歌儿 tṣʰaŋ⁵¹kɤr³⁵	唱戏 tṣʰaŋ⁵³ɕi⁵¹ 演戏 ian²¹ɕi⁵¹	锣鼓 luo⁵⁵ku²¹³
北戴河	唱歌儿 tʃʰaŋ⁵³kər⁴⁴	唱戏 tʃʰaŋ⁵³ɕi⁵¹ 演戏 ian²¹ɕi⁵¹	锣鼓 luo³⁵ku²¹⁴
昌黎	唱歌儿 tṣʰaŋ²⁴kɤr⁴²	演戏 ian²¹ɕi⁴⁵³	锣鼓 luo³⁴ku²¹³
乐亭	唱歌儿 tṣʰaŋ³⁴kɤr³¹	演戏 iɛn³³ɕi⁵²	锣鼓 luə³³ku³⁴
蔚县	唱歌儿 tsʰɔ³¹kɤr⁵³	唱戏 tsʰɔ¹³ɕi³¹²	锣鼓 luɤ⁴¹ku⁴⁴
涞水	唱歌儿 tṣʰaŋ³¹kɤər³¹	唱戏 tṣʰaŋ³¹ɕi³¹⁴	锣鼓 luo⁴⁵ku²⁴
霸州	唱歌儿 tṣʰaŋ⁴¹kɤr⁴⁵	演戏 ian²⁴ɕi⁴¹	锣鼓 luo⁴⁴ku²¹⁴
容城	唱歌儿 tṣʰaŋ⁵²kər⁴³	唱戏 tṣʰaŋ⁴⁴ɕi⁵¹³	锣鼓 luo⁴⁴ku²¹³
雄县	唱歌儿 tṣʰaŋ⁴¹kɤr⁴⁵	演戏 iãn²⁴ɕi⁴¹	锣鼓 luo⁵³ku²¹⁴
安新	唱歌儿 tṣʰaŋ⁵³kɤr⁴⁵	唱戏 tṣʰaŋ⁵³ɕi⁵¹	锣鼓 luo⁴⁵ku²¹⁴
满城	唱歌儿 tṣʰaŋ⁵³kɤr⁴⁵	唱戏 tṣʰaŋ⁵³ɕi⁵¹²	家伙 tɕia⁴⁵xuor⁰ 打~的
阜平	唱歌儿 tṣʰaŋ⁵⁵kɐr³¹	唱戏 tṣʰaŋ⁵³ɕi⁵³	锣鼓 luɤ⁵⁵ku⁵⁵
定州	唱歌儿 tṣʰaŋ⁵³kɐr³³	唱戏 tṣʰaŋ⁵³ɕi⁵¹	锣鼓 luo²⁴ku²⁴
无极	唱歌儿 tṣʰaŋ⁵¹kɤr³¹	演戏 iãn³⁵ɕi⁵¹	锣儿鼓儿 luɤr³¹kur³⁵
辛集	唱歌儿 tṣʰaŋ⁴¹kər³³	唱戏 tṣʰaŋ⁴²ɕi⁴¹	锣鼓儿 luə³⁵kur³²⁴
衡水	唱歌儿 tṣʰaŋ³¹kɤr²⁴	演戏 ian⁵⁵ɕi³¹	锣鼓 luo⁵³ku⁵⁵
故城	唱歌儿 tṣʰaŋ³¹kɤr²⁴	唱戏 tṣʰaŋ²⁴ɕi³¹	锣鼓 luɤ⁵³ku⁵⁵
巨鹿	唱歌儿 tṣʰã²¹kɤr³³	唱戏 tṣʰaŋ³³ɕi²¹	铜器 tʰoŋ⁵⁵tɕʰi²¹
邢台	唱歌儿 tṣʰaŋ³¹kɐr³⁴	唱戏儿 tṣʰaŋ³¹ɕiər³¹	锣鼓 luo⁵³ku⁵⁵
馆陶	唱歌儿 tṣʰaŋ²¹kɤr²⁴	唱戏 tṣʰaŋ²⁴ɕi²¹ 演戏 iæn⁵²ɕi²¹	锣鼓 luo⁵²ku⁴⁴
沧县	唱歌儿 tṣʰaŋ⁴¹kɤr²³	唱戏 tṣʰaŋ²³ɕi⁴¹	鼓乐器 ku⁵⁵yɛ⁵³tɕʰi⁰
献县	唱歌儿 tṣʰã³¹kɯɤr³³	唱戏 tṣʰã³¹ɕi³¹	
平泉	唱歌儿 tṣʰaŋ⁵³kɤr⁵⁵	唱戏 tṣʰaŋ⁵³ɕi⁵¹ 演戏 ian²¹ɕi⁵¹	锣鼓 luo³⁵ku²¹⁴
滦平	唱歌儿 tṣʰaŋ⁵¹kɤr⁵⁵	唱戏 tṣʰaŋ⁵¹ɕi⁵¹ 演戏 ian²¹ɕi⁵¹	锣鼓 luo³⁵ku²¹⁴

（续表）

	0739 唱歌	0740 演戏	0741 锣鼓统称
廊坊	唱歌儿 tʂʰaŋ⁵³kɤr⁵⁵	演戏 iɛn²¹ɕi⁵¹	锣鼓 luo³⁵ku²¹⁴
魏县	唱歌儿 tʂʰaŋ³¹²kɤr³³	唱戏 tʂʰaŋ³¹ɕi³¹²	锣鼓 luə⁵³ku⁵⁵
张北	唱歌儿 tʂʰɔ̃²³kɛr⁴²	唱戏 tʂʰɔ̃²³ɕi²¹³	锣鼓 luə⁴²ku⁵⁵
万全	唱歌 tsʰa²⁴kə⁴¹	演戏 ian⁴⁴ɕi²¹³	锣鼓 luə⁴⁴ku⁵⁵
涿鹿	唱歌儿 tʂʰã²³kɤr⁴²	演戏 iæ⁴⁵ɕi³¹	锣鼓 luə⁵²ku⁴⁵
平山	唱歌儿 tʂʰaŋ²⁴kər³¹	唱戏 tʂʰaŋ²⁴ɕi⁴²	锣鼓 luə⁵³ku⁵⁵
鹿泉	唱歌儿 tʂʰaŋ³¹kɤr⁵⁵	唱戏 tʂʰaŋ³⁵ɕi³¹	锣鼓 luo⁵⁵ku³⁵
赞皇	唱歌儿 tʂʰaŋ³¹²kɤr⁵⁴	唱戏 tʂʰaŋ³¹²ɕi³¹	锣鼓 luə⁵⁴ku⁴⁵
沙河	唱歌儿 tʂʰaŋ²⁴kar⁴¹	唱戏 tʂʰaŋ²¹ɕi²¹	锣鼓 luo⁵¹ku³³
邯郸	唱歌儿 tʂʰaŋ²⁴kɤr³¹	唱戏 tʂʰaŋ⁵³ɕi²¹	锣鼓 luə⁵³ku⁵⁵
涉县	唱歌儿 tʂʰã⁵⁵kɛr⁰	演戏 iæ̃⁵³ɕi²⁴ 唱戏 tsʰã⁵⁵ɕi⁰	锣鼓 luə⁴¹²ku⁵³

	0742 二胡	0743 笛子	0744 划拳
兴隆	二胡儿 ər⁵¹xur⁵⁵	笛子 ti⁵⁵tsʅ⁰	划拳 xuɑ⁵¹tɕʰyan⁵⁵
北戴河	二胡 ər⁵³xu³⁵	笛子 ti³⁵tʃʅ⁰	划拳 xuɑ³⁵tɕʰyan³⁵
昌黎	二胡儿 ər⁴²xur²⁴	笛儿 tiər²⁴	划拳 xuɑ⁴²tɕʰyan²⁴
乐亭	胡弦儿 xu³¹ɕiər⁰	鼻儿 piər²¹²	划拳 xuɑ³⁴tɕʰyen²¹²
蔚县	胡儿胡儿 xur⁴¹xur⁰	笛子 ti⁴¹tsʅ⁰	划拳 xuɑ¹³tɕʰyã⁴¹
涞水	二胡 ər³¹xu⁴⁵ 胡胡儿 xu³¹xuər⁰①	笛儿 ti²⁴ər⁰	划拳 xuɑ⁴⁵tɕʰyan⁴⁵
霸州	胡儿胡儿 xur²¹xur⁰	笛子 ti⁵³tsʅ⁰ 笛儿 tiər⁵³ 横鼻儿 xəŋ⁴⁴piər⁵³	划拳 xuɑ⁴⁴tɕʰyan⁵³
容城	胡胡儿 xu³¹xuər⁰	鼻儿 pi²¹ər⁰	划拳 xuɑ⁴⁴tɕʰyan³⁵
雄县	胡琴儿 xu⁵³tɕʰiər⁰	横鼻儿 xəŋ⁴¹piər⁵³	划拳 xuɑ⁵³tɕʰyãn⁵³
安新	二胡 ər⁵³xu³¹	笛子 ti³³tsʅ⁰	划拳 xuɑ⁴⁵tɕʰyan³¹
满城	胡胡儿 xu⁴⁵xur⁰	末＝笛儿 mo⁵³tiər²²	划拳 xuɑ⁴⁵tɕʰyan²²
阜平	二胡 ər⁵³xu²⁴	笛儿 tiər²⁴	划拳 xuɑ⁵⁵tɕʰyæ²⁴
定州	胡胡儿 xu³³xuər¹¹	笛儿 ti⁴²iər⁰	划拳 xuɑ⁵³tɕʰyan²¹³
无极	二鼓子 ər⁵¹ku³⁵tsʅ⁰	横笛儿 xəŋ⁵¹tiər²¹³	叫拳 tɕiɔ⁵¹tɕʰyãn²¹³
辛集	胡胡儿 xu³⁵xur⁰	笛子 ti³⁵tsʅ⁰	划拳 xɑ⁴¹tɕʰyan³³
衡水	二胡儿 l̩³¹xur⁵⁵	笛儿 tiər⁵³	伐＝拳 fa⁵³tɕʰyan⁵³
故城	二胡 ər³¹xu⁵³	笛子 ti⁵⁵tsʅ⁰	猜拳 tsʰæ²⁴tɕʰyæ⁵³ 划拳 xuɑ⁵³tɕʰyæ⁵³
巨鹿	弦儿 ɕiar⁴¹	笛儿 tiər⁴¹	猜拳 tsʰai³³tɕʰyẽ⁴¹
邢台	二胡 ər³¹xu⁵³	笛儿 tiər⁵³	划枚＝xuɑ³³mei⁵³
馆陶	二胡 ər²¹xu⁵²	笛子 ti⁵²tə⁰ 笛儿 tiər⁵²	划枚＝xuɑ²¹mei⁵² 划拳 xuɑ²¹tɕʰyæn⁵²
沧县	胡儿胡儿 xur⁴¹xur⁰	横笛儿 xəŋ⁴¹tiər⁵³	划拳 xuɑ⁵³tɕʰyan⁵³
献县	胡儿胡儿 xur³³xur⁰	笛儿 tiəʐ⁵³	划拳 xuɑ⁵³tɕʰyæ⁵³
平泉	二胡儿 ər⁵³xur³⁵	笛子 ti³⁵tsʅ⁰	划拳 xuɑ³⁵tɕʰyan³⁵
滦平	二胡儿 ər⁵¹xur³⁵	笛子 ti³⁵tsə⁰	划拳 xuɑ³⁵tɕʰyan³⁵

（续表）

	0742 二胡	0743 笛子	0744 划拳
廊坊	二胡儿 ər⁵¹xur³⁵ 胡琴儿 xu³⁵tɕʰiər⁰	笛儿 tiər³⁵ 笛子 ti³⁵tsɿ⁰	划拳 xua³⁵tɕʰyan³⁵
魏县	弦子 ɕian⁵³te⁰ 二胡儿 əl³¹²xur³³	笛子 ti⁵³tɛ⁰	划枚 ⁼xuɑ³¹²məi⁵³ 猜拳 tʂʰai³³tɕʰyan⁵³
张北	二胡 ər²³xu⁴²	笛子 tiəʔ³²tsə⁰	划拳 xuɑ⁴⁴tɕʰyæ⁴²
万全	胡胡 xu⁴¹xu⁰	响儿 ɕiaŋ⁵⁵ər⁰	划拳 xuɑ⁴¹tɕʰyan⁴¹
涿鹿	胡胡 xu⁴²xu⁰	笛儿 tiər⁴²	划拳 xuɑ¹¹³tɕʰyæ̃⁵²
平山	二胡 ər²⁴xu³¹	笛儿 tiər⁴²	划枚 ⁼xua²⁴məi³¹
鹿泉	二胡 ər³¹xu⁵⁵	笛子 ti⁵⁵tɤ⁰	伐⁼拳 fa⁵⁵tɕʰyæ⁵⁵
赞皇	胡胡儿 xu⁵⁴xuər⁰	笛儿 tər³²	划拳 xuɑ⁵⁴tɕʰyæ⁵⁴
沙河	二胡 l̩²¹xu⁵¹	横笛 xoŋ²¹ti⁵¹	划枚 ⁼xuɔ²¹mei⁵¹
邯郸	弓子 kuŋ³¹tə⁰ 二胡儿 l̩²⁴xur³¹	笛子 ti⁵³tə⁰	划枚 ⁼xɔ²⁴məi⁵³
涉县	二胡儿 l̩⁵⁵xur²⁴	笛子 tiəʔ³³lə⁰	划枚 ⁼xuɒ⁴¹məi³¹

---

① 二胡、京胡的统称。

	0745 下棋	0746 打扑克	0747 打麻将
兴隆	下棋 ɕia⁵¹tɕʰi⁵⁵	玩儿扑克儿 uɐr⁵⁵pʰu⁵⁵kʰɤr⁰ 打扑克儿 ta²¹pʰu⁵⁵kʰɤr⁰	玩儿麻将 uɐr⁵⁵ma⁵⁵tɕiaŋ⁵¹ 打麻将 ta²¹ma⁵⁵tɕiaŋ⁵¹
北戴河	下棋 ɕia⁵³tɕʰi³⁵	打扑克儿 ta²¹pʰu³⁵kʰər⁰	打麻将 ta²¹ma³⁵tɕiaŋ⁵¹
昌黎	下棋 ɕia⁴²tɕʰi²⁴	打扑克儿 ta²⁴pʰu²⁴kʰɤr⁴⁵³	打麻将 ta²¹ma²⁴tɕiaŋ⁴⁵³
乐亭	下棋 ɕia⁵³tɕʰi²²	玩儿牌 uɐr³⁴pʰai²¹²	打麻将 ta³³ma³³tɕiaŋ⁵²
蔚县	下棋 ɕia¹³tɕʰi⁴¹	耍王八牌儿 sua⁴⁴vɔ⁴¹pɑ⁰pʰɐr⁴¹ 打王八牌儿 ta¹³vɔ⁴¹pɑ⁰pʰɐr⁴¹ 打扑儿克儿 ta⁴⁴pʰur⁵³kʰɤr³¹²	打麻将 ta⁴⁴ma⁴¹tɕiɔ³¹²
涞水	下棋 ɕia³¹tɕʰi⁴⁵	打扑克 ta²⁴pʰu⁴⁵kʰɤ⁰	打麻将 ta²⁴ma⁴⁵tɕiaŋ³¹⁴
霸州	下棋 ɕia⁴¹tɕʰi⁵³	来牌 lai⁴⁴pʰai⁵³ 打扑儿克儿 ta²¹pʰurkʰɤr⁰ 打帕＝子牌 ta²¹pʰa⁴⁵tsɿ⁰pʰai⁵³	打麻将 ta²¹ma⁴⁴tɕiaŋ⁴¹
容城	下棋 ɕia⁵²tɕʰi³⁵	打扑克儿 ta²¹pʰu³⁵kʰɐr⁰	打麻将 ta²¹ma³⁵tɕiaŋ⁵¹³
雄县	下棋 ɕia⁴¹tɕʰi⁵³	打牌 ta²¹pʰai⁵³ 打扑儿克儿 ta²¹pʰurkʰɤr⁰	打麻将 ta²¹ma⁵³tɕiaŋ⁴¹
安新	下棋 ɕia⁵³tɕʰi³¹	玩儿牌 uɐr⁴⁵pʰai³¹	打麻将 ta²¹ma⁴⁵tɕiaŋ⁴⁵
满城	下棋 ɕia⁵³tɕʰi²²	打扑克儿 ta²¹pʰu⁴⁵kʰɤr⁰	打麻将 ta²¹ma⁴⁵tɕiaŋ⁵¹²
阜平	下棋 ɕia⁵³tɕʰi²⁴	打扑克 ta⁵⁵pʰu²⁴kʰɤ⁵³	打麻将 ta⁵⁵ma⁵⁵tɕiaŋ⁵³
定州	下棋儿 ɕia⁵³tɕʰi⁴²iər⁰	打扑克 ta²⁴pʰu³³kʰɤ⁵¹	打麻将 ta²⁴ma²⁴tsiaŋ⁵¹
无极	下棋儿 ɕia⁵¹tɕʰiər²¹³	打扑克儿 ta³⁵pʰu³⁵kʰɤr⁵¹	打麻将 ta³⁵ma³¹tsiaŋ⁵¹
辛集	杀棋 ʂa³³tɕʰi³⁵⁴	打牌 tɑ²⁴pʰai³⁵⁴ 当扑克儿 taŋ³³pʰu³⁵kʰər⁰ 玩儿扑克儿 uɐr³⁵⁴pʰu³⁵kʰər⁰	打牌 tɑ²⁴pʰai³⁵⁴
衡水	下棋 ɕia³¹tɕʰi⁵³	打牌 ta⁵⁵pʰai⁵³	玩儿麻将 vɐr⁵³ma⁵³tɕiaŋ³¹
故城	下棋 ɕia³¹tɕʰi⁵³	打牌 ta²⁴pʰæ⁵³ 打扑克 ta²⁴pʰu²⁴kʰɤ⁰	打麻将 ta⁵⁵ma⁵⁵tɕiaŋ³¹
巨鹿	下棋 ɕia²¹tɕʰi⁴¹	玩扑克儿 uɛ⁴¹pʰu⁵⁵kʰɤr²¹	玩麻将 uɛ⁴¹ma⁵⁵tɕiã²¹
邢台	下棋儿 ɕia³¹tɕʰiər⁵³	打牌 ta⁵⁵pʰai⁵³	打麻将 ta⁵⁵ma⁵³tsiaŋ³¹
馆陶	下棋 ɕia²¹tɕʰi⁵²	摸牌 ma²⁴pʰai⁵² 打牌 ta⁴⁴pʰai⁵²	打麻将 ta⁴⁴ma⁴⁴tsiaŋ²¹ 打牌 ta⁴⁴pʰai⁵²

（续表）

	0745 下棋	0746 打扑克	0747 打麻将
沧县	下棋 ɕia⁴¹tɕʰi⁵³	来牌 lai⁴¹pʰai⁵³	打麻将 ta⁵⁵mɑ⁵³tɕiaŋ⁴¹
献县	下棋 ɕia³¹tɕʰi⁵³	打扑儿克 ta²¹pʰur⁵⁵kʰɯɤr⁰	打麻将 ta²¹ma⁵³tɕiã³¹
平泉	下棋 ɕia⁵³tɕʰi³⁵	玩儿牌 uɐr³⁵pʰai³⁵ 打扑克儿 ta²¹pʰu⁵¹kʰɤr⁰	玩儿麻将 uɐr³⁵ma³⁵tɕiaŋ⁵¹ 打麻将 ta²¹ma³⁵tɕiaŋ⁵¹
滦平	下棋 ɕia⁵¹tɕʰi³⁵	打扑克儿 ta²¹pʰu³⁵kʰɤr⁰	打麻将 ta²¹ma³⁵tɕiaŋ⁵¹
廊坊	下棋 ɕia⁵³tɕʰi³⁵	打扑克儿 ta²¹pʰu⁵⁵kʰɤr⁰ 来牌 lai³⁵pʰai³⁵/ lai⁵⁵pʰai³⁵	打麻将 ta²¹ma³⁵tɕiaŋ⁵¹
魏县	下棋 ɕia³¹²tɕʰi⁵³	打扑克儿 ta⁵⁵pʰu⁵⁵kʰɤr⁰	打麻将 ta⁵⁵ma⁵³tɕiaŋ³¹²
张北	下棋 ɕia²³tɕʰi⁴²	打扑克儿 ta⁵⁵pʰu⁴²kʰɛr⁰	打麻将 ta⁵⁵ma⁴²tɕiã²¹³
万全	下棋 ɕia²⁴tɕʰi⁴¹	打扑克儿 ta⁵⁵pʰu⁴¹kʰɛr⁰	打麻将 ta⁵⁵ma⁴¹tɕia²¹³
涿鹿	下棋 ɕia²³tɕʰi⁵²	打扑克儿 ta⁴⁵pʰu⁴²kʰɤr⁰	打麻将 ta⁴⁵ma⁵²tɕiã³¹
平山	下棋儿 ɕia²⁴tɕʰiər⁴²	打扑克儿 ta⁵⁵pʰu⁵⁵kʰər⁴²	打麻将 ta⁵⁵ma²⁴tsiaŋ⁴²
鹿泉	下棋 ɕia³¹tɕʰi⁵⁵	打扑克儿 ta³⁵pʰu⁵⁵kʰər⁰	打麻将 ta³⁵ma⁵⁵tsiaŋ³¹
赞皇	下棋儿 ɕia³¹² tɕʰiər⁵⁴	打扑克儿 ta⁴⁵pʰu⁵⁴kʰɤr⁰	打麻将 ta⁴⁵ma⁵⁴tsiaŋ³¹
沙河	下棋 ɕiɔ²¹tɕʰi⁵¹	干牌 kã²¹pʰai⁵¹	打麻将 tɔ²¹mɔ⁵¹tsiaŋ²¹
邯郸	下棋 ɕiɔ²⁴tɕʰi⁵³	打牌 tɔ⁵⁵pʰai⁵³	打麻将 tɔ⁵⁵mɔ⁵³tsiaŋ²¹
涉县	下棋 ɕiɒ⁵⁵tɕʰi⁴¹	打扑克儿 tɒ⁵³pʰu⁴¹kʰer²⁴	打麻将 tɒ⁵³mɒ⁴¹tɕiã²⁴

	0748 变魔术	0749 讲故事	0750 猜谜语
兴隆	变戏法儿 pian^{53}ɕi^{51}far^{213} 变魔术 pian^{51}mo^{55}ʂu^{51}	讲古今 tɕiaŋ^{35}ku^{21}tɕi^{0} 讲故事 tɕiaŋ^{21}ku^{51}ʂɿ^{0}	破谜儿 pʰo^{53}mər^{51} 猜谜儿 tsʰai^{21}mər^{51} 猜谜语 tsʰai^{55}mi^{55}y^{213}
北戴河	变戏法儿 pian^{53}ɕi^{53}fɐr^{214}	讲故事 tɕiaŋ^{21}ku^{53}ʃɿ^{0}	破谜儿 pʰɤ^{53}miər^{51}
昌黎	变戏法儿 pian^{42}ɕi^{42}far^{213}	讲瞎话儿 tɕiaŋ^{24}ɕia^{21}xuar^{0}	破谜儿 pʰɤ^{42}miər^{453}
乐亭	变戏法儿 piɛn^{53}ɕi^{53}far^{34}	说瞎话儿 ʂuə^{33}ɕia^{35}xuar^{52}	破谜 pʰə^{53}mei^{52}
蔚县	耍戏法儿 sua^{13}ɕi^{31}far^{44}	道古 tʌɯ^{41}ku^{0}	猜谜谜 tsʰɛi^{13}mi^{41}mi^{0}
涞水	变戏法儿 pian^{31}ɕi^{31}faər^{24}	说笑话儿 ʂuo^{31}ɕiau^{331}xuɐr^{0}	破谜 pʰuo^{31}mei^{314}
霸州	变戏法儿 pian^{41}ɕi^{41}far^{214}	讲笑话儿 tɕiaŋ^{21}ɕiau^{45}xuar^{0}	破谜儿 pʰo^{41}mei^{53} 猜谜 tsʰai^{45}mei^{53}
容城	变演戏法儿 pian^{52}ian^{44}ɕi^{44}fɐr^{213}	讲故事 tɕiaŋ^{21}ku^{52}ʂɿ^{0}	破谜猜 pʰo^{52}mei^{31}tsʰai^{0}
雄县	变王家法儿 piãn^{41}uaŋ^{53}tɕia^{0}far^{214}	说笑话儿 ʂuo^{45}ɕiau^{45}xuar^{0}	破谜 pʰo^{41}mei^{53}
安新	变演心法儿 pian^{53}ian^{21}ɕin^{0}far^{214}	说古奇 ʂuo^{45}ku^{21}tɕʰi^{0}	破谜 pʰo^{53}mei^{31}
满城	变玩戏法儿 pian^{53}uan^{22}ɕi^{53}fɐr^{213}	说笑话儿 ʂuo^{45}ɕiau^{55}xuɐr^{0}	猜谜 tsʰai^{45}mei^{22}
阜平	耍把戏儿 ʂua^{55}pa^{55}ɕiər^{53}	讲古事儿 tɕiaŋ^{55}ku^{55}ʂər^{53}	猜谜语儿 tsʰæ^{55}mi^{53}yər^{55}
定州	变戏法儿 pian^{53}ɕi^{53}far^{0}	讲笑话儿 tɕiaŋ^{33}siɑu^{35}xuar^{0}	猜谜儿 tsʰai^{33}mei^{51}
无极	变戏法儿 piãn^{51}ɕi^{51}far^{213}	讲笑话儿 tɕiaŋ^{35}siɔ^{53}xuar^{0}	破谜 pʰɤ^{31}məi^{451}
辛集	变戏法儿 pian^{41}ɕi^{42}far^{0}	讲笑话儿 tɕiaŋ^{324}siɑu^{42}xar^{0}	破谜 pʰə^{42}mei^{41}
衡水	变戏法儿 pian^{31}ɕi^{31}far^{24}	讲古儿 tɕiaŋ^{55}kur^{55}	猜谜儿 tsʰai^{24}mər^{31}
故城	变戏法儿 piæ^{31}ɕi^{31}far^{24}	讲古儿 tɕiaŋ^{31}kur^{55}	猜谜儿 tsʰæ^{24}mər^{31}
巨鹿	玩戏法儿 uɛ̃^{41}ɕi^{21}far^{33}	拉呱儿 la^{21}kuar^{55}	破谜儿 pʰo^{33}miər^{21}
邢台	变戏法儿 pian^{33}ɕi^{31}far^{55} 玩把戏儿 van^{53}pa^{55}ɕiər^{31}	讲故事儿 tɕiaŋ^{55}ku^{33}ʂər^{31}	猜谜 tsʰai^{34}mi^{53}
馆陶	变戏法儿 piæn^{24}ɕi^{21}far^{24}	拉呱儿 la^{52}kuar^{44}	猜闷儿 tsʰai^{24}mər^{44}
沧县	玩戏法儿 uan^{53}ɕi^{41}fʌr^{23}	说笑话儿 ʂuo^{23}ɕiɑu^{53}xuʌr^{0}	破谜儿 pʰuo^{23}mər^{41}
献县	变玩技法儿 piæ^{31}uæ^{55}tɕi^{0}fʌr^{33}	说笑话儿 ʂuo^{33}ɕiɔ^{53}xuʌr^{0}	猜谜儿 tsʰɛ^{33}məʐ^{31}
平泉	变戏法儿 pian^{53}ɕi^{53}far^{214} 变魔术 pian^{53}mo^{35}ʂu^{51}	讲故事 tɕiaŋ^{21}ku^{51}ʂɿ^{0}	破谜儿 pʰo^{53}mər^{51} 猜谜语 tsʰai^{55}mi^{35}y^{214}

(续表)

	0748 变魔术	0749 讲故事	0750 猜谜语
滦平	变戏法 pian⁵¹ɕi⁵¹fa²¹⁴ 变魔术 pian⁵¹mo³⁵ʂu⁵¹	讲故事 tɕiaŋ²¹ku⁵¹ʂʅ⁰	破谜儿 pʰo⁵¹mər⁵¹ 猜谜儿 tsʰai⁵⁵mər⁵¹ 猜谜语 tsʰai⁵⁵mi³⁵y²¹⁴
廊坊	变戏法儿 pien⁵³ɕi⁵³far²¹⁴	讲故事 tɕiaŋ²¹ku⁵¹ʂʅ⁰ 说笑话儿 ʂuo⁵⁵ɕiɑu⁵¹xuar⁰	猜谜儿 tsʰai⁵⁵mər⁵¹
魏县	变戏法儿 pian³¹ɕi³¹²far³³	说闲话儿 ʂue³³ɕian⁵³xuar⁰	破谜语 pʰə³³mi³¹²y⁵⁵
张北	变戏法儿 piæ²¹³ɕi²³fer⁵⁵	道古 tau⁴²ku⁵⁵	猜谜 tsʰai⁴⁴mei⁴²
万全	变戏法儿 pian²¹³ɕi⁴⁵fer⁵⁵	说笑话儿 ʂuəʔ²²ɕiɔ⁰xua⁰ər⁰	猜笑话儿 tsʰɛi⁴¹ɕiɔ²⁴xua⁰ər⁰
涿鹿	变戏法儿 piæ²³ɕi³¹fãr⁰	倒＝歇＝笑话儿 tɔ⁴⁵ɕie⁰ɕiɔ³¹xɐr⁰	猜谜儿谜儿 tsʰɛ⁴²mər⁴²mər⁰
平山	耍魔术 ʂua⁵⁵mə⁴²ʂu⁰	说故事 ʂuə³¹ku⁵⁵ʂʅ⁴²	猜谜 tsʰɛ⁴²mi²⁴
鹿泉	变戏法儿 piæ³¹ɕi³¹far¹³	讲故事 tɕiaŋ³⁵ku³¹ʂʅ⁰	猜谜 tsʰɛ⁵⁵mi⁵⁵
赞皇	变把戏 piæ³¹²pa⁴⁵ɕi³¹	说故事 ʂuə²⁴ku⁵¹ʂʅ⁰	猜谜 tsʰɛ⁵⁴mi⁵⁴
沙河	变魔术 piã²¹muo⁵¹ʂu²¹	讲故事 tɕiaŋ³³ku²¹ʂʅ⁰	猜谜 tsʰai⁴¹mi⁰
邯郸	耍把戏儿 ʂo²⁴po⁵⁵tɕʰiər²¹	讲故事儿 tɕiaŋ⁵⁵ku⁵³ʂər²¹ 说古 ʂuʌʔ²⁴ku⁵⁵	嗑谜 kʰuə⁵³mi²¹
涉县	耍戏法儿 ʂɒ⁵³ɕi²⁴vɐr⁰ 变戏法儿 piæ⁵⁵ɕi²⁴vɐr⁰	说古 ʂuəʔ⁵⁵ku⁰	猜谜 tsʰai⁴¹mi⁴¹

	0751 玩儿 游玩；到城里~	0752 串门儿	0753 走亲戚
兴隆	玩儿 uɚ⁵⁵	串门儿 tṣʰuan⁵¹mɚ⁵⁵	串亲戚 tṣʰuan⁵¹tɕʰin³⁵tɕʰi⁰ 走亲戚 tsou²¹tɕʰin³⁵tɕʰi⁰
北戴河	玩儿 uɚ³⁵	串门儿 tʃʰuan⁵³mɚ³⁵	走亲戚 tʃou²¹tɕʰin⁴⁴tɕʰi⁰
昌黎	玩儿 uɚ²⁴	串门儿 tsʰuan⁴²mɚ²⁴ 串门子 tsʰuan⁴³mən⁴²tsɿ²³	走亲戚 tsou²⁴tɕʰin⁴²tɕʰi⁰ 串亲 tsʰuan⁴⁵tɕʰin⁴²
乐亭	玩儿 uɚ²¹²	串门儿 tṣʰuan⁵³mɚ²¹²	串亲戚 tṣʰuan³⁴tɕʰiən³¹tɕʰi⁰
蔚县	耍 suɑ⁴⁴ 玩儿 vɚ⁴¹	串门子 tsʰuã¹³məŋ⁴¹tsɿ⁰	走亲戚 tsəu¹³tɕʰiŋ⁵³tɕʰi⁰ 串亲戚 tsʰuã³¹tɕʰiŋ⁵³tɕʰi⁰
涞水	玩儿 uɚ⁴⁵	串门儿 tṣʰuan³¹mɚ⁴⁵	走亲戚儿 tsou²⁴tɕʰin³³tɕʰiər⁰
霸州	玩儿 uɚ⁵³	串门儿 tṣʰuan⁴¹mɚ⁵³	串亲戚 tṣʰuan⁴¹tɕʰin²¹tɕʰin⁰
容城	玩儿 uɚ³⁵	串门儿 tṣʰuan⁵²mɚ³⁵	串亲戚 tṣʰuan⁵²tɕʰin³¹tɕʰi⁰
雄县	玩儿 uɚ⁵³	串门儿 tṣʰuãn⁴¹mɚ⁵³	串亲戚儿 tṣʰuãn⁴¹tɕʰin⁴⁴tɕʰiər⁰
安新	玩儿 uɚ³¹	串门儿 tṣʰuan⁵³mɚ³¹	串亲戚 tṣʰuan⁵³tɕʰin⁴⁵tɕʰin⁰
满城	玩儿 uɚ²²	串门儿 tṣʰuan⁵³mɚ²²	走亲戚儿 tsou²¹³tɕʰin⁴⁵tɕʰiər⁰
阜平	玩儿 uɚ²⁴	串门儿 tṣʰuæ̃⁵³mɚ²⁴	串亲戚 tṣʰuæ̃⁵³tɕʰiŋ³¹tɕʰi⁰
定州	玩儿 uɚ²¹³	串门儿 tṣʰuan⁵³mɚ²⁴	串亲戚儿 tṣʰuan⁵³tsʰin³³tsʰiər⁰
无极	耍 suɑ³⁵	串门儿 tṣʰuãn⁵¹mɚ²¹³	走亲亲 tsəu³⁵tsʰien³¹tsʰien⁰
辛集	玩儿 uɚ³⁵⁴	串门儿 tṣʰuan⁴²mɚ³⁵⁴	走亲亲 tsou³²⁴tsʰiən³³tsʰiən⁰
衡水	玩儿 vɚ⁵³	串门儿 tṣʰuɑn³¹mɚ⁵³	走亲 tsəu⁵⁵tɕʰin²⁴
故城	玩儿 vɚ⁵³	串门儿 tsʰuæ³¹mɚ⁵³	走亲家 tsou⁵⁵tɕʰiɛ²¹tɕia⁰
巨鹿	玩儿 uar⁴¹	串门儿 tsʰuɛ̃²¹mɚ⁴¹	串亲戚 tsʰuɛ̃²¹tɕʰin³¹tɕia⁰
邢台	玩儿 vɚ⁵³	串门儿 tṣʰuan³¹mɚ⁵³	串亲戚 tṣʰuan³¹tsʰin³⁴tɕʰi⁰
馆陶	玩儿 uɚ⁵²	串门子 tṣʰuæn²¹men⁵²tə⁰	串亲戚 tṣʰuæn²¹tsʰin²¹tsʰi⁰
沧县	玩儿 uɚ⁵³	串门儿 tṣʰuan⁴¹mɚ⁵³	走亲亲 tsou²³tɕʰiən⁴¹tɕʰiən⁰
献县	玩儿 uɚ⁵³	串门儿 tṣʰuæ³¹məʐ⁵³	走亲 tsou²⁴tɕʰin³³
平泉	玩儿 uɚ³⁵	串门儿 tṣʰuan⁵³mɚ³⁵	走亲戚 tsou²¹tɕʰin⁵⁵tɕʰi⁰
滦平	玩儿 uɚ³⁵	串门儿 tṣʰuan⁵¹mɚ³⁵	串亲戚 tṣʰuan⁵¹tɕʰin⁵⁵tɕʰi⁰ 走亲戚 tsou²¹tɕʰin⁵⁵tɕʰi⁰

（续表）

	0751 玩儿 游玩；到城里~	0752 串门儿	0753 走亲戚
廊坊	玩儿 uɐr³⁵	串门儿 tʂʰuan⁵³mər³⁵	串亲亲 tʂʰuan⁵³tɕʰin⁵⁵tɕʰin⁰ 出门儿 tʂʰu⁵⁵mər³⁵
魏县	玩儿 uɐr⁵³	串门儿 tʂʰuan³¹²mər⁵³	串亲戚 tʂʰuan³¹²tɕʰin³³in⁰
张北	玩儿 ver⁴²	串门子 tʂʰuæ̃²³məŋ⁴²tsə⁰	走亲戚 tsou⁵⁵tɕʰiŋ⁴²tɕʰi⁰
万全	耍 sua⁵⁵	溜门子 liou⁴¹məŋ⁴¹tsə⁰	出门子的 tʂʰuəʔ⁴⁴məŋ⁴¹tsə⁰tə⁰
涿鹿	玩儿 uɐr⁴²	串门 tʂʰuæ̃²³məŋ⁵²	串亲戚 tʂʰuæ̃³¹tɕʰin⁴²tɕʰi⁰ 出门 tʂʰuʌ⁴³məŋ⁴²
平山	耍 ʂua⁵⁵	串门儿 tʂʰuæ̃²⁴mər³¹	走亲戚 tsɐu⁵⁵tsʰiŋ⁴²tsʰi⁰
鹿泉	耍 ʂua³⁵	串门儿 tʂʰuæ̃³¹mər⁵⁵	走亲亲 tsou³⁵tsʰiẽ⁵⁵tsʰiẽ⁰
赞皇	耍 ʂua⁴⁵	串门儿 tʂʰuæ̃³¹²mər⁵⁴	走亲亲 tsəu⁴⁵tsʰin⁵⁴tsʰin⁰
沙河	玩 uã⁵¹	串门儿 tʂʰuã²¹mər⁵¹	串亲戚 tʂʰuã²⁴tsʰiən⁴¹tsʰi⁰
邯郸	耍子儿 ʂo⁵⁵tər⁰	串门子 tʂʰuæ̃²⁴məŋ⁵³tə⁰	串亲亲 tʂʰuæ̃²⁴tsʰin³¹tsʰin⁰
涉县	费 fəi⁵⁵	串门儿 tsʰuæ̃⁵⁵mər²⁴	走亲戚儿 tsou⁵³tɕʰiəŋ⁴¹tɕʰiər⁰

	0754 看~电视	0755 听用耳朵~	0756 闻嗅；用鼻子~
兴隆	看 kʰan⁵¹	听 tʰiŋ³⁵	听 tʰiŋ³⁵ 闻 uən⁵⁵
北戴河	看 kʰan⁵¹	听 tʰiŋ⁴⁴	听 tʰiŋ⁴⁴ 闻 uən³⁵
昌黎	看 kʰan⁴⁵³	听 tʰiŋ⁴²	听 tʰiŋ⁴²
乐亭	看 kʰan⁵²	听 tʰiəŋ³¹	听 tʰiəŋ³¹
蔚县	看 kʰã³¹²	听 tʰiŋ⁵³	闻 vəŋ⁴¹
涞水	看 kʰan³¹⁴	听 tʰiŋ³¹	听 tʰiŋ³¹
霸州	看 kʰan⁴¹	听 tʰiŋ⁴⁵	听 tʰiŋ⁴⁵
容城	看 kʰan⁵¹³	听 tʰiŋ⁴³	听 tʰiŋ⁴³
雄县	看 kʰãn⁴¹	听 tʰiŋ⁴⁵	听 tʰiŋ⁴⁵
安新	看 kʰan⁵¹	听 tʰiŋ⁴⁵	听 tʰiŋ⁴⁵
满城	看 kʰan⁵¹²	听 tʰiŋ⁴⁵	闻 uən²²
阜平	看 kʰæ⁵³	听 tʰiŋ³¹	闻 uəŋ²⁴
定州	看 kʰan⁵¹	听 tʰiŋ³³	闻 uən²¹³
无极	看 kʰãn⁵¹	听 tʰiŋ³¹	闻 uen²¹³
辛集	看 kʰan⁴¹	听 tʰiŋ³³	闻 uən³⁵⁴
衡水	看 kʰɑn³¹	听 tʰiŋ²⁴	闻 vən⁵³
故城	看 kʰæ³¹	听 tʰiŋ²⁴	闻 vẽ⁵³
巨鹿	看 kʰɛ̃²¹	听 tʰiŋ³³	闻 uən⁴¹
邢台	看 kʰan³¹ 眊 mau³⁴	听 tʰiŋ³⁴	闻 vən⁵³
馆陶	看 kʰæn²¹³	听 tʰiŋ²⁴	闻 un⁴⁴
沧县	看 kʰan⁴¹	听 tʰiŋ²³	闻 uən⁵³
献县	看 kʰæ³¹	听 tʰiŋ³³	闻 uən⁵³
平泉	看 kʰan⁵¹	听 tʰiŋ⁵⁵	闻 uən³⁵
滦平	看 kʰan⁵¹	听 tʰiŋ⁵⁵	闻 uən³⁵
廊坊	看 kʰan⁵¹	听 tʰiŋ⁵⁵	闻 uən³⁵

（续表）

	0754 看~电视	0755 听 用耳朵~	0756 闻 嗅；用鼻子~
魏县	瞧 tɕʰiɑu⁵³ 看 kʰan³¹²	听 tʰiŋ³³	闻 uən⁵³
张北	看 kʰæ̃²¹³	听 tʰiŋ⁴²	闻 vəŋ⁴²
万全	看 kʰan²¹³	听 tʰiəŋ⁴¹	闻 vəŋ⁴¹
涿鹿	看 kʰæ̃³¹	听 tʰiŋ⁴⁴	闻 uəŋ⁴²
平山	看 kʰæ̃⁴²	听 tʰiŋ³¹	闻 uəŋ³¹
鹿泉	看 kʰæ̃³¹²	听 tʰiŋ⁵⁵	闻 uẽ⁵⁵
赞皇	看 kʰæ̃³¹²	听 tʰiŋ⁵⁴	闻 uən⁵⁴
沙河	看 kʰã²¹	听 tʰiəŋ⁴¹	闻 uən⁵¹
邯郸	看 kʰæ̃²¹³	听 tʰiŋ³¹	闻 vən⁵³
涉县	瞧 tɕʰiɑu⁴¹²	听 tʰiəŋ⁴¹	闻 vəŋ⁴¹

	0757 吸~气	0758 睁~眼	0759 闭~眼
兴隆	吸 ɕi³⁵	睁 tʂəŋ³⁵	合 xə⁵⁵ 闭 pi⁵¹
北戴河	吸 ɕi⁴⁴	睁 tʃəŋ⁴⁴	闭 pi⁵¹
昌黎	吸 ɕi⁴²	睁 tʂəŋ⁴²	闭 pi⁴⁵³ 合上 xuo⁴²ʂaŋ²³
乐亭	吸 ɕi³¹	睁 tʂəŋ³¹	合 xuə²¹²
蔚县	吸 ɕi⁵³	睁 tsəŋ⁵³	合 xuɤ⁴¹ 闭 pi³¹²
涞水	吸 ɕi³¹	睁 tʂəŋ³¹	合上 xɤ²⁴ʂaŋ⁰
霸州	吸 ɕi⁴⁵	睁 tʂəŋ⁴⁵	合 xuo⁵³
容城	吸 ɕi⁴³	睁 tʂəŋ⁴³	闭 pi⁵¹³
雄县	吸 ɕi⁴⁵	睁 tʂəŋ⁴⁵	合 xuo⁵³
安新	吸 ɕi⁴⁵	睁 tʂəŋ⁴⁵	合上 xuo³³ʂaŋ⁰
满城	吸 ɕi⁴⁵	睁 tʂəŋ⁴⁵	合 xɤ²²
阜平	吸 ɕi²⁴	睁 tʂəŋ³¹	合 xuɤ²⁴
定州	吸 ɕi³³	睁 tʂəŋ³³	合 xuo²¹³
无极	吸 ɕi²¹³	睁 tʂəŋ³¹	合 xuɤ²¹³
辛集	吸溜 ɕi³⁵⁴liou³³	睁 tʂəŋ³³	合 xuə³⁵⁴
衡水	抽 tʂʰəu²⁴	睁 tʂəŋ²⁴	合 xuo⁵³
故城	吸 ɕi³¹	睁 tsəŋ²⁴	闭 pi³¹ 合 xɤ⁵³
巨鹿	吸 ɕi³³	睁 tʂəŋ³³	合 xɤ⁴¹
邢台	吸 ɕi³⁴	睁 tʂəŋ³⁴	圪挤 kə³⁴tɕi⁰
馆陶	吸 ɕi²⁴	睁 tʂəŋ²⁴	合 xɤ⁵²
沧县	吸 ɕi²³	睁 tsəŋ²³	闭 pi⁴¹
献县	吸 ɕi³³	睁 tʂəŋ³³	合 xuo⁵³
平泉	吸 ɕi⁵⁵	睁 tʂəŋ⁵⁵	闭 pi⁵¹
滦平	吸 ɕi⁵⁵	睁 tʂəŋ⁵⁵	闭 pi⁵¹

（续表）

	0757 吸~气	0758 睁~眼	0759 闭~眼
廊坊	吸 ɕi⁵⁵	睁 tʂəŋ⁵⁵	闭 pi⁵¹ 合 xɤ³⁵
魏县	吸 ɕi³³	睁 tʂəŋ³³	圪挤 ke³³tɕi⁰
张北	吸 ɕiəʔ³²	睁 tʂəŋ⁴²	闭 pi²¹³
万全	吸 ɕiəʔ²²	睁 tʂəŋ⁴¹	圪挤 kə⁴⁴tɕi⁵⁵
涿鹿	吸 ɕiʌʔ⁴³	睁 tʂəŋ⁴⁴	圪挤 kʌʔ⁴³tɕi⁴⁵
平山	吸 ɕi²⁴	睁 tʂəŋ³¹	合 xuə³¹
鹿泉	吸 ɕiɤ¹³	睁 tʂəŋ⁵⁵	合住 xuo⁵⁵tʂu⁰
赞皇	吸 ɕi²⁴	睁 tʂəŋ⁵⁴	合 xuə⁵⁴
沙河	吸 ɕiəʔ²	睁 tʂəŋ⁴¹	圪挤眼 kəʔ²tsi²¹iã³³
邯郸	吸 ɕieʔ⁴³	睁 tʂəŋ³¹	圪挤 kəʔ²tsi⁰
涉县	吸 ɕiəʔ³²	睁 tʂəŋ⁴¹	圪挤住 kəʔ⁵⁵tɕi⁵³tsu⁰

	0760 眨~眼	0761 张~嘴	0762 闭~嘴
兴隆	眨巴 tʂa²¹pa⁰ 眨 tʂa²¹³	张 tʂaŋ³⁵	抿 min²¹³ 闭 pi⁵¹
北戴河	眨 tʃa²¹⁴	张 tʃaŋ⁴⁴	闭 pi⁵¹
昌黎	眨 tsa²¹³	张 tsaŋ⁴²	抿 min²¹³ 闭 pi⁴⁵³
乐亭	眨 tʂa³⁴	张 tʂaŋ³¹	抿 miən²¹²
蔚县	巴眨 pa⁵³tsa⁰ 忽眨 xu⁵³tsã⁰	张 tsɔ⁵³	闭 pi³¹² 抿 miŋ⁴⁴
涞水	眨 tʂa²⁴	张 tʂaŋ³¹	闭 pi³¹⁴
霸州	眨么 tʂa⁴¹ma⁰	张 tʂaŋ⁴⁵	抿 min⁵³
容城	眨巴 tʂa⁵²pa⁰	张 tʂaŋ⁴³	闭 pi⁵¹³
雄县	眨 tsa²¹⁴	张 tʂaŋ⁴⁵	抿 min⁵³
安新	眨巴 tsan⁵³po⁰	张 tʂaŋ⁴⁵	抿上 min³³ʂaŋ⁰
满城	眨巴 tʂa²¹pa⁰	张 tʂaŋ⁴⁵	抿 min²²
阜平	忽闪 xu²¹ʂæ⁰	张 tʂaŋ³¹	闭 pi⁵³
定州	呱哒儿 kua³³tər⁰	张 tʂaŋ³³	抿 min²⁴
无极	呱唧 kuɑ²¹³tsi⁰	张 tʂaŋ³¹	抿 mien²¹³
辛集	呱唧 kɑ³³tsi⁰	张 tʂaŋ³³	合上 xuə³⁵ʂaŋ⁰
衡水	眨么 tʂa²¹mo⁰	张 tʂaŋ²⁴	合 xuo⁵³
故城	眨 tsa⁵⁵	张 tʂaŋ²⁴	闭 pi³¹ 合 xɤ⁵³
巨鹿	圪挤 kɤ⁵⁵tɕi⁰	张 tʂaŋ³³	抿 min⁵⁵
邢台	圪眨 kə³⁴tʂan⁰	张 tʂaŋ³⁴	闭 pi³¹ 合 xə⁵³
馆陶	圪挤 kɤ⁵²tɕi⁰	张 tʂaŋ²⁴	绷 pəŋ⁴⁴ 合 xɤ⁵²
沧县	眨么 tsa²³mə⁰	张 tʂaŋ²³	并 piŋ⁴¹
献县	眨么 tʂa²¹ma⁰	张 tʂã³³	合 xuo⁵³
平泉	眨 tʂa²¹⁴	张 tʂaŋ⁵⁵	闭 pi⁵¹

（续表）

	0760 眨~眼	0761 张~嘴	0762 闭~嘴
滦平	眨 tṣa²¹⁴	张 tṣaŋ⁵⁵	闭 pi⁵¹
廊坊	眨 tṣa²¹⁴	张 tṣaŋ⁵⁵	闭 pi⁵¹
魏县	眨 tṣan⁵⁵	张 tṣaŋ³³	绷 pəŋ⁵⁵
张北	眨 tsæ̃⁵⁵	张 tsɔ̃⁴²	闭 pi²¹³
万全	眨 tsʌʔ²²	张开 tsa⁴¹kʰɛi⁴¹	合住 xʌʔ²⁴tsu²¹³
涿鹿	眨 tsæ̃⁴⁵	张 tṣã⁴⁴	闭 pi³¹ 合 xə⁴²
平山	圪眨 kɤ²¹tṣæ̃⁰	张 tṣaŋ³¹	抿住 miŋ⁵⁵tṣu⁰
鹿泉	圪眨 kɤ²¹tṣæ̃³⁵	张 tṣaŋ⁵⁵	抿住 miẽ⁵⁵tṣu⁰
赞皇	圪眨 kə²¹tṣæ̃⁴⁵ 圪挤 kə²¹tsi⁴⁵	张 tṣaŋ⁵⁴	抿 min⁴⁵
沙河	圪眨眼 kəʔ²tṣo²¹iã³³	张 tṣaŋ⁴¹	闭嘴 pi²¹tsuei³³ 合上嘴 xɤ⁵¹ṣaŋ²¹tsuei³³
邯郸	圪眨 kəʔ²tṣæ̃⁵⁵	张 tṣaŋ³¹	抿 min⁵⁵
涉县	圪眨 kəʔ⁵⁵tsæ̃⁰	张 tsã⁴¹	抿住 miən⁵³tṣu²⁴

	0763 咬狗~人	0764 嚼把肉~碎	0765 咽~下去
兴隆	咬 iau²¹³	嚼 tɕiau⁵⁵	咽 ian⁵¹
北戴河	咬 iau²¹⁴	嚼 tɕiau³⁵	咽 ian⁵¹
昌黎	咬 iau²¹³	嚼 tɕiau²⁴	咽 ian⁴⁵³
乐亭	咬 iau³⁴	嚼 tɕiau²¹²	咽 iɛn⁵²
蔚县	咬 iʌɯ⁴⁴	嚼 tɕiʌɯ⁴¹	咽 iã³¹²
涞水	咬 iau²⁴	咬 iau²⁴	咽 ian³¹⁴
霸州	咬 iau²¹⁴	嚼 tɕiau⁵³	咽 ian⁴¹
容城	咬 iau²¹³	嚼 tɕiau³⁵	咽 ian⁵¹³
雄县	咬 iau²¹⁴	嚼 tɕiau⁵³	咽 iã n⁴¹
安新	咬 iau²¹⁴	嚼 tɕiau³¹	咽 ian⁵¹
满城	咬 iau²¹³	嚼 tɕiau²²	咽 ian⁵¹²
阜平	咬 iɔ⁵⁵	嚼 tɕiɔ²⁴	咽 iæ⁵³
定州	咬 iau²⁴	嚼 tsiau²¹³	咽 ian⁵¹
无极	咬 iɔ³⁵	嚼 tsiɔ²¹³	咽 iã n⁵¹
辛集	咬 iau³²³	嚼 tsiau³⁵⁴	咽 ian⁵¹
衡水	咬 iau⁵⁵	嚼 tɕiau⁵³	咽 ian³¹
故城	咬 iɔo⁵⁵	嚼 tɕiɔo⁵³	咽 iæ³¹
巨鹿	咬 iau⁵⁵	嚼 tɕiau⁴¹	咽 iɛ̃²¹
邢台	咬 iau⁵⁵	嚼 tsiau⁵³	咽 ian³¹ 吞 tʰən³⁴
馆陶	咬 iao⁴⁴	#3tsuo⁵² 嚼 tsiao⁵²	咽 iæn²¹³
沧县	咬 iau⁵⁵	嚼 tɕiau⁵³	咽 ian⁴¹
献县	咬 iɔ²¹⁴	嚼 tɕiɔ⁵³	咽 iæ³¹
平泉	咬 iau²¹⁴	嚼 tɕiau³⁵	咽 ian⁵¹
滦平	咬 iau²¹⁴	嚼 tɕiau³⁵	咽 ian⁵¹
廊坊	咬 iau²¹⁴	嚼 tɕiau³⁵	咽 iɛn⁵¹
魏县	咬 iau⁵⁵	嚼 tɕyə⁵³	咽 ian³¹²

（续表）

	0763 咬狗~人	0764 嚼把肉~碎	0765 咽~下去
张北	鸟 ⁼ȵiau⁵⁵	咬 iau⁵⁵	咽 iæ²¹³
万全	咬 ȵiɔ⁵⁵	咬碎 ȵiɔ⁴⁴suei²¹³	咽 ian²¹³
涿鹿	咬 iɔ⁴⁵	嚼 tɕiɔ⁴²	咽 iæ³¹
平山	咬 iɔ⁵⁵	嚼 tsiɔ³¹	咽 iæ⁴²
鹿泉	咬 iɔ³⁵	嚼 tsiɔ⁵⁵	咽 iæ³¹²
赞皇	咬 iɔ⁴⁵	嚼 tsiɔ⁵⁴	咽 iæ³¹²
沙河	咬 iau³³	嚼 tsiau³³	咽 iã²¹
邯郸	咬 iɑu⁵⁵	嚼 tsuə⁵³	咽 iæ²¹³
涉县	咬 iau⁵³	嚼 tɕyɐʔ³²	咽 iæ⁵⁵

	0766 舔 ~人用舌头~	0767 含 ~在嘴里	0768 亲嘴
兴隆	舔 tʰian²¹³	含 xən⁵⁵/ xan⁵⁵	亲嘴儿 tɕʰin³⁵tsuər²¹³
北戴河	舔 tʰian²¹⁴	含 xan³⁵	亲嘴儿 tɕʰin⁴⁴tʃuər²¹⁴
昌黎	舔 tʰian²¹³	含 xan²⁴	㕷"嘴儿 tʂou⁴²tʂuər²¹³ 亲嘴儿 tɕʰin³⁴tʂuər²¹³
乐亭	舔 tʰien³⁴	含 xan²¹²	揍"嘴儿 tsou⁵³tsuər³⁴
蔚县	舔 tʰiã⁴⁴	含 xəŋ⁴¹	亲嘴儿 tɕʰiŋ⁵³tsuər⁴⁴ 吃啵儿 tsʰʅ⁵³pɤr⁵³
涞水	舔 tʰian²⁴	含 xən⁴⁵	亲嘴儿 tɕʰin⁵⁵tsuər²⁴
霸州	舔 tʰian²¹⁴	含 xən⁵³	亲嘴儿 tɕʰin⁴⁵tsuər²¹⁴
容城	舔 tʰian²¹³	含 xan³⁵	亲嘴儿 tɕʰin⁴⁴tsuər²¹³
雄县	舔 tʰiãn²¹⁴	含 xən⁵³	亲嘴儿 tɕʰin⁴⁵tsuər²¹⁴
安新	舔 tʰian²¹⁴	存 tsʰuən³¹	亲嘴儿 tɕʰin⁴⁵tsuər²¹⁴
满城	舔 tʰian²¹³	噙 tɕʰyn⁴⁵	亲嘴儿 tɕʰin⁴⁵tsuər²¹³
阜平	舔 tʰiæ̃⁵⁵	噙 tɕʰioŋ²⁴	亲嘴 tɕʰin²⁴tsuei⁵⁵
定州	舔 tʰian²⁴	噙 tɕʰyn²⁴	亲嘴儿 tsʰin³³tsuər²⁴
无极	舔 tʰiãn³⁵	噙 tɕʰyen²¹³	亲嘴儿 tsʰien³¹tsuər³⁵
辛集	舔 tʰian³²⁴	噙 tɕʰyən³⁵⁴	亲嘴儿 tsʰiən³³tsuər³²⁴
衡水	舔 tʰiɑn⁵⁵	噙 tɕʰin⁵³	亲嘴儿 tɕʰin³¹tsuər⁵⁵
故城	舔 tʰiæ⁵⁵	含 xẽ⁵³	亲嘴儿 tɕʰiẽ²¹tsuər⁵⁵
巨鹿	舔 tʰian⁵⁵	噙 tɕʰin⁴¹	亲嘴 tɕʰin³³tsuei⁵⁵
邢台	舔 tʰian⁵⁵	噙 tɕʰyn⁵³	亲嘴儿 tsʰin³⁴tsuər⁵⁵
馆陶	舔 tʰiæn⁴⁴	含 xæn⁵²/xen⁵²	亲嘴儿 tsʰin²⁴tsuər⁴⁴
沧县	舔 tʰian⁵⁵	含 xən⁵³	亲嘴儿 tɕʰiən²³tsuər⁵⁵
献县	舔 tʰiæ²¹⁴	含 xən⁵³	亲嘴儿 tɕʰin³³tsuəʐ³³
平泉	舔 tʰian²¹⁴	含 xən³⁵/ xan³⁵	亲嘴儿 tɕʰin⁵⁵tsuər²¹⁴ 接吻 tɕie⁵⁵uən²¹⁴
滦平	舔 tʰian²¹⁴	含 xən³⁵/ xan³⁵	亲嘴儿 tɕʰin⁵⁵tsuər²¹⁴
廊坊	舔 tʰiɛn²¹⁴	含 xən³⁵	亲嘴儿 tɕʰin⁵⁵tsuər²¹⁴
魏县	舔 tʰian⁵⁵	噙 tɕʰin⁵³	亲嘴儿 tɕʰin³³tʂuər⁵⁵

（续表）

	0766 舔 ~人用舌头~	0767 含 ~在嘴里~	0768 亲嘴
张北	舔 tʰiæ⁵⁵	含 xəŋ⁴²	亲嘴儿 tɕʰiŋ⁴²tsuər⁵⁵
万全	舔 tʰian⁵⁵	含 xan⁴¹	亲嘴 tɕʰiəŋ⁴⁴tsuei⁵⁵
涿鹿	舔 tʰiæ⁴⁵	含 xæ̃⁴²/ xəŋ⁴²	亲嘴儿 tɕʰiŋ⁴²tsuər⁴⁵
平山	舔 tʰiæ⁵⁵	噙 tɕʰyŋ³¹	亲嘴 tsʰiŋ⁵³tsæi⁵⁵
鹿泉	舔 tʰiæ³⁵	含 xẽ⁵⁵	亲嘴 tsʰiẽ⁵⁵tsuei³⁵
赞皇	舔 tʰiæ⁴⁵	含 xæ̃⁵⁴/ xəŋ⁵⁴	亲嘴儿 tsʰin⁵⁴tsuər⁴⁵
沙河	舔 tʰia³³	噙 tɕʰyən⁵¹	亲嘴儿 tsʰiən⁴¹tsuər³³
邯郸	舔 tʰiæ⁵⁵	噙 tɕʰin⁵³	亲嘴儿 tsʰin³³tsuər⁵³
涉县	舔 tʰiæ⁵³	噙 tɕʰyən⁴¹²	亲嘴儿 tɕʰiəŋ⁵⁵tʂuər⁰

	0769 吮吸 用嘴唇聚拢吸取液体，如吃奶时	0770 吐 上声，把果核儿~掉	0771 吐 去声，呕吐；喝酒喝~了
兴隆	嘬 tsuo³⁵	吐 tʰu²¹³/tʰu⁵¹	吐 tʰu⁵¹
北戴河	裹 kuo²¹⁴	吐 tʰu⁵¹	哕 yɛ²¹⁴ 吐 tʰu⁵¹
昌黎	裹 kuo²¹³	吐 tʰu⁴⁵³	吐 tʰu⁴⁵³
乐亭	裹 kuə³¹	吐 tʰu⁵²	吐 tʰu⁵²
蔚县	唧 suɤ⁵³ 唧舔 suɤ⁵³tʰiã⁰	吐 tʰu⁴⁴	哕 yə⁴⁴ 吐 tʰu⁴⁴
涞水	嘬 tsuo³¹	吐 tʰu²⁴	哕 yɛ³¹ 吐 tʰu³¹⁴
霸州	嘬 tsuo⁴⁵	吐 tʰu⁴¹	吐 tʰu⁴¹
容城	嘬 tsuo⁴³	吐 tʰu⁵¹³	吐 tʰu⁵¹³
雄县	嘬 tsuo⁴⁵	吐 tʰu⁴¹	吐 tʰu⁴¹
安新	嘬 tsuo²¹⁴	吐 tʰu⁵¹	哕 yɛ²¹⁴ 吐 tʰu⁵¹
满城	嘬 tsuo⁴⁵	吐 tʰu⁵¹²	吐 tʰu⁵¹²
阜平	吸 ɕi²⁴	吐 tʰu⁵³	哕 yɛ²⁴
定州	裹 kuo²⁴ 嘬 tsuo³³	吐 tʰu⁵¹	哕 yɛ²⁴
无极	嘬 tsuɤ²¹³	吐 tʰu⁵¹	哕 yɛ³⁵
辛集	唧 ʂuɑu³³	吐 tʰu⁴¹	哕 yɛ³²⁴
衡水	裹 kuo⁵⁵	吐 tʰu⁵⁵	吐 tʰu³¹
故城	裹 kuɤ⁵⁵	吐 tʰu⁵⁵	吐 tʰu³¹
巨鹿	吸溜 ɕi³³liou⁰	吐 tʰu⁵⁵	哕 yɛ⁵⁵
邢台	嘬 tsuo³⁴	吐 tʰu⁵⁵	哕 yɛ⁵⁵
馆陶	唧 sYɛ²⁴/ suo²⁴	吐 tʰu⁴⁴	哕 yɛ⁴⁴
沧县	嘬 tsuo²³	吐 tʰu⁵⁵	吐 tʰu⁵⁵
献县	嘬 tsuo³³	吐 tʰu²¹⁴	吐 tʰu³¹
平泉	嘬 tsuo⁵⁵	吐 tʰu⁵¹	吐 tʰu⁵¹

(续表)

	0769 吮吸 用嘴唇聚拢吸取液体,如吃奶时	0770 吐 上声,把果核儿~掉	0771 吐 去声,呕吐:喝酒喝~了
滦平	嘬 tsuo⁵⁵ 吮吸 ʂuən²¹ɕi⁵⁵	吐 tʰu⁵¹	吐 tʰu⁵¹
廊坊	嘬 tsuo⁵⁵	吐 tʰu²¹⁴/tʰu⁵¹	吐 tʰu⁵¹
魏县	嗍 ʂuə³³	吐 tʰu⁵⁵	吐 tʰu⁵⁵
张北	吸 ɕiəʔ³²	吐 tʰu⁵⁵	吐 tʰu²¹³
万全	掴゠咧掴゠咧 kuə⁵⁵liei⁰kuə⁵⁵liei⁰	吐出的 tʰu⁴⁴tsʰuəʔ²²tə⁰	吐出来 tʰu²⁴tsʰuəʔ²²lεi⁰
涿鹿	吸 ɕiʌʔ⁴³	吐 tʰu³¹	吐 tʰu⁴²
平山	咂 tsa²⁴	吐 tʰu⁵⁵	吐 tʰu⁵⁵
鹿泉	嘬 tsuo¹³	吐 tʰu³¹²	吐 tʰu³¹²
赞皇	咂 tsa²⁴	吐 tʰu³¹²	哕 yε⁴⁵
沙河	吸溜 ɕiəʔ²⁴liəu⁰	唾 tʰuo²¹	吐 tʰu³³
邯郸	裹 kuə⁵⁵ 嗍 suʌʔ⁴³	吐 tʰu⁵⁵	啰 luə⁵⁵
涉县	吸 ɕiəʔ³²	吐 tʰu⁵³	哕 yε⁵³

	0772 打喷嚏	0773 拿 用手把苹果~过来	0774 给 他~我一个苹果
兴隆	打嚏喷 ta²¹tʰi⁵¹fən⁰ 打喷嚏 ta²¹pʰən³⁵tʰi⁰	拿 na⁵⁵	给 kei²¹³
北戴河	打嚏喷 ta²¹tʰi⁵³fən⁰	拿 na³⁵	给 kei²¹⁴
昌黎	打嚏喷 ta²¹tʰi⁴⁵fən⁰	拿 na²⁴	给 kei²¹³
乐亭	打嚏喷 ta³³tʰi⁵⁵fən⁰	拿 na²¹²	给 kei³⁴
蔚县	打嚏喷 tɑ¹³tʰi³¹fəŋ⁰	拿 nɑ⁴¹	给 kei⁴⁴
涞水	打嚏喷 ta²⁴tʰi³³¹fən⁰	拿 na⁴⁵	给 kei²⁴
霸州	打嚏喷 ta²¹tʰi⁴⁵fən⁰	拿 na⁵³	给 kei²¹⁴
容城	打嚏喷 ta²¹tʰi⁵²fan⁰	拿 na³⁵	给 kei²¹³
雄县	打嚏喷 ta²¹tʰi⁴⁵fən⁰	拿 na⁵³	给 kei²¹⁴
安新	打嚏喷 ta²¹tʰi⁵⁵fan⁰	拿 na³¹	给 kei²¹⁴
满城	打喷嚏 ta²¹pʰən²²tʰi⁰	拿 na²²	给 kei²¹³
阜平	打嚏喷 ta⁵⁵tʰi²⁴fəŋ⁰	拿 na²⁴	给 kei⁵⁵
定州	打嚏喷 ta³³tʰi³⁵fən⁰	拿 na²¹³	给 tɕi²⁴
无极	打嚏喷 tɑ³⁵tʰiɛ⁵³fen⁰	拿 nɑ²¹³	给 kəi³⁵
辛集	打嚏喷 tɑ²⁴tʰi⁴²fən⁰	拿 nɑ³⁵⁴	给 kei³²⁴
衡水	打嚏喷 ta⁵⁵tʰi⁵³fən⁰	拿 na⁵³	给 kei⁵⁵
故城	打嚏喷 tɑ²⁴tʰi⁵³fẽ⁰	拿 na⁵³	给 kei⁵³
巨鹿	打哇嚏 ta⁵⁵ua³³tɕʰi⁰	拿 na⁴¹	给 kei⁵⁵
邢台	打嚏喷 ta⁵⁵tʰi³¹fən⁰	拿 na⁵³	给 kei⁵⁵
馆陶	打嚏喷 ta⁴⁴tʰi²¹pʰen⁰	拿 na⁵²	给 kei⁴⁴
沧县	打嚏喷 tɑ⁵⁵tʰi⁵³fən⁰	拿 na⁵³	给 kei⁵⁵
献县	打嚏喷 ta²¹tʰi⁵³fən⁰	拿 na⁵³	给 kei²¹⁴
平泉	打嚏喷 ta²¹tʰi⁵¹fən⁰ 打喷嚏 ta²¹pʰən⁵⁵tʰi⁰	拿 na³⁵	给 kei²¹⁴
滦平	打嚏喷 ta²¹tʰi⁵¹fən⁰ 打喷嚏 ta²¹pʰən⁵⁵tʰi⁰	拿 na³⁵	给 kei²¹⁴
廊坊	打嚏喷 ta²¹tʰi⁵¹fən⁰ 打喷嚏 ta²¹pʰən⁵⁵tʰi⁰	拿 ŋa³⁵	给 kei²¹⁴

(续表)

	0772 打喷嚏	0773 拿 用手把苹果~过来	0774 给 他~我一个苹果
魏县	打嚏喷 ta⁵⁵tʰi³¹²fən⁰	拿 na⁵³	给 kɛ³³
张北	打嚏喷 ta⁵⁵tʰi²³pʰəŋ⁴²	拿 na⁴² 荷 xə⁴²	给 kei⁵⁵
万全	打喷嚏 ta⁵⁵pʰəŋ⁴¹tʰi⁰	荷 xə⁴¹	给 kei⁵⁵
涿鹿	打嚏喷 ta⁴⁵tʰi³¹fəŋ⁰	拿 na⁴²	给 kei⁴⁵
平山	打嚏喷 ta⁵⁵tʰi⁵⁵fəŋ⁰	拿 na³¹	给 tɕi⁵⁵
鹿泉	打嚏喷 ta³⁵tʰi³¹fẽ⁰	拿 na⁵⁵	给 kei³⁵
赞皇	打嚏喷 ta⁴⁵tʰi³¹pʰən⁰	拿 na⁵⁴	给 kei⁴⁵
沙河	打嚏喷 tɔ³³tʰi²¹pʰən⁰	拿 nɔ⁵¹	给 kei³³
邯郸	打嚏喷 tɔ⁵⁵tʰi²¹vən⁰	拿 nɔ⁵³	给 kəi⁵⁵
涉县	打呵嚏 tɒ⁵³xɐʔ³²tʰiəʔ⁰	拿 nɒ⁴¹²	给 kəi⁵³

	0775 摸~头	0776 伸~手	0777 挠~痒痒
兴隆	摸 mo³⁵	伸 ʂən³⁵	挠 nɑu⁵⁵
北戴河	摸 mɤ⁴⁴	伸 ʃən⁴⁴	抓 kʰuai²¹⁴ 挠 nɑu³⁵
昌黎	摸 mɤ⁴²	伸 ʂən⁴²	挠 nɑu²⁴
乐亭	摸 mə³¹	伸 ʂən³¹	挠 nɑu²¹²
蔚县	摸 mʌɯ⁵³	伸 səŋ⁵³	挠 nʌɯ⁴¹
涞水	摸 mɑu³¹	伸 ʂən³¹	挠 nɑu⁴⁵
霸州	摸 mɑu⁴⁵	伸 ʂən⁴⁵	抓 kʰuai²¹⁴ 挠 nɑu⁵³
容城	摸 mo⁴³/mɑu⁴³	伸 ʂən⁴³	挠 nɑu³⁵
雄县	摸 mɑu⁴⁵/mo⁴⁵	伸 ʂən⁴⁵	挠 nɑu⁵³ 抓 tsua⁴⁵ 抓 kʰuai²¹⁴
安新	摸 mɑu⁴⁵	伸 ʂən⁴⁵	挠 nɑu³¹
满城	摸 mɑu⁴⁵	伸 ʂən⁴⁵	挠 nɑu²²
阜平	摸 mɔ²⁴	伸 ʂəŋ³¹	抓 tʂua³¹
定州	摸 mɑu³³	伸 ʂən³³	抓 tʂua³³
无极	摸 mɔ²¹³	伸 ʂen³¹	抓 tʂua³¹
辛集	摸 mɑu³³	舒⁼ ʂu³³	抓 tʂua³³
衡水	摸 mɑu²⁴	伸 sən²⁴	抓 kʰuai⁵⁵
故城	摸 mɔo²⁴ 呼⁼啦 xu⁵⁵la⁰	伸 ʂẽ²⁴	抓 kʰuæ⁵⁵ 挠 nɔo⁵³
巨鹿	捅 tʰoŋ³³	抻 tʂʰən³³	挖 ua³³
邢台	摸 mə³⁴ 呼⁼啦 xu⁵³la⁰ 摸⁼啦 mu³⁴la⁰	抻 tʂʰən³⁴	挖 va³⁴
馆陶	摸 mo²⁴	抻 tʂʰen²⁴	抓 kʰuai⁴⁴
沧县	摸 mɑu²³	伸 ʂən²³	抓 kʰuai⁵⁵
献县	摸 mɔ³³	伸 ʂən³³	挠 nɔ⁵³
平泉	摸 mo⁵⁵	伸 ʂən⁵⁵	挠 nɑu³⁵

（续表）

	0775 摸~头	0776 伸~手	0777 挠~痒痒
滦平	摸 mo⁵⁵	伸 ʂən⁵⁵	挠 nɑu³⁵
廊坊	摸 mɑu⁵⁵/ mɤ⁵⁵	伸 ʂən⁵⁵	挠 ŋɑu³⁵ 抠 kʰuai²¹⁴
魏县	摸 mə³³	抻 tʂʰən³³	挠 nɑu⁵³
张北	摸 mau⁴²	伸 səŋ⁴²	挠 nau⁴²
万全	抹一抹 mʌʔ²²iə⁰mʌʔ²²	擩 zu⁵⁵	找 tsɔ⁵⁵
涿鹿	摸 mʌʔ⁴³/ mɔ⁴²	伸 səŋ⁴⁴	挖 ua⁴⁴
平山	摸 mə²⁴	擩 zu⁵⁵	抓 tʂua³¹
鹿泉	摸 mʌ¹³	伸 ʂẽ⁵⁵	挖 ua⁵⁵
赞皇	摸 muə²⁴	伸 ʂən⁵⁴	抓 tʂua⁵⁴
沙河	摸 muo⁴¹	出 tʂʰuəʔ²	挠 nɑu⁵¹
邯郸	摸 mʌʔ⁴³	抻 tʂʰən³¹	挠 nɑu⁵³
涉县	摸 muə⁵³	出 tsʰu⁴¹	挠 nau⁴¹²

	0778 掐 用拇指和食指的指甲~皮肉	0779 拧 ~螺丝	0780 拧 ~毛巾
兴隆	掐 tɕʰia³⁵	拧 ȵiŋ²¹³	拧 ȵiŋ⁵⁵
北戴河	掐 tɕʰia⁴⁴	拧 ȵiŋ²¹⁴	拧 ȵiŋ²¹⁴
昌黎	掐 tɕʰia⁴²	拧 ȵiŋ²⁴	拧 ȵiŋ²⁴
乐亭	掐 tɕʰia³⁴	拧 niəŋ²¹²	拧 niəŋ²¹²
蔚县	掐 tɕʰia⁵³	拧 ȵiŋ⁴⁴	拧 ȵiŋ⁴⁴
涞水	掐 tɕʰia³¹	拧 ȵiŋ²⁴	拧 ȵiŋ²⁴
霸州	掐 tɕʰia⁴⁵	拧 ȵiŋ²¹⁴	拧 ȵiŋ²¹⁴
容城	掐 tɕʰia⁴³	拧 niŋ²¹³	拧 niŋ²¹³
雄县	掐 tɕʰia⁴⁵	拧 ȵiŋ²¹⁴	拧 ȵiŋ⁵³
安新	掐 tɕʰia²¹⁴	拧 ȵiŋ²¹⁴	拧 ȵiŋ²¹⁴
满城	掐 tɕʰia⁴⁵	拧 ȵiŋ²²	拧 ȵiŋ²¹³
阜平	掐 tɕʰia²⁴	拧 ȵiŋ²⁴	拧 ȵiŋ²⁴
定州	掐 tɕʰia³³	拧 ȵiŋ²⁴ 上 ʂaŋ⁵¹ 拧紧	拧 ȵiŋ²⁴
无极	掐 tɕʰiɑ²¹³	拧 ȵiŋ²¹³	拧 ȵiŋ²¹³
辛集	剋 kʰei³³	拧 ȵiŋ³²⁴	拧 ȵiŋ³²⁴
衡水	掐 tɕʰiɑ²⁴	拧 ȵiŋ⁵⁵	拧 ȵiŋ⁵⁵
故城	掐 tɕʰiɑ²⁴	拧 ȵiŋ⁵⁵ 上 ʂaŋ³¹ 拧紧 卸 ɕie³¹ 拧松	拧 ȵiŋ⁵³
巨鹿	掐 tɕʰia³³	拧 ȵiŋ⁵⁵	拧 ȵiŋ⁵⁵
邢台	掐 tɕʰia³⁴	拧 niŋ⁵³	拧 niŋ⁵³
馆陶	掐 tɕʰiɑ²⁴	拧 ȵiŋ⁵²	拧 ȵiŋ⁵²
沧县	掐 tɕʰiɑ²³	拧 ȵiŋ⁵³	拧 ȵiŋ⁵⁵
献县	掐 tɕʰia³³	拧 ȵiŋ²¹⁴	拧 ȵiŋ⁵³
平泉	掐 tɕʰia⁵⁵	拧 ȵiŋ²¹⁴/ ȵiŋ³⁵	拧 ȵiŋ²¹⁴/ ȵiŋ³⁵
滦平	掐 tɕʰia⁵⁵	拧 ȵiŋ³⁵/ ȵiŋ²¹⁴	拧 ȵiŋ³⁵/ ȵiŋ²¹⁴
廊坊	掐 tɕʰia⁵⁵	拧 ȵiŋ²¹⁴	拧 ȵiŋ³⁵
魏县	掐 tɕʰiə³³	拧 ȵiŋ⁵³	拧 ȵiŋ⁵³

（续表）

	0778 掐 用拇指和食指的指甲~皮肉	0779 拧 ~螺丝	0780 拧 ~毛巾
张北	掐 tɕʰiəʔ³²	拧 ȵiŋ⁴²	拧 ȵiŋ⁴²
万全	掐 tɕʰiʌʔ²²	拧 ȵiəŋ⁴¹	晾 lia²¹³
涿鹿	掐 tɕʰiʌʔ⁴³	拧 ȵiŋ⁴⁵	拧 ȵiŋ⁴²
平山	掐 tɕʰia²⁴	拧 ȵiŋ⁵⁵	拧 ȵiŋ³¹
鹿泉	掐 tɕʰiʌ¹³	拧 ȵiŋ³⁵	拧 ȵiŋ⁵⁵
赞皇	掐 tɕʰia²⁴	拧 ȵiŋ⁴⁵	拧 ȵiŋ⁵⁴
沙河	掐 tɕʰiəʔ²	拧 ȵiəŋ³³	拧 ȵiəŋ³³
邯郸	掐 tɕʰiʌʔ⁴³	拧 ȵiŋ⁵⁵	拧 ȵiŋ⁵³
涉县	掐 tɕʰiaʔ³²	拧 ȵiəŋ⁵³	拧 ȵiəŋ⁴¹²

	0781 捻 用拇指和食指来回~碎	0782 掰 把橘子~开，把馒头~开	0783 剥 ~花生
兴隆	捻 ȵian²¹³	掰 pai³⁵	剥 pɑu³⁵
北戴河	捻 ȵian²¹⁴	掰 pai⁴⁴	剥 pɑu⁴⁴
昌黎	扭捛 ⁼ȵi⁴³ɕin⁰ 搓 tsʰuo⁴² 捻 ȵian²¹³	掰 pai²⁴	剥 pɑu²¹³
乐亭	搓 tsʰuə³¹	掰 pai³⁴	剥 pɑu³⁴
蔚县	捻 ȵiã⁴¹	掰 pei⁵³	剥 pʌɯ⁵³
涞水	捻 ȵian²⁴	掰 pai³¹	剥 pɑu³¹
霸州	捻 ȵian²¹⁴	掰 pai⁴⁵	剥 pɑu⁴⁵
容城	捻 nian²¹³	掰 pai⁴³	剥 pɑu⁴³
雄县	捻 ȵiã²¹⁴	掰 pai⁴⁵	剥 pɑu⁴⁵
安新	捻 nian²¹⁴	掰 pai²¹⁴	剥 pɑu²¹⁴
满城	捻 ȵian²¹³	掰 pai⁴⁵	剥 pɑu⁴⁵
阜平	捻 ȵiæ̃⁵⁵	掰 pæ²⁴	剥 pɔ²⁴
定州	扭捛 ⁼ȵi³³sian⁰	掰 pai³³	剥 pɑu³³ 扒 pa³³
无极	捻 ȵiã³⁵	掰 pæ²¹³	剥 pɔ²¹³
辛集	扭捛 ⁼ȵi³³sian⁰	掰 pai³³	剥 pɑu³³
衡水	捻 ȵiɑn⁵⁵	掰 pai²⁴	剥 pɑu²⁴
故城	捻 ȵiæ̃⁵⁵	掰 pæ²⁴	剥 pɤ²⁴ 扒 pa²⁴
巨鹿	不拧 pu³³ȵiŋ⁰	掰 pai³³	剥 pɔ³³
邢台	不捻 pu³⁴nian⁵⁵	掰 pai³⁴	剥 pə³⁴
馆陶	圪捻 kɤ²⁴ȵiæn⁴⁴	掰 pai²⁴	剥 pɔ²⁴
沧县	捻 ȵian⁵⁵	掰 pai²³	剥 pɑu²³
献县	捻 ȵiæ̃²¹⁴	掰 pe³³	剥 pɔ³³
平泉	捻 nian²¹⁴	掰 pai⁵⁵	扒 pa⁵⁵ 剥 pɔ⁵⁵
滦平	捻 ȵian²¹⁴	掰 pai⁵⁵	扒 pa⁵⁵

（续表）

	0781 捻 用拇指和食指来回~碎	0782 掰 把橘子~开，把馒头~开	0783 剥 ~花生
廊坊	捻 ȵien²¹⁴	掰 pai⁵⁵	剥 pɑu⁵⁵
魏县	不捻 pɛ⁵³ȵian³¹²	掰 pɛ³³	剥 pə³³
张北	捻 ȵiæ̃⁵⁵	掰 piəʔ³²	剥 pəʔ³²
万全	捻 ȵian⁵⁵	掰 piʌʔ²²	剥 pʌʔ²²
涿鹿	捻 ȵiæ̃⁴²	掰 piʌʔ⁴³	剥 pʌʔ⁴³
平山	纥捻 kɤ²¹ȵiæ̃⁰	掰 pɛ²⁴	剥 pɔ²⁴
鹿泉	纥捻 kɤ²¹ȵiæ̃³⁵	掰 pɛ¹³	扒 pʌ¹³
赞皇	不捻 pu²⁴ȵiæ̃⁴⁵	掰 pɛ²⁴	剥 pɔ²⁴
沙河	捻 ȵiã³³	掰 piəʔ²	剥 pəʔ²
邯郸	捻 ȵiæ̃⁵⁵	掰 piʌʔ⁴³	剥 pʌʔ⁴³
涉县	突捻 tʰuəʔ⁵⁵ȵiæ̃⁰	掰 pɐʔ³²	抠 kʰou⁴¹

	0784 撕把纸~了	0785 折把树枝~断	0786 拔~萝卜
兴隆	撕 sʅ³⁵	折 tʂə⁵⁵ 撅 tɕyɛ³⁵	薅 xɑu³⁵ 拔 pa⁵⁵
北戴河	撕 ʃ⁴⁴	撅 tɕyɛ²¹⁴	拔 pa³⁵
昌黎	扯 tsʰɤ²¹³	撅 tɕyɛ²⁴	拔 pa²⁴
乐亭	撕 sʅ³¹	撅 tɕyɛ³⁴	拔 pa²¹²
蔚县	撕 sʅ⁵³ 扯 tsʰɤ⁴⁴	撅 tɕyə⁵³	拔 pa⁴¹
涞水	撕 sʅ³¹	撅 tɕyɛ³¹	拔 pa⁴⁵
霸州	撕 sʅ⁴⁵ 扯 tsʰɤ²¹⁴	撅 tɕyɛ⁴⁵	拔 pa⁵³
容城	撕 sʅ⁴³	撅 tɕyɛ⁴³	拔 pa³⁵
雄县	撕 sʅ⁴⁵ 扯 tsʰɤ²¹⁴	撅 tɕyɛ⁴⁵	拔 pa⁵³
安新	撕 sʅ⁴⁵	撅 tɕyɛ²¹⁴	拔 pa³¹
满城	撕 sʅ⁴⁵	撅 tɕyɛ²²	拔 pa²²
阜平	撕 sʅ³¹	撅 tɕʰyɛ²⁴	拔 pa²⁴
定州	撕 sʅ³³ 用力小 扯 tsʰɤ²⁴ 用力大	撅 tɕʰyɛ³³	拔 pa²⁴
无极	撕 sʅ³¹	撅 tɕyɛ³⁵	拔 pa²¹³
辛集	撕 sʅ³³	撅 tɕyɛ³³	拔 pa³⁵⁴
衡水	撕 sʅ²⁴	撅 tɕyɛ²⁴	拔 pa⁵³
故城	撕 sʅ²⁴	撅 tɕʰyɛ²⁴	拔 pa⁵³
巨鹿	撕 sʅ³³	撅 tɕyɛ³³	薅 xɑu³³
邢台	撕 sʅ³⁴	撅 tɕʰyɛ⁵³	拔 pa⁵³
馆陶	撕 sʅ²⁴	撅 tɕʰyE⁵²	拔 pa⁵²
沧县	撕 sʅ²³	撅 tɕyɛ²³	拔 pa⁵³
献县	撕 sʅ³³	撅 tɕyɛ³³	拔 pa⁵³
平泉	撕 sʅ⁵⁵	撅 tɕyɛ⁵⁵ 折 tʂə³⁵	薅 xɑu⁵⁵ 拔 pa³⁵

	0784 撕 把纸~了	0785 折 把树枝~断	0786 拔 ~萝卜
滦平	撕 sɿ⁵⁵	折 tʂə³⁵	拔 pa³⁵ 薅 xɑu⁵⁵
廊坊	撕 sɿ⁵⁵	撅 tɕyɛ⁵⁵	拔 pa³⁵
魏县	撕 sʅ³³	撅 tɕʰyɛ⁵⁵	拔 pa⁵³
张北	撕 sɿ⁴²	折 tsəʔ³²	拔 pa⁴²
万全	扯 tsʰə⁵⁵	掰断 piʌʔ²²tuan²¹³	拔 pa⁴¹ 挽 van⁵⁵
涿鹿	撕 sɿ⁴⁴	窝 ⁼uə⁴⁴ 撅 tɕʰyɛ⁴²	拔 pa⁴²
平山	捋 ⁼luə⁵⁵	折 ʂɤ³¹	拔 pa³¹
鹿泉	撕 sɿ⁵⁵ 捋 ⁼luo³⁵	折 ʂɤ⁵⁵	拔 pa⁵⁵
赞皇	撕 si⁵⁴	撅 tɕʰyɛ²⁴	薅 xɔ⁵⁴ 刨 pʰɔ⁵⁴
沙河	撕 sɿ⁴¹	撅 tɕʰyɛ³³	拔 pɔ⁵¹
邯郸	撕 sɿ³¹	撅 tɕʰyɛ⁵⁵	拔 pɔ⁵³
涉县	撕 sɿ⁴¹	撅 tɕʰyə⁵³	薅 xɑu⁴¹

	0787 摘~花	0788 站站立：~起来	0789 倚斜靠：~在墙上
兴隆	揪 tɕiou³⁵ 掐 tɕʰia³⁵ 摘 tʂai³⁵	站 tʂan⁵¹	靠 kʰɑu⁵¹ 倚 i²¹³
北戴河	摘 tʃai⁴⁴	站 tʃan⁵¹	靠 kʰɑu⁵¹
昌黎	摘 tsai²¹³	立 li⁴⁵³ 站 tsan⁴⁵³	靠 kʰɑu⁴⁵³
乐亭	摘 tʂai³⁴	站 tʂan⁵²	靠 kʰɑu⁵²
蔚县	摘 tsɛi⁵³	站 tsã³¹²	靠 kʰʌɯ³¹²① 顶 tiŋ⁴⁴② 倚 i⁴⁴③
涞水	摘 tʂai³¹	立 li³¹⁴	靠 kʰɑu³¹⁴
霸州	掐 tɕʰia⁴⁵	站 tsan⁴¹	倚 i²¹⁴ 靠 kʰɑu⁴¹
容城	掐 tɕʰia⁴³	站 tsan⁵¹³	靠 kʰɑu⁵¹³
雄县	摘 tsai⁴⁵	站 tʂãn⁴¹ 立 li⁴¹	倚 i²¹⁴ 靠 kʰɑu⁴¹
安新	摘 tsai²¹⁴	立 li⁵¹	靠 kʰɑu⁵¹
满城	揪 tɕiou⁴⁵ 摘 tʂai⁴⁵	站 tʂan⁵¹²	靠 kʰɑu⁵¹²
阜平	掐 tɕʰia²⁴	站 tʂæ̃⁵³	斜靠 ɕiɛ²⁴kʰɔ⁵³
定州	掐 tɕʰia³³	立 li⁵¹	靠 kʰɑu⁵¹
无极	摘 tʂæ²¹³	站 tʂãn⁵¹	靠 kʰɔ⁵¹
辛集	摘 tsai³³ ~瓜 掐 tɕʰia³³ ~花	立 li⁴¹	靠 kʰɑu⁴¹
衡水	摘 tsai²⁴	立 li³¹	倚 i⁵⁵
故城	摘 tsæ²⁴	站 tsæ̃³¹ 立 li³¹	倚 i⁵⁵ 靠 kʰɔo³¹
巨鹿	摘 tʂai³³	立 li²¹	靠 kʰɑu²¹
邢台	薅 xau³⁴ 采 tsʰai⁵⁵ 摘 tʂai³⁴	立 li³¹	靠 kʰɑu³¹

(续表)

	0787 摘~花	0788 站 站立：~起来	0789 倚 斜靠：~在墙上
馆陶	摘 tṣai²⁴ 拾 ʂʅ⁵²	站 tṣæn²¹³	倚 i⁴⁴
沧县	摘 tsai²³	站 tsan⁴¹	倚 i⁵⁵
献县	掐 tɕʰia³³	站 tṣæ³¹	倚 i²¹⁴
平泉	揪 tɕiou⁵⁵ 摘 tṣai⁵⁵	站 tṣan⁵¹	靠 kʰau⁵¹ 倚 i²¹⁴
滦平	掐 tɕʰia⁵⁵ 揪 tɕiou⁵⁵ 摘 tṣai⁵⁵	站 tṣan⁵¹	靠 kʰau⁵¹ 倚 i²¹⁴
廊坊	掐 tɕʰia⁵⁵	站 tṣan⁵¹	靠 kʰau⁵¹ 倚 i²¹⁴
魏县	摘 tṣɛ³³	站 tṣan³¹²	靠 kʰɑu³¹²
张北	摘 tsai⁴²	站 tsæ̃²¹³	靠 kʰɑu²¹³
万全	摘 tsai⁴²	站 tsan²¹³	仰 ȵia⁵⁵
涿鹿	摘 tsʌʔ⁴³	站 tsæ̃³¹	靠 kʰɔ³¹
平山	摘 tṣɛ²⁴	立 li²⁴	靠 kʰɔ⁴²
鹿泉	摘 tṣɛ¹³	立 li³¹²	靠 kʰɔ³¹²
赞皇	摘 tṣɛ²⁴	立 li³¹²	靠 kʰɔ³¹²
沙河	拽 tṣuai²¹	站 tṣã²¹	靠 kʰau²¹
邯郸	摘 tṣʌʔ⁴³	站 tṣæ̃²¹³ 立 lieʔ⁴³	靠 kʰau²¹³
涉县	薅 xau⁴¹ 撅 tɕʰyə⁵³ 揪 tɕiou⁴¹	站 tsæ̃⁵⁵	靠 kʰau⁵⁵

① 主体为人。
② 主体为物。
③ 主体为物，旧。

	0790 蹲~下	0791 坐~下	0792 跳青蛙~起来
兴隆	蹲 tuən³⁵	坐 tsuo⁵¹	跳 tʰiɑu⁵¹ 蹦 pəŋ⁵¹
北戴河	蹲 tuən⁴⁴	坐 tʃuo⁵¹	蹦 pəŋ⁵¹
昌黎	蹲 tuən⁴²	坐 tsuo²⁴	跳 tʰiɑu⁴⁵³
乐亭	蹲 tuən³¹	坐 tsuə⁵²	跳 tʰiɑu⁵²
蔚县	圪蹴 kɤ⁵³tɕieu⁰ 蹲 tuŋ⁵³	坐 tsuɤ³¹²	跳 tʰiʌɯ³¹²
涞水	蹲 tuən³¹	坐 tsuo³¹⁴	蹦 pəŋ³¹⁴
霸州	蹲 tuən⁴⁵	坐 tsuo⁴¹	跳 tʰiɑu⁴¹ 蹦 pəŋ⁴¹
容城	蹲 tuən⁴³	坐 tsuo⁵¹³	跳 tʰiɑu⁵¹³
雄县	蹲 tuən⁴⁵	坐 tsuo⁴¹	跳 tʰiɑu⁴¹ 蹦 pəŋ⁴¹
安新	跍哒 ku⁴⁵ta⁰	坐 tsuo⁵¹	蹦 pəŋ⁵¹
满城	跍墩 ku⁴⁵ti⁰	坐 tsuo⁵¹²	蹦 pəŋ⁵¹²
阜平	圪蹴 kɤ³¹tɕiou⁰	坐 tsuɤ⁵³	蹦 pəŋ⁵³
定州	跍蹲 ku³³tei⁰	坐 tsuo⁵¹	蹦 pəŋ⁵¹
无极	跍丢 ˭ku³¹tiəu⁰	坐 tsuɤ⁴⁵¹	蹦 pəŋ⁵¹
辛集	跍丢 ˭ku³⁵⁴tiou³³	坐 tsuə⁴¹	蹦 pəŋ⁴¹
衡水	蹲 tun²⁴	坐 tsuo³¹	蹦 pəŋ³¹
故城	跍蹲下 ku²¹tuẽ⁰ɕia³¹	坐 tsuɤ³¹	蹦 pəŋ³¹ 跳 tʰiɔo³¹
巨鹿	圪蹴 kɤ³³tɕiou²¹	坐 tsuo²¹	蹦 pəŋ²¹
邢台	圪蹴 kə³⁴tsiou³¹ 跍蹲 ku³³tsuei³¹	坐 tsuo³¹	蹦 pəŋ³¹ 跳 tʰiau³¹
馆陶	跍蹲 ku²²tei⁰/ku²²tuei⁰	坐 tsuo²¹³	跳 tʰiɑo²¹³ 蹦 pəŋ²¹³
沧县	蹲 tuən²³	坐 tsuo⁴¹	跳 tʰiɑu⁴¹
献县	蹲 tuən³³	坐 tsuo³¹	蹦 pəŋ³¹

（续表）

	0790 蹲~下	0791 坐~下	0792 跳 青蛙~起来
平泉	蹲 tuən⁵⁵	坐 tsuo⁵¹	蹦 pəŋ⁵¹ 跳 tʰiau⁵¹
滦平	蹲 tuən⁵⁵	坐 tsuo⁵¹	蹦 pəŋ⁵¹ 跳 tʰiau⁵¹
廊坊	蹲 tuən⁵⁵	坐 tsuo⁵¹	跳 tʰiau⁵¹ 蹦 pəŋ⁵¹
魏县	圪蹴 kɛ³³tɕiəu⁰	坐 tʂuə³¹²	蹦 pəŋ³¹²
张北	圪蹴 kəʔ³tɕiəu⁴² 蹲 tuŋ⁴²	坐 tsuə²¹³	跳 tʰiau²¹³
万全	圪蹴 kə⁴¹tɕiou⁰	坐 tsuə²¹³	跳 tʰiɔ²¹³
涿鹿	圪蹴 kʌʔ⁴³tɕiəu⁰	坐 tsuə³¹	跳 tʰiɔ³¹
平山	圪蹲 ku³¹tæi³¹	坐 tsuə⁴²	蹦 pəŋ⁴²
鹿泉	圪蹲 kɤ¹³tuei⁵⁵	坐 tsuo³¹²	跳 tʰiɔ³¹²
赞皇	圪蹲 ku⁵⁴tuei⁰	坐 tsuə³¹²	跳 tʰiɔ³¹²
沙河	圪蹴 kəʔ²tsiəu²¹	坐 tsuo²¹	蹦 pəŋ²¹
邯郸	圪蹴 kəʔ²tsiəu⁰ 跍蹲 kuəʔ²tsuəi⁰	坐 tsuə²¹³	蹦 pəŋ²¹³
涉县	圪蹴 kəʔ³²tɕiou⁰	坐 tsuə⁵⁵	蹦 pəŋ⁵⁵ 跳 tʰiau⁵⁵

	0793 迈 跨过高物：从门槛上~过去	0794 踩 ~脚；在牛粪上	0795 翘 ~腿
兴隆	迈 mai⁵¹ 跨 kʰua⁵¹	踩 tsʰai²¹³	翘 tɕʰiɑu⁵¹
北戴河	迈 mai⁵¹	踩 tʃʰai²¹⁴	翘 tɕʰiɑu⁵¹
昌黎	迈 mai⁴⁵³	踩 tsʰai²¹³	翘 tɕʰiɑu⁴⁵³
乐亭	迈 mai⁵²	踩 tʂʰai⁵²	翘 tɕʰiɑu⁵²
蔚县	迈 mei³¹²	踩 tsʰɛi⁴⁴	抬 tʰei⁴¹
涞水	迈 mai³¹⁴	踩 tsʰai²⁴	翘 tɕʰiɑu³¹⁴
霸州	迈 mai⁴¹	踩 tsʰai²¹⁴	翘 tɕʰiɑu⁴¹
容城	迈 mai⁵¹³	踩 tsʰai²¹³	翘 tɕʰiɑu⁵¹³
雄县	迈 mai⁴¹	踩 tsʰai²¹⁴	翘 tɕʰiɑu⁴¹
安新	迈 mai⁵¹	踹 tʂʰuai⁵¹	翘 tɕʰiɑu⁵¹
满城	迈 mai⁵¹²	踩 tsʰai²¹³	翘 tɕʰiɑu⁴⁵
阜平	迈 mæ⁵³	踩 tsʰæ⁵⁵	翘 tɕʰiɔ⁵³
定州	迈 mai⁵¹	扁 ⁼pian²⁴ 踩 tsʰai²⁴	跷 tɕʰiɑu³³ 抬 tʰai²¹³
无极	迈 mæ⁴⁵¹	踩 tʂʰuæ³⁵	翘 tɕʰiɔ³¹
辛集	迈 mai⁴¹	扁 ⁼pian³²⁴	翘 tɕʰiɑu³³
衡水	迈 mɑi³¹	扁 ⁼piɑn⁵⁵	翘 tɕʰiɑu²⁴
故城	迈 mæ³¹	扁 ⁼piæ⁵⁵ 踩 tsʰæ⁵⁵	翘 tɕʰiɔ³¹
巨鹿	迈 mai²¹	踩 tʂʰai⁵⁵	翘 tɕʰiɑu²¹
邢台	迈 mai³¹	踩 tsʰai⁵⁵	翘 tɕʰiɑu³¹
馆陶	蹅 tʂʰa⁴⁴ 跨 kʰua²¹³	蹅 tʂʰa⁴⁴ 踩 tsʰa⁴⁴	翘 tɕʰiao²¹³
沧县	迈 mai⁴¹	踩 tsʰai⁵⁵	翘 tɕʰiɑu⁴¹
献县	迈 mɛ³¹	踩 tsʰɛ²¹⁴	翘 tɕʰiɔ³¹
平泉	迈 mai⁵¹	踩 tsʰai²¹⁴	翘 tɕʰiɑu⁵¹
滦平	迈 mai⁵¹	踩 tsʰai²¹⁴	翘 tɕʰiɑu⁵¹
廊坊	迈 mai⁵¹	踩 tsʰai²¹⁴	翘 tɕʰiɑu⁵¹

（续表）

	0793 迈 跨过高物：从门槛上~过去	0794 踩 脚~在牛粪上	0795 翘 ~腿
魏县	踏 tṣʰa⁵⁵	踏 tṣa³³	翘 tɕʰiau³¹²
张北	迈 mai²¹³	踩 tsʰai⁵⁵	翘 tɕʰiau²¹³
万全	探 tʰan²¹³	踩 tsʰɛi⁵⁵	抬 tʰɛi⁴¹
涿鹿	迈 mɛ³¹	踩 tsʰɛ⁴⁵	翘 tɕʰiɔ³¹
平山	迈 mɛ²⁴	踩 tsʰɛ⁵⁵	翘 tɕʰiə⁴²
鹿泉	迈 mɛ³¹²	踩 tsʰɛ³⁵	翘 tɕʰiɔ³¹²
赞皇	迈 mɛ³¹²	踏 tṣa⁵⁴	翘 tɕʰiɔ³¹²
沙河	跨 kʰuɔ²¹	踩 tṣʰai³³	翘 tɕʰiau²¹
邯郸	踏 tṣʰɔ⁵⁵ 迈 mæ²¹³	踩 tṣʰai⁵⁵ 踏 tṣɔ³¹	翘 tɕʰiɑu³¹
涉县	踏 tsʰɒ⁵³	踏 tsɒ⁴¹	翘 tɕʰiau⁵⁵

	0796 弯~腰	0797 挺~胸	0798 趴~着睡
兴隆	弯 uan³⁵	挺 tʰiŋ²¹³	趴 pʰa³⁵
北戴河	猫 mau³⁵	挺 tʰiŋ²¹⁴	趴 pʰa⁴⁴
昌黎	弯 uan⁴²	挺 tʰiŋ²¹³	趴 pʰa⁴²
乐亭	猫 mau²¹²	挺 tʰiən³⁴	趴 pʰa³¹
蔚县	弯 vã⁵³	挺 tʰiŋ⁴⁴	趴 pʰɑ⁵³
涞水	猫 mau³¹	挺 tʰiŋ²⁴	趴 pʰa³¹
霸州	猫 mau⁵³	挺 tʰiŋ²¹⁴	趴 pʰa⁴⁵
容城	猫 mau³⁵	挺 tʰiŋ²¹³	趴 pʰa⁴³
雄县	猫 mau⁵³ 弯 uãn⁴⁵	挺 tʰiŋ²¹⁴	趴 pʰa⁴⁵
安新	猫 mau³¹	挺 tʰiŋ²¹⁴	趴 pʰa⁴⁵
满城	麻⁼腰儿 ma²²iau⁴⁵ər⁰	挺 tʰiŋ²¹³	趴 pʰa⁴⁵
阜平	弯 uæ̃³¹	挺 tʰiŋ⁵⁵	趴 pʰa²⁴
定州	麻⁼ma²⁴	挺 tʰiŋ²⁴	趴 pʰa³³
无极	弯 uãn³¹	挺 tʰiŋ³⁵	趴 pʰa²¹³
辛集	猫 mau³⁵⁴	挺 tʰiŋ³²⁴	趴 pʰɑ³³
衡水	弯 vɑn²⁴	挺 tʰiŋ⁵⁵	趴 pʰɑ²⁴
故城	弯 væ̃²⁴ 弓 kuŋ³¹ 哈 xa²⁴	挺 tʰiŋ⁵⁵	趴 pʰa²⁴
巨鹿	弯 uan³³	挺 tʰiŋ⁵⁵	趴 pʰa³³
邢台	弯 van³⁴ 猫 mau³⁴	挺 tʰiŋ⁵⁵	趴 pʰa⁵³
馆陶	罗锅 luo⁵²kuo⁰ ~一下腰	挺 tʰiŋ⁴⁴	趴 pʰa²⁴
沧县	锅 kuo²³	挺 tʰiŋ⁵⁵	趴 pʰɑ²³
献县	猫 mɔ³³	挺 tʰiŋ²¹⁴	趴 pʰa³³
平泉	弯 uan⁵⁵	挺 tʰiŋ²¹⁴	趴 pʰa⁵⁵
滦平	弯 uan⁵⁵	挺 tʰiŋ²¹⁴	趴 pʰa⁵⁵

(续表)

	0796 弯~腰	0797 挺~胸	0798 趴~着睡
廊坊	弯 uan⁵⁵ 猫 mɤ³⁵	挺 tʰiŋ²¹⁴	趴 pʰa⁵⁵
魏县	弯 uan³³	挺 tʰiŋ⁵⁵	趴 pʰa³³
张北	弯 væ̃⁴²	挺 tʰiŋ⁵⁵	趴 pʰa⁴²
万全	弯 van⁴¹	挺 tʰiəŋ⁵⁵	趴 pʰa⁴¹
涿鹿	弯 uæ̃⁴⁴	挺 tʰiŋ⁴⁵	趴 pʰa⁴²
平山	弯 uæ̃³¹	挺 tʰiŋ⁵⁵	趴 pʰa³¹
鹿泉	弯 uæ̃⁵⁵	挺 tʰiŋ³⁵	趴 pʰa⁵⁵
赞皇	猫 mɔ⁵⁴	挺 tʰiŋ⁴⁵	趴 pʰa⁵⁴
沙河	锅 kuo⁴¹	挺 tʰiəŋ³³	趴 pʰɔ⁴¹
邯郸	弯 væ̃³¹	挺 tʰiŋ⁵⁵	趴 pʰɔ⁵³
涉县	下 ɕiŋ⁵⁵	且 ⁼tɕʰiə⁵³	趴 pʰɒ⁴¹²

	0799 爬小孩在地上~	0800 走慢慢儿~	0801 跑慢慢儿走，别~
兴隆	爬 pʰa⁵⁵	溜达 liou³⁵ta⁰ 走 tsou²¹³	跑 pʰɑu²¹³
北戴河	爬 pʰa³⁵	走 tʃou²¹⁴	跑 pʰɑu²¹⁴
昌黎	爬 pʰa²⁴	走 tʂou²¹³	跑 pʰɑu²¹³
乐亭	爬 pʰa²¹²	走 tsou³⁴	跑 pʰɑu³⁴
蔚县	爬 pʰa⁴¹	走 tsəu⁴⁴	跑 pʰʌɯ⁴⁴
涞水	爬 pʰa⁴⁵	走 tsou²⁴	跑 pʰɑu²⁴
霸州	爬 pʰa⁵³	走 tsou²¹⁴	跑 pʰɑu²¹⁴
容城	爬 pʰa³⁵	走 tsou²¹³	跑 pʰɑu²¹³
雄县	爬 pʰa⁵³	走 tsou²¹⁴	跑 pʰɑu²¹⁴
安新	爬 pʰa³¹	走 tsou²¹⁴	跑 pʰɑu²¹⁴
满城	爬 pʰa²²	走 tsou²¹³	跑 pʰɑu²¹³
阜平	爬 pʰa²⁴	走 tsou⁵⁵	跑 pʰɔ⁵⁵
定州	爬 pʰa²¹³	走 tsou⁵⁵	跑 pʰɑu²⁴
无极	爬 pʰɑ²¹³	走 tsəu³⁵	跑 pʰɔ³⁵
辛集	爬 pʰa³⁵⁴	走 tsou³²⁴	跑 pʰɑu³²⁴
衡水	爬 pʰa⁵³	走 tsəu⁵⁵	跑 pʰɑu⁵⁵
故城	爬 pʰa⁵³	走 tsou⁵⁵ 溜达 liou²¹ta⁰	跑 pʰɔo⁵⁵
巨鹿	爬 pʰa⁴¹	走 tsou⁵⁵	跑 pʰɑu⁵⁵
邢台	爬 pʰa⁵³	走 tsou⁵⁵	跑 pʰɑu⁵⁵
馆陶	爬 pʰa⁵²	走 tsəu⁴⁴	跑 pʰao⁴⁴
沧县	爬 pʰa⁵³	走 tsou⁵⁵	跑 pʰɑu⁵⁵
献县	爬 pʰa⁵³	走 tsou²¹⁴	跑 pʰɔ²¹⁴
平泉	爬 pʰa³⁵	走 tsou²¹⁴	跑 pʰɑu²¹⁴
滦平	爬 pʰa³⁵	走 tsou²¹⁴	跑 pʰɑu²¹⁴
廊坊	爬 pʰa³⁵	走 tsou²¹⁴	跑 pʰɑu²¹⁴
魏县	爬 pʰa⁵³	走 tʂəu⁵⁵	跑 pʰɑu⁵⁵

（续表）

	0799 爬 小孩在地上~	0800 走 慢慢儿~	0801 跑 慢慢儿走，别~
张北	爬 pʰa⁴²	走 tsəu⁵⁵	跑 pʰau⁵⁵
万全	爬 pʰa⁴¹	走 tsou⁵⁵	跑 pʰɔ⁵⁵
涿鹿	爬 pʰa⁴²	走 tsəu⁴⁵	跑 pʰɔ⁴⁵
平山	爬 pʰa³¹	走 tsɐu⁵⁵	跑 pʰɔ⁵⁵
鹿泉	爬 pʰa⁵⁵	走 tsou³⁵	跑 pʰɔ³⁵
赞皇	爬 pʰa⁵⁴	走 tsəu⁴⁵	跑 pʰɔ⁴⁵
沙河	爬 pʰɔ⁵¹	走 tsəu³³	跑 pʰau³³
邯郸	爬 pʰɔ⁵³	走 tsəu⁵⁵	跑 pʰɑu⁵⁵
涉县	爬 pʰɒ⁴¹²	走 tsou⁵³	跑 pʰau⁵³

	0802 逃 逃跑：小偷~走了	0803 追 追赶：~小偷	0804 抓 ~小偷
兴隆	逃 tʰɑu⁵⁵	追 tʂuei³⁵	抓 tʂuɑ³⁵
北戴河	逃 tʰɑu³⁵	追 tʃuei⁴⁴	逮 tai²¹⁴ 抓 tʃuɑ⁴⁴
昌黎	逃 tʰɑu²¹³	追 tʂuei⁴²	逮 tei²⁴ 抓 tsuɑ⁴²
乐亭	跑 pʰɑu³⁴	追 tʂuei³¹	抓 tʂuɑ³¹
蔚县	逃 tʰʌɯ⁴¹ 溜个 liəu⁵³kɤ⁰	撵 ȵiã⁴⁴ 追 tsuei⁵³	抓 tsuɑ⁵³ 逮 tɛi⁴⁴
涞水	跑 pʰɑu²⁴	追 tʂuei³¹	逮 tei²⁴
霸州	偷着跑 tʰou²¹tʂɤ⁰pʰɑu²¹⁴	追 tʂuei⁴⁵	抓 tʂuɑ⁴⁵
容城	逃 tʰɑu³⁵	赶 kan²¹³	抓 tʂuɑ⁴³
雄县	溜 liou⁴⁵	追 tʂuei⁴⁵	抓 tʂuɑ⁴⁵
安新	跑 pʰɑu²¹⁴	追 tʂuei⁴⁵	逮 tai²¹⁴
满城	跑 pʰɑu²¹³	追 tʂuei⁴⁵	逮 tei²¹³
阜平	跑 pʰɔ⁵⁵	追 tʂuei³¹	抓 tʂuɑ³¹
定州	跑 pʰɑu²⁴	追 tʂuei³³	逮 tai²⁴
无极	跑 pʰɔ³⁵	追 tʂuəi³¹	抓 tʂuɑ³¹
辛集	逃 tʰɑu³⁵⁴	追 tʂuei³³	逮 tai³²⁴
衡水	跑 pʰɑu⁵⁵	撵 ȵian⁵⁵	逮 tɑi⁵⁵
故城	跑 pʰɔo⁵⁵	撵 ȵiæ̃⁵⁵ 追 tsuei²⁴	逮 tæ⁵⁵ 抓 tsuɑ²⁴
巨鹿	跑 pʰɑu⁵⁵	撵 ȵian⁵⁵	扭 ȵiou³³
邢台	逃 tʰau⁵³ 逃跑 tʰau⁵³pʰau⁵⁵	追 tʂuei³⁴ 撵 nian⁵⁵	抓 tʂuɑ³⁴ 逮 tai⁵⁵
馆陶	跑 pʰao⁴⁴	撵 ȵiæn⁴⁴	逮 tai⁴⁴ 抓 tʂuɑ²⁴
沧县	逃 tʰɑu⁵³	追 tsuei²³	逮 tai⁵⁵
献县	跑 pʰɔ²¹⁴	追 tʂuei³³	抓 tʂuɑ³³
平泉	逃 tʰɑu³⁵	追 tʂuei⁵⁵	逮 tai²¹⁴ 抓 tʂuɑ⁵⁵

（续表）

	0802 逃 逃跑：小偷~走了	0803 追 追赶：~小偷	0804 抓 ~小偷
滦平	逃 tʰɑu³⁵	追 tʂuei⁵⁵	抓 tʂuɑ⁵⁵
廊坊	#3zɑu⁵⁵ 跑 pʰɑu²¹⁴	追 tʂuei⁵⁵	抓 tʂuɑ⁵⁵ 叼 ⁼tɑu⁵⁵ 逮 tei⁵⁵
魏县	逃跑 tʰɑu⁵³pʰɑu⁵⁵	撵 ȵian⁵⁵ 追 tʂuəi³³	咳 ⁼kʰɛ⁵³ 逮 tai⁵⁵ 抓 tʂuɑ³³
张北	逃 tʰau⁴²	撵 ȵiæ̃⁵⁵ 断 tuæ̃²¹³	捉 tʂuɑʔ³² 抓 tʂua⁴²
万全	逃 tʰɔ⁴¹	撵 ȵian⁵⁵	逮 tei⁵⁵
涿鹿	跑 pʰɔ⁴⁵	追 tsuei⁴⁴ 撵 ȵiæ̃⁴⁵	逮 tɛ⁴⁵ 抓 tsua⁴⁴
平山	偷跑 tʰɐu⁵³pʰɔ⁵⁵	撵 ȵiæ̃⁵⁵	捉 tʂɔ²⁴
鹿泉	逃跑 tʰɔ⁵⁵pʰɔ³⁵ 偷跑 tʰou⁵⁵pʰɔ³⁵	追 tʂuei⁵⁵ 撵 ȵiæ̃³⁵	抓 tʂua⁵⁵
赞皇	跑 pʰɔ⁴⁵	撵 ȵiæ̃⁴⁵	捉 tʂuə²⁴ 抓 tʂua⁵⁴
沙河	跑 pʰau³³	撵 ȵiã³³	逮 tai³³
邯郸	逃跑 tʰɑu⁵³pʰɑu⁰	撵 ȵiæ̃⁵⁵ 追 tʂuəi³¹	捉 tʂuʌʔ⁴³ 逮 tai⁵⁵
涉县	跑 pʰau⁵³	撵 ȵiæ̃⁵³	逮 tai⁵³ 抓 tsuɒ⁴¹ 捉 tsuɐʔ³²

	0805 抱~把小孩~在怀里	0806 背~孩子	0807 搀~老人
兴隆	抱 pɑu⁵¹	背 pei³⁵	搀 tʂʰan³⁵
北戴河	抱 pɑu⁵¹	背 pei⁴⁴	搀 tʃʰan⁴⁴
昌黎	抱 pɑu²⁴	背 pei⁴²	搀 tʂʰan⁴²
乐亭	抱 pɑu⁵²	背 pei³¹	搀 tʂʰan³¹
蔚县	抱 pʌɯ³¹²	背 pei⁵³	搀 tsʰã⁵³
涞水	抱 pɑu³¹⁴	背 pei³¹	搀 tʂʰan³¹
霸州	抱 pɑu⁴¹	背 pei⁴⁵	搀 tʂʰan⁴⁵
容城	抱 pɑu⁵¹³	背 pei⁴³	搀 tʂʰan⁴³
雄县	抱 pɑu⁴¹	背 pei⁴⁵	搀 tsʰãn⁴⁵
安新	抱 pɑu⁵¹	背 pei⁴⁵	搀 tsʰan⁴⁵
满城	抱 pɑu⁵¹²	背 pei⁴⁵	搀 tʂʰan⁴⁵ 扶 fu²²
阜平	抱 pɔ⁵³	背 pei³¹	搀 tʂʰæ³¹
定州	抱 pɑu³¹	背 pei³³	搀 tʂʰan³³ 扶 fu²⁴
无极	抱 pɔ⁴⁵¹	背 pəi³¹	扶 fu²¹³
辛集	携 ɕie³⁵⁴	背 pei³³	扶 fu³⁵⁴ 架 tɕiɑ⁴¹
衡水	揽 lan⁵⁵	背 pei³¹	架 tɕiɑ³¹
故城	揽 læ⁵⁵ 抱 pɔo³¹	背 pei³¹	搀 tʂʰæ²⁴ 扶 fu⁵³
巨鹿	捕 pu³³	背 pei³³	扶 fu⁴¹
邢台	抱 pu³⁴	背 pei³⁴	扶 fu⁵³
馆陶	抱 pɑo²¹³	背 pei²⁴	扶 fu⁵²
沧县	抱 pɑu⁴¹	背 pei²³	搀 tsʰan²³
献县	抱 pɔ³¹	背 pei³³	扶 fu⁵³
平泉	抱 pɑu⁵¹	背 pei⁵⁵	搀 tʂʰan⁵⁵
滦平	抱 pɑu⁵¹	背 pei⁵⁵	搀 tʂʰan⁵⁵

（续表）

	0805 抱~把小孩~在怀里	0806 背~孩子	0807 搀~老人
廊坊	抱 pɑu⁵¹	背 pei⁵⁵	扶 fu³⁵ 搀 tʂhan⁵⁵
魏县	抱 pu³³	背 pəi³³	扶 fu⁵³
张北	抱 pau²¹³	背 pei⁴²	搀 tshæ̃⁴²
万全	牵 tɕhian⁴¹	背 pei⁴¹	扶 fu⁴¹
涿鹿	抱 pɔ³¹	背 pei⁴⁴	搀 tshæ̃⁴²
平山	抱 pu⁴² 掐 ⁼tɕhia³¹	背 pæi³¹	搀 tshæ̃³¹
鹿泉	抱 pu⁵⁵/pɔ³¹²	背 pei⁵⁵	搀 tshæ̃⁵⁵
赞皇	抱 pu⁵⁴ 揽 læ⁴⁵	背 pei⁵⁴	扶 fu⁵⁴ 搀 tshæ̃⁵⁴
沙河	抱 pu⁴¹	背 pei⁴¹	架 tɕiɔ²¹
邯郸	抱 pu³¹	背 pəi³¹	搀 tshæ̃³¹
涉县	抱 pu⁵⁵	背 pəi⁴¹	搀 tshæ̃⁴¹ 架 tɕiɒ⁵⁵

	0808 推 几个人一起~汽车	0809 摔 跌；小孩~倒了	0810 撞 人~到电线杆上
兴隆	推 tʰuei³⁵	跌 tie³⁵ 摔 ʂuai³⁵	撞 tʂʰuaŋ⁵¹/ tʂuaŋ⁵¹
北戴河	推 tʰuei⁴⁴	摔 ʃuai⁴⁴	撞 tʃʰuaŋ⁵¹
昌黎	推 tʰuei⁴²	摔 tsuai⁴²	撞 tsʰuaŋ⁴⁵³
乐亭	推 tʰuei³¹	摔 ʂuai³¹	撞 tʂʰuaŋ⁵²
蔚县	推 tʰuei⁵³	摔 suei⁵³	撞 tsʰɔ³¹²/ tsɔ³¹²
涞水	推 tʰuei³¹	摔 ʂuai³¹	撞 tʂʰuaŋ³¹⁴
霸州	推 tʰuei⁴⁵	摔 ʂuai⁴⁵	撞 tʂʰuaŋ⁴¹/ tʂuaŋ⁴¹
容城	推 tʰuei⁴³	摔 ʂuai⁴³	撞 tʂuaŋ⁵¹³
雄县	推 tʰuei⁴⁵	摔 suai⁴⁵	撞 tsʰuaŋ⁴¹/ tsuaŋ⁴¹
安新	推 tʰuei⁴⁵	跌 tie²¹⁴	撞 tʂuaŋ⁵¹
满城	推 tʰei⁴⁵	栽 tsai⁴⁵	撞 tʂuaŋ⁵¹²
阜平	推 tʰei³¹	摔 ʂuæ²⁴	撞 tʂʰuaŋ⁵³/ tʂuaŋ⁵³
定州	推 tʰei³³	摔 ʂuai³³	撞 tʂʰuaŋ⁵¹
无极	推 tʰəi³¹	摔 ʂuæ²¹³	撞 tʂʰuaŋ⁵¹
辛集	推 tʰei³³	摔 ʂuai³³	撞 tʂuaŋ⁴¹ 碰 pʰəŋ⁴¹
衡水	推 tʰuei²⁴	摔 suɑi²⁴	撞 tʂuaŋ³¹
故城	推 tʰuei²⁴	摔 suæ²⁴ 磕 kʰɤ²⁴	撞 tsuaŋ³¹ 碰 pʰəŋ³¹
巨鹿	推 tʰuei³³	摔 ʂuai³³	撞 tʂʰuã²¹
邢台	推 tʰuei³⁴	绊 pan³¹	撞 tʂʰuaŋ³¹/ tʂuaŋ³¹
馆陶	推 tʰei²⁴	摔 ʂuai²⁴	撞 tʂʰuaŋ²¹³
沧县	推 tʰuei²³	跌 tie²³	撞 tsʰuaŋ⁴¹
献县	推 tʰuei³³	摔 ʂue³³	撞 tʂʰuã³¹
平泉	推 tʰuei⁵⁵	拽 tʂuai⁵⁵ 摔 ʂuai⁵⁵	撞 tʂʰuaŋ⁵¹/ tʂuaŋ⁵¹
滦平	推 tʰuei⁵⁵	跌 tie³⁵ 摔 ʂuai⁵⁵	撞 tʂʰuaŋ⁵¹/ tʂuaŋ⁵¹

(续表)

	0808 推 几个人一起~汽车	0809 摔 跌：小孩~倒了	0810 撞 人~到电线杆上
廊坊	推 tʰuei⁵⁵	摔 ʂuai⁵⁵	撞 tʂuaŋ⁵¹/ tʂʰuaŋ⁵¹
魏县	推 tʰuəi³³	栽 tsai³³	撞 tʂʰuɑŋ³¹²
张北	推 tʰuei⁴²	摔 suai⁴² 跌 tiəʔ³²	碰 pʰəŋ²¹³ 撞 tsuɔ̃⁵⁵
万全	揎 ɕyan⁴¹	跌 tiʌʔ²²	碰 pʰəŋ²¹³
涿鹿	推 tʰuei⁴⁴	跌 tiʌʔ⁴³	撞 tsuã³¹ 碰 pʰəŋ³¹
平山	#lxɑŋ⁵⁵ 推 tʰæi³¹	摔 ʂuɛ²⁴	撞 tʂʰuaŋ⁴²
鹿泉	推 tʰei⁵⁵	摔 ʂuɛ³⁵	撞 tʂʰuaŋ³¹²
赞皇	推 tʰuei⁵⁴	跌 tie²⁴	撞 tʂuaŋ³¹²/ tʂʰuaŋ³¹²
沙河	推 tʰuei⁴¹	板 ⁼pã³³ 跌 tiəʔ²	撞 tʂʰuaŋ²¹
邯郸	推 tʰuəi³¹	跌 tiʌʔ⁴³	撞 tʂʰuaŋ²¹³
涉县	推 tʰuəi⁴¹	跌 tiɐʔ³²	撞 tsʰuã⁵⁵

	0811 挡 你~住我了，我看不见	0812 躲 躲藏：他~在床底下	0813 藏 藏放，收藏；钱~在枕头下面
兴隆	挡 taŋ²¹³	藏 tsʰaŋ⁵⁵ 躲 tuo²¹³	藏 tsʰaŋ⁵⁵
北戴河	挡 taŋ²¹⁴	猫 mau⁴⁴ 躲 tuo²¹⁴	拾 tʰai³⁵
昌黎	挡 taŋ²¹³	躲 tuo²¹³	藏 tsʰaŋ²⁴
乐亭	挡 taŋ³⁴	猫 mau³¹	拾 tʰai²¹²
蔚县	挡 tɔ⁴⁴	藏 tsʰɔ⁴¹ 躲 tuɤ⁴⁴	藏 tsʰɔ⁴¹ 拾 tʰei⁴¹
涞水	挡 taŋ²⁴	藏 tsʰaŋ⁴⁵	藏 tsʰaŋ⁴⁵
霸州	挡 taŋ²¹⁴	藏 tsʰaŋ⁵³	藏 tsʰaŋ⁵³
容城	挡 taŋ²¹³	躲 tuo²¹³ 藏 tsʰaŋ³⁵	拾 tʰai³⁵
雄县	挡 taŋ²¹⁴	藏 tsʰaŋ⁵³	藏 tsʰaŋ⁵³
安新	挡 taŋ²¹⁴	藏 tsʰaŋ³¹	藏 tsʰaŋ³¹
满城	挡 taŋ²¹³	躲 tuo²¹³ 藏 tsʰaŋ²²	藏 tsʰaŋ²² 拾 tʰai²²
阜平	挡 taŋ⁵⁵	躲 tuɤ⁵⁵	藏 tsʰaŋ²⁴
定州	影 iŋ²⁴ 挡 taŋ²⁴	藏 tsʰaŋ²¹³	拾 tʰai²¹³ 藏 tsʰaŋ²¹³
无极	挡 taŋ³⁵	藏 tsʰaŋ²¹³	藏 tsʰaŋ²¹³
辛集	挡 taŋ³²⁴ 影 iŋ³²⁴	藏 tsʰaŋ³⁵⁴	藏 tsʰaŋ³⁵⁴
衡水	挡 taŋ⁵⁵	藏 tʂʰaŋ⁵³	藏 tʂʰaŋ⁵³
故城	挡 taŋ⁵⁵ 影 iŋ⁵⁵	藏 tsʰaŋ⁵³	藏 tsʰaŋ⁵³
巨鹿	挡 taŋ⁵⁵	藏 tsʰã⁴¹	藏 tsʰã⁴¹
邢台	挡 taŋ⁵⁵ 影 iŋ⁵⁵	藏 tsʰaŋ⁵³	藏 tsʰaŋ⁵³ 拾 tʰai⁵³
馆陶	挡 taŋ⁴⁴	藏 tsʰaŋ⁵² 躲 tuo⁴⁴	藏 tsʰaŋ⁵²

(续表)

	0811 挡 你~住我了，我看不见	0812 躲 躲藏：他~在床底下	0813 藏 藏放，收藏：钱~在枕头下面
沧县	挡 taŋ⁵⁵	藏 tsʰaŋ⁵³	藏 tsʰaŋ⁵³
献县	挡 tã³¹	躲 tuo²¹⁴	藏 tsʰã⁵³
平泉	挡 taŋ²¹⁴	藏 tsʰaŋ³⁵ 躲 tuo²¹⁴	藏 tsʰaŋ³⁵
滦平	挡 taŋ²¹⁴	躲 tuo²¹⁴	藏 tsʰaŋ³⁵
廊坊	挡 taŋ²¹⁴	藏 tsʰaŋ³⁵ 躲 tuo²¹⁴	收 ʂou⁵⁵ 藏 tsʰaŋ³⁵
魏县	影 iŋ⁵⁵ 挡 taŋ⁵⁵	藏 tʂʰaŋ⁵³	藏 tʂʰaŋ⁵³
张北	堵 tu⁵⁵	藏 tsʰɔ̃⁴²	藏 tsʰɔ̃⁴² 抬 tʰai⁴²
万全	拦 lan⁴¹	藏 tsʰa⁴¹	搁 kʌʔ²²
涿鹿	挡 tã⁴⁵	躲 tuə⁴⁵	藏 tsʰã⁴² 抬 tʰɛ⁴²
平山	挡 taŋ⁵⁵ 影 iŋ⁵⁵	躲 tuə⁵⁵	藏 tsʰaŋ³¹
鹿泉	挡 taŋ³⁵	躲 tuo³⁵	藏 tsʰaŋ⁵⁵
赞皇	影 iŋ⁴⁵ 挡 taŋ⁴⁵	躲 tuə⁴⁵ 藏 tsʰaŋ⁵⁴	抬 tʰɛ⁵⁴ 藏 tsʰaŋ⁵⁴
沙河	影 iəŋ³³	躲 tuo³³ 藏 tsʰaŋ⁵¹	藏 tsʰaŋ⁵¹
邯郸	影 iŋ⁵⁵ 挡 taŋ⁵⁵	藏 tsʰaŋ⁵³	藏 tsʰaŋ⁵³
涉县	挡 tã⁵³	偷藏 tʰou⁴¹tsʰã⁴¹	偷藏 tʰou⁴¹tsʰã⁴¹

	0814 放 把碗~在桌子上	0815 摞 把砖~起来	0816 埋 ~在地下
兴隆	搁 kə³⁵ 放 faŋ⁵¹	摞 luo⁵¹/ luo⁵⁵	埋 mai⁵⁵
北戴河	搁 kɤ⁴⁴	码 ma²¹⁴	埋 mai³⁵
昌黎	搁 kɤ⁴² 摽 liau⁴⁵³ 放 faŋ⁴⁵³	摞 luo²⁴	埋 mai²⁴
乐亭	放 faŋ⁵²	摞 luə²¹²	埋 mai²¹²
蔚县	放 fɔ³¹² 搁 kɤ⁵³	摞 luɤ³¹² 垛 tuɤ³¹²	埋 mei⁴¹
涞水	搁 kɤ³¹ 摽 liau³¹⁴	摞 luo³¹⁴	埋 mei⁴⁵
霸州	搁 kɤ⁴⁵ 摽 liau⁴¹	摞 luo⁵³	埋 mei⁵³
容城	放 faŋ⁵¹³	摞 luo³⁵	埋 mai³⁵
雄县	摽 liau⁴¹ 搁 kɤ⁴⁵ 放 faŋ⁴¹	摞 luo⁵³	埋 mei⁵³
安新	搁 kɤ⁴⁵	摞 luo³¹ 码 ma²¹⁴	埋 mei³¹
满城	放 faŋ⁵¹²	摞 luo²² 码 ma²¹³	埋 mai²²
阜平	放 faŋ⁵³ 搁 kɤ²⁴	垛 tuɤ⁵³	埋 mei²⁴
定州	摽 liau⁵¹ 搁 kɤ³³	摞 luo²¹³	埋 mai²¹³
无极	搁 kə²¹³	垛 tuɤ⁴⁵¹	埋 mæ²¹³
辛集	摽 liau⁴¹	摞 luə³⁵⁴	埋 mai³⁵⁴
衡水	放 faŋ³¹	码 mɑ⁵³	埋 mɑi⁵³
故城	搁 kɤ²⁴ 摽 liɔo³¹ 放 faŋ³¹	摞 luɤ⁵³ 码 ma⁵⁵	埋 mæ⁵³
巨鹿	搁 kɤ³³	摞 luo²¹	埋 mai⁴¹

(续表)

	0814 放 把碗~在桌子上	0815 摞 把砖~起来	0816 埋 ~在地下
邢台	搁 kə³⁴	摞 luo³¹	埋 mai⁵³
馆陶	撂 liao²¹³ 搁 kɤ²⁴ 放 faŋ²¹³	摞 luo⁵² 垒 lei⁴⁴	埋 mai⁵²
沧县	放 faŋ⁴¹	码 ma⁵⁵	埋 mai⁵³
献县	放 fã³¹	码 ma²¹⁴	埋 me⁵³
平泉	搁 kə⁵⁵ 放 faŋ⁵¹	码 ma²¹⁴ 摞 luo³⁵	埋 mai³⁵
滦平	搁 kə⁵⁵ 放 faŋ⁵¹	摞 luo³⁵/ luo⁵¹ 码 ma²¹⁴	埋 mai³⁵
廊坊	搁 kɤ⁵⁵ 放 faŋ⁵¹	摞 luo⁵¹	埋 mai³⁵
魏县	搁 kɤ³³	摞 luə³¹²	埋 mai⁵³
张北	放 fɔ̃²¹³ 搁 kəʔ³²	垛 tuə²¹³	埋 mei⁴²
万全	放 fə²¹³	摞 lə²¹³	埋 mei⁴¹
涿鹿	放 fã³¹ 搁 kə⁴⁴	摞 luə³¹ 垛 tuə³¹	埋 mei⁴²
平山	放 faŋ⁴² 搁 kɔ²⁴	摞 luə⁴²	埋 me³¹
鹿泉	放 faŋ³¹² 搁 kʌ¹³	摞 luo³¹²	埋 mɛ⁵⁵
赞皇	搁 kɔ²⁴ 放 faŋ³¹²	垛 tuə³¹² 摞 luə³¹²	埋 mɛ⁵⁴
沙河	撂 liau²¹	摞 luo²¹	埋 mai⁵¹
邯郸	搁 kʌʔ⁴³	摞 luə²¹³	埋 mai⁵³
涉县	撂 liau⁵⁵ 搁 kɐʔ³²	摞 luə⁴¹² 小件物品 / luə⁵⁵ 大件物品	埋 mai⁴¹²

	0817 盖把茶杯~上	0818 压用石头~住	0819 摁用手指按：~图钉
兴隆	盖 kai⁵¹	压 ia³⁵	摁 nən⁵¹
北戴河	盖 kai⁵¹	压 ia⁴⁴	摁 nən⁵¹
昌黎	盖 kai⁴⁵³	压 ia⁴²	摁 nən⁴⁵³
乐亭	盖 kai⁵²	压 ia³¹	摁 ŋən⁵²
蔚县	盖 kɛi³¹²	压 ia³¹²	按 nã³¹² / 摁 nən³¹²
涞水	盖 kai³¹⁴	压 ia³¹	摁 nən³¹⁴
霸州	盖 kai⁴¹	压 ia⁴⁵	摁 nən⁴¹
容城	盖 kai⁵¹³	压 ia⁴³	摁 nən⁵¹³
雄县	盖 kai⁴¹	压 ia⁴⁵	摁 nən⁴¹
安新	盖 kai⁵¹	压 ia²¹⁴	摁 nən⁵¹
满城	盖 kai⁵¹²	压 ia⁴⁵	摁 nən⁵¹²
阜平	盖 kæ⁵³	压 ia²⁴	摁 ŋən⁵³
定州	盖 kai⁵¹	压 ia³³	摁 ŋən⁵¹
无极	盖 kæ⁵¹	压 ia²¹³	摁 ŋen⁵¹
辛集	盖 kai⁴¹	压 iɑ³³	摁 ŋən⁴¹
衡水	盖 kɑi³¹	压 iɑ²⁴	摁 ŋən³¹
故城	盖 kæ³¹	压 iɑ²⁴	摁 ŋẽ³¹
巨鹿	盖 kai²¹	压 iɑ³³	摁 ŋæn²¹
邢台	盖 kai³¹	压 iɑ³⁴	摁 ŋən³¹
馆陶	盖 kai²¹³	压 iɑ²⁴	按 ɣæn²¹³ / 摁 ɣen²¹³
沧县	盖 kai⁴¹	压 iɑ²³	摁 ŋən⁴¹
献县	盖 kɛ³¹	压 iɑ³³	摁 nən³¹
平泉	盖 kai⁵¹	压 ia⁵⁵	摁 nən⁵¹/ ən⁵¹
滦平	盖 kai⁵¹	压 ia⁵⁵	摁 nən⁵¹/ ŋən⁵¹/ ən⁵¹
廊坊	盖 kai⁵¹	压 ia⁵⁵	摁 ŋən⁵¹/ ən⁵¹
魏县	盖 kai³¹²	压 iə³³	摁 ən³¹²

(续表)

	0817 盖 把茶杯~上	0818 压 用石头~住	0819 摁 用手指按：~图钉
张北	盖 kai²¹³	压 ia²¹³	按 ŋæ²¹³
万全	盖 kɛi²¹³	压 ia²¹³	摁 ŋəŋ⁵⁵
涿鹿	盖 kɛ³¹	压 iʌʔ⁴³	摁 ŋəŋ³¹
平山	盖 kɛ⁴²	压 ia²⁴	摁 ŋəŋ⁴²
鹿泉	盖 kɛ³¹²	压 iʌ¹³	摁 ŋẽ³¹²
赞皇	盖 kɛ³¹²	压 ia²⁴	摁 ŋen³¹²
沙河	盖 kai²¹	压 iəʔ²	摁 ŋen²¹
邯郸	盖 kai²¹³	压 iʌʔ⁴³	按 ŋæ²¹³
涉县	盖 kai⁵⁵	压 iɐʔ³²	摁 ŋəŋ⁵⁵

	0820 捅用棍子~鸟窝	0821 插把香~到香炉里	0822 戳~个洞
兴隆	捅 tʰoŋ²¹³	插 tʂʰa³⁵	捅 tʰoŋ²¹³ 戳 tʂʰuo³⁵
北戴河	捅 tʰuŋ²¹⁴	插 tʃʰa³⁵	捅 tʰuŋ²¹⁴
昌黎	捅 tʰuŋ²¹³	插 tʂʰa²¹³	撑 tuei²¹³
乐亭	捅 tʰuŋ³⁴	插 tʂʰa³⁴	攮 naŋ³⁴
蔚县	捅 tʰuŋ⁴⁴	插 tʂʰa⁵³	捅 tʰuŋ⁴⁴ 戳 tsʰuɤ⁵³
涞水	捅 tʰoŋ²⁴	插 tʂʰa³¹	戳 tʂʰuo³¹
霸州	捅 tʰuŋ²¹⁴	插 tʂʰa⁴⁵	戳 tʂʰuo⁴⁵ 从上往下 捅 tʰuŋ²¹⁴ 水平方向
容城	捅 tʰuŋ²¹³	插 tʂʰa⁴³	戳 tʂʰuo⁴³
雄县	捅 tʰuŋ²¹⁴	插 tʂʰa⁴⁵	戳 tʂʰuo⁴⁵ 从上往下 捅 tʰuŋ²¹⁴ 从下往上或水平方向
安新	捅 tʰuŋ²¹⁴ 杵 tʂʰu²¹⁴	插 tʂʰa²¹⁴	杵 tʂʰu²¹⁴
满城	捅 tʰuŋ²¹³	插 tʂʰa⁴⁵	戳 tʂʰuo⁴⁵
阜平	捅 tʰoŋ⁵⁵	插 tʂʰa²⁴	杵 tʂʰu⁵⁵
定州	捅 tʰuŋ²⁴	插 tʂʰa³³	捅 tʰuŋ²⁴
无极	捅 tʰuŋ³⁵	插 tʂʰɑ²¹³	戳 tsʰuɤ²¹³
辛集	捅 tʰoŋ³²⁴	插 tʂʰa³³	杵 tʂʰu³²⁴
衡水	杵 tɕʰy⁵⁵	插 tʂʰa²⁴	戳 tʂʰuo⁵³
故城	捅 tʰuŋ⁵⁵ 戳 tsʰuɤ⁵³	插 tʂʰa²⁴	戳 tsʰuɤ⁵³ 捅 tʰuŋ⁵⁵
巨鹿	捅 tʰoŋ³³	插 tʂʰa³³	杵 tɕʰy⁵⁵
邢台	捅 tʰuŋ⁵⁵	插 tʂʰa³⁴	戳 tʂʰuo³⁴/ tʂʰu⁵³
馆陶	戳 tʂʰuo⁵² 捅 tʰuŋ⁴⁴	#4tsai²¹³ 插 tʂʰa²⁴	捅 tʰuŋ⁴⁴ 戳 tʂʰuo⁵²
沧县	捅 tʰoŋ⁵⁵	插 tʂʰɑ²³	捅 tʰoŋ⁵⁵
献县	捅 tʰoŋ²¹⁴	插 tʂʰa³³	杵 tʂʰu²¹⁴

（续表）

	0820 捅_{用棍子~鸟窝}	0821 插_{把香~到香炉里}	0822 戳_{~个洞}
平泉	捅 tʰuŋ²¹⁴	插 tʂʰa⁵⁵	捅 tʰuŋ²¹⁴ 戳 tʂʰuo⁵⁵
滦平	捅 tʰuŋ²¹⁴	插 tʂʰa⁵⁵	捅 tʰuŋ²¹⁴ 戳 tʂʰuo⁵⁵
廊坊	捅 tʰuŋ²¹⁴	插 tʂʰa⁵⁵	戳 tʂʰuo⁵⁵
魏县	#1tuən⁵⁵ 戳 tʂʰuə⁵³	插 tʂʰɤ³³	#1tuən⁵⁵ 捅 tʰuŋ⁵⁵
张北	捅 tʰuŋ⁵⁵	插 tsʰəʔ³²	戳 tsʰuəʔ³²
万全	挑 tʰiɔ⁵⁵	插 tsʰʌʔ²²	戳 tsʰuʌʔ²²
涿鹿	捅 tʰuŋ⁴⁵	插 tsʰʌʔ⁴³ 别 piɛ⁴²	㧻 ˭tuʌʔ⁴³
平山	捅 tʰoŋ⁵⁵	插 tʂʰa²⁴	戳 tʂʰɔ²⁴
鹿泉	捅 tʰuŋ³⁵	插 tʂʰʌ¹³	戳 tʂʰuʌ¹³
赞皇	捅 tʰuŋ⁴⁵	插 tʂʰa²⁴	戳 tʂʰuə²⁴
沙河	捅 tʰoŋ³³	插 tʂʰəʔ²	戳 tʂʰuəʔ²
邯郸	戳 tʂʰuə⁵³	别 piɛ⁵³	戳 tʂʰuə⁵³
涉县	捅 tʰuəŋ⁴¹	插 tʂʰɐʔ³²	戳 tʂʰuɐʔ³²

	0823 砍~树	0824 剁 把肉~碎做馅儿	0825 削~苹果
兴隆	砍 kʰan²¹³	剁 tuo⁵¹	削 ɕiɑu³⁵
北戴河	砍 kʰan²¹⁴	剁 tuo⁵¹	片 pʰian⁵¹
昌黎	砍 kʰan²¹³	切 tɕʰie²¹³ 剁 tuo⁴⁵³	削 suo²¹³
乐亭	砍 kʰan³⁴	剁 tuə⁵²	削 ɕiɑu³¹
蔚县	砍 kʰã⁴⁴	剁 tuɤ³¹²	削 ɕiʌɯ⁵³
涞水	砍 kʰan²⁴ 伐 fa⁴⁵ 用锯	剁 tuo³¹⁴	削 ɕiɑu³¹
霸州	砍 kʰan²¹⁴	剁 tuo⁴¹	削 ɕiɑu⁴⁵
容城	砍 kʰan²¹³	剁 tuo⁵¹³	削 ɕiɑu⁴³
雄县	砍 kʰãn²¹⁴	剁 tuo⁴¹	削 ɕiɑu⁴⁵
安新	砍 kʰan²¹⁴ 砍小树 伐 fa³¹ 砍大树	剁 tuo⁵¹	旋 ɕyan⁵¹
满城	砍 kʰan²¹³	剁 tuo⁵¹²	削 ɕiɑu⁴⁵
阜平	砍 kʰæ̃⁵⁵	剁 tuɤ⁵³	削 ɕiɔ²⁴
定州	锛 pən³³ 磕 ⁼kʰɤ³³ 修剪旁枝 截 tsiɛ²⁴ 砍断树干	剁 tuo⁵¹	削 siɑu³³
无极	砍 kʰãn³⁵	剁 tuɤ⁵¹	削 siɔ²¹³
辛集	砍 kʰan³²⁴	剁 tuə⁴¹	削 siɑu³³
衡水	砍 kʰan⁵⁵	剁 tuo³¹	削 ɕiɑu²⁴
故城	砍 kʰæ⁵⁵	剁 tuɤ³¹	削 ɕiɔ²⁴
巨鹿	砍 kʰan⁵⁵	剁 tuo²¹	削 ɕiɑu³³
邢台	砍 kʰan⁵⁵	剁 tuo³¹	削 siɑu³⁴
馆陶	伐 fa⁵²	剁 tuo²¹³	削 suo²⁴/ syɛ²⁴/ siɑo²⁴
沧县	砍 kʰan⁵⁵	剁 tuo⁴¹	削 ɕiɑu²³
献县	砍 kʰæ²¹⁴	剁 tuo³¹	削 ɕiɔ³³
平泉	砍 kʰan²¹⁴	剁 tuo⁵¹	削 ɕiʌu⁵⁵
滦平	砍 kʰan²¹⁴	剁 tuo⁵¹	削 ɕiɑu⁵⁵

（续表）

	0823 砍~树	0824 剁把肉~碎做馅儿	0825 削~苹果
廊坊	砍 k^han^{214}	剁 tuo^{51}	削 ɕiɑu^{55}
魏县	砍 k^han^{55}	剁 tuə^{312}	削 ɕyɛ^{33}
张北	砍 k^hæ^{55}	剁 tuə^{213}	削 ɕiau^{42}
万全	劈 p^hiəʔ^{22}	剁 tuə^{213}	削 ɕyəʔ^{22}
涿鹿	砍 k^hæ^{45}	剁 tuə^{31}	削 ɕyʌʔ^{43}
平山	铆 ˭mɔ^{55}	剁 tuə^{42}	刻 k^hæi^{24}
鹿泉	砍 k^hæ^{35}	剁 tuo^{312}	刻 k^hei^{13}
赞皇	砍 k^hæ^{45}	剁 tuə^{312}	刻 k^hei^{24} 削 siɔ^{24}
沙河	砍 k^hã^{33}	剁 tuə^{21}	削 syəʔ^{2}
邯郸	砍 k^hæ^{55}	剁 tuə^{213}	削 syʌʔ^{43}
涉县	砍 k^hæ̃^{53}	剁 tuə^{55}	拎 ˭liəŋ^{41} 削 ɕyæ̃^{55}①

---

① 专指去柿子皮儿。

	0826 裂 木板~开了	0827 皱 皮~起来	0828 腐烂 死鱼~了
兴隆	裂 liɛ⁵¹	皱 tʂou⁵¹	腐烂 fu²¹lan⁵¹ 烂 lan⁵¹ 臭 tʂʰou⁵¹
北戴河	裂 liɛ⁵¹	皱 tʃou⁵¹	臭 tʃʰou⁵¹
昌黎	裂 liɛ⁴⁵³	皱 tsou⁴⁵³	烂 lan²⁴
乐亭	裂 liɛ⁵²	曲⁼抽 ⁼tɕʰi³¹tʂʰou⁰	烂 lan⁵²
蔚县	裂 liə³¹²	骨⁼搐 ⁼ku⁵³tsʰu⁰ 圪皱 kɤ⁵³tsəu³¹²	烂 lã³¹²
涞水	裂 liɛ³¹⁴	皱 tʂou³¹⁴	臭 tʂʰou³¹⁴
霸州	裂 liɛ⁴¹	皱皱 tsou⁴⁵tsou⁰	烂 lan⁴¹
容城	裂 liɛ⁵¹³	皱 tsou⁵¹³	烂 lan⁵¹³
雄县	裂 liɛ⁴¹	皱 tsou⁴¹	烂 lãn⁴¹
安新	裂 liɛ⁵¹	抽抽儿 tʂʰou²¹tʂʰour⁰	烂 lan⁵¹
满城	裂 liɛ⁵¹²	曲⁼抽⁼儿 tɕʰy⁴⁵tʂʰou⁴⁵ər⁰	烂 lan⁵¹²
阜平	裂 liɛ⁵³	打褶儿 ta⁵⁵tsɐr²⁴	坏 xuæ⁵³
定州	裂 liɛ⁵¹	曲⁼抽 ⁼tɕʰy³³tʂʰou⁰	坏 xuai⁵¹ 烂 lan⁵¹ 仅年轻人说
无极	裂 liɛ⁵¹	曲⁼抽 ⁼tɕʰy²¹³tʂʰəu⁰	烂 lãn⁴⁵¹
辛集	裂 liɛ⁴¹	曲⁼抽 ⁼tɕʰy³⁵⁴tʂʰou³³	烂 lan⁴¹
衡水	裂 liɛ³¹	抽抽 tʂʰəu³¹tʂʰəu⁰	臭 tʂʰəu³¹
故城	裂 liɛ³¹	皱 tsou³¹	烂 læ̃³¹ 臭啦 tʂʰou⁵³la⁰
巨鹿	裂 liɛ²¹	曲⁼曲 ⁼tɕʰy³³tɕʰy⁰	臭 tʂʰou²¹
邢台	裂 liɛ³¹ 崩 pəŋ³⁴	骨⁼搐 ⁼kʰu³⁴tʂʰu⁰	烂 lan³¹ 臭了 tʂʰou³¹lə⁰
馆陶	崩 pəŋ²⁴ 裂 liɛ²¹³	骨⁼搐 ⁼kʰu²⁴tʂʰu²⁴	发馊儿 fa²⁴pur⁵²
沧县	裂 liɛ⁴¹	皱 tsou⁴¹	烂 lan⁴¹
献县	裂 liɛ³¹	皱 tsou³¹	烂 læ̃³¹

（续表）

	0826 裂木板~开了	0827 皱皮~起来	0828 腐烂死鱼~了
平泉	裂 liɛ⁵¹	皱 tʂou⁵¹	腐烂 fu²¹lan⁵¹ 烂 lan⁵¹
滦平	裂 liɛ⁵¹	皱 tʂou⁵¹	坏 xuai⁵¹ 烂 lan⁵¹
廊坊	裂 liɛ⁵¹	皱 tʂou⁵¹	烂 lan⁵¹ 坏 xuai⁵¹
魏县	崩 pəŋ³³	皱 tʂəu³¹²	烂 lan³¹²
张北	裂 liəʔ³²	圪抽 ⁼kəʔ³tsʰəu⁴²	坏 xuai²¹³ 臭 tsʰəu²¹³
万全	崩 pəŋ⁴¹	圪皱 kəʔ²⁴tsou²¹³	坏 xuɛi²¹³
涿鹿	裂 liɛ³¹ 别 piɛ³¹	皱 tsəu³¹ 骨 ⁼搐 ⁼kuʌʔ⁴³tsʰuʌʔ⁴³	烂 læ̃³¹ 沤 ŋəu³¹
平山	裂 liə²⁴	圪抽 ⁼kʰɤ²¹tʂɐu⁰	烂 læ̃⁴²
鹿泉	裂 liɤ³¹²	圪搊 ⁼kɤ¹³tʂʰuo⁰	烂 læ̃³¹²
赞皇	裂 liɛ²⁴	皱 tʂəu³¹²	烂 læ̃³¹²
沙河	裂 liəʔ²	骨 ⁼皱 kuəʔ⁴tʂəu⁰	烂 lã²¹
邯郸	崩 pəŋ³¹	骨 ⁼搊 ⁼kuəʔ⁴tʂʰuəʔ³²	烂 læ̃²¹³
涉县	崩 pəŋ⁴¹	骨 ⁼搊 ⁼kuəʔ³²tsʰuəʔ⁰	烂 læ̃⁵⁵ 坏 xuai⁵⁵①

① 可指不同程度的变质。

	0829 擦 用毛巾~手	0830 倒 把碗里的剩饭~掉	0831 扔 丢弃：这个东西坏了，~了它
兴隆	擦 tsʰa³⁵	倒 tau⁵¹	扔儿 zɚr³⁵ 扔 zəŋ³⁵ 撇 pʰie²¹³
北戴河	擦 tʃʰa⁴⁴	倒 tau⁵¹ 扔 ləŋ⁴⁴	撇 pʰie²¹⁴ 扔 ləŋ⁴⁴
昌黎	擦 tsʰa²¹³	倒 tau⁴⁵³	扔 ləŋ⁴²
乐亭	擦 tsʰa³¹	倒 tau⁵²	扔 ləŋ³¹
蔚县	擦 tsʰa⁵³	倒 tʌɯ³¹²	撋 mã³¹² 扔 zəŋ⁵³
涞水	擦 tsʰa³¹	倒 tau³¹⁴	扔 zəŋ³¹
霸州	擦 tsʰa⁴⁵	倒 tau⁴¹	扔 zəŋ²¹⁴
容城	擦 tsʰa⁴³	倒 tau⁵¹³	扔 zəŋ²¹³
雄县	擦 tsʰa⁴⁵	倒 tau⁴¹	扔 zəŋ²¹⁴
安新	擦 tsʰa²¹⁴	倒 tau⁵¹	扔 zəŋ²¹⁴
满城	擦 tsʰa⁴⁵	倒 tau⁵¹²	扔 zəŋ⁴⁵
阜平	擦 tsʰa²⁴	倒 tɔ⁵³	撋 mæ²⁴
定州	擦 tsʰa³³	倒 tau⁵¹	#1tei³³ 扔 zəŋ²⁴
无极	擦 tsʰa²¹³	倒 tɔ⁵¹	扔 zəŋ³⁵
辛集	擦 tsʰa³³	扣 kʰou⁴¹	扔 zəŋ³³
衡水	擦 tʂʰa²⁴	倒 tau³¹	扔 ləŋ²⁴
故城	擦 tsʰa²⁴	倒 tɔo³¹	扔 ləŋ²⁴
巨鹿	擦 tsʰa³³	倒 tau²¹	扔 ləŋ³³
邢台	擦 tsʰa³⁴	倒 tau³¹	扔 iŋ³⁴ / zəŋ³⁴
馆陶	擦 tsʰa²⁴	倒 tao²¹³	扔 zəu²⁴ / zəŋ²⁴
沧县	擦 tsʰa²³	倒 tau⁴¹	扔 zəŋ²³
献县	擦 tsʰa³³	倒 tɔ³¹	扔 zəŋ³³
平泉	擦 tsʰa⁵⁵	倒 tau⁵¹	扔 ləŋ⁵⁵ / zəŋ⁵⁵
滦平	擦 tsʰa⁵⁵	倒 tau⁵¹	扔 ləŋ⁵⁵ / zəŋ⁵⁵

(续表)

	0829 擦 用毛巾~手	0830 倒 把碗里的剩饭~掉	0831 扔 丢弃；这个东西坏了，~了它
廊坊	擦 tsʰa⁵⁵	倒 tɑu⁵¹	扔 zəŋ⁵⁵
魏县	擦 tʂʰɤ³³	倒 tɑu³¹²	扔 zəŋ³³
张北	揩 tɕʰiɛ⁴²	倒 tau²¹³	撋 mæ⁴²
万全	揩揩 tɕʰiei⁴¹tɕʰiei⁰	倒 tɔ²¹³	撋 man⁴¹
涿鹿	擦 tsʰʌʔ⁴³ 揩 tɕʰiɛ⁴²	倒 tɔ³¹	扔 zəŋ³¹
平山	擦 tsʰa²⁴ 揩 tɕʰiə³¹	倒 tɔ⁴²	扔 zəŋ⁴²
鹿泉	擦 tsʰʌ¹³ 揩 tɕʰiɤ⁵⁵	倒 tɔ³¹²	扔 zəŋ⁵⁵
赞皇	擦 tsʰa²⁴	倒 tɔ³¹²	扔 zəŋ³¹²
沙河	擦 tsʰəʔ²	倒 tau²¹	扔 zəŋ³³
邯郸	擦 tsʰiɛ³¹	倒 tɑu²¹³	扔 zəŋ³¹
涉县	揩 tɕʰiə⁴¹ 擦 tsʰəʔ³²	倒 tau⁵⁵	扔 ləŋ⁴¹

	0832 扔 投掷：比一比谁~得远	0833 掉 掉落，坠落：树上~下一个梨	0834 滴 水~下来
兴隆	扔 zəŋ³⁵ 投 tʰou⁵⁵	掉 tiɑu⁵¹	滴 ti³⁵
北戴河	撇 pʰie²¹⁴ 扔 ləŋ⁴⁴	掉 tiɑu⁵¹	滴 ti⁴⁴
昌黎	扔 ləŋ⁴²	掉 tiɑu²⁴	滴 ti⁴²
乐亭	冲 tʂʰuŋ⁵²	掉 tiɑu⁵²	滴答 ti³¹tɑ⁰
蔚县	搣 mã⁴¹	掉 tiʌɯ³¹²	滴 ti⁵³
涞水	扔 zəŋ³¹	落 lɑu³¹⁴	滴答 ti³³tɑ⁰
霸州	扔 zəŋ²¹⁴	掉 tiɑu⁴¹	滴答 ti²¹tɑ⁰
容城	扔 zəŋ⁴³	掉 tiɑu⁵¹³	滴 ti⁴³
雄县	扔 zəŋ⁴⁵	掉 tiɑu⁴¹ 透 ⁼tʰou⁴¹	滴答 ti⁴⁴tɑ⁰
安新	#1tei⁴⁵	掉 tiɑu⁵¹	滴答 ti⁵³tɑ⁰
满城	扔 zəŋ⁴⁵	掉 tiɑu⁵¹²	滴 ti⁴⁵
阜平	扔 zəŋ³¹	落 lɔ⁵³	滴 ti²⁴
定州	#1tei³³	透 ⁼tʰou⁵¹ 掉 tiɑu⁵¹	滴答 ti³³tɑ⁰ 叮当 tiŋ³³tɑŋ⁰
无极	勒 ⁼ləi³¹	落 lɔ⁵¹	嗒拉 tɑ²¹³lɑ⁰
辛集	溜 ⁼liou³³	掉 tiɑu⁴¹	滴答 ti³³tɑ⁰
衡水	扔 ləŋ²⁴	掉 tiɑu³¹	滴答 ti³¹tɑ⁰
故城	扔 ləŋ²⁴ 投 tʰou⁵³	掉 tiɔ³¹ 落 luɤ³¹	滴答 ti²¹tɑ⁰ 滴 ti²⁴
巨鹿	扔 ləŋ³³	落 lɑu²¹	滴答 ti³³tɑ⁰
邢台	投 tʰou⁵³ 扔 iŋ³⁴	掉 tiɑu³¹	滴 ti³⁴ 滴答 ti³⁴tɑ⁰
馆陶	扔 zəu²⁴/ zəŋ²⁴	落 luo²¹³ 掉 tiɑo²¹³	滴 ti²⁴
沧县	扔 zəŋ²³	掉 tiɑu⁴¹	滴答 ti⁴¹tɑ⁰
献县	扔 zəŋ³³	掉 tiɔ³¹	滴答 ti³³tɑ⁰
平泉	扔 ləŋ⁵⁵/ zəŋ⁵⁵	掉 tiɑu⁵¹	滴 ti⁵⁵

（续表）

	0832 扔 投掷；比一比谁~得远	0833 掉 掉落，坠落；树上~下一个梨	0834 滴 水~下来
滦平	扔 ləŋ⁵⁵/ zəŋ⁵⁵	掉 tiɑu⁵¹	滴 ti⁵⁵
廊坊	扔 zəŋ⁵⁵ 投 tʰou³⁵	掉 tiɑu⁵¹	滴 ti⁵⁵
魏县	扔 zəŋ³³	掉 tiɑu³¹²	滴拉 te³³lɤ⁰
张北	擤 mæ⁴²	掉 tiɑu²¹³	滴 tiəʔ³²
万全	擤 man⁴¹	掉 tiʌʔ²²	滴 tiʌʔ²²
涿鹿	扔 zəŋ³¹ 擤 mæ³¹	掉 tiʌʔ⁴³	掉 tiʌʔ⁴³
平山	扔 zəŋ⁴²	掉 tiə²⁴	掉 tiə²⁴
鹿泉	扔 zəŋ³¹²	掉 tiʌ¹³	掉 tiʌ¹³
赞皇	扔 zəŋ³¹²	掉 tiɔ³¹²/ tiɛ²⁴	掉 tiɔ³¹²
沙河	扔 zəŋ³³	掉 tiɑu²¹	滴 tiəʔ²
邯郸	#1zəu³¹ 扔 zəŋ³¹	掉 tiɑu²¹³	滴 tiʌʔ⁴³
涉县	夯 ⁼xã⁴¹	掉 tiɛʔ³² 落 luɐʔ³²①	滴 tiəʔ³²

---

① 植物果实、叶子等自然坠落。

	0835 丢 丢失；钥匙~了	0836 找 寻找；钥匙~到	0837 捡 ~到十块钱
兴隆	丢 tiou35	找 tṣau213 踅摸 ɕye55mo0	捡 tɕian213
北戴河	丢 tiou44	找 tʃau214	捡 tɕian214
昌黎	丢 tiou42	找 tsau213	捡 tɕian213
乐亭	丢 tiou31	找 tṣau34	捡 tɕien34
蔚县	扔 zəŋ44 丢 tiəu53	寻 ɕiŋ41	拾 ʂɿ41 捡 tɕiã44
涞水	丢 tiou31	找 tṣau24	拾 ʂɿ45 捡 tɕian24
霸州	丢 tiou45	找 tṣau214	捡 tɕian214 拾 ʂɿ53
容城	丢 tiou43	找 tṣau213	捡 tɕian213
雄县	丢 tiou45	找 tsau214	捡 tɕiãn214 拾 ʂɿ53
安新	丢 tiou45	找 tsau214	拾 ʂɿ31
满城	丢 tiou45	找 tsau213	拾 ʂɿ22
阜平	掉 tiɔ53	找 tʂɔ55	拾 ʂɿ24
定州	丢 tiou33	找 tṣau24	拾 ʂɿ24
无极	没俩 mu31liɔ0	找 tʂɔ35	拾 ʂɿ213
辛集	丢 tiou33	找 tṣau324	拾 ʂɿ354
衡水	丢 tiəu24	找 tsau55	拾 ɕi53
故城	掉 tiɔo31 丢 tiou24	找 tsɔo55	拾 ʂɿ53 捡 tɕiæ̃55
巨鹿	掉 tiɑu21	找 tsau55	拾 ɕi41
邢台	没 mu53	找 tsau55	拾 ʂɿ53
馆陶	没 mu52	找 tsao44	拾 ʂɿ52
沧县	掉 tiɑu41	找 tsau55	拾 ʂɿ53
献县	丢 tiou33	找 tsɔ214	拾 ʂɿ53
平泉	丢 tiou55	找 tsau214	捡 tɕian214

(续表)

	0835 丢 丢失：钥匙~了	0836 找 寻找：钥匙~到	0837 捡 ~到十块钱
滦平	丢 tiou⁵⁵	找 tʂɑu²¹⁴	捡 tɕian²¹⁴
廊坊	丢 tiou⁵⁵	找 tʂɑu²¹⁴	捡 tɕien²¹⁴ 拾 ʂʅ³⁵
魏县	掉 tiɑu³¹²	找 tʂau⁵⁵	拾 ʂʅ⁵³
张北	丢 tiəu⁴²	找 tsau⁵⁵	拾 səʔ³²
万全	丢 tiou⁴¹	寻 ɕyəŋ⁴¹	拾 səʔ⁴
涿鹿	丢 tiəu⁴⁴ 撂 liɔ³¹	找 tsɔ⁴⁵	拾 ʂʅ⁴²
平山	丢 tiɐu³¹	找 tʂɔ⁵⁵	拾 ʂʅ³¹
鹿泉	丢 tiou⁵⁵	找 tʂɔ³⁵	拾 ʂʅ⁵⁵
赞皇	丢 tiəu⁵⁴ 野 ⁼iɛ⁴⁵	找 tʂɔ⁴⁵	拾 ʂʅ⁵⁴
沙河	掉 tiɑu²¹	找 tʂau³³	拾 ʂʅ⁵¹
邯郸	掉 tiɑu²¹³	找 tʂau⁵⁵	拾 ʂʅ⁵³
涉县	掉 tʰiau⁵⁵ 丢 tiou⁴¹	找 tsau⁵³	拾 səʔ³²

	0838 提 用手把篮子~起来	0839 挑 ~担	0840 扛 káng, 把锄头~在肩上
兴隆	提喽 ti⁵⁵lou⁰ 提 tʰi⁵⁵	挑 tʰiau³⁵	扛 kʰaŋ⁵⁵
北戴河	拎 lin⁴⁴	挑 tʰiau⁴⁴	扛 kʰaŋ³⁵
昌黎	拎 lin⁴² 提 tʰi²⁴	挑 tʰiau⁴²	扛 kʰaŋ²¹³
乐亭	提喽 ti³¹lou⁰	挑 tʰiau³¹	扛 kʰaŋ³⁴
蔚县	提 tʰi⁴¹ 提溜 ti⁵³liəu⁰	担 tã⁵³ 挑 tʰiʌɯ⁴⁴	扛 kʰɔ⁴⁴
涞水	提喽 ti³³lou⁰	挑 tʰiau³¹	扛 kʰaŋ⁴⁵
霸州	提喽 ti²¹lou⁰	挑 tʰiau⁴⁵ 担 tan⁴⁵	扛 kʰaŋ⁵³
容城	提喽 ti³¹lou⁰	挑 tʰiau⁴³	扛 kʰaŋ²¹³
雄县	提喽 ti⁴⁴lou⁰	挑 tʰiau⁴⁵ 担 tãn⁴⁵	扛 kʰaŋ²¹⁴
安新	提喽 ti⁴⁵lo⁰	挑 tʰiau²¹⁴	扛 kʰaŋ²¹⁴
满城	提溜 ti⁴⁵liou⁰	挑 tʰiau⁴⁵	扛 kʰaŋ²¹³
阜平	提 tʰi²⁴	担 tæ³¹	扛 kʰaŋ²⁴
定州	提溜 tʰi⁴²liou⁰	担 tan³³	扛 kʰaŋ²⁴
无极	提溜 tʰi³¹liəu⁰①/ti³¹liəu⁰②	担 tãn³¹	扛 kʰaŋ³⁵
辛集	提溜 ti³⁵liou⁰	担 tan³³	背 pei³³
衡水	提 ti⁵³	挑 tʰiau²⁴ 担 tan²⁴	扛 kʰaŋ⁵⁵
故城	提喽 tʰi⁵⁵lou⁰ 提 tʰi⁵³	挑 tʰiɔo²⁴ 担 tæ²⁴	扛 kʰaŋ⁵³
巨鹿	掂 tian³³	担 tan³³	扛 kʰaŋ⁵⁵
邢台	提 tʰi⁵³ 提溜 ti³⁴liou⁰	担 tan³⁴	扛 kʰaŋ⁵⁵
馆陶	提溜儿 ti⁵²liəur⁰	挑 tʰiao²⁴	扛 kʰaŋ²¹³
沧县	提 tʰi⁵³	挑 tʰiau²³	扛 kʰaŋ⁵³
献县	提喽 ti³³lou⁰	挑 tʰiɔ³³	扛 kʰã³¹

(续表)

	0838 提 用手把篮子~起来	0839 挑 ~担	0840 扛 káng, 把锄头~在肩上
平泉	提喽 ti⁵⁵lou⁰ 提 tʰi³⁵	挑 tʰiɑu⁵⁵	扛 kʰɑŋ³⁵
滦平	提 tʰi³⁵	挑 tʰiɑu⁵⁵	扛 kʰɑŋ³⁵
廊坊	提 #4ti⁵⁵ləŋ⁰ 提 tʰi³⁵	挑 tʰiɑu⁵⁵	扛 kʰɑŋ³⁵
魏县	掂 tian³³	挑 tʰiɑu³³	扛 kʰɑŋ⁵⁵ 背 pəi³³
张北	提溜 tʰi⁵⁵liəu⁴²	担 tæ̃⁴²	扛 kʰɔ̃⁵⁵
万全	拿 na⁴¹	担 tan⁴¹	扛 kʰa⁵⁵
涿鹿	提溜 tʰiʌʔ⁴³liəu⁰	挑 tʰiɔ⁴² 担 tæ̃⁴⁴	扛 kʰã⁴⁵
平山	提儿喽 tɚ⁴²lɐu⁰	挑 tʰiə³¹	扛 kʰɑŋ⁵⁵
鹿泉	提溜 tɤ¹³liou⁰	担 tæ̃⁵⁵	扛 kʰɑŋ³⁵
赞皇	提溜 tʰi⁵¹liəu⁰	担 tæ̃⁵⁴	扛 kʰɑŋ⁴⁵
沙河	掂 tiã⁴¹	担 tã²¹	扛 kʰɑŋ³³
邯郸	掂 tiæ³¹	挑 tʰiɑu³¹	扛 kʰɑŋ⁵⁵
涉县	掂 tiæ⁴¹	担 tæ⁴¹	扛 kʰã⁵³

---

① 挎在手臂上。
② 用手提。

	0841 抬~轿	0842 举~旗子	0843 撑~伞
兴隆	抬 tʰai⁵⁵	举 tɕy²¹³	撑 tʂʰəŋ³⁵ 支 tʂʅ³⁵
北戴河	抬 tʰai³⁵	举 tɕy²¹⁴	打 ta²¹⁴
昌黎	抬 tʰai²⁴	举 tɕy²¹³	打 ta²¹³ 支 tʂʅ⁴²
乐亭	抬 tʰai²¹²	举 tɕy³⁴	打 ta³⁴
蔚县	抬 tʰɛi⁴¹	打 tɑ⁴⁴ 举 tɕy⁴⁴	打 tɑ⁴⁴
涞水	抬 tʰai⁴⁵	举 tɕy²⁴	打 ta²⁴
霸州	抬 tʰai⁵³	举 tɕy²¹⁴ 打 ta²¹⁴	打 ta²¹⁴
容城	抬 tʰai³⁵	举 tɕy²¹³	打 ta²¹³
雄县	抬 tʰai⁵³	举 tɕy²¹⁴ 企 ⁼tɕʰi²¹⁴ 打 ta²¹⁴	打 ta²¹⁴
安新	抬 tʰai³¹	打 ta²¹⁴	打 ta²¹⁴
满城	抬 tʰai²²	举 tɕy²¹³	打 ta²¹³
阜平	抬 tʰæ²⁴	举 tɕy⁵⁵	打 ta⁵⁵
定州	抬 tʰai²¹³	打 ta²⁴	打 ta²⁴
无极	抬 tʰæ²¹³	举 tɕy³⁵	打 tɑ³⁵
辛集	抬 tʰai³⁵⁴	撸 lu³²⁴	打 tɑ³²⁴
衡水	抬 tʰai⁵³	举 tɕy⁵⁵	打 tɑ⁵⁵
故城	抬 tʰæ⁵³	举 tɕy⁵⁵ 打 ta⁵⁵	打 ta⁵⁵
巨鹿	抬 tʰai²¹	举 tɕy⁵⁵	打 ta⁵⁵
邢台	抬 tʰai⁵³	举 ɕy⁵⁵	打 ta⁵⁵
馆陶	抬 tʰai⁵²	拄 tʂu⁴⁴ 站着不动 打 ta⁴⁴ 边走边举 举 tɕy⁴⁴	拄 tʂu⁴⁴ 打 ta⁴⁴
沧县	抬 tʰai⁵³	打 tɑ⁵⁵	打 tɑ⁵⁵

（续表）

	0841 抬~轿	0842 举~旗子	0843 撑~伞
献县	抬 tʰɛ⁵³	举 tɕy²¹⁴	打 ta²¹⁴
平泉	抬 tʰai³⁵	举 tɕy²¹⁴	打 ta²¹⁴ 撑 tʂʰəŋ⁵⁵
滦平	抬 tʰai³⁵	举 tɕy²¹⁴	打 ta²¹⁴
廊坊	抬 tʰai³⁵	举 tɕy²¹⁴	打 ta²¹⁴
魏县	抬 tʰai⁵³	举 tɕy⁵⁵	打 ta⁵⁵
张北	抬 tʰai⁴²	举 tɕy⁵⁵	打 ta⁵⁵
万全	抬 tʰɛi⁴¹	举 tɕy⁵⁵	打 ta⁵⁵
涿鹿	抬 tʰɛ⁴²	打 ta⁴⁵ 举 tɕy⁵⁵	打 ta⁴⁵
平山	抬 tʰɛ³¹	举 tɕi⁵⁵	打 ta²⁴
鹿泉	抬 tʰɛ⁵⁵	举 tɕy³⁵	打 ta³⁵
赞皇	抬 tʰɛ⁵⁴	举 tɕy⁴⁵	打 ta⁴⁵
沙河	抬 tʰai⁵¹	打 tɒ³³	打 tɒ³³
邯郸	抬 tʰai⁵³	举 tɕy⁵⁵	打 tɒ⁵⁵
涉县	抬 tʰai⁴¹²	举 tɕy⁵³	打 tɒ⁵³

	0844 撬把门~开	0845 挑挑选，选择：你自己~一个	0846 收拾~东西
兴隆	撬 tɕʰiɑu⁵¹	挑 tʰiɑu³⁵ 选 ɕyan²¹³	归置 kuei³⁵tʂʅ⁰ 拾掇 ʂʅ⁵⁵tau⁰ 收拾 ʂou³⁵ʂʅ⁰
北戴河	撬 tɕʰiɑu⁵¹	挑 tʰiɑu⁴⁴	收拾 ʃou⁴⁴ʃʅ⁰
昌黎	撬 tɕʰiɑu⁴⁵³	挑 tʰiɑu⁴²	拾掇 ʂʅ⁴²tau²³ 归拢 kuei⁴³luŋ⁰
乐亭	撬 tɕʰiɑu⁵²	挑 tʰiɑu³¹	拾掇 ʂʅ³¹tou⁰
蔚县	拗 nʌɯ³¹² 撬 tɕʰiʌɯ³¹²	挑 tʰiʌɯ⁵³	收拾 səu⁵³ʂʅ⁰
涞水	撬 tɕʰiɑu³¹⁴	挑 tʰiɑu³¹	拾掇 ʂʅ²⁴tuo⁰
霸州	撬 tɕʰiɑu⁴¹	挑 tʰiɑu⁴⁵	拾掇 ʂʅ⁵³tau⁰
容城	撬 tɕʰiɑu⁵¹³	挑 tʰiɑu⁴³	拾掇 ʂʅ²¹tou⁰
雄县	撬 tɕʰiɑu⁴¹	挑 tʰiɑu⁴⁵	拾掇 ʂʅ⁵³tau⁰
安新	撬 tɕʰiɑu⁵¹	挑 tʰiɑu⁴⁵	拾掇 ʂʅ³³tau⁰
满城	撬 tɕʰiɑu⁵¹²	挑 tʰiɑu⁴⁵	拾掇 ʂʅ²²tau⁰
阜平	撬 tɕʰiɔ⁵³	挑 tʰiɔ³¹	拾掇 ʂʅ²¹tɔ⁰
定州	撬 tʂʰau⁵¹	挑 tʰiɑu³³	拾掇 ʂʅ⁴²tuə⁰
无极	撬 tʂʰɔ⁵¹	挑 tʰiɔ³¹	拾掇 ʂʅ³¹tuɤ⁰
辛集	撬 tɕʰiɑu⁴¹	挑 tʰiɑu³³	拾掇 ʂʅ³⁵tuə⁰
衡水	撬 tɕʰiɑu³¹	挑 tʰiɑu²⁴	拾掇 ɕi²⁴tuo⁰
故城	别 piɛ⁵³ 撬 tɕʰiɔ³¹	挑 tʰiɔ²⁴ 拣 tɕiæ⁵⁵	拾掇 ʂʅ⁵⁵tuɤ⁰ 收拾 sou²¹ʂʅ⁰
巨鹿	别 piɛ⁴¹	拣 tɕian⁵⁵	拾掇 ɕi⁵³tuo⁰
邢台	撬 tɕʰiɑu³¹	挑 tʰiɑu³⁴ 选 suan⁵⁵	拾掇 ʂʅ⁵³tuo⁰
馆陶	别 piɛ²¹³	挑 tʰiɑo²⁴	拾掇 ʂʅ⁵²tuo⁰ 收拾 səu²⁴ʂʅ⁰
沧县	撬 tɕʰiɑu⁴¹/ iɑu⁴¹	拣 tɕian⁵⁵	拾掇 ʂʅ⁵⁵tɔ⁰
献县	撬 tɕʰiɔ³¹	挑 tʰiɔ³³	拾掇 ʂʅ⁵⁵tuo⁰

（续表）

	0844 撬 把门~开	0845 挑 挑选，选择：你自己~一个	0846 收拾 ~东西
平泉	撬 tɕʰiɑu⁵¹	挑 tʰiɑu⁵⁵	拾掇 ʂʅ³⁵tau⁰ 收拾 ʂou⁵⁵ʂʅ⁰
滦平	撬 tɕʰiɑu⁵¹	挑 tʰiɑu⁵⁵	拾掇 ʂʅ³⁵tuo⁰ 收拾 ʂou⁵⁵ʂʅ⁰
廊坊	撬 tɕʰiɑu⁵¹	选 ɕyan²¹⁴ 挑 tʰiɑu⁵⁵	收拾 ʂou⁵⁵ʂʅ⁰ 拾掇 ʂʅ³⁵tou⁰ 归置 kuei⁵⁵tsʅ⁰
魏县	别 piɛ³¹²	拣 tɕian⁵⁵ 挑 tʰiɑu³³	拾掇 ʂʅ⁵³tuə³¹²
张北	拗 ŋɔ²¹³	挑 tʰiɑu⁵⁵	粗⁼擄⁼ tsʰu⁴²luə²¹³
万全	拗 ŋɔ²¹³	挑 tʰiɔ⁴¹	折⁼擄⁼折⁼擄⁼ tsʌʔ²²luə⁰tsʌʔ²²luə⁰
涿鹿	撬 tɕʰiɔ³¹ 拗 ŋɔ³¹	挑 tʰiɔ⁴² 拣 tɕiæ⁴⁵	收拾 ʂɐu⁴²ʂə⁰
平山	拗 iɔ⁴²	挑 tʰiə³¹	收拾 ʂɐu⁴²ʂʅ⁰ 拾掇 ʂʅ⁴²tuə⁰
鹿泉	撬 tɕʰiɔ³¹²	挑 tʰiɔ⁵⁵	拾掇 ʂʅ⁵⁵tuo⁰
赞皇	撬 tʂʰɔ³¹²	挑 tʰiɔ⁵⁴ 拣 tɕiæ⁴⁵	拾掇 ʂʅ⁵¹tuo⁰ 收拾 ʂəu⁴⁵ʂʅ⁰
沙河	别 piɛ²¹	挑 tʰiɑu⁴¹	拾掇 ʂʅ⁵¹tuo⁰
邯郸	别 piɛ²¹³ 撬 tɕʰiɑu²¹³	拣 tɕiæ⁵⁵ 挑 tʰiɑu³¹	拾掇 ʂəʔ⁴tuəʔ³²
涉县	别 piə⁵³	挑 tʰiɑu⁴¹	拾掇 səʔ⁵⁵tuəʔ⁰

	0847 挽~袖子	0848 涮 把杯子~一下	0849 洗~衣服
兴隆	挽 uan²¹³ 撸 lu³⁵	涮 ʂuan⁵¹	洗 ɕi²¹³
北戴河	挽 uɑŋ²¹⁴	涮 ʃuan⁵¹	洗 ɕi²¹⁴
昌黎	扁 ⁼pian²¹³ 卷 tɕyan²¹³ 挽 uan²¹³	涮 suan⁴⁵³	洗 ɕi²¹³
乐亭	扁 ⁼pien³⁴	涮 ʂuan⁵²	筹 ⁼tʂʰou³¹
蔚县	挽 miã⁴⁴/ vã⁴⁴	涮 suã³¹²	洗 ɕi⁴⁴
涞水	挽 mian²⁴	涮 ʂuan³¹⁴	洗 ɕi²⁴
霸州	卷 tɕyan²¹⁴	涮 ʂuan⁴¹	筹 ⁼tʂʰou⁵³ 洗 ɕi²¹⁴
容城	卷 tɕyan²¹³	涮 ʂuan⁵¹³	洗 ɕi²¹³
雄县	卷 tɕyãn²¹⁴	涮 suãn⁴¹	筹 ⁼tʂʰou⁵³ 洗 ɕi²¹⁴
安新	卷 tɕyan²¹⁴	涮 ʂuan⁵¹	筹 ⁼tʂʰou³¹
满城	挽 uan²¹³	涮 ʂuan⁵¹²	洗 ɕi²¹³
阜平	挽 miæ̃⁵⁵	涮 ʂuæ̃⁵³	洗 ɕi⁵⁵
定州	挽 uan²⁴	涮 ʂuan⁵¹	洗 si²⁴
无极	挽 miãn³⁵	涮 ʂuãn⁵¹	洗 si³⁵
辛集	挽 uan³²⁴	涮 ʂuan⁴¹	洗 si³²⁴
衡水	挽 vɑn⁵⁵	刷 suɑ²⁴	筹 ⁼tʂʰou⁵³
故城	挽 væ̃⁵⁵	涮 suæ̃³¹	洗 ɕi⁵⁵ 筹 ⁼tʂʰou⁵³
巨鹿	挽 mian⁵⁵	刷 ʂuɑ³³	洗 ɕi⁵⁵
邢台	挽 mian⁵⁵	刷 ʂuɑ³⁴ 涮 ʂuan³¹	洗 si⁵⁵
馆陶	挽 miæn⁴⁴	涮 ʂuæn²¹³	洗 si⁴⁴
沧县	挽 uɑŋ⁵⁵	刷 suɑ²³	筹 ⁼tʂʰou⁵³
献县	挽 uã²¹⁴	涮 ʂuæ̃³¹	筹 ⁼tʂʰou⁵³

（续表）

	0847 挽~袖子	0848 涮把杯子~一下	0849 洗~衣服
平泉	撸 lu⁵⁵ 挽 uan²¹⁴	涮 ʂuan⁵¹	洗 ɕi²¹⁴
滦平	挽 uan²¹⁴ 卷 tɕyan²¹⁴	涮 ʂuan⁵¹	洗 ɕi²¹⁴
廊坊	卷 tɕyan²¹⁴ 挽 uan²¹⁴	涮 ʂuan⁵¹	洗 ɕi²¹⁴
魏县	挽 mian⁵⁵	涮 ʂuan³¹²	洗 ɕi⁵⁵
张北	挽 miæ̃⁵⁵	涮 suæ̃²¹³	洗 ɕi⁵⁵
万全	挽 mian⁵⁵	洗 ɕi⁵⁵	洗 ɕi⁵⁵
涿鹿	挽 miæ̃⁴⁵	涮 suæ̃³¹	洗 ɕi⁴⁵
平山	挽 miæ̃⁵⁵	涮 ʂuæ̃⁴²	洗 si⁵⁵
鹿泉	挽 miæ̃³⁵	涮 ʂuæ̃³¹²	洗 si³⁵
赞皇	挽 miæ̃⁴⁵	涮 ʂua²⁴	洗 si⁴⁵
沙河	扁 ⁼piã³³	涮 ʂuã²¹	洗 si³³
邯郸	扁 ⁼piæ̃⁵⁵	涮 ʂuæ̃²¹³	洗 si⁵⁵
涉县	挽 væ̃⁵³	涮 suæ̃⁵⁵	洗 ɕi⁵³

	0850 捞~鱼	0851 拴~牛	0852 捆~起来
兴隆	捞 lau³⁵	拴 ʂuan³⁵	捆 kʰuən²¹³ 绑 paŋ²¹³
北戴河	捞 lau³⁵	拴 ʃuan⁴⁴	捆 kʰuən²¹⁴
昌黎	捞 lau²⁴/lau⁴²	拴 suan⁴²	捆 kʰuən²¹³
乐亭	捞 lau²¹²	拴 ʂuan³¹	捆 kʰuən³⁴
蔚县	捞 lʌɯ⁴¹	拴 suã⁵³	捆 kʰuŋ⁴⁴ 绑 pɔ⁴⁴
涞水	逮 tei²⁴	拴 ʂuan³¹	捆 kʰuən²⁴ 绑 paŋ²⁴
霸州	逮 tai²¹⁴	拴 ʂuan⁴⁵	捆 kʰuən²¹⁴
容城	捞 lau³⁵	拴 ʂuan⁴³	捆 kʰuən²¹³
雄县	捞 lau⁵³	拴 suãn⁴⁵	捆 kʰuən²¹⁴
安新	逮 tai²¹⁴	拴 ʂuan⁴⁵	捆 kʰuən²¹⁴
满城	捞 lau²²	拴 ʂuan⁴⁵	捆 kʰuən²¹³
阜平	捞 lɔ²⁴	拴 ʂuæ³¹	捆 kʰoŋ⁵⁵
定州	捞 lau²¹³	栓 ʂuan³³	绑 paŋ²⁴
无极	捞 lɔ²¹³	拴 ʂuãn³¹	绑 paŋ³⁵
辛集	捞 lau³⁵⁴	拴 ʂuan³³	绑 paŋ³²⁴
衡水	逮 tai⁵⁵	拴 suɑn²⁴	捆 kʰun⁵⁵
故城	逮 tæ⁵⁵ 捞 lɔo⁵³	拴 suæ²⁴	捆 kʰuẽ⁵⁵
巨鹿	逮 tai⁵⁵	捆 kʰuən⁵⁵	捆 kʰuən⁵⁵
邢台	捞 lau⁵³	拴 ʂuan³⁴	绑 paŋ⁵⁵ 捆 kʰuən⁵⁵
馆陶	捞 lɑo⁵²	拴 ʂuæn²⁴	捆 kʰun⁴⁴
沧县	逮 tai⁵⁵	拴 suɑn²³	捆 kʰuən⁵⁵
献县	捞 lɔ⁵³	拴 ʂuæ̃³³	捆 kʰuən²¹⁴
平泉	捞 lau⁵⁵	拴 ʂuan⁵⁵	绑 paŋ²¹⁴ 捆 kʰuən²¹⁴

（续表）

	0850 捞~鱼	0851 拴~牛	0852 捆~起来
滦平	捞 lɑu⁵⁵	拴 ʂuan⁵⁵	捆 kʰuən²¹⁴
廊坊	捞 lɑu⁵⁵	拴 ʂuan⁵⁵	捆 kʰuən²¹⁴
魏县	捞 lɑu³³	拴 ʂuan³³	捆 kʰuən⁵⁵
张北	捞 lɑu⁴²	拴 suæ̃⁴²	捆 kuŋ⁵⁵ 绑 pɔ̃⁵⁵
万全	捞 lɔ⁴¹	拴 suan⁴¹	捆 kʰuəŋ⁵⁵
涿鹿	捞 lɔ⁴²	拴 suæ̃⁴²	捆 kʰuŋ⁴⁵ 绑 pã⁴⁵
平山	捞 lɔ³¹	拴 ʂuæ̃³¹	捆 kʰoŋ⁵⁵ 绑 pɑŋ⁵⁵
鹿泉	捞 lɔ⁵⁵	拴 ʂuæ̃⁵⁵	捆 kʰuẽ³⁵ 绑 pɑŋ³⁵
赞皇	捞 lɔ⁵⁴	拴 ʂuæ̃⁵⁴	绑 pɑŋ⁴⁵ 捆 kʰuən⁴⁵
沙河	捞 lɑu⁴¹	拴 ʂuã⁴¹	捆 kʰuən³³
邯郸	捞 lɑu⁵³	拴 ʂuæ̃³¹	捆 kʰun⁵⁵
涉县	捞 lɑu⁴¹	拴 suæ̃⁴¹	捆 kʰuəŋ⁵³ 绑 pã⁵³

	0853 解~绳子	0854 挪~桌子	0855 端~碗
兴隆	解 tɕiɛ²¹³	挪 nuo⁵⁵	端 tuan³⁵
北戴河	解 tɕiɛ²¹⁴	挪 nuo³⁵	端 tuan⁴⁴
昌黎	解 tɕiɛ²¹³	搬 pan⁴² 挪 nuo²⁴	端 tuan⁴²
乐亭	解 kai³⁴	挪 nuə²¹²	端 tuan³¹
蔚县	解 tɕiə⁴⁴	挪 nuɤ⁴¹	端 tuã⁵³
涞水	解 tɕiɛ²⁴	挪 nuo⁴⁵	端 tuan³¹
霸州	解 tɕiɛ²¹⁴	挪 nuo⁵³	端 tuan⁴⁵
容城	解 tɕiɛ²¹³	挪 nuo³⁵	端 tuan⁴³
雄县	解 tɕiɛ²¹⁴	挪 nuo⁵³	端 tuãn⁴⁵
安新	解 tɕiɛ²¹⁴ 松 suŋ⁴⁵	挪 nuo³¹	端 tuan⁴⁵
满城	解 tɕiɛ²¹³	挪 nuo²²	端 tuan⁴⁵
阜平	解 tɕiɛ⁵⁵	挪 nuɤ²⁴	端 tuæ³¹
定州	解 tɕiɛ²⁴	挪 nuo²¹³	端 tuan³³
无极	解 tɕiɛ³⁵	挪 nuɤ²¹³	端 tuãn²¹³
辛集	解 tɕiɛ³²⁴	搬 pan³³	端 tuan³³
衡水	解 tɕiɛ⁵⁵	挪 nuo⁵³	端 tuɑn²⁴
故城	解 tɕiæ⁵⁵	挪 nuɤ⁵³	端 tuæ²⁴
巨鹿	解 tɕiɛ⁵⁵	挪 nuo⁴¹	端 tuan³³
邢台	解 tɕiɛ⁵⁵	挪 nuo⁵³	端 tuan³⁴
馆陶	解 tɕiɛ⁴⁴	挪 nuo⁵²	端 tuæn²⁴
沧县	解 tɕiɛ⁵⁵	搬 pan²³	端 tuan²³
献县	解 tɕiɛ²¹⁴	挪 nuo⁵³	端 tuæ³³
平泉	解 tɕiɛ²¹⁴	挪 nuo³⁵	端 tuan⁵⁵
滦平	解 tɕiɛ²¹⁴	挪 nuə³⁵	端 tuan⁵⁵
廊坊	解 tɕiɛ²¹⁴	挪 ŋuo³⁵	端 tuan⁵⁵
魏县	解 tɕiɛ⁵⁵	挪 nuə⁵³	端 tuan³³

(续表)

	0853 解~绳子	0854 挪~桌子	0855 端~碗
张北	解 tɕie⁵⁵	挪 nuə⁴²	端 tuæ̃⁴²
万全	解 tɕiei⁵⁵	挪 nə⁴¹	端 tuan⁴¹
涿鹿	解 tɕie⁴⁵	挪 nuə⁴² 搬 pæ̃⁴⁴	端 tuæ̃⁴⁴
平山	解 tɕiə⁵⁵	挪 nuə³¹	端 tuæ̃³¹
鹿泉	解 tɕiɤ³⁵	挪 nuo⁵⁵	端 tuæ̃⁵⁵
赞皇	解 tɕie⁴⁵	挪 nuə⁵⁴ 搬 pæ̃⁵⁴	端 tuæ̃⁵⁴
沙河	解 tɕie³³	挪 nuo⁵¹	端 tuã⁴¹
邯郸	解 tɕie⁵⁵	挪 nuə⁵³	端 tuæ̃³¹ 掇 tuəʔ⁴³
涉县	解 tɕiə⁵³	挪 nuə⁴¹	端 tuæ̃⁴¹

	0856 摔~碗~碎了	0857 掺~水	0858 烧~柴
兴隆	摔 ʂuai³⁵	掺 tʂʰan³⁵	烧 ʂɑu³⁵
北戴河	摔 ʃuai⁴⁴	掺 tʃʰan⁴⁴	烧 ʃɑu⁴⁴
昌黎	摔 tsuai⁴²	掺 tsʰan⁴²	烧 sɑu⁴²
乐亭	摔 tʂuai³¹	掺 tʂʰan³¹	烧 ʂɑu³¹
蔚县	摔 suɛi⁵³	掺 tsʰã⁵³	烧 sʌɯ⁵³
涞水	摔 ʂuai³¹	掺 tʂʰan³¹	烧 ʂɑu³¹
霸州	摔 ʂuai⁴⁵	掺 tʂʰan⁴⁵	烧 ʂɑu⁴⁵
容城	摔 ʂuai⁴³	掺 tʂʰan⁴³	烧 ʂɑu⁴³
雄县	摔 suai⁴⁵	掺 tsʰãn⁴⁵	烧 sɑu⁴⁵
安新	摔 ʂuai²¹⁴	掺 tsʰan⁴⁵ 兑 tuei⁵¹	烧 ʂɑu⁴⁵
满城	摔 ʂuai⁴⁵	掺 tʂʰan⁴⁵	烧 ʂɑu⁴⁵
阜平	摔 ʂuæ²⁴	掺 tʂʰæ̃³¹	烧 ʂɔ³¹
定州	摔 ʂuai³³	和 xuo⁵¹	烧 ʂɑu³³
无极	打 tɑ³⁵ 摔 ʂuæ²¹³	掺 tʂʰãn³¹	烧 ʂɔ³¹
辛集	摔 ʂuai³³	掺 tʂʰan³³	烧 ʂɑu³³
衡水	摔 suɑi²⁴	掺和 tʂʰɑn³¹xuo⁰	烧 sɑu²⁴
故城	摔 suæ²⁴ 打 tɑ⁵⁵	掺 tsʰæ̃²⁴	烧 ʂɔo²⁴
巨鹿	摔 ʂuai³³	掺 tʂʰan³³	烧 ʂɑu³³
邢台	摔 ʂuai³⁴ 打 tɑ⁵⁵	掺 tʂʰan³⁴	烧 ʂɑu³⁴
馆陶	摔 ʂuai²⁴ 打 tɑ⁴⁴	兑 tei²¹³ 掺 tsʰæn²⁴	烧 ʂao²⁴
沧县	摔 ʂuai²³	兑 tuei⁴¹	烧 ʂɑu²³
献县	摔 ʂuɛ³³	掺 tsʰæ̃³³	烧 ʂɔ³³
平泉	拽 tʂuai⁵⁵ 摔 ʂuai⁵⁵	掺 tʂʰan⁵⁵	烧 ʂɑu⁵⁵

（续表）

	0856 摔_{碗~碎了}	0857 掺_{~水}	0858 烧_{~柴}
滦平	打 ta²¹⁴ 摔 ʂuai⁵⁵	掺 tʂʰan⁵⁵	烧 ʂɑu⁵⁵
廊坊	摔 ʂuai⁵⁵	掺 tʂʰan⁵⁵	烧 ʂɑu⁵⁵
魏县	摔 ʂuai³³ 打 ta⁵⁵	掺 tʂʰan³³	烧 ʂɑu³³
张北	打 ta⁵⁵	掺 tʂʰæ̃⁴² 和 xuə²¹³	烧 sɔ̃⁴²
万全	摔 suɛi⁴¹	和 xuə²¹³	烧 ʂɔ⁴¹
涿鹿	摔 ʂuɛ⁴⁴	掺 tʂʰæ̃⁴⁴	烧 ʂɔ⁴⁴
平山	摔 ʂuɛ²⁴	和 xuə⁴²	烧 ʂɤ³¹
鹿泉	摔 ʂuɛ³⁵	掺 tʂʰæ̃⁵⁵	烧 ʂɔ⁵⁵
赞皇	摔 ʂuɛ²⁴	掺 tʂʰæ̃⁵⁴	烧 ʂɔ⁵⁴
沙河	摔 ʂuai⁴¹	掺 tʂʰã⁴¹	烧 ʂɑu⁴¹
邯郸	摔 ʂuai³¹ 打 tɔ⁵⁵	掺 tʂʰæ̃³¹	烧 ʂɑu³¹
涉县	打 tɒ⁵³	掺 tʂʰæ̃⁴¹	烧 sɑu⁴¹

	0859 拆~房子	0860 转~圈儿	0861 捶用拳头~
兴隆	拆 tʂʰai³⁵	转 tʂuan⁵¹	擂 lei⁵⁵ 捶 tʂʰuei⁵⁵
北戴河	拆 tʃʰai⁴⁴	转 tʃuan⁵¹	钉 tiŋ⁴⁴
昌黎	拆 tsʰai²¹³	转 tsuan⁴⁵³	钉 tiŋ⁴²
乐亭	拆 tʂʰai²¹²	转 tʂuan⁵²	凿 tsɑu²¹²
蔚县	拆 tsʰɛi⁵³	转 tsuã³¹²	捶 tʂʰuei⁴¹
涞水	拆 tʂʰai³¹	转 tʂuan³¹⁴	捶 tʂʰuei⁴⁵
霸州	拆 tʂʰai⁴⁵	转 tʂuan⁴¹	捶 tʂʰuei⁵³ 砸 tsa⁵³
容城	拆 tʂʰai⁴³	转 tʂuan⁵¹³	捶 tʂʰuei³⁵
雄县	拆 tʂʰai⁴⁵	转 tʂuãn⁴¹	捶 tʂʰuei⁵³ 砸 tsɑ⁵³
安新	拆 tʂʰai²¹⁴	转 tʂuan⁵¹	捶 tʂʰuei³¹ 砸 tsa³¹
满城	拆 tʂʰai⁴⁵	转 tʂuan⁵¹²	捶 tʂʰuei²²
阜平	拆 tʂʰæ²⁴	转 tʂuæ⁵³	捶 tʂʰuei²⁴
定州	拆 tʂʰai³³	转 tʂuan⁵¹	砸 tsa²¹³
无极	拆 tʂʰæ²¹³	转 tʂuãn³⁵	棱 ˭ləŋ³¹
辛集	拆 tʂʰai³³	转 tʂuan⁴¹	敦 ˭tuən³³
衡水	拆 tʂʰɑi²⁴	转 tʂuɑn³¹	捶 tʂʰuei⁵³
故城	拆 tʂʰæ²⁴ 扒 pa²⁴	转 tsuæ̃³¹	捶 tʂʰuei⁵³ 楔 ɕiɛ²⁴
巨鹿	拆 tʂʰai³³	转 tʂuɛ̃²¹	捶 tʂʰuei⁴¹
邢台	拆 tʂʰai³⁴	转 tʂuan³¹	捶 tʂʰuei⁵³
馆陶	拆 tʂʰE²⁴ 掀 ɕiæn²⁴	转 tʂuæn²¹³	夯 xɑŋ²⁴
沧县	扒 pa²³	转 tʂuan⁴¹	捶 tʂʰuei⁵³
献县	扒 pa³³	转 tʂuæ³¹	捶 tʂʰuei⁵³
平泉	拆 tʂʰai⁵⁵	转 tʂuan⁵¹	捶 tʂʰuei³⁵

（续表）

	0859 拆~房子	0860 转~圈儿	0861 捶用拳头~
滦平	拆 tʂʰai⁵⁵	转 tʂuan⁵¹	捶 tʂʰuei³⁵
廊坊	扒 pa⁵⁵	转 tʂuan⁵¹	捶 tʂʰuei³⁵
魏县	掀 ɕian³³ 拆 tʂʰɛ³³	转 tʂuan³¹²	夯 xɑŋ³³ 捶 tʂʰuei⁵³
张北	拆 tsʰai⁴²	转 tsuæ̃²¹³	捣 tɔ⁵⁵
万全	拆 tsʰʌʔ²²	转 tsuan²¹³	捣一捣 tiɔ⁵⁵iəʔ²²tiɔ⁵⁵
涿鹿	拆 tsʰʌʔ⁴³	转 tʂuæ̃³¹	砸 tsa⁴² 杵 ˭tʂʰu⁴⁵
平山	拆 tʂʰɛ²⁴	转 tʂuæ̃⁴²	捶 tʂʰæi³¹
鹿泉	拆 tʂʰɛ¹³	转 tʂuæ̃³¹²	杵 ˭tʂʰu¹³ 捶 tʂʰuei⁵⁵
赞皇	拆 tʂʰɛ²⁴	转 tʂuæ̃³¹²	杵 ˭tʂʰu⁴⁵
沙河	#2ɕie³³	转 tsuã²¹	锤 tʂʰuei⁵¹
邯郸	掀 ɕie⁵⁵	转 tsuæ̃²¹³	捶 tʂʰuəi⁵³ 砸 tsɑŋ³¹
涉县	掀 ɕiæ̃⁵³ 挑 tʰiau⁵³ 拆 tʂʰəʔ³²	转 tsuæ̃⁵³	夯 xã⁴¹ 捶 tʂʰuəi⁴¹²

	0862 打 统称：他~了我一下	0863 打架 动手：两个人在~	0864 休息
兴隆	打 ta^{213}	打架 ta^{21}tɕia^{51}	歇会儿 ɕie^{35}xuər^{213} 打腰歇儿 ta^{21}iau^{35}ɕier^{35} 休息 ɕiou^{35}ɕi^{0}
北戴河	打 ta^{214}	打架 ta^{21}tɕia^{51}	歇着 ɕie^{44}tʃə^{0}
昌黎	打 ta^{213}	打架 ta^{21}tɕia^{453}	歇着 ɕie^{43}zʅ^{0} 休息 ɕiou^{43}ɕi^{0}
乐亭	打 ta^{34}	打架 ta^{33}tɕia^{52}	歇着 ɕie^{31}tʂə^{0}
蔚县	打 ta^{44} 楔 ɕiə^{53}	打架 ta^{44}tɕia^{312}	歇歇 ɕiə^{53}ɕiə^{0}
涞水	打 ta^{24}	打架 ta^{24}tɕia^{314}	歇着 ɕie^{33}tʂou^{0}
霸州	打 ta^{214}	打架 ta^{24}tɕia^{41}	歇着 ɕie^{21}tʂɤ^{0}
容城	打 ta^{213}	打架 ta^{35}tɕia^{513}	歇着 ɕie^{31}tʂou^{0}
雄县	打 ta^{214}	打架 ta^{24}tɕia^{41}	歇着 ɕie^{44}tʂau^{0}
安新	打 ta^{214}	打架 ta^{21}tɕia^{51}	歇歇儿 ɕie^{45}ɕier^{0} 歇会儿 ɕie^{45}xuər^{0}
满城	打 ta^{213}	打架 ta^{21}tɕia^{512}	歇咧 ɕie^{45}lie^{0}
阜平	打 ta^{55}	打架 ta^{55}tɕia^{53}	歇着 ɕie^{21}tʂɔ^{0}
定州	揍 tsou^{51}	打架 ta^{24}tɕia^{51}	歇着 ɕie^{33}tʂau^{0}
无极	打 ta^{35}	打架 ta^{35}tɕia^{51}	歇会儿 ɕie^{213}xuər^{0}
辛集	打 ta^{324}	打架 ta^{24}tɕia^{41}	歇 ɕie^{33} 歇歇儿 ɕie^{354}ɕier^{33}
衡水	揍 tʂəu^{31} 打 ta^{55}	干架 kan^{31}tɕia^{31}	歇着 ɕie^{31}tʂau^{0}
故城	揍 tsou^{31} 打 ta^{55}	打架 ta^{55}tɕia^{31} 干架 kæ^{31}tɕia^{31}	歇着 ɕie^{21}tʂɤ^{0}
巨鹿	打 ta^{55}	打架 ta^{55}tɕia^{21}	歇一会儿 ɕie^{33}i^{0}xuər^{21}
邢台	打 ta^{55}	打架 ta^{55}tɕia^{31}	歇着 ɕie^{34}ə^{0}
馆陶	夯 xaŋ^{24}	揍架 tsəu^{24}tɕia^{21}	歇 ɕiE^{24}
沧县	打 ta^{55}	打仗 ta^{55}tʂaŋ^{41}	歇儿歇儿 ɕiɤr^{23}ɕiɤr^{0}

（续表）

	0862 打 统称：他~了我一下	0863 打架 动手：两个人在~	0864 休息
献县	打 ta²¹⁴	打仗 ta²⁴tʂɑ̃³¹ 打架 ta²⁴tɕia³¹	歇 ɕie³³
平泉	打 ta²¹⁴	打仗 ta²¹tʂɑŋ⁵¹ 打架 ta²¹tɕia⁵¹	歇会儿 ɕie⁵⁵xuər²¹⁴ 待会儿 tai⁵⁵xuər²¹⁴ 休息 ɕiou⁵⁵ɕi⁰
滦平	打 ta²¹⁴	打架 ta²¹tɕia⁵¹	歇会儿 ɕie⁵⁵xuər⁰ 休息 ɕiou⁵⁵ɕi⁰
廊坊	打 ta²¹⁴	打架 ta²¹tɕia⁵¹ 干架 kan⁵³tɕia⁵¹	休息 ɕiou⁵⁵ɕi⁰ 歇会儿 ɕie⁵⁵ɕier⁰
魏县	打 ta⁵⁵	打架 ta⁵⁵tɕia³¹²	歇的 ɕie³³tɛ⁰ 休息 ɕiəu³³ɕi⁰
张北	打 ta⁵⁵	圪掖 kəʔ³iɛ⁴²	歇歇儿 ɕieʔ³²ɕier⁰
万全	打 ta⁵⁵	打架 ta⁴⁴tɕia²¹³	歇一歇 ɕieʔ²²iəʔ²²ɕieʔ²²
涿鹿	打 ta⁴⁵	打架 ta⁴⁵tɕia³¹	歇一会儿 ɕiʌ⁴³iʌ⁰xuər⁰
平山	打 ta⁵⁵	打架 ta⁵⁵tɕia⁴²	歇着 ɕiə²¹tʂɤ⁰ 歇歇儿 ɕiə⁴²ɕiər⁰
鹿泉	打 ta³⁵	打架 ta³⁵tɕia³¹	歇的 ɕiʌ¹³tɤ⁰
赞皇	打 ta⁴⁵	打架 ta⁴⁵tɕia³¹	歇歇儿 ɕiɛ²¹ɕiɤr⁰
沙河	打 tɔ³³	打架 tɔ³³tɕiɔ²¹	歇的 ɕiəʔ²⁴tɤ⁰
邯郸	打 tɔ⁵⁵	打架 tɔ⁵⁵tɕiɔ²¹	歇的 ɕiʌʔ²⁴tə⁰
涉县	打 tɒ⁵³	打架 tɒ⁵³tɕiɒ²⁴	歇 ɕiɐʔ³²

	0865 打哈欠	0866 打瞌睡	0867 睡 他已经~了
兴隆	打哈欠 ta²¹xa³⁵tɕʰian⁰	打盹儿 ta³⁵tuər²¹³ 打瞌睡 ta²¹kʰə³⁵ʂuei⁵¹	睡 ʂuei⁵¹
北戴河	张哇 ⁼tʃɑŋ⁴⁴ua⁴⁴	打盹 ta³⁵tuən²¹⁴	睡 ʃuei⁵¹
昌黎	张哇 ⁼tʂɑŋ³⁴ua⁴²	打盹 ta²⁴tuən²¹³	睡 suei⁴⁵³
乐亭	张哇 ⁼tʂɑŋ³³ua³¹	打盹儿 ta³³tuər³⁴	睡 ʂuei⁵²
蔚县	打哈歇 ta⁴⁴xuɤ⁵³ɕyə⁰	丢盹 tiəu⁵³tuŋ⁴⁴	睡觉 suei¹³tɕiʌɯ³¹²
涞水	打哈赤 ta²⁴xa⁴⁵tʂʰɿ⁰	打盹 ta⁴⁵tuər²⁴	睡 ʂuei³¹⁴
霸州	打哈睡 ta²⁴xa²¹ʂuei⁰	打盹儿 ta²⁴tuər²¹⁴	睡觉 ʂuei⁴⁵tɕiau⁴¹
容城	打张口 ta²¹tʂɑŋ³¹kʰou⁰	打盹儿 ta³⁵tuər²¹³	睡 ʂuei⁵¹³
雄县	打张口 ta²⁴tʂɑŋ⁴⁴kʰɤ⁰	打盹儿 ta²⁴tuər²¹⁴ 打瞌睡 ta²⁴kʰɤ⁴⁴suei⁰	睡 suei⁴¹
安新	打哈睡 ta²¹xa⁴⁵ʂuei⁰	打盹儿 ta⁴⁵tuər²¹⁴	睡 ʂuei⁵¹
满城	打哈睡 ta²¹xa⁴⁵ʂuei⁰	打盹 ta³⁵tuən²¹³	睡 ʂuei⁵¹²
阜平	打哈歇 ta⁵⁵xa³¹ɕie⁰	丢盹儿 tiou²⁴tuər⁵⁵	睡 ʂei⁵³
定州	打哈气 ta²⁴xa³³tɕʰi⁰	打盹儿 ta²⁴tuər²⁴	睡 ʂuei⁵¹
无极	打哈气 ta³⁵xa³¹tɕʰi⁰	打盹儿 tɑ³¹tuər³⁵	睡 ʂuəi⁵¹
辛集	打哈歇 ta³²⁴xa³³ɕie⁰	打盹儿 tɑ³⁵tuər³²⁴	睡 ʂei⁴¹
衡水	打哈气 tɑ⁵⁵xa³¹ɕi⁰	打盹儿 tɑ⁵⁵tuər⁵⁵	睡 ʂuei³¹
故城	打哈气 ta⁵⁵xa²¹tɕʰi⁰	打盹儿 tɑ³¹tuər⁵⁵	睡觉 suei²⁴tɕiɔ³¹
巨鹿	打哈欠 ta⁵⁵a³³tɕʰiɛ²¹	打盹儿 tɑ⁵⁵tuər⁵⁵	睡 ʂuei²¹
邢台	打哈气 ta⁴³xa³⁴tɕʰi³¹	憩盹儿 tɕʰi³¹tuər⁵⁵ 瞌睡 kʰə³⁴ʂuei³¹	睡 ʂuei³¹
馆陶	打呵儿闪 ⁼儿 ta⁴⁴xɤr²¹ʂɐr⁰	打瞌睡 ta⁴⁴kʰɤ⁵²ʂuei⁰ 打愣神 ta⁴⁴ləŋ²⁴ʂɐr⁵²	睡 ʂuei²¹³
沧县	打哈歇 ta⁵⁵xuo⁴¹ɕie⁰	打盹儿 tɑ²³tuər⁵⁵	睡觉 suei²³tɕiau⁴¹
献县	打哈欠 ta²⁴xa³³tɕʰie⁰	打盹儿 ta²⁴tuəʐ²¹⁴	睡觉 ʂuei³¹tɕiɔ³¹
平泉	打哈气 ta²¹xa⁵⁵tɕʰi⁰ 打哈欠 ta²¹xa⁵⁵tɕʰian⁰	打盹儿 ta³⁵tuər²¹⁴ 打瞌睡 ta²¹kʰə⁵⁵ʂuei⁵¹	睡 ʂuei⁵¹

(续表)

	0865 打哈欠	0866 打瞌睡	0867 睡_{他已经~了}
滦平	打哈欠 ta²¹xa⁵⁵tɕʰin⁰	打盹儿 ta³⁵tuər²¹⁴ 打瞌睡 ta²¹kʰə⁵⁵ʂuei⁵¹	睡 ʂuei⁵¹
廊坊	打哈赤 ta²¹xa⁵⁵tʂʰʅ⁰ 打哈欠 ta²¹xa⁵⁵tɕʰien⁰	打盹儿 ta³⁵tuər²¹⁴ 打瞌睡 ta²¹kʰɤ⁵⁵ʂuei⁰	睡 ʂuei⁵¹ 着 tʂɑu³⁵
魏县	打哈哈儿 ta⁵⁵xa³³xɑr⁰	侧盹儿 tsai³³tʰuər⁵⁵	睡 ʂəi³¹²
张北	打哈嗳 ta⁵⁵xa⁴²ŋai⁰	丢盹儿 tiəu⁴²tuər⁵⁵	睡 suei²¹³
万全	打哈嗳 ta⁵⁵xa⁴¹ŋei²¹³	丢盹儿 tiou⁴¹tuər²¹³	睡 suei²¹³
涿鹿	打哈欠 ta⁴⁵xa⁴²tɕʰie⁰	丢盹 tiəu⁴²tuŋ⁴⁵	睡 ʂuei³¹
平山	打哈歇 ta⁵⁵xa⁴²ɕiə⁰	丢盹儿 tiɐu⁵³tuər⁵⁵	睡 ʂæi⁴²
鹿泉	打哈欠 ta³⁵xɤ⁵⁵tɕʰiæ⁰	打瞌睡 ta⁵⁵kʰɤ¹³ʂei⁰	睡 ʂei³¹²
赞皇	打哈欠 ta⁴⁵xa⁵⁴tɕʰiæ⁰	打盹儿 ta⁵⁵tuər⁴⁵ 丢盹儿 tiəu⁵⁴tuər⁴⁵	睡 ʂuei³¹²
沙河	打哈欠 tɔ³³xɤ⁴¹ɕiã⁰	打盹儿 tɔ³¹tuər³³	睡 ʂei²¹
邯郸	打[哈欠]tɔ⁵⁵xiæ³¹	趄盹儿 tsʰiəʔ⁴tsuər⁵³	睡 ʂuəi²¹³
涉县	打哈欠儿 tɔ⁵³xə²⁴tɕʰyɐr⁰	瘾症 i⁵⁵tsəŋ⁰	睡 suəi⁵⁵

	0868 打呼噜	0869 做梦	0870 起床
兴隆	打呼噜 ta²¹xu³⁵lu⁰	做梦 tsou⁵³məŋ⁵¹/ tsuo⁵³məŋ⁵¹	起来 tɕʰiɛ²¹lai⁰ 起床 tɕʰi²¹tʂʰuaŋ⁵⁵
北戴河	打呼噜 ta²¹xu⁴⁴lu⁰	做梦 tʃou⁵³məŋ⁵¹	起来 tɕʰi²¹lai⁰
昌黎	打呼噜 ta²⁴xu⁴³lu⁰	做梦 tsou⁴²məŋ²⁴	起床 tɕʰi²⁴tʂʰuaŋ²⁴
乐亭	打呼噜 ta³³xu³¹lu⁰	做梦 tsou⁵³məŋ⁵²	起床 tɕʰi³³tʂʰuaŋ²¹²
蔚县	打鼾睡 ta¹³xã³¹suei⁰	做梦 tsuɤ⁵³məŋ³¹²	起来 tɕʰi⁴⁴lɛi⁰
涞水	打呼噜 ta²⁴xu³³lu⁰	做梦 tsuo³¹məŋ³¹⁴	起 tɕʰi²⁴
霸州	打呼噜 ta²⁴xu²¹lu⁰	做梦 tsou⁴⁵məŋ⁴¹	起来 tɕʰi²¹lai⁰
容城	打呼噜 ta²¹xu³¹lu⁰	做梦 tsou⁴⁴məŋ⁵¹³	起床 tɕʰi²¹tʂʰuaŋ³⁵
雄县	打呼噜 ta²⁴xu⁴⁴lu⁰	做梦 tsou⁵³⁴məŋ⁴¹	起来 tɕʰi²¹lai⁰
安新	打呼噜 ta²¹xu⁴⁵lu⁰	做梦 tsuo⁵³məŋ⁵¹	起 tɕʰi²¹⁴
满城	打呼噜 ta²¹xu⁴⁵lu⁰	做梦 tsou⁵³məŋ⁵¹²	起来 tɕʰi²¹lai⁰
阜平	打鼾睡 ta⁵⁵xæ²⁴ʂei⁵³	做梦 tsuɤ²⁴məŋ⁵³	起来 tɕʰi²¹læ⁰
定州	打呼噜 ta²⁴xu²¹¹lu⁰	做梦 tsou⁵³məŋ⁵¹	起来俩 tɕʰi²¹¹lɛ⁰lia⁰
无极	打鼾睡 ta³¹xãn³⁵ʂuəi⁰	做梦 tsəu⁵¹məŋ⁵¹	起来 tɕʰi³⁵læ⁰
辛集	打呼噜儿 tɑ³²⁴xu³³lur⁰	做梦 tsou⁴²məŋ⁴¹	起来 tɕʰi³²²lai⁰
衡水	打呼噜儿 ta⁵⁵xu³¹lur⁰	做梦 tʂəu³¹məŋ³¹	起来 tɕʰi²¹lai⁰
故城	打呼噜 ta⁵⁵xu²¹lou⁰	做梦 tsou²⁴məŋ³¹	起来啦 tɕʰi²⁴læ⁰la⁰
巨鹿	打鼾喘 ta⁵⁵xɛ̃⁵³tʂʰuan⁰	做梦 tsou³³məŋ²¹	起啦 tɕʰi⁵⁵la⁰
邢台	打呼噜 ta⁵⁵xu³⁴lu⁰	做梦 tsu³³məŋ³¹	起床 tɕʰi⁵⁵tʂʰuaŋ⁵³
馆陶	打呼噜 ta⁴⁴xu²⁴lu⁰	做梦 tsəu²⁴məŋ²¹	起 tɕʰi⁴⁴
沧县	打呼噜 ta⁵⁵xu⁴¹lu⁰	做梦 tsou²³məŋ⁴¹	起 tɕʰi⁵⁵
献县	打呼噜儿 ta²⁴xu³³lur⁰	做梦 tsou³¹məŋ³¹	起 tɕʰi²¹⁴
平泉	打呼噜 ta²¹xu⁵⁵lu⁰	做梦 tsuo⁵³məŋ⁵¹	起床 tɕʰi²¹tʂʰuaŋ³⁵
滦平	打呼噜 ta²¹xu⁵⁵lu⁰	做梦 tsuo⁵¹məŋ⁵¹	起床 tɕʰi²¹tʂʰuaŋ³⁵
廊坊	打呼噜儿 ta²¹xu⁵⁵lur⁰	做梦 tsuo⁵³məŋ⁵¹/ tsuo⁵³məŋ⁵¹	起床 tɕʰi²¹tʂʰuaŋ³⁵
魏县	打呼噜儿 ta⁵⁵xu³³lur⁰	做梦 tʂuə³³məŋ³¹²	[起来]tɕʰiai⁵⁵
张北	打鼾睡 ta⁵⁵xæ²³suei⁰	做梦 tsuə²³məŋ²¹³	起床 tɕʰi⁵⁵tsʰuɔ̃⁴²

（续表）

	0868 打呼噜	0869 做梦	0870 起床
万全	打鼾睡 ta⁵⁵xan²¹³suei⁰	做梦 tsuə²⁴məŋ²¹³	起 tɕʰi⁵⁵
涿鹿	打呼 ta⁴²xu⁴²	做梦 tsəu²³məŋ³¹	起 tɕʰi⁴⁵
平山	打鼾睡 ta⁵⁵xæ̃⁵³ʂæi⁴²	做梦 tsu²⁴məŋ⁴²	[起来]tɕʰiæi⁵⁵
鹿泉	打呼噜 ta⁵⁵xɤ¹³lou⁰	做梦 tsuo³⁵məŋ³¹	起床 tɕʰi³⁵tʂʰuɑŋ⁵⁵
赞皇	打呼噜 ta⁴⁵xu²¹lu⁰	做梦 tsu²⁴məŋ³¹	起床 tɕʰi⁴⁵tʂʰuɑŋ⁵⁴
沙河	打呼噜 tɔ³³xu⁰lu⁰	梦梦儿 məŋ²¹mər⁰	起来 tɕʰi³³lai⁰
邯郸	打呼噜儿 tɔ⁵⁵xʌʔ²ləur⁰	做梦 tsuʌʔ⁵məŋ²¹	[起来]tɕʰiai⁵³
涉县	打呼噜 tɒ⁵³xəʔ³²lou⁰	梦梦儿 məŋ⁵³mur²⁴	起 tɕʰi⁵³

	0871 刷牙	0872 洗澡	0873 想 思索：让我～一下
兴隆	刷牙 ʂua⁵⁵ia⁵⁵	洗澡 ɕi³⁵tsɑu²¹³	寻思 ɕyn⁵⁵sʅ⁰ 想 ɕiaŋ²¹³
北戴河	刷牙 ʃua⁴⁴ia³⁵	洗澡儿 ɕi³⁵tʃaur²¹⁴	想 ɕiaŋ²¹⁴
昌黎	刷牙 ʂua³⁴ia²¹³	洗澡儿 ɕi²⁴tsaur²¹³	琢磨 tsuo²⁴mə⁰ 想 ɕiaŋ²¹³
乐亭	刷牙 ʂua³³ia²¹²	洗澡儿 ɕi³³tsaur³⁴	寻思 ɕien³¹tsʰʅ⁰
蔚县	刷牙 sua⁵³ia⁴¹	洗澡 ɕi⁴⁴tsʌɯ⁴⁴ 洗身上 ɕi⁴⁴sən⁵³sɔ⁰	想 ɕiɔ⁴⁴
涞水	刷牙 ʂua⁵⁵ia⁴⁵	洗澡 ɕi⁴⁵tsau²⁴	琢磨 tsuo⁴⁵muo⁰
霸州	刷牙 ʂua⁴⁵ia⁵³	洗澡 ɕi²⁴tsau²¹⁴	想 ɕiaŋ²¹⁴
容城	刷牙 ʂua⁴⁴ia³⁵	洗澡 ɕi⁴⁴tsau²¹³	琢磨 tsuo³¹mɤ⁰
雄县	刷牙 ʂua⁴⁵ia⁵³	洗澡 ɕi²⁴tsau²¹⁴	想 ɕiaŋ²¹⁴
安新	刷牙 ʂua⁴⁵ia³¹	洗澡 ɕi⁴⁵tsau²¹⁴	想 ɕiaŋ²¹⁴
满城	刷牙 ʂua⁴⁵ia²²	洗澡 ɕi³⁵tsau²¹³	想 ɕiaŋ²¹³ 琢磨 tsuo²²mo⁰
阜平	刷牙 ʂua⁵⁵ia²⁴	洗澡 ɕi⁵³tsɔ⁵⁵	想 ɕiaŋ⁵⁵
定州	刷牙 ʂua³³ia²⁴	洗澡 si²⁴tsau²⁴	想 siaŋ²⁴
无极	刷牙 ʂua³⁵ia²¹³	洗澡儿 si³¹tsɔr³⁵	想 siaŋ³⁵
辛集	刷牙 ʂa³³iɑ³⁵⁴	洗澡儿 si³⁵tsaur³²⁴	思乎 sʅ³³xou⁰
衡水	刷牙 ʂua²⁴ia⁵³	洗澡 ɕi⁵⁵tsau⁵⁵	寻思 ɕin²⁴sʅ⁰ 琢磨 tʂuo⁵³mo⁰
故城	刷牙 sua²⁴ia⁵³	洗澡儿 ɕi³¹tsɔor⁵⁵	想想 ɕiaŋ⁵³ɕiaŋ⁰
巨鹿	刷牙 ʂua³³ia⁴¹	洗身子 ɕi⁵⁵ʂən³³tsʅ⁰	想 ɕiaŋ⁵⁵
邢台	刷牙 ʂua³⁴ia⁵³	洗澡儿 si⁵³tsaur⁵⁵	想 siaŋ⁵⁵
馆陶	刷牙 ʂua²⁴ia⁵²	洗澡儿 si⁵²tsaor⁴⁴	寻思 ɕin⁵²si⁰ 想 siaŋ⁴⁴
沧县	刷牙 sua²³ia⁵³	洗澡儿 ɕi⁵⁵tsaur⁵⁵	想 ɕiaŋ⁵⁵
献县	刷牙 ʂua³³ia⁵³	洗澡儿 ɕi²⁴tsɔr²¹⁴	想 ɕiã²¹⁴
平泉	刷牙 ʂua⁵⁵ia³⁵	洗澡 ɕi³⁵tsau²¹⁴	寻思 ɕin³⁵sʅ⁰ 想 ɕiaŋ²¹⁴

（续表）

	0871 刷牙	0872 洗澡	0873 想 思索：让我~一下
滦平	刷牙 ʂua⁵⁵ia³⁵	洗澡 ɕi³⁵tsɑu²¹⁴	琢磨 tsuo³⁵mə⁰ 寻思 ɕin³⁵sɿ⁰ 想 ɕiaŋ²¹⁴
廊坊	刷牙 ʂua⁵⁵ia³⁵	洗澡 ɕi³⁵tsɑu²¹⁴	想 ɕiaŋ²¹⁴ 琢磨 tsuo³⁵mɤ⁰ 寻思 ɕin³⁵sɿ⁰
魏县	刷牙 ʂuə³³ia⁵³	洗身子 ɕi⁵⁵ʂən³³tɛ⁰ 洗澡儿 ɕi⁵⁵tʂaur⁵⁵	想 ɕiaŋ⁵⁵
张北	漱口 su²³kəu⁵⁵	洗澡 ɕi⁴²tsɑu⁵⁵	思谋 sɿ⁴²məu⁰
万全	漱漱嘴 su⁵⁵su⁰tsuei⁵⁵	洗洗身上 ɕi⁵⁵ɕi⁰ʂəŋ⁴¹aŋ²¹³	思谋 sɿ⁴¹mu⁰
涿鹿	刷牙 suʌʔ⁴³ia⁵²	洗澡 ɕi⁴²tsɔ⁴⁵	想 ɕiã⁴⁵
平山	刷牙 ʂua²⁴ia³¹	洗澡 si⁵⁵tsɔ⁵⁵	想 siaŋ⁵⁵
鹿泉	刷牙 ʂuʌ¹³ia⁵⁵	洗澡 si⁵⁵tsɔ³⁵	想 siaŋ³⁵
赞皇	刷牙 ʂua²¹ia⁵⁴	洗澡 si⁵⁴tsɔ⁴⁵	想想 siaŋ⁴⁵siaŋ⁰
沙河	刷牙 ʂuəʔ²iɔ⁵¹	洗身子 si³³ʂən⁴¹tə⁰	想 siaŋ³³
邯郸	刷牙 ʂuʌʔ²⁴iɔ⁵³	洗澡 si⁵³tsau⁵⁵	想想 siaŋ⁵³siaŋ⁰
涉县	刷牙 suəʔ³²ia⁴¹	洗澡 ɕi⁴¹tsau⁵³	思乎 sɿ⁴¹xuəʔ⁰

	0874 想 想念：我很~他	0875 打算 我~开个店	0876 记得
兴隆	想 ɕiaŋ²¹³	想 ɕiaŋ²¹³ 打算 ta²¹suan⁰	记得 tɕi⁵¹tə⁰ 记着 tɕi⁵¹tʂə⁰
北戴河	想 ɕiaŋ²¹⁴	打算 ta²¹ʃuan⁰	记着 tɕi⁵³tʃə⁰ 记得 tɕi⁵³tə⁰
昌黎	想 ɕiaŋ²¹³	打算 ta²¹ʂuan⁰	记得 tɕi⁴⁵ti⁰
乐亭	想 ɕiaŋ³⁴	惦着 tien³⁵tʂə⁰	记得 tɕi⁵⁵ti⁰
蔚县	想 ɕiɔ⁴⁴	想 ɕiɔ⁴⁴	记着 tɕi³¹tsɤ⁰
涞水	想 ɕiaŋ²⁴	想着 ɕiaŋ³¹tʂɔ⁰	记得 tɕi³³¹tɤ⁰
霸州	想 ɕiaŋ²¹⁴	打算 ta²¹suan⁰ 想 ɕiaŋ²¹⁴	记得 tɕi⁴⁵tɤ⁰
容城	想 ɕiaŋ²¹³	想着 ɕiaŋ⁵²tʂou⁰	记得 tɕi⁵²ti⁰
雄县	想 ɕiaŋ²¹⁴	打算 ta²¹suãn⁰ 想 ɕiaŋ²¹⁴	记得 tɕi⁴⁵tɤ⁰
安新	想 ɕiaŋ²¹⁴	打着 ta⁵³tʂau⁰	记得 tɕi⁵⁵ti⁰
满城	想 ɕiaŋ²¹³	想着 ɕiaŋ⁴²tʂou⁰ 打算 ta²¹suan⁰	记得 tɕi⁵⁵ti⁰
阜平	想 ɕiaŋ⁵⁵	想着 ɕiaŋ²¹tʂɔ⁰	记着 tɕi²⁴tʂɔ⁰
定州	想 siaŋ²⁴	打着 ta²¹¹tʂau⁰ 打算 ta²¹¹suan⁰	记得 tɕi³⁵ti⁰
无极	想 siaŋ³⁵	指着 tʂʅ³⁵tʂə⁰	记哩 tɕi⁵³li⁰
辛集	想 siaŋ³²⁴	打意着 ta²⁴i⁴¹tʂau⁰	记哩 tɕi³²⁴li⁰
衡水	想 ɕiaŋ⁵⁵	打着 ta²¹tʂau⁰ 想着 ɕiaŋ²¹tʂau⁰	记得 tɕi⁵³ti⁰
故城	想 ɕiaŋ⁵⁵	打着 ta²⁴tʂɤ⁰	记得 tɕi⁵³ti⁰
巨鹿	想 ɕiaŋ⁵⁵	盘算 pʰan⁵⁵suẽ²¹	记哩 tɕi²¹li⁰
邢台	想 siaŋ⁵⁵	打算 ta⁵⁵suan³¹ 盘算 pʰan⁵³suan³¹	记着 tɕi³¹tʂau⁰
馆陶	想 siaŋ⁴⁴	寻思 ɕin⁵²si⁰ 打算 ta⁴⁴suæn²¹	记得 tɕi²¹tə⁰
沧县	想 ɕiaŋ⁵⁵	想着 ɕiaŋ²³tʂə⁰	记得 tɕi⁵³ti⁰

（续表）

	0874 想_{想念：我很~他}	0875 打算_{我~开个店}	0876 记得
献县	想 ɕiã²¹⁴	冲着 tṣʰoŋ³³¹tṣɔ⁰ 想着 ɕiã²¹tṣɔ⁰	记得 tɕi³³¹ti⁰
平泉	想 ɕiaŋ²¹⁴	打算 ta²¹suan⁰	记得 tɕi⁵¹tə⁰
滦平	想 ɕiaŋ²¹⁴	打算 ta²¹suan⁵¹	记得 tɕi⁵¹tə⁰
廊坊	想 ɕiaŋ²¹⁴	打算 ta²¹suan⁵¹ 准备 tṣuən²¹pei⁵¹	记得 tɕi⁵¹tɤ⁰
魏县	想 ɕiaŋ⁵⁵	打算的 ta⁵⁵ʂuan³¹²tɛ⁰	记得 tɕi³¹²tɛ⁰
张北	想 ɕiɔ̃⁵⁵	合计 xə⁴²tɕi⁰	记得 tɕi²³tə⁰
万全	想 ɕia⁵⁵	打算 ta⁴⁴suan²¹³	记得 tɕi²¹³tə⁰
涿鹿	想 ɕiã⁴⁵	打算 ta⁴⁵suæ̃³¹	记得 tɕi³¹tə⁰
平山	想 siaŋ⁵⁵	意着 i⁵⁵tʂɤ⁰ 想着 siaŋ⁵⁵tʂɤ⁰	记得 tɕi⁵⁵ti⁰
鹿泉	想 siaŋ³⁵	想着 siaŋ³⁵tʂɤ⁰ 打算 ta³⁵suæ̃⁰	记得 tɕi³¹tɤ⁰
赞皇	想 siaŋ⁴⁵	打算 ta⁴⁵suæ̃⁰ 计划 tɕi²⁴xua³¹	记得 tɕi⁵¹iə⁰
沙河	想 siaŋ³³	打算 tɔ³³suã²¹	记得 tɕi²¹tɤ⁰
邯郸	想 siaŋ⁵⁵	准备 tṣun⁵⁵pəi²¹	记嘞 tɕi¹³ləi⁰
涉县	想 ɕiã⁵³	打算 tɔ⁵³suæ̃²⁴	记得 tɕi⁵⁵ə⁰

	0877 忘记	0878 怕害怕：你别~	0879 相信我~你
兴隆	忘了 uaŋ⁵¹lə⁰ 忘记 uaŋ⁵³tɕi⁵¹	怕 pʰa⁵¹	相信 ɕiaŋ³⁵ɕin⁵¹
北戴河	忘了 uaŋ⁵³lə⁰	怕 pʰa⁵¹	信着 ɕin⁵³tʃau⁰
昌黎	忘咧 uaŋ²⁴lie⁰	怕 pʰa⁴⁵³	信服 ɕin⁴⁵fu⁰ 相信 ɕiaŋ²¹³ɕin⁰
乐亭	忘咧 uaŋ³⁵lie⁰	怕 pʰa⁵²	信得着 ɕiən⁵²ti⁰tʂau²¹²
蔚县	忘 vɔ³¹² 耳转 ər⁴⁴tsuã⁰	害怕 xɛi³¹pʰa³¹²	信得过 ɕin³¹tɤ⁰kuɤ³¹² 相信 ɕiɔ⁵³ɕiŋ³¹²
涞水	忘 uaŋ³¹⁴	胆儿小 tɐr⁴⁵ɕiɑu²⁴① 怕 pʰa³¹⁴	信 ɕin³¹⁴
霸州	忘 uaŋ⁴¹	胆儿小 tɐr²⁴ɕiɑu²¹⁴ 嫌怕 ɕian⁴⁴pʰa⁴¹	信 ɕin⁴¹
容城	忘咧 uaŋ³⁵liɛ⁰	怕 pʰa⁵¹³	信 ɕin⁵¹³
雄县	忘 uaŋ⁴¹	怕 pʰa⁴¹ 胆儿小 tɐr²⁴ɕiɑu²¹⁴ 嫌怕 ɕiã⁵³pʰa⁴¹	信服 ɕin⁴⁵fu⁰
安新	忘 uaŋ⁵¹	怕 pʰa⁵¹	相信 ɕiaŋ⁴⁵ɕin⁵¹
满城	忘 uaŋ⁵¹²	怕 pʰa⁵¹²	信 ɕin⁵¹²
阜平	忘 uaŋ⁵³	怕 pʰa⁵³	相信 ɕiaŋ²⁴ɕiŋ⁵³
定州	忘俩 uaŋ³⁵liɑ⁰	怕 pʰa⁵¹ 胆儿小 tɐr²⁴siɑu²⁴	信 sin⁵¹
无极	忘俩 uaŋ³²⁵liɑ⁰	怕 pʰa⁵¹	信 siən⁵¹
辛集	忘俩 uaŋ³²⁴liɑ⁰	怵见 tʂʰu⁴²tɕian⁰ 眮愣 tsʰi³³lən⁰ 草鸡 tsʰau³²²tɕi⁰	信 siən⁴¹
衡水	忘嗹 vaŋ⁵³lian⁰	害怕 xai³¹pʰa³¹	信 ɕin³¹
故城	忘啦 vaŋ⁵³la⁰	害怕 xæ²⁴pʰa³¹ 怕 pʰa³¹	信着 ɕiẽ⁵³tʂɔ⁰
巨鹿	忘嘞 uã²¹lɛ⁰	害怕 xai³³pʰa²¹	信 ɕin²¹
邢台	忘兰 vaŋ³¹lan⁰	怕 pʰa³¹	信 sin³¹

(续表)

	0877 忘记	0878 怕害怕：你别~	0879 相信我~你
馆陶	忘 uaŋ²¹³ 忘记 uaŋ²⁴tɕi²¹	怕 pʰa²¹³	信 sin²¹³ 相信 siaŋ²⁴sin²¹
沧县	忘 uaŋ⁴¹	怕 pʰa⁴¹	相信 ɕiaŋ²³ɕin⁴¹
献县	忘 uã³¹	怕 pʰa³¹	信得及 ɕin³³¹ti⁰tɕi⁵³
平泉	忘了 uaŋ⁵¹lə⁰ 忘记 uaŋ⁵³tɕi⁵¹	怕 pʰa⁵¹	相信 ɕiaŋ⁵⁵ɕin⁵¹
滦平	忘记 uaŋ⁵¹tɕi⁵¹	怕 pʰa⁵¹	相信 ɕiaŋ⁵⁵ɕin⁵¹
廊坊	忘 uaŋ⁵¹	怕 pʰa⁵¹ 害怕 xai⁵³pʰa⁵¹	相信 ɕiaŋ⁵⁵ɕin⁵¹
魏县	忘 uaŋ³¹²	害怕 xai³¹pʰa³¹²	信 ɕin³¹²
张北	忘了 vɤ̃²³lə⁰	害吓 xai²³ɕia²¹³	信 ɕin²¹³
万全	忘嘞 və²¹³lɛi⁰	吓得 ɕia²¹³tə⁰	信 ɕiəŋ²¹³
涿鹿	忘啦 uã³¹la⁰	怕 pʰa³¹	相信 ɕiã⁴⁵ɕiŋ³¹
平山	忘兰 uaŋ⁵⁵læ⁰	怕 pʰa⁴² 吓得慌 ɕia⁵⁵ti⁰xuaŋ⁰	凭服 pʰiŋ²⁴fu³¹
鹿泉	忘兰 uaŋ³¹læ⁰	怕 pʰa³¹²	相信 siaŋ⁵⁵siẽ³¹
赞皇	忘兰 uaŋ⁵¹læ⁰	怕 pʰa³¹²	相信 siaŋ⁵⁴sin³¹ 信任 sin³¹²zən³¹
沙河	忘啦 uaŋ²¹la⁰	怕 pʰɔ²¹	信 siən²¹
邯郸	忘 vaŋ²¹³	害怕 xai⁵³pʰɔ²¹	相信 siaŋ⁵⁵sin²¹
涉县	忘 vã⁵⁵	怕 pʰɒ⁵⁵	相信 ɕiã⁴¹ɕiəŋ²⁴ 信 ɕiəŋ⁵⁵

① 可直接带宾语：~他。

	0880 发愁	0881 小心 过马路要~	0882 喜欢 ~看电视
兴隆	犯愁 fan⁵¹tʂʰou⁵⁵ 愁得慌 ʂʰou⁵⁵tə⁰xuaŋ⁰	当心 taŋ³⁵ɕin³⁵ 小心 ɕiɑu²¹ɕin³⁵	喜欢 ɕi²¹xuan⁵⁵
北戴河	愁得慌 tʃʰou³⁵ti⁰xuŋ⁴⁴	加小心 tɕia⁴⁴ɕiɑu²¹ɕin⁰	爱 nai⁵¹
昌黎	发愁 fa³⁴tʂʰou²⁴	小心 ɕiɑu²¹ɕin⁰	喜欢 ɕi²¹xuan⁰
乐亭	发愁 fa³³tʂʰou²¹²	小心 ɕiɑu²¹ɕən⁰	稀罕 ɕi³¹xən⁰
蔚县	愁 tsʰəu⁴¹	小心 ɕiʌɯ⁴⁴ɕiŋ⁰ 看着点儿 kʰã³¹tsɤ⁰tier⁴⁴	好 xʌɯ³¹²
涞水	发愁儿 fa⁵⁵tsʰou²⁴uɚ⁰	注意 tʂu³¹i³¹⁴	爱 nai³¹⁴
霸州	发愁 fa⁴⁵tʂʰou⁵³	看着点儿 kʰan⁴⁵tʂɤ⁰tier²¹⁴	稀罕 ɕi³¹xən⁰ 爱 nai⁴¹
容城	发愁 fa⁴⁴tʂʰou³⁵	小心 ɕiɑu²¹ɕin⁰	稀罕 ɕi³¹xan⁰
雄县	发愁 fa⁴⁵tsʰou⁵³	小心 ɕiɑu²¹ɕin⁰	稀罕 ɕi⁴⁴xən⁰ 爱 nai⁴¹
安新	发愁儿 fa⁴⁵tsʰou³³wər⁰	小心 ɕiɑu⁵³ɕin⁰	愿意 yan⁵⁵i⁰ 乐意 lɤ⁵⁵i⁰
满城	发愁 fa⁴⁵tʂʰou²²	小心 ɕiɑu²¹ɕin⁰	爱 nai⁵¹²
阜平	发愁 fa⁵⁵tʂʰou²⁴	小心 ɕi²¹ɕiŋ⁰	待见 tæ⁵³tɕiæ̃⁰
定州	发愁 fa³³tʂʰou²⁴	结记着 tɕie²¹¹tɕi⁰tʂɑu⁰	待见 tai⁵³tɕian⁰
无极	发愁 fa³⁵tʂʰəu²¹³	小心 siɔ³⁵sien³¹	待见 tæ⁵¹tɕiãn⁵¹
辛集	发愁 fa³⁵⁴tʂʰou³⁵⁴	结记着 tɕie³⁵tɕi⁴¹tʂɑu⁰	待见 tai⁴²tɕian⁰ 对象是人 迷 mi³⁵⁴ 对象是物 爱 ŋai⁴¹
衡水	发愁 fa²⁴tsʰəu⁵³	加着小心 tɕia⁵³tʂɑu⁰ɕiɑu²¹ɕin⁰	爱 ŋai³¹
故城	发愁 fa²⁴tsʰou⁵³	加小心 tɕia³¹ɕiɔ²⁴ɕiẽ⁰	好 xɔo³¹ 爱 ŋæ³¹
巨鹿	发愁 fa³³tʂʰou⁴¹	小心 ɕiɑu⁵⁵ɕin³³	好 xɑu²¹
邢台	愁哩慌 tʂʰou⁵³li⁰xuaŋ³⁴	小心 siɑu⁴³sin³⁴	好 xɑu³¹
馆陶	上愁 ʂaŋ²¹³tʂʰəu⁵²	小心 siɑo⁴⁴sin⁰	好 xɑo²¹³
沧县	发愁 fa²³tsʰou⁵³	慢儿慢儿地 mɚ⁴¹mɚ⁵³ti⁰	稀罕 ɕi⁴¹xan⁰

(续表)

	0880 发愁	0881 小心 过马路要~	0882 喜欢 ~看电视
献县	上愁 ʂã³¹tʂʰou⁵³	小心 ɕiɔ²⁴ɕin³³ 注意 tʂu³¹i³¹	爱 nɛ³¹
平泉	犯愁 fan⁵³tʂʰou³⁵ 发愁 fa⁵⁵tʂʰou³⁵	小心 ɕiɑu²¹ɕin⁵⁵	喜欢 ɕi²¹xuan⁵⁵
滦平	犯愁 fan⁵¹tʂʰou³⁵ 发愁 fa⁵⁵tʂʰou³⁵	小心 ɕiɑu²¹ɕin⁰	喜欢 ɕi²¹xuan⁵⁵
廊坊	发愁 fa⁵⁵tʂʰou³⁵	小心 ɕiɑu²¹ɕin⁵⁵	喜欢 ɕi²¹xuan⁵⁵ 爱 ai⁵¹/ŋai⁵¹
魏县	发愁 fə³³tʂʰəu⁵³	小心 ɕiɑu⁵⁵ɕin³³	喜欢 ɕi⁵⁵xuan³¹² 好 xɑu³¹²
张北	发愁 fəʔ³tʂʰəu⁴²	小心 ɕiɑu⁵⁵ɕiŋ⁴²	喜欢 ɕi⁵⁵xuæ⁴²
万全	愁得慌 tsʰou⁴¹tə⁰xuaŋ⁴¹	小心点儿 ɕiɔ⁴⁴ɕiəŋ⁴¹tier⁵⁵	爱 ŋei²¹³
涿鹿	发愁 fʌ⁴³tʂʰəu⁵²	小心 ɕiɔ⁵⁵ɕiŋ⁰	待见 tɛ³¹tɕiæ⁰ 喜欢 ɕi⁵⁵xuæ⁰
平山	愁得慌 tʂʰɐu⁴²ti⁰xuaŋ⁰	小心 siə⁵⁵siŋ³¹	待见 tɛ²⁴tɕiæ⁴²
鹿泉	发愁 fʌ¹³tʂʰou⁰	经心 tɕiŋ⁵⁵siẽ⁰	待见 tɛ³¹tɕiæ⁰
赞皇	发愁 fa²¹tʂʰəu⁵⁴	小心 sɔ⁴⁵sin⁵⁴	喜欢 ɕi⁴⁵xuæ⁰ 待见 tɛ²⁴tɕiæ³¹
沙河	愁哩慌 tʂʰəu⁵¹li⁰xuaŋ⁰	操心儿 tsʰau⁴¹siər²¹	喜欢 ɕi³³xuã⁰
邯郸	发愁 fʌʔ²tʂʰəu⁵³	操点儿心儿 tsʰɑu³³tier⁵⁵siər³¹	好 xɑu²¹³
涉县	发愁 fɐʔ³²tʂʰou⁴¹² 愁 tsʰou⁴¹²	小心 ɕiɑu⁵³ɕiəŋ⁰	愿意 yæ⁵⁵i⁰ 喜欢 ɕi⁵³xuæ⁰

	0883 讨厌~这个人	0884 舒服凉风吹来很~	0885 难受生理的
兴隆	膈应 kə⁵¹iŋ⁰ 讨厌 tʰɑu²¹iɛn⁵¹	舒服 ʂu³⁵fu⁰	不好受 pu⁵¹xɑu²¹ʂou⁵¹ 难受 nan⁵⁵ʂou⁵¹
北戴河	膈应 kɤ⁵³iŋ⁰	得劲儿 tei²¹tɕiər⁵¹ 舒服 ʃu⁴⁴fu⁰	不得劲儿 pu⁵³tei²¹tɕiər⁵¹ 难受 nan³⁵ʃou⁵¹
昌黎	讨厌 tʰɑu²¹iɛn⁴⁵³	舒服 su⁴³fu⁰	难受 nan³⁴ʂou²⁴
乐亭	讨人嫌 tʰɑu³³ʐən³³ɕiɛn²¹²	舒坦 ʂu³¹tʰən⁰	不好受 pu³³xɑu²¹¹ʂou⁵²
蔚县	不欢喜 pu⁵³xuã⁵³ɕi⁰ 嫌他影＝得慌 ɕiã⁴¹tʰɑ⁰iŋ⁴⁴tɤ⁰xɔ⁰	舒服 su⁵³fu⁰	难受 nã⁴¹səu³¹² 难挨 nã¹³nɛi⁴¹
涞水	腻歪 ȵi³³¹uai⁰	得 tei²⁴	不得劲儿 pu³¹tei²⁴tɕiər³¹⁴
霸州	膈应 kɤ⁴⁵iŋ⁰ 腻歪 ȵi⁴⁵uei⁰	得 tei²¹⁴ 舒坦 ʂu²¹tʰan⁰	不好受 pu⁴⁵xɑu²⁴ʂou⁴¹ 难受 nan⁴⁴ʂou⁴¹
容城	腻歪 ȵi⁵²uai⁰	舒坦 ʂu³¹tʰan⁰	难受 nan³⁵ʂou⁵¹³
雄县	不待见 pu⁴⁵tai⁴¹tɕiãn⁰ 膈应 kɤ⁴⁵iŋ⁰ 腻歪 ȵi⁴⁵uei⁰	得 tei²¹⁴ 好受 xɑu²⁴ʂou⁴¹ 舒坦 ʂu⁴⁴tʰãn⁰	不好受 pu⁴⁵xɑu²⁴ʂou⁴¹ 难受 nãn⁵³ʂou⁴¹
安新	腻歪 ȵi⁵⁵uai⁰	舒坦 ʂu⁴⁵tʰan⁰ 郁＝赞＝y⁵⁵tsan⁰	难受 nan⁴⁵ʂou⁵¹
满城	腻歪 ȵi⁵⁵uai⁰	舒坦 ʂu⁴⁵tʰan⁰	难受 nan⁴⁵ʂou⁵¹²
阜平	讨厌 tʰɔ⁵⁵iæ⁵³	舒服 ʂu³¹fu⁰	难受 næ²⁴ʂou⁵³
定州	膈腻 kɤ³⁵ȵi⁰ 程度重 烦 fan²¹³ 程度轻	得 tei²⁴	不好受 pu⁵³xɑu²⁴ʂou⁵¹
无极	膈应 kɤ²¹³iŋ⁰	舒脱 ʂu³¹tʰuɤ⁰	难受 nãn³¹ʂou⁴⁵¹
辛集	膈应 kə⁴²iŋ⁰ 不待见 pu³⁵tai⁴²tɕian⁰	得劲儿 tei³⁵tɕiər⁴¹	不得劲儿 pu³⁵tei³⁵tɕiər⁴¹
衡水	烦 fan⁵³	得劲儿 tei²⁴tɕiər³¹	难受 nan⁵³ʂou³¹
故城	膈应 kɤ²¹iŋ⁰	舒坦 ʂu²¹tʰæ⁰ 得劲儿 tei²⁴tɕiər³¹	难受 næ⁵⁵ʂou³¹ 不得劲儿 pu⁵⁵tei²⁴tɕiər³¹
巨鹿	烦 fɛ⁴¹	得劲儿 tei³³tɕiər²¹	不得劲儿 pu⁵⁵tei³³tɕiər²¹
邢台	烦 fan⁵³ 不待见 pu³¹tai³³tɕian³¹	得劲儿 tei⁵⁵tɕiər³¹	不得劲儿 pu³¹tei⁵⁵tɕiər³¹

(续表)

	0883 讨厌~这个人	0884 舒服凉风吹来很~	0885 难受生理的
馆陶	烦 fæn⁵²	得劲儿 tei²⁴tɕiər²¹ 得 tei²⁴ 恣 tsʅ²¹³	不得劲儿 pu²⁴tei²¹tɕiər⁰ 难受 næn⁵²ʂou⁰
沧县	烦 fan⁵³	舒服 ʂu⁴¹fu⁰	难受 nan⁵³ʂou⁴¹
献县	腻歪 ȵi³³¹uɛ⁰	好受 xɔ²⁴ʂou³¹	难受 næ⁵³ʂou³¹
平泉	膈应 kə⁵¹iŋ⁰ 讨厌 tʰɑu²¹ian⁵¹	如⁼做⁼ʐu⁵⁵tsuo⁰ 舒服 ʂu⁵⁵fu⁰	难受 nan³⁵ʂou⁵¹
滦平	膈应 kə⁵¹iŋ⁰ 讨厌 tʰɑu²¹ian⁵¹	舒服 ʂu⁵⁵fu⁰	难受 nan³⁵ʂou⁵¹
廊坊	讨厌 tʰɑu²¹iɛn⁵¹ 烦 fan³⁵ 嫌弃 ɕien³⁵tɕʰi⁰	舒服 ʂu⁵⁵fu⁰	难受 n̠an³⁵ʂou⁵¹ 不好受 pu⁵³xɑu²¹ʂou⁵¹
魏县	烦 fan⁵³	得劲 tai⁵³tɕin³¹²	不得劲 pɐ³³tai⁵³tɕin³¹²
张北	讨厌 tʰɑu⁵⁵iæ²¹³	舒服 su⁴²fəʔ⁰	难受 næ⁴²sou⁰
万全	不待看 pu²⁴tei²¹kʰan²¹³	兴⁼骚⁼ɕiəŋ²¹³sɔ⁰	难受 nan⁴¹sou²¹³
涿鹿	犯恶 fæ²³u³¹	舒服 ʂu⁴²fuə⁰ 兴⁼骚⁼ɕiŋ⁴²sɔ⁰	难受 næ⁴²ʂɐu⁰
平山	讨厌 tʰɔ⁵⁵iæ⁴²	得劲儿 tæi²⁴tɕiər⁴²	难受 næ⁵³ʂɐu⁴²
鹿泉	邪 siɤ⁵⁵	得劲儿 tei¹³tɕiər³¹	难受 næ⁵⁵ʂou⁰
赞皇	烦 fæ⁵⁴ 讨厌 tʰɔ⁴⁵iæ³¹	得劲儿 tei²⁴tɕiər³¹	难受 næ⁵¹ʂou⁰ 不得劲儿 pu²⁴tei²⁴tɕiər³¹
沙河	烦 fã⁵¹	得劲 tie³³tɕiən²¹	难受 nã⁵¹ʂəu²¹
邯郸	烦 fæ⁵³	得劲 tiʌʔ⁵tɕin²¹	不中受 pəʔ²tʂuŋ⁵⁵ʂəu²¹
涉县	讨厌 tʰau⁵³iæ²⁴	得劲儿 təʔ⁵⁵tɕiər⁰	难受 næ⁴¹sou⁰

	0886 难过心理的	0887 高兴	0888 生气
兴隆	难过 nan⁵⁵kuo⁵¹	高兴 kau³⁵ɕiŋ⁵¹	生气 ʂəŋ³⁵tɕʰi⁵¹
北戴河	心疼 ɕin⁴⁴tʰəŋ³⁵ 难过 nan³⁵kuo⁵¹	乐 lɤ⁵¹ 高兴 kau⁴⁴ɕiŋ⁵¹	长气 tʃaŋ²¹tɕʰi⁵¹ 生气 ʃəŋ⁴⁴tɕʰi⁵¹
昌黎	孬遭 nau⁴²tʂau⁰	欢喜 xuan⁴²tɕʰi⁰ 高兴 kau³⁴ɕiŋ⁴⁵³	生气 səŋ³⁴tɕʰi⁴⁵³
乐亭	孬糟 ŋau³¹tsau⁰	欢喜 xuan³¹tɕʰi⁰	有气咧 iou³³tɕʰi³⁵lie⁰
蔚县	难过 nã⁴¹kuɤ³¹²	高兴 kʌɯ⁵³ɕiŋ³¹²	生气 səŋ⁵³tɕʰi³¹²
涞水	不痛快 pu³¹tʰoŋ³¹kʰuai³¹⁴	得儿 tər²⁴① 高兴 kau⁵⁵ɕiŋ³¹⁴	闷得慌 mən⁴⁵ti⁰xuaŋ⁰
霸州	心[里头]不好受 ɕin²¹lou⁰pu⁴⁵xau²⁴ʂou⁴¹	高兴 kau⁴⁵ɕiŋ⁴¹ 乐 lɤ⁴¹	生气 ʂəŋ⁴⁵tɕʰi⁴¹
容城	难过 nan³⁵kuoŋ⁵¹³	痛快 tʰuŋ⁵²kʰuai⁰	生气 ʂəŋ³⁵tɕʰi⁵¹³
雄县	不好受 pu⁴⁵xau²⁴ʂou⁴¹	高兴 kau⁴⁵ɕiŋ⁴¹ 从心里痛快 tsʰuŋ⁵³ɕin⁴⁴ȵi⁰tʰuŋ⁴¹kʰuai⁰ 乐 lɤ⁴¹	生气 səŋ⁴⁵tɕʰi⁴¹
安新	不好受 pu⁴⁵xau²¹ʂou⁵¹	高兴 kau⁴⁵ɕiŋ⁵¹ 乐 lɤ⁵¹	生气 səŋ⁴⁵tɕʰi⁵¹
满城	难受 nan⁴⁵ʂou⁵¹²	欢喜 xuan⁴⁵ɕi⁰	生气 ʂəŋ⁴⁵tɕʰi⁵¹²
阜平	难过 næ²⁴kuɤ⁵³	高兴 kɔ²⁴ɕiŋ⁵³	气哩慌 tɕʰi²⁴li⁰xuaŋ⁰
定州	不好 pu³³xau²⁴	欢喜 xuan³³tɕʰi⁰	气得慌 tɕʰi³⁵ti⁰xuaŋ⁰
无极	难过 nãn³¹kuɤ⁵¹	喜欢 ɕi³⁵xuãn⁰	生气 səŋ³¹tɕʰi⁵¹
辛集	不好哩慌 pu³⁵xau³²⁴li⁰xuaŋ³³	欢喜 xuan³³tɕʰi⁰	生气 səŋ³⁵tɕʰi⁴¹
衡水	难受 nan⁵³ʂou³¹	欢喜 xuan³¹ɕi⁰	生气 ʂəŋ²⁴tɕʰi³¹
故城	难受 næ̃⁵⁵ʂou³¹ 不得劲儿 pu⁵⁵tei²⁴tɕiər³¹	喜欢 ɕi²⁴xuæ̃⁰ 高兴 kɔɔ²⁴ɕiŋ³¹	生气 səŋ²⁴tɕʰi³¹ 恼 nɔo⁵⁵ 邪 ɕie⁵³
巨鹿	心里不得劲儿 ɕin³³li⁰pu³³tei⁵⁵tɕiər²¹	高兴 kau³³ɕiŋ²¹	生气 ʂəŋ³³tɕʰi²¹

(续表)

	0886 难过 心理的	0887 高兴	0888 生气
邢台	不得劲儿 pu³¹tei⁵⁵tɕiər³¹	兴嘞 ɕiŋ³¹lei⁰ 高兴 kau³⁴ɕiŋ³¹ 得 tei³⁴	生气儿 ʂəŋ³⁴tɕʰiər³¹
馆陶	难受 næ⁵²ʂəu⁰ 难过 næn⁵²kuo⁰	得 tei²⁴ 恣儿 tsər²¹³	不高兴 pu²¹kɑo⁵²ɕiŋ 生气 ʂəŋ²⁴tɕʰi²¹
沧县	难过 nan⁵³kuo⁴¹	高兴 kau²³ɕiŋ⁴¹	生气 səŋ²³tɕʰi⁴¹
献县	难受 næ⁵³ʂou³¹	高兴 kɔ³³ɕiŋ³¹	生气 ʂəŋ³³tɕʰi³¹
平泉	难过 nan³⁵kuo⁵¹	高兴 kau⁵⁵ɕiŋ⁵¹	生气 ʂəŋ⁵⁵tɕʰi⁵¹
滦平	难过 nan³⁵kuo⁵¹	高兴 kau⁵⁵ɕiŋ⁵¹	生气 ʂəŋ⁵⁵tɕʰi⁵¹
廊坊	难过 ŋan³⁵kuo⁵¹ 难受 ŋan³⁵ʂou⁵¹ 不好受 pu⁵³xau²¹ʂou⁵¹	高兴 kau⁵⁵ɕiŋ⁵¹	生气 ʂəŋ⁵⁵tɕʰi⁵¹
魏县	不得劲 pɛ³³tai⁵³tɕin³¹²	高兴 kau⁵⁵ɕiŋ⁰	生气 ʂəŋ⁵⁵tɕʰi³¹²
张北	难过 næ⁴²kuə⁰	高兴 kau⁴²ɕiŋ⁰	生气 səŋ⁴²tɕʰi⁰
万全	难过 nan⁴¹kuə²¹³	高兴 kɔ⁴¹ɕiəŋ²¹³	生气 səŋ⁴¹tɕʰi²¹³
涿鹿	难受 næ⁴²ʂəu⁰	高兴 kɔ⁴⁴ɕiŋ³¹ 心宽 ɕiŋ⁴²kʰuæ⁴²	生气 səŋ⁴⁴tɕʰi³¹
平山	不得劲儿 pu²⁴tæi²⁴tɕiər⁴²	高兴 kɔ⁵³ɕiŋ⁴²	生气 ʂəŋ⁵³tɕʰi⁴² 生火儿 ʂəŋ⁵³xuər⁵⁵
鹿泉	难过 næ⁵⁵kuo⁰	高兴 kɔ⁵⁵ɕiŋ³¹	恼 nɔ³⁵ 生气 ʂəŋ⁵⁵tɕʰi³¹
赞皇	难过 næ⁵¹kuə⁰ 伤心 ʂaŋ⁵⁴sin⁵⁴	高兴 kɔ⁵⁴ɕiŋ³¹	生气 ʂəŋ⁵⁴tɕʰi³¹
沙河	伤心 ʂaŋ⁴¹siən²¹	高兴 kau⁴¹ɕiən²¹	气哩慌 tɕʰi²¹li⁰xuaŋ
邯郸	不好受 pəʔ²xɑu⁵⁵ʂəu²¹	高兴 kau⁵⁵ɕiŋ²¹	摆 ⁼pai⁵⁵
涉县	难过 næ⁴¹kuə²⁴	高兴 kau⁴¹ɕiəŋ⁰	生气 səŋ⁴¹tɕʰi²⁴

---

① 略带讽刺意味。

	0889 责怪	0890 后悔	0891 忌妒
兴隆	埋怨 man^{55}yan^0 责怪 tsə^{55}kuai^{51}	后悔 xou^{51}xuei^{213}	气得慌 tɕʰi^{51}tə^{0}xuaŋ^0 忌妒 tɕi^{51}tu^0
北戴河	说 ʃuo^{44} 怪 kuai^{51}	后悔 xou^{53}xuei^{214}	忌妒 tɕi^{53}tu^0
昌黎	数叨 su^{21}tə^0 数落 su^{21}lə^0	后悔 xou^{42}xuei^{213}	忌妒 tɕi^{45}tu^0
乐亭	怪 kuai^{52}	后悔 xou^{53}xuei^{34}	气得慌 tɕʰi^{55}ti^{0}xuŋ^0
蔚县	怪 kuɛi^{312}	后悔 xəu^{31}xuei^{44}	眼红 iã^{44}xuŋ^{41}
涞水	埋怨 man^{45}yan^0	肚痛 tu^{31}tʰoŋ^{314}	眼儿红 iɚ^{24}xoŋ^{45}
霸州	怪乎 kuai^{41}xu^0 怪 kuai^{41}	后悔 xou^{41}xuei^{214}	眼儿红 iɚ^{21}xuŋ^{53} 眼儿热 iɚ^{24}zɤ^{41}
容城	埋怨 man^{35}yan^0	后悔 xou^{52}xuei^{213}	忌妒 tɕi^{52}tu^0
雄县	怪 kuai^{41}	后悔 xou^{45}xuei^0	眼儿红 iɚ^{21}xuŋ^{53} 眼儿热 iɚ^{24}zɤ^{41}
安新	埋怨 man^{33}yan^0	后悔 xou^{55}xuei^0	眼儿红 iɚ^{53}xuŋ^0
满城	埋怨 man^{22}yan^0	后悔 xou^{53}xuei^{213}	眼儿气 iɚ^{21}tɕʰi^{512}
阜平	埋怨 mæ^{24}yæ^{53}	后悔 xou^{53}xuei^0	眼气 iæ^{21}tɕʰi^0
定州	怨 yan^{51}	后悔 xou^{35}kʰuei^0	眼儿气 iɚ^{24}tɕʰi^{51}
无极	怨抱 yãn^{53}pɔ^0	后悔 xəu^{51}kʰuəi^0	眼儿气 iɚ^{35}tɕʰi^{51}
辛集	埋怨 man^{35}yan^{41}	后悔 xou^{41}xuei^{34}	眼气儿 ian^{324}tɕʰiɚ^{31}
衡水	埋怨 mɑn^{24}yan^0	后悔 xəu^{31}xuei^{55}	眼气 iɑn^{55}tɕʰi^{31}
故城	埋怨 mæ^{55}yæ^0 发思 fa^{21}sɿ^0 呲哒 tsʰɿ^{21}ta^0	后悔 xou^{31}xuei^{55}	嫉恨 tɕi^{53}xẽ^{31} 红眼儿 xuŋ^{53}iɚ^{55}
巨鹿	责怪 tʂai^{33}kuai^{21}	后悔 xou^{21}kʰuei^{41}	下不去 ɕia^{21}pu^{55}tɕy^{21}
邢台	埋怨 man^{53}yan^{31} 怨 yan^{31} 怪 kuai^{31}	后悔 xou^{31}xuei^{55}	眼气儿 ian^{55}tɕʰiɚ^{31}
馆陶	怨 yæn^{213}	后悔 xəu^{21}xuei^0	妒忌 tu^{24}tsi^{21}
沧县	埋怨 man^{55}yan^0	后悔 xou^{41}xuei^{55}	嫉妒 tɕi^{53}tu^0

（续表）

	0889 责怪	0890 后悔	0891 忌妒
献县	埋怨 mæ⁵⁵yæ⁰	后悔 xou³³¹xuei⁰	眼红 iæ²¹xoŋ⁵³
平泉	埋怨 man³⁵yan⁰ 责怪 tsə³⁵kuai⁵¹	后悔 xou⁵³xuei²¹⁴	气喊 ⁼tɕʰi⁵¹xan⁰ 眼热 ian²¹ʐɚ⁵¹ 忌妒 tɕi⁵³tu⁵¹
滦平	埋怨 man³⁵yan⁰ 责怪 tsə³⁵kuai⁵¹	后悔 xou⁵¹xuei²¹⁴	忌妒 tɕi⁵¹tu⁰
廊坊	怪 kuai⁵¹ 怨 yan⁵¹ 埋怨 man³⁵yan⁵¹	后悔 xou⁵³xuei²¹⁴	忌妒 tɕi⁵¹tu⁰ 妒忌 tu⁵¹tɕi⁰
魏县	埋怨 man⁵³yan³¹²	后悔 xəu³¹²xuəi⁰	眼红 ian⁵⁵xuŋ⁵³
张北	怨 yæ²¹³	后悔 xəu²³xuei⁴²	眼红 iæ⁵⁵xuŋ⁴²
万全	埋怨 mei⁴¹yan²¹³	后悔 xou²⁴xuei⁴¹	眼红 ian⁴⁴xuəŋ²¹³
涿鹿	埋怨 mæ⁵²yæ³¹	后悔 xəu³¹xuei⁰	眼红 iæ⁴⁵xuŋ⁵²
平山	责怪 tʂe²⁴kue⁴² 怨怅 yæ⁵⁵tʂʰɑŋ⁰	后悔 xɐu⁴²xuæi⁵⁵	受不得 ʂɐu⁵⁵puº⁰tiº⁰
鹿泉	埋怨 mæ⁵⁵yæ³¹	后悔 xou³¹xuei³⁵	受不嘞 ʂou³¹puº⁰leº⁰
赞皇	怨 yæ³¹² 怪 kue³¹²	后悔 xəu³¹²xuei⁴⁵	嫉妒 tɕi²⁴tu³¹ 眼儿红 ieʴ⁴⁵xuŋ⁵⁴
沙河	怪 kuai²¹	后悔 xəu²¹xuei³³	眼红 iã³³xoŋ⁰ 下不去 ɕiɔ²¹pəʔ⁴tɕʰi²¹
邯郸	埋怨 mæ⁵³yæ²¹	后悔 xəu²¹kuəi⁰	红眼儿 xuŋ²⁴ieʴ⁵³
涉县	埋怨 mæ⁴¹yæ²⁴	后悔 xou⁵⁵xuəi⁰	眼红 iæ⁵³xuəŋ⁰

	0892 害羞	0893 丢脸	0894 欺负
兴隆	脸儿热 liɚ²¹zuo⁵¹ 脸儿薄 liɚ²¹pau⁵⁵ 抹不开 mo⁵¹pu⁰kʰai³⁵	现眼 ɕian⁵¹ian²¹³ 丢人 tiou³⁵zən⁵⁵ 丢脸 tiou³⁵lian²¹³	欺负 tɕʰi³⁵fu⁰
北戴河	抹不开 mɤ⁵³pu⁴⁴kʰai⁴⁴	丢脸 tiou⁴⁴lian²¹⁴	欺负 tɕʰi³⁵fu⁰
昌黎	害臊 xai⁴²sau⁴⁵³	丢脸 tiou³⁴lian²¹³	欺负 tɕʰi²⁴fu⁰
乐亭	害臊 xai³⁴sau⁵²	丢人 tiou³³zən²¹²	欺负 tɕʰi³⁵fu⁰
蔚县	羞 ɕiəu⁵³	败兴 pei¹³ɕiŋ³¹²	欺负 tɕʰi⁵³fu⁰
涞水	害臊 xai³¹sau³¹⁴ 没脸 mei⁴⁵lian²⁴	丢人 tiou⁵⁵zən⁴⁵	欺负 tɕʰi⁴⁵fu⁰
霸州	嫌臊 ɕian⁴⁴sau⁴¹ 臊 sau⁴¹	丢人 tiou⁴⁵zən⁵³ 丢脸 tiou⁴⁵lian²¹⁴	搭 kʰɤ⁵³ 欺负 tɕʰi⁵³fu⁰
容城	怕臊 pʰa⁴⁴sau⁵¹³	丢脸 tiou⁴⁴lian²¹³	欺负 tɕʰi³⁵fu⁰
雄县	嫌臊 ɕiãn⁵³sau⁴¹ 臊 sau⁴¹	丢人 tiou⁴⁵zən⁵³ 丢脸 tiou⁴⁵liãn²¹⁴	搭 kʰɤ⁵³ 欺负 tɕʰi⁴⁴fu⁰
安新	嫌臊 ɕian⁴⁵sau⁵¹	丢人 tiou⁴⁵zən³¹	欺负 tɕʰi⁴⁵fu⁰
满城	臊 sau⁵¹²	丢人 tiou⁴⁵zən²²	欺负 tɕʰi⁴⁵fu⁰
阜平	害臊 xæ²⁴sɔ⁵³	丢人 tiou⁵⁵zəŋ²⁴	欺负 tɕʰi³¹fu⁰
定州	害臊 xai⁵³sau⁵¹	丢人 tiou³³zən²⁴	欺负 tɕʰi³³fu⁰
无极	臊 sɔ⁵¹	没脸 mu³¹liãn³⁵	欺负 tɕʰi³¹fu⁰
辛集	害臊儿 xai⁴²saur⁴¹	丢人 tiou³³zən³⁵⁴	卡巴 tɕʰia³²²pa⁰
衡水	害臊 xɑi³¹sau³¹	丢人 tiəu²⁴in⁵³	欺负 tɕʰi³¹fu⁰
故城	害臊 xæ²⁴sɔo³¹	丢人 tiou²⁴zẽ⁵³	卡巴 tɕʰia⁵³pa⁰ 欺负 tɕʰi²¹xu⁰
巨鹿	害臊 xai³³sau²¹	丢人 tiou³³in⁴¹	欺负 tɕʰi³³fu²¹
邢台	羞 ɕiou³⁴ 臊 sau³¹	丢人现眼 tiou³⁴zən⁵³ɕian³¹ian⁵⁵ 败兴 pai³³ɕiŋ³¹	欺负 tɕʰi³⁴fu⁰
馆陶	脸红 liæn⁴⁴xuŋ⁵² 害羞 xai²¹ɕiəu²⁴	现眼 ɕiæn²¹iæn⁴³ 丢人 tiəu²⁴zən⁵²	降骂 ɕian⁵²ma⁰
沧县	害臊 xai²³sau⁴¹	丢人 tiou²³zən⁵³	欺负 tɕʰi⁴¹fu⁰
献县	害臊 xɛ⁵³sɔ³¹	丢人 tiou³³zən⁵³	欺负 tɕʰi³³fu⁰

(续表)

	0892 害羞	0893 丢脸	0894 欺负
平泉	抹不开 mo⁵¹pu⁰kʰai⁵⁵ 害羞 xai⁵¹ɕiou⁵⁵	丢人 tiou⁵⁵zən³⁵ 丢脸 tiou⁵⁵lian²¹⁴	欺负 tɕʰi⁵⁵fu⁰
滦平	抹不开 mo⁵¹pu⁰kʰai⁵⁵ 害羞 xai⁵¹ɕiou⁵⁵	丢人 tiou⁵⁵zən³⁵ 丢脸 tiou⁵⁵lian²¹⁴	欺负 tɕʰi⁵⁵fu⁰
廊坊	害羞 xai⁵³ɕiou⁵⁵ 不好意思 pu⁵³xau²¹i⁵¹sʅ⁰	丢人 tiou⁵⁵zən³⁵ 现眼 ɕiɛn⁵³iɛn²¹⁴	欺负 tɕʰi⁵⁵fu⁰
魏县	害臊 xai³¹²ɕiɑu³³	丢人 tiəu³³zən⁵³	降 ɕiɑŋ⁵³
张北	羞的 ɕiəu⁴²tə⁰	丢人 tiəu⁴²zəŋ⁴²	欺负 tɕʰi⁴²fu⁰
万全	羞 ɕiou⁴¹	丢人 tiou⁴¹zən⁴¹	欺负 tɕʰi⁴¹fu²¹³
涿鹿	害臊 xe²³sɔ³¹	丢人 tiəu⁴⁴zəŋ⁵² 丢脸 tiəu⁴²liæ̃⁴⁵	欺负 tɕʰi⁴²fuə⁰
平山	臊 sɔ⁴²	丢人 tiɐu⁵³zəŋ³¹	欺负 tɕʰi⁴²fu⁰
鹿泉	害臊 xe³⁵sɔ³¹	丢人 tiou⁵⁵zə̃⁵⁵	欺踩 tɕʰi⁵⁵tʂʰɛ⁰
赞皇	害臊 xe²⁴sɔ³¹	丢人 tiəu⁵⁴zən⁵⁴	欺负 tɕʰi⁵⁴fu⁰
沙河	害掀⁼儿 xai²¹ɕiar⁴¹	丢人 tiəu⁴¹zən⁵¹	擦⁼个 ⁼tsʰəʔ⁴kɤ⁰
邯郸	害羞 xai²⁴ɕiɑu³¹	丢人 tiəu⁵⁵zən⁵³	讹 ŋɤ⁵³
涉县	害羞 xai⁵⁵ɕiou⁴¹	丢人 tiou⁴¹iəŋ⁰	卡巴 kʰɐʔ⁵⁵pɐʔ⁰

	0895 装~病	0896 疼~小孩儿	0897 要我~这个
兴隆	装 tʂuaŋ³⁵	疼 tʰəŋ⁵⁵	要 iɑu⁵¹
北戴河	装 tʃuaŋ⁴⁴	稀罕 ɕie⁴⁴xan⁰	要 iɑu⁵¹
昌黎	装 tʂuaŋ⁴²	疼 tʰəŋ²⁴	要 iɑu⁴⁵³
乐亭	装门 ⁼tʂuaŋ³⁵mən⁰	疼 tʰəŋ²¹²	要 iɑu⁵²
蔚县	装 tsɔ⁵³	疼 tʰəŋ⁴¹	要 iʌɯ³¹²
涞水	装 tʂuaŋ³¹	心疼 ɕin³³tʰəŋ⁰	要 iɑu³¹⁴
霸州	装 tʂuaŋ⁴⁵	疼 tʰəŋ⁵³	要 iɑu⁴¹
容城	装 tʂuaŋ⁴³	疼 tʰəŋ³⁵	要 iɑu⁵¹³
雄县	装 tʂuaŋ⁴⁵	疼 tʰəŋ⁵³	要 iɑu⁴¹
安新	装 tʂuaŋ⁴⁵	心疼 ɕin⁴⁵tʰəŋ³¹	要 iɑu⁵¹
满城	装 tʂuaŋ⁴⁵	疼 tʰəŋ²²	要 iɑu⁵¹²
阜平	装 tʂuaŋ³¹	心疼 ɕin³¹tʰəŋ⁰	要 iɔ⁵³
定州	装 tʂuaŋ³³	胜 ⁼ʂəŋ⁵¹ 徐 ⁼sy²¹³	要 iɑu⁵¹
无极	装 tʂuaŋ³¹	胜 ⁼ʂəŋ⁵¹	要 iɔ⁵¹
辛集	装 tʂuaŋ³³	亲 tsʰiən³³ 胜 ⁼ʂəŋ⁴¹①	要 iɑu⁴¹
衡水	装 tʂuaŋ²⁴	胜 ⁼səŋ³¹	要 iɑu³¹
故城	装 tʂuaŋ²⁴	疼 tʰəŋ⁵³	要 iɔo³¹
巨鹿	装 tʂuaŋ³³	疼 tʰəŋ⁴¹	要 iɑu²¹
邢台	装 tʂuaŋ³⁴	疼 tʰəŋ⁵³	要 iau³¹
馆陶	装 tʂuaŋ²⁴	疼 tʰəŋ⁵²	要 iɑo²¹³
沧县	装 tʂuaŋ²³	疼 tʰəŋ⁵³	要 iɑu⁴¹
献县	装 tʂũã³³	疼 tʰəŋ⁵³	要 iɔ³¹
平泉	装 tʂuaŋ⁵⁵	疼 tʰəŋ³⁵	要 iɑu⁵¹
滦平	装 tʂuaŋ⁵⁵	疼 tʰəŋ³⁵	要 iɑu⁵¹
廊坊	装 tʂuaŋ⁵⁵	疼 tʰəŋ³⁵	要 iɑu⁵¹
魏县	装 tʂuaŋ³³	心疼 ɕin³³tʰəŋ⁵³	要 iɑu³¹²

（续表）

	0895 装~病	0896 疼~小孩儿	0897 要我~这个
张北	装 tsuɔ⁴²	爱 ŋai²¹³	要 iau²¹³
万全	假装 tɕia⁴⁴tsuaŋ⁴¹	亲 tɕʰiəŋ⁴¹	要 iɔ²¹³
涿鹿	装 tsuã⁴⁴	疼 tʰəŋ⁴² 心疼 ɕiŋ⁴²tʰəŋ⁴⁴	要 iɔ³¹
平山	装 tʂuaŋ³¹	疼 tʰəŋ³¹ 心疼 siŋ⁵³tʰəŋ⁴²	要 iə⁴²
鹿泉	装 tʂuaŋ⁵⁵	心疼 siẽ⁵⁵tʰəŋ⁰	要 iɔ³¹²
赞皇	装 tʂuaŋ⁵⁴	心疼 sin⁵⁴tʰəŋ⁰	要 iɔ³¹²
沙河	装 tʂuaŋ⁴¹	色⁼怜 sə\u0294⁴liã⁰	要 iau²¹
邯郸	装 tʂuaŋ³¹	疼 tʰəŋ⁵³	要 iau²¹³
涉县	装 tsuã⁴¹	心疼 ɕiəŋ⁴¹tʰəŋ⁰	要 iau⁵⁵

① "胜⁼"的对象仅限于小孩儿。

	0898 有 我~一个孩子	0899 没有 他~孩子	0900 是 我~老师
兴隆	有 iou²¹³	没有 mei⁵⁵iou²¹³	是 ʂʅ⁵¹
北戴河	有 iou²¹⁴	没有 mei³⁵iou⁰	是 ʂʅ⁵¹
昌黎	有 iou²¹³	没有 mei⁴²iou²³	是 ʂʅ⁴⁵³
乐亭	有 iou³⁴	没有 mei³¹iou⁰	是 ʂʅ⁵²
蔚县	有 iəu⁴⁴	没 mɤ⁴¹ 没价 mɤ⁴¹tɕia⁴⁴	是 sʅ³¹²
涞水	有 iou²⁴	没有 mei⁴⁵iou⁰	是 ʂʅ³¹⁴
霸州	有 iou²¹⁴	没 mei⁵³/mu⁵³ 没有 mei⁴⁵iou⁰	是 ʂʅ⁴¹
容城	有 iou²¹³	没有 mu²¹iou⁰	是 ʂʅ⁵¹³
雄县	有 iou²¹⁴	没有 mu⁵³iou⁰/ mei⁵³iou⁰ 没 mei⁵³	是 sʅ⁴¹
安新	有 iou²¹⁴	没有 mei³³iou⁰	是 sʅ⁵¹
满城	有 iou²¹³	没有 mei²²iou⁰	是 sʅ⁵¹²
阜平	有 iou⁵⁵	没 ma⁵⁵	是 sʅ⁵³
定州	有 iou²⁴	没 mu²¹³ 没有 mei⁵³iou²⁴	是 sʅ⁵¹
无极	有 iəu³⁵	没有 mu³⁵iəu⁰	是 sʅ⁵¹
辛集	有 iou³²⁴	没 mə³⁵⁴ 没价 mə³⁵tɕia⁰	是 sʅ⁴¹
衡水	有 iəu⁵⁵	没有 mei⁵³iəu⁰	是 sʅ³¹
故城	有 iou⁵⁵	没价 mei²⁴tɕia⁰ 没有价 mei²¹iou⁵⁵tɕia⁰	是 sʅ³¹
巨鹿	有 iou⁵⁵	没价 mei³³tɕia²¹	是 sʅ²¹
邢台	有 iou⁵⁵	没 nia³⁴ 没价 nia³⁴tɕia⁰	是 sʅ³¹
馆陶	有 iəu⁴⁴	没 mei²⁴	是 sʅ²¹³
沧县	有 iou⁵⁵	没有 mei⁴¹iou⁵⁵	是 sʅ⁴¹
献县	有 iou²¹⁴	没 mei³³	是 sʅ³¹
平泉	有 iou²¹⁴	没有 mei³⁵iou²¹⁴	是 sʅ⁵¹

（续表）

	0898 有 我~一个孩子	0899 没有 他~孩子	0900 是 我~老师
滦平	有 iou²¹⁴	没有 mei³⁵iou²¹⁴	是 ʂʅ⁵¹
廊坊	有 iou²¹⁴	没 mei³⁵ 没有 mei³⁵iou²¹⁴	是 ʂʅ⁵¹
魏县	有 iəu⁵⁵	没 mɛ³³ 没有 mɛ³³iəu³³	是 ʂʅ³¹²
张北	有 iəu⁵⁵	没有 məʔ³iəu⁵⁵ 没 məʔ³²	是 ʂʅ²¹³
万全	有 iou⁵⁵	没嘞 məʔ²²lei⁰	是 ʂʅ²¹³
涿鹿	有 iəu⁴⁵	没有 mei³¹iəu⁴⁵	是 ʂʅ³¹
平山	有 iɐu⁵⁵	没唠 mu³¹lɔ⁵⁵	是 ʂʅ⁴²
鹿泉	有 iou³⁵	没有 mo³¹iou³⁵	是 ʂʅ³¹²
赞皇	有 iəu⁴⁵	没 muə⁵⁴	是 ʂʅ³¹²
沙河	有 iəu³³	[没有]miəu²⁴	是 ʂʅ²¹
邯郸	有 iəu⁵⁵	没 məʔ⁴³ [没有]miəu²¹³	是 ʂʅ²¹³
涉县	有 iou⁵³	没有 məʔ⁵⁵iou⁰	是 ʂʅ⁵⁵

	0901 不是 他~老师	0902 在 他~家	0903 不在 他~家
兴隆	不是 pu³⁵ʂʅ⁵¹	在 tsai⁵¹/tai²¹³	不在 pu³⁵tsai⁵¹/ pu³⁵tai²¹³
北戴河	不是 pu³⁵ʂʅ⁵¹	在 tai⁵¹	不在 pu³⁵tai⁵¹
昌黎	不是 pu²⁴ʂʅ⁰	在 tai⁴⁵³/tsai⁴⁵³	不在 pu²⁴tai⁴⁵³/ pu²⁴tsai⁴⁵³
乐亭	不是 pu³⁵ʂʅ⁵²	在 tai⁵²	不在 pu³⁵tai⁵²
蔚县	不是 pu¹³ʂʅ³¹² 不价 pu⁵³tɕia⁴⁴	在 tsei³¹²	没在 mɤ⁴¹tsei³¹²
涞水	不是 pu⁴⁵ʂʅ⁰	在 tai³¹⁴	不在 pu⁴⁵tai⁰
霸州	不是 pu⁴⁵ʂʅ⁴¹	在 tai²¹⁴	没在 mei⁵³tai²¹⁴
容城	不是 pu³⁵ʂʅ⁰	在 tsai⁵¹³	不在 pu³⁵tsai⁰
雄县	不是 pu⁴⁵ʂʅ⁴¹	在 tai⁴¹	没在 mu⁵³tai⁴¹
安新	不是 pu⁵³ʂʅ⁰	在 tai⁵¹	不在 pu²¹tai⁵¹
满城	不是 pu²¹ʂʅ⁰	在 tsai⁵¹²	不在 pu⁴⁵tsai⁵¹²
阜平	不是 pu²⁴ʂʅ⁵³	在 tsæ⁵³	不在 pu²⁴tsæ⁵³
定州	不是 pu²¹¹ʂʅ⁰	在 tsai⁵¹	不在 pu²¹¹tsai⁵¹
无极	不是 pu³⁵ʂʅ⁵¹	在 tæ⁵¹/tsæ⁵¹ 搁 kəi³¹	不在 pu³¹tæ⁵¹ 没有给 mu³⁵iəu⁰kəi³¹ 没有在 mu³⁵iəu⁰tsæ⁵¹
辛集	不是 pu³⁵ʂʅ⁴¹	在 tai⁴¹	不在 pu³⁵tai⁴¹
衡水	不是 pu²⁴ʂʅ³¹	在 tɑi³¹	不在 pu²⁴tɑi³¹
故城	不是 pu⁵⁵ʂʅ³¹	在 tæ⁵⁵	没在 mei³¹tæ⁵⁵
巨鹿	不是 pu⁵⁵ʂʅ²¹	在 tai²¹	不在 pu⁵⁵tai²¹
邢台	不是 pu³⁴ʂʅ³¹	在 tsai³¹	没在 nia³⁴tsai³¹
馆陶	不是 pu⁵²ʂʅ⁰	给 kei⁴⁴ 在 tsai²¹³	不给 pu²⁴kei⁴⁴ 不在 pu⁴⁴tsai²¹
沧县	不是 pu⁵³ʂʅ⁴¹	在 tai⁵⁵	不在 pu⁵³tai⁴¹
献县	不是 pu³³ʂʅ³¹	在 te²¹⁴	没在 mei³³te²¹⁴
平泉	不是 pu³⁵ʂʅ⁵¹	在 tai²¹⁴/ tsai⁵¹	不在 pu⁵⁵tai²¹⁴/ pu³⁵tsai⁵¹
滦平	不是 pu³⁵ʂʅ⁵¹	在 tai²¹⁴/ tsai⁵¹	不在 pu⁵¹tai²¹⁴/ pu³⁵tsai⁵¹

(续表)

	0901 不是他~老师	0902 在他~家	0903 不在他~家
廊坊	不是 pu³⁵ʂʅ⁵¹	在 tsai⁵¹/ tai²¹⁴	不在 pu³⁵tsai⁵¹ 没在 mei³⁵tai²¹⁴
魏县	不是 pɛ⁵³ʂʅ³¹²	在 tai³¹²	不在 pɛ⁵³tai³¹²
张北	不是 pəʔ³ʂʅ²¹³	在 tsai²¹³	不在 pəʔ³tsai²¹³
万全	不是 pu²⁴ʂʅ²¹³	在 tsɛi²¹³	不在 pu²⁴tɛi²¹³
涿鹿	不是 pʌʔ⁴³ʂʅ³¹	在 tsɛ³¹	不在 pʌʔ⁴³tsɛ³¹
平山	不是 pu²⁴ʂʅ⁴²	在 tsɛ⁴²	不在 pu²⁴tsɛ⁴²
鹿泉	不是 pu¹³ʂʅ³¹	在 tsɛ³¹²	不在 pu¹³tsɛ³¹
赞皇	不是 pu²⁴ʂʅ³¹	在 tsɛ³¹²	不在 pu²⁴tsɛ³¹
沙河	[不是]pər⁵¹	在 tsai²¹	不在 pəʔ⁴tsai²¹
邯郸	[不是]pər⁵³	在 tsai²¹³	不在 pəʔ⁵³tsai²¹
涉县	不是 pəʔ³²ʂʅ⁵⁵	在 tai⁵⁵	没在 məʔ³²tai⁵⁵

	0904 知道 我~这件事	0905 不知道 我~这件事	0906 懂 我~英语
兴隆	知道 tʂʅ³⁵tau⁵¹	知不道 tʂʅ³⁵pu³⁵tau⁵¹ 不知道 pu⁵¹tʂʅ³⁵tau⁵¹	懂 toŋ²¹³
北戴河	知道 tʃʅ³⁵tau⁰	不知道 pu⁵³tʃʅ⁴⁴tau⁵¹	会 xuei⁵¹
昌黎	知道 tʂʅ²⁴tau⁰	知不道 tʂʅ³⁴pu⁰tau²¹³ 不知道 pu³⁴tʂʅ³⁴tau⁴⁵³	懂 tuŋ²¹³
乐亭	知道 tʂʅ³⁵tʰau⁰	知不道 tʂʅ³³pu⁰tʰau⁵²	懂得 tuŋ²¹¹ti⁰
蔚县	知道 tʂʅ⁵³tʌɯ⁰	知不道 tʂʅ⁵³pu⁰tʌɯ³¹²	懂得 tuŋ⁴⁴ti⁰
涞水	知道 tʂʅ⁴⁵tau⁰	知不道 tʂʅ³¹pu⁴⁵tau⁰	会 xuei³¹⁴
霸州	知道 tʂʅ⁵³tau⁰	不知道 pu⁴⁵tʂʅ⁴⁵tau⁴¹	懂 tuŋ²¹⁴ 会 xuei⁴¹
容城	知道 tʂʅ³⁵tau⁰	不知道 pu⁴⁴tʂʅ⁴⁴tau⁵¹³	懂 tuŋ²¹³
雄县	知道 tʂʅ⁴⁵tau⁰	不知道 pu⁴⁵tʂʅ⁴⁵tau⁴¹	懂 tuŋ²¹⁴ 会 xuei⁴¹
安新	知道 tʂʅ²¹tau⁵¹	不知道 pu⁴⁵tʂʅ²¹tau⁵¹	会 xuei⁵¹
满城	知道 tʂʅ²¹tau⁰	知不道 tʂʅ²¹pu⁰tau⁰	会 xuei⁵¹²
阜平	知道 tʂʅ³¹tɔ⁰	不知道 pu²⁴tʂʅ³¹tɔ⁰	会 xuei⁵³
定州	晓得 ɕiau²¹¹ti⁰	不晓得 pu³³ɕiau²¹¹ti⁰	懂 tuŋ²⁴
无极	晓哩 ɕiɔ³⁵li⁰	不晓哩 pu³¹ɕiɔ³⁵li⁰	会 xuəi⁵¹
辛集	知道 tʂʅ³⁵tau⁰	不知道 pu³⁵tʂʅ³⁵tau⁰ 知不道 tʂʅ³⁵pu³⁵tau⁴¹	会 xuei⁴¹
衡水	知道 tɕi²⁴tau³¹	不知道 pu²⁴tɕi²⁴tau³¹	会 xuei³¹
故城	听说 tʰiŋ²⁴ʂɤ²⁴ 知道 tʂʅ⁵⁵tɔ⁰	没听说 mei²⁴tʰiŋ²⁴ʂɤ²⁴ 不知道 pu³¹tʂʅ⁵⁵tɔ⁰	懂得 tuŋ²⁴ti⁰
巨鹿	知道 tɕi⁵⁵tau²¹	不知道 pu³³tɕi⁵⁵tau²¹	会 xuei²¹
邢台	知道 tʂʅ³⁴tau³¹	不知道 pu³¹tʂʅ³⁴tau³¹	懂 tuŋ⁵⁵
馆陶	知道 tʂʅ⁵²tao⁰	不知道 pu²⁴tʂʅ⁴⁴tao⁰	会 xuei²¹³
沧县	知道 tʂʅ²³tau⁴¹	不知道 pu⁵³tʂʅ²³tau⁴¹	懂 toŋ⁵⁵
献县	知道 tʂʅ³³tɔ³¹	不知道 pu⁵³tʂʅ³³tɔ³¹	懂 toŋ²¹⁴
平泉	知道 tʂʅ⁵⁵tau⁵¹	不知道 pu⁵³tʂʅ⁵⁵tau⁵¹	懂 tuŋ²¹⁴

(续表)

	0904 知道我~这件事	0905 不知道我~这件事	0906 懂我~英语
滦平	知道 tʂʅ⁵⁵tɑu⁵¹	不知道 pu⁵¹tʂʅ⁵⁵tɑu⁵¹	懂 tuŋ²¹⁴
廊坊	知道 tʂʅ⁵⁵tɑu⁰	不知道 pu⁵³tʂʅ⁵⁵tɑu⁰	会 xuei⁵¹ 懂 tuŋ²¹⁴
魏县	知道 tʂʅ⁵³tɑu³¹²	不知道 pe³³tʂʅ⁵³tɑu³¹²	会 xuei³¹²
张北	知道 tʂʅ⁴²tɑu²¹³	不知道 pəʔ³tʂʅ⁴²tɑu²¹³	懂 tuŋ⁵⁵
万全	知道 tʂʅ⁴¹tɔ²¹³	不知道 pu²⁴tʂʅ⁴¹tɔ²¹³	懂 tuəŋ⁵⁵
涿鹿	知道 tʂʅ⁴²tɔ³¹	不知道 pʌʔ⁴³tʂʅ⁴²tɔ³¹	懂 tuŋ⁴⁵
平山	知道 tʂʅ⁵³tɔ⁴²	不知道 pu³¹tʂʅ⁵⁵tɔ⁴²	懂 toŋ⁵⁵
鹿泉	知道 tʂʅ⁵⁵tɔ³¹	不知道 pu²¹tʂʅ⁵⁵tɔ³¹	懂 tuŋ³⁵
赞皇	知道 tʂʅ⁵⁴tɔ³¹	不知道 pu²¹tʂʅ⁵⁴tɔ³¹	会 xuei³¹²
沙河	知道 tʂʅ⁴¹tɑu²¹	不知道 pəʔ²tʂʅ⁴¹tɑu²¹	懂 toŋ³³ 会 xuei²¹
邯郸	知道 tʂʅ⁵⁵tɑu²¹	不知道 pəʔ²tʂʅ⁵⁵tɑu²¹	懂 tuŋ⁵⁵
涉县	知道 tʂʅ⁴¹tɑu²⁴	不知道 pəʔ³²tʂʅ⁴¹tɑu²⁴	懂 tuəŋ⁵³

	0907 不懂 我~英语	0908 会 我~开车	0909 不会 我~开车
兴隆	不懂 pu³⁵toŋ²¹³	会 xuei⁵¹	不会 pu³⁵xuei⁵¹
北戴河	不会 pu³⁵xuei⁵¹	会 xuei⁵¹	不会 pu³⁵xuei⁵¹
昌黎	不懂 pu³⁴tuŋ²¹³	会 xuei⁴⁵³	不会 pu²⁴xuei⁴⁵³
乐亭	不懂得 pu³³tuŋ²¹¹ti⁰	会 xuei⁵²	不会 pu³⁵xuei⁵²
蔚县	懂不得 tuŋ⁴⁴pu⁰ti⁵³	会 xuei³¹²	不会 pu⁵³xuei³¹²
涞水	不会 pu³¹xuei⁰	会 xuei³¹⁴	不会 pu²⁴xuei⁰
霸州	不懂 pu⁴⁵tuŋ²¹⁴ 不会 pu⁴⁵xuei⁴¹	会 xuei⁴¹	不会 pu⁴⁵xuei⁴¹
容城	不懂 pu⁴⁴tuŋ²¹³	会 xuei⁵¹³	不会 pu³⁵xuei⁵¹³
雄县	不懂 pu⁴⁵tuŋ²¹⁴ 不会 pu⁴⁵xuei⁴¹	会 xuei⁴¹	不会 pu⁴⁵xuei⁴¹
安新	不会 pu⁴⁵xuei⁵¹	会 xuei⁵¹	不会 pu⁴⁵xuei⁵¹
满城	不会 pu²¹xuei⁰	会 xuei⁵¹²	不会 pu²¹xuei⁰
阜平	不会 pu²⁴xuei⁵³	会 xuei⁵³	不会 pu²⁴xuei⁵³
定州	不懂 pu³³tuŋ²⁴	会 xuei⁵¹	不会 pu²¹¹xuei⁰
无极	不会 pu³⁵xuəi⁵¹	会 xuəi⁵¹	不会 pu³⁵xuəi⁵¹
辛集	不会 pu³⁵xuei⁴¹	会 xuei⁴¹	不会 pu³⁵xuei⁴¹
衡水	不会 pu²⁴xuei³¹	会 xuei³¹	不会 pu²⁴xuei³¹
故城	不懂得 pu³¹tuŋ²⁴ti⁰	会 xuei³¹	不会 pu⁵⁵xuei³¹
巨鹿	不会 pu⁵⁵xuei²¹	会 xuei²¹	不会 pu⁵⁵xuei²¹
邢台	不懂 pu³¹tuŋ⁵⁵	会 xuei³¹	不会 pu³³xuei³¹
馆陶	不会 pu⁵²xuei⁰	会 xuei²¹³	不会 pu⁵²xuei⁰
沧县	不懂 pu²³toŋ⁵⁵	会 xuei⁴¹	不会 pu⁵³xuei⁴¹
献县	不懂 pu³³toŋ³³	会 xuei³¹	不会 pu³³xuei³¹
平泉	不懂 pu⁵³tuŋ²¹⁴	会 xuei⁵¹	不会 pu³⁵xuei⁵¹
滦平	不懂 pu⁵¹tuŋ²¹⁴	会 xuei⁵¹	不会 pu³⁵xuei⁵¹
廊坊	不会 pu³⁵xuei⁵¹ 不懂 pu⁵³tuŋ²¹⁴	会 xuei⁵¹	不会 pu³⁵xuei⁵¹
魏县	不会 pɛ⁵³xuəi³¹²	会 xuəi³¹²	不会 pɛ⁵³xuəi³¹²

(续表)

	0907 不懂 我~英语	0908 会 我~开车	0909 不会 我~开车
张北	不懂 pəʔ³tuŋ⁵⁵	会 xuei²¹³	不会 pəʔ³xuei²¹³
万全	不懂 pu⁴⁴tuəŋ⁵⁵	会 xuei²¹³	不会 pu²⁴xuei²¹³
涿鹿	不懂 pʌʔ⁴³tuŋ⁴⁵	会 xuei³¹	不会 pʌʔ⁴³xuei³¹
平山	不懂 pu³¹toŋ⁵⁵	会 xuæi⁴²	不会 pu²⁴xuæi⁴²
鹿泉	不懂 pu²¹tuŋ³⁵	会 xuei³¹²	不会 pu¹³xuei³¹
赞皇	不会 pu²⁴xuei³¹	会 xuei³¹²	不会 pu²⁴xuei³¹
沙河	不懂 pəʔ²toŋ³³ 不会 pəʔ⁴xuei²¹	会 xuei²¹ 能 nəŋ⁵¹	不会 pəʔ⁴xuei²¹ 不能 pəʔ²nəŋ⁵¹
邯郸	不懂 pəʔ²tuŋ⁵⁵	会 xuæi²¹³	不会 pəʔ⁵xuæi²¹
涉县	不懂 pəʔ⁵⁵tuəŋ⁰	会 xuəi⁵⁵	不会 pəʔ³²xuəi⁵⁵

	0910 认识我~他	0911 不认识我~他	0912 行应答语
兴隆	认识 zən⁵¹ʂʅ⁰	不认识 pu³⁵zən⁵¹ʂʅ⁰	行 ɕiŋ⁵⁵ 中 tʂoŋ³⁵
北戴河	认得 zən⁵³ti⁰	不认得 pu³⁵zən⁵³ti⁰	行 ɕiŋ³⁵
昌黎	认得 zən²⁴ti⁰	不认得 pu⁴³zən²⁴ti⁰	中 tsuŋ⁴²
乐亭	认得 zən³⁵ti⁰	不认得 pu³¹zən³⁵ti⁰	中 tʂuŋ³¹
蔚县	认得 zən³¹ti⁰	认不得 zən³¹pu⁰ti⁵³	行 ɕiŋ⁴¹
涞水	认得 zən⁴⁵ti⁰	不认得 pu⁴⁵zən³³¹ti⁰	行 ɕiŋ⁴⁵
霸州	认得 zən⁴⁵tɤ⁰	不认得 pu⁴⁵zən⁴⁵tɤ⁰	行 ɕiŋ⁵³
容城	认得 zən³⁵ti⁰	不认得 pu⁴⁴zən³⁵ti⁰	行 ɕiŋ³⁵
雄县	认得 zən²¹tɤ⁰	不认得 pu⁴⁵zən²¹tɤ⁰	行 ɕiŋ⁵³
安新	认得 zən²¹ti⁰	不认得 pu⁴⁵zən²¹ti⁰	行 ɕiŋ³¹
满城	认得 zəŋ²¹ti⁰	不认得 pu⁴⁵zəŋ²¹ti⁰	行喽 ɕiŋ²²lou⁰
阜平	知道 tʂʅ³¹tɔ⁰	不知道 pu²⁴tʂʅ³¹tɔ⁰	沾 tʂæ³¹
定州	认得 zən³⁵ti⁰	不认得 pu²¹¹zən³⁵ti⁰	行唠 ɕiŋ⁴²lau⁰
无极	认哩 zen³⁵li⁰	不认哩 pu³¹zen³⁵li⁰	沾 tʂan³¹
辛集	认哩 zən³²⁴li⁰	不认哩 pu³⁵zən³²⁴li⁰	沾 tʂan³³
衡水	认得 in⁵³ti⁰	不认得 pu²⁴in⁵³ti⁰	行唠 ɕiŋ²⁴lau⁰
故城	认得 zẽ⁵³ti⁰	不认得 pu²⁴zẽ⁵³ti⁰	行 ɕiŋ⁵³ 行了 ɕiŋ²⁴liɔ⁰
巨鹿	认哩 in⁵³li⁰	不认哩 pu³³in⁵³li⁰	中 tʂoŋ³³
邢台	认嘞 zən³¹lei⁰	不认嘞 pu⁵⁵zən³¹lei⁰	沾 tʂan³⁴
馆陶	认哩 zen²¹li⁰ 认得 zən²¹tə⁰	不认哩 pu⁴⁴zen²¹li⁰ 不认得 pu⁴⁴zən²¹tə⁰	行 ɕiŋ⁵² 中 tsuŋ²⁴
沧县	认得 zən⁵³ti⁰	不认得 pu⁵³zən⁵³ti⁰	行 ɕiŋ⁵³
献县	认得 zən³³¹ti⁰	不认得 pu³³zən⁵³ti⁰	行 ɕiŋ⁵³
平泉	认识 zən⁵¹ʂʅ⁰	不认识 pu³⁵zən⁵¹ʂʅ⁰	中 tsuŋ⁵⁵ 行 ɕiŋ³⁵
滦平	认识 zən⁵¹ʂʅ⁰	不认识 pu³⁵zən⁵¹ʂʅ⁰	行 ɕiŋ³⁵

（续表）

	0910 认识_{我~他}	0911 不认识_{我~他}	0912 行_{应答语}
廊坊	认得 zən⁵¹tɤ⁰ 认识 zən⁵¹ʂʅ⁰	不认得 pu³⁵zən⁵¹tɤ⁰ 不认识 pu³⁵zən⁵¹ʂʅ⁰	行 ɕiŋ³⁵ 可以 kʰɤ³⁵i²¹⁴ 成 tʂʰəŋ³⁵
魏县	认得 zən³¹²tɛ⁰	不认得 pɛ³³zən³¹²tɛ⁰	中 tʂuŋ³³
张北	认得 zəŋ²³tə⁰ 认识 zəŋ²³səʔ³²	不认得 pəʔ³zəŋ²³tə⁰ 不认识 pəʔ³zəŋ²³sə⁰	行 ɕiŋ⁴²
万全	认得 zəŋ²¹³tə⁰	认不得 zəŋ²¹³pu⁴⁴tə⁰	行 ɕiəŋ⁴¹
涿鹿	认得 zəŋ³¹tə⁰	不认得 pʌʔ⁴³zəŋ³¹tə⁰ 认不得 zəŋ³¹pʌ⁴³tə⁰	行 ɕiŋ⁴²
平山	认得 zəŋ⁵⁵ti⁰	不认得 pu³¹zəŋ⁵⁵ti⁰	沾 tʂæ³¹
鹿泉	认得唠 zẽ³¹ẽ⁰lɔ⁰	认不嘞 zẽ³¹pu¹³lɛ⁰	沾 tʂæ⁵⁵
赞皇	认得 zən⁵¹ti⁰	不认得 pu²⁴zən⁵¹ti⁰	沾 tʂæ⁵⁴
沙河	认嘞 zən²¹lɛ⁰	不认嘞 pəʔ⁴zən²¹lɛ⁰	行 ɕiəŋ⁵¹
邯郸	认嘞 zə̃n²¹ləi⁰	不认嘞 pəʔ⁵zə̃n²¹ləi⁰	中 tʂuŋ³¹ 着 tʂau²¹³
涉县	认得 iəŋ⁵⁵tɐʔ⁰	认不得 iəŋ⁵⁵pəʔ³²tɐʔ⁰	行 ɕiəŋ⁴¹²

	0913 不行 应答语	0914 肯 ~来	0915 应该 ~去
兴隆	不行 pu⁵⁵ɕiŋ⁵⁵ 不中 pu⁵⁵tʂoŋ³⁵	肯 kʰən²¹³ 愿意 yan⁵³i⁵¹	应该 iŋ³⁵kai³⁵
北戴河	不行 pu⁵³ɕiŋ³⁵	肯 kʰən²¹⁴	应该 iŋ⁴⁴kai⁴⁴
昌黎	不中 pu³⁴tʂuŋ⁴²	肯 kʰən²¹³	应该 iŋ³⁴kai⁴²
乐亭	不中 pu³¹tʂuŋ³¹	乐意 lə⁵³i⁵²	应该 iəŋ³¹kai³¹
蔚县	不行 pu⁵³ɕiŋ⁴¹	肯 kʰən⁴⁴	应该 iŋ²¹kei⁵³
涞水	不行 pu³³ɕiŋ⁰	愿意 yan³¹i³¹⁴	该 kai³¹
霸州	不行 pu⁴⁵ɕiŋ⁵³	愿意 yan⁴¹i⁰	应该 iŋ⁴⁵kai⁴⁵
容城	不行 pu⁴⁴ɕiŋ³⁵	乐意 luo⁴⁴i⁵¹³	应该 iŋ⁴⁴kai⁴³
雄县	不行 pu⁴⁵ɕiŋ⁵³	愿意 yãn⁴¹i⁰	应该 iŋ⁴⁵kai⁴⁵
安新	不行 pu⁴⁵ɕiŋ³¹	愿意 yan⁵⁵i⁰	应该 iŋ⁵³kai⁴⁵
满城	不行 pu⁴⁵ɕiŋ²²	肯 kʰən²¹³	该着 kai⁴⁵tʂou⁰
阜平	不沾 pu²⁴tʂæ³¹	愿意 yæ̃⁵³i²⁴	得 tei²⁴
定州	不行 pu³³ɕiŋ²⁴ 覅 piau³⁵ 本＝应 pən²¹¹iŋ⁰	愿意 yan⁵³i⁰	该 kai³³
无极	不沾 pu³⁵tʂãn³¹	肯 kʰen³⁵	该 kæ³¹
辛集	不沾 pu³⁵tʂan³³	肯 kʰən³²⁴	该着 kai³³tʂɑu⁰
衡水	不行 pu²⁴ɕiŋ⁵³	肯 kʰən⁵⁵	该 kai²⁴
故城	不行 pu²⁴ɕiŋ⁵³	愿意 yæ̃²⁴i³¹	该 kæ²⁴
巨鹿	不中 pu⁵⁵tʂoŋ³³	愿意 yan³³i²¹	该 kai³³
邢台	不沾 pu³¹tʂan³⁴	肯 kʰən⁵⁵	该 kai³⁴
馆陶	不行 pu²⁴ɕiŋ⁵² 不中 pu²⁴tʂuŋ²¹	愿 yæn²¹³	该 kai²⁴
沧县	不行 pu⁵³ɕiŋ⁵³	愿意 yan⁵³i⁰	应该 iŋ²³kai²³
献县	不行 pu³³ɕiŋ⁵³	愿意 yæ̃³¹i³¹	该 ke³³
平泉	不中 pu⁵³tʂuŋ⁵⁵ 不行 pu⁵³ɕiŋ³⁵	肯 kʰən²¹⁴	应该 iŋ⁵⁵kai⁵⁵

(续表)

	0913 不行 应答语	0914 肯 ~来	0915 应该 ~去
滦平	不行 pu⁵¹ɕiŋ³⁵	愿意 yan⁵¹i⁵¹ 肯 kʰən²¹⁴	应该 iŋ⁵⁵kai⁵⁵
廊坊	不行 pu⁵³ɕiŋ³⁵ 不可以 pu⁵³kʰɤ³⁵i²¹⁴ 不成 pu⁵³tʂʰəŋ³⁵	肯 kʰən²¹⁴ 愿意 yan⁵³i⁵¹	应该 iŋ⁵⁵kai⁵⁵ 得 tei²¹⁴
魏县	不中 pɛ³³tʂuŋ³³	愿意 yan³¹²i⁰	该 kai³³
张北	不行 pəʔ³ɕiŋ⁴²	肯 kʰən⁵⁵	该 kai⁴² 应该 iŋ⁴²kai⁴²
万全	不行 pu²⁴ɕiəŋ⁴¹	肯 kʰən⁵⁵	应该 iəŋ²⁴kɛi⁴¹
涿鹿	不行 pʌʔ⁴³ɕiŋ⁵²	肯 kʰən⁴⁵	应该 iŋ⁴⁴kɛ⁴²
平山	不沾 pu²⁴tʂæ̃³¹	肯 kʰən⁵⁵	该 kɛ³¹
鹿泉	不沾 pu¹³tʂæ̃⁵⁵	肯 kʰẽ³⁵	该着 kɛ⁵⁵tʂɔ⁰
赞皇	不沾 pu²¹tʂæ̃⁵⁴	肯 kʰən⁴⁵	应该 iŋ⁵⁴kɛ⁵⁴
沙河	不行 pəʔ²ɕiəŋ⁵¹	愿意 yã²¹i⁰	该 kai⁴¹
邯郸	不中 pəʔ⁴tʂuŋ³¹ 不着 pəʔ⁵tʂɑu²¹	肯 kʰən⁵⁵	该 kai³¹
涉县	不行 pəʔ³²ɕiəŋ⁴¹	肯 kʰən⁵³	该 kai⁴¹

	0916 可以~去	0917 说~话	0918 话说~
兴隆	可以 kʰə³⁵i²¹³	说 ʂuo³⁵	话 xuɑ⁵¹
北戴河	可以 kʰɤ³⁵i²¹⁴	说 ʃuo⁴⁴	话 xuɑ⁵¹
昌黎	可以 kʰɤ²⁴i⁰	说 suo⁴² 学 ɕiɑu²⁴	话 xuɑ²⁴
乐亭	可以 kʰə²¹¹i⁵²	说 ʂuə³¹	话儿 xuɑr⁵²
蔚县	能 nəŋ⁴¹ 可以 kʰɤ⁵³i⁴⁴	说 suɤ⁵³	话 xuɑ³¹²
涞水	能 nəŋ⁴⁵	说 suo³¹	话儿 xuɐr³¹⁴
霸州	可以 kʰɤ²⁴i²¹⁴ 能 nəŋ⁵³	说 ʂuo⁴⁵	话 xuɑ⁴¹
容城	可以 kʰɤ³⁵i²¹³	说 suo⁴³	话 xuɑ⁵¹³
雄县	能 nəŋ⁵³ 可以 kʰɤ²⁴i²¹⁴	说 ʂuo⁴⁵	话 xuɑ⁴¹
安新	可以 kʰɤ⁴⁵i²¹⁴	说 ʂuo²¹⁴	话 xuɑ⁵¹
满城	能 nəŋ²²	说 suo⁴⁵	话 xuɑ⁵¹²
阜平	可以 kʰɤ⁵⁵i⁰	说 ʂuɤ²⁴	话儿 xuɑr⁵³
定州	能 nəŋ²⁴	说 ʂuo³³	话儿 xuɑr³¹
无极	行唠 ɕiŋ³¹lɔ⁰	说 ʂuɤ²¹³	话 xuɑ⁵¹
辛集	能 nəŋ³⁵⁴	说 ʂuə³³	话儿 xɑr⁴¹
衡水	能 nəŋ⁵³	说 ɕye²⁴	话儿 xuɑr³¹
故城	能 nəŋ⁵³ 可以 kʰɤ³¹i⁵⁵	说 suɤ²⁴ 拉 lɑ⁵³	话 xuɑ³¹ 呱儿 kuɐr⁵⁵
巨鹿	能 nəŋ⁴¹	说 ɕye³³	话儿 xuɑr²¹
邢台	能 nəŋ⁵³	说 ʂuo³⁴	话儿 xuɑr³¹
馆陶	能 nəŋ⁵²	说 ʂuᴇ²⁴	话 xuɑ²¹³ 话儿 xuɑr²¹³
沧县	可以 kʰɤ⁵³i²³	说 ʂuo²³	话儿 xuʌr⁴¹
献县	可以 kʰɤ²⁴i²¹⁴	说 ʂuo³³	话儿 xuʌr³¹ 话 xuɑ³¹
平泉	可以 kʰə³⁵i²¹⁴	说 ʂuo⁵⁵	话 xuɑ⁵¹

(续表)

	0916 可以~去	0917 说~话	0918 话说~
滦平	可以 kʰə³⁵i²¹⁴	说 ʂuo⁵⁵	话 xuɑ⁵¹
廊坊	可以 kʰɤ³⁵i²¹⁴ 能 nəŋ³⁵	说 ʂuo⁵⁵	话 xuɑ⁵¹
魏县	能 nəŋ⁵³	说 ʂuɛ³³	话儿 xuɑr³¹²
张北	能 nəŋ⁴²	说 suəʔ³²	话 xuɑ²¹³
万全	可以 kʰə⁴⁴i⁵⁵	说 suəʔ²²	话 xuɑ²¹³
涿鹿	可以 kʰə⁴²i⁴⁵	说 suʌʔ⁴³	话 xuɑ³¹
平山	能 nəŋ³¹ 行 ɕiŋ³¹	说 ʂuə²⁴	话儿 xuɐr⁴²
鹿泉	能 nəŋ⁵⁵	说 ʂuo¹³	话 xuɑ³¹²
赞皇	能 nəŋ⁵⁴	说 ʂuə²⁴	话儿 xuɑr³¹²
沙河	能 nəŋ⁵¹	说 ʂuəʔ²	话儿 xuɑr²⁴
邯郸	可以 kʰɤ⁵³i⁰	说 suʌʔ⁴³	话 xɔ²¹³
涉县	能 nəŋ⁴¹²	说 suəʔ³²	话儿 xuɐr⁵⁵

	0919 聊天儿	0920 叫~他一声儿	0921 吆喝 大声喊
兴隆	侃大山 kʰan²¹ta⁵¹ʂan³⁵ 唠嗑儿 lau⁵¹kʰɤr³⁵ 聊天儿 liau⁵⁵tʰiɛr³⁵	叫 tɕiau⁵¹ 喊 xan²¹³	吆喝 iau³⁵xə⁰
北戴河	唠嗑儿 lau⁵³kʰər⁴⁴	叫 tɕiau⁵¹	招呼 tʃau⁴⁴xuo⁰
昌黎	唠嗑儿 lau⁴⁵kʰɤr⁴² 聊天儿 liau²⁴tʰiɛr⁴²	叫 tɕiau⁴⁵³	招呼 tsau⁴²xuo⁰
乐亭	唠嗑儿 lau³⁴kʰɤr³¹	招呼 tʂau³¹xuə⁰	吆喝 iau³¹xuə⁰
蔚县	拉哒 la³¹ta⁰ 拉哒瞎话儿 la³¹ta⁰ɕia⁵³xuar³¹² 拉瞎话儿 la³¹ɕia⁵³xuar³¹²	吆喝 iʌɯ⁵³xɤ⁰ 叫 tɕiʌɯ³¹²	吆唤 iʌɯ⁵³xuã⁰ 吆喝 iʌɯ⁵³xɤ⁰
涞水	唠嗑儿 lau³¹kʰɤər³¹	叫 tɕiau³¹⁴	摸⁼喝 muo³³xɤ⁰① 吆喝 iau³³xuo⁰②
霸州	说闲话儿 ʂuo⁴⁵ɕian⁴⁴xuar⁴¹ 聊闲篇儿 liau⁴⁴ɕian⁴⁴pʰiɛr⁴⁵ 唠嗑儿 lau⁴¹kʰɤr⁴⁵	叫 tɕiau⁴¹ 喊 xan²¹⁴	吆喝 iau²¹xɤ⁰
容城	聊天儿 liau⁴⁴tʰiɛr⁴³	招呼 tʂau³¹xu⁰	吆喝 iau³¹xuo⁰
雄县	聊天儿 liau⁵³tʰiɛr⁴⁵ 唠嗑儿 lau⁴¹kʰɤr⁴⁵ 说闲话儿 ʂuo⁴⁵ɕiãn⁵³xuar⁴¹	喊 xãn²¹⁴ 叫 tɕiau⁴¹	吆喝 iau⁴⁴xɤ⁰
安新	说闲话 ʂuo²¹ɕian⁴⁵xua⁵¹	叫 tɕiau⁵¹	嚷喝 zaŋ⁵³xuo⁰
满城	哨 ʂau⁵¹² 瞎哨 ɕia⁴⁵ʂau⁵¹²	叫 tɕiau⁵¹²	吆喝 iau⁴⁵xuo⁰
阜平	拍闲话儿 pʰæ²⁴ɕiæ⁵³xuar⁵³	叫 tɕiɔ⁵³	吆喝 iɔ³¹xuɤ⁰
定州	哨空儿 ʂau⁵³kʰuŋ³³ŋər⁰	嚷 zaŋ²⁴ 叫 tɕiau⁵¹	吆喝 iau³³xuo⁰
无极	上话 ʂaŋ⁴⁵¹xua⁴⁵¹	叫 tɕiɔ⁵¹	吆喝 iɔ³¹xuɤ⁰
辛集	念闲篇儿 nian⁴¹ɕian³⁵⁴pʰiɛr³³	喊 xan³²⁴	喊 xan³²⁴ 窝⁼侯⁼儿 uə³³xour⁰
衡水	唠磕儿 lau³¹kʰɤr²⁴	喊 xan⁵⁵	吆喝 iau³¹xuo⁰
故城	拉呱儿 la⁵³kuɐr⁵⁵	喊 xæ⁵⁵ 叫 tɕiɔ³¹ 招呼 tʂɔ²¹xu⁰	叫唤 tɕiɔ⁵³xuæ⁰ 嚷 zaŋ⁵⁵
巨鹿	闲拉 ɕiɛ⁴¹la⁴¹	喊 xan⁵⁵	吆喝 iau³³xuo²¹

(续表)

	0919 聊天儿	0920 叫~他一声儿	0921 吆喝 大声喊
邢台	说闲话儿 ʂuo³⁴ɕian⁵³xuar³¹	喊 xan⁵⁵	叫唤 tɕiau³¹xuan⁰
馆陶	拉呱儿 la⁵²kuar⁴⁴	喊 xæn⁴⁴ 叫 tɕiao²¹³	喊 xæn⁴⁴
沧县	聊天 liau⁵³tʰier²³	招呼 tʂau⁴¹xuo⁰	喊 xan⁵⁵
献县	拉韬⁼儿 la⁵³tʰɔr³³	叫 tɕiɔ³¹	咋呼 tʂa³³xu⁰
平泉	唠嗑儿 lau⁵³kʰɤr⁵⁵ 聊天儿 liau³⁵tʰier⁵⁵	喊 xan²¹⁴ 招呼 tʂau⁵⁵xu⁰ 叫 tɕiau⁵¹	喊 xan²¹⁴ 吆喝 iau⁵⁵xə⁰
滦平	唠嗑儿 lau⁵¹kʰər⁵⁵ 聊天儿 liau³⁵tʰier⁵⁵	喊 xan²¹⁴ 招呼 tʂau⁵⁵xu⁰ 叫 tɕiau⁵¹	喊 xan²¹⁴ 吆喝 iau⁵⁵xə⁰
廊坊	聊天儿 liau³⁵tʰier⁵⁵ 闲聊儿 ɕien³⁵liaur⁵⁵	叫 tɕiau⁵¹ 喊 xan²¹⁴	喊 xan²¹⁴ 吆喝 iau⁵⁵xɤ⁰
魏县	拉门儿 la⁵³mər⁵³	喊 xan⁵⁵ 叫 tɕiau³¹²	喊叫 xan⁵⁵tɕiau³¹²
张北	叨歇⁼ tau²³ɕiəʔ³²	喊 xæ̃⁵⁵	吆喝 iau⁴²xuə⁰
万全	叨唠闲话 tɔ⁵⁵lɔ⁰ɕian⁴¹xua²¹³	叫 tɕiɔ²¹³	吆喝 iɔ⁴¹xʌʔ⁰
涿鹿	拉家常儿 la⁴²tɕia⁴⁴tʂʰɑ̃r⁴²	叫 tɕiɔ³¹ 喊 xæ̃⁴⁵	吆喝 iɔ⁴²xuə⁰
平山	瞎讲究 ɕia²⁴tɕiaŋ⁵⁵tɕiɐu⁰	叫 tɕiə⁴²	吆喝 iə⁴²xuə⁰
鹿泉	拍闲话儿 pʰɛ¹³ɕiæ⁵⁵xuar³¹	叫 tɕiɔ³¹²	吆喝 iɔ⁵⁵xuo⁰
赞皇	说闲话儿 ʂuə²⁴ɕiæ⁵⁴xuar³¹ 唠嗑儿 lɔ³¹²kʰɤr²⁴	叫 tɕiɔ³¹²	吆喝 iɔ⁵⁴xə⁰
沙河	说话儿 ʂuə²⁴xuar²¹	喊 xɑ̃³³	吆喝 iau⁴¹xuo⁰
邯郸	闲说话儿 ɕiæ⁵³ʂuʌʔ⁵xuar²¹ 聊天儿 liau²⁴tʰier³¹	喊 xæ̃⁵⁵	喊叫 xæ̃⁵⁵tɕiau²¹
涉县	说闲话儿 suəʔ³²ɕiæ⁴¹xuɐr⁰	叫 tɕiau⁵⁵	舞⁼叫 u⁵⁵tɕiau⁰

---

① 非卖东西时。
② 专指卖东西时。

	0922 哭 小孩~	0923 骂 当面~人	0924 吵架 动嘴：两个人在~
兴隆	哭 k^{h}u^{35}	骂 ma^{51}	吵嘴 tʂ^{h}au^{35}tsuei^{213} 拌嘴 pan^{51}tsuei^{213} 吵架 tʂ^{h}au^{21}tɕia^{51}
北戴河	哭 k^{h}u^{44}	骂 ma^{51}	打架 ta^{21}tɕia^{51}
昌黎	哭 k^{h}u^{42}	骂 ma^{453}	唶咕 tɕi^{45}ku^0 吵架 tʂ^{h}au^{21}tɕia^{453}
乐亭	叫唤 tɕiau^{55}xuən^0	骂 ma^{52}	吵吵 tʂ^{h}au^{31}tʂ^{h}au^0
蔚县	哭 k^{h}u^{53}	相⁼砍 ⁼ɕiɔ^{53}k^{h}ã^0 骂 ma^{312} 卷 ⁼tɕyã^{53}	嚷仗 zɔ^{44}tsɔ^{312} 嚷架 zɔ^{44}tɕia^{312} 拌嘴 pã^{31}tsuei^{44}
涞水	哭 k^{h}u^{31}	骂 ma^{314}	吵吵 tʂ^{h}au^{33}tʂ^{h}au^0
霸州	哭 k^{h}u^{45} 咧 lie^{214} 贬义 号 xɑu^{53} 贬义	骂 ma^{41}	打架 ta^{24}tɕia^{41} 打嘴架 ta^{24}tsuei^{24}tɕia^{41}
容城	啼哭 t^{h}iou^{21}xu^0	骂 ma^{513}	打架 ta^{35}tɕia^{513}
雄县	哭 k^{h}u^{45} 号 xɑu^{53} 贬义	骂 ma^{41}	打架 ta^{24}tɕia^{41} 打嘴架 ta^{24}tsuei^{24}tɕia^{41}
安新	啼哭 t^{h}iou^{33}xuo^0	骂 ma^{51}	嚷 zaŋ^{214}
满城	啼哭 t^{h}i^{22}xu^0	骂 ma^{512}	吵架 tʂ^{h}au^{21}tɕia^{512}
阜平	啼哭 t^{h}i^{53}xu^0	骂 ma^{53}	嚷架 zaŋ^{55}tɕia^{53}
定州	啼哭 t^{h}i^{42}xu^0	骂 ma^{51}	吵包子 tʂ^{h}au^{24}pau^{33}tsɿ^0
无极	啼哭 t^{h}i^{31}xu^0	骂 ma^{451}	吵包子 tʂ^{h}ɔ^{35}pɔ^{31}tsɿ^0
辛集	啼哭 t^{h}i^{35}xu^0	骂 ma^{41}	吵包子 tʂ^{h}au^{324}pau^{33}tsɿ^0
衡水	哭 k^{h}u^{24}	骂 mɑ^{31}	吵架 tʂ^{h}au^{55}tɕia^{31}
故城	哭 k^{h}u^{24} 咧咧 liɛ^{21}lie^0	骂 mɑ^{31} 卷 ⁼tɕyæ^{55}	骂架 ma^{24}tɕia^{31}
巨鹿	哭 k^{h}u^{33}	骂 ma^{21}	吵吵 tʂ^{h}au^{55}tʂ^{h}au^0
邢台	哭 k^{h}u^{34}	骂 ma^{31} 降 ɕiaŋ^{53}	嚷嚷 iaŋ^{55}iaŋ^0/ zaŋ^{55}zaŋ^0
馆陶	哭 k^{h}u^{24}	骂 ma^{213}	吵架 tʂ^{h}ɑo^{44}tɕia^{21}

	0922 哭 小孩~	0923 骂 当面~人	0924 吵架 动嘴；两个人在~
沧县	哭 kʰu²³	骂 mɑ⁴¹	打嘴仗 tɑ⁵⁵tsuei⁵⁵tʂɑŋ⁴¹
献县	哭 kʰu³³	骂 ma³¹	吵 tʂʰɔ²¹⁴
平泉	哭 kʰu⁵⁵	骂 ma⁵¹	吵架 tʂʰau²¹tɕia⁵¹
滦平	哭 kʰu⁵⁵	骂 ma⁵¹	拌嘴 pan⁵¹tsuei²¹⁴ 吵架 tʂʰau²¹tɕia⁵¹
廊坊	哭 kʰu⁵⁵	骂 ma⁵¹	打架 ta²¹tɕia⁵¹
魏县	哭 kʰuɛ³³	卷 ⁼tɕyan⁵⁵ 骂 ma³¹²	吵 tʂʰau⁵⁵
张北	哭 kʰuəʔ³²	骂 ma²¹³	嚷架 zɔ̃⁵⁵tɕia²¹³ 叫唤 ɕiau²³xuæ⁰
万全	哭 kʰuəʔ²²	卷 ⁼tɕyan⁵⁵	嚷架 za⁴⁴tɕia²¹³
涿鹿	哭 kʰuʌʔ⁴³	骂 ma³¹	嚷架 zã⁴⁵tɕia³¹
平山	啼哭 tʰi⁴²xu⁰	骂 ma⁴²	嚷嘴 zɑŋ⁵⁵tsæi⁵⁵
鹿泉	啼哭 tʰiou⁵⁵xu⁰	骂 ma³¹²	吵包子 tʂʰɔ³⁵pɔ⁵⁵tsɤ⁰
赞皇	啼哭 tʰiəu⁵¹xu⁰	骂 ma³¹²	吵架 tʂʰɔ⁴⁵tɕia³¹
沙河	哭 kʰuəʔ²	卷 ⁼tɕyã³³	卷 ⁼tɕyã³³
邯郸	哭 kʰuəʔ⁴³	噘 tɕyɛ⁵³	吵吵 tʂʰau³¹tʂʰau⁰
涉县	哭 kʰuəʔ³²	骂 mɒ⁵⁵	吵架 tsau⁵³tɕiɒ²⁴

	0925 骗~人	0926 哄~小孩	0927 撒谎
兴隆	骗 pʰian⁵¹ 唬弄 xu⁵¹noŋ⁰	哄 xoŋ²¹³	说谎 ʂuo⁵⁵xuaŋ²¹³ 说瞎话儿 ʂuo⁵⁵ɕia³⁵xuar⁵¹ 撒谎 sa³⁵xuaŋ²¹³
北戴河	糊弄 xu⁵³luŋ⁰	哄 xuŋ²¹⁴	白话 pai³⁵xuo⁰
昌黎	骗 pʰian⁴⁵³	哄 xuŋ²¹³	撂票 ⁼liau⁴²pʰiau⁴⁵³ 撒谎 sa³⁴xuaŋ²¹³
乐亭	骗 pʰiɛn⁵²	哄 xuŋ³⁴	扯票 ⁼tʂʰə³³pʰiau⁵²
蔚县	哄哒 xuŋ⁴⁴ta⁰ 煽哄 sã³¹xuŋ⁰ 戏哄 ɕi³¹xuŋ⁰	哄 xuŋ⁴⁴	捣鬼 tʌɯ⁵³kuei⁴⁴ 白说 pɛi⁴¹suɤ⁰
涞水	骗 pʰian³¹⁴	哄 xoŋ²⁴	说瞎话儿 ʂuo⁵⁵ɕia⁵⁵xua³¹ər⁰
霸州	狼 laŋ⁵³ 赚 tsuan⁴¹	哄 xuŋ²¹⁴	说瞎话儿 ʂuo⁴⁵ɕia⁴⁵xuar⁴¹
容城	赚 tsuan⁵¹³ 骗 pʰian⁵¹³	哄 xuŋ²¹³	说瞎话 ʂuo⁴⁴ɕia⁴⁴xua⁵¹³
雄县	赚 tsuã⁴¹	哄 xuŋ²¹⁴	说瞎话儿 ʂuo⁴⁵ɕia⁴⁵xuar⁴¹
安新	赚乎 tsuan⁵⁵xuo⁰	哄 xuŋ²¹⁴	说瞎话 ʂuo⁴⁵ɕia²¹xua⁵¹
满城	赚 tsuan⁵¹² 赚乎 tsuan⁵⁵xu⁰	哄 xuŋ²¹³	说瞎话 ʂuo⁴⁵ɕia⁴⁵xua⁵¹²
阜平	骗 pʰiæ⁵³	哄撮 xoŋ²⁴tsʰuɤ⁵⁵	说假话 ʂuɤ²⁴tɕia⁵⁵xua⁵³
定州	糊弄 xu³⁵ləŋ⁰	哄 xuŋ²⁴	说瞎话 ʂuo³³ɕia²¹¹xuə⁰
无极	糊弄 xu⁵³ləŋ⁰	哄 xuŋ³⁵	说瞎话 ʂuɤ³¹ɕia³⁵xuɑ⁰
辛集	糊弄 xu⁴²ləŋ⁰ 坑 kʰəŋ³³	哄 xoŋ³²⁴	说瞎话 ʂuə³³ɕia³⁵xɑ⁴¹
衡水	糊弄 xu⁵³luŋ⁰	哄 xuŋ⁵⁵	编瞎话儿 pian²⁴ɕia²⁴xuar³¹ 掏瞎话儿 tʰau²⁴ɕia²⁴xuar³¹
故城	糊弄 xu⁵³luŋ⁰	哄 xuŋ⁵⁵ 糊弄 xu⁵³luŋ⁰	扒瞎 pa²⁴ɕia²⁴
巨鹿	哄 xoŋ⁵⁵	糊弄 xu⁵³noŋ⁰	掏瞎话 tʰau³³ɕia³³xuar²¹
邢台	糊弄 xu⁴³luŋ³⁴	哄哄 xuŋ⁵⁵xuŋ⁰	掏瞎话儿 tʰau³⁴ɕia³⁴xuar³¹ 说瞎话儿 ʂuo³⁴ɕia³⁴xuar³¹

（续表）

	0925 骗~人	0926 哄~小孩	0927 撒谎
馆陶	蒙 məŋ²⁴	哄 xuŋ⁴⁴	说谎 ʂuɛ²⁴xuaŋ⁴⁴
沧县	糊弄 xu⁵³ləŋ⁰	哄 xoŋ⁵⁵	说瞎话 ʂuo²³ɕia²³xua⁴¹
献县	赚 tsuæ³¹	哄 xoŋ²¹⁴	说瞎话儿 ʂuo⁵³ɕia³³xuʌr³¹
平泉	糊弄 xu⁵¹nuŋ⁰ 骗 pʰian⁵¹	看 kʰan⁵⁵ 哄 xuŋ²¹⁴	说瞎话儿 ʂuo⁵⁵ɕia⁵⁵xuar⁵¹ 撒谎 sa⁵⁵xuaŋ²¹⁴
滦平	糊弄 xu⁵¹nəŋ⁰ 骗 pʰian⁵¹	哄 xuŋ²¹⁴	聊天 liau³⁵tʰian⁵⁵ 说瞎话儿 ʂuo⁵⁵ɕia⁵⁵xuar⁵¹ 撒谎 sa⁵⁵xuaŋ²¹⁴
廊坊	骗 pʰiɛn⁵¹ 冤 yan⁵⁵ 糊弄 xu⁵¹ŋəŋ⁰	哄 xuŋ²¹⁴	撒谎 sa⁵⁵xuaŋ²¹⁴ 说瞎话儿 ʂuo⁵⁵ɕia⁵⁵xuar⁵¹
魏县	诓 kʰuaŋ³³ 骗 pʰian³¹²	哄 xuŋ⁵⁵	扯空儿 tʂʰɛ⁵³kʰuɤr³³
张北	骗 pʰiæ²¹³	哄 xuŋ⁵⁵	说谎 suəʔ³xũ⁵⁵
万全	骗 pʰian²¹³ 坑 kʰəŋ⁴¹	哄 xuəŋ⁵⁵	说鬼话 suəʔ²²kuei⁴⁴xua²¹³
涿鹿	骗 pʰiæ³¹ 哄 xuŋ⁴⁵	哄 xuŋ⁴⁵	瞎说 ɕiʌʔ⁴³ʂuʌʔ⁴³
平山	糊弄 xu⁵⁵loŋ⁰	哄 xoŋ⁵⁵	说瞎话 ʂuə³¹ɕia²⁴xua⁴²
鹿泉	骗 pʰiæ³¹² 糊弄 xu⁵⁵luŋ⁰	哄 xuŋ³⁵	说瞎话儿 ʂuo¹³ɕiʌ¹³xuar³¹
赞皇	糊弄 xu⁵¹luŋ⁰ 骗 pʰiæ³¹²	哄 xuŋ⁴⁵	说瞎话儿 ʂuə²⁴ɕia²⁴xuar³¹
沙河	糊弄 xuəʔ²loŋ²⁴	哄 xoŋ³³	说瞎话 ʂuəʔ²ɕiə⁴¹xuɔ²¹
邯郸	糊弄 xuəʔ²luŋ⁰ 诓 kʰuaŋ³¹	哄 xuŋ⁵⁵	扯谎 tʂʰɤ⁵³xuaŋ⁵⁵
涉县	掏 ˭tʰau⁴¹ 骗 pʰiæ⁵⁵	哄 xuəŋ⁵³	捣鬼儿 tau⁴¹²kuər⁵³

	0928 吹牛	0929 拍马屁	0930 开玩笑
兴隆	吹牛皮 tṣʰuei³⁵ȵiou⁵⁵pʰi⁵⁵ 吹牛屄 tṣʰuei³⁵ȵiou⁵⁵pi³⁵ 吹牛 tṣʰuei³⁵ȵiou⁵⁵	溜须 liou³⁵ɕy³⁵ 拍马屁 pʰai³⁵ma²¹pʰi⁵¹ 拍马 pʰai³⁵ma²¹³	闹着玩儿 nau⁵¹tṣə⁰uɐr⁵⁵ 逗着玩儿 tou⁵¹tṣə⁰uɐr⁵⁵ 开玩笑 kʰai³⁵uan⁵⁵ɕiau⁵¹
北戴河	吹牛 tʃʰuei⁴⁴ȵiou³⁵	拍马屁 pʰai⁴⁴ma²¹pʰi⁵¹	逗笑话儿 tou⁵³ɕiau⁵³xuɐr⁰
昌黎	瞎说 ɕia³⁴ʂuo⁴² 胡扯 xu³⁴tṣʰɤ²¹³ 吹牛 tṣʰuei³⁴ȵiou²¹³	拍马屁 pʰai³⁴ma²¹pʰi⁴⁵³	逗着玩儿 tou⁴³tṣə⁰uɐr²¹³ 开玩笑 kʰai³⁴uan³⁴ɕiau⁴⁵³
乐亭	吹牛屄 tṣʰuei³³ȵiou³³pi³¹	溜须 liou³³ɕy³¹	开玩笑 kʰai³³uan³³ɕiau⁵²
蔚县	日出 zɿ³¹tṣʰu⁵³	溜舔 liəu⁵³tʰiã⁰ 溜沟子 liəu⁵³kəu⁵³tsɿ⁰	打㧓 ta⁴⁴lã⁴¹
涞水	说大话 ʂuo⁵⁵ta³¹xua³¹⁴	舔屁股 tʰian²⁴pʰi³³¹xu⁰ 巴结 pa³³tɕiɛ⁰	闹着玩儿 nau³³¹tṣɤ⁰uɐr⁴⁵
霸州	吹 tṣʰuei⁴⁵ 吹牛 tṣʰuei⁴⁵ȵiou⁵³ 吹牛皮 tṣʰuei⁴⁵ȵiou⁴⁴pʰi⁵³	溜沟子 liou⁴⁵kou²¹tsɿ⁰ 溜 liou⁴⁵	闹着玩儿 nau⁴⁵tṣɤ⁰uɐr⁵³ 闹 nau⁴¹
容城	吹牛 tṣʰuei⁴⁴ȵiou³⁵	拍马屁 pʰai⁴⁴ma⁴⁴pʰi⁵¹³	闹着玩儿 nau⁵⁵tṣuo⁰uɐr³⁵
雄县	吹牛 tṣʰuei⁴⁵ȵiou⁵³ 吹 tṣʰuei⁴⁵ 吹牛皮 tṣʰuei⁴⁵ȵiou⁵³pʰi⁵³	溜 liou⁴⁵	闹着玩儿 nau²¹tṣɤ⁰uɐr⁵³/ nau⁴⁵tṣɤ⁰uɐr⁵³ 闹玩儿 nau⁴¹uɐr⁵³
安新	大吹 ta⁵³tṣʰuei⁴⁵	溜沟子 liou⁵³kou⁴⁵tsɿ⁰	闹着玩儿 nau²¹tṣə⁰uɐr³¹
满城	吹 tṣʰuei⁴⁵	溜舔 liou⁴⁵tʰian²¹³	闹着玩 nau⁵⁵tṣou⁰uɐr²²
阜平	说大话 ʂuɤ⁵⁵ta²⁴xua⁵³	舔屁股 tʰiæ⁵⁵pʰi⁵³xu⁰	说着玩儿 ʂuɤ²¹tṣə⁰uɐr²⁴
定州	吹大的 tṣʰuei³³ta³⁵ti⁰	舔屁股 tʰian²¹¹pʰi³⁵xu⁰	逗着玩儿 tou³⁵tṣau⁰uɐr²¹³
无极	吹牛 tṣʰuəi³³ȵiəu²¹³	舔屁股 tʰiãn³⁵pʰi⁵³xu⁰	说着玩儿哩 ʂuɤ²¹³tṣə⁰uɐr³¹li⁰
辛集	哨儿 ʂaur⁴¹ 扇呼 ʂan³³xu⁰ 扇 ʂan³³	巴结 pa³³tɕiɛ⁰ 舔屁股 tʰian³²⁴pʰi⁴²xu⁰	闹着玩儿 nau⁴²tṣau⁰uɐr³⁵⁴
衡水	吹大话 tṣʰuei²⁴ta³¹xua³¹	巴结人儿 pa³¹tɕiɛ⁰iər⁵³	说笑话儿 ɕyɛ²⁴ɕiau⁵³xuar⁵³
故城	吹牛 tṣʰuei²⁴ȵiou⁵³ 吹 tṣʰuei²⁴	巴结 pa²¹tɕia⁰	闹着玩儿 nɔ⁵³tṣɤ⁰vɐr⁵³
巨鹿	说大话 ɕyɛ³³ta³³xua²¹	溜舔 liou²¹tʰian⁵⁵	闹着玩儿 nau⁵³tṣɤ⁰uar⁴¹
邢台	说大话 ʂuo³⁴ta³³xua³¹ 大吹 ta³¹tṣʰuei³⁴	拍马屁 pʰai³⁴ma⁵⁵pʰi³¹	瞎胡闹 ɕia³⁴xu⁵³nau³¹

(续表)

	0928 吹牛	0929 拍马屁	0930 开玩笑
馆陶	说大话 ʂuɛ²⁴ta²⁴xua²¹ 吹牛屄 tʂʰuei²⁴ȵiəu⁵²pi²⁴①	奉承 fəŋ²¹tʂʰəŋ⁴⁴	开玩笑 kʰai²⁴uæn⁵²siao²¹
沧县	吹牛 tʂʰuei²³ȵiou⁵³	溜须 liou²³ɕy²³	开玩笑 kʰai²³uan⁵³ɕiau⁴¹ 打哈儿哈儿 ta⁵⁵xʌr⁴¹xʌr⁰
献县	吹牛 tʂʰuei³³ȵiou⁵³	舔腚 tʰiæ²⁴tiŋ³¹	逗着玩儿 tou³³¹tʂə⁰uɐr⁵³
平泉	吹牛儿 tʂʰuei⁵⁵niour³⁵	溜须 liou⁵⁵ɕy⁵⁵ 打溜须 ta²¹liou⁵⁵ɕy⁵⁵ 拍马屁 pʰai⁵⁵ma²¹pʰi⁵¹	闹着玩儿 nau⁵¹tʂə⁰uɐr³⁵ 逗着玩儿 tou⁵¹tʂə⁰uɐr³⁵ 开玩笑 kʰai⁵⁵uan³⁵ɕiau⁵¹
滦平	吹牛 tʂʰuei⁵⁵ȵiou³⁵	溜须 liou⁵⁵ɕy⁵⁵ 拍马屁 pʰai⁵⁵ma²¹pʰi⁵¹	闹着玩儿 nau⁵¹tʂə⁰uɐr³⁵ 逗着玩儿 tou⁵¹tʂə⁰uɐr³⁵ 开玩笑 kʰai⁵⁵uan³⁵ɕiau⁵¹
廊坊	吹牛 tʂʰuei⁵⁵ȵiou³⁵ 吹牛皮 tʂʰuei⁵⁵ȵiou³⁵pʰi³⁵	拍马屁 pʰai⁵⁵ma²¹pʰi⁵¹ 溜须 liou⁵⁵ɕy⁵⁵	开玩笑 kʰai⁵⁵uan³⁵ɕiau⁵¹ 逗着玩儿 tou⁵¹tʂɤ⁰uɐr³⁵
魏县	吹大气儿 tʂʰuəi³³ta³¹tɕʰiər³¹²	舔㞘子 tʰian⁵⁵tuɛ³³tɛ⁰ 舔屁股 tʰian⁵⁵pʰi³¹²ku⁰	说玩话儿 ʂuɛ³³uan⁵³xuar³¹²
张北	吹牛 tʂʰuei⁴⁴ȵiəu⁴²	拍马屁 pʰai⁴²ma⁵⁵pʰi²¹³	开玩笑 kʰai⁴²væ⁴²ɕiau⁰
万全	吹牛屄 tʂʰuei⁴¹ȵiou⁴¹pi⁴¹	拍马屁 pʰɛi⁵⁵ma⁴⁴pʰi²¹³	打着耍 ta⁵⁵tsəʔ⁰sua⁵⁵
涿鹿	吹牛儿 tsʰuei⁴⁴ȵiəur⁵²	舔屁股 tʰiæ⁴⁵pʰi³¹kuʌ⁰	闹着玩儿 nɔ³¹tʂə⁰uɐr⁴²
平山	吹大话 tʂʰæi³¹ta²⁴xua⁴²	舔屁股 tʰiæ⁵⁵pʰi⁵⁵xu⁰	逗着耍 tɐu⁵⁵tʂɤ⁰sua⁵⁵
鹿泉	吹牛 tʂʰuei⁵⁵ȵiou⁵⁵	舔屁股 tʰiæ³⁵pʰi³¹xuo⁰	开玩笑 kʰɛ⁵⁵uæ⁵⁵sio³¹
赞皇	吹牛 ʂʰuei⁵⁴ȵiəu⁵⁴ 说大话儿 ʂuə²⁴ta³¹²xuar³¹	上抬 ʂaŋ³¹²tʰɛ⁵⁴ 拍马屁 pʰɛ²⁴ma⁴⁵pʰi³¹	逗着耍 tɐu⁵¹ə⁰sua⁴⁵
沙河	说大话 ʂuəʔ²⁵tɔ²¹xuɔ²¹	讨好儿 tʰau³¹xaur³³	闹笑话儿 nau²¹siau²¹xuar²⁴
邯郸	说大话 ʂuʌʔ²⁵tɔ⁵³xɔ²¹	溜沟舔屁眼儿 liəu³¹kəu³¹tʰiæ⁵⁵pʰi²⁴iər⁵³	说笑话儿 ʂuʌʔ²⁵siau⁵³xuar²¹
涉县	吹 tsʰuəi⁴¹ 吹牛儿 tsʰuəi⁴¹ȵiəur²⁴	溜须拍马 liou⁴¹ɕy⁰pʰɐʔ³²mɒ⁵³	说笑话儿 suəʔ³²ɕiau⁵³xuɐr⁰

---

① 贬义，骂人话。

	0931 告诉~他	0932 谢谢 致谢语	0933 对不起 致歉语
兴隆	告上=kau⁵¹ʂaŋ⁰ 告诉 kau⁵¹su⁰	谢谢 ɕiɛ⁵¹ɕiɛ⁰	对不起 tuei⁵¹pu⁰tɕʰi²¹³
北戴河	告送 kau⁵³ʂuŋ⁰	谢谢 ɕiɛ⁵³ɕiɛ⁰	对不起 tuei⁵³pu⁰tɕʰi²¹⁴
昌黎	学 ɕiau²⁴ 告诉 kau⁴⁵ʂuŋ⁰	谢谢 ɕiɛ⁴⁵ɕiɛ⁰	对不住 tuei⁴³pu⁰tʂu⁴⁵³ 对不起 tuei⁴²pu⁰tɕʰi²¹³
乐亭	告送 kau⁵²suŋ⁰	谢谢 ɕiɛ⁵⁵ɕiɛ⁰	对不起 tuei⁵²pu⁰tɕʰi³⁴
蔚县	说给 suɤ⁵³kei⁰	麻烦你了 ma⁴¹fã⁰ȵi⁴⁴lɤ⁰	对不住 tuei³¹pu⁰tsu³¹²
涞水	说给 ʂuo⁴⁵kei⁰	谢谢 ɕiɛ³¹ɕiɛ⁰	对不住 tuei³³¹pu⁰tʂu³¹⁴
霸州	告上=kaŋ⁴⁵ʂaŋ⁰	麻烦你了 ma⁵³fan⁰ȵi⁴¹lɤ⁰ 添麻烦了 tʰian⁴⁵ma⁵³fan⁰lɤ⁰	对不起 tuei⁴⁵pu⁰tɕʰi²¹⁴
容城	说给 ʂuo³⁵kei⁰	谢谢 ɕiɛ⁵²ɕiɛ⁰	对不起 tuei⁵²pu⁰tɕʰi²¹³
雄县	说给 ʂuo⁴⁵kei⁰	麻烦你了 ma⁵³fã⁰ȵi⁴¹lɤ⁰ 添麻烦了 tʰiã⁴⁵ma⁵³fã⁰lɤ⁰	对不起 tuei⁴⁵pu⁰tɕʰi²¹⁴
安新	说给 ʂuo⁵³kei⁰	谢谢 ɕiɛ⁵⁵ɕiɛ⁰	对不起 tuei⁵⁵pu⁰tɕʰi²¹⁴
满城	对他说 tʰei⁵³ta⁴⁵ʂuo⁴⁵	谢谢 ɕiɛ⁵⁵ɕiɛ⁰	对不起 tuei⁵⁵pu⁰tɕʰi²¹³
阜平	对说 tei⁵³ʂuɤ²⁴	谢谢 ɕiɛ⁵³ɕiɛ²⁴	对不起 tei⁵³pu⁰tɕʰi⁵⁵
定州	对说 tʰei⁵³ʂuo³³	谢谢 siɛ⁵³siɛ⁰	对不住 tei³⁵pu⁰tʂu⁵¹
无极	对他说 tʰəi⁵¹tʰa³³ʂuɤ²¹³	谢谢 siɛ⁵³siɛ⁰	对不住 təi⁵¹pu³¹tʂu⁵¹
辛集	对学 tei⁴²ɕiau³⁵⁴ / tʰei⁴²ɕiau³⁵⁴ 替=学 tʰi⁴²ɕiau³⁵⁴	感谢 kan³²⁴siɛ³¹	对不住 tei⁴¹pu³⁵tʂu⁴¹
衡水	对学 tuei³¹ɕiau⁵³	谢谢 ɕiɛ³¹ɕiɛ⁰	对不起 tuei⁵³pu⁰tɕʰi⁵⁵
故城	告诉 kɔɔ⁵³suŋ⁰	麻烦你啦 ma⁵⁵fæ⁰ȵi²⁴la⁰ 谢谢 ɕiɛ³¹ɕiɛ⁰	对不住 tuei³¹pu⁰tʂu³¹ 不好意思 pu³¹xɔɔ²⁴i⁵³sɿ⁰
巨鹿	说 ɕyɛ³³	谢谢 ɕiɛ²¹ɕiɛ⁴¹	对不住 tuei⁵³pu⁰tɕy²¹
邢台	说给 ʂuo³⁴kei⁵⁵ 告给 kau³¹kei⁵⁵	谢谢 siɛ³¹siɛ⁰	对不住 tuei³¹pu³³tʂu³¹ 对不起 tuei³³pu³¹tɕʰi⁵⁵
馆陶	给那=说一声 kei⁴⁴na⁵²ʂuɛ²⁴i²¹ʂəŋ⁰	谢谢 siɛ²¹siɛ⁰	对不住 tuei²¹pu⁴⁴tʂu²¹/ tei²¹pu⁴⁴tʂu²¹ 不好意思 pu⁴⁴xɑo⁴⁴i²¹sɿ⁰
沧县	告送 kau⁵³xoŋ⁰	谢谢 ɕiɛ⁵³ɕiɛ⁰	对不起 tuei⁵³pu⁰tɕʰi⁵⁵

(续表)

	0931 告诉~他	0932 谢谢 致谢语	0933 对不起 致歉语
献县	说给 ʂuo³³kei⁰	辛苦兰 ɕin³³kʰu⁰læ⁰ 受累兰 ʂou³¹lei³³¹læ⁰ 麻烦你兰 ma⁵⁵fæ⁰ȵi²¹læ⁰	对不起 tuei³¹pu⁰tɕʰi²¹⁴ 对不住 tuei³¹pu⁰tʂu³¹
平泉	告诉 kɑu⁵¹su⁰	谢谢 ɕie⁵¹ɕie⁰	对不起 tuei⁵¹pu⁰tɕʰi²¹⁴
滦平	告诉 kɑu⁵¹su⁰	谢谢 ɕie⁵¹ɕie⁰	对不起 tuei⁵¹pu⁵¹tɕʰi²¹⁴
廊坊	告儿 kɑur⁵¹ 告诉 kɑu⁵¹su⁰	谢谢 ɕie⁵¹ɕie⁰	对不起 tuei⁵¹pu⁰tɕʰi²¹⁴ 对不住 tuei⁵¹pu⁰tʂu⁵¹
魏县	告给说 kau³¹²ke³³ʂue³³	谢谢 ɕie³¹²ɕie⁰	对不住 tuəi⁵⁵pe⁰tʂu³¹²
张北	告给 kau²³kei⁵⁵	谢谢 ɕie²¹ɕie⁰	对不起 tuei²¹pəʔ⁰tɕʰi⁵⁵
万全	告给 kɔ²¹³kei⁰	谢谢 ɕiei²¹³ɕiei⁰	对不起 tuei²¹³pu⁴⁵tɕʰi⁵⁵
涿鹿	给说 kei⁴⁵ʂuʌʔ⁴³	谢谢 ɕie³¹ɕie⁰	对不起 tuei³¹pʌ⁰tɕʰi⁴⁵
平山	对说 tæi⁵⁵ʂuə⁰	谢谢 sia²⁴sia⁴²	对不住 tæi³¹pu²⁴tʂu⁴²
鹿泉	递给 ti³¹kei³⁵	谢谢 siɤ³¹siɤ⁰	对不起 tei³¹pu⁰tɕʰi³⁵
赞皇	递说 ti³¹²ʂuə²⁴	谢谢 sie²⁴sie³¹	对不住 tuei⁵¹pu⁰tʂu³¹
沙河	告他说 kau²¹tʰəʔ⁴ʂuəʔ²	沾光 tʂã⁴¹kuaŋ²¹	对不住啦 tuei²¹pəʔ⁴tʂu²¹la⁰
邯郸	告给 kau¹³kəi⁰	谢谢 sie¹³sie⁰	对不住 tuəi⁵⁵pəʔ⁵tʂu²¹
涉县	说给 suəʔ³²kəi⁰	谢谢 ɕiə⁵⁵ɕiə⁰	对不起 tuəi⁵³pəʔ⁰tɕʰi⁰

	0934 再见告别语	0935 大苹果~	0936 小苹果~
兴隆	[改日]见 kɐr²¹tɕian⁵¹ 再见 tsai⁵³tɕian⁵¹	大 ta⁵¹	小 ɕiɑu²¹³
北戴河	[改日]见 kɐr²¹tɕian⁵¹ 再见 tʃai⁵³tɕian⁵¹	大 ta⁵¹	小 ɕiɑu²¹⁴
昌黎	走咧 tʂou²¹lie⁰ [改儿日]见 kɐŋ²⁴tɕian⁴⁵³	大 ta²⁴	小 ɕiɑu²¹³
乐亭	再见 tsai⁵³tɕien⁵²	大 ta⁵²	小 ɕiɑu³⁴
蔚县	我走了 vɤ⁴⁴tsəu⁴⁴lɤ⁰	大 ta³¹²	小 ɕiʌɯ⁴⁴
涞水	回见 xuei⁴⁵tɕian³¹⁴	大 ta³¹⁴	小 ɕiɑu²⁴
霸州	我走了昂 uo²⁴tsou⁴¹lɤ⁰aŋ⁰	大 ta⁴¹	小 ɕiɑu²¹⁴
容城	再见 tsai⁴⁴tɕian⁵¹³	大 ta⁵¹³	小 ɕiɑu²¹³
雄县	走了昂 tsou⁴¹lɤ⁰aŋ⁰	大 ta⁴¹	小 ɕiɑu²¹⁴
安新	下回再见 ɕia⁵³xuei⁴⁵tai⁵³tɕian⁵¹	大 ta⁵¹	小 ɕiɑu²¹⁴
满城	再见 tsai⁵³tɕian⁵¹²	大 ta⁵¹²	小 ɕiɑu²¹³
阜平	再见 tsæ⁵³tɕiæ̃⁵³	大 ta⁵³	小 ɕiɔ⁵⁵
定州	回见 xuei²⁴tɕian⁵¹	大 ta⁵¹	小 siau²⁴
无极	再见 tsæ⁵¹tɕiã⁵¹	大 ta⁴⁵¹	小 siɔ³⁵
辛集	走哇 tsou³²²uɑ⁰	大 ta⁴¹	小 siau³²⁴
衡水	回头儿见 xuei⁵³tʰəur⁵³tɕian³¹	大 ta³¹	小 ɕiɑu⁵⁵
故城	再来 tæ³¹læ⁵³	大 ta³¹	小 ɕiɔ⁵⁵
巨鹿	以后见 i⁵⁵xou²¹tɕiẽ²¹	大 ta²¹	小 ɕiɑu⁵⁵
邢台	再见 tsai³³tɕian³¹ 回见 xuei⁵³tɕian³¹	大 ta³¹	小 siau⁵⁵
馆陶	再见 tsai²⁴tɕiæn²¹	大 ta²¹³	小 siao⁴⁴
沧县	再见 tsai²³tɕian⁴¹	大 ta⁴¹	小 ɕiɑu⁵⁵
献县	下么见 ɕia³¹mə⁰tɕiæ̃³¹	大 ta³¹	小 ɕiɔ²¹⁴
平泉	再见 tsai⁵³tɕian⁵¹	大 ta⁵¹	小 ɕiɑu²¹⁴
滦平	再见 tsai⁵¹tɕian⁵¹	大 ta⁵¹	小 ɕiɑu²¹⁴

（续表）

	0934 再见告别语	0935 大苹果~	0936 小苹果~
廊坊	再见 tsai⁵³tɕien⁵¹ 回见 xuei³⁵tɕien⁵¹ 改儿见 kɚ²¹tɕien⁵¹	大 ta⁵¹	小 ɕiɑu²¹⁴
魏县	回见 xuəi⁵³tɕian³¹²	大 ta³¹²	小 ɕiɑu⁵⁵
张北	回见 xuei⁴²tɕiæ²¹³	大 ta²¹³	小 ɕiɑu⁵⁵
万全	再见 tsei²¹³tɕian²¹³	大 ta²¹³	小 ɕiɔ⁵⁵
涿鹿	再见 tse²³tɕiæ³¹	大 ta³¹	小 ɕiɔ⁴⁵
平山	再见 tse²⁴tɕiæ⁴²	大 ta⁴²	小 siə⁵⁵
鹿泉	再见 tse¹³tɕiæ³¹	大 ta³¹²	小 siɔ³⁵
赞皇	再见 tse²⁴tɕiæ³¹	大 ta³¹²	小 siɔ⁴⁵
沙河	回头儿见 xuei⁵⁴tʰəur⁵¹tɕiã²¹	大 tɔ²¹	小 siau³³
邯郸	再见 tsai⁵³tɕiæ²¹	大 tɔ²¹³	小 siɑu⁵⁵
涉县	再见 tsai⁵³tɕiæ³¹	大 tɒ⁵⁵	小 ɕiɑu⁵³

	0937 粗 绳子~	0938 细 绳子~	0939 长 线~
兴隆	粗 tsʰu³⁵	细 ɕi⁵¹	长 tʂʰaŋ⁵⁵
北戴河	粗 tʃʰu⁴⁴	细 ɕi⁵¹	长 tʃʰaŋ³⁵
昌黎	粗 tʂʰu⁴²	细 ɕi⁴⁵³	长 tʂʰaŋ²⁴
乐亭	粗 tsʰu³¹	细 ɕi⁵²	长 tʂʰaŋ²¹²
蔚县	粗 tsʰu⁵³	细 ɕi³¹²	长 tsʰɔ⁴¹
涞水	粗 tsʰu³¹	细 ɕi³¹⁴	长 tʂʰaŋ⁴⁵
霸州	顶 xan⁴⁵	细 ɕi⁴¹	长 tʂʰaŋ⁵³
容城	粗 tsʰu⁴³	细 ɕi⁵¹³	长 tʂʰaŋ³⁵
雄县	顶 xãn⁴⁵	细 ɕi⁴¹	长 tʂʰaŋ⁵³
安新	粗 tsʰu⁴⁵	细 ɕi⁵¹	长 tʂʰaŋ³¹
满城	粗 tsʰu⁴⁵	细 ɕi⁵¹²	长 tʂʰaŋ²²
阜平	粗 tsʰu³¹	细 ɕi⁵³	长 tʂʰaŋ²⁴
定州	粗 tsʰu³³	细 si⁵¹	长 tʂʰaŋ²¹³
无极	粗 tsʰu³¹	细 si⁵¹	长 tʂʰaŋ²¹³
辛集	粗 tsʰu³³	细 si⁴¹	长 tʂʰaŋ³⁵⁴
衡水	粗 tʂʰu²⁴ 顶 xan²⁴	细 ɕi³¹	长 tʂʰaŋ⁵³
故城	粗 tsʰu²⁴	细 ɕi³¹	长 tʂʰaŋ⁵³
巨鹿	粗 tsʰu³³	细 ɕi²¹	长 tʂʰã⁴¹
邢台	粗 tsʰu³⁴	细 si³¹	长 tʂʰaŋ⁵³
馆陶	粗 tsʰu²⁴	细 si²¹³	长 tʂʰaŋ⁵²
沧县	粗 tsʰu²³	细 ɕi⁴¹	长 tʂʰaŋ⁵³
献县	粗 tsʰu³³	细 ɕi³¹	长 tʂʰã⁵³
平泉	粗 tsʰu⁵⁵	细 ɕi⁵¹	长 tʂʰaŋ³⁵
滦平	粗 tsʰu⁵⁵	细 ɕi⁵¹	长 tʂʰaŋ³⁵
廊坊	粗 tsʰu⁵⁵ 顶 xan⁵⁵	细 ɕi⁵¹	长 tʂʰaŋ³⁵
魏县	粗 tsʰu³³	细 ɕi³¹²	长 tʂʰaŋ⁵³

（续表）

	0937 粗_{绳子~}	0938 细_{绳子~}	0939 长_{线~}
张北	粗 tsʰu⁴²	细 ɕi²¹³	长 tsʰɔ̃⁴²
万全	粗 tsʰu⁴¹	细 ɕi²¹³	长 tsʰa⁴¹
涿鹿	粗 tsʰu⁴⁴	细 ɕi³¹	长 tʂʰɑ̃⁴²
平山	粗 tsʰu³¹	细 si⁴²	长 tʂʰɑŋ³¹
鹿泉	粗 tsʰu⁵⁵	细 si³¹²	长 tʂʰɑŋ⁵⁵
赞皇	粗 tsʰu⁵⁴	细 si³¹²	长 tʂʰɑŋ⁵⁴
沙河	粗 tsʰu⁴¹	细 si²¹	长 tʂʰɑŋ⁵¹
邯郸	粗 tsʰu³¹	细 si²¹³	长 tʂʰɑŋ⁵³
涉县	粗 tsʰu⁴¹	细 ɕi⁵⁵	长 tsʰã⁴¹²

	0940 短~线~	0941 长~时间~	0942 短~时间~
兴隆	短 tuan²¹³	长 tʂʰaŋ⁵⁵	短 tuan²¹³
北戴河	短 tuan²¹⁴	长 tʃʰaŋ³⁵	短 tuan²¹⁴
昌黎	短 tuan²¹³	半天儿 pan⁴⁵tʰiɐr⁰	一会儿 i³⁴xuər²¹³
乐亭	短 tuan³⁴	长 tʂʰaŋ²¹²	短 tuan³⁴
蔚县	短 tuã⁴⁴	长 tsʰɔ⁴¹	短 tuã⁴⁴
涞水	短 tuan²⁴	长 tʂʰaŋ⁴⁵	短 tuan²⁴
霸州	短 tuan²¹⁴	长 tʂʰaŋ⁵³	短 tuan²¹⁴
容城	短 tuan²¹³	长 tʂʰaŋ³⁵	短 tuan²¹³
雄县	短 tuãn²¹⁴	长 tʂʰaŋ⁵³	短 tuãn²¹⁴
安新	短 tuan²¹⁴	长 tʂʰaŋ³¹	短 tuan²¹⁴
满城	短 tuan²¹³	长 tʂʰaŋ²²	短 tuan²¹³
阜平	短 tuæ̃⁵⁵	长 tʂʰaŋ²⁴	短 tuæ̃⁵⁵
定州	短 tuan²⁴	长 tʂʰaŋ²⁴	短 tuan²⁴
无极	短 tuãn³⁵	长 tʂʰaŋ²¹³	短 tuãn³⁵
辛集	短 tuan³²⁴	长 tʂʰaŋ³⁵⁴	短 tuan³²⁴
衡水	短 tuan⁵⁵	长 tʂʰaŋ⁵³	短 tuɑn⁵⁵
故城	短 tuæ̃⁵⁵	长 tʂʰaŋ⁵³	短 tuæ̃⁵⁵
巨鹿	短 tuan⁵⁵	长 tʂʰã⁴¹	短 tuan⁵⁵
邢台	短 tuan⁵⁵	长 tʂʰaŋ⁵³	短 tuan⁵⁵
馆陶	短 tuæn⁴⁴	长 tʂʰaŋ⁵²	短 tuæn⁴⁴
沧县	短 tuan⁵⁵	长 tʂʰaŋ⁵³	短 tuan⁵⁵
献县	短 tuæ̃²¹⁴	长 tʂʰã⁵³	短 tuæ̃²¹⁴
平泉	短 tuan²¹⁴	长 tʂʰaŋ³⁵	短 tuan²¹⁴
滦平	短 tuan²¹⁴	长 tʂʰaŋ³⁵	短 tuan²¹⁴
廊坊	短 tuan²¹⁴	长 tʂʰaŋ³⁵	短 tuan²¹⁴
魏县	短 tuan⁵⁵	长 tʂʰaŋ⁵³	短 tuan⁵⁵
张北	短 tuæ̃⁵⁵	长 tsʰɔ̃⁴²	短 tuæ̃⁵⁵
万全	短 tuan⁵⁵	长 tsʰa⁴¹	短 tuan⁵⁵

（续表）

	0940 短线~	0941 长时间~	0942 短时间~
涿鹿	短 tuæ⁴⁵	长 tʂʰɑ̃⁴²	短 tuæ⁴⁵
平山	短 tuæ⁵⁵	长 tʂʰɑŋ³¹	短 tuæ⁵⁵
鹿泉	短 tuæ³⁵	长 tʂʰɑŋ⁵⁵	短 tuæ³⁵
赞皇	不大长 pu²⁴taʔ³¹tʂʰɑŋ⁵⁴	长 tʂʰɑŋ⁵⁴	不大会儿 pu²⁴taʔ³¹xuər⁴⁵ 短 tuæ⁴⁵
沙河	短 tuã³³	长 tʂʰɑŋ⁵¹	短 tuã³³
邯郸	短 tuæ⁵⁵	长 tʂʰɑŋ⁵³	短 tuæ⁵⁵
涉县	短 tuæ⁵³	长 tʂʰɑ̃⁴¹²	短 tuæ⁵³

	0943 宽路~	0944 宽敞房子~	0945 窄路~
兴隆	宽 kʰuan³⁵	豁亮 xə⁵¹liaŋ⁰ 敞亮 tʂʰaŋ²¹liaŋ⁰ 宽敞 kʰuan³⁵tʂʰaŋ⁰	窄 tʂai²¹³
北戴河	宽 kʰuan⁴⁴	宽绰 kʰuan⁴⁴tʃʰou⁰	窄 tʃai²¹⁴
昌黎	宽 kʰuan⁴²	宽绰 kʰuan⁴³tʂʰou⁰	窄 tʂai²¹³
乐亭	宽 kʰuan³¹	宽绰 kʰuan³¹tʂʰou⁰	窄 tʂai³⁴
蔚县	宽 kʰuã⁵³	宽绰 kʰuã⁵³tʂʰʌɯ⁰ 宽堂堂的 kʰuã⁵³tʰɔ⁴¹tʰɔ⁰ti⁰	窄 tsei⁵³
涞水	宽绰 kʰuan³³tʂʰɤ⁰	敞亮 tʂʰaŋ²⁴liaŋ⁰	窄 tʂai²⁴
霸州	宽 kʰuan⁴⁵	宽绰 kʰuan²¹tʂʰɑu⁰	窄 tʂai²¹⁴
容城	宽 kʰuan⁴³	宽敞 kʰuan³¹tʂʰaŋ⁰	窄 tʂai²¹³
雄县	宽 kʰuãn⁴⁵	宽绰 kʰuãn⁴⁴tʂʰɑu⁰	窄 tʂai²¹⁴
安新	宽 kʰuan⁴⁵	宽绰 kʰuan⁴⁵tʂʰɑu⁰	窄 tʂai²¹⁴
满城	宽 kʰuan⁴⁵	宽绰 kʰuan⁴⁵tʂʰɑu⁰	窄 tʂai²¹³
阜平	宽 kʰuæ̃³¹	宽绰 kʰuæ̃³¹tʂʰɔ⁰	窄 tʂæ²⁴
定州	宽 kʰuan³³	宽绰 kʰuan²¹¹tʂʰɑu⁰	窄狭 tʂai³³tɕʰiɛ⁰
无极	宽 kʰuãn³¹	宽敞 kʰuãn³¹tʂʰaŋ⁰	窄 tʂæ²¹³
辛集	宽 kʰuan³³	宽绰 kʰuan³³tʂʰɑu⁰	窄 tʂai³³
衡水	宽 kʰuɑn²⁴	宽 kʰuɑn³¹tʂʰɑu⁰	窄 tʂɑi²⁴ 窄巴 tʂɑi³¹pa⁰
故城	宽 kʰuæ²⁴	宽绰 kʰuæ²¹tʂʰɔɔ⁰	窄 tsæ²⁴ 窄巴 tsæ²¹pa⁰
巨鹿	宽 kʰuan³³	宽绰 kʰuan³³tʂʰɑu⁰	窄 tʂai³³
邢台	宽 kʰuan³⁴	宽敞 kʰuan³⁴tʂʰaŋ⁰	窄狭 tʂai³⁴tɕʰia⁵³
馆陶	宽 kʰuæn²⁴	大 ta²¹³ 亮堂 liaŋ²¹tʰaŋ⁰①	窄 tʂɛ²⁴
沧县	宽 kʰuan²³	宽敞 kʰuan⁴¹tʂʰaŋ⁰	窄 tsai⁵⁵
献县	宽 kʰuæ³³	宽绰 kʰuæ³³tʂʰɔ⁰	窄 tʂe³³
平泉	宽 kʰuan⁵⁵	宽敞 kʰuan⁵⁵tʂʰaŋ⁰	窄 tʂai²¹⁴

（续表）

	0943 宽路~	0944 宽敞房子~	0945 窄路~
滦平	宽 kʰuan⁵⁵	宽敞 kʰuan⁵⁵tʂʰɑŋ²¹⁴	窄 tʂai²¹⁴
廊坊	宽 kʰuan⁵⁵	宽敞 kʰuan⁵⁵tʂʰɑŋ⁰	窄 tʂai²¹⁴
魏县	宽 kʰuan³³	宽绰 kʰuan³³tʂʰuə⁰	窄 tʂɛ³³
张北	宽 kʰuæ⁴²	宽大 kʰuæ⁴²ta²¹³	窄 tsəʔ³²
万全	宽 kʰuan⁴¹	宽大 kʰuan⁴¹ta²¹³	窄 tsəʔ²²
涿鹿	宽 kʰuæ⁴⁴	宽头 kʰuæ⁴²tʰəu⁰	窄 tsʌʔ⁴³
平山	宽 kʰuæ³¹	宽绰 kʰuæ⁴²tʂʰɤ⁰	窄狭 tʂɛ²¹tɕʰia⁰
鹿泉	宽 kʰuæ⁵⁵	宽绰 kʰuæ⁵⁵tʂʰɔ⁰	窄 tʂɛ¹³
赞皇	宽 kʰuæ⁵⁴	宽绰 kʰuæ⁵⁴tʂʰuə⁰	不大宽儿 pu²⁴ta³¹kʰuɐr⁵⁴ 窄 tʂɛ²⁴
沙河	宽 kʰuã⁴¹	阔亮 kʰuəʔ⁴liaŋ²¹	窄 tsəʔ²
邯郸	宽 kʰuæ³¹	宽敞 kʰuæ³¹tʂʰɑŋ⁰	窄 tʂʌʔ⁴³
涉县	宽 kʰuæ⁴¹	宽绰 kʰuæ⁴¹tsʰəʔ⁰	窄 tsɐʔ³²

---

① 宽敞而明亮。

	0946 高 ~飞机飞得~	0947 低 ~鸟飞得~	0948 高 ~他比我~
兴隆	高 kau³⁵	低 ti³⁵	高 kau³⁵
北戴河	高 kau⁴⁴	低 ti⁴⁴	高 kau⁴⁴
昌黎	高 kau⁴²	低 ti⁴²	高 kau⁴²
乐亭	高 kau³¹	矬 tsʰuə²¹²	高 kau³¹
蔚县	高 kʌɯ⁵³	低 ti⁵³	高 kʌɯ⁵³
涞水	高 kau³¹	矬 tsʰuo⁴⁵	高 kau³¹
霸州	高 kau⁴⁵	矬 tsʰuo⁵³	高 kau⁴⁵
容城	高 kau⁴³	低 ti⁴³	高 kau⁴³
雄县	高 kau⁴⁵	矬 tsʰuo⁵³	高 kau⁴⁵
安新	高 kau⁴⁵	矬 tsʰuo³¹	高 kau⁴⁵
满城	高 kau⁴⁵	矬 tsʰuo²²	高 kau⁴⁵
阜平	高 kɔ³¹	低 ti³¹	高 kɔ³¹
定州	高 kau³³	矬 tsʰuo²¹³	高 kau³³
无极	高 kɔ³¹	矬 tsʰuɤ²¹³	高 kɔ³¹
辛集	高 kau³³	矬 tsʰuə³⁵⁴	高 kau³³
衡水	高 kau²⁴	低 ti²⁴	高 kau²⁴
故城	高 kɔo²⁴	矮 iæ⁵⁵	高 kɔo²⁴
巨鹿	高 kau³³	矬 tsʰuo⁴¹	高 kau³³
邢台	高 kau³⁴	低 ti³⁴ 矬 tsʰuo⁵³	高 kau³⁴
馆陶	高 kao²⁴	矮 iai⁴⁴ 低 ti²⁴	高 kao²⁴
沧县	高 kau²³	矮 ŋai⁵⁵	高 kau²³
献县	高 kɔ³³	低 ti³³	高 kɔ³³
平泉	高 kau⁵⁵	低 ti⁵⁵	高 kau⁵⁵
滦平	高 kau⁵⁵	低 ti⁵⁵	高 kau⁵⁵
廊坊	高 kau⁵⁵	低 ti⁵⁵ 矮 ŋai²¹⁴/ ai²¹⁴	高 kau⁵⁵
魏县	高 kau³³	低 ti³³	高 kau³³

（续表）

	0946 高~飞机飞得~	0947 低~鸟飞得~	0948 高~他比我~
张北	高 kau⁴²	低 ti⁴²	高 kau⁴²
万全	高 kɔ⁴¹	低 ti⁴¹	高 kɔ⁴¹
涿鹿	高 kɔ⁴⁴	低 ti⁴⁴	高 kɔ⁴⁴
平山	高 kɔ³¹	低 ti³¹ 矬 tsʰuə³¹	高 kɔ³¹
鹿泉	高 kɔ⁵⁵	低 ti⁵⁵	高 kɔ⁵⁵
赞皇	高 kɔ⁵⁴	矬 tsʰuə⁵⁴	高 kɔ⁵⁴
沙河	高 kau⁴¹	低 ti⁴¹	高 kau⁴¹
邯郸	高 kɑu³¹	低 ti³¹	高 kɑu³¹
涉县	高 kau⁴¹	低 ti⁴¹	高 kau⁴¹

	0949 矮他比我~	0950 远路~	0951 近路~
兴隆	矬 tsʰuo⁵⁵ 矮 nai²¹³/ ai²¹³	远 yan²¹³	近 tɕin⁵¹
北戴河	矬 tʃʰuo³⁵	远 yan²¹⁴	近 tɕin⁵¹
昌黎	矬 tsʰuo²⁴ 低 ti⁴²	远 yan²¹³	近 tɕin²⁴
乐亭	矬 tsʰuə²¹²	远 yɛn³⁴	近 tɕiən⁵²
蔚县	低 ti⁵³ 矬 tsʰuɤ⁴¹	远 yã⁴⁴	近 tɕiŋ³¹²
涞水	矮 ai²⁴	远 yan²⁴	近 tɕin³¹⁴
霸州	矬 tsʰuo⁵³	远 yan²¹⁴	近 tɕin⁴¹
容城	矬 tsʰuo³⁵	远 yan²¹³	近 tɕin⁵¹³
雄县	矬 tsʰuo⁵³	远 yãn²¹⁴	近 tɕin⁴¹
安新	矬 tsʰuo³¹	远 yan²¹⁴	近 tɕin⁵¹
满城	矬 tsʰuo²²	远 yan²¹³	近 tɕin⁵¹²
阜平	矬 tsʰuɤ²⁴	远 yæ⁵⁵	近 tɕiŋ⁵³
定州	矬 tsʰuo²¹³	远 yan²⁴	近 tɕin⁵¹
无极	矬 tsʰuɤ²¹³	远 yãn³⁵	近 tɕien⁴⁵¹
辛集	矬 tsʰuə³⁵⁴	远 yan³²⁴	近 tɕiən⁴¹
衡水	矬 tʂʰuo⁵³	远 yɑn⁵⁵	近 tɕin³¹
故城	矮 iæ⁵⁵ 矬 tsʰuɤ⁵³	远 yæ⁵⁵	近 ɕiẽ³¹
巨鹿	矬 tsʰuo⁴¹	远 yan⁵⁵	近 tɕin²¹
邢台	矬 tsʰuo⁵³	远 yan⁵⁵	近 tɕin³¹
馆陶	矮 iɑi⁴⁴	远 yæn⁴⁴	近 tɕin²¹³
沧县	矮 ŋai⁵⁵	远 yãn⁵⁵	近 tɕiən⁴¹
献县	矬 tsʰuo⁵³	远 yæ²¹⁴	近 tɕin³¹
平泉	矮 nai²¹⁴/ ai²¹⁴	远 yan²¹⁴	近 tɕin⁵¹
滦平	矮 nai²¹⁴/ ŋai²¹⁴/ai²¹⁴	远 yan²¹⁴	近 tɕin⁵¹
廊坊	矮 ŋai²¹⁴/ ai²¹⁴	远 yan²¹⁴	近 tɕin⁵¹

（续表）

	0949 矮 他比我~	0950 远 路~	0951 近 路~
魏县	低 ti³³	远 yan⁵⁵	近 tɕin³¹²
张北	低 ti⁴²	远 yæ̃⁵⁵	近 tɕin²¹³
万全	低 ti⁴¹	远 yan⁵⁵	近 tɕiəŋ²¹³
涿鹿	低 ti⁴⁴ 矬 tsʰuə⁴²	远 yæ̃⁴⁵	近 tɕin³¹
平山	矬 tsʰuə³¹	远 yæ̃⁵⁵	近 tɕin⁴²
鹿泉	矬 tsʰuo⁵⁵	远 yæ̃³⁵	近 tɕiẽ³¹²
赞皇	矬 tsʰuə⁵⁴	远 yæ̃⁴⁵	近 tɕin³¹²
沙河	矬 tsʰuo⁵¹	远 yã³³	近 tɕiən²¹
邯郸	低 ti³¹	远 yæ̃⁵⁵	近 tɕin²¹³
涉县	低 ti⁴¹	远 yæ̃⁵³	近 tɕiəŋ⁵⁵

	0952 深~水~	0953 浅~水~	0954 清~水~
兴隆	深 sən³⁵	浅 tɕʰian²¹³	清 tɕʰiŋ³⁵
北戴河	深 ʃən⁴⁴	浅 tɕʰian²¹⁴	清 tɕʰiŋ⁴⁴
昌黎	深 sən⁴²	浅 tɕʰian²¹³	清 tɕʰiŋ⁴²
乐亭	深 sən³¹	浅 tɕʰien³⁴	清 tɕʰiəŋ³¹
蔚县	深 səŋ⁵³	浅 tɕʰiã⁴⁴	清 tɕʰiŋ⁵³ 清亮 tɕʰiŋ⁵³liɑŋ⁰
涞水	深 sən³¹	浅 tɕʰian²⁴	清亮 tɕʰiŋ⁴⁵liɑŋ⁰
霸州	深 sən⁴⁵	浅 tɕʰian²¹⁴	清亮 tɕʰiŋ⁴⁵liɑŋ⁰
容城	深 sən⁴³	浅 tɕʰian²¹³	清 tɕʰiŋ⁴³
雄县	深 sən⁴⁵	浅 tɕʰiãn²¹⁴	清亮 tɕʰiŋ⁴⁵liɑŋ⁰
安新	深 sən⁴⁵	浅 tɕʰian²¹⁴	清亮 tɕʰiŋ⁴⁵liɑŋ⁰
满城	深 sən⁴⁵	浅 tɕʰian²¹³	清亮 tɕʰiŋ⁴⁵liɑŋ⁰
阜平	深 səŋ³¹	浅 tɕʰiæ⁵⁵	清亮 tɕʰiŋ³¹liɑŋ⁰
定州	深 sən³³	浅 tsʰian²⁴	清 tsʰiŋ³³
无极	深 sen³¹	浅 tsʰiãn³⁵	清 tsʰiŋ³¹
辛集	深 sən³³	浅 tsʰian³²⁴	清亮 tsʰiŋ³⁵liɑŋ⁴¹
衡水	深 sən²⁴	浅 tɕʰian⁵⁵	清凉 tɕʰiɑn²⁴liɑŋ⁵³
故城	深 ʂẽ²⁴	浅 tɕʰiæ⁵⁵	清亮 tɕʰiŋ²⁴liɑŋ⁰
巨鹿	深 tʂʰən³³	浅 tɕʰian⁵⁵	清 tɕʰiŋ³³
邢台	深 tʂʰən³⁴/ʂən³⁴	浅 tsʰian⁵⁵	清亮 tsʰiŋ³⁴liɑŋ⁰
馆陶	深 tʂʰen²⁴	凹 ua²⁴ 浅 tsʰiæn⁴⁴	清 tsʰiŋ²⁴
沧县	深 sən²³	浅 tɕʰian⁵⁵	清亮 tɕʰiŋ²³liɑŋ⁰
献县	深 sən³³	浅 tɕʰiæ²¹⁴	清亮 tɕʰiŋ³³liã³¹
平泉	深 sən⁵⁵	浅 tɕʰian²¹⁴	清 tɕʰiŋ⁵⁵
滦平	深 sən⁵⁵	浅 tɕʰian²¹⁴	清 tɕʰiŋ⁵⁵
廊坊	深 sən⁵⁵	浅 tɕʰien²¹⁴	清 tɕʰiŋ⁵⁵ 清亮 tɕʰiŋ⁵⁵liŋ⁰
魏县	深 tʂʰən³³	浅 tɕʰian⁵⁵	清 tɕʰiŋ³³

(续表)

	0952 深~水~	0953 浅~水~	0954 清~水~
张北	深 sən⁴²	浅 tsʰiæ⁵⁵	清 tsʰiŋ⁴²
万全	深 sən⁴¹	浅 tɕʰian⁵⁵	清 tɕʰiən⁴¹
涿鹿	深 ʂən⁴⁴	浅 tɕʰiæ⁴⁵	清 tɕʰin⁴⁴
平山	深 ʂən³¹	浅 tsʰiæ⁵⁵	清 tsʰiŋ³¹
鹿泉	深 ʂẽ⁵⁵	浅 tsʰiæ³⁵	清 tsʰiŋ⁵⁵
赞皇	深 ʂən⁵⁴	浅 tsʰiæ⁴⁵	清 tsʰiŋ⁵⁴
沙河	深 tʂʰən⁴¹	浅 tsʰiã³³	清 tsʰiən⁴¹
邯郸	深 tʂʰən³¹	浅 tsʰiæ⁵⁵	清 tsʰiŋ³¹
涉县	深 tsʰən⁴¹/ sən⁴¹	浅 tɕʰiæ⁵³	清 tɕʰiən⁴¹

	0955 浑水~	0956 圆	0957 扁
兴隆	浑 xuən^{55}	圆 yan^{55}	扁 pian^{213}
北戴河	浑 xuən^{35}	圆 yan^{35}	扁 pian^{214}
昌黎	浑 xuən^{24}	圆 yan^{24}	扁 pian^{213}
乐亭	浑 xuən^{212}	圆 yɛn^{212}	扁 piɛn^{34}
蔚县	乱 lyã^{312}	圆 yã^{41}	扁 pã^{44}
涞水	浑 xuən^{45}	圆 yan^{45}	扁 pian^{24}
霸州	浑 xuən^{53}	圆 yan^{53}	扁 pian^{214}
容城	浑 xuən^{35}	圆 yan^{35}	扁 pian^{213}
雄县	浑 xuən^{53}	圆 yãn^{53}	扁 piãn^{214}
安新	浑 xuən^{31}	圆 yan^{31}	扁咕啦儿的 pian^{53}ku^{0}lar^{53}ti^{0}
满城	浑 xuən^{22}	圆 yan^{22}	扁 pian^{213}
阜平	浑 xoŋ^{24}	圆 yæ^{24}	扁 piæ^{55}
定州	浑 xuən^{24}	圆 yan^{213}	扁 pian^{24}
无极	浑 xuen^{213}	圆 yãn^{213}	扁 piãn^{35}
辛集	浑 xuən^{354}	圆泛 yan^{35}fan^{0} 平面物体 圆溜儿 yan^{35}liour^{0} 立体物体	扁皮 pian^{322}p^{h}i^{0}
衡水	浑 xun^{53}	圆 yɑn^{53}	扁呱 pian^{21}kuɑ^{0}
故城	浑 xuẽ^{53}	圆 yæ^{53}	扁 piæ^{55}
巨鹿	浑 xuən^{41}	圆 yẽ^{41}	扁 pian^{55}
邢台	浑 xuən^{53}	圆 yan^{53}	扁 pian^{55}
馆陶	浑 xun^{52}	圆 yæn^{52}	扁 piæn^{44}
沧县	浑 xuən^{53}	圆 yan^{53}	扁 pian^{55}
献县	浑 xuən^{53}	圆 yæ^{53}	扁 piæ^{214}
平泉	浑 xuən^{35}	圆 yan^{35}	扁 pian^{214}
滦平	浑 xuən^{35}	圆 yan^{35}	扁 pian^{214}
廊坊	浑 xuən^{35}	圆 yan^{35}	扁 pien^{214}
魏县	浑 xuən^{53}	圆 yan^{53}	扁 pian^{55}
张北	浑 xuŋ^{42}	圆 yæ^{42}	扁 piæ^{55}

（续表）

	0955 浑$_{水~}$	0956 圆	0957 扁
万全	浑 xuəŋ^{41}	圆 yan^{41}	扁 pian^{55}
涿鹿	乱 luæ̃^{31}	圆 yæ̃^{42}	扁 piæ̃^{45}
平山	浑 xoŋ^{31}	圆 yæ̃^{31}	扁皮 piæ̃^{55}p^{h}i^0
鹿泉	浑 xuẽ^{55}	圆 yæ̃^{55}	扁 piæ̃^{35}
赞皇	浑 xuən^{54}	圆 yæ̃^{54}	扁 piæ̃^{45} 扁皮 piæ̃^{45}p^{h}i^{54}
沙河	浑 xuən^{51}	圆 yã^{51}	扁 piã^{33}
邯郸	浑 xun^{53}	圆 yæ̃^{53}	扁 piæ̃^{55}
涉县	浑 xuəŋ^{412}	圆 yæ̃^{412}	扁 piæ̃^{53}

	0958 方	0959 尖	0960 平
兴隆	方 faŋ³⁵	尖 tɕian³⁵	平 pʰiŋ⁵⁵
北戴河	方 faŋ⁴⁴	尖 tɕian⁴⁴	平 pʰiŋ³⁵
昌黎	方 faŋ⁴²	尖儿 tɕier⁴² 尖 tɕian⁴²	平整 pʰiŋ⁴²tʂəŋ²³ 平 pʰiŋ²⁴
乐亭	方 faŋ³¹	尖 tɕien³¹	平 pʰiəŋ²¹²
蔚县	方 fɔ⁵³	尖 tɕiã⁵³	平 pʰiŋ⁴¹
涞水	方 faŋ³¹	尖 tɕian³¹	平 pʰiŋ⁴⁵
霸州	方 faŋ⁴⁵	尖 tɕian⁴⁵	平 pʰiŋ⁵³
容城	方 faŋ⁴³	尖 tɕian⁴³	平 pʰiŋ³⁵
雄县	方 faŋ⁴⁵	尖 tɕiã⁴⁵	平 pʰiŋ⁵³
安新	方 faŋ⁴⁵	尖 tɕian⁴⁵	平 pʰiŋ³¹
满城	方 faŋ⁴⁵	尖 tɕian⁴⁵	平 pʰiŋ²²
阜平	方正 fəŋ³¹tʂəŋ⁰	尖 tɕiæ̃³¹	平整 pʰiŋ⁵³tʂəŋ⁰
定州	方 faŋ³³	尖 tsian³³	平 pʰiŋ²¹³
无极	方 faŋ³¹	尖 tsiã³¹	平 pʰiŋ²¹³
辛集	四方 sʅ³²⁴faŋ⁰	尖 tsian³³	平气 pʰiŋ³⁵tɕʰi⁰
衡水	方 faŋ²⁴	尖 tɕiɑn²⁴	平 pʰiŋ⁵³
故城	四方 sʅ³¹faŋ⁰	尖 tɕiæ̃²⁴	平 pʰiŋ⁵³ 平整 pʰiŋ⁵³tʂəŋ⁰
巨鹿	方 faŋ³³	尖 tɕian³³	平 pʰiŋ⁴¹
邢台	方 faŋ³⁴	尖 tsian³⁴	平 pʰiŋ⁵³
馆陶	方 faŋ²⁴	尖 tsiæn²⁴	平 pʰiŋ⁵²
沧县	方 faŋ²³	尖 tɕian²³	平 pʰiŋ⁵³
献县	方 fã³³	尖 tɕiæ̃³³	平 pʰiŋ⁵³
平泉	方 faŋ⁵⁵	尖 tɕian⁵⁵	平 pʰiŋ³⁵
滦平	方 faŋ⁵⁵	尖 tɕian⁵⁵	平 pʰiŋ³⁵
廊坊	方 faŋ⁵⁵	尖 tɕiã⁵⁵	平 pʰiŋ³⁵
魏县	方 faŋ³³	尖 tɕian³³	平 pʰiŋ⁵³

(续表)

	0958 方	0959 尖	0960 平
张北	四方 sʅ²³fɔ⁰	尖儿 tɕier⁴²	平 pʰiŋ⁴²
万全	方 faŋ⁴¹	尖 tɕian⁴¹	平 pʰiəŋ⁴¹
涿鹿	方 fã⁴⁴	尖 tɕiæ̃⁴⁴	平 pʰiŋ⁴²
平山	方 faŋ³¹	尖 tsiæ̃³¹	平 pʰiŋ³¹
鹿泉	方 faŋ⁵⁵	尖 tsiæ̃⁵⁵	平 pʰiŋ⁵⁵
赞皇	方 faŋ⁵⁴	尖 tsiæ̃⁵⁴	平 pʰiŋ⁵⁴
沙河	方 faŋ⁴¹	尖 tsiã⁴¹	平 pʰiəŋ⁵¹
邯郸	方 fɑŋ³¹	尖 tsiæ̃³¹	平 pʰiŋ⁵³
涉县	方 fã⁴¹	尖 tɕiæ̃⁴¹	平 pʰiəŋ⁴¹²

	0961 肥~肉	0962 瘦~肉	0963 肥形容猪等动物
兴隆	肥 fei⁵⁵	瘦 ʂou⁵¹	肥 fei⁵⁵
北戴河	肥 fei³⁵	瘦 ʃou⁵¹	肥 fei³⁵
昌黎	肥 fei²⁴	瘦 sou⁴⁵³	肥 fei²⁴
乐亭	肥 fei²¹²	瘦 ʂou⁵²	肥 fei²¹²
蔚县	肥 fei⁴¹	瘦 səu³¹² 红 ˭xuŋ⁴¹	肥 fei⁴¹
涞水	肥 fei⁴⁵	瘦 ʂou³¹⁴	膘 piau³¹
霸州	肥 fei⁵³	瘦 sou⁴¹	肥 fei⁵³ 肥实 fei⁵³ʂʅ⁰
容城	肥 fei³⁵	瘦 ʂou⁵¹³	肥 fei³⁵
雄县	肥 fei⁵³	瘦 sou⁴¹	肥 fei⁵³ 肥实 fei⁵³ʂʅ⁰
安新	肥 fei³¹	瘦 sou⁵¹	肥 fei³¹
满城	肥 fei²²	瘦 ʂou⁵¹²	肥 fei²²
阜平	肥 fei²⁴	瘦 ʂou⁵³	胖 pʰaŋ⁵³
定州	肥 fei²¹³	瘦 ʂou⁵¹	肥 fei²¹³
无极	肥 fəi²¹³	瘦 ʂəu⁵¹	肥 fəi²¹³
辛集	肥 fei³⁵⁴	瘦 ʂou⁴¹	肥 fei³⁵⁴
衡水	肥 fei⁵³	瘦 ʂəu³¹	肥 fei⁵³
故城	肥 fei⁵³	瘦 sou³¹	肥 fei⁵³
巨鹿	肥 fei⁴¹	瘦 ʂou²¹	肥 fei⁴¹
邢台	肥 fei⁵³	瘦 ʂou³¹	肥 fei⁵³
馆陶	肥 fei⁵²	瘦 ʂəu²¹³	肥 fei⁵²
沧县	肥 fei⁵³	瘦 sou⁴¹	肥 fei⁵³
献县	肥 fei⁵³	瘦 ʂou³¹	肥 fei⁵³
平泉	肥 fei³⁵	瘦 ʂou⁵¹	肥 fei³⁵
滦平	肥 fei³⁵	瘦 ʂou⁵¹	肥 fei³⁵
廊坊	肥 fei³⁵	瘦 ʂou⁵¹	肥 fei³⁵
魏县	肥 fəi⁵³	瘦 ʂəu³¹²	肥 fəi⁵³

（续表）

	0961 肥~肉	0962 瘦~肉	0963 肥形容猪等动物
张北	肥 fei^{42}	瘦 səu^{213}	肉 zəu^{213}
万全	肥 fei^{41}	瘦 sou^{213}	肥 fei^{41}
涿鹿	肥 fei^{42}	瘦 səu^{31}	肥 fei^{42} 胖 pʰã^{31}
平山	肥 fæi^{31}	瘦 ʂɐu^{42}	肥 fæi^{31}
鹿泉	肥 fei^{55}	瘦 ʂou^{312}	肥 fei^{55}
赞皇	肥 fei^{54}	瘦 ʂou^{312}	肥 fei^{54}
沙河	肥 fei^{51}	瘦 ʂou^{21}	胖 pʰaŋ^{21}
邯郸	肥 fəi^{53}	瘦 ʂou^{213}	肥 fəi^{53} 胖 pʰɑŋ^{213}
涉县	肥 fəi^{412}	瘦 sou^{55}	肥 fəi^{412}

	0964 胖 形容人	0965 瘦 形容人、动物	0966 黑 黑板的颜色
兴隆	胖 pʰaŋ⁵¹ 发福 fa³⁵fu⁵⁵	干儿巴接 ⁼ 骨 ⁼kɐɹ³⁵pa⁰tɕiɛ⁵⁵ku²¹³ 瘦 ʂou⁵¹	黑 xei³⁵
北戴河	胖 pʰaŋ⁵¹	瘦 ʃou⁵¹	黑 xei⁴⁴
昌黎	胖 pʰaŋ⁴⁵³	瘦 sou⁴⁵³	黑 xei²¹³
乐亭	胖 pʰaŋ⁵²	瘦 sou⁵²	黑 xei³⁴
蔚县	胖 pʰɔ³¹²	锈 ⁼ɕiəu⁴¹① 干 kã⁵³ 指人 瘦 səu³¹² 指动物	黑 xɯ⁵³/ xei⁵³
涞水	胖 pʰaŋ³¹⁴ 肥 fei⁴⁵	瘦 sou³¹⁴	黑 xei³¹
霸州	胖 pʰaŋ⁴¹	瘦 ʂou⁴¹	黑 xei⁴⁵ 青 tɕʰiŋ⁴⁵
容城	胖 pʰaŋ⁵¹³	瘦 sou⁵¹³	黑 xei⁴³
雄县	胖 pʰaŋ⁴¹	瘦 sou⁴¹	黑 xei⁴⁵ 青 tɕʰiŋ⁴⁵
安新	胖 pʰaŋ⁵¹	瘦 sou⁵¹	黑 xei²¹⁴
满城	胖 pʰaŋ⁵¹²	瘦 ʂou⁵¹²	黑 xei⁴⁵
阜平	胖 pʰaŋ⁵³	瘦 ʂou⁵³	黑 xei²⁴
定州	胖 pʰaŋ⁵¹	瘦 ʂou⁵¹	黑 xei³³
无极	胖 pʰaŋ⁵¹	瘦 ʂəu⁵¹	黑 xəi²¹³
辛集	胖 pʰaŋ⁴¹	瘦 ʂou⁴¹ 形容动物 瘦巴 ʂou⁴²pɑ⁰ 形容人	黑 xei³³
衡水	胖 pʰaŋ³¹	瘦 səu³¹	黑 xei²⁴
故城	胖 pʰaŋ³¹	瘦 sou³¹	黑 xei²⁴
巨鹿	胖 pã²¹	瘦 ʂou²¹	黑 xei³³
邢台	胖 pʰaŋ³¹	瘦 ʂou³¹ 柴 tʂʰai⁵³ 干巴 kan³⁴pa⁰	黑 xei³⁴
馆陶	胖 pʰaŋ²¹³	瘦 ʂəu²¹³	黑 xiɛ²⁴/ xei²⁴
沧县	胖 pʰaŋ⁴¹	瘦 sou⁴¹	黑 xei²³

	0964 胖 形容人	0965 瘦 形容人、动物	0966 黑 黑板的颜色
献县	胖 pʰã³¹	瘦 ʂou³¹	黑 xei³³
平泉	胖 pʰaŋ⁵¹	瘦 ʂou⁵¹	黑 xei⁵⁵
滦平	胖 pʰaŋ⁵¹	瘦 ʂou⁵¹	黑 xei⁵⁵
廊坊	胖 pʰaŋ⁵¹	瘦 ʂou⁵¹	黑 xei⁵⁵
魏县	胖 pʰaŋ³¹²	瘦 ʂəu³¹²	黑 xɛ³³
张北	胖 pʰɔ̃²¹³	干 kæ⁴²	黑 xəʔ³²
万全	胖 pʰaŋ²¹³	瘦 sou²¹³	黑 xəʔ²²
涿鹿	胖 pʰã³¹	瘦 səu³¹	黑 xʌʔ⁴³
平山	胖 pʰaŋ⁴²	瘦 ʂɐu⁴²	黑 xæi²⁴
鹿泉	胖 pʰaŋ³¹²	瘦 ʂou³¹²	黑 xei¹³
赞皇	胖 pʰaŋ³¹²	瘦 ʂəu³¹²	黑 xei²⁴
沙河	胖 pʰaŋ²¹	瘦 ʂou²¹	黑 xəʔ²
邯郸	胖 pʰaŋ²¹³	瘦 ʂəu²¹³	黑 xʌʔ⁴³
涉县	胖 pʰã⁵⁵	瘦 sou⁵⁵	黑 xəʔ³²

① 指人，也说"锈⁼气 ɕiəu³¹tɕʰi⁰"。

	0967 白 雪的颜色	0968 红 国旗的主颜色，统称	0969 黄 国旗上五星的颜色
兴隆	白 pai⁵⁵	红 xoŋ⁵⁵	黄 xuɑŋ⁵⁵
北戴河	白 pai³⁵	红 xuŋ³⁵	黄 xuɑŋ³⁵
昌黎	白 pai²⁴	红 xuŋ²⁴	黄 xuɑŋ²⁴
乐亭	白 pai²¹²	红 xuŋ²¹²	黄 xuɑŋ²¹²
蔚县	白 pɛi⁴¹	红 xuŋ⁴¹	黄 xɔ⁴¹
涞水	白 pai⁴⁵	红 xoŋ⁴⁵	黄 xuɑŋ⁴⁵
霸州	白 pai⁵³	红 xuŋ⁵³	黄 xuɑŋ⁵³
容城	白 pai³⁵	红 xuŋ³⁵	黄 xuɑŋ³⁵
雄县	白 pai⁵³	红 xuŋ⁵³	黄 xuɑŋ⁵³
安新	白 pai³¹	红 xuŋ³¹	黄 xuɑŋ³¹
满城	白 pai²²	红 xuŋ²²	黄 xuɑŋ²²
阜平	白 pæ²⁴	红 xoŋ²⁴	黄 xuɑŋ²⁴
定州	白 pai²¹³	红 xuŋ²¹³	黄 xuɑŋ²¹³
无极	白 pæ²¹³	红 xuŋ²¹³	黄 xuɑŋ²¹³
辛集	白 pai³⁵⁴	红 xoŋ³⁵⁴	黄 xuɑŋ³⁵⁴
衡水	白 pɑi⁵³	红 xuŋ⁵³	黄 xuɑŋ⁵³
故城	白 pæ⁵³	红 xuŋ⁵³	黄 xuɑŋ⁵³
巨鹿	白 pai⁴¹	红 xoŋ⁴¹	黄 xuã⁴¹
邢台	白 pai⁵³	红 xuŋ⁵³	黄 xuɑŋ⁵³
馆陶	白 pai⁵²	红 xuŋ⁵²	黄 xuɑŋ⁵²
沧县	白 pai⁵³	红 xoŋ⁵³	黄 xuɑŋ⁵³
献县	白 pɛ⁵³	红 xoŋ⁵³	黄 xuã⁵³
平泉	白 pai³⁵	红 xuŋ³⁵	黄 xuɑŋ³⁵
滦平	白 pai³⁵	红 xuŋ³⁵	黄 xuɑŋ³⁵
廊坊	白 pai³⁵	红 xuŋ³⁵	黄 xuɑŋ³⁵
魏县	白 pai⁵³	红 xuŋ⁵³	黄 xuɑŋ⁵³
张北	白 pai⁴²	红 xuŋ⁴²	黄 xuɔ̃⁴²
万全	白 pɛi⁴¹	红 xuəŋ⁴¹	黄 xuə⁴¹

（续表）

	0967 白 雪的颜色	0968 红 国旗的主颜色，统称	0969 黄 国旗上五星的颜色
涿鹿	白 pɛ⁴²	红 xuŋ⁴²	黄 xuã⁴²
平山	白 pɛ³¹	红 xoŋ³¹	黄 xuɑŋ³¹
鹿泉	白 pɛ⁵⁵	红 xuŋ⁵⁵	黄 xuɑŋ⁵⁵
赞皇	白 pɛ⁵⁴	红 xuŋ⁵⁴	黄 xuɑŋ⁵⁴
沙河	白 pai⁵¹	红 xoŋ⁵¹	黄 xuɑŋ⁵¹
邯郸	白 piɛ⁵³	红 xuŋ⁵³	黄 xuɑŋ⁵³
涉县	白 pɐʔ³²/ pai⁴¹²	红 xuəŋ⁴¹²	黄 xuã⁴¹²

	0970 蓝 蓝天的颜色	0971 绿 绿叶的颜色	0972 紫 紫药水的颜色
兴隆	蓝 lan^{55}	绿 luei^{51}/ ly^{51}	紫 tsʅ^{213}
北戴河	蓝 lan^{35}	绿 ly^{51}	紫 tʃʅ^{214}
昌黎	蓝 lan^{24}	绿 ly^{453}	紫 tsʅ^{213}
乐亭	蓝 lan^{212}	绿 ly^{52}	紫 tsʅ^{34}
蔚县	蓝 lã^{41}	绿 ly^{312}	紫 tsʅ^{44}
涞水	蓝 lan^{45}	绿 ly^{314}	紫 tsʅ^{24}
霸州	蓝 lan^{53}	绿 ly^{41}	紫 tsʅ^{214}
容城	蓝 lan^{35}	绿 ly^{513}	紫 tsʅ^{213}
雄县	蓝 lãn^{53}	绿 ly^{41}	紫 tsʅ^{214}
安新	蓝 lan^{31}	绿 ly^{51}	紫 tsʅ^{214}
满城	蓝 lan^{22}	绿 ly^{512}	紫 tsʅ^{213}
阜平	蓝 læ̃^{24}	绿 ly^{53}	紫 tsʅ^{55}
定州	蓝 lan^{213}	绿 ly^{51}	紫 tsʅ^{24}
无极	蓝 lãn^{213}	绿 ly^{51}	紫 tsʅ^{35}
辛集	蓝 lan^{354}	绿 ly^{41}	紫 tsʅ^{324}
衡水	蓝 lɑn^{53}	绿 ly^{31}	紫 tsʅ^{55}
故城	蓝 læ̃^{53}	绿 ly^{31}	紫 tsʅ^{55}
巨鹿	蓝 lɛ̃^{41}	绿 ly^{21}	紫 tsʅ^{55}
邢台	蓝 lan^{53}	绿 ly^{31}	紫 tsʅ^{55}
馆陶	蓝 læn^{52}	绿 ly^{213}	紫 tsʅ^{44}
沧县	蓝 lan^{53}	绿 ly^{41}	紫 tsʅ^{55}
献县	蓝 læ̃^{53}	绿 ly^{31}	紫 tsʅ^{214}
平泉	蓝 lan^{35}	绿 ly^{51}	紫 tsʅ^{214}
滦平	蓝 lan^{35}	绿 ly^{51}	紫 tsʅ^{214}
廊坊	蓝 lan^{35}	绿 ly^{51}	紫 tsʅ^{214}
魏县	蓝 lan^{53}	绿 ly^{33}	紫 tʂʅ^{55}
张北	蓝 læ̃^{42}	绿 luəʔ^{32}	紫 tsʅ^{55}
万全	蓝 lan^{41}	绿 lə^{22}	紫 tsʅ^{55}

（续表）

	0970 蓝 蓝天的颜色	0971 绿 绿叶的颜色	0972 紫 紫药水的颜色
涿鹿	蓝 læ̃⁴²	绿 lyʌʔ⁴³	紫 tsʅ⁴⁵
平山	蓝 læ̃³¹	绿 li²⁴	紫 tsʅ⁵⁵
鹿泉	蓝 læ̃⁵⁵	绿 ly³¹²	紫 tsʅ³⁵
赞皇	蓝 læ̃⁵⁴	绿 ly³¹²	紫 tsʅ⁴⁵
沙河	蓝 lã⁵¹	绿 lyəʔ²	紫 tsʅ³³
邯郸	蓝 læ̃⁵³	绿 lyeʔ⁴³	紫 tsʅ⁵⁵
涉县	蓝 læ̃⁴¹	绿 ly⁵⁵	紫 tsʅ⁵³

	0973 灰 草木灰的颜色	0974 多 东西~	0975 少 东西~
兴隆	灰 xuei³⁵	多 tuo³⁵	少 ʂau²¹³
北戴河	灰 xuei⁴⁴	多 tuo⁴⁴	少 ʃau²¹⁴
昌黎	灰 xuei⁴²	多 tuo⁴²	少 sau²¹³
乐亭	灰 xuei³¹	多 tuə³¹	少 ʂau³⁴
蔚县	灰 xuei⁵³	多 tuɤ⁵³	少 sʌɯ⁴⁴
涞水	灰 xuei³¹	多 tuo³¹	少 ʂau²⁴
霸州	灰 xuei⁴⁵	多 tuo⁴⁵	少 ʂau²¹⁴
容城	灰 xuei⁴³	多 tuo⁴³	少 ʂau²¹³
雄县	灰 xuei⁴⁵	多 tuo⁴⁵	少 ʂau²¹⁴
安新	灰 xuei⁴⁵	多 tuo⁴⁵	少 ʂau²¹⁴
满城	灰色 xuei⁴⁵sɤ⁰	多 tuo⁴⁵	少 ʂau²¹³
阜平	灰 xuei³¹	多 tuɤ³¹	少 ʂɔ⁵⁵
定州	灰 xuei³³	多 tuo³³	少 ʂau²⁴
无极	灰 xuəi³¹	多 tuɤ³¹	少 ʂɔ³⁵
辛集	灰 xuei³³	多 tuə³³	少 ʂau³²⁴
衡水	灰 xuei²⁴	多 tuo²⁴	少 sau⁵⁵
故城	灰 xuei²⁴	多 tuɤ²⁴	少 ʂɔo⁵⁵
巨鹿	灰 xuei³³	多 tuo³³	少 ʂau⁵⁵
邢台	灰 xuei³⁴	多 tuo³⁴	少 ʂau⁵⁵
馆陶	灰 xuei²⁴	多 tuo²⁴	少 ʂao⁴⁴
沧县	灰 xuei²³	多 tuo²³	少 ʂau⁵⁵
献县	灰 xuei³³	多 tuo³³	少 ʂɔ²¹⁴
平泉	灰 xuei⁵⁵	多 tuo⁵⁵	少 ʂau²¹⁴
滦平	灰 xuei⁵⁵	多 tuo⁵⁵	少 ʂau²¹⁴
廊坊	灰 xuei⁵⁵	多 tuo⁵⁵	少 ʂau²¹⁴
魏县	灰 xuəi³³	多 tuə³³	少 ʂau⁵⁵
张北	灰 xuei⁴²	多 tuə⁴²	少 sau⁵⁵
万全	灰 xuei⁴¹	多 tə⁴¹	少 ʂɔ⁵⁵

(续表)

	0973 灰 草木灰的颜色	0974 多 东西~	0975 少 东西~
涿鹿	灰 xuei⁴⁴	多 tuə⁴⁴	少 ʂɔ⁴⁵
平山	灰 xuæi³¹	多 tuə³¹	少 ʂɤ⁵⁵
鹿泉	灰 xuei⁵⁵	多 tuo⁵⁵	少 ʂɔ³⁵
赞皇	灰 xuei⁵⁴	多 tuə⁵⁴	少 ʂɔ⁴⁵
沙河	灰 xuei⁴¹	多 tuo⁴¹	少 ʂɑu³³
邯郸	灰 xuəi³¹	多 tuə³¹	少 ʂɑu⁵⁵
涉县	灰 xuəi⁴¹	多 tuə⁴¹	少 sɑu⁵³

	0976 重担子~	0977 轻担子~	0978 直线~
兴隆	重 tʂoŋ⁵¹ 沉 tʂʰən⁵⁵	轻 tɕʰiŋ³⁵	直 tʂʅ⁵⁵
北戴河	沉 tʃʰən³⁵	轻 tɕʰiŋ⁴⁴	直 tʃʅ³⁵
昌黎	沉 tsʰən²⁴ 重 tsuŋ²⁴	轻 tɕʰiŋ⁴²	直溜 tʂʅ⁴²liou²³
乐亭	沉 tʂʰən²¹²	轻巧 tɕʰiəŋ³¹tɕʰiɑu⁰	直溜 tʂʅ³¹liou⁰
蔚县	重 tsuŋ³¹²	轻 tɕʰiŋ⁵³	直 tsʅ⁴¹
涞水	沉 tʂʰən⁴⁵	轻巧 tɕʰiŋ⁴⁵tɕʰiɑu⁰	直 tsʅ⁴⁵
霸州	沉 tʂʰən⁵³	轻省 tɕʰiŋ²¹ʂəŋ⁰	直 tsʅ⁵³
容城	沉 tʂʰən³⁵	轻 tɕʰiŋ⁴³	直 tsʅ³⁵
雄县	沉 tʂʰən⁵³	轻巧 tɕʰiŋ⁴⁵tɕʰiɑu⁰	直 tsʅ⁵³
安新	重 tsuŋ⁵¹	轻巧 tɕʰiŋ⁴⁵tɕʰiɑu⁰	直溜 tʂʅ³³liou⁰
满城	沉 tʂʰən²²	轻 tɕʰiŋ⁴⁵	直 tsʅ²²
阜平	沉 tʂʰən²⁴	轻 tɕʰiŋ³¹	直 tsʅ²⁴
定州	沉 tʂʰən²¹³	轻 tɕʰiŋ³³	直 tsʅ²⁴
无极	沉 tʂʰen²¹³	轻 tɕʰiŋ³¹	直 tsʅ²¹³
辛集	沉 tʂʰən³⁵⁴	轻 tɕʰiŋ³³	直溜儿 tsʅ³⁵liour⁰
衡水	沉 tʂʰən⁵³	轻 tɕʰiŋ²⁴	直 tɕi⁵³
故城	沉 tʂʰẽ⁵³	轻省 tɕʰiŋ²¹səŋ⁰ 轻 tɕʰiŋ²⁴	直 tsʅ⁵³
巨鹿	沉 tʂʰən⁴¹	轻 tɕʰiŋ³³	直 tɕi⁴¹
邢台	沉 tʂʰən⁵³	轻 tɕʰiŋ³⁴	直 tsʅ⁵³
馆陶	沉 tʂʰen⁵² 重 tsuŋ²¹³	轻 tɕʰiŋ²⁴	直 tsʅ⁵²
沧县	沉 tʂʰən⁵³	轻 tɕʰiŋ²³	直 tsʅ⁵³
献县	沉 tʂʰən⁵³	轻 tɕʰiŋ³³	直 tsʅ⁵³
平泉	重 tsuŋ⁵¹	轻 tɕʰiŋ⁵⁵	直 tsʅ³⁵
滦平	重 tsuŋ⁵¹	轻 tɕʰiŋ⁵⁵	直 tsʅ³⁵

（续表）

	0976 重担子~	0977 轻担子~	0978 直线~
廊坊	沉 tʂʰən³⁵ 重 tʂuŋ⁵¹	轻 tɕʰiŋ⁵⁵	直 tʂʅ³⁵
魏县	沉 tʂʰən⁵³	轻 tɕʰiŋ³³	直 tʂʅ⁵³
张北	沉 tʂʰəŋ⁴²	轻 tɕʰiŋ⁴²	直 tsəʔ³²
万全	沉 tʂʰəŋ⁴¹	轻 tɕʰiəŋ⁴¹	直 tsəʔ⁴
涿鹿	沉 tʂʰəŋ⁴²	轻 tɕʰiŋ⁴⁴	直 tʂʅ⁴²
平山	沉 tʂʰəŋ³¹	轻 tɕʰiŋ³¹	直 tʂʅ³¹
鹿泉	重 tʂuŋ³¹² 沉 tʂʰẽ⁵⁵	轻 tɕʰiŋ⁵⁵	直 tʂʅ⁵⁵
赞皇	沉 tʂʰən⁵⁴	轻 tɕʰiŋ⁵⁴	直 tʂʅ⁵⁴
沙河	沉 tʂʰən⁵¹	轻 tɕʰiəŋ⁴¹	直 tʂʅ⁵¹
邯郸	沉 tʂʰən⁵³	轻 tɕʰiŋ³¹	直 tʂʅ⁵³
涉县	沉 tsʰəŋ⁴¹² 重 tsuaŋ⁵⁵	轻 tɕʰiəŋ⁴¹	直 tsəʔ³²

	0979 陡 坡~，楼梯~	0980 弯 弯曲；这条路是~的	0981 歪 帽子戴~了
兴隆	陡 tou²¹³	弯 uan³⁵ 弯儿 uɐr³⁵	歪 uai³⁵
北戴河	陡 tou²¹⁴	弯 uan⁴⁴	歪 uai⁴⁴
昌黎	直 tʂʅ²⁴	弯儿 uɐr⁴²	歪 uai⁴²
乐亭	直上直下的 tʂʅ³⁵ʂɑŋ⁵²tʂʅ³³ɕia⁵³ti⁰	弯 uan³¹	歪 uai³¹
蔚县	立 li³¹² 陡 təu⁴⁴	弯 vã⁵³	歪 vei⁵³
涞水	陡 tou²⁴	弯 uan³¹	歪 uai³¹
霸州	陡 tou²¹⁴	弯 uan⁴⁵	歪 uai⁴⁵
容城	陡 tou²¹³	弯 uan⁴³	歪 uai⁴³
雄县	陡 tou²¹⁴	弯 uãn⁴⁵	歪 uai⁴⁵
安新	陡 tou²¹⁴	弯儿 uɐr⁴⁵	歪 uai⁴⁵
满城	陡 tou²¹³	曲溜 tɕʰy⁴⁵liou⁰	歪 uai⁴⁵
阜平	陡 tou⁵⁵	弯 uæ̃³¹	歪 uæ̃³¹
定州	趔 tsʰiɛ⁵¹	拐古 ⁼kuai²¹¹ku⁰	歪 uai³³
无极	直上直下哩 tʂʅ³¹ʂɑŋ⁴⁵¹tʂʅ³¹ɕia³²⁵li⁰	弯 uãn³¹	歪 uæ̃³¹
辛集	直巴儿 tʂʅ³⁵par⁰	弯喽 uan³³lou⁰	歪歪 uai³⁵⁴uai³³
衡水	陡 təu⁵⁵	弯 van²⁴ 曲溜拐弯儿 tɕʰy³¹liəu⁰kuai⁵⁵vɐr²⁴	歪 vai²⁴
故城	直 tʂʅ⁵³ 陡 tou⁵⁵ 立棱 li⁵³ləŋ⁰	弯弯 væ̃²¹væ̃⁰	歪 væ²⁴ 斜 ɕie⁵³
巨鹿	立陡 li⁵³tou⁰	弯 uan³³	歪 uai³³
邢台	立陡 li³¹tʂou⁰	弯 van³⁴ 曲溜拐弯儿 tɕy³⁴liou⁰kuai⁴³vɐr³⁴	歪 vai³⁴
馆陶	立 li²¹³ 陡 təu⁴⁴	弯 uæn²⁴	斜 siɛ⁵² 歪 uai²⁴
沧县	直 tʂʅ⁵³	弯 uan²³	歪 uai²³
献县	陡 tou²¹⁴	弯 uæ̃³³	歪 ue³³
平泉	陡 tou²¹⁴	弯 uan⁵⁵	歪 uai⁵⁵

（续表）

	0979 陡 坡~，楼梯~	0980 弯 弯曲：这条路是~的	0981 歪 帽子戴~了
滦平	陡 tou²¹⁴	弯 uan⁵⁵	歪 uai⁵⁵
廊坊	陡 tou²¹⁴	弯 uan⁵⁵	歪 uai⁵⁵
魏县	陡 təu⁵⁵	弯 uan³³	歪 uai³³
张北	立 liəʔ³²	坷溜 kəʔ³liɐu⁴²	歪 vai⁴²
万全	斜 ɕiei⁴¹	弯 van⁴¹	歪 vɛi⁴¹
涿鹿	立 liʌʔ⁴³	弯 uæ̃⁴⁴	歪 ue⁴⁴
平山	陡 tɐu⁵⁵	坷溜 kʰɤ³¹liɐu⁰	歪 ue³¹
鹿泉	陡 tou³⁵	坷溜 kʰɤ¹³liou⁰	歪 ue⁵⁵
赞皇	陡 təu⁴⁵	坷溜 kʰə⁵⁴liɐu⁰	斜 sie⁵⁴
沙河	立陡 liəʔ²təu³³	坷溜 kʰəʔ⁴liɐu⁰	歪 uai⁴¹
邯郸	立陡 lieʔ²təu⁵⁵	弯 væ̃³¹	歪 vai³¹
涉县	陡 tou⁵³ 坡~ 立 liəʔ³² 楼梯~	坷溜 kʰəʔ³²liou⁰ 弯 væ̃⁴¹	歪 vai⁴¹ 斜 ɕiə⁴¹

	0982 厚木板~	0983 薄木板~	0984 稠稀饭~
兴隆	厚 xou⁵¹	薄 pau⁵⁵	糨 tɕiaŋ⁵¹ 黏 nian⁵⁵ 稠 tʂou⁵⁵
北戴河	厚 xou⁵¹	薄 pau³⁵	糨 tɕiaŋ⁵¹
昌黎	厚 xou²⁴	薄 pau²⁴	糨 tɕiaŋ²⁴
乐亭	厚 xou⁵²	薄 pau²¹²	糨 tɕiaŋ⁵²
蔚县	厚 xəu³¹²	薄 pʌɯ⁴¹	稠 tʂʰəu⁴¹
涞水	厚实 xou⁴⁵ʂɿ⁰	薄 pau⁴⁵	糨 tɕiaŋ³¹⁴
霸州	厚 xou⁴¹	薄 pau⁵³	糨 tɕiaŋ⁴¹
容城	厚 xou⁵¹³	薄 pau³⁵	糨 tɕiaŋ⁵¹³
雄县	厚 xou⁴¹	薄 pau⁵³	糨 tɕiaŋ⁴¹
安新	厚 xou⁵¹	薄 pau³¹	糨 tɕiaŋ⁵¹
满城	厚 xou⁵¹²	薄 pau²²	糨 tɕiaŋ⁵¹²
阜平	厚 xou⁵³	薄 pɔ²⁴	稠 tʂʰou²⁴
定州	厚 xou⁵¹	薄 pau²¹³	稠 tʂʰou²⁴
无极	厚 xəu⁵¹	薄 pɔ²¹³	稠 tʂʰəu²¹³
辛集	厚 xou⁴¹	薄 pau³⁵⁴	稠 tʂʰou³⁵⁴
衡水	厚 xəu³¹	薄 pau⁵³	糨 tɕiaŋ³¹
故城	厚 xou³¹	薄儿 pɔor⁵³	稠 tʂʰou⁵³
巨鹿	厚 xou²¹	薄 po⁴¹	稠 tʂʰou⁴¹
邢台	厚 xou³¹	薄 pau⁵³/ pə⁵³	糊 xu³¹ 稠 tʂʰou⁵³
馆陶	厚 xəu²¹³	薄 po⁵²	稠 tʂʰəu⁵²
沧县	厚 xou⁴¹	薄 pau⁵³	糨 tɕiaŋ⁴¹
献县	厚 xou³¹	薄 pɔ⁵³	糨 tɕiã³¹
平泉	厚 xou⁵¹	薄 pau³⁵	糨 tɕiaŋ⁵¹ 稠 tʂʰou³⁵

（续表）

	0982 厚 木板~	0983 薄 木板~	0984 稠 稀饭~
滦平	厚 xou⁵¹	薄 pɑu³⁵	干 kan⁵⁵ 糨 tɕiaŋ⁵¹ 稠 tʂou³⁵
廊坊	厚 xou⁵¹	薄 pɑu³⁵	糨 tɕiaŋ⁵¹
魏县	厚 xəu³¹²	薄 pə⁵³	稠 tʂʰəu⁵³
张北	厚 xəu²¹³	薄 pɑu⁴²	稠 tsʰəu⁴²
万全	厚 xou²¹³	薄 pɔ⁴¹	稠 tsʰou⁴¹
涿鹿	厚 xəu³¹	薄 pɔ⁴²	稠 tsʰəu⁴²
平山	厚 xɐu⁴²	薄 piə³¹	稠 tʂʰɐu³¹
鹿泉	厚 xou³¹²	薄 piɔ⁵⁵	稠 tʂʰou⁵⁵
赞皇	厚 xɐu³¹²	薄 piɔ⁵⁴	稠 tʂʰɐu⁵⁴
沙河	厚 xəu²¹	薄 puo⁵¹	糊 xu²¹
邯郸	厚 xɐu²¹³	薄 puə⁵³	稠 tʂʰəu⁵³
涉县	厚 xou⁵⁵	薄 pɐʔ³²	稠 tsʰou⁴¹²

	0985 稀 稀饭~	0986 密 菜种得~	0987 稀 稀疏；菜种得~
兴隆	稀 ɕi³⁵	密 mi⁵¹	稀 ɕi³⁵
北戴河	稀 ɕi⁴⁴	密 mi⁵¹	筛 ˭ʃai⁴⁴
昌黎	稀 ɕi⁴²	密 mi²⁴	筛 ˭sai⁴²
乐亭	薄 pau²¹²	密 mi⁵²	筛 ˭ʂai³¹
蔚县	稀 ɕi⁵³	密 mi³¹² 稠 tsʰəu⁴¹	落 la⁴¹
涞水	稀 ɕi³¹	密实 mi⁴⁵ʂʅ⁰	稀 ɕi³¹
霸州	稀 ɕi⁴⁵	密 mei⁴¹ 密实 mei⁴⁵ʂʅ⁰	稀 ɕi⁴⁵
容城	稀 ɕi⁴³	密 mi⁵¹³	稀 ɕi⁴³
雄县	稀 ɕi⁴⁵	密 mei⁴¹ 密实 mei⁴⁵ʂʅ⁰	稀 ɕi⁴⁵
安新	稀 ɕi⁴⁵	密 mei⁵¹	稀 ɕi⁴⁵
满城	稀 ɕi⁴⁵	密 mi⁵¹²	稀 ɕi⁴⁵
阜平	稀 ɕi³¹	稠 tʂʰou²⁴	稀 ɕi³¹
定州	稀 ɕi³³	稠 tʂʰou²⁴	稀 ɕi³³
无极	稀 ɕi³¹	稠 tʂʰəu²¹³	稀 ɕi³¹
辛集	稀 ɕi³³	密 mei⁴¹	稀 ɕi³³
衡水	薄 pau⁵³	密 mei³¹	稀拉 ɕi³¹la⁰
故城	稀 ɕi²⁴	密 mei³¹	稀 ɕi²⁴ 稀稀拉拉 ɕi²⁴ɕi⁰la²⁴la⁰
巨鹿	稀 ɕi³³	密 mi²¹	稀拉 ɕi³³la⁰
邢台	稀 ɕi³⁴	稠 tʂʰou⁵³	稀 ɕi³⁴
馆陶	稀 ɕi²⁴	稠 tʂʰəu⁵² 密 mi²¹³	稀 ɕi²⁴
沧县	稀 ɕi²³	密 mei⁴¹	稀 ɕi²³
献县	稀 ɕi³³	密 mei³¹	稀 ɕi³³
平泉	稀 ɕi⁵⁵	密 mi⁵¹	稀 ɕi⁵⁵
滦平	稀 ɕi⁵⁵	密 mi⁵¹	稀 ɕi⁵⁵

（续表）

	0985 稀 稀饭~	0986 密 菜种得~	0987 稀 稀疏：菜种得~
廊坊	稀 ɕi⁵⁵	密 mi⁵¹	稀 ɕi⁵⁵
魏县	稀 ɕi³³	稠 tʂʰəu⁵³	稀 ɕi³³
张北	稀 ɕi⁴²	密 mi²¹³	稀 ɕi⁴²
万全	稀 ɕi⁴¹	稠 tʂʰou⁴¹	稀 ɕi⁴¹
涿鹿	稀 ɕi⁴⁴	稠 tʂʰəu⁴²	稀 ɕi⁴⁴
平山	稀 ɕi³¹	稠 tʂʰɐu³¹	稀 ɕi³¹
鹿泉	稀 ɕi⁵⁵	稠 tʂʰou⁵⁵	稀 ɕi⁵⁵
赞皇	稀 ɕi⁵⁴	稠 tʂʰəu⁵⁴	稀 ɕi⁵⁴
沙河	稀 ɕi⁴¹	稠 tʂʰəu⁵¹	稀 ɕi⁴¹
邯郸	稀 ɕi³¹	稠 tʂʰəu⁵³	稀 ɕi³¹
涉县	稀 ɕi⁴¹	稠 tsʰou⁴¹²	稀 ɕi⁴¹

	0988 亮 指光线，明亮	0989 黑 指光线，完全看不见	0990 热 天气
兴隆	亮 liaŋ⁵¹	黑 xei³⁵	热 ʐuo⁵¹/ ʐə⁵¹
北戴河	亮 liaŋ⁵¹	黑 xei⁴⁴	热 ʐɤ⁵¹
昌黎	亮 liaŋ²⁴	黑 xei²¹³	热 ʐɤ⁴⁵³
乐亭	亮 liaŋ⁵²	黑 xei³⁴	热 ʐuə⁵²
蔚县	亮 liɔ³¹²	黑 xɯ⁵³	热 ʐɤ³¹²
涞水	亮 liaŋ³¹⁴	黑 xei³¹	热 ʐɤ³¹⁴
霸州	亮 liaŋ⁴¹	黑 xei⁴⁵	热 ʐɤ⁴¹
容城	亮 liaŋ⁵¹³	黑 xei⁴³	热 ʐɤ⁵¹³
雄县	亮 liaŋ⁴¹	黑 xei⁴⁵	热 ʐɤ⁴¹
安新	亮 liaŋ⁵¹	黑 xei²¹⁴	热 ʐɤ⁵¹
满城	亮 liaŋ⁵¹²	黑 xei⁴⁵	热 ʐɤ⁵¹²
阜平	亮 liaŋ⁵³	黑 xei²⁴	热 ʐɤ⁵³
定州	亮 liaŋ⁵¹	黑 xei³³	热 ʐɤ⁵¹
无极	亮堂 liaŋ⁵³tʰaŋ⁰	墨黑 mə⁵¹xəi²¹³	热 ʐɤ⁵¹
辛集	明快 miŋ³⁵kʰuai⁰	黑 xei³³	热 ʐə⁴¹
衡水	明快 miŋ²⁴kʰuai⁰	黑 xei²⁴	热 ie³¹
故城	亮 liaŋ³¹	黑 xei²⁴	热 ʐɤ³¹ 闷热 mẽ²⁴ʐɤ³¹
巨鹿	明 miŋ⁴¹	黑 xei³³	热 ie²¹
邢台	明 miŋ⁵³	黑 xei³⁴	热 ʐə³¹
馆陶	明 miŋ⁵² 亮 liaŋ²¹³	黑 xiɛ²⁴/ xei²⁴	热 ʐɿ²¹³
沧县	亮 liaŋ⁴¹	黑 xei²³	热 ʐɤ⁴¹
献县	亮 liã³¹	暗 næ³¹	热 ʐuo³¹
平泉	亮 liaŋ⁵¹	黑 xei⁵⁵	热 ʐuo⁵¹/ ʐə⁵¹
滦平	亮 liaŋ⁵¹	黑 xei⁵⁵	热 ʐuo⁵¹/ ʐə⁵¹
廊坊	亮 liaŋ⁵¹	黑 xei⁵⁵	热 ʐɤ⁵¹
魏县	明 miŋ⁵³	黑 xe³³	热 ʐɛ³³

（续表）

	0988 亮指光线，明亮	0989 黑指光线，完全看不见	0990 热天气
张北	亮 liɔ̃²¹³	黑 xəʔ³²	热 zə²¹³
万全	亮 lia²¹³	黑 xəʔ²²	热 zʌʔ²²
涿鹿	亮 liã³¹	黑 xʌʔ⁴³	热 zə³¹
平山	明 miŋ³¹	黑 xæi²⁴	热 zɤ²⁴
鹿泉	亮 liɑŋ³¹²	黑 xei¹³	热 zɤ³¹²
赞皇	明 miŋ⁵⁴	黑 xei²⁴	热 zə³¹²
沙河	明 miəŋ⁵¹	黑 xəʔ²	热 zəʔ²
邯郸	明 miŋ⁵³	黑 xʌʔ⁴³	热 zʌʔ⁴³
涉县	明 miəŋ⁴¹²	黑 xɐʔ³²	热 iə⁵⁵

	0991 暖和_天气	0992 凉_天气	0993 冷_天气
兴隆	朗=和 laŋ²¹xuo⁰ 暖和 nuan²¹xə⁰/ nuan²¹xuo⁰	凉 liaŋ⁵⁵	冷 ləŋ²¹³
北戴河	暖和 naŋ²¹xuo⁰	凉 liaŋ³⁵	冷 ləŋ²¹⁴
昌黎	暖和 naŋ²¹xuo⁰	凉 liaŋ²⁴	冷 ləŋ²¹³
乐亭	暖和 nɑu²¹¹xuə⁰	凉 liaŋ²¹²	冷 ləŋ³⁴
蔚县	暖和 nɔ⁴⁴xuɤ⁰	凉 liɔ⁴¹	冷 ləŋ⁴⁴
涞水	暖和 naŋ³¹xuo⁰	凉快 liaŋ²⁴kʰuai⁰	冷 ləŋ²⁴
霸州	暖和 naŋ⁴¹xuo⁰	凉 liaŋ⁵³	冷 ləŋ²¹⁴
容城	暖和 naŋ⁵²xuo⁰	凉 liaŋ³⁵	冷 ləŋ²¹³
雄县	暖和 naŋ⁴¹xuo⁰	凉 liaŋ⁵³	冷 ləŋ²¹⁴
安新	暖和 naŋ⁵³xuo⁰	凉快儿 liaŋ³³kʰuɐr⁰	冷 ləŋ²¹⁴
满城	暖和 nuan²¹xuo⁰	凉快 liaŋ²²kʰuai⁰	冷 ləŋ²¹³
阜平	暖和 næ²¹xuɤ⁰	冷 ləŋ⁵⁵	冷 ləŋ⁵⁵
定州	暖和 nɑu²¹¹xuə⁰	凉快 liaŋ⁴²kʰuai⁰	冷 ləŋ²⁴
无极	暖和 nuãn³⁵xuɤ⁰	凉 liaŋ²¹³	冷 ləŋ³⁵
辛集	暖和 naŋ³²²xuə⁰	凉快 liaŋ³⁵kʰuai⁰	冷 ləŋ³²⁴
衡水	暖和 naŋ²¹xuo⁰	凉 liaŋ⁵³	冷 ləŋ⁵⁵
故城	暖和 naŋ²⁴xu⁰	凉快 liaŋ⁵⁵kʰuæ⁰ 凉 liaŋ⁵³	冷 ləŋ⁵⁵
巨鹿	暖和 nuan⁵⁵xuo⁰	凉 liã⁴¹	冷 ləŋ⁵⁵
邢台	暖和 nuan⁵⁵xuo⁰	凉 liaŋ⁵³	冷 ləŋ⁵⁵
馆陶	暖和 næn⁴⁴xuo⁰	凉 liaŋ⁵²	冷 ləŋ⁴⁴
沧县	暖和 naŋ²³xuo⁰	凉快儿 liaŋ⁵⁵kʰuɐr⁰	冷 ləŋ⁵⁵
献县	暖和 nã²¹xuo⁰	凉 liã⁵³	冷 ləŋ²¹⁴
平泉	暖和 nɑu²¹xuo⁰/ nuan²¹xə⁰	凉 liaŋ³⁵	冷 ləŋ²¹⁴
滦平	暖和 nɑu²¹xuo⁰/ nuan²¹xuo⁰	凉 liaŋ³⁵	冷 ləŋ²¹⁴
廊坊	暖和 ŋuan²¹xuo⁰/ ŋaŋ²¹xuo⁰	凉 liaŋ³⁵	冷 ləŋ²¹⁴
魏县	暖和 nan⁵⁵uə⁰	凉 liaŋ⁵³	冷 ləŋ⁵⁵

(续表)

	0991 暖和_{天气}	0992 凉_{天气}	0993 冷_{天气}
张北	暖和 nuæ̃⁵⁵xuə⁰	凉 liɔ̃⁴²	冷 lən⁵⁵
万全	暖和 nan⁵⁵xuəʔ²²	凉 lia⁴¹	冷 lən⁵⁵
涿鹿	暖和 nuæ̃⁵⁵xuə⁰	凉 liɑ̃⁴²	冷 lən⁴⁵
平山	暖和 nuæ̃⁵⁵xuə⁰	凉快 liaŋ⁵³kʰuɛ⁰	冷 lən⁵⁵
鹿泉	暖和 nuæ̃³⁵xuo⁰	凉 liaŋ⁵⁵	冷 lən³⁵
赞皇	暖和 nuæ̃⁴⁵xuə⁰	凉快 liaŋ⁵¹kʰuɛ⁰	冷 lən⁴⁵
沙河	暖和 nuã³³xuo⁰	凉 liaŋ⁵¹	冷 lən³³
邯郸	暖和 nuæ̃⁵⁵uə⁰	凉 liaŋ⁵³	冷 lən⁵⁵
涉县	暖和 næ̃⁵³xuə⁰	凉 liã⁴¹²	冷 lən⁵³

	0994 热水	0995 凉水	0996 干 干燥：衣服晒~了
兴隆	热 ʐuo⁵¹/ ʐə⁵¹	凉 liaŋ⁵⁵	干 kan³⁵
北戴河	热 ʐʏ⁵¹	凉 liaŋ³⁵	干 kan⁴⁴
昌黎	热 ʐʏ⁴⁵³	凉 liaŋ²⁴	干 kan⁴²
乐亭	热 ʐuə⁵²	凉 liaŋ²¹²	干 kan³¹
蔚县	热 ʐʏ³¹²	凉 liɔ⁴¹ 拔 pa⁴¹	干 kã⁵³
涞水	热 ʐʏ³¹⁴	凉 liaŋ⁴⁵	干 kan³¹
霸州	热 ʐʏ⁴¹	凉 liaŋ⁵³	干 kan⁴⁵
容城	热 ʐʏ⁵¹³	凉 liaŋ³⁵	干 kan⁴³
雄县	热 ʐʏ⁴¹	凉 liaŋ⁵³	干 kãn⁴⁵
安新	热 ʐʏ⁵¹	凉 liaŋ³¹	干 kan⁴⁵
满城	热 ʐʏ⁵¹²	凉 liaŋ²²	干 kan⁴⁵
阜平	热 ʐʏ⁵³	凉 liaŋ²⁴	干 kæ̃³¹
定州	热 ʐʏ⁵¹	凉 liaŋ²¹³	干 kan³³
无极	热 ʐʏ⁵¹	凉 liaŋ²¹³	干 kãn³¹
辛集	烫 tʰaŋ⁴¹	凉 liaŋ³⁵⁴	干 kan³³
衡水	热 ie³¹	凉快 liaŋ²⁴kʰuai⁰	干 kan²⁴
故城	烫 tʰaŋ³¹ 热 ʐʏ³¹	凉 liaŋ⁵³	干 kæ̃²⁴
巨鹿	热 ie²¹	凉 liã⁴¹	干 kan³³
邢台	热 ʐə³¹	凉 liaŋ⁵³	干 kan³⁴
馆陶	热 ʐɐ²¹³	凉 liaŋ⁵²	干 kæn²⁴
沧县	热 ʐʏ⁴¹	凉 liaŋ⁵³	干 kan²³
献县	热 ʐuo³¹	凉 liã⁵³	干 kæ̃³³
平泉	热 ʐuo⁵¹/ ʐə⁵¹	凉 liaŋ³⁵	干 kan⁵⁵
滦平	热 ʐuo⁵¹/ ʐə⁵¹	凉 liaŋ³⁵	干 kan⁵⁵
廊坊	热 ʐʏ⁵¹	凉 liaŋ³⁵	干 kan⁵⁵
魏县	热 ʐɐ³³	凉 liaŋ⁵³	干 kan³³

(续表)

	0994 热_水	0995 凉_水	0996 干_干燥：衣服晒~了_
张北	热 zə²¹³	凉 liɔ̃⁴²	干 kæ⁴²
万全	热 zʌʔ²²	凉 lia⁴¹	干 kan⁴¹
涿鹿	热 zə³¹	冷 ləŋ⁴⁵	干 kæ⁴⁴
平山	热 zɤ²⁴	凉 liaŋ³¹	干 kæ³¹
鹿泉	热 zɤ³¹²	凉 liaŋ⁵⁵	干 kæ⁵⁵
赞皇	温 uən⁵⁴ 开 kʰɛ⁵⁴	凉 liaŋ⁵⁴	干 kæ⁵⁴
沙河	热 zəʔ²	凉 liaŋ⁵¹	干 kã⁴¹
邯郸	热 zʌʔ⁴³	凉 liaŋ⁵³	干 kæ³¹
涉县	热 iə⁵⁵	凉 liã⁴¹²	干 kæ⁴¹

	0997 湿 潮湿：衣服淋~了	0998 干净 衣服~	0999 脏 肮脏，不干净，统称：衣服~
兴隆	湿 ʂʅ³⁵	干净 kan⁵⁵tɕiŋ⁰	埋汰 mai⁵⁵tʰai⁰ 脏 tsaŋ³⁵
北戴河	湿 ʂʅ⁴⁴	干净 kan³⁵tɕiŋ⁰	埋汰 mai³⁵tʰai⁰
昌黎	湿 ʂʅ²¹³	干净 kan²¹³tɕiŋ⁰	埋汰 mai²¹³tʰei⁰
乐亭	潮 tʂʰau²¹²	干净 kan³⁵tɕiəŋ⁰	磕碜 kʰə³¹tʂʰən⁰
蔚县	湿 ʂʅ⁵³	干净 kã⁵³tɕiŋ⁰ 净 tɕiŋ³¹²	寒碜 xã⁴¹tsʰən⁰ 腌臜 na⁵³tsa⁰ 邋遢 la⁵³tʰa⁰
涞水	湿 ʂʅ³¹	干净 kan⁴⁵tɕiŋ⁰	腌臜 na³¹tsa⁰
霸州	湿 ʂʅ⁴⁵	干净 kan⁵³tɕiŋ⁰	脏 tsaŋ⁴⁵
容城	潮 tʂʰau³⁵	干净 kan³⁵tɕiŋ⁰	腌臜 na³¹tsa⁰
雄县	湿 ʂʅ⁴⁵	干净 kãn⁴⁵tɕiŋ⁰	脏 tsaŋ⁴⁵
安新	潮 tʂʰau³¹	干净 kan²¹tɕiŋ⁰	脏 tsaŋ⁴⁵
满城	湿 ʂʅ⁴⁵	干净 kan²¹tɕiŋ⁰	脏 tsaŋ⁴⁵
阜平	湿 ʂʅ²⁴	干净 kæ̃³¹tɕiŋ⁰	脏 tsaŋ³¹
定州	湿 ʂʅ³³	干净 kan²¹¹tsiŋ⁰	脏 tsaŋ³³
无极	湿 ʂʅ²¹³	干净 kãn³⁵tsiŋ⁰	窝囊 uɤ³¹naŋ⁰
辛集	湿 ʂʅ³³	干净 kan³⁵tsiŋ⁴¹	碜 tʂʰən³²⁴
衡水	湿 ɕi²⁴	干净 kan²¹tɕiŋ⁰	碜 tʂʰən⁵⁵
故城	湿 ʂʅ²⁴	干净 kæ̃²⁴tɕiŋ⁰	脏 tsaŋ²⁴ 腌臜 ŋa²¹tsa⁰ 心理上
巨鹿	湿 ɕi³³	干净 kan³³tɕiŋ²¹	脏 tsaŋ³³ 尘 tʂʰən⁴¹
邢台	湿 ʂʅ³⁴	干净 kan³⁴tsiŋ³¹	糙 tsʰau⁵³
馆陶	湿 ʂʅ²⁴	干净 kæn⁵²tɕiŋ⁰	腌脏 ɣa²⁴tsaŋ⁰
沧县	湿 ʂʅ²³	干净 kan²³tɕiŋ⁴¹	脏 tsaŋ²³
献县	湿 ʂʅ³³	干净 kæ̃³³tɕiŋ³¹	碜 tʂʰən²¹⁴
平泉	湿 ʂʅ⁵⁵	干净 kan⁵⁵tɕiŋ⁰	埋汰 mai³⁵tʰai⁰ 脏 tsaŋ⁵⁵

(续表)

	0997 湿 潮湿：衣服淋~了	0998 干净 衣服~	0999 脏 肮脏，不干净，统称：衣服~
滦平	湿 ʂʅ⁵⁵	干净 kan⁵⁵tɕiŋ⁰	埋汰 mai³⁵tʰai⁰ 脏 tsaŋ⁵⁵
廊坊	湿 ʂʅ⁵⁵	干净 kan⁵⁵tɕiŋ⁵¹	脏 tsaŋ⁵⁵
魏县	湿 ʂɛ³³	干净 kan³³tɕiŋ⁰	碜 tʂʰən⁵⁵ 脏 tʂaŋ³³
张北	湿 səʔ³²	干净 kæ⁴²tɕiŋ⁰	日脏 zʅ²³tsɔ̃²¹³
万全	湿 səʔ²²	干净 kan⁴¹tɕiən²¹³	脏 tsaŋ⁴¹
涿鹿	湿 ʂʌʔ⁴³	干净 kæ⁴²tɕiŋ⁰	寒碜 xæ⁴²tsʰəŋ⁰
平山	湿 ʂʅ²⁴	干净 kæ̃⁴²tsiŋ⁰	脏 tsaŋ³¹
鹿泉	湿 ʂɤ¹³	干净 kæ̃⁵⁵tsiŋ⁰	脏 tsaŋ⁵⁵
赞皇	湿 ʂʅ²⁴	干净 kæ̃⁴⁵tsiŋ⁰	脏 tsaŋ⁵⁴
沙河	湿 ʂəʔ²	干净 kã⁴¹tsiən²¹	脏 tsaŋ⁴¹
邯郸	湿 ʂəʔ⁴³	干净 kæ̃⁵⁵tsiŋ²¹	[膈应]kiŋ²¹³
涉县	湿 səʔ³²	干净 kæ̃⁴¹tɕiən²⁴	曹 ꞊tsʰau⁴¹² 脏 tsã⁴¹

	1000 快锋利：刀子~	1001 钝刀~	1002 快坐车比走路~
兴隆	快 kʰuai⁵¹	钝 tuən⁵¹	快 kʰuai⁵¹
北戴河	快 kʰuai⁵¹	钝 tuən⁵¹	快 kʰuai⁵¹
昌黎	快 kʰuai⁴⁵³	钝 tuən²⁴	快 kʰuai⁴⁵³
乐亭	快 kʰuai⁵²	钝 tuən⁵²	快 kʰuai⁵²
蔚县	快 kʰuɛi³¹²	不快 pu⁵³kʰuɛi³¹²	快 kʰuɛi³¹² 欢 xuã⁵³
涞水	快 kʰuai³¹⁴	钝 tuən³¹⁴	快 kʰuai³¹⁴
霸州	快 kʰuai⁴¹	钝 tuən⁴¹	快 kʰuai⁴¹
容城	快 kʰuai⁵¹³	钝 tuən⁵¹³	快 kʰuai⁵¹³
雄县	快 kʰuai⁴¹	钝 tuən⁴¹	快 kʰuai⁴¹
安新	快当 kʰuai⁵⁵taŋ⁰	不快当 pu⁴⁵kʰuai⁵⁵taŋ⁰	快 kʰuai⁵¹
满城	快 kʰuai⁵¹²	钝 tuən⁵¹²	快 kʰuai⁵¹²
阜平	快 kʰuæ⁵³	不快 pu²⁴kʰuæ⁵³	快 kʰuæ⁵³
定州	快 kʰuai⁵¹	钝 tuən⁵¹	快 kʰuai⁵¹
无极	快 kʰuæ⁵¹	钝 tuen⁴⁵¹	快 kʰuæ⁵¹
辛集	快 kʰuai⁴¹	钝 tuən⁴¹	快 kʰuai⁴¹
衡水	快 kʰuɑi³¹	不快 pu²⁴kuɑi³¹	快 kʰuɑi³¹
故城	快 kʰuæ³¹	不快了 pu²⁴kʰuæ³¹liɔɔ⁰ 钝 tuẽ³¹	快 kʰuæ³¹
巨鹿	快 kʰuai²¹	钝 tuən²¹	快 kʰuai²¹
邢台	快 kʰuai³¹	钝 tuən³¹	快 kʰuai³¹
馆陶	快 kʰuai²¹³	艮 ken²¹³ 不快 pu⁴⁴kʰuai²¹	快 kʰuai²¹³
沧县	快 kʰuai⁴¹	钝 tuən⁴¹	快 kʰuai⁴¹
献县	快 kʰuɛ³¹	钝 tuən³¹	快 kʰuɛ³¹
平泉	快 kʰuai⁵¹	钝 tuən⁵¹	快 kʰuai⁵¹
滦平	快 kʰuai⁵¹	钝 tuən⁵¹	快 kʰuai⁵¹
廊坊	快 kʰuai⁵¹	不快 pu³⁵kʰuai⁵¹ 钝 tuən⁵¹	快 kʰuai⁵¹

(续表)

	1000 快锋利：刀子~	1001 钝刀~	1002 快坐车比走路~
魏县	快 kʰuai³¹²	不快 pɛ⁵³kʰuai³¹² 慢 man³¹²	快 kʰuai³¹²
张北	快 kʰuai²¹³	笨 ⁼pəŋ²¹³	快 kʰuai²¹³
万全	快 kʰuɛi²¹³	笨 ⁼pəŋ²¹³	快 kʰuɛi²¹³
涿鹿	快 kʰuɛ³¹	不快 pʌʔ⁴³kʰuɛ³¹	快 kʰuɛ³¹
平山	快 kʰuɛ⁴²	钝 toŋ⁴²	快 kʰuɛ⁴²
鹿泉	快 kʰuɛ³¹²	钝 tuẽ³¹²	快 kʰuɛ³¹²
赞皇	快 kʰuɛ³¹²	钝 tuən³¹²	快 kʰuɛ³¹²
沙河	快 kʰuai²¹	肉 zou̯²¹	快 kʰuai²¹
邯郸	快 kʰuai²¹³	不快 pəʔ⁵kʰuai²¹	快 kʰuai²¹³
涉县	快 kʰuai⁵⁵	钝 tuəŋ⁵⁵	快 kʰuai⁵⁵

	1003 慢走路比坐车~	1004 早来得~	1005 晚来~了
兴隆	慢 man⁵¹	早 tsɑu²¹³	晚 uan²¹³
北戴河	慢 man⁵¹	早 tʃɑu²¹⁴	晚 uan²¹⁴
昌黎	慢 man²⁴	早 tsɑu²¹³	晚 uan²¹³
乐亭	慢 man⁵²	早 tsɑu³⁴	晚 uan³⁴
蔚县	慢 mã³¹²	早 tsʌɯ⁴⁴	迟 tsʰɿ⁴¹
涞水	慢 man³¹⁴	早 tsɑu²⁴	晚 uan²⁴
霸州	慢 man⁴¹	早 tsɑu²¹⁴	晚 uan²¹⁴
容城	慢 man⁵¹³	早 tsɑu²¹³	晚 uan²¹³
雄县	慢 mãn⁴¹	早 tsɑu²¹⁴	晚 uãn²¹⁴
安新	慢 man⁵¹	早 tsɑu²¹⁴	晚 uan²¹⁴
满城	慢 man⁵¹²	早 tsɑu²¹³	晚 uan²¹³ / 迟 tʂʰʅ²²
阜平	慢 mæ̃⁵³	早 tsɔ⁵⁵	迟 tʂʰʅ²⁴
定州	慢 man³³	早 tsɑu²⁴	晚 uan²⁴
无极	蔫 ȵiãn³¹	早 tsɔ³⁵	晚 uãn³⁵
辛集	慢 man⁴¹	早 tsɑu³²⁴	晚 uan³²⁴
衡水	慢 man³¹	早 tsɑu⁵⁵	晚 vɑn⁵⁵
故城	慢 mæ̃³¹	早 tsɔɔ⁵⁵	晚 væ̃⁵⁵
巨鹿	慢 mẽ²¹	早 tsɑu⁵⁵	晚 uan⁵⁵
邢台	慢 man³¹	早 tsɑu⁵⁵	晚 van⁵⁵
馆陶	慢 mæn²¹³	早 tsao⁴⁴	晚 uæn⁴⁴
沧县	慢 man⁴¹	早 tsɑu⁵⁵	晚 uan⁵⁵
献县	慢 mæ̃³¹	早 tsɔ²¹⁴	晚 uæ̃²¹⁴
平泉	慢 man⁵¹	早 tsɑu²¹⁴	晚 uan²¹⁴
滦平	慢 man⁵¹	早 tsɑu²¹⁴	晚 uan²¹⁴
廊坊	慢 man⁵¹	早 tsɑu²¹⁴	晚 uan²¹⁴
魏县	慢 man³¹²	早 tʂau⁵⁵	晚 uan⁵⁵
张北	慢 mæ̃²¹³	早 tsau⁵⁵	迟 tsʰʅ⁴²

（续表）

	1003 慢 走路比坐车~	1004 早 来得~	1005 晚 来~了
万全	慢 man²¹³	早 tsɔ⁵⁵	晚 van⁵⁵
涿鹿	慢 mæ̃³¹	早 tsɔ⁴⁵	迟 tʂʰʅ⁴²
平山	慢 mæ̃⁴²	早 tsɔ⁵⁵	晚 uæ̃⁵⁵
鹿泉	慢 mæ̃³¹²	早 tsɔ³⁵	迟 tʂʰʅ⁵⁵
赞皇	慢 mæ̃³¹²	早 tsɔ⁴⁵	迟 tʂʰʅ⁵⁴
沙河	慢 mã²¹	早 tsau³³	迟 tʂʰʅ⁵¹
邯郸	慢 mæ̃²¹³	早 tsɑu⁵⁵	晚 væ̃⁵⁵
涉县	慢 mæ̃⁵⁵	早 tsau⁵³	迟 tʂʰʅ⁴¹²

	1006 晚 天色~	1007 松 捆得~	1008 紧 捆得~
兴隆	晚 uan²¹³	松 soŋ³⁵	紧 tɕin²¹³
北戴河	晚 uan²¹⁴	松 ʃuŋ⁴⁴	紧 tɕin²¹⁴
昌黎	晚 uan²¹³	松 suŋ⁴²	紧 tɕin²¹³
乐亭	晚 uan³⁴	松 suŋ³¹	紧 tɕiən³⁴
蔚县	黑夜 xɯ⁵³iɑ⁰	松 suŋ⁵³	紧 tɕin⁴⁴
涞水	晚 uan²⁴	松 soŋ³¹	紧 tɕin²⁴
霸州	晚 uan²¹⁴	松 suŋ⁴⁵	紧 tɕin²¹⁴
容城	晚 uan²¹³	松 suŋ⁴³	紧 tɕin²¹³
雄县	晚 uãn²¹⁴	松 suŋ⁴⁵	紧 tɕin²¹⁴
安新	晚 uan²¹⁴	松 suŋ⁴⁵	紧 tɕin²¹⁴
满城	晚 uan²¹³	松 suŋ⁴⁵	紧 tɕin²¹³
阜平	迟 tʂʰʅ²⁴	松 soŋ³¹	紧 tɕiŋ⁵⁵
定州	晚 uan²⁴	松 suŋ³³	紧 tɕin²⁴
无极	黑 xəi²¹³	松 suŋ³¹	紧 tɕien³⁵
辛集	晚 uan³²⁴	松 soŋ³³	紧 tɕiən³²⁴
衡水	黑 xei²⁴	松 suŋ²⁴	紧 tɕin⁵⁵
故城	不早了 pu³¹tsɔ²⁴liɔ⁰	松 suŋ²⁴	紧 tɕiẽ⁵⁵ 结实 tɕie²⁴ʂʅ⁰
巨鹿	黑 xei³³	松 soŋ³³	紧 tɕin⁵⁵
邢台	黑 xei³⁴	松 suŋ³⁴	紧 tɕin⁵⁵
馆陶	晚 uæn⁴⁴	松 suŋ²⁴	结实 tɕiɛ⁵²ʂʅ⁰/ tɕiɛ²⁴ʂʅ⁰
沧县	晚 uan⁵⁵	松 soŋ²³	紧 tɕin⁵⁵
献县	晚 uæ̃²¹⁴	松 soŋ³³	紧 tɕin²¹⁴
平泉	晚 uan²¹⁴	松 suŋ⁵⁵	紧 tɕin²¹⁴
滦平	晚 uan²¹⁴	松 suŋ⁵⁵	紧 tɕin²¹⁴
廊坊	晚 uan²¹⁴	松 suŋ⁵⁵	紧 tɕin²¹⁴
魏县	晚 uan⁵⁵	松 ʂuŋ³³	紧 tɕin⁵⁵
张北	晚 væ̃⁵⁵	松 suŋ⁴²	紧 tɕiŋ⁵⁵

（续表）

	1006 晚_天色~	1007 松_捆得~	1008 紧_捆得~
万全	晚 van⁵⁵	松 suəŋ⁴¹	紧 tɕiəŋ⁵⁵
涿鹿	黑 xʌʔ⁴³	松 suŋ⁴⁴	紧 tɕiŋ⁴⁵
平山	不早兰 pu³¹tsɔ⁵⁵læ⁰	松 soŋ³¹	紧 tɕiŋ⁵⁵
鹿泉	晚 uæ̃³⁵	松 suŋ⁵⁵	紧 tɕiẽ³⁵
赞皇	晚 uæ̃⁴⁵ 黑 xei²⁴	松 suŋ⁵⁴	紧 tɕin⁴⁵
沙河	黑 xəʔ²	松 soŋ⁴¹	紧 tɕiən³³
邯郸	晚 væ̃⁵⁵	松 suŋ³¹	紧 tɕin⁵⁵
涉县	迟 tsʰʅ⁴¹²	松 suəŋ⁴¹	紧 tɕiəŋ⁵³

	1009 容易这道题~	1010 难这道题~	1011 新衣服~
兴隆	容易 zoŋ⁵⁵i⁵¹	难 nan⁵⁵	新 ɕin³⁵
北戴河	简单 tɕian²¹tan⁰	难 nan³⁵	新 ɕin⁴⁴
昌黎	省事儿 ʂəŋ²⁴ʂər²⁴ 简单 tɕian²¹tan⁰	难 nan²⁴	新 ɕin⁴²
乐亭	容易 yŋ³⁵i⁰	不容易 pu³³yŋ³⁵i⁰	新 ɕiən³¹
蔚县	简单 tɕiã¹³tã⁵³	难 nã⁴¹	新 ɕiŋ⁵³
涞水	简单 tɕian²⁴tan⁰	不容易 pu⁵⁵zoŋ²⁴i⁰	新 ɕin³¹
霸州	容易 zuŋ⁵³i⁰	难 nan⁵³	新 ɕin⁴⁵
容城	容易 zuŋ²¹i⁰	难 nan³⁵	新 ɕin⁴³
雄县	容易 zuŋ⁵³i⁰	难 nãn⁵³	新 ɕin⁴⁵
安新	简单 tɕian²¹tan⁰	难 nan³¹	新 ɕin⁴⁵
满城	容易 zuŋ²²i⁰	难 nan²²	新 ɕin⁴⁵
阜平	容易 zoŋ⁵³i⁰	难 næ̃²⁴	新 ɕiŋ³¹
定州	容易 zuŋ⁴²i⁰	难 nan²¹³	新 sin³³
无极	好做 xɔ³⁵tsəu⁵¹	难 nãn²¹³	新 siən³¹
辛集	容易 zoŋ³⁵i⁴¹	难 nan³⁵⁴	新 siən³³
衡水	容易 yŋ²⁴i⁰	难 nɑn⁵³	新 ɕin²⁴
故城	不难 pu²⁴næ⁵³ 容易 zuŋ⁵⁵i⁰	难 næ⁵³	新 ɕiẽ²⁴
巨鹿	容易 ioŋ⁵³i⁰	难 nẽ⁴¹	新 ɕin³³
邢台	容易 zuŋ⁵³i³¹/ yŋ⁵³i³¹	难 nan⁵³	新 sin³⁴
馆陶	容易 yŋ⁵²i⁰/ zuŋ⁵²i⁰	难 næn⁵²	新 sin²⁴
沧县	容易 yoŋ⁵⁵i⁰	难 nãn⁵³	新 ɕin²³
献县	简单 tɕiæ²⁴tæ³³	难 næ⁵³	新 ɕin³³
平泉	容易 zuŋ³⁵i⁰	难 nan³⁵	新 ɕin⁵⁵
滦平	容易 zuŋ³⁵i⁰	难 nan³⁵	新 ɕin⁵⁵
廊坊	容易 zuŋ³⁵i⁰	难 ŋan³⁵	新 ɕin⁵⁵
魏县	容易 yŋ⁵³i³¹²	难 nan⁵³	新 ɕin³³

(续表)

	1009 容易这道题~	1010 难这道题~	1011 新衣服~
张北	好做 xau⁵⁵tsuə²¹³ 容易 zuŋ⁴²i⁰	难 næ⁴²	新 ɕiŋ⁴²
万全	容易 zuəŋ⁴¹i²¹³	难 nan⁴¹	新 ɕiəŋ⁴¹
涿鹿	容易 zuŋ⁴²i⁰ 简单 tɕiæ⁴²tæ⁴²	难 næ⁴²	新 ɕiŋ⁴⁴
平山	容易 yŋ⁴²i⁰/ zoŋ⁴²i⁰	难 næ³¹	新 siŋ³¹
鹿泉	容易 zuŋ⁵⁵i⁰	难 næ⁵⁵	新 siẽ⁵⁵
赞皇	简单 tɕiæ⁴⁵tæ⁵⁴	难 næ⁵⁴	新 sin⁵⁴
沙河	容易 loŋ⁵¹i⁰	难 nã⁵¹	新 siən⁴¹
邯郸	容易 luŋ⁵³i²¹	难 næ⁵³	新 sin³¹
涉县	容易 yəŋ⁴¹i²⁴/ luəŋ⁴¹i²⁴	难 næ⁴¹²	新 ɕiəŋ⁴¹

	1012 旧衣服~	1013 老人~	1014 年轻人~
兴隆	旧 tɕiou⁵¹	老 lau²¹³	年轻 nian⁵⁵tɕʰiŋ³⁵
北戴河	旧 tɕiou⁵¹	到岁数儿 tau⁵³ʃuei⁵³ʃur⁰ 老 lau²¹⁴	年轻 nian³⁵tɕʰiŋ⁴⁴
昌黎	旧 tɕiou²⁴	年龄大 nian³⁴liŋ⁴⁴ta²⁴ 老 lau²¹³	年轻 nian²⁴tɕʰiŋ⁴²
乐亭	旧 tɕiou⁵²	老 lau³⁴	年轻 niɛn³⁴tɕʰiəŋ³¹
蔚县	旧 tɕiəu³¹²	老 lʌɯ⁴⁴	年轻 niã⁴¹tɕʰiŋ⁵³
涞水	旧 tɕiou³¹⁴	老 lau²⁴	年轻 nian⁴⁵tɕʰiŋ³¹
霸州	旧 tɕiou⁴¹	老 lau²¹⁴	年轻 nian⁴⁴tɕʰiŋ⁴⁵
容城	旧 tɕiou⁵¹³	老 lau²¹³	年轻 nian⁴⁴tɕʰiŋ⁴³
雄县	旧 tɕiou⁴¹	老 lau²¹⁴	年轻 niãn⁵³tɕʰiŋ⁴⁵
安新	旧 tɕiou⁵¹	老 lau²¹⁴	年轻 nian⁵³tɕʰiŋ⁴⁵
满城	旧 tɕiou⁵¹²	老 lau²¹³	年轻 nian²²tɕʰiŋ⁴⁵
阜平	旧 tɕiou⁵³	老 lɔ⁵⁵	年轻 niæ⁵⁵tɕʰiŋ³¹
定州	旧 tɕiou⁵¹	上岁数 ʂaŋ⁵³suei⁵³ʂu⁰ 上年纪 ʂaŋ⁵³nian⁴²tɕi⁰	年轻 nian²⁴tɕʰiŋ³³ 年幼 nian²⁴iou⁵¹①
无极	旧 tɕiəu⁴⁵¹	老 lɔ³⁵	年幼 niãn³⁵iəu⁵¹
辛集	旧 tɕiou⁴¹	老 lau³²⁴	年轻 nian³⁵⁴tɕʰiŋ³³
衡水	旧 tɕiəu³¹	老 lau⁵⁵	年轻 nian⁵³tɕʰiŋ²⁴
故城	旧 tɕiou³¹	老 lɔo⁵⁵ 上年纪啦 ʂaŋ⁵³niæ⁵⁵tɕi⁰la⁰ 岁数大啦 suei⁵³ʂu⁰ta⁵³la⁰	年轻 niæ⁵³tɕʰiŋ²⁴ 少性 ꞊ʂoo⁵³ɕiŋ⁰
巨鹿	旧 tɕiou²¹	老 lau⁵⁵	年轻 niɛ̃⁴¹tɕʰiŋ³³
邢台	旧 tɕiou³¹	老 lau⁵⁵	年轻 nian⁵³tɕʰiŋ³⁴
馆陶	捎色 ʂao²¹ʂɛ²⁴ 破 pʰo²¹³ 旧 tɕiəu²¹³	老 lao⁴⁴ 上岁数 ʂaŋ²⁴suei²¹ʂu⁰	年轻 niæn⁵³tɕʰiŋ²⁴
沧县	旧 tɕiou⁴¹	老 lau⁵⁵	年轻 nian⁵³tɕʰiŋ²³
献县	旧 tɕiou³¹	老 lɔ²¹⁴	年轻 niæ⁵³tɕʰiŋ³³
平泉	旧 tɕiou⁵¹	老 lau²¹⁴	年轻 nian³⁵tɕʰiŋ⁵⁵

(续表)

	1012 旧 衣服~	1013 老 人~	1014 年轻 人~
滦平	旧 tɕiou⁵¹	老 lɑu²¹⁴	年轻 ȵian³⁵tɕʰiŋ⁵⁵
廊坊	旧 tɕiou⁵¹	老 lɑu²¹⁴	年轻 ȵien³⁵tɕʰiŋ⁵⁵
魏县	破 pʰə³¹²	老 lɑu⁵⁵	年轻 ȵian⁵³tɕʰiŋ³³
张北	旧 tɕiəu²¹³	老 lɑu⁵⁵	年轻 ȵiæ⁴⁴tɕʰiŋ⁴²
万全	旧 tɕiəu²¹³	老 lɔ⁵⁵	年轻 ȵian⁴¹tɕʰiəŋ⁴¹
涿鹿	旧 tɕiəu³¹	老 lɔ⁴⁵	年轻 ȵiæ⁵²tɕʰiŋ⁴²
平山	旧 tɕiɐu⁴²	老 lɔ⁵⁵	年轻 ȵiæ⁵³tɕʰiŋ³¹
鹿泉	旧 tɕiou³¹²	老 lɔ³⁵	年轻 ȵiæ⁵⁵tɕʰiŋ⁰
赞皇	旧 tɕiəu³¹²	老 lɔ⁴⁵	年轻 ȵiæ⁵⁴tɕʰiŋ⁵⁴
沙河	旧 tɕiəu²¹	老 lɑu³³	年轻 ȵiã⁵¹tɕʰiəŋ⁰
邯郸	旧 tɕiəu²¹³	老 lɑu⁵⁵	年轻 ȵiæ⁵³tɕʰiŋ⁰
涉县	旧 tɕiou⁵⁵	上岁数 sã⁵³suəi²⁴su⁰	年轻 ȵiæ⁴¹tɕʰiəŋ⁰

① 年龄相对较小。

	1015 软糖~	1016 硬骨头~	1017 烂肉煮得~
兴隆	软 ʐuan²¹³	硬 iŋ⁵¹	烂乎儿 lan⁵¹xur⁰ 烂 lan⁵¹
北戴河	软和 ʐuan²¹xuo⁰	硬 iŋ⁵¹	烂乎儿 lan⁵³xur⁰
昌黎	软和儿 ʐuan²¹xur⁰ 肉头 ʐou⁴⁵tʰou⁰	硬 iŋ²⁴	烂乎儿 lan²⁴xur⁰
乐亭	软 ʐuan³⁴	硬 iəŋ⁵²	烂 lan⁵²
蔚县	软 zuã⁴⁴	硬 ɲiŋ³¹²	烂 lã³¹²
涞水	软 ʐuan²⁴	硬 iŋ³¹⁴	烂 lan³¹⁴
霸州	软 ʐuan²¹⁴	硬 iŋ⁴¹	烂 lan⁴¹ 烂乎儿 lan⁴⁵xur⁰
容城	软 ʐuan²¹³	硬 iŋ⁵¹³	烂 lan⁵¹³
雄县	软 ʐuãn²¹⁴	硬 iŋ⁴¹	烂 lãn⁴¹ 烂乎儿 lãn⁴⁵xur⁰
安新	软乎儿 ʐuan⁵³xur⁰	硬 iŋ⁵¹	软乎儿 ʐuan⁵³xur⁰
满城	软 ʐuan²¹³	硬 iŋ⁵¹²	烂 lan⁵¹²
阜平	软 ʐuæ̃⁵⁵	硬 ɲiŋ⁵³	软 ʐuæ̃⁵⁵
定州	软 ʐuan²⁴	硬 iŋ⁵¹	过火儿 kuo⁵³xuɐr²⁴ 软 ʐuan²⁴
无极	软 ʐuãn³⁵	硬 iŋ⁴⁵¹	烂 lãn⁴⁵¹
辛集	软乎儿 luan³²²xur⁰	硬梆 iŋ³²⁴paŋ⁰	烂乎儿 lan³²⁴xur⁰
衡水	软和 ɣan²¹xuo⁰	硬 iŋ³¹	烂乎儿 lɑn⁵³xur⁰
故城	软 ʐuæ̃⁵⁵ 软和 ʐuæ̃²⁴xɤ⁰	硬 iŋ³¹	烂 læ̃³¹
巨鹿	软 ɣan⁵⁵	硬 iŋ²¹	烂乎 lɛ̃⁵³xu⁰
邢台	软 ʐuan⁵⁵ 暄乎 ɕyan³⁴xu⁰	硬 iŋ³¹	烂 lan³¹ 烂乎 lan³¹xu⁰
馆陶	软 luæn⁴⁴ 暄 ɕyæn²⁴ 馒头、枕头等软	硬 iŋ²¹³	烂 læn²¹³
沧县	软和 ʐuan²³xuo⁰	硬 iŋ⁴¹	烂 lan⁴¹
献县	软 ɣæ̃²¹⁴/ ʐuæ̃²¹⁴	硬 iŋ³¹	烂 læ̃³¹

(续表)

	1015 软~糖~	1016 硬~骨头~	1017 烂~肉煮得~
平泉	软 ʐuan²¹⁴	硬 iŋ⁵¹	烂乎 lan⁵¹xu⁰
滦平	软 ʐuan²¹⁴	硬 iŋ⁵¹	烂 lan⁵¹
廊坊	软 ʐuan²¹⁴	硬 iŋ⁵¹	烂 lan⁵¹ 烂乎 lan⁵¹xu⁰
魏县	软 ʐuan⁵⁵	硬 iŋ³¹²	烂 lan³¹²
张北	软 ʐuæ̃⁵⁵	硬 ɲiŋ²¹³	烂 læ̃²¹³
万全	软 zuan⁵⁵	硬 ɲiən²¹³	烂 lan²¹³
涿鹿	软 ʐuæ̃⁴⁵	硬 ɲiŋ³¹	烂 læ̃³¹
平山	软 ʐuæ̃⁵⁵	硬 iŋ⁴²	烂 læ̃⁴²
鹿泉	软 ʐuæ̃³⁵	硬 iŋ³¹²	烂 læ̃³¹²
赞皇	软 ʐuæ̃⁴⁵	硬 iŋ³¹²	烂 læ̃³¹²
沙河	软 luã³³	硬 iəŋ²¹	烂乎 lã²¹xu⁰
邯郸	软 luæ̃⁵⁵	硬 iŋ²¹³	烂 læ̃²¹³
涉县	软 yæ̃⁵³	硬 iəŋ⁵⁵	嫩 nuən⁵⁵ 软 yæ̃⁵³

	1018 糊饭烧~了	1019 结实家具~	1020 破衣服~
兴隆	糊 xu⁵⁵	结实 tɕie³⁵ʂʅ⁰	破 pʰo⁵¹
北戴河	糊 xu³⁵	结实 tɕie³⁵ʃʅ⁰	破 pʰɤ⁵¹
昌黎	糊 xu²⁴	结实 tɕie²⁴ʂʅ⁰	破 pʰɤ⁴⁵³
乐亭	糊 xu²¹²	结实 tɕie³¹ʂʅ⁰	破 pʰə⁵²
蔚县	焦 tɕiʌɯ⁵³ 糊 xu⁴¹	耐实 nɛi³¹ʂʅ⁰	破 pʰɤ³¹²
涞水	糊 xu⁴⁵	硬朗 iŋ⁴⁵laŋ⁰	破 pʰuo³¹⁴
霸州	糊 xu⁵³	夹"壮 tɕia⁵³tʂuaŋ⁰ 结实 tɕie⁵³ʂʅ⁰	破 pʰo⁴¹
容城	糊 xu³⁵	结实 tɕie³¹ʂʅ⁰	破 pʰo⁵¹³
雄县	糊 xu⁵³	结实 tɕie⁴⁴ʂʅ⁰	破 pʰo⁴¹
安新	糊 xu³¹	结实 tɕie⁴⁵ʂʅ⁰	破 pʰo⁵¹
满城	糊 xu²²	结实 tɕie⁴⁵ʂʅ⁰	破 pʰo⁵¹²
阜平	伛 ŋou⁵⁵	结实 tɕie⁵³ʂʅ⁰	破 pʰuɤ⁵³
定州	糊 xu²¹³	结实 tɕie³³ʂʅ⁰	破 pʰo⁵¹
无极	糊 xu²¹³	结实 tɕie²¹³ʂʅ⁰	破 pʰuɤ⁵¹
辛集	包锅 pau³⁵⁴kuə³³	憨"梆 xan³³paŋ⁰	烂 lan⁴¹
衡水	糊 xu⁵³ 糊包 xu²⁴pau⁰	结实 tɕie³¹ɕʅ⁰	破 pʰo³¹
故城	糊 xu⁵³ 包锅了 pɔo²⁴kuɤ²¹liɔo⁰	结实 tɕie²⁴ʂʅ⁰	破 pʰɤ³¹ 破破烂烂 pʰɤ³¹pʰɤ⁰læ²⁴læ³¹
巨鹿	伛 ŋou⁵⁵	结实 tɕie³³ɕʅ⁰	破 pʰo²¹
邢台	糊巴 xu⁵³pau⁰ 抓锅 tʂua³⁴kuo³⁴	结实 tɕie³⁴ʂʅ⁰ 壮实 tʂuaŋ³¹ʂʅ⁰ 耐实 nai³¹ʂʅ⁰	破 pʰə³¹
馆陶	糊 xu⁵² 坐锅啦 tsuo²¹kuo²⁴la⁰	耐用 nai²⁴yŋ²¹ 结实 tɕiɛ⁵²ʂʅ⁰	破 pʰo²¹³
沧县	糊 xu⁵³	结实 tɕie⁴¹ʂʅ⁰	破 pʰɤ⁴¹
献县	糊 xu⁵³	结实 tɕie³³ʂʅ⁰	破 pʰuo³¹
平泉	糊 xu³⁵	结实 tɕie⁵⁵ʂʅ⁰	破 pʰo⁵¹

	1018 糊饭烧~了	1019 结实家具~	1020 破衣服~
滦平	糊 xu³⁵	结实 tɕiɛ⁵⁵ʂʅ⁰	破 pʰo⁵¹
廊坊	糊 xu³⁵	结实 tɕiɛ⁵⁵ʂʅ⁰ 坐实 tsuo⁵¹ʂʅ⁰	破 pʰɤ⁵¹
魏县	糊 xu⁵³	结实 tɕiɛ³³ʂʅ⁰	破 pʰə³¹²
张北	包锅 pau⁴⁴kuə⁴²	结实 tɕiəʔ³səʔ³²	烂 læ²¹³
万全	炕嘞 ŋou⁵⁵lɛi⁰	结实 tɕiəʔ²²səʔ²³	烂 lan²¹³
涿鹿	炕 ŋəu⁴⁵	结实 tɕiʌʔ⁴³sʌʔ⁰	破 puə³¹
平山	憋＝糊 piə²¹xu⁰	结实 tɕiəʔ²¹ʂʅ⁰	破 pʰə⁴²
鹿泉	糊 xu⁵⁵	结实 tɕiʌ¹³ʂɤ⁰	破 pʰo³¹²
赞皇	糊 xu⁵⁴ 憋＝锅 piɔ²⁴kuə⁵⁴	结实 tɕiɛ²¹ʂʅ⁰	破 pʰuə³¹²
沙河	炕 ŋəu³³	结实 tɕiəʔ⁴ʂʅ⁰	破 pʰuo²¹
邯郸	糊巴 xu⁵³pə⁰	扎实 tʂʌʔ⁴ʂəʔ³²	破 pʰuə²¹³
涉县	炕 ŋou⁵³ 程度重 糊 xu⁴¹ 程度轻	扎实 tsɐʔ⁵⁵səʔ⁰	破 pʰuə⁵⁵

	1021 富 他家很~	1022 穷 他家很~	1023 忙 最近很~
兴隆	富 fu⁵¹ 富裕 fu⁵¹y⁰	穷 tɕʰioŋ⁵⁵ 困难 kʰuən⁵¹nan⁰	忙 maŋ⁵⁵
北戴河	趁 tʃʰən⁵¹ 富 fu⁵¹	穷 tɕʰyŋ³⁵	忙 maŋ³⁵
昌黎	趁 tsʰən⁴⁵³	穷 tɕʰyŋ²⁴	忙 maŋ²⁴
乐亭	富 fu⁵²	穷 tɕʰyŋ²¹²	忙 maŋ²¹²
蔚县	有钱儿 iəu⁴⁴tɕʰiɐr⁴¹	穷 tɕʰyŋ⁴¹ 可怜 kʰɤ⁴⁴n̠iã⁰	忙 mɔ⁴¹
涞水	有 iou²⁴	赖 lai³¹⁴	忙 maŋ⁴⁵
霸州	趁钱 tʂʰən⁴¹tɕʰian⁵³ 富 fu⁴¹ 沉实 tʂʰən⁵³ʂʅ⁰	穷 tɕʰyŋ⁵³ 困难 kʰuən⁴¹nan⁰	忙 maŋ⁵³
容城	富 fu⁵¹³	穷 tɕʰyŋ³⁵	忙 maŋ³⁵
雄县	富 fu⁴¹ 趁钱 tʂʰən⁴¹tɕʰiãn⁵³	穷 tɕʰyŋ⁵³ 困难 kʰuən⁴¹nãn⁰	忙 maŋ⁵³
安新	富 fu⁵¹	穷 tɕʰyŋ³¹	忙 maŋ³¹
满城	富 fu⁵¹²	穷 tɕʰyŋ²²	忙 maŋ²²
阜平	富 fu⁵³	穷 tɕʰioŋ²⁴	忙 maŋ²⁴
定州	好过 xɑu²¹¹kuo⁰	穷 tɕʰyŋ²⁴ 可怜 kʰɤ²¹¹n̠ian⁰	忙 maŋ²¹³
无极	富 fu⁵¹	穷 tɕʰyŋ²¹³	忙 maŋ²¹³
辛集	趁 tʂʰən⁴¹ 有 iou³²⁴	穷 tɕʰioŋ³⁵⁴	忙 maŋ³⁵⁴
衡水	混唠 xun⁵³lau⁰ 过唠 kuo⁵³lau⁰	穷 tɕʰyŋ⁵³	忙 maŋ⁵³
故城	趁钱 tʂẽ³¹tɕʰiæ⁵³ 富 fu³¹ 有 iou⁵⁵	穷 tɕʰyŋ⁵³	忙 maŋ⁵³
巨鹿	好过 xɑu⁵⁵kuo²¹	穷 tɕʰioŋ⁴¹	忙 mã⁴¹

（续表）

	1021 富 他家很~	1022 穷 他家很~	1023 忙 最近很~
邢台	趁 tʂʰən³¹ 有钱儿 iou⁵⁵tsʰiɐr⁵³ 有法儿 iou⁵³far³⁴	穷 tɕʰyŋ⁵³	忙乎 maŋ⁵³xu⁰ 忙 maŋ⁵³
馆陶	好过 xɑo⁴⁴kuo²¹³	穷 tɕʰyŋ⁵² 不好过 pu²¹xɑo⁴⁴kuo²¹	忙 maŋ⁵²
沧县	富 fu⁴¹	穷 tɕʰyoŋ⁵³	忙 maŋ⁵³
献县	富 fu³¹	穷 tɕʰyoŋ⁵³	忙 mã⁵³
平泉	富 fu⁵¹	穷 tɕʰyŋ³⁵	忙 maŋ³⁵
滦平	富 fu⁵¹	穷 tɕʰyŋ³⁵	忙 maŋ³⁵
廊坊	富 fu⁵¹ 阔 kʰuo⁵¹ 趁钱 tʂʰən⁵³tɕʰiɛn³⁵	穷 tɕʰyŋ³⁵	忙 maŋ³⁵
魏县	好过 xɑu⁵⁵kuə³¹² 富 fu³¹²	穷 tɕʰyŋ⁵³	忙 maŋ⁵³
张北	有钱儿 iəu⁵⁵tɕʰiɐr⁴²	穷 tɕʰyŋ⁴²	忙 mã⁴²
万全	有钱儿 iou⁴⁴tɕʰiɐr⁴¹	穷 tɕʰyəŋ⁴¹	累得慌 lei²¹³tə⁰xua⁴¹
涿鹿	有钱 iəu⁴⁵tɕʰiæ⁵²	穷 tɕʰyŋ⁴²	忙 mã⁴²
平山	有 iʊu⁵⁵	穷 tɕʰyŋ³¹	忙 maŋ³¹
鹿泉	富 fu³¹²	穷 tɕʰyŋ⁵⁵	忙 maŋ⁵⁵
赞皇	有 iəu⁴⁵	穷 tɕʰyŋ⁵⁴	忙 maŋ⁵⁴
沙河	有法儿 iəu³³far²¹ 富 fu²¹	没法儿 məʔ⁴far²¹	忙 maŋ⁵¹
邯郸	富 fu²¹³	穷 tɕʰyŋ⁵³	忙 maŋ⁵³
涉县	富 fu⁵⁵	穷 tɕʰyəŋ⁴¹²	忙 mã⁴¹²

	1024 闲 最近比较~	1025 累 走路走得很~	1026 疼 摔~了
兴隆	闲 ɕian⁵⁵	累 lei⁵¹	疼 tʰəŋ⁵⁵
北戴河	闲 ɕian³⁵	累 lei⁵¹	疼 tʰəŋ³⁵
昌黎	闲 ɕian²⁴	累 lei²⁴	疼 tʰəŋ²⁴
乐亭	闲在 ɕiɛn³¹tsai⁰	累得慌 lei³⁵ti⁰xuŋ³¹	疼 tʰəŋ²¹²
蔚县	闲 ɕiã⁴¹ 有空儿 iəu⁴⁴kũr³¹²	累 lei³¹²	疼 tʰəŋ⁴¹
涞水	闲在 ɕian²⁴tsai⁰	使得慌 ʂʅ³¹ti⁰xuɑŋ⁰	疼 tʰəŋ⁴⁵
霸州	闲 ɕian⁵³ 闲在 ɕian⁵³tsai⁰	累 lei⁴¹	疼 tʰəŋ⁵³
容城	闲 ɕian³⁵	累 lei⁵¹³	疼 tʰəŋ³⁵
雄县	闲 ɕiãn⁵³ 闲在 ɕiãn⁵³tsai⁰	累 lei⁴¹	疼 tʰəŋ⁵³
安新	闲在 ɕian³³tsai⁰	累 lei⁵¹	疼 tʰəŋ³¹
满城	闲在 ɕian²²tsai⁰	使得慌 ʂʅ⁴²ti⁰xuaŋ⁴⁵	疼 tʰəŋ²²
阜平	闲在 ɕiæ̃⁵³tsæ⁵³	使哩慌 ʂʅ²¹li⁰xuaŋ³¹	疼 tʰəŋ²⁴
定州	闲在 ɕian⁴²tsai⁰	使得慌 ʂʅ²¹¹ti⁰xuɑŋ⁰	疼 tʰəŋ²⁴
无极	闲 ɕiãn²¹³	使哩慌 ʂʅ³⁵li⁰xuaŋ³¹	疼 tʰəŋ²¹³
辛集	闲在 ɕian³⁵tsai⁰	使哩慌 ʂʅ³²⁴li⁰xuaŋ³³	疼 tʰəŋ³⁵⁴
衡水	清闲 tɕʰiŋ²⁴ɕian⁵³ 闲在 ɕian²⁴tsai⁰	累 luei³¹ 使得慌 ʂʅ²¹ti⁰xuaŋ²⁴	疼 tʰəŋ⁵³
故城	闲 ɕiæ⁵³ 不忙 pu²⁴mɑŋ⁵³	累 lei³¹	疼 tʰəŋ⁵³
巨鹿	闲 ɕiẽ⁴¹	累 luei²¹	疼 tʰəŋ⁴¹
邢台	闲哩慌 ɕian⁵³li⁰xuaŋ³⁴ 有空儿 iou⁵⁵kʰuər³¹	使哩慌 ʂʅ⁵⁵li⁰xuaŋ³⁴	疼 tʰəŋ⁵³
馆陶	闲 ɕiæn⁵²	累 luei²¹³	疼 tʰəŋ⁵²
沧县	闲 ɕian⁵³	累 lei⁴¹	疼 tʰəŋ⁵³
献县	待着 tɛ³³tʂɔ⁰	累 lei³¹	疼 tʰəŋ⁵³
平泉	闲 ɕian³⁵	累 lei⁵¹	疼 tʰəŋ³⁵

(续表)

	1024 闲 最近比较~	1025 累 走路走得很~	1026 疼 摔~了
滦平	闲 ɕian³⁵	累 lei⁵¹	疼 tʰəŋ³⁵
廊坊	闲 ɕien³⁵ 有空儿 iou²¹kʰuãr⁵¹	累 lei⁵¹	疼 tʰəŋ³⁵
魏县	闲 ɕian⁵³	使嘞慌 ʂɿ⁵⁵lɛ⁰xuaŋ³³	疼 tʰəŋ⁵³
张北	闲 ɕiæ̃⁴²	累 lei²¹³	疼 tʰəŋ⁴²
万全	闲在 ɕian⁴¹tsɛi²¹³	累得慌 lei²¹³tə⁰xua⁴¹	疼 tʰəŋ⁴¹
涿鹿	闲 ɕiæ̃⁴²	累 lei³¹	疼 tʰəŋ⁴²
平山	闲 ɕiæ̃³¹	使得慌 ʂɿ⁵⁵ti⁰xuaŋ⁰	疼 tʰəŋ³¹
鹿泉	闲 ɕiæ̃⁵⁵	使哩慌 ʂɿ³⁵li⁰xuaŋ⁰	疼 tʰəŋ⁵⁵
赞皇	闲 ɕiæ̃⁵⁴	使哩慌 ʂɿ²⁴li⁰xuaŋ⁰	疼 tʰəŋ⁵⁴
沙河	闲 ɕiã⁵¹	使哩慌 ʂɿ³³li⁰xuaŋ⁰	疼 tʰəŋ⁵¹
邯郸	闲 ɕiæ̃⁵³	使嘞慌 ʂɿ⁵⁵ləi⁰uaŋ⁰	疼 tʰəŋ⁵³
涉县	闲 ɕiæ̃⁴¹²	使得慌 ʂɿ⁵⁵ə⁰xuã⁰	疼 tʰəŋ⁴¹²

	1027 痒皮肤~	1028 热闹看戏的地方很~	1029 熟悉这个地方我很~
兴隆	刺挠 tsʰʅ⁵¹nau⁰ 刺挠 tsʰʅ⁵¹iaŋ⁰ 痒 iaŋ²¹³	热闹 zuo⁵¹nau⁰	熟悉 ʂu⁵⁵ɕi⁰/ ʂou⁵⁵ɕi⁰
北戴河	痒痒 iaŋ²¹iaŋ⁰ 刺挠 tʃʰʅ⁵³nau⁰	热闹儿 zɤ⁵³naur⁰	熟 ʃou³⁵
昌黎	痒 iaŋ²¹³	热闹 zɤ⁴⁵nou⁰	熟悉 su²⁴ɕi⁰ 熟 su²⁴
乐亭	痒痒 iaŋ²¹¹iaŋ⁰	热闹 zuə⁵⁵nau⁰	熟悉 ʂou³¹ɕi⁰
蔚县	发痒 fa⁵³iɔ⁴⁴ 痒痒 iɔ⁴⁴iɔ⁰	红火 xuŋ⁴¹xuɤ⁰	熟 ʂəu⁴¹
涞水	痒 iaŋ²⁴	热闹 zɤ³¹nau⁰	熟 ʂou⁴⁵
霸州	痒痒 iaŋ⁴¹iaŋ⁰	热闹 zɤ⁴⁵nau⁰	熟 ʂou⁵³
容城	痒 iaŋ²¹³	热闹 zɤ⁵²nau⁰	熟 ʂou³⁵
雄县	痒痒 iaŋ⁴¹iaŋ⁰	热闹 zɤ⁴⁵nau⁰	熟 su⁵³
安新	痒痒 iaŋ⁵³iaŋ⁰	热闹 zɤ⁵⁵nau⁰	熟 ʂu³¹
满城	痒痒 iaŋ²¹iaŋ⁰	热闹 zɤ⁵⁵nau⁰	熟 ʂou²²
阜平	刺挠 tsʅ⁵³nɔ⁰	热闹 zɤ²⁴nɔ⁰	熟 su²⁴
定州	痒痒 iaŋ²¹¹iaŋ⁰	热闹 zɤ³⁵nau⁰	熟 ʂou²¹³
无极	痒痒 iaŋ³⁵iaŋ⁰ 刺挠 tsʰʅ³¹nɔ⁰ 又痒又疼	热闹儿 zɤ⁵³nɔr⁰	熟识 ʂəu³¹ʂʅ⁰
辛集	痒痒 iaŋ³²²iaŋ⁰	热闹 zə⁴²nau⁰	熟 ʂou³⁵⁴
衡水	刺挠 tsʰʅ⁵³nau⁰	热闹 ie⁵³nau⁰	熟 ʂəu⁵³
故城	痒痒 iaŋ²⁴iaŋ⁰	热闹 zɤ⁵³nɔ⁰	熟 su⁵³
巨鹿	痒痒 iaŋ⁵⁵iaŋ⁰	热闹 ie⁵³nau⁰	熟 ʂu⁴¹
邢台	痒痒 iaŋ⁵⁵iaŋ⁰	热闹 zə³¹nau⁰	熟 ʂou⁵³/ ʂu⁵³
馆陶	痒 iaŋ⁴⁴	热闹 zᴇ²¹nɑo⁰	熟 ʂu⁵²
沧县	痒痒 iaŋ²³iaŋ⁰	热闹 zɤ⁴¹nau⁰	熟 ʂou⁵³
献县	刺痒 tsʰʅ³³¹iã⁰ 痒痒 iã²¹iã⁰	热闹 zuo³³¹nɔ⁰	熟 ʂou⁵³/ ʂu⁵³

	1027 痒 皮肤~	1028 热闹 看戏的地方很~	1029 熟悉 这个地方我很~
平泉	刺挠 tsʰʅ⁵¹nɑu⁰ 痒 iaŋ²¹⁴	热闹 zuo⁵¹nɑu⁰/ zɚ⁵¹nɑu⁰	熟悉 ʂu³⁵ɕi⁰
滦平	刺挠 tsʰʅ⁵¹nɑu⁰ 痒 iaŋ²¹⁴	热闹 zuo⁵¹nɑu⁰/ zɚ⁵¹nɑu⁰	熟悉 ʂu³⁵ɕi⁰
廊坊	痒 iaŋ²¹⁴ 刺挠 tsʰʅ⁵¹nɑu⁰	热闹 zɚ⁵¹nɑu⁰	熟 ʂou³⁵ 熟悉 ʂou³⁵ɕi⁰
魏县	[咬嘞] 慌 iɑu⁵⁵uaŋ⁰ 痒 iaŋ⁵⁵	热闹 zɚ⁵³nɑu³¹²	熟 ʂu⁵³
张北	痒 iɔ̃⁵⁵	红火 xuŋ⁴²xuə⁰	熟悉 suəʔ³ɕiəʔ³²
万全	发痒 fʌʔ²²ia⁵⁵	红火 xuəŋ⁵⁴xuə⁵⁵	熟悉 suəʔ²⁴ɕiəʔ⁰
涿鹿	痒痒 iã⁵⁵iã⁰	热闹 zɚ³¹nɔ⁰ 红火 xuŋ⁴²xuɑ⁰	熟 ʂu⁴² 熟悉 ʂu⁴²ɕi⁰
平山	痒痒 iaŋ⁵⁵iaŋ⁰	红火 xoŋ⁴²xuə⁰	熟开 ʂu⁴²kʰɛ⁰
鹿泉	痒痒 iaŋ³⁵iaŋ⁰	红火 xuŋ⁵⁵xuo⁰ 热闹 zɚ³¹nɔ⁰	熟快 ʂu⁵⁵kʰuɛ⁰
赞皇	痒 iaŋ⁴⁵	热闹 zɚ²⁴nɔ⁰	熟快 ʂu³²kʰuɛ⁰
沙河	痒痒 iaŋ³³iaŋ⁰	热闹 zɚʔ⁴nɑu²¹	熟稔 ʂu⁵¹zən⁰
邯郸	痒痒 iaŋ⁵⁵iaŋ⁰	热闹 zʌʔ⁵nɑu²¹	熟 ʂu⁵³
涉县	痒 iã⁵³	热闹 iə⁵⁵nɑu⁰	熟 suəʔ³²

	1030 陌生 这个地方我很~	1031 味道 尝尝~	1032 气味 闻闻~
兴隆	陌生 mo⁵¹ʂəŋ³⁵ 生 ʂəŋ³⁵	味道 uei⁵³tɑu⁵¹	气味儿 tɕʰi⁵³uər⁵¹ 味儿 uər⁵¹
北戴河	眼生 ian²¹ʃəŋ⁴⁴	味儿 uər⁵¹ 味道 uei⁵³tɑu⁰	味儿 uər⁵¹
昌黎	生 ʂəŋ⁴²	味道 uei⁴⁵tɑu⁰ 味儿 uər²⁴	味儿 uər²⁴
乐亭	生 ʂəŋ³¹	味儿 uər⁵²	味儿 uər⁵²
蔚县	生 səŋ⁵³	味儿 vər³¹²	味儿 vər³¹²
涞水	生 ʂəŋ³¹	味儿 uər³¹⁴	味儿 uər³¹⁴
霸州	生 ʂəŋ⁴⁵	味儿 uər⁴¹	味儿 uər⁴¹
容城	生 ʂəŋ⁴³	味道 uei⁵²tɑu⁰	气味儿 tɕʰi⁵²uər⁰
雄县	生 ʂəŋ⁴⁵	味儿 uər⁴¹	味儿 uər⁴¹
安新	生 səŋ⁴⁵	味儿 uər⁵¹	味儿 uər⁵¹
满城	生 ʂəŋ⁴⁵	味儿 uər⁵¹²	味儿 uər⁵¹²
阜平	不熟 pu⁵⁵ʂu²⁴	味儿 uər⁵³	味儿 uər⁵³
定州	不熟 pu⁵³ʂou²⁴	味儿 uər⁵¹	味儿 uər⁵¹
无极	生茬 ʂəŋ³¹tʂʰɑ⁰	味儿 uər⁴⁵¹	味儿 uər⁴⁵¹
辛集	生 ʂəŋ³³	滋味儿 tsɿ³³uər⁰	味儿 uər⁴¹
衡水	不熟 pu²⁴səu⁵³	味儿 vər³¹	味儿 vər³¹
故城	不熟 pu²⁴su⁵³	味儿 vər³¹	味儿 vər³¹
巨鹿	生 ʂəŋ³³	味儿 uər²¹	味儿 uər²¹
邢台	生 ʂəŋ³⁴	味儿 vər³¹	味儿 vər³¹
馆陶	生 ʂəŋ²⁴	味儿 uər²¹³	味儿 uər²¹³
沧县	生 səŋ²³	味儿 uər⁴¹	味儿 uər⁴¹
献县	生 ʂəŋ³³	味儿 uəʐ³¹	味儿 uəʐ³¹
平泉	陌生 mo⁵³ʂəŋ⁵⁵	味儿 uər⁵¹ 味道 uei⁵³tɑu⁵¹	味儿 uər⁵¹ 气味儿 tɕʰi⁵³uər⁵¹
滦平	陌生 mo⁵¹ʂəŋ⁵⁵	味道 uei⁵¹tɑu⁵¹	味儿 uər⁵¹ 气味儿 tɕʰi⁵¹uər⁵¹

（续表）

	1030 陌生 这个地方我很~	1031 味道 尝尝~	1032 气味 闻闻~
廊坊	生 ʂəŋ⁵⁵	味儿 uər⁵¹	味儿 uər⁵¹
魏县	生 ʂəŋ³³	味儿 uər³¹²	气味儿 tɕʰi³¹uər³¹²
张北	生 ʂəŋ⁴²	味儿 vər²¹³	味儿 vər²¹³
万全	认不得 zəŋ²¹³pu²⁴tə⁰	味道 vei²⁴tɔ²¹³	气味 tɕʰi²⁴vei²¹³
涿鹿	生 ʂəŋ⁴⁴ 不熟 pʌʔ⁴³ʂəu⁵²	味儿 uər³¹	味儿 uər³¹
平山	生茬 ʂəŋ⁴²tʂʰa⁰	味儿 uər⁴²	味儿 uər⁴²
鹿泉	不熟 pu¹³ʂu⁵⁵	味儿 uər³¹²	味儿 uər³¹²
赞皇	生 ʂəŋ⁵⁴	味儿 uər³¹²	味儿 uər³¹²
沙河	生 ʂəŋ⁴¹	味儿 uər²⁴	味儿 uər²⁴
邯郸	生 ʂəŋ³¹	味儿 vər²¹³	味儿 vər²¹³
涉县	生 ʂəŋ⁴¹	味儿 vər⁵⁵	味儿 vər⁵⁵

	1033 咸菜~	1034 淡菜~	1035 酸
兴隆	咸 ɕian⁵⁵	淡 tan⁵¹	酸 suan³⁵
北戴河	咸 ɕian³⁵	淡 tan⁵¹	酸 ʃuan⁴⁴
昌黎	咸 ɕian²⁴	淡 tan²⁴	酸 suan⁴²
乐亭	咸 ɕien²¹²	淡 tan⁵²	酸 suan³¹
蔚县	咸 ɕiã⁴¹	甜 tʰiã⁴¹	酸 suã⁵³
涞水	咸 ɕian⁴⁵	薄 pɑu⁴⁵	酸 suan³¹
霸州	咸 ɕian⁵³ 口儿重 kʰour²⁴tʂuŋ⁴¹	不咸 pu⁴⁵ɕian⁵³ 口儿轻 kʰour²¹tɕʰiŋ⁴⁵	酸 suan⁴⁵
容城	咸 ɕian³⁵	淡 tan⁵¹³	酸 suan⁴³
雄县	咸 ɕiãn⁵³ 齁儿 xour⁴⁵ 口重 kʰou²¹tsuŋ⁴¹	不咸 pu⁴⁵ɕiãn⁵³ 口轻 kʰou²¹tɕʰiŋ⁴⁵	酸 suãn⁴⁵
安新	口重 kʰou²¹tʂuŋ⁵¹ 咸 ɕian³¹	口轻 kʰou²¹tɕʰiŋ⁴⁵	酸 suan⁴⁵
满城	咸 ɕian²²	薄 pɑu²²	酸 suan⁴⁵
阜平	咸 ɕiæ̃²⁴	薄 pɔ²⁴	酸 suæ̃³¹
定州	咸 ɕian²¹³	薄 pɑu²¹³	酸 suan³³
无极	咸 ɕiãn²¹³	薄 pɔ²¹³	酸 suãn³¹
辛集	咸 ɕian³⁵⁴	没滋味儿 mə³⁵⁴tsɿ³³uər⁰	酸 suan³³
衡水	口重 kʰəu⁵⁵tʂuŋ³¹ 口沉 kʰəu⁵⁵tʂʰən⁵³	口轻 kʰəu⁵⁵tɕʰiŋ²⁴ 淡 tan³¹	酸 suɑn²⁴
故城	咸 ɕiæ̃⁵³ 齁儿得慌 xour²¹tɤ⁰xuɑŋ⁰	不咸 pu²⁴ɕiæ̃⁵³ 没味儿 mei²⁴vər³¹	酸 suæ̃²⁴
巨鹿	咸 ɕiɛ̃⁴¹	甜 tʰiɛ̃⁴¹	酸 suan³³
邢台	咸 ɕian⁵³	淡 tan³¹ 没味儿 mei⁵³vər³¹	酸 suan³⁴
馆陶	口重 kʰəu⁴⁴tʂuŋ⁰ 委婉说法 咸 ɕiæn⁵² 指责	口轻 kʰəu⁴⁴tɕʰiŋ²⁴ 委婉说法 淡 tæn²¹³ 指责	酸 suæn²⁴
沧县	咸 ɕian⁵³	淡 tan⁴¹	酸 suan²³
献县	咸 ɕiæ̃⁵³	寡 kua²¹⁴	酸 suæ̃³³

(续表)

	1033 咸~菜~	1034 淡~菜~	1035 酸
平泉	咸 ɕian³⁵	淡 tan⁵¹	酸 suan⁵⁵
滦平	咸 ɕian³⁵	淡 tan⁵¹	酸 suan⁵⁵
廊坊	咸 ɕiɛn³⁵ 齁儿 xour⁵⁵ 程度深	淡 tan⁵¹	酸 suan⁵⁵
魏县	咸 ɕian⁵³	淡 tan³¹²	酸 ʂuan³³
张北	咸 ɕiæ̃⁴²	甜 tʰiæ̃⁴²	酸 suæ̃⁴²
万全	咸 ɕian⁴¹	淡 tan²¹³	酸 suan⁴¹
涿鹿	咸 ɕiæ̃⁴²	寡 kua⁴⁵ 甜 tʰiæ̃⁴²	酸 suæ̃⁴⁴
平山	咸 ɕiæ̃³¹	淡 tæ̃⁴²	酸 suæ̃³¹
鹿泉	咸 ɕiæ̃⁵⁵	淡 tæ̃³¹²	酸 suæ̃⁵⁵
赞皇	咸 ɕiæ̃⁵⁴	淡 tæ̃³¹²	酸 suæ̃⁵⁴
沙河	咸 ɕiã⁵¹ 口重 kʰəu³³tʂoŋ²¹	淡 tã²¹ 口轻 kʰəu²⁴tɕʰiəŋ⁴¹	酸 suã⁴¹
邯郸	咸 ɕiæ̃⁵³	淡 tæ̃²¹³	酸 suæ̃³¹
涉县	咸 ɕiæ̃⁴¹²	淡 tæ̃⁵⁵	酸 suæ̃⁴¹

	1036 甜	1037 苦	1038 辣
兴隆	甜 tʰian⁵⁵	苦 kʰu²¹³	辣 la⁵¹
北戴河	甜 tʰian³⁵	苦 kʰu²¹⁴	辣 la⁵¹
昌黎	甜 tʰian²⁴	苦 kʰu²¹³	辣 la⁴⁵³
乐亭	甜 tʰien²¹²	苦 kʰu³⁴	辣 la⁵²
蔚县	甜 tʰiã⁴¹	苦 kʰu⁴⁴	辣 lɑ³¹²
涞水	甜 tʰian⁴⁵	苦 kʰu²⁴	辣 la³¹⁴
霸州	甜 tʰian⁵³	苦 kʰu²¹⁴	辣 la⁴¹
容城	甜 tʰian³⁵	苦 kʰu²¹³	辣 la⁵¹³
雄县	甜 tʰiãn⁵³	苦 kʰu²¹⁴	辣 la⁴¹
安新	甜 tʰian³¹	苦 kʰu²¹⁴	辣 la⁵¹
满城	甜 tʰian²²	苦 kʰu²¹³	辣 la⁵¹²
阜平	甜 tʰiæ̃²⁴	苦 kʰu⁵⁵	辣 la⁵³
定州	甜 tʰian²⁴	苦 kʰu²⁴	辣 la⁵¹
无极	甜 tʰiãn²¹³	苦 kʰu³⁵	辣 la⁵¹
辛集	甜 tʰian³⁵⁴	苦 kʰu³²⁴	辣 lɑ⁴¹
衡水	甜 tʰiɑn⁵³	苦 kʰu⁵⁵	辣 lɑ³¹
故城	甜 tʰiæ̃⁵³	苦 kʰu⁵⁵	辣 la³¹
巨鹿	甜 tʰiẽ⁴¹	苦 kʰu⁵⁵	辣 la²¹
邢台	甜 tʰian⁵³	苦 kʰu⁵⁵	辣 la³¹
馆陶	甜 tʰiæn⁵²	苦 kʰu⁴⁴	辣 la²¹³
沧县	甜 tʰian⁵³	苦 kʰu⁵⁵	辣 lɑ⁴¹
献县	甜 tʰiæ̃⁵³	苦 kʰu²¹⁴	辣 la³¹
平泉	甜 tʰian³⁵	苦 kʰu²¹⁴	辣 la⁵¹
滦平	甜 tʰian³⁵	苦 kʰu²¹⁴	辣 la⁵¹
廊坊	甜 tʰiɛn³⁵	苦 kʰu²¹⁴	辣 la⁵¹
魏县	甜 tʰian⁵³	苦 kʰu⁵⁵	辣 lɤ³³
张北	甜 tʰiæ̃⁴²	苦 kʰu⁵⁵	辣 ləʔ³²
万全	甜 tʰian⁴¹	苦 kʰu⁵⁵	辣 lʌʔ²²

（续表）

	1036 甜	1037 苦	1038 辣
涿鹿	甜 tʰiæ⁴²	苦 kʰu⁴⁵	辣 la³¹
平山	甜 tʰiæ³¹	苦 kʰu⁵⁵	辣 la²⁴
鹿泉	甜 tʰiæ⁵⁵	苦 kʰu³⁵	辣 la³¹²
赞皇	甜 tʰiæ⁵⁴	苦 kʰu⁴⁵	辣 la³¹²
沙河	甜 tʰiã⁵¹	苦 kʰu³³	辣 ləʔ²
邯郸	甜 tʰiæ⁵³	苦 kʰu⁵⁵	辣 lʌʔ⁴³
涉县	甜 tʰiæ⁴¹²	苦 kʰu⁵³	辣 lɒ⁵⁵

	1039 鲜鱼汤~	1040 香	1041 臭
兴隆	鲜 ɕian³⁵	香 ɕiaŋ³⁵	臭 tʂʰou⁵¹
北戴河	鲜 ɕian⁴⁴	香 ɕiaŋ⁴⁴	臭 tʃʰou⁵¹
昌黎	鲜灵 ɕian⁴³liŋ⁰	香 ɕiaŋ⁴²	臭 tsʰou⁴⁵³
乐亭	鲜灵 ɕiɛn³¹liəŋ⁰	香 ɕiaŋ³¹	臭 tʂʰou⁵²
蔚县	好喝 xʌɯ¹³xɤ⁵³	香 ɕiɔ⁵³	臭 tʂʰəu³¹²
涞水	鲜 ɕian³¹	香 ɕiaŋ³¹	臭 tʂʰou³¹⁴
霸州	鲜 ɕian⁴⁵	香 ɕiaŋ⁴⁵	臭 tʂʰou⁴¹
容城	鲜 ɕian⁴³	香 ɕiaŋ⁴³	臭 tʂʰou⁵¹³
雄县	鲜 ɕiã⁴⁵	香 ɕiaŋ⁴⁵	臭 tʂʰou⁴¹
安新	鲜 ɕian⁴⁵	香 ɕiaŋ⁴⁵	臭 tʂʰou⁵¹
满城	鲜气 ɕian⁴⁵tɕʰi⁰	香 ɕiaŋ⁴⁵	臭 tʂʰou⁵¹²
阜平	新鲜 ɕiŋ⁵⁵ɕiæ̃³¹	香 ɕiaŋ³¹	臭 tʂʰou⁵³
定州	鲜 sian³³	香 ɕiaŋ³³	臭 tʂʰou⁵¹
无极	鲜 siã³¹	香 ɕiaŋ³¹	臭 tʂʰəu⁵¹
辛集	新鲜 siən³³sian⁰	香 ɕiaŋ³³	臭 tʂʰou⁴¹
衡水		香 ɕiaŋ²⁴	臭 tʂʰəu³¹
故城	鲜 ɕiæ̃²⁴ 好味儿 xɔo⁵⁵vər³¹	香 ɕiaŋ²⁴	臭 tʂʰou³¹
巨鹿	鲜 ɕian³³	香 ɕiaŋ³³	臭 tʂʰou²¹
邢台	新鲜 sin³⁴sian³⁴	香 ɕiaŋ³⁴	臭 tʂʰou³¹
馆陶	好 xao⁴⁴ 挺好喝 tʰiŋ⁵²xao⁴⁴xɤ²⁴	香 ɕiaŋ²⁴	臭 tʂʰəu²¹³
沧县	鲜 ɕian²³	香 ɕiaŋ²³	臭 tʂʰou⁴¹
献县	鲜 ɕiæ³³	香 ɕiã³³	臭 tʂʰou³¹
平泉	鲜 ɕian⁵⁵	香 ɕiaŋ⁵⁵	臭 tʂʰou⁵¹
滦平	鲜 ɕian⁵⁵	香 ɕiaŋ⁵⁵	臭 tʂʰou⁵¹
廊坊	鲜 ɕiɛn⁵⁵	香 ɕiaŋ⁵⁵	臭 tʂʰou⁵¹
魏县	新鲜 ɕin³³ian⁰	香 ɕiaŋ³³	臭 tʂʰəu³¹²

（续表）

	1039 鲜 鱼汤~	1040 香	1041 臭
张北	新鲜 ɕiŋ⁴²ɕiæ⁰	香 ɕiɔ̃⁴²	臭 tsʰəu²¹³
万全	鲜 ɕian⁴¹	香 ɕian⁴¹	臭 tsʰou²¹³
涿鹿	鲜 ɕiæ⁴² 香 ɕiã⁴⁴	香 ɕiã⁴⁴	臭 tʂʰəu³¹
平山	鲜 siæ³¹	香 ɕian³¹	臭 tʂʰɐu⁴²
鹿泉	鲜 siæ⁵⁵	香 ɕiaŋ⁵⁵	臭 tʂʰou³¹²
赞皇	新鲜 sin⁵⁴siæ⁵⁴	香 ɕiaŋ⁵⁴	臭 tʂʰəu³¹²
沙河	鲜 siã⁴¹	香 ɕiaŋ⁴¹	臭 tʂʰəu²¹
邯郸	新鲜 sin³¹siæ⁰	香 ɕiaŋ³¹	臭 tʂʰəu²¹³
涉县	鲜 ɕiæ⁴¹	香 ɕiã⁴¹	臭 tsʰou⁵⁵

	1042 馊饭~	1043 腥鱼~	1044 好人~
兴隆	耨⁼巴 nou³⁵pa⁰ 馊 sou³⁵	腥 ɕiŋ³⁵ 腥气 ɕiŋ³⁵tɕʰi⁰	好 xɑu²¹³
北戴河	馊巴 ʃou⁴⁴pa⁰	腥蒿⁼ɕiŋ⁴⁴xɑu⁴⁴	好 xɑu²¹⁴
昌黎	酸 suan⁴²	腥气 ɕiŋ²¹³tɕʰi⁰ 腥 ɕiŋ⁴²	好 xɑu²¹³
乐亭	酸咧 suan³¹lie⁰	腥 ɕiəŋ³¹	好 xɑu³⁴
蔚县	酸 suã⁵³ 有味儿 iəu⁴⁴vər³¹²	腥 ɕiŋ⁵³	好 xʌɯ⁴⁴
涞水	馊 sou³¹	腥气 ɕiŋ⁴⁵tɕʰi⁰	好 xɑu²⁴
霸州	馊 sou⁴⁵	腥气 ɕiŋ⁴⁵tɕʰi⁰	好 xɑu²¹⁴
容城	馊 sou⁴³	腥 ɕiŋ⁴³	好 xɑu²¹³
雄县	馊 sou⁴⁵	腥气 ɕiŋ⁴⁵tɕʰi⁰	好 xɑu²¹⁴
安新	馊 sou⁴⁵	腥气 ɕiŋ⁴⁵tɕʰi⁰	好 xɑu²¹⁴
满城	馊 sou⁴⁵	腥气 ɕiŋ²¹tɕʰi⁰	好 xɑu²¹³
阜平	酸 suæ̃³¹	腥气 ɕiŋ⁵³ɕi²⁴	好 xɔ⁵⁵
定州	吃不得俩 tʂʰʅ³³pu³³ti⁰lia⁰ 坏俩 xuai³⁵lia⁰	腥 siŋ³³	好 xɑu²⁴
无极	馊 səu³¹	腥气 siŋ³⁵tɕʰi⁰	好 xɔ³⁵
辛集	澌泱 sʅ³³iaŋ⁰	腥气 siŋ³⁵tɕʰi⁴¹	好 xɑu³²⁴
衡水	酸 suan²⁴ 澌孬⁼sʅ³¹nɑu⁰	腥气 ɕiŋ³¹tɕʰi⁰	不错 pu²⁴tsʰuo³¹
故城	酸 suæ̃²⁴ 馊 sou²⁴	腥气 ɕiŋ²¹tɕʰi⁰	好 xɔo⁵⁵ 不错 pu⁵⁵tsʰuɤ³¹ 不孬 pu³¹nɔo²⁴
巨鹿	坏 xuai²¹	腥气 ɕiŋ³³tɕʰi⁰	好 xɑu⁵⁵
邢台	澌气 sʅ³⁴tɕʰi³¹	腥气 siŋ³⁴tɕʰi³¹	好 xɑu⁵⁵
馆陶	有味儿 iəu⁴⁴uər²¹³	腥 siŋ²⁴	好 xɑo⁴⁴
沧县	馊 sou²³	腥气 ɕiŋ⁴¹tɕʰi⁰	好 xɑu⁵⁵
献县	馊 sou³³	腥气 ɕiŋ³³tɕʰi⁰	好 xɔ²¹⁴
平泉	馊 sou⁵⁵	腥 ɕiŋ⁵⁵	好 xɑu²¹⁴

(续表)

	1042 馊饭~	1043 腥鱼~	1044 好人~
滦平	馊 sou⁵⁵	腥 ɕiŋ⁵⁵	好 xɑu²¹⁴
廊坊	馊 sou⁵⁵	腥气 ɕiŋ⁵⁵tɕʰi⁰ 腥 ɕiŋ⁵⁵	好 xɑu²¹⁴
魏县	澌气 sɿ³³tɕi⁰	腥 ɕiŋ³³	好 xɑu⁵⁵
张北	酸 suæ̃⁴²	腥 ɕiŋ⁴²	好 xɑu⁵⁵
万全	酸 suan⁴¹	腥 ɕiəŋ⁴¹	好 xɔ⁵⁵
涿鹿	酸 suæ̃⁴⁴	腥 ɕiŋ⁴⁴	好 xɔ⁴⁵
平山	有味儿 iɐu⁵⁵uər⁴²	腥 siŋ³¹	好 xɔ⁵⁵
鹿泉	有味儿 iou³⁵uər³¹	腥 siŋ⁵⁵	好 xɔ³⁵
赞皇	酸 suæ⁵⁴	腥气 siŋ⁵⁴tɕʰi⁰ 腥 siŋ⁵⁴	好 xɔ⁴⁵
沙河	酸 suã⁴¹	腥气 siən⁴¹tɕʰi²¹	好 xɑu³³
邯郸	澌气 sɿ⁵⁵tɕʰi²¹	腥气 siŋ⁵⁵tɕʰi²¹	好 xɑu⁵⁵
涉县	澌气 sɿ⁵⁵tɕʰi⁰ 酸 suæ̃⁴¹	腥气 ɕiəŋ⁵⁵tɕʰi⁰	好 xɑu⁵³

	1045 坏_人~	1046 差_东西质量~	1047 对_账算~了
兴隆	坏 xuai⁵¹	差 tʂʰa⁵¹ 次 tsʰʅ⁵¹	对 tuei⁵¹
北戴河	坏 xuai⁵¹	乇咕 ka²¹ku⁰ 差 tʃʰa⁵¹	对 tuei⁵¹
昌黎	坏 xuai²⁴ 恶 nɤ⁴⁵³	颣 lei⁴⁵³	对 tuei⁴⁵³
乐亭	操蛋 tsʰɑu⁵³tan⁵²	颣 lei⁵²	对 tuei⁵²
蔚县	赖 lɛi³¹²	不好 pu⁵³xʌɯ⁴⁴	对 tuei³¹²
涞水	赖 lai³¹⁴	次 tsʰʅ³¹⁴	对 tuei³¹⁴
霸州	坏 xuai⁴¹ 次 tsʰʅ⁴¹ 孬 nɑu⁴⁵	次 tsʰʅ⁴¹	对 tuei⁴¹
容城	坏 xuai⁵¹³	差 tʂʰa⁵¹³	对 tuei⁵¹³
雄县	坏 xuai⁴¹ 次 tsʰʅ⁴¹ 孬 nɑu⁴⁵	差 tsʰa⁴¹ 次 tsʰʅ⁴¹	对 tuei⁴¹
安新	乇咕 ka⁵³ku⁰	次 tsʰʅ⁵¹	对 tuei⁵¹
满城	坏 xuai⁵¹²	次 tsʰʅ⁵¹²	对 tei⁵¹²
阜平	坏 xuæ⁵³	差 tʂʰa⁵³	对 tei⁵³
定州	坏 xuai⁵¹ 次 tsʰʅ⁵¹	差 tʂʰa⁵¹ 次 tsʰʅ⁵¹	对 tei⁵¹
无极	坏 xuæ⁴⁵¹	差 tʂʰɑ⁵¹	对 təi⁵¹
辛集	坏 xuai⁴¹	玄 ⁼ɕyan³⁵⁴	对 tei⁴¹
衡水	不好 pu³¹xɑu⁵⁵	玄 ⁼ɕyɑn⁵³	对 tuei³¹
故城	坏 xuæ³¹ 孬 nɔo²⁴ 疵＝毛 tsʰʅ²⁴mɔo⁵³	差 tsʰa³¹ 次 tsʰʅ³¹	对 tuei³¹
巨鹿	坏 xuai²¹	赖 lai²¹	对 tuei²¹
邢台	赖 lai³¹	赖 lai³¹	对 tuei³¹
馆陶	孬 nɑo²⁴	不行 pu²⁴ɕiŋ⁵²	对 tei²¹³

（续表）

	1045 坏_人~_	1046 差_东西质量~_	1047 对_账算~了_
沧县	坏 xuai⁴¹	不好 pu⁴¹xɑu⁵⁵	对 tuei⁴¹
献县	坏 xuɛ³¹	差 tʂhɑ³¹	对 tuei³¹
平泉	坏 xuai⁵¹	次 tshɿ⁵¹ 差 tʂhɑ⁵¹	对 tuei⁵¹
滦平	坏 xuai⁵¹	次 tshɿ⁵¹ 差 tʂhɑ⁵¹	对 tuei⁵¹
廊坊	坏 xuai⁵¹	差 tʂhɑ⁵¹ 不好 pu⁵³xɑu²¹⁴	对 tuei⁵¹
魏县	孬 nɑu³³ 坏 xuai³¹²	不好 pɛ³³xɑu⁵⁵ 不咋样儿 pɛ³³tʂɑ⁵³iɘr³¹²	对 tuei³¹²
张北	赖 lai²¹³	赖 lai²¹³	对 tuei²¹³
万全	坏 xuɛi²¹³	赖 lei²¹³	对 tuei²¹³
涿鹿	坏 xuɛ³¹	差 tʂhɑ³¹ 赖 lɛ³¹	对 tuei³¹
平山	坏 xuɛ⁴²	圧咕 kɑ⁵⁵ku⁰	对 tæi⁴²
鹿泉	坏 xuɛ³¹²	赖 lɛ³¹²	对 tei³¹²
赞皇	坏 xuɛ³¹² 圧咕 kɑ⁴⁵ku⁰	赖 lɛ³¹² 差 tʂhɑ³¹²	对 tuei³¹²
沙河	赖 lai²¹	不好 pəʔ²xɑu³³	对 tuei²¹
邯郸	孬 nɑu³¹ 坏 xuai²¹³	赖 lai²¹³	对 tuəi²¹³
涉县	孬 nɑu⁴¹	赖 lai⁵⁵	对 tuəi⁵⁵

	1048 错账算~了	1049 漂亮形容年轻女性的长相：她很~	1050 丑形容人的长相：猪八戒很~
兴隆	错 tsʰuo⁵¹	俊儿 tsuər⁵¹ 俊 tsuən⁵¹/ tɕyn⁵¹ 漂亮 pʰiɑu⁵¹liaŋ⁰	寒碜 xan⁵⁵tʂʰən⁰ 砢碜 kʰə³⁵tʂʰən⁰ 丑 tʂʰou²¹³
北戴河	错 tʃʰuo⁵¹	俊 tʃuən⁵¹	丑 tʃʰou²¹⁴
昌黎	错 tsʰuo⁴⁵³	俊 tsuən⁴⁵³ 漂亮 pʰiɑu⁴⁵liaŋ⁰	砢碜 kʰɤ⁴³tʂʰən⁰ 寒碜 xan⁴²tʂʰən²³ 丑 tsʰou²¹³
乐亭	差 tʂʰa⁵²	俊 tsuən⁵²	丑 tʂʰou³⁴
蔚县	错 tsʰuɤ³¹²	俊 tsuŋ³¹² 好看 xʌu⁴⁴kʰã³¹²	丑 tsʰəu⁴⁴ 寒碜 xã⁴¹tsʰəŋ⁰
涞水	差 tʂʰa³¹⁴	俊 tsuən³¹⁴	难看 nan⁴⁵kʰan³¹⁴
霸州	错 tsʰuo⁴¹	俊 tsuən⁴¹ 好看 xɑu²⁴kʰan⁴¹	丑 tʂʰou²¹⁴
容城	差 tʂʰa⁵¹³ 错 tsʰuo⁵¹³	好看 xɑu²¹kʰan⁵¹³	寒碜 xan²¹tʂʰən⁰
雄县	错 tsʰuo⁴¹	俊 tsuən⁴¹ 好看 xɑu²⁴kʰãn⁴¹	丑 tʂʰou²¹⁴ 寒碜 xãn⁵³tsʰãn⁰
安新	错 tsʰuo⁵¹	好看 xɑu²¹kʰan⁵¹	寒碜 xan³³tsʰan⁰
满城	差 tʂʰa⁵¹²	俊 tsuən⁵¹²	丑 tʂʰou²¹³
阜平	差 tʂʰa⁵³	好看 xɔ⁵⁵kʰæ̃⁵³	难看 næ²⁴kʰæ̃⁵³
定州	错 tsʰuo⁵¹ 差 tʂʰa⁵¹	好看 xɑu²¹¹kʰan⁰ 俊 tsuən⁵¹ 漂亮 pʰiɑu⁵³liaŋ⁰	砢碜 kʰə³³tʂʰən⁰ 脏 ˭tsaŋ³³
无极	差 tʂʰa⁵¹	好看 xɔ³⁵kʰãn⁵¹	丑 tʂʰəu³⁵
辛集	差 tʂʰa⁴¹	好看 xɑu³⁵kʰan⁴¹	难看 nan³⁵kʰan⁴¹
衡水	错 tsʰuo³¹	俊巴儿 tsun⁵³par⁰	砢碜 kʰɤ³¹tʂʰən⁰ #1ʂun⁵³
故城	差 tʂʰa³¹ 错 tsʰuɤ³¹	好看 xɔo⁵⁵kʰæ̃³¹ 俊巴 tsuẽ⁵³pa⁰	丑 tʂʰou⁵⁵ 难看 næ⁵⁵kʰæ̃³¹
巨鹿	差 tʂʰa²¹	好看 xɑu⁵⁵kʰɛ̃²¹	难看 nɛ̃⁵⁵kʰɛ̃²¹

(续表)

	1048 错 账算~了	1049 漂亮 形容年轻女性的长相：她很~	1050 丑 形容人的长相：猪八戒很~
邢台	差 tʂʰa³¹	俊 tsuən³¹ 好看 xau⁵⁵kʰan³¹	丑 tʂʰou⁵⁵ 难看 nan⁵³kʰan³¹
馆陶	错 tsʰuo²¹³	好看 xɑo⁴⁴kʰæn⁰	难看 næn⁵²kʰæn⁰
沧县	错 tsʰuo⁴¹	好看 xɑu⁵⁵kʰan⁴¹	丑 tʂʰou⁵⁵
献县	差 tʂʰa³¹ 错 tsʰuo³¹	漂亮 pʰiɔ³³¹liɑ̃⁰	丑 tʂʰou²¹⁴
平泉	错 tsʰuo⁵¹	俊儿 tsuər⁵¹ 漂亮 pʰiau⁵¹liaŋ⁰	砢磣 kʰə⁵⁵tʂʰən⁰ 寒磣 xan³⁵tʂʰən⁰ 丑 tʂʰou²¹⁴
滦平	错 tsʰuo⁵¹	俊儿 tsuər⁵¹ 漂亮 pʰiau⁵¹liaŋ⁰	寒磣 xan³⁵tʂʰən⁰ 砢磣 kʰə⁵⁵tʂʰən⁰ 丑 tʂʰou²¹⁴
廊坊	错 tsʰuo⁵¹	漂亮 pʰiau⁵¹liaŋ⁰ 俊 tsuən⁵¹ 好看 xɑu²¹kʰan⁵¹	丑 tʂʰou²¹⁴ 寒磣 xan³⁵tʂʰən⁰ 难看 ŋan³⁵kʰan⁵¹
魏县	差 tʂʰa³³	好看 xɑu⁵⁵kʰan³¹²	难看 nan⁵³kʰan³¹²
张北	差 tsʰa²¹³	喜人 ɕi⁵⁵zən⁴²	难看 næ⁴²kʰæ̃⁰ 丑 tsʰəu⁵⁵
万全	差 tsʰa²¹³	好看 xɔ⁴⁴kʰan²¹³ 栓正 suan⁴¹tsəŋ²¹³ 漂亮 pʰiɔ²¹³liaŋ⁰	难看 nan⁴¹kʰan²¹³
涿鹿	错 tsʰuə³¹	好看 xɔ⁴⁵kʰæ³¹	难看 næ⁴²kʰæ̃⁰
平山	差 tsʰa⁴²	好看 xɔ⁵⁵kʰæ⁴²	难看 næ⁴²kʰæ̃⁰
鹿泉	差 tsʰa³¹²	俊 tsuẽ³¹²	难看 næ⁵⁵kʰæ̃⁰
赞皇	错 tsʰuə³¹²	好看 xɔ⁴⁵kʰæ³¹	难看 næ⁵¹kʰæ̃⁰
沙河	错 tsʰuo²¹	俊 tsyən²¹	丑 tʂʰəu³³
邯郸	错 tsʰuə²¹³	俊 tsyn²¹³	丑 tʂʰəu⁵⁵
涉县	错 tsʰuə⁵⁵	好看 xau⁵³kʰæ²⁴	难瞧 næ⁴¹tɕʰiau⁰

	1051 勤快	1052 懒	1053 乖
兴隆	勤谨 tɕʰin⁵⁵tɕin⁰ 勤快 tɕʰin⁵⁵kʰuai⁰	懒 lan²¹³	乖 kuai³⁵
北戴河	勤勤 tɕʰin³⁵tɕʰin⁰	懒 lan²¹⁴	乖 kuai⁴⁴
昌黎	勤谨 tɕʰin⁴²tɕin²³	懒 lan²¹³	乖 kuai⁴²
乐亭	勤谨 tɕʰiən³¹tɕien⁰	懒 lan³⁴	听说 tʰiəŋ³³ʂuə³¹
蔚县	勤谨 tɕʰin⁴¹tɕiŋ⁰	懒 lã⁴⁴	听话 tʰiŋ⁵³xuɑ³¹² 听说 tʰiŋ⁵³suɤ⁵³ 乖 kuei⁵³
涞水	勤勤 tɕʰin²⁴tɕʰin⁰	懒 lan²⁴	乖巧 kuai⁴⁵tɕʰiɑu⁰
霸州	勤勤 tɕʰin⁴⁵tɕʰin⁰	懒 lan²¹⁴	听话 tʰiŋ⁴⁵xua⁴¹
容城	勤勤 tɕʰin²¹tɕʰin⁰	懒 lan²¹³	乖 kuai⁴³
雄县	勤谨 tɕʰin⁴⁵tɕin⁰	懒 lãn²¹⁴	听话 tʰiŋ⁴⁵xua⁴¹
安新	勤谨 tɕʰin³³tɕin⁰	懒 lan²¹⁴	听话 tʰiŋ⁴⁵xua⁵¹
满城	勤谨 tɕʰin²²tɕin⁰	懒 lan²¹³	乖 kuai⁴⁵ 听话 tʰiŋ⁴⁵xua⁵¹² 听说 tʰiŋ⁴⁵ʂuo⁴⁵
阜平	勤谨 tɕʰin²¹tɕiŋ⁰	懒 læ̃⁵⁵	听话 tʰiŋ²⁴xua⁵³
定州	勤谨 tɕʰin⁴²tɕin⁰	懒 lan²⁴	听说 tʰiŋ³³ʂuo¹¹ 听话 tʰiŋ³³xua⁵¹
无极	勤谨 tɕʰien²¹³tɕien⁰	懒 lãn³⁵	招人儿待见 tʂɔ³³zər²¹³tæ⁵¹tɕiãn⁵¹
辛集	勤谨 tɕʰiən³⁵tɕiən⁰	懒 lan³²⁴	听说 tʰiŋ³⁵⁴ʂuə³³
衡水	勤谨 tɕʰin⁵³tɕin⁰	懒 lɑn⁵⁵	听说 tʰiŋ²⁴ɕye²⁴
故城	勤谨 tɕʰiẽ⁵³tɕiẽ⁰ 勤快 tɕʰiẽ⁵⁵kʰuæ⁰	懒 læ̃⁵⁵	听说 tʰiŋ²⁴ʂuɤ²⁴ 听话 tʰiŋ²⁴xua³¹ 乖 kuæ²⁴
巨鹿	勤谨 tɕʰin⁵³tɕin⁰	懒 lan⁵⁵	听话儿 tʰiŋ³³xuar²¹
邢台	勤谨 tɕʰin⁵³tɕin⁰	懒 lan⁵⁵	听话儿 tʰiŋ³⁴xuar³¹
馆陶	勤谨 tsʰin⁵²tsʰin⁰	懒 læn⁴⁴	听话 tʰiŋ²⁴xua²¹
沧县	勤谨 tɕʰiən⁵³tɕiən⁰	懒 lan⁵⁵	乖 kuai²³

(续表)

	1051 勤快	1052 懒	1053 乖
献县	勤谨 tɕʰin⁵⁵tɕin⁰	懒 læ²¹⁴	听说 tʰiŋ⁵³ʂuo³³
平泉	勤谨 tɕʰin³⁵tɕin⁰ 勤快 tɕʰin³⁵kʰuai⁰	懒 lan²¹⁴	听话 tʰiŋ⁵⁵xua⁵¹ 乖 kuai⁵⁵
滦平	勤谨 tɕʰin³⁵tɕin⁰ 勤快 tɕʰin³⁵kʰuai⁵¹	懒 lan²¹⁴	乖 kuai⁵⁵
廊坊	勤快 tɕʰin³⁵kʰuai⁰ 勤勤 tɕʰin³⁵tɕʰin⁰	懒 lan²¹⁴	乖 kuai⁵⁵ 听话 tʰiŋ⁵⁵xua⁵¹
魏县	勤谨 tɕʰin⁵³tɕin⁰	懒 lan⁵⁵	听说 tʰiŋ³³ʂue³³ 乖 kuai³³
张北	勤谨 tɕʰin⁴²tɕiŋ⁵⁵	懒 læ⁵⁵	听话 tʰiŋ⁴²xua²¹³
万全	勤谨 tɕʰiəŋ⁴⁴tɕiəŋ⁵⁵	懒 lan⁵⁵	七 = 塔 =tɕʰiəʔ²²tʰʌʔ²²
涿鹿	勤谨 tɕʰiŋ⁴²tɕiŋ⁰	懒 læ⁴⁵	乖 kuɛ⁴⁴ 听话 tʰiŋ⁴⁴xua³¹
平山	勤谨 tɕʰiŋ⁴²tɕiŋ⁰	懒 læ⁵⁵	听说 tʰiŋ⁵³ʂuə²⁴
鹿泉	勤谨 tɕʰiẽ⁵⁵tɕiɤ⁰	懒 læ³¹²	听话 tʰiŋ⁵⁵xua³¹
赞皇	勤谨 tɕʰin⁵¹tɕin⁰	懒 læ⁴⁵	听话 tʰiŋ⁵⁴xua³¹
沙河	勤勤 tɕʰiən⁵¹tɕʰiən⁰	懒 lã³³	听话儿 tʰiəŋ⁴¹xuar²¹
邯郸	勤勤 tɕʰin⁵³tɕʰin⁰	懒 læ⁵⁵	听说 tʰiŋ³¹ʂuʌʔ⁰
涉县	勤谨 tɕʰiən⁴¹tɕiəŋ⁰	懒 læ⁵³	听话儿 tʰiəŋ⁴¹xuɐr²⁴

	1054 顽皮	1055 老实	1056 傻痴呆
兴隆	调皮 tʰiau²¹pʰi⁵⁵ 顽皮 uan⁵⁵pʰi⁵⁵	老实 lau²¹ʂʅ⁰	傻 ʂa²¹³
北戴河	调皮 tʰiau²¹pʰi³⁵	老实 lau²¹ʃʅ⁰	傻 ʃa²¹⁴
昌黎	淘气 tʰau²⁴tɕʰi⁴⁵³ 淘 tʰau²⁴	规矩 kuei⁴³tɕy⁰ 老实 lau²¹ʂʅ⁰	傻 sa²¹³
乐亭	屁屁溜溜 pʰi⁵⁵pʰi⁰liou³³iou⁰	老实巴交 lau²¹¹ʂʅ⁰pa³³tɕiau⁰	傻了吧唧的 ʂa²¹¹lə⁰pa³³tɕi⁰ti⁰
蔚县	调皮 tʰiɯ¹³pʰi⁴¹ 捣蛋 tʌɯ⁴⁴tã³¹²	老实 lʌɯ⁴⁴ʂʅ⁰	呆 tei⁵³ 偢 tɕʰiʌɯ³¹²
涞水	淘气 tʰau⁴⁵tɕʰi³¹⁴	憨厚 xan⁴⁵xou⁰	傻 ʂa²⁴
霸州	调皮 tʰiau²¹pʰi⁵³	老实 lau⁴¹ʂʅ⁰	傻 ʂa²¹⁴
容城	调皮 tʰiau²¹pʰi³⁵	老实 lau⁵²ʂʅ⁰	傻 ʂa²¹³
雄县	调皮 tʰiau⁴¹pʰi⁵³	老实 lau⁴¹ʂʅ⁰	傻 ʂa²¹⁴
安新	调皮 tʰiau⁴⁵pʰi³¹	老实 lau⁵³ʂʅ⁰	傻 ʂa²¹⁴
满城	费 ⁼fei⁵¹² 发费 fa⁴⁵fei⁵¹²	老实 lau⁴²ʂʅ⁰	傻 ʂa²¹³
阜平	调皮 tʰiɔ⁵⁵pʰi²⁴	实老 ʂʅ⁵³lɔ⁰	傻 ʂa⁵⁵
定州	调皮 tʰiau²⁴pʰi²⁴ 费 ⁼fei⁵¹	老实 lau²¹¹ʂʅ⁰	傻乎乎的 ʂa²¹¹xu⁰xu²¹¹ti⁰
无极	调皮 tʰiɔ³⁵pʰi²¹³ 使费 ⁼ʂʅ³⁵fəi⁵¹	实在 ʂʅ³¹tsæ⁵¹	傻 ʂa³⁵
辛集	费 ⁼fei⁴¹ 捣蛋 tau³²²tan⁰ 淘气 tʰau³⁵tɕʰi⁴¹	老实 lau³²²ʂʅ⁰	傻 ʂa³²⁴
衡水	闹腾得慌 nau⁵³tʰəŋ⁰ti⁰xuaŋ⁰ 调皮 tʰiau⁵³pʰi⁵³	老实 lau²¹ɕi⁰	傻 sa⁵⁵
故城	皮 pʰi⁵³	老实 lɔɔ²⁴ʂʅ⁰	傻 ʂa⁵⁵
巨鹿	费 ⁼fei²¹	老实 lau⁵⁵ɕi⁰	傻 ʂa⁵⁵
邢台	费 ⁼最 fei³¹tsuei⁰ 费 ⁼fei³¹ 捣蛋 tau⁵⁵tan³¹	实在 ʂʅ⁵³tsai³¹	傻 ʂa⁵⁵ 苶 nie³⁴ 傻乎乎 ʂa⁴³xu³⁴xu⁰
馆陶	调皮 tʰiao⁵²pʰi⁵²	实着 ʂʅ⁵²tʂao⁰	傻 ʂa⁴⁴

(续表)

	1054 顽皮	1055 老实	1056 傻痴呆
沧县	调皮 tʰiau⁴¹pʰi⁵³	老实 lɑu²³ʂʅ⁰	傻 ʂa⁵⁵
献县	调皮 tʰiɔ³¹pʰi⁵³	老实 lɔ²¹ʂʅ⁰	傻 ʂa²¹⁴
平泉	调皮 tʰiau²¹pʰi³⁵ 顽皮 uan³⁵pʰi³⁵	实诚 ʂʅ³⁵tsʰəŋ⁰ 老实 lau²¹ʂʅ⁰	傻 ʂa²¹⁴
滦平	调皮 tʰiau²¹pʰi³⁵ 顽皮 uan³⁵pʰi³⁵	老实 lɑu²¹ʂʅ⁰	傻 ʂa²¹⁴
廊坊	调皮 tʰiau³⁵pʰi³⁵ 淘气 tʰau³⁵tɕʰi⁵¹	老实 lɑu²¹ʂʅ⁰	傻 ʂa²¹⁴
魏县	皮 pʰi⁵³ 不听说 pɛ³³tʰiŋ³³ʂuɛ³³	老实 lɑu⁵⁵ʂʅ⁰	傻 ʂa⁵⁵
张北	调皮 tʰiau⁵⁵pʰi⁴²	老实 lau⁵⁵səʔ⁰	㾏 tɕʰiau²¹³
万全	淘气 tʰɔ⁴¹tɕʰi²¹³	实在 səʔ⁴tsei²¹³	㾏 tɕʰiɔ²¹³
涿鹿	败 pe³¹	老实 lɔ⁵⁵ʂʌ⁰	傻 ʂa⁴⁵ 仙 ⁼ɕiæ⁴²
平山	操蛋 tsʰɔ²⁴tæ⁴²	老实 lɔ⁵⁵ʂʅ⁰	傻 ʂa⁵⁵
鹿泉	操蛋 tsʰɔ³¹²tæ³¹	老实 lɔ³⁵ʂɤ⁰	傻 ʂa³⁵
赞皇	调皮 tʰiɔ⁵⁴pʰi⁵⁴	老实 lɔ⁴⁵ʂʅ⁰	傻 ʂa⁴⁵
沙河	不孬 pəʔ²nau⁴¹ 费 ⁼fei²¹	实在 ʂʅ⁵¹tsai²¹	傻 ʂɔ³³
邯郸	旋 ⁼皮 syæ¹³pʰi⁰	老气 lau⁵⁵tɕʰi²¹	傻 ʂɔ⁵⁵
涉县	费 ⁼气 fəi⁵³tɕʰi⁰	实受 səʔ³²sou⁵⁵	傻不唧 ʂɒ⁵³pəʔ⁰tɕi⁰

	1057 笨蠢	1058 大方不吝啬	1059 小气吝啬
兴隆	笨 pən⁵¹	大方 ta⁵¹faŋ⁰	抠儿 kʰour³⁵ 抠唆 kʰou³⁵suo⁰ 抠门儿 kʰou³⁵mər⁵⁵
北戴河	笨 pən⁵¹ 废物 fei⁵³u⁰	大方 ta⁵³faŋ⁰	小气 ɕiau²¹tɕʰi⁰
昌黎	笨 pən²⁴ 不灵脱 pu³⁴liŋ²⁴tʰuo⁰	大方 ta⁴⁵faŋ⁰	抠门儿 kʰou³⁴mər²¹³ 小气 ɕiau²¹tɕʰi⁰
乐亭	笨了吧唧的 pən⁵⁵lə⁰pa³³tɕi⁰ti⁰	大方 ta⁵⁵faŋ⁰	抠儿心 kʰour³¹ɕiən⁰
蔚县	笨 pən³¹²	大气 ta³¹tɕʰi⁰	尖 tɕiã⁵³ 小气 ɕiʌɯ⁴⁴tɕʰi⁰
涞水	笨 pən³¹⁴	大方 ta³³¹faŋ⁰	小气 ɕiau²⁴tɕʰi⁰
霸州	笨 pən⁴¹	大方 ta⁴⁵faŋ⁰/ta⁴¹faŋ⁰	抠儿 kʰour⁴⁵ 抠门儿 kʰou⁴⁵mər⁵³
容城	笨 pən⁵¹³	大方 ta⁵²faŋ⁰	小气 ɕiau²¹tɕʰi⁰
雄县	笨 pən⁴¹	大方 ta⁴¹faŋ⁰	小气 ɕiau²¹tɕʰi⁰ 抠儿 kour⁴⁵ 抠门儿 kou⁴⁵mər⁵³
安新	笨 pən⁵¹	大方 ta⁵³faŋ⁰	小气 ɕiau²¹tɕʰi⁰
满城	笨 pən⁵¹²	大方 ta²¹faŋ⁰	小店儿 ɕiau²¹tiɐr⁵¹²
阜平	笨 pəŋ⁵³	大方 ta⁵³faŋ⁰	小气 ɕiɔ⁵⁵tɕʰi⁵³
定州	笨 pən⁵¹	大方 ta³⁵faŋ⁰	抠 kʰou³³ 小家子百世的 siau²¹¹tɕia³³tsɿ⁰pai³³ʂɿ³⁵ti⁰
无极	蠢笨 tʂʰuen³⁵pen⁰ 笨 pen⁴⁵¹	不抠唆 pu³⁵kʰəu²¹³suɤ⁰	抠唆 kʰəu²¹³suɤ⁰
辛集	笨 pən⁴¹	大方 ta⁴²faŋ⁰	抠儿 kʰour³³
衡水	笨 pən³¹	大方 ta³¹faŋ⁰	抠唆 kʰəu³¹suo⁰
故城	笨 pẽ³¹ 傻材 ⁼sa²¹tsʰæ⁰	大方 ta³¹³faŋ⁰ 舍得 ʂɤ²⁴ti⁰	舍不得 ʂɤ²⁴pu⁰ti⁰ #1suɤ⁵³
巨鹿	晕 yən³³	巴掌儿大 pa³³tʂ ɐr⁵⁵ta²¹	小心眼儿 ɕiau⁵⁵ɕin³³iar⁵⁵

(续表)

	1057 笨蠢	1058 大方不吝啬	1059 小气吝啬
邢台	笨 pən³¹	大方 ta³¹faŋ³⁴ 大气 ta³³tɕʰi³¹	抠 kʰou³⁴ 抠门儿 kʰou³⁴mər⁵³ 小气 siau⁵⁵tɕʰi³¹
馆陶	笨 pen²¹³	大方 ta²¹faŋ⁰	小气 siao⁴⁴tɕʰi⁰
沧县	笨 pən⁴¹	大方 ta⁵³faŋ⁰	抠门儿 kʰou²³mər⁵³
献县	笨 pən³¹	大方 ta³³¹fã⁰	渠 ⁼tɕʰy⁵³
平泉	笨 pən⁵¹	大方 ta⁵¹faŋ⁰	抠儿 kʰour³⁵ 小气 ɕiau²¹tɕʰi⁰
滦平	笨 pən⁵¹	大方 ta⁵¹faŋ⁰	抠儿 kʰour⁵⁵ 抠唆 kʰou⁵⁵suo⁰ 唆气 suo³⁵tɕʰi⁰
廊坊	笨 pən⁵¹	大方 ta⁵¹faŋ⁰	小气 ɕiau²¹tɕʰi⁵¹ 抠门儿 kʰou⁵⁵mər³⁵ 尖 tɕien⁵⁵
魏县	笨 pən³¹²	大手儿 ta³¹²ʂəur⁵⁵ 大方 ta³¹²faŋ⁰	抠儿 kʰəur³³ 抠门儿 kʰəu³³mər⁵³ 小气 ɕiau⁵⁵tɕʰi⁰
张北	笨 pəŋ²¹³	大方 ta²³fɔ⁰	抠门儿 kʰəu⁴⁴mər⁴²
万全	笨 pəŋ²¹³	大方 ta²¹³faŋ⁰	小气 ɕiɔ⁴⁴tɕʰi²¹³
涿鹿	笨 pəŋ³¹	大方 ta³¹fã⁰	小气 ɕiɔ⁵⁵tɕʰi⁰
平山	笨 pəŋ⁴²	手松 ʂɐu⁵⁵soŋ³¹ 大气 ta²⁴tɕʰi⁴²	小气 siə⁵⁵tɕʰi⁰
鹿泉	笨 pẽ³¹² 囊 naŋ⁵⁵	大方 ta³¹faŋ⁰	小气 siɔ³⁵tɕʰi⁰
赞皇	笨 pən³¹²	大方 ta⁵¹faŋ⁰	抠儿 kʰəur⁵⁴ 小气 siɔ⁴⁵tɕʰi⁰
沙河	木楞 məʔ²⁴ləŋ²¹	大气 tɔ²¹tɕʰi²¹	小气 siau³³tɕʰi²¹
邯郸	笨 pən²¹³	大手儿 tɔ²⁴ʂəur⁵³	小气 siau⁵⁵tɕʰi²¹ 小圪抠儿 siau⁵⁵kəʔ²kʰəur³¹
涉县	奋 tʰai⁵³	大方 tʊ⁵⁵fã⁰	小气 ɕiau⁵³tɕʰi²⁴ 抠 kʰou⁴¹

	1060 直爽 性格~	1061 犟 脾气~	1062 一 ~二三四五……，下同
兴隆	直爽 tʂʅ⁵⁵ʂuaŋ²¹³ 直性子 tʂʅ⁵⁵ɕiŋ⁵¹tsʅ⁰	拧 ɳiŋ⁵¹ 倔 tɕye⁵¹ 犟 tɕiaŋ⁵¹	一 i³⁵
北戴河	直 tʃʅ³⁵	倔 tɕye⁵¹	一 i⁴⁴
昌黎	耿直 kəŋ²¹tʂʅ⁰	犟 tɕiaŋ⁴⁵³ 倔 tɕye²⁴	一 i⁴²
乐亭	直性 tʂʅ³⁵ɕiəŋ⁰	犟性 tɕiaŋ⁵⁵ɕiəŋ⁰	一 i³¹
蔚县	直 tsʅ⁴¹	犟 tɕiɔ³¹² 倔 tɕyə³¹²	一 i⁵³
涞水	直 tʂʅ⁴⁵	倔 tɕye³¹⁴	一 i³¹
霸州	直 tʂʅ⁵³	犟 tɕiaŋ⁴¹	一 i⁴⁵
容城	直爽 tʂʅ³¹ʂuaŋ⁰	犟 tɕiaŋ⁵¹³	一 i⁴³
雄县	直仗 tʂʅ⁵³tʂaŋ⁰	犟 tɕiaŋ⁴¹ 倔 tɕye⁴¹	一 i⁴⁵
安新	直爽 tʂʅ⁴⁵ʂuaŋ⁰	倔 tɕye⁵¹	一 i⁴⁵
满城	直 tʂʅ⁴⁵	犟 tɕiaŋ⁵¹²	一 i⁴⁵
阜平	直爽 tʂʅ²¹ʂuaŋ⁰	倔 tɕye⁵³	一 i³¹
定州	直怔 tʂʅ⁴²tʂəŋ⁰	拧 ɳiŋ⁵¹	一 i³³
无极	直正 tʂʅ³¹tʂəŋ⁵¹	倔 tɕye⁴⁵¹	一 i²¹³
辛集	敞亮 tʂʰaŋ³²⁴liaŋ³¹	倔 tɕye⁴¹ 拧 ɳiŋ⁴¹	一 i³³
衡水	有么儿说么儿 iəu⁵⁵mɚ⁵³ɕye²⁴mɚ⁵³	倔 tɕye³¹ 拧 ɳiŋ³¹	一 i²⁴
故城	直 tʂʅ⁵³	犟 tɕiaŋ³¹ 轴 tʂou⁵³ 拧 ɳiŋ³¹	一 i²⁴
巨鹿	爽快 ʂuaŋ⁵⁵kʰuai²¹	倔 tɕye²¹	一 i³³
邢台	直 tʂʅ⁵³ 直爽 tʂʅ⁵³ʂuaŋ⁵⁵	犟 tɕiaŋ³¹ 犟筋 tɕiaŋ³¹tɕin³⁴ 倔 tɕye³¹	一 i³⁴

(续表)

	1060 直爽性格~	1061 犟脾气~	1062 一~二三四五……，下同
馆陶	直 tʂʅ⁵²	倔 tɕyɛ²¹³ 犟 tɕiaŋ²¹³	一 i²⁴
沧县	爽快 suaŋ⁵⁵kʰuai⁴¹	犟 tɕiaŋ⁴¹	一 i²³
献县	干脆 kæ³³tsʰuei³¹	犟 tɕiã³¹	一 i³³
平泉	直爽 tʂʅ³⁵ʂuaŋ²¹⁴	倔 tɕyɛ⁵¹ 犟 tɕiaŋ⁵¹	一 i⁵⁵
滦平	直爽 tʂʅ³⁵ʂuaŋ²¹⁴	犟 tɕiaŋ⁵¹	一 i⁵⁵
廊坊	爽快 ʂuaŋ²¹kʰuai⁰ 直 tʂʅ³⁵	倔 tɕyɛ⁵¹ 犟 tɕiaŋ⁵¹	一 i⁵⁵
魏县	直爽 tʂʅ⁵³ʂuaŋ⁰ 直 tʂʅ⁵³	犟 tɕiaŋ³¹² 倔 tɕyɛ³¹²	一 iɛ³³
张北	直 tsəʔ³²	倔 tɕyɛ²¹³ 拗 ȵiəu²¹³	一 iəʔ³²
万全	直爽 tsəʔ²²suaŋ⁵⁵	犟 tɕiaŋ²¹³	一 iəʔ²²
涿鹿	痛快 tʰuŋ³¹kʰuɛ⁰	倔 tɕyɛ³¹ 犟 tɕiã³¹	一 iʌʔ⁴³
平山	痛快 tʰoŋ⁵⁵kʰuɛ⁰	犟 tɕiaŋ⁴²	一 i²⁴
鹿泉	直不了挑儿 tʂʅ¹³pu⁰liɔ⁰tʰiɚ⁵⁵	犟 tɕiaŋ³¹	一 iɤ¹³/i⁵⁵
赞皇	直 tʂʅ⁵⁴	犟 tɕiaŋ³¹²	一 i²⁴
沙河	耿直 kəŋ³³tʂʅ⁵¹	倔 tɕyəʔ² 二百五 l̩²¹piəʔ²u³³	一 iəʔ²
邯郸	直 tʂʅ⁵³	犟 tɕiaŋ²¹³	一 iɛʔ⁴³
涉县	直敢 tsəʔ⁵⁵kæ⁰	别 piə⁵³ 倔 tɕyə⁵³	一 iəʔ³²

	1063 二	1064 三	1065 四
兴隆	二 ər⁵¹	三 san³⁵	四 sɿ⁵¹
北戴河	二 ər⁵¹	三 ʃan⁴⁴	四 ʃɿ⁵¹
昌黎	二 ər⁴⁵³	三 san⁴²	四 sɿ⁴⁵³
乐亭	二 ər⁵²	三 san³¹	四 sɿ⁵²
蔚县	二 ər³¹²	三 sã⁵³	四 sɿ³¹²
涞水	二 ər³¹⁴	三 san³¹	四 sɿ³¹⁴
霸州	二 ər⁴¹	三 san⁴⁵	四 sɿ⁴¹
容城	二 ər⁵¹³	三 san⁴³	四 sɿ⁵¹³
雄县	二 ər⁴¹	三 sãn⁴⁵	四 sɿ⁴¹
安新	二 ər⁵¹	三 san⁴⁵	四 sɿ⁵¹
满城	二 ər⁵¹²	三 san⁴⁵	四 sɿ⁵¹²
阜平	二 ər⁵³	三 sæ³¹	四 sɿ⁵³
定州	二 ər⁵¹	三 san³³	四 sɿ⁵¹
无极	二 ər⁴⁵¹	三 sãn³¹	四 sɿ⁵¹
辛集	二 lə⁴¹	三 san³³	四 sɿ⁴¹
衡水	二 l̩³¹	三 sɑn²⁴	四 sɿ³¹
故城	二 ər³¹	三 sæ²⁴	四 sɿ³¹
巨鹿	二 əl̩²¹	三 san³³	四 sɿ²¹
邢台	二 ər³¹	三 san³⁴	四 sɿ³¹
馆陶	二 ər²¹³	三 sæn²⁴	四 sɿ²¹³
沧县	二 ər⁴¹	三 san²³	四 sɿ⁴¹
献县	二 əʐ̩³¹	三 sæ³³	四 sɿ³¹
平泉	二 ər⁵¹	三 san⁵⁵	四 sɿ⁵¹
滦平	二 ər⁵¹	三 san⁵⁵	四 sɿ⁵¹
廊坊	二 ər⁵¹	三 san⁵⁵	四 sɿ⁵¹
魏县	二 əl̩³¹²	三 ʂan³³	四 ʂʅ³¹²
张北	二 ər²¹³	三 sæ⁴²	四 sɿ²¹³
万全	二 ər²¹³	三 san⁴¹	四 sɿ²¹³

（续表）

	1063 二	1064 三	1065 四
涿鹿	二 ər³¹	三 sæ⁴⁴	四 sʅ³¹
平山	二 ər⁴²	三 sæ³¹	四 sʅ⁴²
鹿泉	二 ər³¹²	三 sæ⁵⁵	四 sʅ³¹²
赞皇	二 ər³¹²	三 sæ⁵⁴	四 sʅ³¹²
沙河	二 l̩²¹	三 sã⁴¹	四 sʅ²¹
邯郸	二 l̩²¹³	三 sæ³¹	四 sʅ²¹³
涉县	二 l̩⁵⁵	三 sæ⁴¹	四 sʅ⁵⁵

	1066 五	1067 六	1068 七
兴隆	五 u²¹³	六 liou⁵¹	七 tɕʰi³⁵
北戴河	五 u²¹⁴	六 liou⁵¹	七 tɕʰi⁴⁴
昌黎	五 u²¹³	六 liou⁴⁵³	七 tɕʰi⁴²
乐亭	五 u³⁴	六 liou⁵²	七 tɕʰi³¹
蔚县	五 vu⁴⁴	六 liəu³¹²	七 tɕʰi⁵³
涞水	五 u²⁴	六 liou³¹⁴	七 tɕʰi³¹
霸州	五 u²¹⁴	六 liou⁴¹	七 tɕʰi⁴⁵
容城	五 u²¹³	六 liou⁵¹³	七 tɕʰi⁴³
雄县	五 u²¹⁴	六 liou⁴¹	七 tɕʰi⁴⁵
安新	五 u²¹⁴	六 liou⁵¹	七 tɕʰi⁴⁵
满城	五 u²¹³	六 liou⁵¹²	七 tɕʰi⁴⁵
阜平	五 u⁵⁵	六 liou⁵³	七 tɕʰi²⁴
定州	五 u²⁴	六 liou⁵¹	七 tsʰi³³
无极	五 u³⁵	六 liəu⁵¹	七 tsʰi²¹³
辛集	五 u³²⁴	六 liou⁴¹	七 tsʰi³³
衡水	五 vu⁵⁵	六 liəu³¹	七 tɕʰi²⁴
故城	五 vu⁵⁵	六 liou³¹	七 tɕʰi²⁴
巨鹿	五 u⁵⁵	六 liou²¹	七 tɕʰi³³
邢台	五 u⁵⁵	六 liou³¹	七 tsʰi³⁴
馆陶	五 u⁴⁴	六 liəu²¹³	七 tsʰi²⁴
沧县	五 u⁵⁵	六 liou⁴¹	七 tɕʰi²³
献县	五 u²¹⁴	六 liou³¹	七 tɕʰi³³
平泉	五 u²¹⁴	六 liou⁵¹	七 tɕʰi⁵⁵
滦平	五 u²¹⁴	六 liou⁵¹	七 tɕʰi⁵⁵
廊坊	五 u²¹⁴	六 liou⁵¹	七 tɕʰi⁵⁵
魏县	五 u⁵⁵	六 liəu³¹²	七 tɕʰiɛ³³
张北	五 u⁵⁵	六 liəu²¹³	七 tɕʰiəʔ³²
万全	五 vu⁵⁵	六 liou²¹³	七 tɕʰiəʔ²²

(续表)

	1066 五	1067 六	1068 七
涿鹿	五 u⁴⁵	六 liəu³¹	七 tɕʰiʌʔ⁴³
平山	五 u⁵⁵	六 liɐu²⁴	七 tsʰi²⁴
鹿泉	五 u³⁵	六 liou³¹²	七 tsʰiɤ¹³
赞皇	五 u⁴⁵	六 liəu³¹²	七 tsʰi²⁴
沙河	五 u³³	六 liəu²¹	七 tsʰiəʔ²
邯郸	五 u⁵⁵	六 liəu²¹³	七 tsʰieʔ⁴³
涉县	五 u⁵³	六 liou⁵⁵	七 tɕʰiəʔ³²

	1069 八	1070 九	1071 十
兴隆	八 pa³⁵	九 tɕiou²¹³	十 ʂʅ⁵⁵
北戴河	八 pa⁴⁴	九 tɕiou²¹⁴	十 ʃʅ³⁵
昌黎	八 pa⁴²	九 tɕiou²¹³	十 ʂʅ²⁴
乐亭	八 pa³¹	九 tɕiou³⁴	十 ʂʅ²¹²
蔚县	八 pa⁵³	九 tɕiəu⁴⁴	十 sʅ⁴¹
涞水	八 pa³¹	九 tɕiou²⁴	十 ʂʅ⁴⁵
霸州	八 pa⁴⁵	九 tɕiou²¹⁴	十 ʂʅ⁵³
容城	八 pa⁴³	九 tɕiou²¹³	十 ʂʅ³⁵
雄县	八 pa⁴⁵	九 tɕiou²¹⁴	十 ʂʅ⁵³
安新	八 pa⁴⁵	九 tɕiou²¹⁴	十 ʂʅ³¹
满城	八 pa⁴⁵	九 tɕiou²¹³	十 ʂʅ²²
阜平	八 pa²⁴	九 tɕiou⁵⁵	十 ʂʅ²⁴
定州	八 pa³³	九 tɕiou²⁴	十 ʂʅ²⁴
无极	八 pɑ²¹³	九 tɕiəu³⁵	十 ʂʅ²¹³
辛集	八 pɑ³³	九 tɕiou³²⁴	十 ʂʅ³⁵⁴
衡水	八 pa²⁴	九 tɕiəu⁵⁵	十 ɕi⁵³
故城	八 pa²⁴	九 tɕiou⁵⁵	十 ʂʅ⁵³
巨鹿	八 pa³³	九 tɕiou⁵⁵	十 ɕi⁴¹
邢台	八 pa³⁴	九 tɕiou⁵⁵	十 ʂʅ⁵³
馆陶	八 pa²⁴	九 tɕiəu⁴⁴	十 ʂʅ⁵²
沧县	八 pɑ²³	九 tɕiou⁵⁵	十 ʂʅ⁵³
献县	八 pa³³	九 tɕiou²¹⁴	十 ʂʅ⁵³
平泉	八 pa⁵⁵	九 tɕiou²¹⁴	十 ʂʅ³⁵
滦平	八 pa⁵⁵	九 tɕiou²¹⁴	十 ʂʅ³⁵
廊坊	八 pa⁵⁵	九 tɕiou²¹⁴	十 ʂʅ³⁵
魏县	八 pə³³	九 tɕiəu⁵⁵	十 ʂʅ⁵³
张北	八 pa⁴²	九 tɕiəu⁵⁵	十 səʔ³²
万全	八 pʌʔ²²	九 tɕiou⁵⁵	十 səʔ⁴

（续表）

	1069 八	1070 九	1071 十
涿鹿	八 pʌʔ⁴³	九 tɕiəu⁴⁵	十 ʂʌʔ⁴³
平山	八 pa²⁴	九 tɕiɐu⁵⁵	十 ʂʅ³¹
鹿泉	八 pʌ¹³	九 tɕiou³⁵	十 ʂɤ⁵⁵/ʂʅ⁵⁵
赞皇	八 pa²⁴	九 tɕiəu⁴⁵	十 ʂʅ⁵⁴
沙河	八 pəʔ²	九 tɕiəu³³	十 ʂʅ⁵¹
邯郸	八 pʌʔ⁴³	九 tɕiəu⁵⁵	十 ʂʅ⁵³
涉县	八 pɐʔ³²	九 tɕiou⁵³	十 səʔ³²

	1072 二十 有无合音	1073 三十 有无合音	1074 一百
兴隆	二十 ər⁵¹ʂʅ⁵⁵	三十 san³⁵ʂʅ⁵⁵	一百 i⁵¹pai²¹³
北戴河	二十 ər⁵³ʃʅ³⁵	三十 ʃan⁴⁴ʃʅ³⁵	一百 i⁴⁴pai²¹⁴
昌黎	二十 ər⁴⁵ʂʅ⁰ /ər⁴²ʂʅ²⁴	三十 san⁴²ʂʅ⁰ /san³⁴ʂʅ²¹³	一百 i³⁴pai²¹³
乐亭	二十 ər³⁵ʂə⁰	三十 san³⁵ʂə⁰	一百 i³³pai³⁴
蔚县	二十 ər³¹ʂʅ⁴¹	三十 sã⁵³ʂʅ⁴¹	一百 i²¹pɛi⁵³
涞水	二十 ər³¹ʂʅ⁴⁵	三十 san⁵⁵ʂʅ⁴⁵	一百 i⁵⁵pai²⁴
霸州	二十 ər⁴¹ʂʅ⁵³	三十 san⁴⁵ʂʅ⁵³	一百 i⁴⁵pai²¹⁴
容城	二十 ər³⁵ʂɤ⁰	三十 san³¹ʂɤ⁰	一百 i⁴⁴pai²¹³
雄县	二十 ər⁴¹ʂʅ⁵³	三十 sãn⁴⁵ʂʅ⁵³	一百 i⁴⁵pai²¹⁴
安新	二十 ər⁵³ʂʅ³¹	三十 san⁴⁵ʂʅ³¹	一百 i⁴⁵pai²¹⁴
满城	二十 ər²¹ʂʅ⁰	三十 san⁴⁵ʂʅ⁰	一百 i⁴⁵pai²¹³
阜平	二十 ər⁵³ʂʅ²⁴	三十 sæ⁵⁵ʂʅ²⁴	一百 i⁵⁵pæ²⁴
定州	二十 ər³⁵ʂʅ⁰	三十 san³³ʂʅ⁰	一百 i³³pai¹¹
无极	二十 ər⁵¹ʂʅ²¹³	三十 sãn³¹ʂʅ²¹³	一百 i³⁵pæ²¹³
辛集	二十 lə⁴²ʂʅ³⁵⁴	三十 san³³ʂʅ⁴²	一百 i³⁵⁴pai³³
衡水	二十 l̩³¹ɕi⁵³ 二 [十个儿] l̩⁵³ʂaur⁰	三十 san²⁴ɕi⁵³ 三 [十个儿] san³¹ʂaur⁰	一百 i⁵⁵pai²⁴
故城	二十 ər³¹ʂʅ⁵³	三十 sæ²⁴ʂʅ⁵³	一百 i³¹pæ²⁴
巨鹿	二十 əl̩³³ɕi⁴¹	三十 san³³ɕi⁴¹	一百 i⁵⁵pai³³
邢台	二 [十个] ər³¹ʂə⁰	三 [十个] san³⁴ʂə⁰	一百 i³⁴pai³⁴
馆陶	二十 ər²¹ʂʅ⁵²	三十 sæn²⁴ʂʅ⁵²	一百 i⁴³pai²⁴
沧县	二十 ər⁴¹ʂʅ⁵³	三十 san²³ʂʅ⁵³	一百 i⁵³pai²³
献县	二十 əʐ³¹ʂʅ⁵³	三十 sæ³³ʂʅ⁵³	一百 i⁵³pɛ³³
平泉	二十 ər⁵³ʂʅ³⁵	三十 san⁵⁵ʂʅ³⁵	一百 i⁵³pai²¹⁴
滦平	二十 ər⁵¹ʂʅ³⁵	三十 san⁵⁵ʂʅ³⁵	一百 i⁵¹pai²¹⁴
廊坊	二十 ər⁵³ʂʅ³⁵ 廿 ȵien⁵¹ 口语中不用	三十 san⁵⁵ʂʅ³⁵ 卅 sa⁵¹ 口语中不用	一百 i⁵³pai²¹⁴
魏县	二十 əl̩³¹²ʂʅ⁵³	三十 ʂan³³ʂʅ⁵³	一百 i³³pɛ³³

（续表）

	1072 二十 有无合音	1073 三十 有无合音	1074 一百
张北	二十 ər²³səʔ³²	三十 sæ̃⁴²səʔ³²	一百 iəʔ³piəʔ³²
万全	二十 ər²⁴səʔ⁴	三十 san⁴¹səʔ²¹	一百 iəʔ²²pei⁴¹
涿鹿	二十 ər³¹ʂʌ⁰	三十 sæ̃⁴²ʂʌ⁰	一百 iʌʔ⁴³pɛ⁴⁵
平山	二十 ər²⁴ʂʅ³¹ 二[十个]ər⁵⁵ʂɔ⁴²	三十 sæ̃⁴²ʂʅ³¹ 三[十个]sæ̃⁵⁵ʂɔ⁴²	一百 i³¹pɛ²⁴
鹿泉	二十 ər³¹ʂʅ⁵⁵ 二[十个]ər³¹ʂɤ¹³	三十 sæ̃⁵⁵ʂʅ⁵⁵ 三[十个]sæ̃⁵⁵ʂɤ¹³	一百 iɤ¹³pɛ⁵⁵
赞皇	二十 ər³¹²ʂʅ⁵⁴	三十 sæ̃⁵⁴ʂʅ⁵⁴	一百 i²¹pɛ²⁴
沙河	二十 l̩²¹ʂʅ⁵¹	三十 sã⁴¹ʂʅ⁰	一百 iəʔ²⁴piəʔ²
邯郸	二十 l̩²⁴səʔ⁴³	三十 sæ̃³¹səʔ²¹	一百 iəʔ²⁴piʌʔ³²
涉县	二十 l̩⁵⁵səʔ⁰	三十 sæ̃⁴¹səʔ⁰	一百 iəʔ³²pɐʔ⁰

	1075 一千	1076 一万	1077 一百零五
兴隆	一千 i⁵¹tɕʰian³⁵	一万 i⁵⁵uan⁵¹	一百零五 i⁵⁵pai⁵⁵liŋ⁵⁵u²¹³
北戴河	一千 i⁴⁴tɕʰian⁴⁴	一万 i³⁵uan⁵¹	一百零五 i⁴⁴pai²¹liŋ³⁵u²¹⁴
昌黎	一千 i³⁴tɕʰian⁴²	一万 i²⁴uan⁴⁵³	一百零五 i³⁴pai⁴³liŋ³⁴u²¹³
乐亭	一千 i³³tɕʰiɛn³¹	一万 i³³uan⁵²	一百零五 i³³pai³³liəŋ³³u³⁴
蔚县	一千 i²¹tɕʰiã⁵³	一万 i¹³vã³¹²	一百零五 i²¹pɛi⁵³liŋ⁴¹vu⁴⁴
涞水	一千 i⁵⁵tɕʰian³¹	一万 i⁵⁵uan³¹⁴	一百零五 i⁵⁵pai²⁴liŋ⁴⁵u²⁴
霸州	一千 i⁴⁵tɕʰian⁴⁵	一万 i⁴⁵uan⁴¹	一百零五 i⁴⁵pai²¹liŋ⁴⁴u²¹⁴
容城	一千 i⁴⁴tɕʰian⁴³	一万 i³⁵uan⁵¹³	一百零五 i⁴⁴pai²¹liŋ³⁵u²¹³
雄县	一千 i⁴⁵tɕʰiãn⁴⁵	一万 i⁴⁵uãn⁴¹	一百零五 i⁴⁵pai²¹liŋ⁵³u²¹⁴
安新	一千 i²¹tɕʰian⁴⁵	一万 i²¹uan⁵¹	一百零五 i⁴⁵pai²¹liŋ⁴⁵u²¹⁴
满城	一千 i⁴⁵tɕʰian⁴⁵	一万 i⁴⁵uan⁵¹²	一百零五 i⁴⁵pai²¹³liŋ²²u²¹³
阜平	一千 i⁵⁵tɕʰiæ̃³¹	一万 i²⁴uæ̃⁵³	一百零五 i²¹pæ⁰liŋ⁵⁵u⁵⁵
定州	一千 i³³tsʰian¹¹	一万 i²⁴uan⁵¹	一百零五 i³³pai³³liŋ²⁴u²⁴
无极	一千 i³⁵tsʰiãn³¹	一万 i³⁵uãn⁵¹	一百零五 i³⁵pæ²¹³liŋ³¹u³⁵
辛集	一千 i³⁵⁴tsʰian³³	一万 i³⁵uan⁴¹	一百零五 i³⁵⁴pai³³liŋ³⁵u³²⁴
衡水	一千 i⁵⁵tɕʰiɑn²⁴	一万 i⁵⁵vɑn³¹	一百零五 i⁵⁵pɑi²⁴liŋ⁵³vu⁵⁵
故城	一千 i³¹tɕʰiæ̃²⁴	一万 i⁵⁵væ̃³¹	一百零五 i³¹pæ²⁴liŋ⁵³vu⁵⁵
巨鹿	一千 i⁵⁵tɕʰian³³	一万 i⁵⁵uɛ̃²¹	一百零五 i⁵⁵pai³³liŋ⁴¹u⁵⁵
邢台	一千 i³⁴tsʰian³⁴	一万 i³⁴van³¹	一百零五 i³⁴pai³⁴liŋ⁵³u⁵⁵
馆陶	一千 i⁴³tsʰiæn²⁴	一万 i⁴⁴uæn²¹	一百零五 i²⁴pai²¹liŋ⁵²u⁴⁴
沧县	一千 i⁵³tɕʰian²³	一万 i⁵⁵uan⁴¹	一百零五 i⁴¹pai⁰liŋ⁴¹u⁵⁵
献县	一千 i⁵³tɕʰiæ̃³³	一万 i³³uæ̃³¹	一百零五 i³³pɛ³³liŋ⁵³u²¹⁴
平泉	一千 i⁵³tɕʰian⁵⁵	一万 i³⁵uan⁵¹	一百零五 i⁵⁵pai²¹liŋ³⁵u²¹⁴
滦平	一千 i⁵¹tɕʰian⁵⁵	一万 i³⁵uan⁵¹	一百零五 i⁵¹pai²¹liŋ³⁵u²¹⁴
廊坊	一千 i⁵³tɕʰiɛn⁵⁵	一万 i³⁵uan⁵¹	一百零五 i⁵³pai²¹liŋ³⁵u²¹⁴
魏县	一千 i³³tɕʰian³³	一万 i³³uan³¹²	一百零五 i³³pɛ³³liŋ⁵³u⁵⁵
张北	一千 iəʔ³tɕʰiæ⁴²	一万 iəʔ³væ²¹³	一百零五 iəʔ³pai³²liŋ⁴²u⁵⁵
万全	一千 iəʔ²²tɕʰian⁴¹	一万 iəʔ²²van²¹³	一百零五 iəʔ²²pɛi⁴¹liŋ⁴¹vu⁵⁵

（续表）

	1075 一千	1076 一万	1077 一百零五
涿鹿	一千 iʌʔ⁴³tɕʰiæ⁴²	一万 iʌʔ⁴³uæ³¹	一百零五 iʌ⁴³pɛ⁴⁵liŋ⁴²u⁴⁵
平山	一千 i²⁴tsʰiæ³¹	一万 i²⁴uæ⁴²	一百零五 i²⁴pɛ²⁴liŋ⁵³u⁵⁵
鹿泉	一千 iɤ¹³tsʰiæ⁵⁵	一万 iɤ¹³uæ³¹	一百零五 iɤ¹³pɛ⁵⁵liŋ⁵⁵u³⁵
赞皇	一千 i²¹tsʰiæ⁵⁴	一万 i²⁴uæ³¹	一百零五 i²⁴pɛ²⁴liŋ⁵⁴u⁴⁵
沙河	一千 iəʔ⁴tsʰiã²¹	一万 iəʔ⁴uã²¹	一百零五 iəʔ⁴piəʔ²liəŋ⁵¹u³³
邯郸	一千 iəʔ⁴tsʰiæ³¹	一万 iəʔ⁵væ²¹	一百零五 iəʔ⁴piʌʔ⁴liŋ⁵³u⁵⁵
涉县	一千 iəʔ³²tɕʰiæ⁴¹	一万 iəʔ³²væ⁵⁵	一百零五 iəʔ³²pɐʔ²⁰liəŋ⁴¹u⁰

	1078 一百五十	1079 第一~，第二	1080 二两 重量
兴隆	一百五十 i⁵⁵pai²¹u²¹ʂʅ⁵⁵	第一 ti⁵¹i³⁵	二两 ər⁵¹liaŋ²¹³
北戴河	一百五十 i⁴⁴pai³⁵u²¹ʂʅ³⁵	第一 ti⁵³i⁴⁴	二两 ər⁵³liaŋ²¹⁴
昌黎	一百五十 i³⁴pai³⁴u²¹ʂʅ²⁴	第一 ti⁴⁵i⁴²	二两 ər⁴²liaŋ²¹³
乐亭	一百五 i³³pai³³u³⁴	个一 kə³⁴i³¹	二两 ər⁵³liaŋ³⁴
蔚县	一百五 i²¹pɛi⁵³vu⁴⁴	第一 ti³¹i⁵³	二两 ər³¹liɔ⁴⁴
涞水	一百五 i⁵⁵pɑi²⁴u²⁴	第一 ti³¹i³¹	二两 ər³¹liaŋ²⁴
霸州	一百五 i⁴⁵pai²⁴u²¹⁴ 一百五十 i⁴⁵pai²⁴u²¹ʂʅ⁵³	第一 ti⁴¹i⁴⁵	二两 ər⁴¹liaŋ²¹⁴
容城	一百五十 i⁴⁴pai⁴⁴u²¹ʂʅ³⁵	第一 ti⁵²i⁴³	二两 ər³⁵liaŋ⁰
雄县	一百五 i⁴⁵pai²⁴u²¹⁴ 一百五十 i⁴⁵pai²⁴u²¹ʂʅ⁵³	第一 ti⁴¹i⁴⁵	二两 ər²¹liaŋ⁰
安新	一百五 i²¹pai⁴⁵u²¹⁴	第一 ti⁵³i⁴⁵	二两 ər²¹liaŋ⁰
满城	一百五 i⁴⁵pai²¹³u²¹³	第一 ti⁵³i⁴⁵	二两 ər²¹liaŋ⁰
阜平	一百五十 i²¹pæ⁰u⁵⁵ʂʅ²⁴	第一 ti⁵³i²⁴	二两 ər²⁴liaŋ⁰
定州	一百五 i³³pai³³u²⁴	第一 ti⁵³i³³	二两 ər⁵³¹liaŋ²⁴
无极	一百五 i³⁵pæ²¹³u³⁵	第一 ti⁵¹i²¹³	二两 ər³²⁵liaŋ⁰
辛集	一百五 i³⁵⁴pai³³u³²⁴	第一 ti⁴¹i³³	二两 lə³²⁴liaŋ⁰
衡水	一百五 i⁵⁵pai³¹u⁵⁵	第一 ti³¹i²⁴	二两 l̩⁵³liaŋ⁰
故城	一百五 i⁵⁵pæ²⁴vu⁵⁵	第一 ti³¹i²⁴ 头一个 tʰou⁵³i²⁴kɤ³¹	二两 ər⁵³liaŋ⁰
巨鹿	一百五十 i⁵⁵pai³³u⁵⁵ɕi⁴¹	第一 ti²¹i³³	二两 əl̩⁵³liaŋ⁰
邢台	一百五十 i³⁴pai³⁴u⁵⁵ʂə⁰	第一 ti³¹i³⁴	二两 ər³¹liaŋ⁵⁵
馆陶	一百五 i²⁴pai²¹u⁴⁴	第一 ti²¹i²⁴	二两 ər²¹liaŋ⁴³
沧县	一百五 i⁴¹pai²³u⁵⁵	第一 ti⁴¹i²³	二两 ər⁵³liaŋ⁰
献县	一百五 i⁵³pɛ³³u³³	第一 ti³¹i³³	二两 əz̩³¹liã²¹⁴
平泉	一百五十 i⁵⁵pai³⁵u²¹ʂʅ³⁵	第一 ti⁵³i⁵⁵	二两 ər⁵³liaŋ²¹⁴
滦平	一百五十 i⁵¹pai³⁵u²¹ʂʅ³⁵	第一 ti⁵¹i⁵⁵	二两 ər⁵¹liaŋ²¹⁴
廊坊	一百五 i⁵³pai³⁵u²¹⁴ 一百五十 i⁵³pai²¹u²¹ʂʅ³⁵	第一 ti⁵³i⁵⁵	二两 ər⁵³liaŋ²¹⁴

(续表)

	1078 一百五十	1079 第一~, 第二	1080 二两重量
魏县	一百五 i³³pɛ³³u⁵⁵	第一 ti³¹²i³³	二两 əl̩³¹²liɑŋ⁵⁵
张北	一百五十 iəʔ³pəʔ³²u⁵⁵səʔ⁰	第一 ti²³iəʔ³²	二两 ər²³liɔ̃⁵⁵
万全	一百五十 iəʔ²²pei⁴¹vu⁴⁴səʔ⁴	第一 ti²⁴iəʔ²²	二两 ər⁴⁵liɑ⁵⁵
涿鹿	一百五 iʌ⁴³pɛ⁴⁵u⁴⁵	第一个 ti²³iʌ⁴³ə⁰	二两 ər³¹liã⁴⁵
平山	一百五 i³¹pɛ⁵⁵u⁵⁵	第一 ti⁴²i²⁴	二两 ər⁵⁵liɑŋ⁰
鹿泉	一百五 iɤ¹³pɛ⁵⁵u³⁵	第一 ti³¹i⁵⁵	二两 ər³¹liɑŋ³⁵
赞皇	一百五 i²⁴pe²⁴u⁴⁵	第一 ti³¹²i²⁴	二两 ər⁵¹liɑŋ⁰
沙河	一百五 iəʔ⁴piəʔ²u³³	第一 ti²¹iəʔ⁴	二两 l̩²¹liɑŋ³³
邯郸	一百五十 iəʔ⁴piʌʔ⁴u⁵⁵ʂʅ⁵³	第一 ti²⁴ieʔ⁴³	二两 l̩¹³liɑŋ⁵⁵
涉县	一百五 iəʔ³²pəd³³u⁰	第一 ti⁵⁵iəʔ³²	二两 l̩⁵⁵liã⁰

	1081 几个 你有~孩子?	1082 俩 你们~	1083 仨 你们~
兴隆	几个 tçi²¹kə⁵¹	俩 lia²¹³	仨 sa³⁵
北戴河	几个 tçi²¹kɤ⁵¹	俩 lia²¹⁴	仨 ʃa⁴⁴
昌黎	几个 tçi²¹kə⁰	俩 lia²¹³	仨 sa⁴²
乐亭	几呀 tçi²¹¹ia⁰	俩 lia³⁴	仨 sa³¹
蔚县	几个 tçi⁴⁴kɤ⁰	俩 liɔ⁴⁴/ lia⁴⁴	三个 sã⁵³kɤ⁰
涞水	几个 tçi³¹kɤ⁰	俩 lia²⁴	仨 sa³¹
霸州	几个 tçi²¹kɤ⁰ 几呀 tçi⁴¹ia⁰	俩 lia²¹⁴	仨 sa⁴⁵
容城	几呀 tçi⁵²ia⁰	俩 lia²¹³	仨 sa⁴³
雄县	几个 tçi²¹kɤ⁰ 几呀 tçi⁴¹ia⁰	俩 lia²¹⁴	仨 sa⁴⁵
安新	几呀 tçi⁵³ia⁰	俩 lia²¹⁴	仨 sa⁴⁵
满城	几个 tçi²¹kɤ⁵¹²	俩 lia²¹³	仨 sa⁴⁵
阜平	几个 tçi⁵⁵kɤ⁵³	俩 lia⁵⁵	仨 sa³¹
定州	几个 tçiɛ²¹ə²⁴	俩 lia²⁴	仨 sa³³
无极	[几个] tçiɛ³⁵	俩 liɑ³⁵	仨 sɑ³¹
辛集	[几个] tçiɛ³²⁴	俩 liɑ³²⁴	仨 sɑ³³
衡水	几呀 tçi²¹ia⁰	俩 lia⁵⁵	仨 sa²⁴
故城	几呀 tçi²⁴ia⁰ 几个 tçi⁵⁵kɤ³¹	俩 lia⁵⁵	仨 sa²⁴
巨鹿	几呀 tçi⁵⁵ia⁰	俩 lia⁵⁵	仨 sa³³
邢台	几个 tçi⁵⁵ə⁰	俩 lia⁵⁵	仨 sa³⁴
馆陶	几个 tçi⁴⁴kə⁰	俩 lia⁴⁴	仨 sa²⁴
沧县	几个 tçi⁵⁵kɤ⁴¹	俩 liɑ⁵⁵	仨 sɑ²³
献县	几个 tçi²⁴kɤ³¹	俩 lia²¹⁴	仨 sa³³
平泉	几个 tçi²¹kə⁵¹	俩 lia²¹⁴	仨 sa⁵⁵
滦平	几个 tçi²¹kə⁵¹	俩 lia²¹⁴	仨 sa⁵⁵
廊坊	几个 tçi²¹kɤ⁵¹ 多少个 tuo⁵⁵ʂɑu⁰kɤ⁵¹	俩 lia²¹⁴	仨 sa⁵⁵

（续表）

	1081 几个 你有~孩子？	1082 俩 你们~	1083 仨 你们~
魏县	几个 tɕi⁵⁵kɤ³¹²	俩 lia⁵³	仨 ʂa³³
张北	几个 tɕi⁵⁵kə²¹³	俩 lia⁵⁵	仨 sa⁴²
万全	几个 tɕi⁴⁴kə²¹³	俩 lia⁵⁵	仨 sa⁴¹
涿鹿	几个 tɕi⁵⁵ə⁰	俩 lia⁴⁵	三个 sæ⁴²ə⁰ 仨 sa⁴⁴
平山	几个 tɕi⁵⁵iɔ⁰	俩 lia⁵⁵	仨 sa³¹
鹿泉	几个 tɕi³⁵kɤ³¹	俩 lia³⁵	仨 sa⁵⁵
赞皇	几个 tɕi⁴⁵kə⁰	俩 lia⁴⁵	仨 sa⁵⁴
沙河	[几个] tɕiɛ⁴¹	俩 liɔ⁴¹	仨 sɔ⁴¹
邯郸	[几个] tɕiɛ⁵³	俩 liɔ⁵³	仨 sɔ³¹
涉县	[几个] tɕiə⁵³	俩 liɒ⁵³	仨 sɒ⁴¹

	1084 个把	1085 个~人	1086 匹~马
兴隆	个儿把 kɤr⁵¹pa²¹³	个 kə⁵¹	匹 pʰi²¹³
北戴河	个把 kɤ⁵³pa²¹⁴	个 kɤ⁵¹	匹 pʰi⁴⁴
昌黎	个把 kɤ⁴⁵pa⁰	个 kɤ⁴⁵³	匹 pʰi²¹³
乐亭	个把儿 kə⁵³par³⁴	个 kə⁵²	个 kə⁵²
蔚县	个把 kɤ³¹pa⁰	个 kɤ³¹²	匹 pʰi⁵³ 个 kɤ³¹²
涞水	个把子 kɤ³¹pa³¹tsʅ⁰	个 kɤ³¹⁴	匹 pʰi²⁴
霸州		个 kɤ⁴¹	匹 pʰi²¹⁴
容城	个把 kɤ⁵²pɤ⁰	个 kɤ⁵¹³	匹 pʰi²¹³
雄县		个 kɤ⁴¹	匹 pʰi⁴⁵
安新	一两个 i⁴⁵liaŋ²¹kɤ⁵¹	个 kɤ⁵¹	匹 pʰi²¹⁴
满城	个把 kɤ⁵⁵pa⁰	个 kɤ⁵¹²	匹 pʰi²¹³
阜平	一两个 i³¹liaŋ⁵⁵kɤ⁵³	个 kɤ⁵³	匹 pʰi⁵⁵
定州	个把 kɤ³⁵pa⁰	个 kɤ⁵¹	匹 pʰi³³
无极	个儿把 kɤr⁵¹pa³⁵	个 kɤ⁵¹	个 kɤ⁵¹
辛集	一个俩哩 i³³kə⁴¹lia³²⁴li⁰	个 kə⁴¹	匹 pʰi³³
衡水	一个俩的 i⁵⁵kɤ³¹lia²¹ti⁰	个 kɤ³¹	个 kɤ³¹
故城	个把 kɤ³¹pa²⁴	个 kɤ³¹	匹 pʰi⁵⁵ 个 kɤ³¹
巨鹿	个把 kɤ⁵³pa⁰	个 kɤ²¹	匹 pʰi⁴¹
邢台	个把 kə³¹pa⁰	个 kə³¹	个 kə³¹
馆陶	个把儿 kɤ²¹par⁰	个 kɤ²¹³	匹 pʰi⁵²
沧县	一两个儿 i⁴¹liaŋ⁵⁵kɤr⁴¹	个 kɤ⁴¹	匹 pʰi⁵³
献县		个 kɤ³¹	匹 pʰi³³
平泉	个儿把 kɤr⁵³pa⁵⁵	个 kə⁵¹	匹 pʰi²¹⁴
滦平	个儿把 kɤr⁵¹pa⁵⁵	个 kə⁵¹	匹 pʰi²¹⁴
廊坊	个儿把儿 kɤr⁵³par²¹⁴	个 kɤ⁵¹	匹 pʰi²¹⁴
魏县	个把子 kɤ³¹²pa³³tɕ⁰	个 kɤ³¹²	匹 pʰi⁵³

(续表)

	1084 个把	1085 个__~人	1086 匹__~马
张北	个把儿 kə²³pɚr⁵⁵	个 kə²¹³	匹 pʰi⁴²
万全	几个 tɕi⁴⁴kə²¹³	个 kə²¹³	匹 pʰiaʔ²²
涿鹿	个把 kə³¹pa⁰	个 kə³¹	匹 pʰi⁴²
平山	个把 kɤ⁵⁵pa⁰	个 kɤ⁵⁵	匹 pʰi³¹
鹿泉	个把 kɤ³¹pa⁰	个 kɤ³¹²	匹 pʰi⁵⁵
赞皇	个把 kə⁵¹pa⁰	个 kə³¹²	匹 pʰi⁵⁴
沙河	个把 kɤ²¹pɔ⁰	个 kɤ²¹	匹 pʰi⁴¹
邯郸	个把 kɤ¹³pɔ⁰	个 kɤ²¹³	匹 pʰi⁵³
涉县	个把子 kə⁵³pɒ⁰lə⁰	个 kəʔ³²	个 kəʔ³²

	1087 头—~牛	1088 头—~猪	1089 只—~狗
兴隆	头 tʰou⁵⁵	头 tʰou⁵⁵ 口 kʰou²¹³	只 tʂʅ³⁵ 条 tʰiau⁵⁵
北戴河	头 tʰou³⁵	头 tʰou³⁵	条 tʰiau³⁵ 只 tʃʅ⁴⁴
昌黎	头 tʰou²⁴	头 tʰou²⁴	条 tʰiau⁴² 只 tʂʅ⁴²
乐亭	个 kə⁵²	个 kə⁵²	个 kə⁵²
蔚县	头 tʰəu⁴¹ 个 kɤ³¹²	头 tʰəu⁴¹ 口 kʰəu⁴⁴ 个 kɤ³¹²	只 tʂʅ⁵³ 条 tʰiʌɯ⁴¹ 个 kɤ³¹²
涞水	头 tʰou⁴⁵	头 tʰou⁴⁵	条 tʰiau⁴⁵
霸州	头 tʰou⁵³	头 tʰou⁵³ 口 kʰou²¹⁴	条 tʰiau⁵³
容城	头 tʰou³⁵	口 kʰou²¹³	条 tʰiau³⁵
雄县	头 tʰou⁵³	头 tʰou⁵³ 口 kʰou²¹⁴	条 tʰiau⁵³
安新	头 tʰou³¹	头 tʰou³¹	条 tʰiau³¹
满城	条 tʰiau²²	口 kʰou²¹³	条 tʰiau²²
阜平	头 tʰou²⁴	头 tʰou²⁴	条 tʰiɔ²⁴
定州	头 tʰou²⁴	头 tʰou²⁴	条 tʰiau²⁴
无极	头 tʰəu²¹³	头 tʰəu²¹³	个 kɤ⁵¹
辛集	头 tʰou³⁵⁴	头 tʰou³⁵⁴	个 kə⁴¹
衡水	头 tʰəu⁵³	个 kɤ³¹	个 kɤ³¹
故城	头 tʰou⁵³ 个 kɤ³¹	头 tʰou⁵³ 个 kɤ³¹	只 tʂʅ²⁴ 条 tʰiɔ⁵³ 个 kɤ³¹
巨鹿	个 kɤ²¹	个 kɤ²¹	个 kɤ²¹
邢台	个 kə³¹	个 kə³¹	个 kə³¹
馆陶	头 tʰəu⁵²	个 kɤ²¹³ 头 tʰəu⁵²	个 kɤ²¹³ 条 tʰiao⁵²

(续表)

	1087 头 __~牛	1088 头 __~猪	1089 只 __~狗
沧县	头 tʰou^{53}	头 tʰou^{53}	条 tʰiau^{53}
献县	头 tʰou^{53}	头 tʰou^{53}	个 kɤ^{31}
平泉	头 tʰou^{35}	口 kʰou^{214} 头 tʰou^{35}	条 tʰiau^{35} 只 tʂʅ^{55}
滦平	头 tʰou^{35}	口 kʰou^{214} 头 tʰou^{35}	条 tʰiau^{35} 只 tʂʅ^{55}
廊坊	头 tʰou^{35}	头 tʰou^{35}	条 tʰiau^{35} 只 tʂʅ^{55}
魏县	头 tʰəu^{53}	个 kɤ^{312} 头 tʰəu^{53}	只 tʂʅ^{33} 个 kɤ^{312}
张北	头 tʰəu^{42}	头 tʰəu^{42}	只 tsəʔ^{32}
万全	头 tʰou^{41}	头 tʰou^{41}	条 tʰiɔ^{41}
涿鹿	头 tʰəu^{42}	头 tʰəu^{42}	条 tʰiɔ^{42}
平山	头 tʰɐu^{31}	个 kɤ^{55}	个 kɤ^{55}
鹿泉	头 tʰou^{55}	头 tʰou^{55}	个 kɤ^{312}
赞皇	头 tʰəu^{54}	头 tʰəu^{54}	个 kə^{312}
沙河	头 tʰəu^{51}	口 kʰəu^{33}	只 tʂəʔ^{2}
邯郸	头 tʰəu^{53}	头 tʰəu^{53}	条 tʰiau^{53}
涉县	个 kəʔ^{32}	个 kəʔ^{32}	个 kəʔ^{32}

	1090 只__~鸡	1091 只__~蚊子	1092 条__~鱼
兴隆	只 tʂʅ³⁵	只 tʂʅ³⁵ 个 kə⁵¹	条 tʰiau⁵⁵
北戴河	只 tʂʅ⁴⁴	个 kɤ⁵¹	条 tʰiau³⁵
昌黎	只 tʂʅ⁴²	个 kɤ⁴⁵³	条 tʰiau⁴²
乐亭	个 kə⁵²	个 kə⁵²	个 kə⁵²
蔚县	只 tʂʅ⁵³ 个 kɤ³¹²	个 kɤ³¹²	条 tʰiʌɯ⁴¹ 个 kɤ³¹²
涞水	只 tʂʅ³¹	只 tʂʅ³¹	条 tʰiau⁴⁵
霸州	只 tʂʅ²¹⁴	个 kɤ⁴¹	条 tʰiau⁵³
容城	只 tʂʅ⁴³	个 kɤ⁵¹³	条 tʰiau³⁵
雄县	只 tʂʅ²¹⁴	个 kɤ⁴¹	条 tʰiau⁵³
安新	只 tʂʅ⁴⁵	个 kɤ⁵¹	条 tʰiau³¹
满城	只 tʂʅ⁴⁵	个 kɤ⁵¹²	条 tʰiau²²
阜平	只 tʂʅ²⁴	个 kɤ⁵³	条 tʰci²⁴
定州	只 tʂʅ³³	个 kɤ⁵¹	条 tʰiau²⁴
无极	只 tʂʅ²¹³	个 kɤ⁵¹	条 tʰci²¹³
辛集	只 tʂʅ³³	个 kə⁴¹	条 tʰiau³⁵⁴
衡水	个 kɤ³¹	个 kɤ³¹	条 tʰiau⁵³
故城	只 tʂʅ²⁴ 个 kɤ³¹	个 kɤ³¹	条 tʰiɔ⁵³ 个 kɤ³¹
巨鹿	个 kɤ²¹	个 kɤ²¹	条 tʰiau⁴¹
邢台	个 kə³¹	个 kə³¹	条 tʰiau⁵³
馆陶	个 kɤ²¹³ 只 tʂʅ²⁴	个 kɤ²¹³	个 kɤ²¹³ 条 tʰiao⁵²
沧县	只 tʂʅ²³	个 kɤ⁴¹	条 tʰiau⁵³
献县	个 kɤ³¹	个 kɤ³¹	条 tʰiɔ⁵³
平泉	只 tʂʅ⁵⁵	个 kə⁵¹	条 tʰiau³⁵
滦平	只 tʂʅ⁵⁵	只 tʂʅ⁵⁵ 个 kə⁵¹	条 tʰiau³⁵

(续表)

	1090 只_~鸡	1091 只_~蚊子	1092 条_~鱼
廊坊	只 tʂʅ⁵⁵	个 kɤ⁵¹	条 tʰiau³⁵
魏县	只 tʂʅ³³	只 tʂʅ³³	条 tʰiau⁵³
张北	只 tsəʔ³²	只 tsəʔ³²	条 tʰiau⁴²
万全	只 tʂʅ⁵⁵	个 kə²¹³	条 tʰiɔ⁴¹
涿鹿	只 tʂʌʔ⁴³	个 kə³¹ 只 tʂʌʔ⁴³	条 tʰiɔ⁴²
平山	个 kɤ⁵⁵	个 kɤ⁵⁵	条 tʰiə³¹
鹿泉	个 kɤ³¹²	个 kɤ³¹²	条 tʰiɔ⁵⁵
赞皇	个 kə³¹²	个 kə³¹²	条 tʰiɔ⁵⁴ 个 kə³¹²
沙河	只 tʂəʔ²	个 kɤ²¹	条儿 tʰiaur⁵¹
邯郸	只儿 tʂʌr³¹	个 kɤ²¹³	条 tʰiau⁵³
涉县	个 kəʔ³²	个 kəʔ³²	个 kəʔ³²

	1093 条 __~蛇	1094 张 __~嘴	1095 张 __~桌子
兴隆	条 tʰiau55	张 tʂaŋ35	张 tʂaŋ35
北戴河	条 tʰiau35	张 tʃaŋ44	张 tʃaŋ44
昌黎	条 tʰiau42	张 tsaŋ42	张 tsaŋ42
乐亭	个 kə52	个 kə52	个 kə52
蔚县	条 tʰiʌɯ41	张 tsɔ53	张 tsɔ53 个 kɤ312
涞水	条 tʰiau45	张 tʂaŋ31	张 tʂaŋ31
霸州	条 tʰiau53 个 kɤ41	张 tʂaŋ45	张 tʂaŋ45 个 kɤ41
容城	条 tʰiau35	张 tʂaŋ43	张 tʂaŋ43
雄县	条 tʰiau53	张 tʂaŋ45	张 tʂaŋ45
安新	条 tʰiau31	张 tʂaŋ45	张 tʂaŋ45
满城	条 tʰiau22	张 tʂaŋ45	张 tʂaŋ45
阜平	条 tʰiɔ24	个 kɤ53	个 kɤ53
定州	个 kɤ51	个 kɤ51	个 kɤ51
无极	条 tʰiɔ213	张 tʂaŋ31	张 tʂaŋ31
辛集	条 tʰiau354	张 tʂaŋ33	张 tʂaŋ33
衡水	根儿 kər24	个 kɤ31	个 kɤ31
故城	根 kẽ24 条 tʰiɔo53 个 kɤ31	张 tʂaŋ24	张 tʂaŋ24 个 kɤ31
巨鹿	个 kɤ21	个 kɤ21	张 tʂaŋ33
邢台	条 tʰiau53	个 kə31	个 kə31
馆陶	个 kɤ213 条 tʰiao52	个 kɤ213 张 tʂaŋ24	个 kɤ213 张 tʂaŋ24
沧县	条 tʰiau53	张 tʂaŋ23	张 tʂaŋ23
献县	条 tʰiɔ53	张 tʂã33	张 tʂã33
平泉	条 tʰiau35	张 tʂaŋ55	张 tʂaŋ55
滦平	条 tʰiau35	张 tʂaŋ55	张 tʂaŋ55

(续表)

	1093 条__~蛇	1094 张__~嘴	1095 张__~桌子
廊坊	根儿 kər⁵⁵ 条 tʰiau³⁵	张 tʂaŋ⁵⁵	张 tʂaŋ⁵⁵
魏县	条 tʰiɑu⁵³	张 tʂaŋ³³	张 tʂaŋ³³
张北	条 tʰiau⁴²	张 tsɔ̃⁴²	张 tsɔ̃⁴²
万全	根 kəŋ⁴¹	个 kə²¹³	个 kə²¹³
涿鹿	条 tʰiɔ⁴²	张 tʂã⁴⁴	张 tʂã⁴⁴
平山	条 tʰiɔ³¹	张 tʂaŋ³¹	张 tʂaŋ³¹
鹿泉	条 tʰiɔ⁵⁵	张 tʂaŋ⁵⁵	张 tʂaŋ⁵⁵
赞皇	条 tʰiɔ⁵⁴ 个 kə³¹²	个 kə³¹²	个 kə³¹²
沙河	条 tʰiau⁵¹	张 tʂaŋ⁴¹	张 tʂaŋ⁴¹
邯郸	条 tʰiau⁵³	张 tʂaŋ³¹	张 tʂaŋ³¹
涉县	个 kəʔ³²	个 kəʔ³²	个 kəʔ³²

	1096 床__被子	1097 领__席子	1098 双__鞋
兴隆	床 tʂʰuaŋ⁵⁵	领 liŋ²¹³	双 ʂuaŋ³⁵
北戴河	床 tʂʰuaŋ³⁵	领 liŋ²¹⁴	双 ʃuaŋ⁴⁴
昌黎	个 kɤ⁴⁵³	领 liŋ²¹³	双 suaŋ⁴²
乐亭	个 kə⁵²	个 kə⁵²	双 ʂuaŋ³¹
蔚县	个 kɤ³¹² 条 tʰiʌɯ⁴¹	领 liŋ⁴⁴	双 sɔ⁵³
涞水	床 tʂʰuaŋ⁴⁵	领 liŋ²⁴	双 ʂuaŋ³¹
霸州	床 tʂʰuaŋ⁵³ 个 kɤ⁴¹	领 liŋ²¹⁴	双 ʂuaŋ⁴⁵
容城	条 tʰiau³⁵	领 liŋ²¹³	双 ʂuaŋ⁴³
雄县	床 tʂʰuaŋ⁵³ 条 tʰiau⁵³	领 liŋ²¹⁴	双 suaŋ⁴⁵
安新	条 tʰiau³¹	领 liŋ²¹⁴	双 ʂuaŋ⁴⁵
满城	床 tʂʰuaŋ²²	领 liŋ²¹³	双 ʂuaŋ⁴⁵
阜平	张 tʂaŋ³¹	领 liŋ⁵⁵	双 ʂuaŋ³¹
定州	个 kɤ⁵¹	个 kɤ⁵¹ 领 liŋ²⁴	双 ʂuaŋ³³
无极	床 tʂʰuaŋ²¹³	领 liŋ³⁵	对 təi⁵¹
辛集	个 kə⁴¹	领 liŋ³²⁴	对 tei⁴¹
衡水	床 tʂʰuaŋ⁵³	领 liŋ⁵⁵	双 suaŋ²⁴
故城	床 tʂʰuaŋ⁵³ 个 kɤ³¹	领 liŋ⁵⁵	双 suaŋ²⁴
巨鹿	个 kɤ²¹	领 liŋ⁵⁵	双 ʂuaŋ³³
邢台	条 tʰiau⁵³	个 kə³¹	双 ʂuaŋ³⁴ 对 tuei³¹
馆陶	个 kɤ²¹³ 条 tʰiao⁵²	个 kɤ²¹³ 领 liŋ⁴⁴	双 ʂuaŋ²⁴
沧县	床 tʂʰuaŋ⁵³	领 liŋ⁵⁵	双 ʂuaŋ²³
献县	床 tʂʰuã⁵³	领 liŋ²¹⁴	双 ʂuã³³
平泉	床 tʂʰuaŋ³⁵	领 liŋ²¹⁴	双 ʂuaŋ⁵⁵

（续表）

	1096 床_~被子	1097 领_~席子	1098 双_~鞋
滦平	床 tʂʰuaŋ³⁵	领 liŋ²¹⁴	双 ʂuaŋ⁵⁵
廊坊	床 tʂʰuaŋ³⁵	领 liŋ²¹⁴	双 ʂuaŋ⁵⁵
魏县	条 tʰiau⁵³ 双 ⁼ʂuaŋ³³	张 tʂaŋ³³ 领 liŋ⁵⁵	对 tuai³¹² 双 ʂuaŋ³³
张北	床 tsʰuɔ̃⁴²	领 liŋ⁵⁵	双 suɔ̃⁴²
万全	床 tsʰuaŋ⁴¹	张 tsaŋ⁴¹	双 suaŋ⁴¹
涿鹿	套 tʰɔ³¹	卷儿 tɕyɐr⁴⁵	双 suã⁴⁴
平山	个 kɤ⁵⁵	领 liŋ⁵⁵	对 tæi⁴²
鹿泉	个 kɤ³¹²	领 liŋ³⁵	双 ʂuaŋ⁵⁵ 对 tei³¹²
赞皇	个 kə³¹²	领 liŋ⁴⁵ 个 kə³¹²	双 ʂuaŋ⁵⁴ 对儿 tuər³¹²
沙河	双 ⁼ʂuaŋ⁴¹	领 liəŋ³³	双 ʂuaŋ⁴¹
邯郸	条 tʰiɑu⁵³	领 liŋ⁵⁵	对 tuai²¹³ 双 ʂuaŋ³¹
涉县	个 kəʔ³²	个 kəʔ³² 领 liəŋ⁵³	对 tuai⁵⁵

333

	1099 把 ~刀	1100 把 ~锁	1101 根 ~绳子
兴隆	把 pa²¹³	把 pa²¹³	根儿 kər³⁵ 条 tʰiau⁵⁵
北戴河	把 pa²¹⁴	把 pa²¹⁴	根儿 kər⁴⁴
昌黎	把 pa²¹³	个 kɤ⁴⁵³ 把 pa²¹³	条 tʰiau⁴² 根儿 kər⁴²
乐亭	个 kə⁵²	个 kə⁵²	根儿 kər³¹
蔚县	把 pa⁴⁴	把 pa⁴⁴	根 kəŋ⁵³ 条 tʰiʌu⁴¹
涞水	把 pa²⁴	把 pa²⁴	根儿 kər³¹
霸州	把 pa²¹⁴	把 pa²¹⁴ 个 kɤ⁴¹	根 kən⁴⁵ 条 tʰiau⁵³
容城	把 pa²¹³	把 pa²¹³	根儿 kər³⁵
雄县	把 pa²¹⁴	把 pa²¹⁴ 个 kɤ⁴¹	根儿 kər⁴⁵
安新	把 pa²¹⁴	把 pa²¹⁴	根儿 kər⁴⁵
满城	把 pa²¹³	把 pa²¹³	条 tʰiau²²
阜平	个 kɤ⁵³	个 kɤ⁵³	根儿 kər³¹
定州	把 pa²⁴	个 kɤ⁵¹	根儿 kər³³
无极	把 pa³⁵	把 pa³⁵	根 ken²¹³
辛集	把 pa³²⁴	把 pa³²⁴	条儿 tʰiaur³⁵⁴
衡水	个儿 kɤr³¹	个 kɤ³¹	根儿 kər²⁴
故城	把 pa⁵⁵	把 pa⁵⁵ 个 kɤ³¹	根 kẽ²⁴ 个 kɤ³¹
巨鹿	把 pa⁵⁵	把 pa⁵⁵	根儿 kər³³
邢台	个 kə³¹	个 kə³¹	根儿 kər³⁴
馆陶	个 kɤ²¹³ 把 pa⁴⁴	个 kɤ²¹³ 把 pa⁴⁴	个 kɤ²¹³ 根 ken²⁴ 条 tʰiao⁵²
沧县	把 pa⁵⁵	把 pa⁵⁵	根 kən²³
献县	把 pa²¹⁴	把 pa²¹⁴	根儿 kəʐ³³

(续表)

	1099 把～刀	1100 把～锁	1101 根～绳子
平泉	把 pa²¹⁴	把 pa²¹⁴	根 kən⁵⁵
滦平	把 pa²¹⁴	把 pa²¹⁴	根 kən⁵⁵
廊坊	把 pa²¹⁴	把 pa²¹⁴	根儿 kər⁵⁵
魏县	把 pa⁵⁵	把 pa⁵⁵	条 tʰiau⁵³
张北	把 pa⁵⁵	把 pa⁵⁵	根儿 kər⁴²
万全	把 pa⁵⁵	把 pa⁵⁵	根儿 kər⁴¹
涿鹿	把 pa⁴⁵	把 pa⁴⁵	根儿 kə̃r⁴⁴
平山	把 pa⁵⁵	把 pa⁵⁵	根 kəŋ³¹
鹿泉	把 pa³⁵	把 pa³⁵	根 kẽ⁵⁵
赞皇	个 kə³¹²	个 kə³¹²	条 tʰiɔ⁵⁴
沙河	把 pɔ³³	把 pɔ³³	根儿 kər⁴¹
邯郸	把 pɔ⁵⁵	把 pɔ⁵⁵	条 tʰiɑu⁵³
涉县	个 kəʔ³²	个 kəʔ³²	条 tʰiɑu⁴¹² 条儿 tʰier⁴¹²

	1102 支——~毛笔	1103 副——~眼镜	1104 面——~镜子
兴隆	支 tʂɿ³⁵	副 fu⁵¹	面 mian⁵¹
北戴河	支 tʃɿ⁴⁴	副 fu⁵¹	面 mian⁵¹
昌黎	支儿 tʂər⁴²	副 fu⁴⁵³	个 kɤ⁴⁵³ 面 mian⁴⁵³
乐亭	个 kə⁵²	个 kə⁵²	个 kə⁵²
蔚县	根儿 kə̃r⁵³ 支 tsɿ⁵³	副 fu³¹²	面 miã³¹² 个 kɤ³¹²
涞水	支 tsɿ³¹	副 fu³¹⁴	面 mian³¹⁴
霸州	管 kuan²¹⁴	副 fu⁴¹	面 mian⁴¹ 个 kɤ⁴¹
容城	支 tsɿ⁴³	副 fu⁵¹³	面 mian⁵¹³
雄县	根儿 kər⁴⁵ 管 kuãn²¹⁴	副 fu⁴¹	面 miãn⁴¹ 个 kɤ⁴¹
安新	管儿 kuɐr²¹⁴	副 fu⁵¹	块儿 kʰuɐr⁵¹
满城	杆 kan²¹³	副 fu⁵¹²	块儿 kʰuɐr⁵¹²
阜平	个 kɤ⁵³	副 fu⁵³	面 miæ⁵³
定州	管 kuan²⁴	副 fu⁵¹	个 kɤ⁵¹
无极	杆 kãn³⁵	个 kɤ⁵¹	面 miãn⁴⁵¹
辛集	杆 kan³²⁴	副 fu⁴¹	个 kə⁴¹
衡水	根儿 kər²⁴	个 kɤ³¹	个 kɤ³¹
故城	支 tsɿ²⁴ 个 kɤ³¹	副 fu³¹ 个 kɤ³¹	面 miæ³¹ 个 kɤ³¹
巨鹿	根儿 kər³³	个 kɤ²¹	个 kɤ²¹
邢台	根儿 kər³⁴	个 kə³¹ 副 fu³¹	个 kə³¹
馆陶	个 kɤ²¹³ 支 tʂɿ²⁴	个 kɤ²¹³ 副 fu²¹³	个 kɤ²¹³
沧县	支 tʂɿ²³	副 fu⁴¹	面 mian⁴¹
献县	支 tʂɿ³³	副 fu³¹	块儿 kʰuɐr³¹
平泉	支 tʂɿ⁵⁵	副 fu⁵¹	面 mian⁵¹

(续表)

	1102 支__~毛笔	1103 副__~眼镜	1104 面__~镜子
滦平	支 tʂʅ⁵⁵	副 fu⁵¹	面 mian⁵¹
廊坊	支 tʂʅ⁵⁵ 管 kuan²¹⁴	副 fu⁵¹	面 mien⁵¹ 块儿 kʰuɐr⁵¹
魏县	杆 kan³³ 支 tʂʅ³³	副儿 fur³¹²	块儿 kʰuɐr³¹²
张北	根儿 kər⁴²	副 fu²¹³	块儿 kʰuɐr²¹³
万全	支 tʂʅ⁴¹	个 kə²¹³	块儿 kʰuɐr⁵⁵
涿鹿	支 tʂʅ⁴⁴ 根儿 kə̃r⁴⁴	副 fu³¹	块儿 kʰuɐr³¹
平山	杆 kæ̃⁵⁵	挂 kua⁴²	块儿 kʰuər⁴²
鹿泉	个 kɤ³¹²	个 kɤ³¹²	个 kɤ³¹²
赞皇	支 tʂʅ⁵⁴	副 fu³¹² 个 kə³¹²	面儿 miɐr³¹² 个 kə³¹²
沙河	支 tʂʅ⁴¹	副 fu²¹	个 kɤ²¹
邯郸	杆 kæ̃⁵⁵	副 fu²¹³	块儿 kʰuɐr²¹³
涉县	个 kəʔ³² 根儿 kər⁴¹	个 kəʔ³²	个 kəʔ³²

	1105 块 一~香皂	1106 辆 一~车	1107 座 一~房子
兴隆	块儿 kʰuɐr⁵¹	辆 liaŋ⁵¹	座 tsuo⁵¹ 处 tʂʰu⁵¹
北戴河	块儿 kʰuɐr⁵¹	辆 liaŋ⁵¹ 台 tʰai³⁵	座 tʃuo⁵¹
昌黎	块儿 kʰuɐr⁴⁵³	辆 liaŋ⁴⁵³	个 kɤ⁴⁵³
乐亭	个 kə⁵²	个 kə⁵²	个 kə⁵²
蔚县	块儿 kʰuɐr³¹² 疙瘩 kɤ⁵³taº	辆 liɔ³¹²	处儿 tʂʰur³¹²
涞水	块儿 kʰuɐr³¹⁴	辆 liaŋ³¹⁴	座 tsuo³¹⁴
霸州	块 kʰuai⁴¹	辆 liaŋ⁴¹	处儿 tʂʰur⁴¹
容城	块儿 kʰuɐr⁵¹³	辆 liaŋ⁵¹³	处儿 tʂʰu⁵²ərº
雄县	块 kʰuai⁴¹	辆 liaŋ⁴¹	所儿 suor²¹⁴
安新	块儿 kʰuɐr⁵¹	辆 liaŋ⁵¹	处儿 tʂʰur⁵¹
满城	块儿 kʰuɐr⁵¹²	辆 liaŋ⁵¹²	处儿 tʂʰuər²¹³
阜平	块儿 kʰuɐr⁵³	辆 liaŋ⁵³	栋 toŋ⁵³
定州	块儿 kʰuɐr⁵¹	辆 liaŋ⁵¹	处儿 tʂʰu³⁵uərº
无极	块儿 kʰuɐr⁵¹	辆 liaŋ⁵¹	处儿 tʂʰur⁵¹
辛集	块儿 kʰuɐr⁴¹	辆 liaŋ⁴¹	处儿 tʂʰur⁴¹
衡水	块儿 kʰuɐr³¹	辆 liaŋ³¹	套 tʰau³¹ 个 kɤ³¹
故城	块儿 kʰuɐr³¹	辆 liaŋ³¹ 个 kɤ³¹	座 tsuɤ²⁴ 处 tʂʰu³¹
巨鹿	块儿 kʰuar²¹	辆 liã²¹	处 tɕʰy³³
邢台	块儿 kʰuɐr³¹	辆 liaŋ³¹	处 tʂʰu³¹
馆陶	块儿 kʰuɐr²¹³	个 kɤ²¹³ 辆 liaŋ²¹³	个 kɤ²¹³ 座 tsuo²¹³
沧县	块儿 kʰuɐr⁴¹	辆 liaŋ⁴¹	栋 toŋ⁴¹
献县	块儿 kʰuɐr³¹	辆 liã⁵³	处儿 tʂʰur³¹
平泉	块儿 kʰuɐr⁵¹	辆 liaŋ⁵¹	处 tʂʰu⁵¹ 座 tsuo⁵¹

（续表）

	1105 块 _~香皂	1106 辆 _~车	1107 座 _~房子
滦平	块 kʰuai⁵¹	辆 liaŋ⁵¹	处 tʂʰu⁵¹ 座 tsuo⁵¹
廊坊	块儿 kʰuɐr⁵¹	辆 liaŋ⁵¹	所儿 suor²¹⁴
魏县	块儿 kʰuɐr³¹²	辆 liaŋ³¹²	座 tʂuə³¹²
张北	块儿 kʰuɐr²¹³	挂 kua²¹³	处 tʂʰu²¹³
万全	块儿 kʰuɐr⁵⁵	辆 liaŋ²¹³	处 tʂʰu²¹³
涿鹿	块儿 kʰuɐr³¹	挂 kua³¹ 辆 liã³¹	栋儿 tɤr³¹
平山	块儿 kʰuər⁴²	辆 liaŋ⁴²	幢 tʂʰoŋ³¹
鹿泉	块儿 kʰuɐr³¹²	辆 liaŋ³¹²	处 tʂʰu³¹²
赞皇	块儿 kʰuɐr³¹² 个 kə³¹²	辆 liaŋ³¹²	处儿 tʂʰlur³¹²
沙河	块儿 kʰuar²¹	辆 liaŋ²¹	套 tʰau²¹
邯郸	块儿 kʰuɐr²¹³	辆 liaŋ²¹³	座 tsuə²¹³
涉县	疙瘩儿 kəʔ³²tɐr⁰	个 kəʔ³²	个 kəʔ³²

	1108 座__~桥	1109 条__~河	1110 条__~路
兴隆	座 tsuo⁵¹	条 tʰiau⁵⁵	条 tʰiau⁵⁵
北戴河	座 tʃuo⁵¹	条 tʰiau³⁵	条 tʰiau³⁵
昌黎	架 tɕia⁴⁵³	条 tʰiau⁴²	条 tʰiau⁴²
乐亭	个 kə⁵²	条 tʰiau³¹	条 tʰiau³¹
蔚县	座 tsuɤ³¹²	条 tʰiʌu⁴¹	条 tʰiʌu⁴¹ 根 kəŋ⁵³
涞水	座 tsuo³¹⁴	条 tʰiau⁴⁵	趟 tʰaŋ³¹⁴
霸州	个 kɤ⁴¹ 座 tsuo⁴¹	条 tʰiau⁵³	条 tʰiau⁵³
容城	座 tsuo⁵¹³	条 tʰiau³⁵	条 tʰiau³⁵
雄县	座 tsuo⁴¹	条 tʰiau⁵³	条 tʰiau⁵³
安新	道 tɑu⁵¹	道 tɑu⁵¹	条 tʰiau³¹
满城	座 tsuo⁵¹²	条 tʰiau²²	条 tʰiau²²
阜平	座 tsuɤ⁵³	条 tʰiɔ²⁴	条 tʰiɔ²⁴
定州	个 kɤ⁵¹	条 tʰiau²⁴	条 tʰiau²⁴
无极	个 kɤ⁵¹	条 tʰiɔ²¹³	条 tʰiɔ²¹³
辛集	座 tsuə⁴¹	条 tʰiau³⁵⁴	条 tʰiau³⁵⁴
衡水	个 kɤ³¹	个 kɤ³¹	条 tʰiau⁵³
故城	座 tsuɤ²⁴ 个 kɤ³¹	条 tʰiɔ⁵³	条 tʰiɔ⁵³
巨鹿	个 kɤ²¹	个 kɤ²¹	个 kɤ²¹
邢台	座 tsuo³¹	条 tʰiau⁵³	条 tʰiau⁵³
馆陶	个 kɤ²¹³ 座 tsuo²¹³	条 tʰiao⁵²	条 tʰiao⁵²
沧县	座 tsuo⁴¹	条 tʰiau⁵³	条 tʰiau⁵³
献县	座 tsuo³¹	条 tʰiɔ⁵³	条 tʰiɔ⁵³
平泉	座 tsuo⁵¹	条 tʰiau³⁵	条 tʰiau³⁵
滦平	座 tsuo⁵¹	条 tʰiau³⁵	条 tʰiau³⁵

(续表)

	1108 座__~桥	1109 条__~河	1110 条__~路
廊坊	座 tsuo^{51} 个 kɣ^{51}	条 tʰiɑu^{35}	条 tʰiɑu^{35}
魏县	座 tṣuə^{312}	条 tʰiɑu^{53}	条 tʰiɑu^{53}
张北	座 tsuə^{213}	条 tʰiɑu^{42}	条 tʰiɑu^{42}
万全	座 tsuə^{213}	条 tʰiɔ^{41}	条 tʰiɔ^{41}
涿鹿	座 tsuə^{31}	条 tʰiɔ^{42}	条 tʰiɔ^{42}
平山	座 tsuə^{42}	道 tɔ^{42}	条 tʰiə^{31}
鹿泉	座 tsuo^{312}	条 tʰiɔ^{55}	条 tʰiɔ^{55}
赞皇	座 tsuə^{312}	条 tʰiɔ^{54}	条 tʰiɔ^{54}
沙河	座 tsuo^{21}	条 tʰiɑu^{51}	条 tʰiɑu^{51}
邯郸	座 tsuə^{213}	条 tʰiɑu^{53}	条 tʰiɑu^{53}
涉县	个 kəʔ^{32}	个 kəʔ^{32}	个 kəʔ^{32}

	1111 棵 一~树	1112 朵 一~花	1113 颗 一~珠子
兴隆	棵 kʰə³⁵	朵 tuo²¹³	颗 kʰə³⁵
北戴河	棵 kʰɤ⁴⁴	朵儿 tuər²¹⁴	颗 kʰɤ⁴⁴
昌黎	棵 kʰɤ⁴²	朵儿 tuor²¹³	粒儿 liər⁴⁵³ 颗 kʰɤ⁴² 个 kɤ⁴⁵³
乐亭	棵 kʰə³¹	朵 tʰuə³⁴	个 kə⁵²
蔚县	棵 kʰɤ⁵³	朵 tuɤ⁴⁴	颗 kʰɤ⁵³ 个 kɤ³¹²
涞水	棵 kʰɤ³¹	朵 tuo²⁴	颗 kʰɤ³¹
霸州	棵 kʰɤ⁴⁵	朵儿 tuor²¹⁴	个 kɤ⁴¹
容城	棵 kʰɤ⁴³	朵 tuo²¹³	颗 kʰɤ⁴³ 粒 li⁵¹³
雄县	棵 kʰɤ⁴⁵	朵儿 tuor²¹⁴	个 kɤ⁴¹
安新	棵 kʰɤ⁴⁵	朵儿 tuor²¹⁴	个 kɤ⁵¹
满城	棵 kʰɤ⁴⁵	朵 tuo²¹³	粒儿 liər⁵¹²
阜平	棵 kʰɤ³¹	朵 tuɤ⁵⁵	个 kɤ⁵³
定州	棵 kʰɤ³³	朵 tuo²⁴	个 kɤ⁵¹
无极	#1pʰuɤ²¹³	朵儿 tuɤr³⁵	个 kɤ⁵¹
辛集	棵 kʰə³³	朵 tuə³²⁴	个 kə⁴¹
衡水	棵 kʰɤ²⁴	个 kɤ³¹ 朵儿 tuor⁵⁵	颗 kʰɤ²⁴
故城	棵 kʰɤ²⁴	朵 tuɤ²⁴ 个 kɤ³¹	颗 kʰɤ²⁴ 个 kɤ³¹
巨鹿	棵 kʰɤ³³	朵儿 tuor⁵⁵	个 kɤ²¹
邢台	棵 kʰuo³⁴	朵儿 tuor⁵⁵	个 kə³¹
馆陶	棵 kʰuo²⁴	朵 tuo⁴⁴	个 kɤ²¹³
沧县	棵 kʰɤ²³	朵 tuo⁵⁵	颗 kʰɤ²³
献县	棵 kʰɤ³³	朵 tuo²¹⁴	颗 kʰɤ³³
平泉	棵 kʰə⁵⁵	朵儿 tuor²¹⁴	颗 kʰə⁵⁵

(续表)

	1111 棵__~树	1112 朵__~花	1113 颗__~珠子
滦平	棵 kʰə⁵⁵	朵 tuo²¹⁴	颗 kʰə⁵⁵
廊坊	棵 kʰɤ⁵⁵	朵儿 tuor²¹⁴	颗 kʰɤ⁵⁵ 粒儿 liər⁵¹
魏县	棵 kʰuə³³	朵儿 tuɤr⁵⁵	个 kɤ³¹² 颗 kʰɤ³³
张北	棵 kʰə⁴²	朵 tuə⁵⁵	颗 kʰə⁴²
万全	棵 kʰə⁴¹	朵 tuə⁵⁵	颗 kʰə⁴¹
涿鹿	拨 ⁼pʌʔ⁴³ 棵 kʰə⁴⁴	朵儿 tuɤr⁴⁵	颗儿 kʰɤr⁴⁴
平山	拨 ⁼pə²⁴	朵 tuə⁵⁵	个 kɤ⁵⁵
鹿泉	棵 kʰɤ⁵⁵	朵儿 tuor³⁵	颗 kʰɤ⁵⁵
赞皇	个 kə³¹²	朵儿 tuɤr⁴⁵	个 kə³¹²
沙河	棵 kʰuo⁴¹	朵 tuo³³	粒儿 liər²¹
邯郸	棵 kʰuə³¹	朵儿 tuɤr⁵³	颗 kʰɤ³¹
涉县	个 kəʔ³²	骨朵儿 kuəʔ³²tur⁰	个 kəʔ³²

	1114 粒 ——~米	1115 顿 ——~饭	1116 剂 ——~中药
兴隆	粒儿 liər⁵¹	顿 tuən⁵¹	剂 tɕi⁵¹ 服 fu⁵¹
北戴河	粒儿 liər⁵¹	顿 tuən⁵¹	服 fu⁵¹
昌黎	粒儿 liər⁴⁵³	顿 tuən⁴⁵³	服 fu⁴⁵³
乐亭	粒儿 liər⁵²	顿 tuən⁵²	服 fu⁵²
蔚县	粒 li³¹² 颗儿 kʰɤr⁵³	顿 tuŋ³¹²	服 fu³¹²
涞水	粒 li³¹⁴	顿 tuən³¹⁴	服 fu³¹⁴
霸州	个 kɤ⁴¹ ——~米粒儿	顿 tuən⁴¹	服 fu⁴¹
容城	粒 li⁵¹³	顿 tuən⁵¹³	服 fu⁵¹³
雄县	粒 li⁴¹ 个 kɤ⁴¹ ——~米粒儿	顿 tuən⁴¹	服 fu⁴¹ 剂 tɕi⁴¹
安新	粒儿 liər⁵¹	顿 tuən⁵¹	服 fu⁵¹
满城	粒儿 liər⁵¹²	顿 tuən⁵¹²	服 fu²²
阜平	个 kɤ⁵³	顿 toŋ⁵³	服 fu⁵³
定州	粒儿 liər⁵¹	顿 tuən⁵¹	服 fu⁵¹
无极	粒儿 liər⁵¹	顿 tuen⁵¹	服 fu⁵¹
辛集	个 kə⁴¹	顿儿 tuər⁴¹	付 fu⁴¹
衡水	粒儿 liər³¹	顿 tun³¹	剂 tɕi³¹ 服 fu³¹
故城	粒 li³¹	顿 tuẽ³¹	服 fu³¹
巨鹿	粒儿 liər²¹	顿儿 tuər²¹	剂 tɕi²¹
邢台	粒儿 liər³¹	顿 tuən³¹	服 fu³¹
馆陶	粒 li²¹³	顿 tun²¹³	剂儿 tsiər²¹³
沧县	粒 li⁴¹	顿 tuən⁴¹	服 fu⁴¹
献县	粒儿 liəz̩³¹	顿 tuən³¹	服 fu³¹
平泉	粒 li⁵¹	顿 tuən⁵¹	服 fu⁵¹ 剂 tɕi⁵¹

(续表)

	1114 粒 _~米	1115 顿 _~饭	1116 剂 _~中药
滦平	粒 li^{51}	顿 tuən^{51}	服 fu^{51} 剂 tɕi^{51}
廊坊	粒儿 liər^{51}	顿 tuən^{51}	服 fu^{51}
魏县	个 kɤ^{312}①	顿 tuən^{312}	服 fu^{312} 剂 tɕi^{312}
张北	粒 liəʔ^{32}	顿 tuŋ^{213}	服 fu^{213}
万全	颗 kʰə^{41}	顿 tuəŋ^{213}	付 fu^{213}
涿鹿	颗儿 kʰɤr^{44}	顿 tuŋ^{31}	服 fu^{31}
平山	个 kɤ^{55}	顿 toŋ^{42}	服 fu^{42}
鹿泉	粒儿 liər^{312}	顿 tuẽ^{312}	服 fu^{312}
赞皇	个 kə^{312}	顿 tuən^{312}	服 fu^{312}
沙河	粒儿 liər^{21}	顿 tuən^{21}	服 fu^{21}
邯郸	颗 kʰuə^{31}	顿 tun^{213}	服 fu^{213}
涉县	个 kəʔ^{32}	顿 tuəŋ^{53}	剂 tɕi^{55} 服儿 fur^{55}

① 也说"一粒米"。

	1117 股——香味	1118 行——字	1119 块——钱
兴隆	股儿 kur²¹³	行 xaŋ⁵⁵	块 kʰuai⁵¹
北戴河	股 ku²¹⁴	行 xaŋ³⁵	块 kʰuai⁵¹
昌黎	股 ku²¹³	行 xaŋ²⁴	块 kʰuai⁴⁵³
乐亭	股子 ku³⁴tsʅ⁰	趟 tʰaŋ⁵²	块 kʰuai⁵²
蔚县	股儿 kur⁴⁴	行儿 xɔr⁴¹	块 kʰuɛi³¹²
涞水	股子 ku³¹tsʅ⁰	行 xaŋ⁴⁵	块 kʰuai³¹⁴
霸州	股儿 kur²¹⁴	行 xaŋ⁵³ 溜儿 liour⁴¹	块 kʰuai⁴¹
容城	股子 ku⁵²tsʅ⁰	行 xaŋ³⁵	块 kʰuai⁵¹³
雄县	股儿 kur²¹⁴	行 xaŋ⁵³ 趟 tʰaŋ⁴¹ 溜儿 liour⁴¹	块 kʰuai⁴¹
安新	股 ku²¹⁴	行 xaŋ³¹	块 kʰuai⁵¹
满城	股 ku²¹³	行 xaŋ²²	块儿 kʰuɐr⁵¹²
阜平	股 ku⁵⁵	行 xaŋ²⁴	块 kʰuæ⁵³
定州	股子 ku²¹¹tsʅ⁰	行儿 xaŋ⁴²ŋər⁰	块 kʰuai³¹
无极	股子 ku⁵³tsʅ⁰	行儿 xãr²¹³	块 kʰuæ⁵¹
辛集	股 ku³²⁴	溜儿 liour⁴¹	块 kʰuai⁴¹
衡水	股儿 kur⁵⁵	行 xaŋ⁵³	块 kʰuai³¹
故城	股 ku⁵⁵	行 xaŋ⁵³ 溜儿 liour²⁴	块 kʰuæ³¹
巨鹿	股 ku⁵⁵	行儿 xɐr⁴¹	块 kʰuai²¹
邢台	股 ku⁵⁵	行 xaŋ⁵³	块 kʰuai³¹
馆陶	股 ku⁴⁴	趟 tʰaŋ²¹³ 行 xaŋ⁵²	块 kʰuai²¹³
沧县	股儿 kur⁵⁵	溜儿 liour⁴¹	块 kʰuai⁴¹
献县	股儿 kur²¹⁴	溜 liou³¹	块 kʰuɛ³¹
平泉	股 ku²¹⁴	行 xaŋ³⁵	块 kʰuai⁵¹
滦平	股 ku²¹⁴	行 xaŋ³⁵	块 kʰuai⁵¹

(续表)

	1117 股＿～香味	1118 行＿～字	1119 块＿～钱
廊坊	股儿 kur²¹⁴	行 xɑŋ³⁵	块 kʰuai⁵¹
魏县	股儿 kur⁵⁵	行 xɑŋ⁵³	元 yan⁵³ 块 kʰuai³¹²
张北	股 ku⁵⁵	行 xɔ̃⁴²	块 kʰuai²¹³
万全	股 ku⁵⁵	行 xaŋ⁴¹ 溜 liou²¹³	块 kʰuɛi²¹³
涿鹿	股儿 kur⁴⁵	行儿 xãr⁴²	块 kʰuɛ³¹
平山	股儿 kuər⁵⁵	行儿 xɐr³¹	块 kʰuɛ⁴²
鹿泉	股 ku³⁵	行 xɑŋ⁵⁵	块 kʰuɛ³¹²
赞皇	股儿 kuər⁴⁵	行 xɑŋ⁵⁴	块 kʰuɛ³¹²
沙河	股 ku³³	溜儿 liəur²⁴	块 kʰuai²¹
邯郸	股 ku⁵⁵	行 xɑŋ⁵³	块 kʰuai²¹³
涉县	股儿 kur⁵³ 股子 ku⁵³ə⁰	行 xã⁴¹²	块 kʰuai⁵⁵

	1120 毛 角：一～钱	1121 件 一～事情	1122 点儿 一～东西
兴隆	毛 mɑu⁵⁵	件 tɕian⁵¹	点儿 tier²¹³
北戴河	毛 mɑu²¹⁴	个 kɤ⁵¹ 件 tɕian⁵¹	点儿 tier²¹⁴
昌黎	毛 mɑu²⁴	件 tɕian⁴⁵³	点儿 tier²¹³
乐亭	毛 mɑu²¹²	件 tɕien⁵²	点儿 tier³⁴
蔚县	毛 mʌɯ⁴⁴	件儿 tɕiar³¹² 个 kɤ³¹²	点儿 tier⁴⁴
涞水	毛 mɑu⁴⁵	件 tɕian³¹⁴	点儿 tier²⁴
霸州	毛 mɑu²¹⁴	件 tɕian⁴¹ 个 kɤ⁴¹	点儿 tier²¹⁴
容城	毛 mɑu²¹³	件 tɕian⁵¹³	点儿 tier²¹³
雄县	毛 mɑu²¹⁴	件 tɕiã⁴¹ 个 kɤ⁴¹	点儿 tier²¹⁴
安新	毛儿 mɑur²¹⁴ 角儿 tɕiɑur²¹⁴	件 tɕian⁵¹	点儿 tier²¹⁴
满城	毛 mɑu²¹³	件儿 tɕier⁵¹²	点儿 tier²¹³
阜平	毛 mɔ²⁴	件 tɕiæ̃⁵³	点儿 tier⁵⁵
定州	毛 mɑu²¹³	件儿 tɕier⁵¹	点儿 tier⁵⁵
无极	毛 mɔ³⁵	件儿 tɕier⁵¹	点儿 tier³⁵
辛集	毛 mɑu³⁵⁴	样儿 iãr⁴¹	点儿 tier³²⁴
衡水	毛 mɑu⁵⁵	个 kɤ³¹	点儿 tier⁵⁵
故城	毛 mɔo⁵⁵	件 tɕiæ̃³¹ 个 kɤ³¹	点儿 tier⁵⁵
巨鹿	毛 mɑu⁵⁵	件儿 tɕiar²¹	点儿 tier⁵⁵
邢台	毛 mɑu⁵⁵	件儿 tɕier³¹	点儿 tier⁵⁵
馆陶	毛 mɑo⁴⁴	个 kɤ²¹³	点儿 tier⁴⁴
沧县	毛儿 mɑur⁵⁵ 角儿 tɕiɑur⁵⁵	个 kɤ⁴¹	点儿 tier⁵⁵
献县	毛 mɔ²¹⁴	个 kɤ³¹	点儿 tier²¹⁴

(续表)

	1120 毛 角: 一~钱	1121 件 一~事情	1122 点儿 一~东西
平泉	毛 mɑu³⁵ 角 tɕiɑu²¹⁴	件 tɕian⁵¹	点儿 tiɚr²¹⁴
滦平	毛 mɑu³⁵	件 tɕian⁵¹	点儿 tiɚr²¹⁴
廊坊	毛 mɑu³⁵	件儿 tɕiɚr⁵¹	点儿 tiɚr²¹⁴
魏县	毛 mɑu⁵⁵ 角儿 tɕiɑur³³	样儿 iɑr³¹² 件儿 tɕiɚr³¹²	点儿 tiɚr⁵⁵
张北	毛 mau⁵⁵	件儿 tɕiɚr²¹³	点儿 tiɚr⁵⁵
万全	毛 mɔ⁵⁵	件儿 tɕiɚr²¹³	点儿 tiɚr⁵⁵
涿鹿	毛 mɔ⁴²	件 tɕiæ̃³¹	点儿 tiɚr⁴⁵
平山	毛 mɔ⁵⁵	个 kɤ⁵⁵	点儿 tiær⁵⁵
鹿泉	毛 mɔ³⁵	件儿 tɕiɚr³¹²	点儿 tiɚr³⁵
赞皇	毛 mɔ⁵⁴	件儿 tɕiɚr³¹²	点儿 tiɚr⁴⁵
沙河	毛 mau³³	桩 tʂuaŋ⁴¹	点儿 tiar³³
邯郸	毛 mau⁵⁵	件 tɕiæ̃²¹³	点儿 tiɚr⁵³
涉县	毛 mau⁵³	个 kəʔ³²	拧拧儿 ȵiəŋ⁵⁵ȵiəur⁰

	1123 些一~~东西	1124 下打一~，动量，不是时量	1125 会儿坐了一~
兴隆	些 ɕie³⁵	下 ɕia⁵¹ 下儿 ɕiar⁵¹	会儿 xuər⁵¹
北戴河	些 ɕie⁴⁴	下儿 ɕier⁵¹	会儿 xuər²¹⁴
昌黎	些 ɕie⁴²	下儿 ɕiar⁴⁵³ 家伙 tɕia²⁴xuo⁰	会儿 xuər⁴⁵³
乐亭	些 ɕie³¹	家伙 tɕiɑu³¹xuə⁰	会儿 xuər⁵²
蔚县	些 ɕiə⁵³	下 ɕia³¹²	会儿 xuər³¹² 趟儿 tʰɔr³¹²
涞水	些 ɕie³¹	下子 ɕia⁴⁵tsɿ⁰	会儿 xuər²⁴
霸州	些个 ɕiɛ²¹kɤ⁰	下儿 ɕiar⁴¹	会儿 xuər²¹⁴
容城	些个 ɕiɛ³⁵kɤ⁰	下儿 ɕier⁵¹³	会儿 xuər²¹³
雄县	些个 ɕiɛ⁴⁴kɤ⁰	下儿 ɕiar⁴¹	会儿 xuər²¹⁴
安新	些 ɕie⁴⁵	下 ɕia⁵¹	会儿 xuər²¹⁴
满城	顾儿 kuər⁵¹²	下 ɕia⁵¹²	会儿 xuər²¹³
阜平	些 ɕiɛ²⁴	下儿 ɕiar⁵³	会儿 xuər⁵³
定州	把子 pa²¹¹tsɿ⁰	下儿 ɕier⁵¹	会儿 xuər²⁴
无极	点儿 tiɐr³⁵	下儿 ɕiɐr⁴⁵¹	会儿 xuər³⁵
辛集	点儿 tiɐr³²⁴	下儿 ɕiar⁴¹	会儿 xuər³²⁴
衡水		下儿 ɕiar³¹	霎儿 ʂar⁵³ 会儿 xuər²⁴
故城	些 ɕie²⁴	下 xa³¹/ɕia³¹	会儿 xuər²⁴
巨鹿	些 ɕiɛ³³	下儿 ɕiar²¹	会儿 xuər²¹
邢台	堆儿 tsuər³⁴	下儿 ɕiar³¹	会儿 xuər³¹ 阵儿 tʂər³¹
馆陶	些 siɛ⁴⁴	下儿 ɕiar²¹³	会儿 xuər²¹³
沧县	些 ɕiɛ²³	下儿 ɕiʌr⁴¹	神"儿 sər⁵³
献县	些个 ɕi³³kɤ⁰①	下儿 ɕiʌr³¹	会儿 xuəʐ²¹⁴
平泉	些 ɕiɛ⁵⁵	下 ɕia⁵¹	会儿 xuər⁵¹
滦平	些 ɕiɛ⁵⁵	下 ɕia⁵¹	会儿 xuər²¹⁴/xuər⁵¹

（续表）

	1123 些_~~东西_	1124 下 _打一~，动量，不是时量_	1125 会儿 _坐了~~_
廊坊	些 ɕie⁵⁵	下儿 ɕiar⁵¹	会儿 xuər⁵¹
魏县	点儿 tiɚr⁵⁵	下子 ɕia³¹²tə⁰	会儿 xuər³¹²
张北	点儿 tiɚr⁵⁵	下儿 ɕiɚr²¹³	会儿 xuər²¹³
万全	些 ɕiei⁴¹	下 ɕia²¹³	会儿 xuər⁵⁵
涿鹿	堆 tuei⁴⁴	下 ɕia³¹ 下儿 xar³¹	会儿 xuər³¹
平山	点儿 tiær⁵⁵	下儿 ɕiɚr⁴²	歇儿 ɕiər²⁴
鹿泉	些 siɤ⁵⁵	下儿 ɕiar³¹²	会儿 xuər³⁵
赞皇	些 sie⁵⁴	下儿 ɕiɚr³¹²	会儿 xuər⁴⁵
沙河	些 sie⁴¹	下 ɕiɔ²¹	会儿 xuər²⁴
邯郸	点儿 tiɚr⁵³	下子 ɕiɔ¹³tə⁰	会儿 xuər⁵³
涉县	点儿 iɚr⁵³	下儿 ɕiɚr⁵⁵ 下子 ɕiɔ⁵⁵lə⁰	会儿 xuər⁵⁵

---

① 一般用在指示代词后。

	1126 顿 打一~	1127 阵 下了一~雨	1128 趟 去了一~
兴隆	顿 tuən⁵¹	阵儿 tʂər⁵¹	趟 tʰaŋ⁵¹
北戴河	顿 tuən⁵¹	阵 tʃən⁵¹	趟 tʰaŋ⁵¹
昌黎	顿 tuən⁴⁵³ 通儿 tʰuɤʅ⁴⁵³	阵儿 tʂər⁴⁵³	趟 tʰaŋ⁴⁵³
乐亭	顿 tuən⁵²	阵儿 tʂər⁵²	趟 tʰaŋ⁵²
蔚县	顿 tuŋ³¹²	阵 tsəŋ³¹²	趟 tʰɔ³¹²
涞水	顿 tuən³¹⁴	阵儿 tʂər³¹⁴	趟 tʰaŋ³¹⁴
霸州	顿 tuən⁴¹	阵儿 tʂər⁴¹	趟 tʰaŋ⁴¹
容城	顿 tuən⁵¹³	阵儿 tʂər⁵¹³	趟 tʰaŋ⁵¹³
雄县	顿 tuən⁴¹	阵儿 tʂər⁴¹	趟 tʰaŋ⁴¹
安新	顿 tuən⁵¹	阵儿 tʂər⁵¹	趟 tʰaŋ⁵¹
满城	顿 tuən⁵¹²	阵儿 tʂər⁵¹²	趟 tʰaŋ⁵¹²
阜平	顿 toŋ⁵³	阵 tsəŋ⁵³	趟 tʰaŋ⁵³
定州	顿 tuən⁵¹	阵儿 tʂər⁵¹ 会子 xuei²¹¹tsʅ⁰	趟 tʰaŋ⁵¹
无极	顿 tuen⁵¹	阵儿 tʂər⁴⁵¹	趟 tʰaŋ⁵¹
辛集	顿 tuən⁴¹	阵儿 tʂər⁴¹	趟 tʰaŋ⁴¹
衡水	顿 tun³¹	阵儿 tʂər³¹	趟 tʰaŋ³¹
故城	顿 tuẽ³¹	阵儿 tʂər³¹ 阵子 tʂẽ⁵³tsʅ⁰	趟 tʰaŋ³¹ 次 tsʰʅ³¹
巨鹿	回 xuei⁴¹	阵儿 tʂər²¹	趟 tʰã²¹
邢台	顿 tuən³¹	阵儿 tʂər³¹	趟 tʰaŋ³¹
馆陶	顿 tun²¹³	阵儿 tʂər²¹³ 时间短 阵子 tʂen²¹tə⁰ 时间较长	趟 tʰaŋ²¹³
沧县	顿 tuən⁴¹	神⁼儿 sər⁵³	趟 tʰaŋ⁴¹
献县	顿 tuən³¹	阵 tʂən³¹	趟 tʰã³¹
平泉	顿 tuən⁵¹	阵 tʂən⁵¹	趟 tʰaŋ⁵¹
滦平	顿 tuən⁵¹	阵 tʂən⁵¹	趟 tʰaŋ⁵¹ 回 xuei³⁵

（续表）

	1126 顿 打一~	1127 阵 下了一~雨	1128 趟 去了一~
廊坊	顿 tuən⁵¹	阵儿 tʂər⁵¹	趟 tʰɑŋ⁵¹ 回 xuei³⁵
魏县	顿 tuən³¹²	阵子 tʂən³¹²tɛ⁰	趟 tʰɑŋ³¹²
张北	顿 tuŋ²¹³	会儿 xuer²¹³	趟 tʰɔ̃²¹³
万全	气 tɕʰi²¹³	会儿 xuer²¹³	趟 tʰɑŋ²¹³
涿鹿	顿 tuŋ³¹	阵 tʂən³¹	趟 tʰã³¹ 遭儿 tsər⁴⁴
平山	顿 toŋ⁴²	阵儿 tʂər⁴²	趟 tʰɑŋ⁴² 遭 tsɔ³¹
鹿泉	顿 tuẽ³¹²	阵儿 tʂər³¹²	遭 tsɔ⁵⁵ 趟 tʰɑŋ³¹²
赞皇	顿 tuən³¹²	阵儿 tʂl̩ər³¹²	趟 tʰɑŋ³¹²
沙河	顿 tuən²¹	阵儿 tʂər²⁴	趟 tʰɑŋ²¹
邯郸	顿 tun²¹³	阵儿 tʂər²¹³ 阵子 tʂən¹³tə⁰	趟 tʰɑŋ²¹³
涉县	顿 tuəŋ⁵³	阵儿 tsər⁵⁵ 阵子 tsən⁵⁵ə⁰ 会儿 xuər⁵⁵	趟 tʰã⁵⁵

	1129 我 ~姓王	1130 你 ~也姓王	1131 您 尊称
兴隆	我 uo²¹³	你 ɲi²¹³	您 ɲin⁵⁵
北戴河	我 uo²¹⁴	你 ɲi²¹⁴	您 ɲin³⁵
昌黎	我 uo²¹³	你 ɲi²¹³	您 ɲin²⁴
乐亭	我 uə³⁴	你 ɲi³⁴	您 niən³⁴
蔚县	我 vɤ⁴⁴ 俺 nã⁴⁴	你 ɲi⁴⁴	你老 ɲi⁴⁴lʌɯ⁰
涞水	我 uo²⁴	你 ɲi²⁴	
霸州	我 uo²¹⁴	你 ɲi²¹⁴	
容城	我 uo²¹³	你 ɲi²¹³	您 nin³⁵
雄县	我 uo²¹⁴	你 ɲi²¹⁴	
安新	我 uo²¹⁴	你 ɲi²¹⁴	
满城	俺 nan²¹³	你 ɲi²¹³	
阜平	我 uɤ²⁴	你 ɲi²⁴	
定州	我 uo²⁴	你 ɲi²⁴	
无极	我 uɤ³⁵	你 ɲi³⁵	
辛集	我 uə³²⁴ 俺 nan³²⁴	你 ɲi³²⁴ 恁 nən³²⁴	
衡水	俺 ŋɑn⁵⁵	你 ɲi⁵⁵	
故城	俺 ŋæ̃⁵⁵	你 ɲi⁵⁵	
巨鹿	俺 ŋan⁵⁵	你 ɲi⁵⁵	你 ɲi⁵⁵
邢台	我 və⁵⁵ 俺 ŋan⁵⁵	你 ɲi⁵⁵	恁 ŋən⁵⁵
馆陶	俺 ɣæn⁴⁴ 单复数同形 我 uo⁴⁴	你 ɲi⁴⁴	恁 nen⁴⁴ 单复数同形 您 ɲin⁴⁴ 单复数同形
沧县	俺 nan⁵⁵	你 ɲi⁵⁵	
献县	我 uo²¹⁴ 俺 næ̃²¹⁴	你 ɲi²¹⁴	
平泉	我 uo²¹⁴	你 ɲi²¹⁴	您 ɲin³⁵
滦平	我 uo²¹⁴	你 ɲi²¹⁴	您 ɲin³⁵

(续表)

	1129 我~姓王	1130 你~也姓王	1131 您尊称
廊坊	我 uo²¹⁴	你 ȵi²¹⁴	您 ȵin³⁵
魏县	我 uə⁵⁵	你 ȵi⁵⁵	
张北	我 ŋə⁵⁵	你 ȵi⁵⁵	您 ȵin⁴²
万全	我 ŋə⁵⁵	你 ȵi⁵⁵	您 ȵiəŋ⁴¹
涿鹿	我 uə⁴⁵	你 ȵi⁴⁵	你 ȵi⁴⁵
平山	俺 næ̃⁵⁵ 我 uə⁵⁵	你 ȵi⁵⁵	你 ȵi⁵⁵
鹿泉	俺 næ̃³⁵ 我 uo³⁵	你 ȵi³⁵	
赞皇	我 uə⁴⁵	你 ȵi⁴⁵	你 ȵi⁴⁵
沙河	我 uo³³ 俺 ŋã³³	你 ni³³ #3ŋei³³	
邯郸	俺 ŋæ̃⁵⁵ 我 uə⁵⁵	你 ni⁵⁵	
涉县	我 uə⁵³ 俺 ŋæ̃⁴¹	你 ȵi⁵³	您 ȵiəŋ⁵⁵①

---

① 口语中非常少用。

	1132 他 ~姓张	1133 我们 不包括听话人：你们别去，~去	1134 咱们 包括听话人：他们不去，~去吧
兴隆	他 tʰa³⁵	我们 uo²¹mən⁰/ uaŋ²¹mən⁰	咱们 tsan⁵⁵mən⁰
北戴河	他 tʰa⁴⁴	[我们]]uən²¹⁴ 我们 uo²¹mən⁰	咱们 tʃan³⁵mən⁰
昌黎	他 tʰa⁴²	[我们]]uən⁴²① [我们] 们 uən⁴³mən⁰②	咱们 tsan²⁴mən⁰
乐亭	他 tʰa³¹	我们 uə²¹¹mən⁰	咱们 tsan⁵²mən⁰
蔚县	他 tʰa⁵³	俺们 nã⁴⁴məŋ⁰	咱们 tsã⁴⁴məŋ⁰
涞水	他 tʰa³¹	我们 uo³¹mən⁰	咱们 tsan²⁴mən⁰
霸州	他 tʰa²¹⁴	我们 uo⁴¹mən⁰	咱们 tsan⁵³mən⁰
容城	他 tʰa⁴³	我们 uo⁵²mən⁰	咱们 tsa²¹mən⁰
雄县	他 tʰa²¹⁴	我们 uo⁴¹mən⁰	咱们 tsan⁵³mən⁰
安新	他 tʰa²¹⁴	俺们 nan⁵³mən⁰	咱们 tsan³³mən⁰
满城	他 tʰa⁴⁵	俺们 nɑn⁴²mən⁰	咱们 tsa²²mən⁰
阜平	他 tʰa³¹ 主语/xa³¹ 宾语	俺们 ŋæ⁵⁵məŋ⁰	咱们 tsæ²¹məŋ⁰
定州	他 tʰɑ³³	俺们 ŋɑŋ²¹¹mən⁰	咱们 tsɑn²¹¹mən⁰
无极	他 tʰɑ³¹	俺们 ŋãn³⁵men⁰	咱们 tsãn³⁵men⁰
辛集	他 tʰɑ³³	俺 nan³²⁴ 俺们 nan³²²mən⁰	咱 tsan³⁵⁴
衡水	他 tʰɑ⁵⁵	俺 ŋɑn⁵⁵	咱 tʂɑn⁵⁵
故城	他 tʰɑ⁵⁵	俺们 ŋæ²⁴mẽ⁰	咱 tsæ⁵⁵
巨鹿	他 tʰɑ³³	俺们 ŋan⁵⁵mən⁰	咱 tsẽ⁴¹
邢台	他 ia⁵³	俺 ŋan⁵⁵ 俺们 ŋan⁵⁵məŋ⁰	咱 tsan⁵³ 咱们 tsan⁵³mən⁰
馆陶	那 na⁵² 他 tʰa⁴⁴	俺 ɣæn⁴⁴ 单复同形	咱 tsæn⁵²
沧县	他 tʰɑ⁵⁵	俺们 ŋan²³mən⁰	咱们 tsan⁵⁵mən⁰
献县	他 tʰa²¹⁴	俺们 næ²¹mən⁰	咱们 tsæ⁵⁵mən⁰
平泉	他 tʰa⁵⁵	我们 uan²¹mən⁰/uo²¹mən⁰	咱们 tsan³⁵mən⁰
滦平	他 tʰa⁵⁵	我们 uaŋ²¹mən⁰/uo²¹mən⁰	咱们 tsan³⁵mən⁰

（续表）

	1132 他 ~姓张	1133 我们 不包括听话人：你们别去，~去	1134 咱们 包括听话人：他们不去，~去吧
廊坊	他 tʰa⁵⁵	我们 uo²¹mən⁰	我们 uo²¹mən⁰ 咱们 tsan³⁵mən⁰
魏县	他 tʰɤ⁵⁵	俺 an⁵⁵	咱 tʂan⁵³
张北	他 tʰa⁴²	我们 ŋə⁵⁵məŋ⁰ 俺们 ŋæ⁵⁵məŋ⁰	咱们 tsæ⁴²məŋ⁰
万全	他 tʰa⁴¹	俺们 ŋan⁵⁵məŋ⁰	咱们 tsan⁴¹məŋ⁰
涿鹿	他 tʰa⁴⁴	我们 uə⁵⁵məŋ⁰	咱们 tsæ⁴⁵məŋ⁰
平山	他 xa⁵⁵	俺们 næ²¹mən⁰	咱们 tsæ²¹mən⁰
鹿泉	他 tʰʌ¹³	我们 uo³⁵mẽ⁰	咱们 tsæ³⁵mẽ⁰
赞皇	他 tʰa⁵⁴	俺们 ŋæ⁴⁵mən⁰	咱们 tsæ⁵⁴mən⁰
沙河	他 tʰəʔ² [人家]nie⁵¹	我们 uo³³mən⁰ 俺们 ŋã³³mən⁰	咱 tsã⁵¹
邯郸	他 tʰə⁵⁵	俺 ŋæ⁵⁵ 俺都 ŋæ⁵³təu⁰	咱 tsæ⁵³ 咱都 tsæ⁵³təu⁰
涉县	他 tʰɒ⁴¹	俺 ŋæ⁴¹ 俺都 ŋæ⁴¹tou⁰	咱 tsæ⁵³ 咱都 tsæ⁵³tou⁰

---

① 用于人少。
② 用于人多。

	1135 你们~去	1136 他们~去	1137 大家~一起干
兴隆	你们 ȵi²¹mən⁰	他们 tʰa³⁵mən⁰	大家 ta⁵¹tɕia³⁵ 大伙儿 ta⁵¹xuɚr²¹³ 大家伙儿 ta⁵¹tɕia³⁵xuɚr²¹³
北戴河	[你们] ȵin²¹⁴ 你们 ȵi²¹mən⁰	[他们] tʰan⁴⁴ 他们 tʰa⁴⁴mən⁰	大家 ta⁵³tɕia⁴⁴ 大伙儿 ta⁵³xuɚr²¹⁴ 大家伙儿 ta⁵³tɕia⁴⁴xuɚr²¹⁴
昌黎	[你们]们 ȵin⁴³mən⁰① [你们]ȵin⁴²②	[他们] tʰan⁴²③ [他们]们 tʰan⁴³mən⁰④	大伙儿 ta⁴²xuɤr²¹³ 大家 ta⁴⁵tɕia⁰
乐亭	你们 ȵi²¹¹mən⁰	他们 tʰa³¹mən⁰	大伙儿 ta⁵³xuɚr³⁴
蔚县	你们 ȵi⁴⁴məŋ⁰	他们 tʰɑ⁵³məŋ⁰	大家 ta³¹tɕia⁵³
涞水	你们 ȵi³¹mən⁰	他们 tʰa³³mən⁰	大家伙儿 ta³¹tɕia⁰xuoɚr²⁴
霸州	你们 ȵi⁴¹mən⁰	他们 tʰa⁴¹mən⁰	大伙儿 ta⁴¹xuɚr²¹⁴ 大家伙儿 ta⁴¹tɕia⁴⁵xuɚr²¹⁴
容城	你们 ȵi⁵²mən⁰	他们 tʰa³¹mən⁰	大家伙儿 ta⁵²tɕia⁴⁴xuɚr²¹³
雄县	你们 ȵi⁴¹mən⁰	他们 tʰa⁴¹mən⁰	大伙儿 ta⁴¹xuɚr²¹⁴ 大家伙儿 ta⁴¹tɕia⁰xuɚr²¹⁴
安新	你们 ȵi⁵³mən⁰	他们 tʰa⁵³mən⁰	大伙儿 ta⁵⁵xuɚr²¹⁴
满城	你们 ȵi⁴²mən⁰	他们 tʰa⁴⁵mən⁰	大家伙儿 ta⁵³tɕia⁴⁵xuo²¹ɚr⁰
阜平	你们 ȵi²⁴məŋ⁰	他们 tʰa³¹məŋ⁰	大伙儿 ta⁵³xuɚr⁵⁵
定州	你们 ȵiaŋ²¹¹mən⁰	他们 tʰaŋ³³mən⁰	大家伙儿 ta⁵³tɕia³³xuɚr²⁴ 大伙儿 ta⁵³xuɚr²⁴
无极	你们 ȵi³⁵men⁰	他们 tʰa³¹men⁰	大伙儿 ta³¹xuɤr³⁵
辛集	恁 nən³²⁴ 恁们 nən³²²mən⁰	他们 tʰa³³mən⁰	大伙儿 tɑ⁴²xuɚr³²⁴
衡水	恁 ŋən⁵⁵	他们 tʰa²¹mən⁰	大伙儿 ta⁵³xuor⁵⁵
故城	你们 ȵi²⁴mẽ⁰	他们 tʰa²⁴mẽ⁰	大家伙儿 ta⁵³tɕia⁰xuɤr⁵⁵ 大伙儿 ta³¹xuɤr⁵⁵ 大家 ta⁵³tɕia⁰
巨鹿	恁 ŋən⁵⁵	他们 tʰa³³mən⁰	大家伙 ta²¹tɕia³³xuɚr⁵⁵
邢台	恁 ŋən⁵⁵ 恁们 ŋən⁵⁵mən⁰	他们 ia⁵³mən⁰	大伙儿 ta³¹xuor⁵⁵

(续表)

	1135 你们~去	1136 他们~去	1137 大家~一起干
馆陶	你们 ȵi⁴⁴men⁰	他们 tʰa⁴⁴men⁰	咱大家 tsæn⁴⁴ta²¹tɕia²⁴
沧县	你们 ȵi²³mən⁰	他们 tʰɑ²³mən⁰	大伙儿 ta⁴¹xuor⁵⁵
献县	你们 ȵi²¹mən⁰	他们 tʰa²¹mən⁰	大家伙儿 ta³¹tɕia³³xuor³³
平泉	你们 ni²¹mən⁰	[他们]们 tʰan⁵⁵mən⁰ 他们 tʰa⁵⁵mən⁰	大伙儿 ta⁵³xuor²¹⁴ 大家 ta⁵³tɕia⁵⁵
滦平	你们 ȵiŋ²¹mən⁰/ ȵi²¹mən⁰	[他们]们 tʰɑŋ⁵⁵mən⁰ 他们 tʰa⁵⁵mən⁰	大伙儿 ta⁵¹xuor²¹⁴ 大家 ta⁵¹tɕia⁵⁵
廊坊	你们 ȵi²¹mən⁰	他们 tʰa⁵⁵mən⁰	大家 ta⁵³tɕia⁵⁵ 大伙儿 ta⁵³xuor²¹⁴
魏县	恁 nən⁵⁵	他几个 tʰɤ⁵⁵tɕi⁵⁵iə⁰	大家伙儿 ta³¹²tɕia³³xuɤr⁵⁵ 大伙儿 ta³¹²xuɤr⁵⁵
张北	你们 ȵi⁵⁵məŋ⁰	他们 tʰa⁴²məŋ⁰	大伙儿 ta²¹xuer⁰
万全	你们 ȵi⁵⁵məŋ⁰	他们 tʰa⁴¹məŋ⁰	大伙儿 ta⁴⁵xuə⁵⁵ər⁰
涿鹿	你们 ȵi⁵⁵məŋ⁰	他们 tʰa⁴²məŋ⁰	大伙儿 ta³¹xuɤr⁴⁵
平山	你们 ȵi²¹məŋ⁰	他们 xa²¹məŋ⁰	大伙儿 ta⁵⁵xuə⁰
鹿泉	你们 ȵi³⁵mẽ⁰	他们 tʰʌ⁵⁵mẽ⁰	大伙儿 ta³¹xuor³⁵
赞皇	你们 ȵi⁴⁵mən⁰	他们 tʰa⁵⁴mən⁰	大伙儿 ta³¹²xuɤr⁴⁵
沙河	[你们]ŋei³³	[人家]nie⁵¹	大家 tɔ²⁴tɕiɔ⁴¹
邯郸	恁 n⁵⁵ 恁都 n⁵³təu⁰	他都 tʰə⁵³təu⁰	大家伙儿 tɔ²¹tɕiɔ³³xuɤr⁵³
涉县	你都 ȵiə⁵³tou⁰ 他都 tʰɒ⁴¹tou⁰	他都 tʰɒ⁴¹tou⁰	大家 tɒ⁵⁵tɕiɒ⁰

---

①④ 用于人多。
②③ 用于人少。

	1138 自己 我~做的	1139 别人 这是~的	1140 我爸 ~今年八十岁
兴隆	自己个儿 tsʅ⁵¹tɕi²¹kɤr²¹³ 自个儿 tsʅ⁵¹kɤr²¹³ 自己 tsʅ⁵¹tɕi²¹³	别人 piɛ⁵⁵zən⁵⁵ 人家 zən⁵⁵tɕia⁰	我爸 uo²¹pa⁵¹
北戴河	己个儿 tɕi⁵³kɤr²¹⁴	别人 piɛ³⁵zən⁰	我爸 uo²¹pa⁵¹
昌黎	己个儿 tɕin⁴²kɤr²¹³	别人 piɛ²⁴zən⁰	我爸 uo²¹pa⁴⁵³ 我爹 uo²¹tiɛ⁴²
乐亭	自个儿 tsʅ⁵³kɤr³⁴	别人儿 piɛ³¹zər⁰	我爸爸 uə³⁴pa³¹pa⁰
蔚县	一个儿 i⁵³kɤr³¹²	别人 piɛ⁴¹zəŋ⁰	俺爹 nã⁴⁴tiɛ⁵³ 俺爸 nã⁴⁴pɑ⁵³
涞水	己个儿 tɕi²⁴kɤər³¹⁴ 自己 tsʅ³¹tɕi²⁴	别人儿 piɛ²⁴zər⁰	我爸爸 uo²⁴pa³³¹pa⁰
霸州	自个儿 tsʅ⁴⁵kɤr²¹⁴ 己个儿 tɕi⁴⁵kɤr²¹⁴	别人儿 piɛ⁵³zər⁰ 人家 zən⁵³tɕia⁰/ɲi⁵³tɕia⁰	我爸爸 uo²¹pa⁴⁵pa⁰
容城	个人儿 kɤ³¹zər⁰	别人儿 piɛ²¹zər⁰	我爸爸 uo²¹pa⁵²pa⁰
雄县	自个儿 tsʅ⁵³kɤr²¹⁴ 己个儿 tɕi⁵³kɤr²¹⁴	别人 piɛ⁵³zən⁰	我爸 uo²⁴pa⁴¹
安新	自个儿 tɕi⁴⁵kɤr²¹⁴ 个人 kɤ⁵³zən³¹	别人儿 piɛ³³zər⁰	我爸爸 uo²¹pa²¹pa⁰
满城	个人 kɤ⁵³zən²² 自个儿 tsʅ⁵³kɤ²²ər⁰	别人儿 piɛ²²zər⁰	我爸爸 uo²¹³pa²¹pa⁰
阜平	自家 tsʅ²⁴ia⁰	人家 zəŋ⁵³tɕia⁰	我爹 uɤ⁵⁵tiɛ³¹
定州	自个儿 tsʅ⁵³kɐr²⁴ 己个儿 tɕi⁵³kɐr⁰	别人儿 piɛ⁴²zər²⁴	我爹 uo²⁴tiɛ³³
无极	自个儿 tsʅ³⁵kɤr⁵¹	别人 piɛ³¹zən⁰	我爹 uɤ³⁵tiɛ³¹
辛集	[自个] tsə³⁵⁴	别人儿 piɛ³⁵⁴zər³⁵⁴	俺爹 nan²⁴tiɛ³³
衡水	自个儿 tsʅ⁵⁵kɤr⁵⁵	别人儿 piɛ⁵³iər⁵³ 旁人儿 pʰɑŋ⁵³iər⁵³	俺爹 ŋɑn⁵⁵tiɛ²⁴
故城	己个儿 tɕi⁵⁵kɤr⁵⁵ 个人 kɤ³¹zẽ⁵³ 自个儿 tsʅ⁵⁵kɤr⁵⁵	别人 piɛ⁵³zẽ⁰ 人家 zẽ⁵⁵tɕia⁰	俺爹 ŋæ³¹tiɛ²⁴ 俺爸爸 ŋæ²⁴pa⁵³pa⁰
巨鹿	自个儿 tsʅ²¹kɤr⁵⁵	人家 in⁵⁵tɕia⁰	俺爹 ŋan⁵⁵tiɛ³³

(续表)

	1138 自己我~做的	1139 别人这是~的	1140 我爸~今年八十岁
邢台	自个儿 tsʅ³¹kɤr⁰ 自己 tsʅ³¹tɕi⁵⁵	别人儿 piɛ⁵³zʅr⁵³	我爹 və⁵⁵tiɛ³⁴ 俺爹 ŋan⁴³tiɛ³⁴
馆陶	自个儿 tsʅ²¹kɤr⁰	别人儿 piE⁵²zər⁰	俺爹 ɣæn⁴⁴tiE²⁴ 俺父亲 ɣæn⁴⁴fu²¹tsʰin⁰
沧县	个人 kɤ⁴¹zən⁵³	别人 piɛ⁵³zən⁵³	俺爸爸 nan⁵⁵pa⁵³pɑ⁰
献县	个人 kɤ³¹zən⁵³	别人儿 piɛ⁵⁵zəz̩⁰	俺爸爸 næ²¹pa⁵³pa⁰
平泉	自个儿 tsʅ⁵³kɤr²¹⁴ 各个儿 kə⁵³kɤr²¹⁴ 自己 tsʅ⁵³tɕi²¹⁴	别人 piɛ³⁵zən³⁵	我爸 uo²¹pa⁵¹
滦平	各个儿 kə³⁵kər²¹⁴ 自个儿 tsʅ⁵¹kər²¹⁴ 自己 tsʅ⁵¹tɕi²¹⁴	别人 piɛ³⁵zən³⁵ 人家 zən³⁵tɕia⁰	我爸 uo²¹pa⁵¹
廊坊	自个儿 tsʅ⁵³kɤr²¹⁴ 己个儿 tɕi⁵³kɤr²¹⁴ 自己 tsʅ⁵³tɕi²¹⁴	人家 zən³⁵tɕia⁰ 别人 piɛ³⁵zən⁰	我爸 uo²¹pa⁵¹ 我爸爸 uo²¹pa⁵¹pa⁰
魏县	[自己]个 tɕi³¹²iə⁰	别人 piɛ⁵³zən⁵³ [人家]ȵiɛ⁵³	俺爹 an⁵⁵tiɛ³³
张北	自个儿 tsʅ²³kɛr⁰	别人 piɛ⁴²zəŋ⁰	我爸爸 ŋə⁵⁵pa²¹pa⁰ 我爹 ŋə⁵⁵tiɛ⁴² 我大 ŋə⁵⁵ta⁴²
万全	一个儿 iəʔ²²kɛr²¹³ 自个儿 tsʅ²⁴kɛr²¹³	他们 tʰa⁴¹məŋ⁰	我爸爸 ŋə⁴⁴pa⁵⁴pa⁵⁵
涿鹿	自个儿 tsʅ²³kɤr³¹	别人 piɛ³¹zəŋ⁰	我爹 uə⁴²tiɛ⁴²
平山	自家 tsʅ⁴²a⁰	别人 piə⁴²zəŋ⁰ [人家]ȵia³¹	俺爹 næ̃⁵⁵tiɛ³¹
鹿泉	自个儿 tsʅ³¹kɤr⁰	别人儿 piɤ³¹zər⁰	俺爹 næ̃³⁵tiɤ⁵⁵
赞皇	[自家]家 tsia³¹²tɕia⁵⁴	[你家]ȵia⁵⁴	我爹 uə⁴⁵tiɛ⁵⁴
沙河	[自家]tsiɔ²⁴	人家 zən⁵¹tɕie⁰	我爹 uo³³tiɛ⁰ 俺爹 ŋã³³tiɛ⁰
邯郸	[自己]tsi²¹³	[人家]都 niɛ⁵³tou⁰ 别人儿 piɛ⁵³zər⁰	俺爹 ŋæ̃⁵⁵tiɛ³¹
涉县	自己 tsʅ⁵⁵tɕi⁰	#2都 ȵiau⁵⁵tou⁰	俺爹 ŋæ̃⁴¹tiɛ⁴¹

	1141 你爸~在家吗？	1142 他爸~去世了	1143 这个 我要~，不要那个
兴隆	你爸 ȵi²¹pa⁵¹	他爸 tʰa³⁵pa⁵¹	这个 tʂei⁵¹kə⁰/ tʂə⁵¹kə⁰
北戴河	你爸 ȵi²¹pa⁵¹	他爸 tʰa⁴⁴pa⁵¹	这个 tʃei⁵³kɤ⁰
昌黎	你爸 ȵi²¹pa⁴⁵³ 你爹 ȵi²¹tie⁴²	他爸 tʰa³⁴pa⁴⁵³ 他爹 tʰa³⁴tie⁴²	这个 tsei⁴²kə²³
乐亭	你爸爸 ni³⁴pa³¹pa⁰	他爸爸 tʰa³¹pa³¹pa⁰	这个 tʂei³¹kə⁰
蔚县	你爹 ȵi⁴⁴tiə⁵³ 你爸 ȵi⁴⁴pɑ⁵³	他爹 tʰa⁵³tiə⁵³ 他爸 tʰa⁵³pɑ⁵³	这个 tsʅ³¹kɤ⁰
涞水	你爸爸 ȵi²⁴pa³³¹pa⁰	他爸爸 tʰa⁵⁵pa³³¹pa⁰	这儿个 tʂɤr³³¹kɤ⁰
霸州	你爸爸 ȵi²¹pa⁴⁵pa⁰	他爸爸 tʰa²¹pa⁴⁵pa⁰	这个 tʂɤ⁴¹kɤ⁰
容城	你爸爸 ni²¹pa⁵²pa⁰	他爸爸 tʰa³⁵pa⁵²pa⁰	这个 tʂɤ²¹kɤ⁰
雄县	你爸 ȵi²⁴pa⁴¹	他爸 tʰa²⁴pa⁴¹	这个 tʂɤ⁴⁵kɤ⁰
安新	你爸爸 ni²¹pa⁵⁵pa⁰	他爸爸 tʰa²¹pa⁵⁵pa⁰	这个 tʂɤ⁵⁵kɤ⁰
满城	你爸爸 ni²¹³pa²¹pa⁰	他爸爸 tʰa⁴⁵pa²¹pa⁰	这个 tʂei²¹kɤ⁰
阜平	你爹 ȵi⁵⁵tie³¹	他爹 tʰa⁵⁵tie³¹	这个 tʂɤ⁵³kɤ⁰
定州	你爹 ȵi²⁴tie³³	他爹 tʰa³³tie¹¹	这个 tʂei³⁵kə⁰
无极	你爹 ȵi³⁵tie³¹	他爹 tʰa³³tie³¹	这个 tʂɤ³¹kɤ⁵¹
辛集	恁爹 nən²⁴tie³³	他爸 tʰa³⁵pɑ⁴¹	这个 tʂə³²⁴kə⁰ 这 tʂə³²⁴
衡水	恁爸爸 ŋən⁵⁵pa⁵³pa⁰	他爸爸 tʰa⁵⁵pa⁵³pa⁰	这个 tɕie⁵³kɤ⁰
故城	你爹 ȵi⁵³tie²⁴ 你爸爸 ȵi²⁴pa⁵³pa⁰	他爹 tʰa⁵³tie²⁴ 他爸爸 ta²⁴pa⁵³pa⁰	这个 tʂɤ⁵³kɤ⁰
巨鹿	恁爹 ŋən⁵⁵tie³³	他爹 tʰa⁵⁵tie³³	这个 tɕie⁵³kɤ⁰
邢台	恁爸 ŋən⁵⁵pa³¹	他爹 ia⁵³tie³⁴ 他爸 ia⁵³pa³¹	这个 tʂei³¹kə⁰
馆陶	恁爹 nen⁴⁴tiɛ²⁴ 恁父亲 nen⁴⁴fu²¹tsʰin⁰	他爹 tʰa⁴⁴tiɛ²⁴ 他父亲 tʰa⁴⁴fu²¹tsʰin⁰	这个 tʂɛ²⁴kɤ⁰
沧县	你爸爸 ȵi⁵⁵pɑ⁵³pɑ⁰	他爸爸 tʰa⁵⁵pɑ⁵³pɑ⁰	这个 tɕie⁵³kə⁰
献县	你爸爸 ȵi²¹pa⁵³pa⁰	他爸爸 tʰa²¹pa⁵³pa⁰	这一个 tʂʅ³¹i³¹kɤ³¹
平泉	你爸 ni²¹pa⁵¹	他爸 tʰa⁵⁵pa⁵¹	这个 tʂei⁵¹kə⁰/tʂə⁵¹kə⁰

（续表）

	1141 你爸~在家吗?	1142 他爸~去世了	1143 这个我要~，不要那个
滦平	你爸 ȵi²¹pa⁵¹	他爸 tʰa⁵⁵pa⁵¹	这个 tʂei⁵¹kə⁰/tʂə⁵¹kə⁰
廊坊	你爸 ȵi²¹pa⁵¹ 你爸爸 ȵi²¹pa⁵¹pa⁰	他爸 tʰa⁵⁵pa⁵¹ 他爸爸 tʰa⁵⁵pa⁵¹pa⁰	这个 tʂɤ⁵¹kɤ⁰/tʂei⁵¹kɤ⁰
魏县	恁爹 nən⁵⁵tie³³	他爹 tʰɤ⁵⁵tie³³	这个 tʂʅ³¹²kɤ³³
张北	你爸爸 ȵi⁵⁵pa²¹pa⁰ 你爹 ȵi⁵⁵tie⁴² 你大 ȵi⁵⁵ta⁴²	他爸爸 tʰa⁴²pa²¹pa⁰ 他爹 tʰa⁴⁴tie⁴² 他大 tʰa⁴⁴ta⁴²	这儿 tsɛr²¹³
万全	你爸爸 ȵi⁴⁴pa⁵⁴pa⁵⁵	他爸爸 tʰa⁴¹pa⁵⁴pa⁵⁵	这个 tsei²¹³kə⁰
涿鹿	你爹 ȵi⁴²tie⁴²	他爹 tʰa⁴²tie⁴²	这个 tʂə³¹ə⁰
平山	你爹 ȵi⁵⁵tiə³¹	他爹 xa⁵³tiə³¹	这个 tʂʅ²¹kɤ⁰
鹿泉	你爹 ȵi³⁵tiɤ⁵⁵	他爹 tʰʌ¹³tiɤ⁵⁵	这个 tʂɤ³¹kɤ⁰
赞皇	你爹 ȵi⁴⁵tie⁵⁴	他爹 tʰa⁵⁴tie⁵⁴	这 tʂə³¹²
沙河	#3 爹 ŋei³³tie⁰	[人家] 爹 nie⁵¹tie⁰	这个 tʂəʔ²kɤ²⁴/tʂei²¹kɤ⁰
邯郸	恁爹 n⁵⁵tie³¹	他爹 tʰə⁵⁵tie³¹	这个 tʂəʔ⁵kə⁰
涉县	你爹 ȵiə⁵³tiə⁴¹	他爹 tʰɒ⁴¹tiə⁰	这个 tsəʔ³²kəʔ⁰

	1144 那个 我要这个，不要~	1145 哪个 你要~杯子？	1146 谁 你找~？
兴隆	那个 nei⁵¹kə⁰/na⁵¹kə⁰	哪个 nei²¹kə⁰/na²¹kə⁰	谁 ʂei⁵⁵/ʂuei⁵⁵
北戴河	那个 nei⁵³kɤ⁰	哪个 nei²¹kɤ⁰	哪 na²¹⁴ 谁 ʃei³⁵
昌黎	那个 nei⁴²kə²³	哪个 nei²¹kə⁰	哪 na²¹³
乐亭	那个 nai³¹kə⁰	哪个 na²¹¹kə⁰	哪 na³⁴
蔚县	那个 nei³¹kɤ⁰	哪个 nɑ⁴⁴kɤ⁰	谁 suei⁴¹
涞水	那个 ȵie³³¹kɤ⁰	哪个 na³¹kɤ⁰	谁 ʂei⁴⁵
霸州	那个 ȵie⁴¹kɤ⁰	哪个 na²¹kɤ⁰	谁 ʂei⁵³
容城	那个 nie⁵²kɤ⁰	哪个 na²¹kɤ⁰	谁 ʂei³⁵
雄县	哈个 xa⁴⁴kɤ⁰	哪个 na²¹kɤ⁰	谁 ʂei⁵³
安新	哈个 xai²¹kɤ⁰	哪个 nai²¹kɤ⁰	谁 ʂei³¹
满城	哈个 xai²¹kɤ⁰	哪个 nai²¹kɤ⁰	谁 ʂei²²
阜平	那个 nei⁵³kɤ⁰	哪个 na²¹kɤ⁰	谁 ʂei²⁴
定州	那个 nei³⁵kə⁰	哪个 nei²¹¹kə⁰	谁 ʂei²⁴
无极	那个 naŋ³¹kɤ⁵¹	哪个 na³⁵kɤ⁵¹	谁 ʂəi²¹³
辛集	那个 nə³²⁴kə⁰ 那 nə³²⁴	哪个 na³²⁴kə³¹	谁 ʂei³⁵⁴
衡水	那个 ȵie⁵³kɤ⁰	哪个 na⁵⁵kɤ⁰	谁 xei⁵³
故城	那个 na⁵³kɤ⁰	哪个 na²⁴kɤ⁰	谁 sei⁵³
巨鹿	那个 na⁵³kɤ⁰	哪个 na⁵⁵kɤ⁰	谁 ʂei⁴¹
邢台	那个 nei³¹kə⁰	哪个 na⁵⁵kə³¹	谁 ʂei⁵³
馆陶	那个 na²⁴kɤ⁰	哪个 na⁴⁴kɤ⁰	谁 sei⁵²
沧县	那个 nɑ⁵³kə⁰	哪个 nɑ²³kə⁰	谁 sei⁵³
献县	那一个 na³¹i³³kɤ³¹	哪一个 na²¹i³³kɤ³¹	谁 xei⁵³
平泉	那个 nei⁵¹kə⁰/na⁵¹kə⁰	哪个 nei²¹kə⁰/na²¹kə⁰	谁 ʂei³⁵/ʂuei³⁵
滦平	那个 nei⁵¹kə⁰/na⁵¹kə⁰	哪个 na²¹kə⁰/nei²¹kə⁰	谁 ʂei³⁵/ʂuei³⁵
廊坊	那个 ŋa⁵¹kɤ⁰/ŋei⁵¹kɤ⁰	哪个 ŋa²¹kɤ⁰/ŋei²¹kɤ⁰	谁 ʂei³⁵
魏县	那个 nɤ³¹²kɤ³³	哪个 nan⁵⁵kɤ⁰	谁 ʂəi⁵³

	1144 那个 我要这个，不要~	1145 哪个 你要~杯子？	1146 谁 你找~？
张北	那儿 ner²¹³	哪儿 na⁵⁵ker⁰	谁 suei⁴²
万全	位＝个 vei²¹³kə⁰	哪个 na²¹³kə⁰	谁 suei⁴¹
涿鹿	那个 nɛ³¹ə⁰	哪个 na⁵⁵a⁰	谁 suei⁴²
平山	那个 ȵi²¹kɤ⁰	哪个 ȵi²¹kɤ⁰	谁 ʂæi³¹
鹿泉	那个 na³¹kɤ⁰	哪个 na³⁵kɤ⁰	谁 ʂei⁵⁵
赞皇	那 na³¹²	哪个 na⁴⁵kə⁰	谁 ʂuei⁵⁴
沙河	那个 nəʔ²kɤ⁰/nei²¹kɤ⁰	哪个 nɔ³³kɤ⁰	谁 ʂei⁵¹
邯郸	那个 nəʔ⁵kə⁰	哪个 nɔ⁵⁵kə⁰	谁 ʂəi⁵³
涉县	那个 nəʔ³²kəʔ⁰	哪个 nɒ⁵³kəʔ⁰	谁 səi⁴¹

	1147 这里 在~，不在那里	1148 那里 在这里，不在~	1149 哪里 你到~去？
兴隆	这里 tʂə⁵¹li²¹³ 这儿呢 tʂər⁵¹nə⁰	那里 na⁵¹li²¹³ 那儿呢 nar⁵¹nə⁰	哪里 na³⁵li²¹³ 哪儿 nar²¹³
北戴河	这儿 tʃər⁵¹	那儿 nɐr⁵¹	哪儿 nɐr²¹⁴
昌黎	这下儿 tsei⁴²xər²³	那下儿 nai⁴²xər²³	哪下儿 na²¹xər⁰
乐亭	这会儿 tsei³¹xuər⁰	那会儿 nai³¹xuər⁰	哪会儿 na²¹¹xuər⁰
蔚县	这下儿 tsʏ³¹xɐr⁴⁴ 这摊儿 tsʅ³¹tʰer⁴⁴	那下儿 nei³¹xɐr⁰/na³¹xɐr⁰	哪下儿 na⁴⁴xɐr⁰
涞水	这儿里 tʂɤər³³¹li⁰	那里 na³³¹li⁰	哪里 na⁴⁵li⁰
霸州	这下儿 tʂɤ⁴¹xɐr⁰ 这儿 tʂɤr⁵³	那下儿 ȵie⁴¹xɐr⁰ 那儿 ȵier⁵³	哪下儿 na²¹xɐr⁰ 哪儿 nar²¹⁴
容城	这儿价 tʂɐr²¹tɕie⁰	那里 na⁵²li²¹³	哪儿 nɐr²¹³
雄县	这下儿 tʂɤ⁴¹xɐr⁰ 这儿 tʂɤr⁴¹	那下儿 nar⁴¹xɐr⁰ 那儿 nar⁴¹	哪下儿 na²¹xɐr⁰ 哪儿 nar²¹⁴
安新	这下儿 tʂɤ²¹xər⁰	哈下儿 xai²¹xər⁰	哪下儿 na²¹xər⁰
满城	这儿 tʂɤr²² 这里 tʂɤr⁵⁵ȵi⁰	哈儿 xɐr²² 哈里 xa⁵⁵ȵi⁰	哪儿 nɐr²¹³ 哪里 xa⁴²ȵi⁰
阜平	这里 tʂɤ²⁴li⁰	那里 na²⁴li⁰	哪儿 nar⁵⁵
定州	这儿里 tʂər³⁵li⁰	那儿 nar⁵¹	哪儿 nar²⁴
无极	这儿价 tʂər³¹tɕia⁵¹	那儿价 nər³¹tɕia⁵¹	哪儿价 nər³⁵tɕia⁰
辛集	这 tʂə³⁵⁴ 这下儿 tʂə³⁵xɐr⁰	那儿 nər³⁵⁴ 那儿下儿 nər³⁵xɐr⁰	哪儿 nar³⁵⁴ 哪儿下儿 nar³⁵xɐr⁰
衡水	这里 tɕie⁵³li⁰ 这儿下儿 tɕiar³¹xar⁰	那里 ȵie⁵³li⁰/na⁵³li⁰ 那儿下儿 ȵiar³¹xar⁰	哪里 na²¹li⁰ 哪儿下儿 nar²¹xar⁰
故城	这里 tʂɤ⁵³li⁰ 这下儿 tʂɤ⁵³xɐr⁰	那里 na⁵³li⁰ 那下儿 na⁵³xɐr⁰	哪里 na²⁴li⁰ 哪下儿 na²⁴xɐr⁰
巨鹿	这里 tɕie⁵³li⁰	那儿 nar³³	哪儿 nar⁵⁵
邢台	这儿 tʂər³¹	那儿 nər³¹	哪儿 nar⁵⁵
馆陶	这儿 tʂɤr²¹³	那儿 nar²¹³	哪儿 nar⁴⁴
沧县	这下儿 tɕie⁵³xɐr⁰	那下儿 na⁵³xɐr⁰	哪下儿 nɑ²³xɐr⁰

(续表)

	1147 这里在~，不在那里	1148 那里在这里，不在~	1149 哪里你到~去？
献县	这下儿 tʂʅə³¹xɐr⁰ 这里 tʂʅə³³¹ȵi⁰	那下儿 na³¹xɐr⁰ 那里 na³³¹ȵi⁰	哪里 na²¹ȵi⁰
平泉	这儿 tʂər⁵¹ 这里 tʂei⁵³li²¹⁴/tʂə⁵³li²¹⁴	那儿 nar⁵¹ 那里 nei⁵³li²¹⁴/na⁵³li²¹⁴	哪儿 nar²¹⁴ 哪里 na³⁵li²¹⁴
滦平	这儿 tʂər⁵¹ 这里 tʂə⁵¹li²¹⁴/tʂei⁵¹li²¹⁴	那儿 nar⁵¹ 那里 nei⁵¹li²¹⁴/na⁵¹li²¹⁴	哪儿 nar²¹⁴ 哪里 na³⁵li²¹⁴
廊坊	这儿 tʂɤr⁵¹	那儿 nar⁵¹	哪儿 ŋar²¹⁴
魏县	这儿 tʂər³¹²	那儿 nər³¹²	哪儿 nar⁵⁵
张北	这儿 tsɐr²¹³	那儿 nɐr²¹³	哪儿 nɐr⁵⁵
万全	这里 tsə⁴⁴li⁵⁵	窝⁼里 və⁴¹li⁵⁵	哪儿搭 ⁼nə⁵⁵ər⁰ta⁰
涿鹿	这里 tʂə³¹lɛ⁰ 这下儿 tʂə³¹xar⁰	那里 na⁴²lɛ⁰ 那下儿 na⁴²xar⁰	哪里 na⁵⁵lɛ⁰ 哪下儿 na⁵⁵xar⁰
平山	这儿 tʂɐr⁴²	那儿 nɐr⁴²	哪儿 nɐr²⁴
鹿泉	这儿 tʂɤr³¹²	那儿 nɑr³¹²	哪儿 nɑr³⁵
赞皇	个儿 kɤr³¹²	那儿 nar³¹²	哪儿 nar⁴⁵
沙河	这儿 tʂər²⁴	那儿 nar²⁴	哪儿 nar³³
邯郸	这儿 tʂɤr²¹³	那儿 nɤr²¹³ 那 næ̃²¹³	哪里 næ̃⁵³lə⁰ 哪儿里 nɐr⁵³lə⁰
涉县	这儿 tʂɐr⁴¹² 这儿里 tʂɐr⁴¹ləi⁰	那儿 nɐr⁴¹² 那儿里 nɐr⁴¹ləi⁰	哪 nɒ⁵³ 哪里 nɒ⁵³ləi⁰

	1150 这样事情是~的，不是那样的	1151 那样事情是这样的，不是~的	1152 怎样什么样；你要~的？
兴隆	这样 tʂei⁵³iaŋ⁵¹/tʂə⁵³iaŋ⁵¹	那样儿 na⁵³iãr⁵¹ 那样 na⁵³iaŋ⁵¹	怎样儿 tsən²¹iãr⁵¹ 啥样儿 ʂa⁵⁵iãr⁵¹
北戴河	这样儿 tʃei⁵³iãr⁵¹	那样儿 nei⁵³iãr⁵¹	啥样儿 ʃa³⁵iãr⁵¹
昌黎	这样儿 tʂei⁴⁵iar²³	那样儿 na⁴⁵iar²³	啥样儿 sa⁴⁵iar²³
乐亭	这样儿 tʂei³¹iar⁰	那样儿 nai³¹iar⁰	啥样儿 ʂa⁵³iar⁵²
蔚县	这样儿 tsɤ³¹iɔr⁰	那样儿 na³¹iɔr⁰	啥样儿 sa³¹iɔr⁰
涞水	这样儿 tʂɤ³¹iaŋ⁴⁵ŋər⁰	那样儿 na³¹iaŋ⁴⁵ŋər⁰	么儿 mər²⁴
霸州	这样儿 tʂɤ⁴⁵iar⁴¹	那样儿 ȵie⁴¹iar⁴¹	什么样儿 ʂən⁴⁵mo⁰iar⁴¹
容城	这样儿 tʂɤ⁵²iaŋ³⁵ŋər⁰	那样儿 na⁵²iaŋ³⁵ŋər⁰	什么样儿 ʂən³⁵mɤ⁰iaŋ³⁵ŋər⁰
雄县	这样儿 tʂɤ⁴¹iar⁴¹	那样儿 na⁴¹iar⁴¹	么样儿 mo²¹iar⁴¹
安新	这样儿的 tʂɤ⁵⁵iaŋ²¹ŋər⁰ti⁰	那样儿的 na⁵⁵iaŋ²¹ŋər⁰ti⁰	什么样儿的 sou⁴⁵mo⁰iaŋ⁰ŋər⁰ti⁰
满城	这样儿 tʂei⁵³iaŋ²¹ər⁰	那样儿 na⁵³iaŋ²¹ər⁰	什么样儿 ʂən²¹mo⁰iaŋ²¹ər⁰
阜平	这样儿 tʂɤ²⁴iãr⁵³	那样儿 næ²⁴iãr⁵³	什么样儿 sɿ⁵⁵ma⁰iãr⁵³
定州	这么着哩 tsɿ²⁴mə⁰tʂau³³li⁰	那么着 nəŋ²⁴mə⁰tʂau³³	什么样儿 sɿ²¹¹mə⁰iaŋ³⁵ŋər⁰
无极	这样 tʂɤ⁵¹iaŋ⁵¹	那样 naŋ³⁵iaŋ⁵¹	嘛样儿 ma⁵¹iãr⁵¹
辛集	这么着 tʂə⁴²mə⁰tʂau⁰	那么着 nə⁴²mə⁰tʂau⁰	什么样儿 ʂou³⁵mə⁰iãr⁴¹
衡水	这样儿 tɕiɛ³¹iar³¹	那样儿 na³¹iar³¹	什么样儿 xeu⁵³ma⁰iar³¹ 嘛儿样儿 mɐr⁵³iar³¹
故城	这下样 tʂɤ³¹xa⁰iaŋ³¹	那下样 na³¹xa⁰iaŋ⁰	什么样儿 ʂẽ⁵⁵mɤ⁰iaŋ³¹
巨鹿	这样儿 tɕie³³i ɐr²¹	那样儿 na³³iɐr²¹	啥样儿 ʂa³³i ɐr²¹
邢台	这样儿 tʂə³³iɐr³¹	那样儿 nai³³iɐr³¹	啥样儿 ʂa⁵³iɐr³¹
馆陶	这样儿 tʂɤ²⁴iar²¹	那样儿 na²⁴iar²¹	啥儿样儿 ʂar²⁴iar²¹
沧县	这样儿 tɕie⁵³iʌr⁰	那样儿 na⁵³iʌr⁰	嘛样儿 ma⁵³iʌr⁰
献县	这样儿 tʂʅ³¹iʌr³¹	那样儿 na³¹iʌr³¹	么样儿 muo³¹iʌr³¹
平泉	这样 tʂei⁵³iaŋ⁵¹/tʂə⁵³iaŋ⁵¹	那样 nei⁵³iaŋ⁵¹/ na⁵³iaŋ⁵¹	啥样儿 ʂa³⁵iãr⁵¹ 怎样儿 tsən²¹iãr⁵¹
滦平	这样儿 tʂei⁵¹iãr⁵¹/tʂə⁵¹iãr⁵¹	那样儿 nei⁵¹iãr⁵¹/na⁵¹iãr⁵¹	啥样儿 ʂa³⁵iãr⁵¹ 怎样儿 tsən²¹iãr⁵¹

（续表）

	1150 这样事情是~的，不是那样的	1151 那样事情是这样的，不是~的	1152 怎样什么样；你要~的？
廊坊	这样儿 tʂei⁵³iãr⁵¹/tʂɤ⁵³iãr⁵¹	那样儿 ȵei⁵³iãr⁵¹/ȵa⁵³iãr⁵¹	什么样儿 ʂən³⁵mɤ⁰iãr⁵¹ 哪样儿 ȵei²¹iãr⁵¹/ȵa²¹iãr⁵¹
魏县	[这么]的 tʂən⁵³tɛ⁰	[那么]的 nən⁵³tɛ⁰	咋的 tʂa⁵³tɛ⁰
张北	这样 tsə²³iɔ̃²¹³	那样 na²³iɔ̃²¹³	咋样 tsa⁵⁵iɔ̃²¹³
万全	这样儿 tsə²⁴ier²¹³	位″样儿 və²⁴ier²¹³	咋的 tsa⁵⁵tə⁰
涿鹿	这样儿 tʂə³¹iãr⁰	那样儿 nə³¹iãr⁰	[怎么]样儿 tsua⁴²iãr⁰
平山	这儿 tʂɚ⁴²	那儿 nɐr⁴²	什么样儿 ʂʅ⁵⁵mə⁰ier⁴²
鹿泉	这个样儿 tʂɤ³¹kɤ⁰iãr³¹	那个样儿 na³¹kɤ⁰iãr³¹	什么样儿 ʂɤ⁵⁵mo⁰iãr³¹
赞皇	[这样儿]哩 kãr⁴⁵li⁰	那样儿哩 nə³¹²iãr³¹li⁰	什么样儿哩 ʂʅ⁵⁴ma⁰iãr³¹li⁰
沙河	[这么]的 tʂən²¹tɤ⁰	[那么]的 nən²¹tɤ⁰	啥样儿 ʂɔ²¹iar⁰
邯郸	[这么]的 tʂən²¹tə⁰	[那么]的 nən¹³tə⁰	啥样儿 ʂɔ⁵³ier²¹
涉县	[这么]个儿 [tsəŋ⁵³]kɐr⁰	[那么]个儿 [nəŋ⁵³]kɐr⁰	咋个儿 tsɒ⁵³kɐr⁰

	1153 这么~贵啊	1154 怎么这个字~写?	1155 什么这个是~字?
兴隆	这么 tʂən⁵¹mə⁰/tʂə⁵¹mə⁰	咋 tsa²¹³ 怎么 tsən²¹mə⁰	啥 ʂa⁵⁵ 什么 ʂən⁵⁵mə⁰
北戴河	[这么]tʃən⁵¹	咋 tʃa²¹⁴	啥 ʃa³⁵
昌黎	[这么]tsən⁴⁵³	咋 tsa²¹³	啥 sa²⁴
乐亭	这么 tʂən⁵⁵mən⁰	咋 tsa³⁴	啥 ʂa⁵²
蔚县	这么 tsʅ³¹mɤ⁰	咋 tsɑ⁴⁴	啥 sɑ³¹²
涞水	这么 tʂɤ³³¹muo⁰	怎么 tsən³¹muo⁰	什么 ʂən⁴⁵muo⁰
霸州	这么 tʂə⁴⁵mo⁰	怎么 tsən²¹mo⁰	什么 ʂən⁴⁵mo
容城	这么 tʂɤ⁵²mɤ⁰	怎么儿 tsən²¹mɚ⁰	什么 ʂən³⁵mɤ⁰
雄县	这么 tʂən⁴⁵mo⁰	怎么 tsən²¹mo⁰	么 mo²¹⁴
安新	这么 tʂɤ⁵⁵mo⁰	怎么 tsou²¹mo⁰	什么 sou⁵³mo⁰
满城	这么 tʂən⁵⁵mo⁰	怎么 tsən²¹mɤ⁰	什么 ʂən²¹mɤ⁰
阜平	这么 tʂɤ²⁴muɤ⁰	怎么 tsən²¹muɤ⁰	什么 ʂʅ²⁴muɤ⁰
定州	这么 tsʅ³⁵mə⁰	怎么 tsʅ²¹¹mə⁰	什么 ʂʅ²¹¹mə⁰
无极	这么 tʂɤ⁵³muɤ⁰	怎么着 tsəŋ³⁵muɤ⁰tʂə⁰	嘛 mɑ⁴⁵¹
辛集	这么 tʂə⁴²mə⁰	怎么 tsou³²²mə⁰	什么 sou³²²mə⁰
衡水	这么 tɕiɛ³¹mo⁰ 么 mo³¹	怎么 tsəu⁵⁵mo⁰	什么 xəu⁵³mɑ⁰ 么儿 mɐr⁵³
故城	这么 tʂɤ³¹mɤ⁰	怎么 tsuŋ²⁴mɤ⁰	嘛 ma⁵³
巨鹿	这么 tɕiɛ⁵³mɤ⁰	咋 tsa⁵⁵	啥 ʂa²¹
邢台	这么 tʂən³¹	咋儿 tsɐr⁵⁵	啥 ʂa⁵³
馆陶	这么 tʂᴇ²¹mo⁰	咋的 tsai⁴⁴tə⁰	啥 ʂa²¹³
沧县	这么 tɕiɛ⁵³mə⁰	怎么 tsən²³mə⁰	嘛 mɑ⁴¹
献县	这么 tʂŋ³³¹mə⁰	怎么 tsən²¹mə⁰	什么 ʂən³³¹mə⁰
平泉	这么 tʂə⁵¹mə⁰	咋 tsa²¹⁴ 怎么 tsən²¹mə⁰	啥 ʂa³⁵ 什么 ʂən³⁵mə⁰
滦平	这么 tʂəŋ⁵¹mə⁰/tʂə⁵¹mə⁰	咋 tsa²¹⁴ 怎么 tsən²¹mə⁰	啥 ʂa³⁵ 什么 ʂən³⁵mə⁰
廊坊	这么 tʂɤ⁵¹mɤ⁰	怎么 tsən²¹mɤ⁰	什么 ʂən³⁵mɤ⁰

(续表)

	1153 这么~贵啊	1154 怎么这个字~写?	1155 什么这个是~字?
魏县	[这么]tʂən⁵³	咋的 tʂa⁵³tɛ⁰	啥 ʂa³¹²
张北	这么 tsə²¹mə⁰	咋 tsa⁵⁵	甚 səŋ²¹³
万全	这么 tsə²⁴mə⁰	怎么 tsəŋ⁵⁵mə⁰	甚 səŋ²¹³
涿鹿	这么 tʂə³¹mə⁰	[怎么]tsua⁴⁵	啥 sua³¹
平山	这么 tʂʅ⁵⁵mə⁰	怎么 tsʅ⁵⁵mə⁰	什么 ʂʅ⁵⁵mə⁰
鹿泉	这么 tʂɤ³¹mo⁰	怎么 tsɤ³⁵mo⁰	什么 sɤ³⁵mo⁰
赞皇	这么 tʂə⁵¹muə⁰	咋儿 tsar⁵⁴	什么 sʅ⁵⁴ma⁰
沙河	这么 tʂən²¹mə⁰	咋儿 tsar⁵¹	啥 ʂɔ²¹
邯郸	这么 tʂən²¹³	咋的 tsɔ⁵³tə⁰	啥 ʂɔ²¹³
涉县	[这么]tsəŋ⁵³ [这么]么 tsəŋ⁴¹məŋ⁰	咋个儿 tsɒ⁵³kɐr⁰	啥 sɒ⁵⁵

	1156 什么 你找~?	1157 为什么 你~不去?	1158 干什么 你在~?
兴隆	啥 ʂa⁵⁵ 什么 ʂən⁵⁵mə⁰	为啥 uei⁵¹ʂa⁵⁵ 为什么 uei⁵¹ʂən⁵⁵mə⁰	干啥 kan⁵¹ʂa⁵⁵ 干什么 kan⁵¹ʂən⁵⁵mə⁰
北戴河	啥 ʃa³⁵	为啥 uei⁵³ʃa³⁵	干啥 kan⁵³ʃa³⁵
昌黎	啥 sa²⁴	咋 tsa²¹³ 为啥 uei⁴²sa²⁴	干啥 kan⁴²sa²⁴
乐亭	啥 ʂa⁵²	为啥 uei⁵³ʂa⁵²	干啥 kan⁵³ʂa⁵²
蔚县	啥 sɑ³¹²	为啥 vei¹³sɑ³¹²	做啥 tsu¹³sɑ³¹²
涞水	什么 ʂən⁴⁵muo⁰	为什么 uei³¹ʂən⁴⁵muo⁰	干什么 kan³¹ʂən⁴⁵muo⁰
霸州	什么 ʂən⁴⁵mo	怎么 tsən²¹mo⁰ 为什么 uei⁴¹ʂən⁴⁵mo	干什么 kan⁴¹ʂən⁴⁵mo
容城	什么 ʂən³⁵mɤ⁰	为什么 uei⁵²ʂən³⁵mɤ⁰	干什么 kan⁵²ʂən³⁵mɤ⁰
雄县	么 mo²¹⁴	为么 uei⁴¹mo²¹⁴	干么 kãn⁴¹mo²¹⁴
安新	什么 sou⁵³mo⁰	为什么 uei⁵⁵sou²¹mo⁰	干什么 kan⁵⁵sou⁵³mo⁰
满城	什么 ʂən²¹mɤ⁰	为什么 uei⁵³ʂəŋ²¹mɤ⁰	干什么 kan⁵³ʂəŋ²¹mɤ⁰
阜平	什么 ʂʅ²⁴muɤ⁰	为什么 uei⁵³ʂʅ²⁴muɤ⁰	干什么 kæ̃⁵³ʂʅ²⁴muɤ⁰
定州	什么 ʂʅ²¹¹mə⁰	怎么 tsʅ²¹¹mə⁰	干嘛 kan⁵³ma²⁴
无极	嘛 ma⁴⁵¹	为嘛 uen⁵¹ma⁴⁵¹	做嘛 tsou⁴⁵¹ma⁴⁵¹
辛集	什[么哎]sou³²²mai⁴²	做嘛 tsou⁴¹ma⁰	干嘛哩 kan⁴²ma³²⁴li⁰
衡水	什么 xou⁵³ma⁰ 嘛儿 mɚ⁵³	怎么 tʂou⁵⁵mo⁰ 为嘛儿 vei³¹mɚ⁵³	干嘛儿 kan³¹mɚ⁵³ 干什么 kan³¹xou⁵³ma⁰
故城	嘛 ma⁵³	干嘛 kæ³¹ma⁵³	干嘛 kæ³¹ma⁵³
巨鹿	啥 ʂa²¹	为啥 uei³³ʂa²¹	干啥 kan³³ʂa²¹
邢台	啥 ʂa⁵³	为啥 vei³¹ʂa⁵³	干啥 kan³¹ʂa⁵³
馆陶	啥 ʂa²¹³	为啥 uei⁴⁴ʂa²¹	干啥 kæn²⁴ʂa²¹
沧县	嘛 ma⁴¹	为嘛 uei²³ma⁴¹	做嘛 tsou⁴¹ma⁴¹
献县	么 muo³¹	为么 uei⁵³muo³¹	做么 tsou³¹muo³¹
平泉	啥 ʂa³⁵ 什么 ʂən³⁵mə⁰	为啥 uei⁵³ʂa³⁵ 为什么 uei⁵³ʂən³⁵mə⁰	干啥 kan⁵³ʂa³⁵ 干什么 kan⁵³ʂən³⁵mə⁰

(续表)

	1156 什么_{你找~?}	1157 为什么_{你~不去?}	1158 干什么_{你在~?}
滦平	啥 ʂa³⁵ 什么 ʂən³⁵mə⁰	为啥 uei⁵¹ʂa³⁵ 为什么 uei⁵¹ʂən³⁵mə⁰	干啥 kan⁵¹ʂa³⁵ 干什么 kan⁵¹ʂən³⁵mə⁰
廊坊	什么 ʂən³⁵mɤ⁰	为什么 uei⁵³ʂən³⁵mɤ⁰①	干什么 kan⁵³ʂən³⁵mɤ⁰② 做什么 tsuo⁵³ʂən³⁵mɤ⁰③
魏县	啥 ʂa³¹²	因为啥 iŋ³³uəŋ⁰ʂa³¹² 为啥 uəi⁵³ʂa³¹²	干啥 kan³¹ʂa³¹²
张北	甚 səŋ²¹³	为甚 vei²³səŋ²¹³ 咋 tsa⁵⁵	干甚 kæ²³səŋ²¹³
万全	甚 səŋ²¹³	怎么 tsəŋ⁵⁵mə⁰	干甚 kan²⁴səŋ²¹³
涿鹿	啥 sua³¹	为啥 uei²³sua³¹	干啥 kæ²³sua³¹
平山	嘛儿 mər⁴²	为嘛儿 uæi²⁴mər⁴²	闹嘛儿 nɔ²⁴mər⁴²
鹿泉	什么 ʂɤ³¹mo⁰	为什么 uei³⁵ʂɤ³¹mo⁰	弄什么 nəŋ³⁵ʂɤ³¹mo⁰
赞皇	什么 ʂʅ⁵⁴ma⁰	咋儿 tsar⁵⁴	干嘛嘞 kæ³¹²ma³¹lɛ⁰
沙河	啥 ʂɔ²¹	为啥 uei²¹ʂɔ²¹	干啥 kã²¹ʂɔ²¹
邯郸	啥 ʂɔ²¹³	咋 tsɔ⁵³	干啥 kæ⁵³ʂɔ²¹
涉县	啥 sɒ⁵⁵	为啥 vəi⁵³sɒ⁰	干啥 kæ⁵³sɒ⁰

---

①②③ "什"声调升幅不明显。

	1159 多少 这个村有~人？	1160 很 今天~热	1161 非常 比上条程度深：今天~热
兴隆	多少 tuo⁵⁵ʂau⁰	很 xən²¹³ 真 tʂən³⁵	忒 tʰuei³⁵ 非常 fei³⁵tʂʰaŋ⁵⁵
北戴河	多少 tuo³⁵ʃau⁰	真 tʃən⁴⁴	忒 tʰuei⁴⁴ 特别 tʰɤ⁵³pie³⁵
昌黎	多少 tuo²⁴sau⁰	挺 tʰiŋ²¹³	忒 tʰuei⁴²
乐亭	多儿 tuor⁵²	忒 tʰuei³¹	忒 tʰuei³¹
蔚县	多少 tuɤ⁵³sʌɯ⁰	挺 tʰiŋ⁴⁴ 绝法儿 tɕyə⁴¹far⁰ 绝哩 tɕyə⁴¹li⁰	可 kʰɤ³¹² 特别 tʰɤ⁵³piə⁴¹
涞水	多少 tuo⁴⁵ʂau⁰	很 xən²⁴	忒 tʰuei⁴⁵
霸州	多少 tuo²¹ʂau⁰	可 kɤ²¹⁴ 可了 kɤ²¹lɤ⁰	特别 tʰɤ⁴¹pie⁵³
容城	多少 tuo³¹ʂau⁰	忒 tʰuei⁴³	特别 tʰɤ⁵²pie³⁵
雄县	多少 tuo⁴⁴ʂau⁰	挺 tʰiŋ²¹⁴ 可了 kɤ²¹lɤ⁰	特别 tʰɤ⁴¹pie⁵³ 倍儿 pər⁴¹
安新	多少 tuo⁴⁵ʂau⁰	忒 tʰuei⁴⁵	特别 tʰɤ⁵³pie³¹
满城	多少 tuo²²ʂau⁰	挺 tʰiŋ²¹³	忒 tʰei⁴⁵ 着实 tʂau²²ʂʅ⁰ 忒价 tʰei⁴⁵tɕie⁰
阜平	多少 tuɤ³¹ʂɔ⁰	很 xəŋ⁵⁵	太 tʰæ⁵³
定州	多少 tuo³³ʂau²⁴	情 ⁼tsʰiŋ²⁴	可 kʰɤ²⁴ 真 tʂən³³
无极	多少 tuɤ³⁵ʂɔ⁰	可 kʰɤ²¹³	真 tʂen³¹
辛集	多少 tuə³³ʂau⁰	真 tʂən³³	忒 tʰei³³ 忒价哩 tʰei³³tɕia⁰li⁰
衡水	多少 tuo²⁴ʂau⁰	挺 tʰiŋ⁵⁵	真 tʂən²⁴
故城	多少 tuɤ⁵⁵ʂɔo⁰	可 kʰɤ⁵⁵ 挺 tʰiŋ⁵⁵	杠 kaŋ⁵³ 真 tʂẽ²⁴
巨鹿	多少 tuo³³ʂau⁵⁵	真 tʂən³³	太 tʰai²¹
邢台	多 tuo³⁴	倍 pəŋ³¹ 倍儿 pər³¹	可 kʰə⁵⁵

	1159 多少 这个村有~人?	1160 很 今天~热	1161 非常 比上条程度深；今天~热
馆陶	多少 tuo⁵²ṣɑo⁴⁴	挺 tʰiŋ⁴⁴	恁 nen²¹³
沧县	多少 tuo⁴¹ṣɑu⁵⁵	忒 tʰuei²³	太 tʰai⁴¹
献县	多少 tuo³³ṣɔ⁰	挺 tʰiŋ²¹⁴	特 tʰɤ³¹pie⁵³
平泉	多少 tuo⁵⁵ṣɑu²¹⁴	忒 tʰuei⁵⁵ 真 tṣən⁵⁵ 很 xən²¹⁴	特 tʰə⁵¹ 非常 fei⁵⁵tṣʰaŋ³⁵
滦平	多少 tuo³⁵ṣɑu²¹⁴	忒 tʰuei⁵⁵ 很 xən²¹⁴	特 tʰə⁵¹ 非常 fei⁵⁵tṣʰaŋ³⁵
廊坊	多少 tuo⁵⁵ṣɑu²¹⁴	真 tṣən⁵⁵ 挺 tʰiŋ²¹⁴ 很 xən²¹⁴	太 tʰai⁵¹ 特 tʰɤ⁵¹ 特别 tʰɤ⁵³pie³⁵
魏县	多少儿 tuə⁵³zɑur⁵⁵	怪 kuai³¹² 歇 ˭ɕie³³	可叠 ˭kʰɛ³³tie⁰
张北	多少 tuə⁴²sau⁵⁵	可 kʰə⁵⁵	太 tʰai²¹³
万全	多少 tə⁴¹sɔ⁴¹	可 kʰə⁵⁵	特别 tʰəʔ²²piəʔ²²
涿鹿	多少 tuə⁴²ṣɔ⁰	挺 tʰiŋ⁴⁵ 真 tṣən⁴⁴	真叫 tṣəŋ⁴⁴tɕiɔ³¹
平山	多少儿 tuə⁴²ṣər⁰	很 xəŋ⁵⁵ 可 kʰə²⁴	还 xæ⁵⁵
鹿泉	多少 tuo⁵⁵ṣɔ³⁵	很 xɛ̃³⁵	特别 tʰɤ³¹piɤ¹³
赞皇	多少 tuɑ⁵⁴ṣɔ⁴⁵	可 kʰə⁴⁵	很 xən⁴⁵
沙河	[多少]tuɔ⁴¹	歇 ˭ɕiəʔ²	非常 fei⁴¹tṣʰaŋ⁰ 特别 tʰəʔ²pie⁵¹
邯郸	[多少]儿 tuaur⁵³	挺 tʰiŋ⁵⁵ 歇 ˭ɕiʌʔ⁴³	可得 kʰʌʔ²⁴tiʔ³² 特别 tʰʌʔ²⁴pie⁵³
涉县	多少儿 tuə⁴¹er⁰	[这么]tsəŋ⁵³	可 kʰəʔ³²

	1162 更 今天比昨天~热	1163 太 这个东西~贵，买不起	1164 最 弟兄三个中他~高
兴隆	更 kəŋ⁵¹	忒 tʰuei³⁵ 太 tʰai⁵¹	最 tsuei⁵¹
北戴河	还 xai³⁵ 更 kəŋ⁵¹	忒 tʰuei⁴⁴ 太 tʰai⁵¹	最 tʃuei⁵¹
昌黎	更 kəŋ⁴⁵³	忒 tʰuei⁴²	最 tsuei⁴⁵³
乐亭	还 xai⁵²	忒 tʰuei³¹	顶 tiəŋ³⁴
蔚县	还 xã⁴¹	太 tʰei³¹²	最 tsuei³¹²
涞水	还 xai⁴⁵	忒 tʰuei⁴⁵	最 tsuei³¹⁴
霸州	还 xai⁵³	忒 tʰuei⁴⁵	最 tsuei⁴¹
容城	更 kəŋ⁵¹³	忒 tʰuei⁴³	最 tsuei⁵¹³
雄县	更 kəŋ⁴¹	忒 tʰuei⁴⁵ 齁儿 xour⁴⁵	最 tsuei⁴¹
安新	还 xai⁴⁵	忒 tʰuei⁴⁵	最 tsuei⁵¹
满城	更 kəŋ⁵¹²	着 tʂau²² 着实 tʂau²²ʂʅ⁰	最 tsuei⁵¹²
阜平	更 kəŋ⁵³	太 tʰæ⁵³	最 tsuei⁵³
定州	还 xai²⁴	忒 tʰei³³	数 ʂu²⁴
无极	更 kəŋ⁵¹	忒 tʰəi²¹³	数 ʂu³⁵
辛集	还 xan³⁵⁴	忒 tʰei³³	数 ʂu³²⁴
衡水	更 kəŋ³¹	忒 tʰuei²⁴	最 tʂuei³¹
故城	还 xæ⁵³	太 tʰæ³¹ 忒 tʰei²⁴	最 tsuei³¹
巨鹿	还 xɛ⁴¹	忒 tʰuei³³	最 tsuei²¹
邢台	还 xai⁵³	太 tʰai³¹ 海 xai⁵³	最 tsuei³¹
馆陶	还 xai⁵² 更 kəŋ²¹³	恁 nen²¹³	最 tsuei²¹³
沧县	还 xai⁵³	太 tʰai⁴¹	最 tsuei⁴¹
献县	更 kəŋ³¹	忒 tʰuei³³	最 tsuei³¹

(续表)

	1162 更 今天比昨天~热	1163 太 这个东西~贵，买不起	1164 最 弟兄三个中他~高
平泉	还 xai³⁵ 更 kəŋ⁵¹	忒 tʰuei⁵⁵ 太 tʰai⁵¹	最 tsuei⁵¹
滦平	还 xai³⁵ 更 kəŋ⁵¹	忒 tʰuei⁵⁵ 太 tʰai⁵¹	最 tsuei⁵¹
廊坊	还 xai³⁵ 更 kəŋ⁵¹	太 tʰai⁵¹	最 tsuei⁵¹
魏县	还 xan⁵³	铁 ⁼tʰiɛ³³	最 tʂuəi³¹²
张北	更 kəŋ²¹³	太 tʰai²¹³	最 tsuei²¹³
万全	更 kəŋ²¹³	太 tʰɛi²¹³	最 tsuei²¹³
涿鹿	更 kəŋ³¹	太 tʰɛ³¹	最 tsuei³¹
平山	更 kəŋ⁴²	太 tʰæi⁴²	最 tsæi⁴²
鹿泉	还 xæ⁵⁵	太 tʰɛ³¹²	最 tsuei³¹²
赞皇	更 kəŋ³¹²	太 tʰɛ³¹²	最 tsuei³¹²
沙河	才是 tsʰai⁵¹ʂʅ²¹	太 tʰai²¹	最 tsuei²¹
邯郸	还 xæ⁵³	太 tʰai²¹³ 可得 kʰʌʔ²⁴tiʌʔ³²	最 tsuəi²¹³
涉县	还 xæ̃⁴¹	太 tʰai⁵⁵	最 tsuəi⁵⁵

	1165 都 大家~来了	1166 一共 ~多少钱？	1167 一起 我和你~去
兴隆	都 tou³⁵ 全 tɕʰyan⁵⁵	拢共 loŋ²¹koŋ⁵¹ 总共 tsoŋ²¹koŋ⁵¹ 一共 i³⁵koŋ⁵¹	一块儿 i³⁵kʰuɐr⁵¹ 一起 i⁵⁵tɕʰi²¹³
北戴河	都 tou⁴⁴	一共 i³⁵kuŋ⁵¹	一块儿 i³⁵kʰuɐr⁵¹
昌黎	都 tou⁴²	一共 i²⁴kuŋ⁴⁵³	一块儿 i²⁴kʰuɐr⁴⁵³ 一起儿 i³⁴tɕʰiər²¹³
乐亭	全都 tɕʰyen³⁴tou³¹	一起儿 i³³tɕʰiər²¹²	一起儿 i³³tɕʰiər²¹²
蔚县	都 tu⁵³	总共 tsuŋ⁴⁴kuŋ³¹² 共计 kuŋ¹³tɕi³¹² 一共 i¹³kuŋ³¹²	一块儿 i¹³kʰuɐr³¹² 一起 i⁵³tɕʰi⁴⁴
涞水	都 tou³¹	一共 i⁵⁵koŋ³¹⁴	一块儿 i⁵⁵kʰuɐr³¹⁴
霸州	都 tou⁴⁵	一共 i⁴⁵kuŋ⁴¹ 总共 tsuŋ²⁴kuŋ⁴¹ 统共 tʰuŋ²⁴kuŋ⁴¹	一块儿 i⁴⁵kʰuɐr⁴¹
容城	都 tou⁴³	一共 i³⁵kuŋ⁵¹³	一块儿 i³⁵kʰuɐr⁵¹³
雄县	都 tou⁴⁵	一共 i⁴⁵kuŋ⁴¹ 总共 tsuŋ²⁴kuŋ⁴¹	一块儿 i⁴⁵kʰuɐr⁴¹
安新	都 tou⁴⁵	统共 tʰuŋ²¹kuŋ⁵¹	一块儿 i²¹kʰuɐr⁵¹
满城	都 tou⁴⁵	一共 i⁴⁵kuŋ⁵¹² 拢共 luŋ²²kuŋ⁰	一块儿 i⁴⁵kʰuɐr⁵¹²
阜平	都 tou²⁴	一共 i²⁴koŋ⁵³	一块儿 i²⁴kʰuɐr⁵³
定州	全 tsuan²¹³ 都 tou³³	总共 tsuŋ²¹¹kuŋ⁰	一堆儿 i²⁴tsuər³³
无极	都 təu³¹	拢共 luŋ³⁵kuŋ⁵¹	一块儿 i³¹kʰuɐr⁵¹
辛集	都 tou³³	统共 tʰoŋ²⁴koŋ⁴¹	就伴儿 tsiou⁴²pɐr⁴¹
衡水	都 təu⁵⁵	一共 i⁵⁵kuŋ³¹	一块儿 i⁵⁵kʰuɐr³¹
故城	都 tou²⁴	一共 i⁵⁵kuŋ³¹	一堆儿 i⁵⁵tsuər²⁴ 一块儿 i⁵⁵kʰuɐr³¹
巨鹿	都 tou³³	一共 i⁵⁵koŋ²¹	就伴儿 tɕiou³³par²¹

(续表)

词汇对照 0601—1200

	1165 都 大家~来了	1166 一共 ~多少钱？	1167 一起 我和你~去
邢台	全 tsʰuan⁵³ 都 tou³⁴	总共 tsuŋ⁵⁵kuŋ³¹	一丛⁼儿 i³⁴tsʰuɐr⁵³ 作伴儿 tsu³³pɐr³¹ 相跟 siaŋ³⁴kən³⁴ 厮跟 sɿ³⁴kən³⁴
馆陶	都 təu²⁴	总共 tsuŋ⁴⁴kuŋ⁰	一块儿 i⁴⁴kʰuɐr²¹
沧县	都 tou²³	一共 i²³koŋ⁴¹	一块儿 i²³kʰuɐr⁴¹
献县	都 tou³³	一共 i³³koŋ³¹	一块儿 i³³kʰuɐr³¹
平泉	都 tou⁵⁵	总共 tsuŋ²¹kuŋ⁵¹ 一共 i³⁵kuŋ⁵¹	一块儿 i³⁵kʰuɐr⁵¹ 一起 i⁵³tɕʰi²¹⁴
滦平	都 tou⁵⁵ 全 tɕʰyan³⁵	总共 tsuŋ²¹kuŋ⁵¹ 一共 i³⁵kuŋ⁵¹	一块儿 i³⁵kʰuɐr⁵¹ 一起 i⁵¹tɕʰi²¹⁴
廊坊	全 tɕʰyan³⁵ 都 tou⁵⁵	一共 i³⁵kuŋ⁵¹ 总共 tsuŋ²¹kuŋ⁵¹	一块儿 i³⁵kʰuɐr⁵¹ 块堆儿 kʰuai⁵³tuər⁵⁵ 一起 i⁵³tɕʰi²¹⁴
魏县	都 təu⁵⁵ 全 tɕʰyan⁵³	一共 i⁵³kuŋ³¹² 一满 i⁵³man⁵⁵	[厮跟]的 ʂəŋ³³tɛ⁰ 一齐儿 i³³tɕʰiər⁵³
张北	都 təu⁴²	总共 tsuŋ⁵⁵kuŋ²¹³ 共 kuŋ²¹³	一块儿 i²³kʰuɐr²¹³ 一起 i²³tɕʰi⁵⁵
万全	都 tu⁴¹	一共 iəʔ²²kuəŋ²¹³	一起 iəʔ²²tɕʰi⁵⁵
涿鹿	都 təu⁴⁴	一共 iʌʔ⁴³kuŋ³¹ 共起来 kuŋ²³tɕʰi⁵⁵lɛ⁰	一块儿 iʌʔ⁴³kʰuɐr³¹
平山	都 tu⁵⁵	一共 i²⁴koŋ⁴²	一时儿嘞 i²⁴ʂər⁴²lɛ⁰
鹿泉	都 tou⁵⁵	一共 iɤ¹³kuŋ³¹	一起 iɤ²¹tɕʰi³⁵ 一块儿 iɤ¹³kʰuɐr³¹
赞皇	都 təu⁵⁴	一共 i²⁴kuŋ³¹	一块儿 i²⁴kʰuɐr³¹
沙河	全 tsʰyã⁵¹ 都 təu⁴¹	一共 iəʔ⁴koŋ²¹	厮跟 #4səʔ²⁴kən²¹nɤ⁰
邯郸	都 təu³¹	一共 iəʔ⁵kuŋ²¹ 一满 iəʔ²mæ⁵⁵	相跟的 siaŋ³¹kən³¹tə⁰ 厮跟的 sɿ²⁴kən³¹tə⁰
涉县	都 tou⁴¹	一满 iəʔ⁵⁵mæ⁰	相跟上 ɕiã⁴¹kən⁴¹ã⁰

	1168 只 我~去过一趟	1169 刚 这双鞋我穿着~好	1170 刚 我~到
兴隆	只 tʂʅ³⁵	刚 kaŋ³⁵	刚 kaŋ³⁵
北戴河	就 tʃou⁵¹/ tɕiou⁵¹ 只 tʃʅ²¹⁴	正 tʃəŋ⁵¹	刚 kaŋ⁴⁴
昌黎	就 tsou⁴⁵³	正 tʂəŋ⁴⁵³	刚 kaŋ⁴²
乐亭	就 tsou⁵²	正 tʂəŋ⁵²	刚 kaŋ³⁴
蔚县	就 tɕiəu³¹²	正 tsəŋ³¹²	刚 kɔ⁵³
涞水	就 tou³¹⁴	正 tʂəŋ³¹⁴	才 tsʰai⁴⁵
霸州	才 tsʰai⁵³	正 tʂəŋ⁴¹	刚 kaŋ⁴⁵
容城	就 tsou⁵¹³	正 tʂəŋ⁵¹³	刚 kaŋ⁴³
雄县	才 tsʰai⁵³	正 tʂəŋ⁴¹	刚 kaŋ⁴⁵
安新	就 tsou⁵¹	正 tʂəŋ⁵¹	刚 kaŋ⁴⁵
满城	只 tʂʅ⁴⁵	看好儿 kʰan⁵³xɑu²¹ər⁰	才 tsʰai²² 刚 kaŋ⁴⁵
阜平	就 tou⁵³	正 tʂəŋ⁵³	刚 kaŋ³¹
定州	就 tsiou⁵¹	正 tʂəŋ⁵¹ 严 =ian²¹³	才 tsʰai²¹³
无极	只 tsʅ²¹³	严 =iãn²¹³	才 tsʰæ²¹³
辛集	就 tsiou⁴¹	正 tʂəŋ⁴¹	刚 kaŋ³³ 才 tsʰai³⁵⁴
衡水	就 tʂəu³¹	正 tʂəŋ³¹	刚 kaŋ²⁴
故城	就 tɕiou³¹	正 tʂəŋ³¹	刚 kaŋ²⁴
巨鹿	就 tɕiou²¹	正 tʂəŋ²¹	刚 kaŋ³³
邢台	就 tɕiou³¹	正 tʂəŋ³¹	刚 kaŋ³⁴ 才 tsʰai⁵³ 刚刚 tsiaŋ³⁴tsiaŋ⁰
馆陶	仅 tɕin⁴⁴	正 tʂəŋ²¹³	刚 tɕiaŋ²⁴
沧县	就 tsou⁴¹	正 tʂəŋ⁴¹	刚 kaŋ²³
献县	就 tsou³¹	正 tʂəŋ³¹	刚 kã³³
平泉	就 tɕiou⁵¹ 只 tʂʅ²¹⁴	正 tʂəŋ⁵¹ 刚 kaŋ⁵⁵	才 tsʰai³⁵ 刚 kaŋ⁵⁵

(续表)

	1168 只 我~去过一趟	1169 刚 这双鞋我穿着~好	1170 刚 我~到
滦平	就 tɕiou⁵¹ 只 tʂʅ²¹⁴	正 tʂəŋ⁵¹	才 tsʰai³⁵ 刚 kaŋ⁵⁵
廊坊	就 tɕiou⁵¹ 只 tʂʅ²¹⁴	正 tʂəŋ⁵¹	刚 kaŋ⁵⁵ 才 tsʰai³⁵
魏县	就 təu³¹² 只 tʂʅ³³	正 tʂəŋ³¹²	刚一 tɕian³³;i⁰ 才 tʂʰai⁵³
张北	就 tɕiəu²¹³	正 tsəŋ²¹³	刚 kɔ̃⁴²
万全	就 tɕiou²¹³	正好好 tsəŋ⁴⁴xɔ⁵⁵xɔ⁰	刚 ka⁴¹
涿鹿	只 tsʅ⁴⁴	正 tʂəŋ³¹	刚儿 kãr⁴⁴
平山	就 tsɐu⁴²	正 tʂəŋ⁴²	才 tsʰɛ³¹
鹿泉	就 tou³¹²	正 tʂəŋ³¹²	才 tsʰɛ⁵⁵
赞皇	就 təu³¹²	正 tʂəŋ³¹²	才 tsʰɛ⁵⁴ 刚 kaŋ⁵⁴
沙河	就 tsiəu²¹	正 tʂəŋ²¹ 严⁼iã⁵¹	才 tsʰai⁵¹
邯郸	就 tsiəu²¹³	正 tʂəŋ²¹³	刚 tɕiaŋ²¹³ 才 tsʰai⁵³
涉县	只 tsəʔ³²	看 kʰæ̃⁵⁵①	才 tsʰai⁴¹

---

① "~是儿"表示"刚好"。

	1171 才 你怎么~来啊?	1172 就 我吃了饭~去	1173 经常 我~去
兴隆	才 tsʰai⁵⁵ 刚 kaŋ³⁵	就 tɕiou⁵¹	经常 tɕiŋ³⁵tʂʰaŋ⁵⁵
北戴河	才 tʃʰai³⁵	就 tʃou⁵¹	总 tʃuŋ²¹⁴
昌黎	才 tsʰai²⁴	就 tsou⁴⁵³	总 tsuŋ²¹³ 经常 tɕiŋ³⁴tʂʰaŋ²⁴
乐亭	才 tsʰai²¹²	就 tsou⁵²	常 tʂʰaŋ²¹²
蔚县	才 tsʰɛi⁴¹	就 tɕiəu³¹²	肯 kʰəŋ⁴⁴
涞水	刚 kaŋ³¹	就 tou³¹⁴	常 tʂʰaŋ⁴⁵
霸州	这才 tʂɤ⁴¹tsʰai⁰	就 tsou⁴¹	老 lau²¹⁴
容城	才 tsʰai³⁵	就 tsou⁵¹³	常 tʂʰaŋ³⁵
雄县	刚 kaŋ⁴⁵	就 tsou⁴¹	老 lau²¹⁴ 经常 tɕiŋ⁴⁵tʂʰaŋ⁵³
安新	刚 kaŋ⁴⁵	就 tsou⁵¹	老 lau²¹⁴
满城	才 tsʰai²²	就 tʂou⁵¹²	常 tɕʰaŋ²²
阜平	才 tsʰæ²⁴	就 tou⁵³	常 tʂʰaŋ²⁴
定州	才 tsʰai²¹³	就 tsiou⁵¹	常 tʂʰaŋ²¹³
无极	才 tsʰæ²¹³	就 tsiəu⁵¹	常 tʂʰaŋ²¹³
辛集	才 tsʰai³⁵⁴ 刚 kaŋ³³	就 tsiou⁴¹	常 tʂʰaŋ³⁵⁴ 短不了 tuan³²⁴pu³⁵liɑu³²⁴ 净 tsiŋ⁴¹
衡水	才 tʂʰai⁵³	就 tʂəu³¹	老 lau⁵⁵
故城	才 tsʰæ⁵³	就 tsou³¹	常 tʂʰaŋ⁵³
巨鹿	才 tsʰai⁴¹	就 tɕiou²¹	老是 lau⁵⁵ʂʅ²¹
邢台	才 tsʰai⁵³	就 tsiou³¹	总么儿 tsuŋ⁵⁵mar⁰
馆陶	才 tsʰai⁵²	就 tsiəu²¹³	不断 pu⁴⁴tuæn⁰ 常 tʂʰaŋ⁵²
沧县	才 tsʰai⁵³	就 tsou⁴¹	常 tʂʰaŋ⁵³
献县	才 tsʰɛ⁵³	就 tsou³¹	经常 tɕiŋ³³tʂʰã⁵³
平泉	刚 kaŋ⁵⁵ 才 tsʰai³⁵	就 tɕiou⁵¹	直个儿 tʂʅ³⁵kɤr⁵¹ 经常 tɕiŋ⁵⁵tʂʰaŋ³⁵

(续表)

	1171 才 你怎么~来啊？	1172 就 我吃了饭~去	1173 经常 我~去
滦平	刚 kaŋ⁵⁵ 才 tsʰai³⁵	就 tɕiou⁵¹	经常 tɕiŋ⁵⁵tʂʰaŋ³⁵
廊坊	才 tsʰai³⁵	就 tɕiou⁵¹	经常 tɕiŋ⁵⁵tʂʰaŋ³⁵ 老 lɑu²¹⁴
魏县	才 tʂʰai⁵³	就 təu³¹²	不断 pe⁵³tuan³¹²
张北	才 tsʰai⁴²	就 tɕiəu²¹³	常 tsʰɔ̃⁴² 老 lɑu⁵⁵
万全	才 tsʰei⁴¹	就 tɕiou²¹³	常常 tsʰaŋ⁴¹tsʰaŋ⁰
涿鹿	才 tsʰɛ⁴²	就 tɕiəu³¹	回儿回儿 xuər⁴²xuər⁰
平山	才 tsʰɛ³¹	就 tsʌu⁴²	成天 tʂʰəŋ⁵³tʰiæ³¹
鹿泉	才 tsʰɛ⁵⁵	就 tou³¹²	断不了 tuæ³¹puºliɔ⁰
赞皇	才 tsʰɛ⁵⁴	就 təu³¹²	常 tʂʰaŋ⁵⁴
沙河	才 tsʰai⁵¹	就 tsiəu²¹	#5 们 ⁼tsəʔ²⁴mən⁰
邯郸	才 tsʰai⁵³	就 tsiəu²¹³	不断嘞 pəʔ⁵tuæ²¹ləi⁰ 经常 tɕiŋ⁵⁵tʂʰaŋ⁵³
涉县	这才 tsə⁵³tsʰai⁰	就 tɕiou⁵⁵	经常 tɕiəŋ⁴¹tsʰã⁰

	1174 又 他~来了	1175 还 他~没回家	1176 再 你明天~来
兴隆	又 iou⁵¹	还 xai⁵⁵	再 tsai⁵¹
北戴河	又 iou⁵¹	还 xai³⁵	再 tai⁵¹
昌黎	又 iou⁴⁵³	还 xai²⁴	再 tsai⁴⁵³
乐亭	又 iou⁵²	还 xai⁵²	再 tsai⁵²
蔚县	又 iəu³¹²	还 xã⁴¹	再 tsei³¹²
涞水	又 iou³¹⁴	还 xai⁴⁵	还 xai⁴⁵
霸州	又 iou⁴¹	还 xai⁵³	再 tai⁴¹
容城	又 iou⁵¹³	还 xai³⁵	再 tsai⁵¹³
雄县	又 iou⁴¹	还 xai⁵³	再 tai⁴¹
安新	又 iou⁵¹	还 xai³¹	再 tai⁵¹
满城	又 iou⁵¹²	还 xai²²	再 tsai⁵¹²
阜平	又 iou⁵³	还 xæ²⁴	再 tsæ⁵³
定州	又 iou⁵¹	还 xai²⁴	再 tsai⁵¹
无极	又 iəu⁵¹	还 xæ²¹³	再 tæ⁵¹
辛集	又 iou⁴¹	还 xan³⁵⁴	再 tai⁴¹
衡水	又 iəu³¹	还 xɑn⁵³	再 tsɑi³¹
故城	又 iou³¹	还 xæ̃³¹	再 tæ³¹
巨鹿	又 iou²¹	还 xɛ⁴¹	还 xɛ⁴¹
邢台	又 iou³¹	还 xan⁵³	再 tsai³¹
馆陶	又 iəu²¹³	还 xai⁵²	再 tsai²¹³
沧县	又 iou⁴¹	还 xai⁵³	再 tai⁴¹
献县	又 iou³¹	还 xæ̃³¹	再 tɛ³¹
平泉	又 iou⁵¹	还 xai³⁵	再 tsai⁵¹
滦平	又 iou⁵¹	还 xai³⁵	再 tsai⁵¹
廊坊	又 iou⁵¹	还 xai³⁵	再 tsai⁵¹/tai⁵¹
魏县	又 iəu³¹²	还 xan⁵³	再 tai³¹²
张北	又 iəu²¹³	还 xai⁴²	再 tsai²¹³
万全	又 iou²¹³	还 xan⁴¹	再 tsɛi²¹³

(续表)

	1174 又 他~来了	1175 还 他~没回家	1176 再 你明天~来
涿鹿	又 iəu³¹	还 xæ̃⁴²	再 tsɛ³¹
平山	又 iɐu⁴²	还 xæ̃⁴²	再 tsɛ⁴²
鹿泉	又 iou³¹²	还 xæ̃⁵⁵	再 tsɛ³¹²
赞皇	又 iəu³¹²	还 xæ̃⁵⁴	再 tsɛ³¹²
沙河	又 iəu²¹	还 xã⁵¹	再 tsai²¹
邯郸	又 iəu²¹³	还 xæ̃⁵³	再 tsai²¹³
涉县	又 iou⁵⁵	还 xæ̃⁴¹	再 tsai⁵⁵

	1177 也 我~去；我~是老师	1178 反正 不用急，~还来得及	1179 没有 昨天我~去
兴隆	也 ie²¹³	反正 fan²¹tʂəŋ⁵¹/ fan⁵⁵tʂəŋ⁵¹	没 mei⁵⁵
北戴河	也 ie²¹⁴	反正 fan²¹tʂəŋ⁵¹	没 mei³⁵
昌黎	也 ie²¹³	反正 fan²¹tʂəŋ⁰	没 mei²⁴
乐亭	也 ie³⁴	反正 fan³⁴tʂəŋ⁵²	没 mei⁵²
蔚县	也 iə⁴⁴	反正 fã⁴⁴tʂəŋ⁰	没 mɤ⁴¹
涞水	也 ie²⁴	反正 fan²⁴tʂəŋ³¹⁴	没有 mei⁴⁵iou²⁴
霸州	也 ie²¹⁴	反正 fan²¹tʂəŋ⁰ 掌＝就着 tʂaŋ²¹tɕiou⁴⁵tʂɤ	没 mei⁵³
容城	也 ie²¹³	反正 fan²¹tʂəŋ⁰	没有 mu²¹iou⁰
雄县	也 ie²¹⁴	反正 fãn²¹tʂəŋ⁰ 掌＝就着 tʂaŋ²¹tɕiou⁴⁵tʂɤ⁰	没 mei⁵³
安新	也 ie²¹⁴	反正 fan²¹tʂəŋ⁵¹	没 mei³¹
满城	也 ie²¹³	反正 fan²¹tʂəŋ⁰	没 mei²² 没有 mei²²iou⁰
阜平	也 ie⁵⁵	反正 fæ̃⁵⁵tʂəŋ⁵³	没价 mu²¹tɕia⁰
定州	也 ie²⁴	反正 fan²¹¹tʂəŋ⁰	没有 mei⁴²iou²⁴
无极	也 ie³⁵	反正 fãn³⁵tʂəŋ⁵¹	没有 mu³⁵iəu⁰
辛集	也 ie³²⁴	方正 faŋ³⁵tʂəŋ⁰	没 mə³⁵⁴
衡水	也 ie⁵⁵	反正 fɑn²¹ʂəŋ⁰	没 mei⁵³ 没有 mei³¹iəu⁵⁵
故城	也 ie⁵⁵	反着 fæ̃²⁴tʂɤ⁰	没 mei²⁴
巨鹿	也 ie⁵⁵	反是 fan⁵⁵ʂʅ²¹	没 mei³³
邢台	也 ie⁵⁵	反正 fan⁵⁵tʂəŋ⁰	没 nia³⁴ 没价 nia³⁴tɕia⁰
馆陶	也 iE⁵²	反正 fæn⁴⁴tʂəŋ²¹	没 mei²⁴
沧县	也 ie⁵⁵	反正 fan²³tʂəŋ⁴¹	没 mei⁵³/mu⁵³
献县	也 ie²¹⁴	反着 fæ̃⁵⁵tʂɔ⁰	没 mei³³
平泉	也 ie²¹⁴	反正 fan²¹tʂəŋ⁵¹	没 mei³⁵

（续表）

	1177 也 我~去，我~是老师	1178 反正 不用急，~还来得及	1179 没有 昨天我~去
滦平	也 iɛ²¹⁴	反正 fan²¹tʂən⁵¹	没 mei³⁵
廊坊	也 iɛ²¹⁴	反正 fan²¹tʂən⁵¹	没 mei³⁵
魏县	也 i³¹²	反正 fan⁵⁵tʂən³¹² 横竖 xuŋ³¹²u⁰	没有 mɛ³³iəu⁰ 没 mɛ³³
张北	也 iɛ⁵⁵	反正 fæ̃⁴²tsəŋ⁰ 终究 tsuə⁵⁵tɕiəu⁰	没 məʔ³²
万全	也 iei⁵⁵	反正 faŋ⁵⁴tʂən²¹³	没有 mu⁴⁴iou⁵⁵
涿鹿	也 iɛ⁴⁵	反正 fæ̃⁴⁵tʂən³¹	没有 mei³¹iəu⁴⁵
平山	也 iə⁵⁵	反正 fæ̃⁵⁵tʂʰən⁰	没有 mu³¹iɐu⁵⁵ 没唠 mu²¹lɔ⁰
鹿泉	也 iʅ³⁵	反正 fæ̃⁵⁵tʂən⁰	没 mo¹³
赞皇	也 iɛ⁴⁵	反正 fæ̃⁴⁵tʂən³¹	没 muə⁵⁴
沙河	也 iɛ³³	反正 fã³³tʂən²¹	[没有]miəu²⁴
邯郸	也 iɛ⁵⁵	[反正]fɐ̃r⁵⁵³	没 məʔ⁴³ [没有]miəu²¹³
涉县	也 iə⁵³	反正 fæ̃⁵⁵tʂən⁰	没 məʔ³²

	1180 不 明天我~去	1181 别 你~去	1182 甭 不用，不必：你~客气
兴隆	不 pu³⁵	别 piɛ⁵⁵	不 pu³⁵ 甭 pəŋ⁵⁵ 别 piɛ⁵⁵
北戴河	不 pu³⁵	别 piɛ³⁵	别 piɛ³⁵
昌黎	不 pu²⁴	别 piɛ⁴²	别 piɛ²⁴
乐亭	不 pu³¹	别 piɛ⁵²	别 piɛ⁵²
蔚县	不 pu⁵³	甭 piŋ³¹² 别 piə⁴¹	甭 piŋ³¹² 别 piə⁴¹
涞水	不 pu³¹⁴	别 piɛ⁴⁵	甭 pəŋ⁴⁵
霸州	不 pu⁴⁵	别 piɛ⁵³/piɛ⁴¹	甭 pəŋ⁵³/piŋ⁵³ 别 piɛ⁵³
容城	不 pu⁴³	别 piɛ⁵¹³	别 piɛ⁵¹³
雄县	不 pu⁴⁵	别 piɛ⁵³/piɛ⁴¹	甭 pəŋ⁵³ 别 piɛ⁵³/piɛ⁴¹
安新	不 pu²¹⁴	别 piɛ⁵¹	别 piɛ⁵¹
满城	不 pu⁴⁵	别 piɛ²²	甭 pəŋ²¹³
阜平	不 pu⁵³	嫑 piɔ⁵³	甭 piŋ⁵³
定州	不 pu³³	嫑 piau²⁴	嫑 piau²⁴ 本＝应 pən²¹¹iŋ⁰
无极	不 pu²¹³	嫑 piɔ⁵¹	甭 pəŋ⁵¹
辛集	不 pu³²⁴	嫑 piau³⁵⁴	甭 piŋ³⁵⁴
衡水	不 pu²⁴	甭个 piŋ⁵³kɤ⁰	甭个 piŋ⁵³kɤ⁰
故城	不 pu²⁴	别 piɛ⁵³	甭 pəŋ⁵³ 不用 pu⁵⁵yŋ³¹
巨鹿	不 pu³³	嫑 piau⁴¹	嫑 piau⁴¹
邢台	不 pu³⁴	嫑 pau⁵³	甭 pəŋ⁵³
馆陶	不 pu²⁴	甭 piŋ⁵² 别 piɛ⁵²	甭 piŋ⁵²
沧县	不 pu⁵³	甭 pəŋ⁵³	甭 pəŋ⁵³
献县	不 pu³³	别 piɛ⁵³	甭 pən⁵³

(续表)

	1180 不 明天我~去	1181 别 你~去	1182 甭 不用，不必：你~客气
平泉	不 pu³⁵	甭 pəŋ³⁵ 别 piɛ³⁵	别 piɛ³⁵ 甭 pəŋ³⁵
滦平	不 pu³⁵	甭 pəŋ³⁵ 别 piɛ³⁵	甭 pəŋ³⁵ 别 piɛ³⁵
廊坊	不 pu⁵¹	别 piɛ³⁵	甭 pəŋ³⁵ 别 piɛ³⁵ 不用 pu³⁵yŋ⁵¹
魏县	不 pe³³	甭 piŋ⁵³	甭 piŋ⁵³
张北	不 pəʔ³²	甭 pəŋ²¹³	甭 pəŋ²¹³
万全	不 pu²¹³	甭 piəŋ²¹³	甭 pəŋ²¹³
涿鹿	不 pʌʔ⁴³	别 piɛ⁴²	别 piɛ⁴² 甭 pəŋ³¹
平山	不 pu²⁴	别 piæ̃⁴²	甭 piŋ⁴²
鹿泉	不 po¹³	覅 piɔ³¹²	别 piɤ³¹² 覅 piɔ³¹²
赞皇	不 pu²⁴	甭 piŋ³¹²	甭 piŋ³¹²
沙河	不 pəʔ²	覅 piɔu⁴¹	甭 piəŋ⁴¹
邯郸	不 pəʔ⁴³	甭 piŋ⁵³	甭 piŋ⁵³
涉县	不 pəʔ³²	覅 piau⁴¹²	覅 piau⁴¹² 不用 pəʔ³²iəŋ⁵⁵

	1183 快~天~亮了	1184 差点儿~摔倒了	1185 宁可~买贵的
兴隆	快 k^huai^{51} 要 $iɑu^{51}$	差点儿 $tʂ^ha^{51}tiɚ^{213}$	宁可 $ɲiŋ^{51}k^hə^{213}$
北戴河	快 k^huai^{51}	差点儿 $tʃ^ha^{44}tiɚ^{214}$	宁可 $ɲiŋ^{53}k^hɤ^{214}$
昌黎	快 k^huai^{453}	差点儿 $tʂ^ha^{42}tiɚ^{213}$	宁可 $ɲiŋ^{42}k^hɤ^{213}$
乐亭	快 k^huai^{52}	差点儿 $tʂ^ha^{53}tiɚ^{34}$	可着 $k^hə^{31}tʂɔ^{0}$
蔚县	快 k^huei^{312}	差点儿 $tʂ^ha^{31}tiɚ^{44}$ 再痕＝痕＝儿 $tsei^{31}xəŋ^{41}xə̃r^{0}$	宁可 $ɲiŋ^{41}k^hɤ^{44}$
涞水	快 k^huai^{314}	差点儿 $tʂ^ha^{31}tiɚ^{24}$	宁可 $ɲiŋ^{31}k^hɤ^{24}$
霸州	快 k^huai^{41}	差点儿 $tʂ^ha^{41}tiɚ^{214}$ 差不点儿 $tʂ^ha^{41}pu^{0}tiɚ^{214}$	宁可 $ɲiŋ^{41}k^hɤ^{214}$
容城	快 k^huai^{513}	差点儿 $tʂ^ha^{52}tiɚ^{0}$	宁可 $ɲiŋ^{52}k^hɤ^{213}$
雄县	快 k^huai^{41}	差点儿 $tʂ^ha^{41}tiɚ^{214}$ 差不点儿 $tʂ^ha^{41}pu^{0}tiɚ^{214}$	宁可 $ɲiŋ^{41}k^hɤ^{214}$
安新	快 k^huai^{51}	差一点儿 $tʂ^ha^{53}i^{45}tiɚ^{214}$	宁可 $ɲiŋ^{55}k^hɤ^{214}$
满城	快 k^huai^{512}	差点儿 $tʂ^ha^{53}tiɚ^{213}$	宁可 $ɲiŋ^{53}k^hɤ^{213}$
阜平	快 $k^huæ^{53}$	差点儿 $tʂ^ha^{53}tiɚ^{55}$	宁可 $ɲiŋ^{53}k^hɤ^{55}$
定州	快 k^huai^{51}	差一忽闪儿 $tʂ^ha^{33}i^{33}xu^{211}ʂer^{0}$	宁愿 $ɲiŋ^{53}yan^{51}$
无极	快 $k^huæ^{51}$	差点儿 $tʂ^hɑ^{31}tiɚ^{35}$	
辛集	快 k^huai^{41}	差一差儿 $tʂ^ha^{33}i^{354}tʂ^hɑr^{33}$ 差点儿 $tʂ^hɑ^{42}tiɚ^{324}$	情愿 $tsʰiŋ^{35}yan^{0}$
衡水	快 $k^huɑi^{31}$	差点儿 $tʂ^hɑ^{31}tiɚ^{55}$	
故城	快 $k^huæ^{31}$	差点儿 $tʂ^ha^{24}tiɚ^{55}$	宁可 $ɲiŋ^{31}kɤ^{55}$ 豁着 $xuɤ^{24}tʂɤ^{0}$
巨鹿	快 k^huai^{21}	差点儿 $tʂ^ha^{33}tiɑr^{55}$	情愿 $tɕ^hiŋ^{55}yẽ^{21}$
邢台	快 k^huai^{31}	差一忽 $tʂ^ha^{34}i^{34}xu^{0}$	宁可 $ɲiŋ^{31}k^hə^{55}$
馆陶	快 k^huai^{213}	差点儿 $tʂ^ha^{21}tiɚ^{43}$	宁愿 $ɲiŋ^{24}yæn^{21}$
沧县	快 k^huai^{41}	却＝点儿 $tɕ^hye^{41}tiɚ^{55}$	宁可 $ɲiŋ^{41}k^hɤ^{55}$
献县	快 k^hue^{31}	差一点儿 $tʂ^ha^{31}i^{33}tiɚ^{33}$	宁可 $ɲiŋ^{31}k^hɤ^{214}$
平泉	要 $iɑu^{51}$ 快 k^huai^{51}	差点儿 $tʂ^ha^{53}tiɚ^{214}$	宁可 $ɲiŋ^{53}k^hə^{214}$

（续表）

	1183 快~天~亮了	1184 差点儿~摔倒了	1185 宁可~买贵的
滦平	要 iɑu⁵¹ 快 kʰuai⁵¹	差点儿 tʂʰa⁵¹tiɐr²¹⁴	宁可 ɲiŋ⁵¹kʰə²¹⁴
廊坊	快 kʰuai⁵¹ 要 iɑu⁵¹ 快要 kʰuai⁵³iɑu⁵¹	差不点儿 tʂʰa⁵¹puº tiɐr²¹⁴ 差点儿 tʂʰa⁵³tiɐr²¹⁴	宁可 ɲiŋ⁵³kʰɤ²¹⁴ 认头 zən⁵³tʰou³⁵
魏县	快 kʰuai³¹²	差点儿 tʂʰa³³tiɐr⁵⁵	宁之的 ɲiŋ³¹²tʂʅ³³teº
张北	快 kʰuai²¹³	差点儿 tʂʰa²³tiɐr⁵⁵ 错点儿 tsʰuə²³tiɐr⁵⁵	宁愿 ɲiŋ²³yæ²¹³
万全	快 kʰuɛi²¹³	差点点 tʂʰa⁴⁵tian⁵⁵tianº 差点儿 tʂʰa⁴⁵tiɐr⁵⁵	就想 tɕiou⁴⁵ɕia⁵⁵
涿鹿	快 kʰuɛ³¹	差点儿 tʂʰa³¹tiɐr⁴⁵	宁愿 ɲiŋ²³yæ³¹
平山	快 kʰuɛ⁴²	差点儿 tʂʰa⁴²tiær⁰	能着 nən⁴²tʂʅ⁰
鹿泉	快 kʰuɛ³¹²	差点儿 tʂʰa³¹tiɐr³⁵	宁可 ɲiŋ³¹kʰɤ³⁵ 宁愿 ɲiŋ³⁵yæ³¹
赞皇	快 kʰuɛ³¹²	差点儿 tʂʰa⁵⁴tiɐr⁴⁵	宁愿 ɲiŋ⁵⁴yæ³¹
沙河	快 kʰuai²¹	圪＝哩＝不拉＝点儿 kəʔ²li⁰pəʔ²lɔ⁴¹tiar⁴¹	宁肯 ɲiən²¹kʰən³³
邯郸	快 kʰuai²¹³	差点儿 tʂʰɔ³¹tiɐr⁰	宁可 niŋ¹³kʰɤ⁵⁵ 情愿 tsʰiŋ⁵³yæ²¹
涉县	快 kʰuai⁵⁵	悬＝拧拧儿 ɕyæ⁴¹ɲiən²⁴ɲiəur⁰	宁 ɲiəŋ⁵⁵

	1186 故意~打破的	1187 随便~弄一下	1188 白~跑一趟
兴隆	竟意儿 tɕin⁵¹iər²¹³ 竟大意儿 tɕin⁵³ta⁵¹iər²¹³ 成心 tʂʰən⁵⁵ɕin³⁵①	随便儿 suei⁵⁵piɐr⁵¹	白 pai⁵⁵
北戴河	竟 #1 儿 tɕin⁵³ȵiɑ̃r²¹⁴	随便儿 ʃuei³⁵piɐr⁵¹	白 pai³⁵
昌黎	竟意儿 tɕin⁴²iər²⁴	随便儿 suei²⁴piɐr⁴⁵³	白 pai²⁴
乐亭	竟意儿 tɕiən⁵³iər⁵²	随便儿 suei³⁴piɐr⁵²	白 pai²¹²
蔚县	单意儿 tã⁵³iə̃r⁴⁴ 单产⁼儿 tã⁵³tsʰər⁴⁴ 单单 tã⁵³tã⁵³	随便 suei⁴¹piã³¹²	白 pɛi⁴¹
涞水	得意儿 tɤ⁴⁵iər³¹	好歹 xɑu⁴⁵tai²⁴	白 pai⁴⁵
霸州	竟意儿 tɕin⁴¹iər⁴¹ 竟故意儿 tɕin⁴¹ku⁰iər⁴¹ 成心 tʂʰən⁴⁴ɕin⁴⁵	好歹 xɑu²⁴tai²¹⁴ 凑合着 tsʰou⁴⁵xuo⁰tʂɤ⁰	白 pai⁵³
容城	对眼儿 tuei⁵²iər²¹³	随便儿 suei³⁵piɐr⁵¹³	白 pai³⁵
雄县	得故意儿的 tei⁴¹ku⁰iər⁴⁵tɤ⁰ 故意 ku⁴⁵i⁴¹	随便儿 suei⁵³piɐr⁴¹	白 pai⁵³
安新	得故意儿 tei²¹ku⁰iər⁵¹	好歹子 xɑu²¹tai⁵³tsɿ⁰	白 pai³¹
满城	得故意儿 tei⁴²ku⁰iər²²	随便儿 ʂuei²²piɐr⁵¹²	白 pai²²
阜平	专故意儿 tʂuæ̃³¹ku⁰iər⁵³	随便儿 sei²⁴piɐr⁵³	白 pæ²⁴
定州	得故意儿 tei²¹¹ku⁰i³⁵ər⁰	随便儿 suei²⁴piɐr⁵¹	白 pai²¹³
无极	竟意儿 tɕin²¹³iər⁰	随便儿 suəi²¹³piɐr⁵¹	白 pæ²¹³
辛集	得故竟儿 tei³³ku⁴²tɕiər⁴¹	好歹 xɑu³⁵tai³²⁴	白 pai³⁵⁴
衡水	得尾⁼ tei²¹vei⁰	随便儿 suei⁵³piɐr³¹	白 pɑi⁵³
故城	竟心的 tɕin³¹ɕiẽ²⁴ti⁰ 成心 tʂʰən⁵³ɕiẽ²⁴	随便 suei⁵⁵piæ³¹ 大概其 ta³¹kæ³¹tɕʰi⁵³	白 pæ⁵³
巨鹿	当过儿 tɑn³³kuor²¹	随便儿 suei³³piar²¹	白 pai⁴¹
邢台	专意儿 tʂuan³⁴iər³¹ 单意儿 tan³⁴iər³¹	随便儿 suei⁵³piɐr³¹	白 pai⁵³
馆陶	正⁼意儿 tʂən²¹iər²⁴	随便儿 suei⁴⁴piɐr²¹	白 pai⁵²
沧县	尽心 tɕiən⁴¹ɕiən²³	随便 suei⁵³pian⁴¹	白 pai⁵³

(续表)

	1186 故意~打破的	1187 随便~弄一下	1188 白~跑一趟
献县	得故意儿 tei²¹ku⁰iəz̩³³	随便儿 suei⁵³piɐr³¹	白 pɛ⁵³
平泉	竟意儿 tɕiŋ⁵³iər²¹⁴ 故意 ku⁵³i⁵³	随便儿 suei³⁵piɐr⁵¹	白 pai³⁵
滦平	竟意儿 tɕiŋ⁵¹iər²¹⁴ 故意 ku⁵¹i⁵¹	随便儿 suei³⁵piɐr⁵¹	白 pai³⁵
廊坊	成心 tʂʰəŋ³⁵ɕin⁵⁵ 故意 ku⁵³i⁵¹	随便儿 suei³⁵piɐr⁵¹	白 pai³⁵
魏县	一整＝儿 i³³tʂɤr⁵⁵ 单整＝儿 tan³³tʂɤr⁵⁵	随便儿 ʂuei⁵³piɐr³¹²	白 pai⁵³
张北	成心 tsʰəŋ⁴²ɕiŋ⁴² 把故儿 pa²³kuer²¹³	随便儿 suei⁴²piɐr²¹³	白 pai⁴²
万全	专门儿 tsuan⁴¹mər⁰	随便儿 suei⁴¹piɐr²¹³	白 pɛi⁴¹
涿鹿	单故儿 tæ⁴⁴kur⁴⁵	随便儿 suei⁵²piɐr³¹	白 pɛ⁴²
平山	竟竟儿 tɕiŋ²⁴tɕiər⁴²	随便儿 sæi⁵³piɐr⁴²	白 pɛ³¹
鹿泉	竟竟儿 tɕiŋ³¹²tɕiə̃r³¹	随便儿 suei⁵⁵piɐr³¹ 随意 suei⁵⁵i³¹	白 pɛ⁵⁵
赞皇	竟竟儿哩 tɕiŋ³¹²tɕiə̃r⁵¹li⁰	随便儿 suei⁵⁴piɐr³¹	白 pɛ⁵⁴
沙河	专儿 tʂuar⁴¹	不见咋儿 pəʔ²tɕiã²⁴tsar⁵¹	白 pai⁵¹
邯郸	[单意]儿 tær⁵⁵³	好赖 xɑu⁵⁵lai²¹	白 pai⁵³
涉县	正主＝儿 tsəŋ⁵⁵tsur⁴¹	圪 kəʔ³²	白 pai⁴¹²

① 还有"故意 ku⁵³i⁵¹"的说法。

	1189 肯定 ~是他干的	1190 可能 ~是他干的	1191 一边 ~走，~说
兴隆	肯定 kʰən²¹tiŋ⁵¹ 指定 tʂʅ²¹tiŋ⁵¹	大概 tɑ⁵³kai⁵¹ 好像 xɑu²¹ɕiɑŋ⁵¹ 可能 kʰə²¹nəŋ⁵⁵	边 piɛn³⁵ 一边儿 i⁵⁵piɛr³⁵
北戴河	肯定 kʰən²¹tiŋ⁵¹	没准儿 mei³⁵tʃuər²¹⁴ 可能 kʰɤ²¹nəŋ³⁵	一边儿 i⁴⁴piɛr⁴⁴
昌黎	肯定 kʰən²¹tiŋ⁴⁵³	可能 kʰɤ²⁴nəŋ²⁴	一边儿 i³⁴piɛr⁴²
乐亭	指定 tʂʅ³³tiəŋ⁵²	一马⁼儿 i³³mar⁵²	一边儿 i³³piɛr³¹
蔚县	肯定 kʰən⁴⁴tiŋ³¹² 一准儿 i⁵³tsũr⁴⁴	可能 kʰɤ¹³nəŋ⁴¹	一边儿 i⁵³piɛr⁵³
涞水	肯定 kʰən²⁴tiŋ³¹⁴	备不住 pei³¹pu⁰tʂu³¹⁴	一边儿 i⁵⁵piɛr³¹
霸州	肯定 kʰən²⁴tiŋ⁴¹	备不住 pei⁴⁵pu⁰tʂu⁵³ 一安儿 i⁴⁵nɐr⁴⁵	一边儿 i⁴⁵piɛr⁴⁵
容城	肯定 kʰən²¹tiŋ⁰	可能 kʰɤ²¹nəŋ³⁵	一边儿 i⁴⁴piɛr⁴³
雄县	肯定 kʰən²⁴tiŋ⁴¹	备不住 pei²¹pu⁰tʂu⁴¹	一边儿 i⁴⁵piɛr⁴⁵
安新	肯定 kʰən²⁴tiŋ⁵¹	可能 kʰɤ⁴⁵nəŋ³¹	一边儿 i²¹piɛr⁴⁵
满城	肯定 kʰən²¹tiŋ⁵¹²	可能 kʰɤ³⁵nəŋ²²	一边儿 i⁴⁵piɛr⁴⁵
阜平	肯定 kʰən⁵⁵tiŋ⁵³	在⁼也 ⁼tsæ⁵³iɛ⁰	一边儿 i²⁴piɛr³¹
定州	就是 tsiou⁵³ʂʅ⁰	敢许 kan³³ɕy²⁴ 兴许 ɕiŋ³³ɕy²⁴	一本⁼儿 i³³pər²⁴
无极	保险 pɔ³¹ɕiãn³⁵	敢 kãn³⁵	一边儿 i³⁵piɛr³¹
辛集	保准 pɑu³⁵tʂuən³²⁴ 准 tʂuən³²⁴	备不住 pei⁴²pu³⁵tʂu⁴¹	正 tʂəŋ⁴¹ 直 tʂʅ³⁵⁴
衡水	准 tʂun⁵⁵ 保准 pɑu⁵⁵tʂun⁵⁵	大概其 tɑ³¹kai³¹tɕʰi⁵³	一边儿 i⁵⁵pɐr²⁴
故城	准 tsuẽ⁵⁵	挡不住 taŋ⁵⁵pu⁰tʂu³¹	一边儿 i³¹piɛr²⁴ 随 suei⁵³
巨鹿	准是 tʂuən⁵⁵ʂʅ²¹	也兴 iɛ⁵⁵ɕiŋ³³	一面 i³³mẽ²¹
邢台	肯定 kʰən⁵⁵tiŋ³¹ 一定 i³⁴tiŋ³¹	当不住 taŋ³¹pu³⁴tʂu³¹	一边儿 i³⁴pɐr³⁴

（续表）

	1189 肯定~是他干的	1190 可能~是他干的	1191 一边~走，~说
馆陶	一准儿 i^{22}tʂuər^{44}	猜哩 tsʰai^{22}li^0 猜的 tsʰai^{22}tə^0 敢是 kæn^{44}ʂʅ^0	跟的 ken^{22}tə^0 一边儿 i^{43}piɐr^{24}
沧县	肯定 kʰən^{55}tiŋ^{41}	可能 kʰɤ^{55}nəŋ^{53}	一边儿 i^{41}piɐr^{23}
献县	准 tʂuən^{214} 肯定 kʰən^{24}tiŋ^{31}	可能 kʰɤ^{21}nəŋ^{53} 备不住 pei^{331}pu^{0}tʂu^{31}	一边儿 i^{53}pɐr^{33}
平泉	肯定 kʰən^{21}tiŋ^{51}	可能 kʰə^{21}nəŋ^{35}	一边儿 i^{53}piɐr^{55} 边 pian^{55}
滦平	肯定 kʰən^{21}tiŋ^{51}	可能 kʰə^{21}nəŋ^{35}	一边 i^{51}pian^{55}
廊坊	一定 i^{35}tiŋ^{51} 就 tɕiou^{51} 肯定 kʰən^{21}tiŋ^{51}	或许 xuo^{53}ɕy^{214} 大概 ta^{53}kai^{51} 可能 kʰɤ^{21}ŋəŋ^{35}	一边儿 i^{53}piɐr^{55}
魏县	准保 tʂuən^{55}pɑu^{55} 肯定 kʰən^{55}tiŋ^{312}	可能 kʰɤ^{55}nəŋ^{53}	一边儿 i^{33}piɐr^{33}
张北	肯定 kʰən^{55}tiŋ^{213}	说不定 suəʔ^{3}pəʔ^{3}tiŋ^{213}	边儿 piɐr^{42}
万全	肯定 kʰəŋ^{44}tiəŋ^{213}	大概 ta^{24}kei^{213}	一边儿 iəʔ^{44}pɐr^{41}
涿鹿	肯定 kʰən^{45}tiŋ^{31}	估计 ku^{44}tɕi^{31}	一边儿 iʌ^{43}piɐr^{44}
平山	肯定 kʰən^{55}tiŋ^{42}	也敢 iə^{55}kæ^{55} 大概 ta^{24}kɛ^{42}	一边儿 i^{31}pɐr^{55}
鹿泉	肯定 kʰẽ^{35}tiŋ^{31}	估计 ku^{35}tɕi^{31} 可能 kʰɤ^{35}nəŋ^{55}	一边儿 iɤ^{13}piɐr^{55}
赞皇	一定 i^{24}tiŋ^{31}	敢是 kæ^{45}ʂʅ^{31}	一边儿 i^{21}piɐr^{54}
沙河	肯定 kʰən^{33}tiəŋ^{21}	可能 kʰɤ^{33}nəŋ^{51}	一边 iəʔ^{4}piã^0
邯郸	保准 pɑu^{53}tʂun^{55}	可能 kʰɤ^{55}nəŋ^{53} 敢 kæ^{55}	一边儿 iəʔ^{4}piɐr^{31}
涉县	肯定 kʰən^{53}tiəŋ^{24}	也许 iə^{412}ɕy^0	一[边上]iəʔ^{32}[piã^{41}]

	1192 和 我~他都姓王	1193 和 我昨天~他去城里了	1194 对 他~我很好
兴隆	和 xə⁵⁵	跟 kən³⁵ 和 xə⁵⁵	对 tuei⁵¹
北戴河	跟 kən⁴⁴	跟 kən⁴⁴	对 tuei⁵¹
昌黎	和 xɤ²⁴ 跟 kən⁴²	和 xɤ²⁴ 跟 kən⁴²	对 tuei⁴⁵³
乐亭	兼 tɕien³¹	兼 tɕien³¹	对 tuei⁵²
蔚县	和 xʌɯ³¹²	和 xʌɯ³¹² 跟 kəŋ⁵³	对 tuei³¹²
涞水	跟 kən³¹	跟 kən³¹	对 tuei³¹⁴
霸州	跟 kən⁴⁵	跟 kən⁴⁵	对 tuei⁴¹
容城	和 xɤ³⁵	和 xɤ³⁵	对 tuei⁵¹³
雄县	跟 kən⁴⁵	跟 kən⁴⁵	对 tuei⁴¹
安新	跟 kən⁴⁵	跟 kən⁴⁵	对 tuei⁵¹
满城	和 xɤ²²	和 xɤ²²	对 tei⁵¹²
阜平	和 xɤ²⁴	跟 kəŋ³¹	对 tei⁵³
定州	跟 kən³³	跟 kən³³	对 tei⁵¹
无极	和 xuãn⁵¹	和 xuãn⁵¹	对 təi⁵¹
辛集	跟 kən³³	跟 kən³³	对 tei⁴¹
衡水	和 xuo³¹	跟 kən²⁴	对 tuei³¹
故城	跟 kẽ²⁴	跟 kẽ²⁴	对 tuei³¹
巨鹿	跟 kən³³	跟着 kən³³tʂə⁰	待 tai²¹
邢台	跟 kən³⁴	跟 kən³⁴	对 tuei³¹
馆陶	跟 ken²⁴	跟 ken²⁴	对 tei²¹³
沧县	和 xɤ⁵³	跟 kən²³	对 tuei⁴¹
献县	会 xuei³¹ 跟 kən³³	会 xuei³¹ 跟 kən³³	对 tuei³¹
平泉	和 xə³⁵	跟 kən⁵⁵ 和 xə³⁵	对 tuei⁵¹

(续表)

	1192 和 我~他都姓王	1193 和 我昨天~他去城里了	1194 对 他~我很好
滦平	和 xə³⁵	跟 kən⁵⁵ 和 xə³⁵	对 tuei⁵¹
廊坊	和 xɤ³⁵ 跟 kən⁵⁵	和 xɤ³⁵ 跟 kən⁵⁵	对 tuei⁵¹
魏县	跟 kɛ³³	跟 kɛ³³	对 tuəi³¹²
张北	跟 kəŋ⁴²	跟 kəŋ⁴²	对 tuei²¹³
万全	跟 kəŋ⁴¹	跟 kəŋ⁴¹	对 tuei²¹³
涿鹿	和 xə⁴² 跟 kəŋ⁴⁴	和 xə⁴² 跟 kəŋ⁴⁴	对 tuei³¹
平山	和 xuə⁴²	和 xuə⁴²	对 tæi⁴²
鹿泉	和 xɤ⁵⁵	跟 kɛ⁵⁵ 和 xɤ⁵⁵	对 tei³¹²
赞皇	会 xuei³¹² 和 xə⁵⁴	会 xuei³¹² 和 xə⁵⁴	对 tuei³¹² 待 tɛ³¹²
沙河	和 xɤ⁵¹	和 xɤ⁵¹ 跟 kən⁴¹	待 tai²¹
邯郸	跟 kən³¹ 和 xɤ⁵³	跟的 kən³¹tə⁰	对 tuəi²¹³
涉县	给 kəi⁵³	给 kəi⁵³	给 kəi⁵³

	1195 往~东走	1196 向~他借一本书	1197 按~他的要求做
兴隆	往 uaŋ²¹³ 向 ɕiaŋ⁵¹	向 ɕiaŋ⁵¹ 跟 kən³⁵	按 nan⁵¹ 照 tʂɑu⁵¹
北戴河	往 uaŋ²¹⁴	跟 kən⁴⁴ 向 ɕiaŋ⁵¹	按 nan⁵¹
昌黎	往 uaŋ²¹³ 朝 tsʰɑu²⁴	管 kuan²¹³ 跟 kən⁴² 向 ɕiaŋ⁴⁵³	按 ŋan⁴⁵³ 照 tsɑu⁴⁵³
乐亭	往 uaŋ⁵²	从 tsʰuŋ²¹²	按 ŋan⁵²
蔚县	往 vɔ⁴⁴ 朝 tsʰʌɯ⁴¹	和 xʌɯ³¹²	按 nã³¹²
涞水	往 uaŋ²⁴	跟 kən³¹	照 tʂɑu³¹⁴
霸州	往 uaŋ²¹⁴ 望 uaŋ⁴¹	跟 kən⁴⁵	按 nan⁴¹
容城	往 uaŋ²¹³	向 ɕiaŋ⁵¹³	按 nan⁵¹³
雄县	往 uaŋ²¹⁴ 向 ɕiaŋ⁴¹ 望 uaŋ⁴¹	跟 kən⁴⁵ 向 ɕiaŋ⁴¹	按 nãn⁴¹
安新	往 uaŋ²¹⁴	跟 kən⁴⁵	按 nan⁵¹
满城	往 uaŋ²¹³	跟 kən⁴⁵	按 nan⁵¹²
阜平	往 uaŋ⁵³	跟 kən³¹	按 ŋæ̃⁵³
定州	朝 tʂʰɑu²¹³	跟 kən³³	照 tʂɑu⁵¹ 按 ŋan⁵¹
无极	往 uaŋ⁵¹	给 ⁼kəi³⁵	照 tʂɔ⁵¹
辛集	往 uan³²⁴	跟 kən³³	按 ŋan⁴¹
衡水	往 vaŋ⁵⁵	跟 kən³¹	照着 tʂɑu⁵³tʂɑu⁰
故城	朝 tʂʰɔo⁵³ 往 vaŋ³¹	跟 kẽ²⁴	依着 i²¹tʂɔo⁰ 照 tʂɔo³¹
巨鹿	上 ʂã²¹	跟 kən³³	按 ŋɛ̃²¹
邢台	朝 tʂʰau⁵³	跟 kən³⁴	照 tʂau³¹
馆陶	往 uaŋ²¹³	跟 ken²⁴	依 i²⁴

（续表）

	1195 往~东走	1196 向~他借一本书	1197 按~他的要求做
沧县	往 uaŋ⁵⁵	跟 kən²³	按 nan⁴¹
献县	往 uã²¹⁴	会 xuei³¹ 跟 kən³³	按 næ̃³¹
平泉	朝 tʂʰau³⁵ 向 ɕiaŋ⁵¹ 往 uaŋ²¹⁴	朝 tʂʰau³⁵ 跟 kən⁵⁵ 向 ɕiaŋ⁵¹	按 nan⁵¹/an⁵¹
滦平	向 ɕiaŋ⁵¹ 朝 tʂʰau³⁵ 往 uaŋ²¹⁴	朝 tʂʰau³⁵ 跟 kən⁵⁵ 向 ɕiaŋ⁵¹	按 nan⁵¹/ŋan⁵¹/an⁵¹ 照 tʂau⁵¹
廊坊	往 uaŋ²¹⁴ 朝 tʂʰau³⁵ 上 ʂaŋ⁵¹	跟 kən⁵⁵ 朝 tʂʰau³⁵	按 ŋan⁵¹/an⁵¹
魏县	往 uaŋ⁵⁵	找 tʂau⁵⁵①	按 an³¹² 照 tʂau³¹²
张北	向 ɕiɔ²¹³	跟 kən⁴²	按 ŋæ̃²¹³
万全	朝 tsʰɔ⁴¹	和 xə⁴¹	按 ŋan²¹³
涿鹿	往 uã⁴⁵	跟 kən⁴⁴	按 ŋæ̃³¹
平山	往 uaŋ⁵⁵	和 xuə⁴²	按 ŋæ̃⁴²
鹿泉	往 uaŋ³⁵	跟 kẽ⁵⁵ 和 xɤ⁵⁵	按 ŋæ̃³¹²
赞皇	往 uaŋ⁴⁵	跟 kən⁵⁴ 会 xuei³¹²	按 ŋæ̃³¹²
沙河	往 uaŋ³³	跟 kən⁴¹	按 ŋã²¹ 照 tʂau²¹
邯郸	往 vaŋ⁵⁵	朝 tʂʰau⁵³	照 tʂau²¹³ 按 ŋæ̃²¹³
涉县	往 vã⁵³	搁 kɤʔ³²	按 ŋæ̃⁵⁵ 依 i⁵³

---

① 无此用法的介词。

	1198 替~他写信	1199 如果~忙你就别来了	1200 不管~怎么劝他都不听
兴隆	替 tʰi⁵¹	如果 zu⁵⁵kuo²¹³ 要是 iau⁵³ʂʅ⁵¹	不管 pu⁵⁵kuan²¹³ 无论 u⁵⁵luən⁵¹
北戴河	帮 paŋ⁴⁴ 替 tʰi⁵¹	要是 iau⁵³ʃʅ⁵¹	不管 pu⁵³kuan²¹⁴
昌黎	替 tʰi⁴⁵³	要是 iau⁴⁵ʂʅ⁰ 如果 zu²⁴kuo²¹³	不管 pu⁴²kuan²¹³
乐亭	替 tʰi⁵²	要是 iau⁵³ʂʅ⁵²	不论 pu³³luən⁵²
蔚县	替 tʰi³¹²	要是 iʌɯ³¹ʂʅ⁰ 如果 zu³¹kuɤ⁴⁴	不管 pu⁵³kuã⁴⁴
涞水	替 tʰi³¹⁴	要是 iau³¹ʂʅ³¹⁴	不管 pu⁵⁵kuan²⁴
霸州	替 tʰi⁴¹	要是 iau⁴¹ʂʅ⁴¹	不管 pu⁴⁵kuan²¹⁴
容城	替 tʰi⁵¹³	如果 zu⁴⁴kuo²¹³	不管 pu³¹kuan⁰
雄县	替 tʰi⁴¹	要是 iau⁵³⁴ʂʅ⁴¹	不管 pu⁴⁵kuãn²¹⁴
安新	替 tʰi⁵¹	要是 iɑu⁵⁵ʂʅ⁰	不管 pu⁴⁵kuan²¹⁴
满城	给 kei²¹³	要是 iau⁵³ʂʅ⁵¹²	甭管 pəŋ³⁵kuan²¹³
阜平	替 tʰi⁵³	要是 iɔ²⁴ʂʅ⁵³	不管 pu²⁴kuæ̃⁵⁵
定州	替 tʰi⁵¹	要是 iau⁵³ʂʅ⁵¹	嫑管 piau²⁴kuan²⁴
无极	替 tʰi⁵¹	要是 iɔ⁵³ʂʅ⁰	不管 pu³¹kuãn³⁵
辛集	替 tʰi⁴¹	要是 iau⁴²ʂʅ⁰	甭管 piŋ³⁵kuan³²⁴
衡水	替 tʰi³¹	要是 iau³¹ʂʅ³¹	甭管 piŋ⁵³kuan⁵⁵
故城	替 tʰi³¹	要是 iɔ²⁴ʂʅ³¹	甭管 pəŋ⁵³kuæ̃⁵⁵ 别管 pie⁵³kuæ̃⁵⁵
巨鹿	替 tʰi²¹	要是 iau³³ʂʅ²¹	甭管 piã⁴¹kuan⁵⁵
邢台	代 tai³¹	要是 iau³³ʂʅ³¹	甭管 pəŋ⁵³kuan⁵⁵
馆陶	替 tʰi²¹³	要是 iao²⁴ʂʅ²¹	不管 pu²⁴kuæn⁴⁴
沧县	替 tʰi⁴¹	要 iau⁴¹	不管 pu⁴¹kuan⁵⁵
献县	替 tʰi³¹	要是 iɔ³¹ʂʅ³¹	甭管 pəŋ⁵³kuæ̃²¹⁴
平泉	替 tʰi⁵¹	要是 iau⁵³ʂʅ⁵¹ 如果 zu³⁵kuo²¹⁴	不管 pu⁵³kuan²¹⁴

（续表）

	1198 替~他写信	1199 如果~忙你就别来了	1200 不管~怎么劝他都不听
滦平	替 tʰi⁵¹	要是 iɑu⁵¹ʂʅ⁵¹ 如果 zu³⁵kuo²¹⁴	不管 pu⁵¹kuan²¹⁴
廊坊	替 tʰi⁵¹ 代 tai⁵¹	要是 iɑu⁵³ʂʅ⁵¹	不管 pu⁵³kuan²¹⁴ 不论 pu³⁵lin⁵¹ 别管 piɛ³⁵kuan²¹⁴
魏县	替 tʰi³¹²	要是 iɑu³¹ʂʅ³¹²	寸⁼管 tʂʰuən³¹²kuan⁵⁵ 不管 pɛ³³kuan⁵⁵
张北	替 tʰi²¹³	要是 iau²³ʂʅ²¹³	不管 pəʔ³kuæ̃⁵⁵
万全	替 tʰi²¹³	要是 iɔ²⁴ʂʅ⁰	不管 pu⁴⁵kuan⁵⁵
涿鹿	替 tʰi³¹	如果 zu⁵²kuə⁴⁵ 要是 iɔ³¹ʂʅ⁰	别管 piɛ⁵²kuæ̃⁴⁵
平山	替 tʰi⁴²	也是 iə⁵⁵ʂʅ⁴²	甭管 piŋ³¹kuæ̃⁵⁵
鹿泉	替 tʰi³¹²	要是 iɔ³⁵ʂʅ³¹ 如果 zu⁵⁵kuo³⁵	不管 pu²¹kuæ̃³⁵
赞皇	替 tʰi³¹²	要是 iɔ²⁴ʂʅ³¹	甭管 piŋ³¹²kuæ̃⁴⁵
沙河	替 tʰi²¹	要是 iau²¹ʂʅ²¹	甭管 piəŋ⁴¹kuã³³
邯郸	替 tʰi²¹³	如果 lu⁵³kuə⁵⁵ 要 iɑu²¹³	不管 pəʔ²kuæ̃⁵⁵ 从⁼管 tsʰuŋ⁵³kuæ̃⁵⁵
涉县	替 tʰi⁵⁵	要是 iau⁵⁵ʂʅ⁰	不管 pəʔ³²kuæ̃⁵³

参考文献

昌黎县地方志编纂委员会　1992　《昌黎县志》，中国国际广播出版社。

河北省昌黎县县志编纂委员会、中国科学院语言研究所合编　1984　《昌黎方言志》，上海教育出版社。

李行健主编　1995　《河北方言词汇编》，商务印书馆。

吴继章　2011　河北方言词汇调查描写中存在的问题，《燕赵学术》秋之卷。

吴继章、陈淑静、唐健雄　2005　《河北省志·方言志》，方志出版社。

吴继章、李燕凌　2019　略说河北方言词汇层面的形象色彩问题，《河北师范大学学报》第2期。

许宝华、宫田一郎　1999　《汉语方言大词典》，中华书局。

杨　佐　2007　《蔚州方言词萃》，中国文史出版社。

中国社会科学院语言研究所词典编辑室　2016　《现代汉语词典》（第7版），商务印书馆。

附 录

说明：

1. 各调查点的排序与各地音系、单字音表等处的排序相同。
2. 方言片区划分依据《中国语言地图集·汉语方言卷》（第2版）。
3. 调查人中排在第一位的是该调查点的负责人。
4. 协助调查人排名不分先后。

编号	调查点	地级	县级	乡镇级	村级	方言区	方言片	发音人	性别	出生年	文化程度	调查人	协助调查人	调查设备和调查时间
001	兴隆	承德	兴隆	兴隆镇	大有	冀鲁官话	保唐片	于占支	男	1955	初中	戴克良	白杨	录音话筒：SAMSON C03U
								张诺宜	男	1987	大专	马彦芳	闫秋敏	录音声卡：SAMSON C03U
								赵笑铁	女	1958	中专	王筱欢	马占成	内置声卡
								于艳春	女	1988	本科	何青霞	曹俊金	摄像机：松下 AJ-PX398MC
								任志刚	男	1984	本科	张永利	刘卫华	调查时间：2017.5.21—11.5
								尤凤华	女	1971	高中		王凯	
002	北戴河	秦皇岛	北戴河区	戴河镇	万嘉家园	冀鲁官话	保唐片	杨晓春	男	1958	小学	沈丹萍	王宝昌	录音话筒：SAMSON C03U
								张伟	男	1986	中专	张丽红	王辉	录音声卡：SAMSON C03U
								刘海艳	女	1960	小学	杨丽紫		内置声卡
								张志余	女	1987	中专	苏鹏		摄像机：索尼 FDR-AXP35
								陈柏	男	1986	本科			调查时间：2016.3.16—10.7

（续表）

编号	调查点	地级	县级	乡镇级	村级	方言区	方言片	发音人	性别	出生年	文化程度	调查人	协助调查人	调查设备和调查时间
003	昌黎	秦皇岛	昌黎	昌黎镇	一街	冀鲁官话	保唐片	马季强	男	1953	小学	曹梦雪 赵文荣 沈丹萍 苏鹏 杨紫	刘娜 李雪涛	录音话筒：SAMSON C03U 录音声卡：SAMSON C03U 内置声卡 摄像机：索尼 FDR-AX40 调查时间：2016.5.10—10.2
								赵亮	男	1981	本科			
								戚凤荣	女	1953	初中			
								王智松	女	1982	本科			
								刘志才	男	1957	大专			
								张津	男	1987	中专			
004	乐亭	唐山	乐亭	乐亭镇	城关	冀鲁官话	保唐片	孙兴琦	男	1950	高中	侯建华 刘伯群 张文光 王斌 马志成	付迎新 母秀君	录音话筒：SAMSON C03U 录音声卡：SAMSON C03U 内置声卡 摄像机：索尼 D70 调查时间：2016.7.3—7.10
								张佳伟	男	1983	高中			
								张秀君	女	1956	初中			
								张雪	女	1989	大学			
								王建东	男	1962	大学			
								孙慧艳	女	1967	大学			
								孙曼钰	女	1967	大学			
								常淑娜	女	1967	大学			
005	蔚县	张家口	蔚县	蔚州镇	三泉庄	冀鲁官话	保唐片	苏贵	男	1954	高中	李旭 王新宇 陈凯阳 孙淼 王帅臣	章海亮 贺李萍	录音话筒：罗德 video mix pro 录音声卡：笔记本内置声卡 摄像机：索尼 PMW-EX1R 调查时间：2018.5.24—10.11
								刘建立	男	1989	大专			
								张桂梅	女	1955	高中			
								周俊阳	女	1990	初中			
								张帅	男	1988	大专			
								门金荣	女	1969	初中			
								王楠	女	1986	中专			

(续表)

编号	调查点	地级	县级	乡镇级	村级	方言区	方言片	发音人	性别	出生年	文化程度	调查人	协助调查人	调查设备和调查时间
006	涞水	保定	涞水	涞水	南关	冀鲁官话	保唐片	王志清	男	1958	高中	傅林 李晓旭 姚婷婷 王延慧 齐孟远	刘志红	录音话筒：SAMSON C03U 录音声卡：SAMSON C03U 内置声卡 摄像机：索尼 HDR-PJ670 调查时间：2018.8.15—8.28
								杜英春	男	1985	初中			
								赵秀莲	女	1957	初中			
								寇成志	女	1993	大专			
								陈春来	男	1951	初中			
007	霸州	廊坊	霸州	霸州	东关八街	冀鲁官话	保唐片	张国伦	男	1957	中专	李旭 王新宇 杨彬驰 陈凯阳	邵雅轩 戴拴银	录音话筒：SAMSON C03U 录音声卡：SAMSON C03U 内置声卡 摄像机：松下 AG-HPX500MC 调查时间：2017.5.19—9.20
								吴昊东	男	1985	本科			
								尚玉兰	女	1958	高中			
								王晶晶	女	1988	大专			
								韩富智	男	1962	中专			
								邵雅轩	男	1976	本科			
								何军	男	1956	初中			
008	容城	雄安新区	容城	容城镇	上坡	冀鲁官话	保唐片	张保芬	男	1951	初中	侯建华 张文光 王斌 高光新 马志成	包永安 杨艳娟	录音话筒：SAMSON C03U 录音声卡：SAMSON C03U 内置声卡 摄像机：索尼 D70、罗技 C03U摄录一体机 调查时间：2017.4.15—10.9
								薛威	男	1982	中专			
								杨景池	女	1954	初中			
								胡超	女	1984	初中			
								陈启芳	男	1962	小学			
								张红英	女	1963	初中			
009	雄县	雄安新区	雄县	雄州	一铺南	冀鲁官话	保唐片	郡根茂	男	1956	大专	李旭 吴勇 陈凯阳 王新宇	曹长海 王艳平	录音话筒：罗德 video mix pro 录音声卡：笔记本内置声卡 摄像机：松下 dvx200 调查时间：2017.5.26—10.14
								钱旭	男	1989	中专			
								刘克楼	女	1952	初中			
								于娟	女	1987	初中			

（续表）

编号	调查点	地级	县级	乡镇级	村级	方言区	方言片	发音人	性别	出生年	文化程度	调查人	协助调查人	调查设备和调查时间
010	安新	雄安新区	安新	安新	东刘街	冀鲁官话	保唐片	周宏亮	男	1963	高中	傅林 武松静 殷毅 李晓旭 韩笑	杨鹤峰	录音话筒：SAMSON C03U 录音声卡：SAMSON C03U 内置声卡 摄像机：索尼 HDR-PJ670 调查时间：2017.7.15—7.31, 11.10—11.11
								姜锁柱	男	1956	初中			
								司美贤	女	1979	小学			
								张会新	男	1981	初中			
								王会来	男	1977	初中			
								臧国安	男	1957	初中			
								臧浩	男	1989	初中			
								汤大新	男	1962	高中			
								王娜	女	1990	初中			
								焦娜	女	1981	小学			
011	满城	保定	满城	满城镇	城内	冀鲁官话	保唐片	刘乃先	男	1957	高中	唐健雄 李改婷 刘磊	朱喜爱	录音话筒：SAMSON C03U 录音声卡：SAMSON C03U 内置声卡 摄像机：索尼 NX5C 调查时间：2016.4.20—7.30
								李宾	男	1984	初中			
								班娜	女	1957	初中			
								王晓丹	女	1982	中专			
								刘军锋	男	1969	中专			
								王建英	女	1965	初中			
								刘影	女	1984	高中			
								毕秀娟	女	1974	初中			
012	阜平	保定	阜平	阜平	白河	冀鲁官话	保唐片	陈永明	男	1956	初中	傅林 李晓旭 姚婷婷 王廷慧 齐孟远	韩建琳	录音话筒：SAMSON C03U 录音声卡：SAMSON C03U 内置声卡 摄像机：索尼 HDR-PJ670 调查时间：2018.7.28—8.12
								陈春	男	1985	大专			
								卢士慧	女	1962	初中			
								张耀月	女	1988	大专			

（续表）

编号	调查点	地级	县级	乡镇级	村级	方言区	方言片	发音人	性别	出生年	文化程度	调查人	协助调查人	调查设备和调查时间
013	定州	（无）	定州	西城区	西关东街	冀鲁官话	保唐片	张继花	女	1955	小学	李小平 李梦珂 武可 王世永 赵梅贤	王育芳	录音话筒：SAMSON C03U 录音声卡：SAMSON C03U 内置声卡 摄像机：索尼 HDR-PJ625 调查时间：2018.7.19—8.18
								王丙午	男	1954	中专			
								石磊	男	1983	本科			
								郝英改	女	1954	小学			
								张倩	女	1985	高中			
								刘玉坤	女	1959	高中			
								侯国军	男	1968	初中			
								王增云	女	1968	大专			
014	无极	石家庄	无极	无极	东中铺	冀鲁官话	石济片	刘玉儒	男	1953	初中	尹凯 石丽丹 杨铁群	陈同学 张军学 李亚玲 马亚 吕国弟	录音话筒：SAMSON C03U 录音声卡：SAMSON C03U 内置声卡 摄像机：索尼 FDR-AXP35 调查时间：2016.3.26—10.21
								司明水	男	1984	大专			
								邢荣敏	女	1952	小学			
								司巧云	女	1987	初中			
								高志欣	女	1974	高中			
015	辛集	（无）	辛集	辛集	四街	冀鲁官话	石济片	史同训	男	1952	小学	李巧兰 崔梦楼 李建昌 汤文非 王涛	贾顺兴 齐飞跃 杨秀华 李秀霞 张运朝	录音话筒：SAMSON C03U 录音声卡：SAMSON C03U 内置声卡 摄像机：索尼 NX5C 调查时间：2017.6.20—6.30
								王朋	男	1985	高中			
								赵淑曼	女	1953	小学			
								张赏	女	1981	高中			
								马玉敏	女	1959	高中			
								吕法要	男	1981	大专			
016	衡水	衡水	桃城	河西	东明	冀鲁官话	石济片	冯建文	男	1954	高中	郑莉 曹庆改 高美燕	王胜利	录音话筒：SAMSON C03U 录音声卡：SAMSON C03U 内置声卡
								赵冰	男	1987	中专			
								李俊青	女	1955	初中			

（续表）

编号	调查点	地级	县级	乡镇级	村级	方言区	方言片	发音人	性别	出生年	文化程度	调查人	协助调查人	调查设备和调查时间
017	故城	衡水	故城	郑口	张庄	冀鲁官话	石济片	赵翠兰	女	1988	中专	李小平 阎倩倩 武青国 裴伟科 王世永	肖士全 高振霞	摄像机：松下 AG-ACB0AMC 调查时间：2018.7.15—7.31 录音话筒：SAMSON C03U 录音声卡：SAMSON C03U 摄像机：索尼 HDR-PJ670 内置声卡 摄像时间：2017.7.13—8.18
								罗灵桂	男	1950	初中			
								周仲文	男	1958	大专			
								孙树全	男	1987	初中			
								陈全玲	女	1962	高中			
								贾丽丽	女	1984	大专			
								杨光魁	男	1946	高小			
018	巨鹿	邢台	巨鹿	巨鹿	北街	冀鲁官话	石济片	王振刚	男	1951	初中	张兰英 于宏源 孙朗峰 孙西朝 李雪稳	仁明哲 陈淑红 韩海冰	录音话筒：SAMSON C03U 录音声卡：SAMSON C03U 内置声卡 摄像机：索尼 FDR-AXP55 摄像时间：2016.7.15—8.30
								孙自学	男	1992	大学			
								刘韶钦	女	1963	高中			
								张红梅	女	1994	大专			
								解会谦	男	1962	初中			
019	邢台	邢台	桥东	北大街	牛市街	冀鲁官话	石济片	黄庆云	男	1955	初中	刘义青 黄卫静 李建昌 张宇华 盖海红	王四荣 赵霞 张少丽 冯叶芹 王宁	录音话筒：SAMSON C03U 录音声卡：SAMSON C03U 内置声卡 摄像机：索尼 NX5C 调查时间：2018.5.1—8.31
								王晓	男	1992	大专			
								尹九芳	女	1956	高中			
								朱俊芳	女	1992	大专			
								段晚潮	男	1967	初中			
020	馆陶	邯郸	馆陶	馆陶	（无）	冀鲁官话	石济片	刘贵宝	男	1959	中专	王志勇 郭贞彦 傅林 李少虹 张子媛	马月起 王爱军 白巧云 刘贵宝	录音话筒：SAMSON C03U 录音声卡：SAMSON C03U 内置声卡 摄像机：索尼 NX5C 调查时间：2017.7.14—7.31
								武俊超	男	1987	中专			
								李秋玲	女	1962	高中			
								刘艳艳	女	1987	大专			

(续表)

编号	调查点	地级	县级	乡镇级	村级	方言区	方言片	发音人	性别	出生年	文化程度	调查人	协助调查人	调查设备和调查时间
021	沧县	沧州	沧县	旧州	北关	冀鲁官话	沧惠片	庞峰波	男	1957	高中	傅林 李晓旭 武松静 殷毅 高佳钰	提恩恒	录音话筒：SAMSON C03U 录音声卡：SAMSON C03U 内置声卡 摄像机：索尼 HDR-PJ670 调查时间：2017.8.3—8.20
								董德建	男	1990	初中			
								王俊娥	女	1955	高中			
								孙俊丽	女	1984	初中			
								刘树智	男	1948	小学			
								韩瑞雪	女	2002	初中			
								程玉明	男	2000	初中			
022	献县	沧州	献县	乐寿	（无）	冀鲁官话	沧惠片	李永华	男	1952	小学	傅林 王志勇 殷毅 王强军	王金英	录音话筒：SAMSON C03U 录音声卡：SAMSON C03U 内置声卡 摄像机：索尼 HDR-PJ670 调查时间：2016.4.10—4.24
								田松	男	1986	高中			
								张淑女	女	1954	初中			
								李双敏	女	1984	初中			
								杨永盛	男	1957	高中			
								杨玉春	男	1947	初中			
								杨玉忠	男	1950	初中			
								王磊	男	1987	初中			
023	平泉	承德	平泉	（无）	（无）	北京官话	京承片	杨国平	男	1959	本科	吴丽君 王筱欢 马彦芳 戴克良 成福伟	李青松 王立华 毕佳玉 刘占富 万雪峰	录音话筒：SAMSON C03U 录音声卡：SAMSON C03U 内置声卡 摄像机：松下 268 调查时间：2016.3.20—5.30
								孙占峰	男	1989	大专			
								刘淑芹	女	1955	大专			
								李伟静	女	1984	本科			
								于艳梅	女	1978	本科			
								刘海超	女	1978	本科			
								刘蕾	女	1980	大专			

（续表）

编号	调查点	地级	县级	乡镇级	村级	方言区	方言片	发音人	性别	出生年	文化程度	调查人	协助调查人	调查设备和调查时间
024	滦平	承德	滦平	滦平镇	（无）	北京官话	京承片	孙月伟 王淑梅 白凤然 孙海军 缪如敏 师利华 李桂君 苏瑞云 高陵燕	女 女 男 男 女 女 女 女 女	1976 1967 1941 1974 1940 1974 1959 1969 1969	大专 初中 中专 本科 中专 本科 大专 大专 大专	吴丽君 王筱欢 戴克良 马彦芳 戚福伟	张绍儒 刘丹丹 于德富 马靖 田金陵	录音话筒：SAMSON C03U 录音声卡：SAMSON C03U 内置声卡 摄像机：索尼 pxw-x280 调查时间：2017.5.14—6.12
025	廊坊	廊坊	广阳	南尖塔	北头塔	北京官话	京承片	王宝丰 董家更 曹秀玲 王颖 董梦	男 男 女 女 女	1956 1991 1961 1988 1990	高中 大学 高中 大专 本科	田文静 李佳 韩彦健 王新宁 王雪梅	潘丽颖	录音话筒：罗德（Rode）Videomic pro 录音声卡：笔记本自带声卡 摄像机：松下 AG-DVX200 调查时间：2018.7.16—7.28
026	魏县	邯郸	魏县	魏城镇 魏州	冯小庄	中原官话	郑开片	冯立学 关雷雷 张书兰 陈宁玲 陈书英	男 男 女 女 女	1953 1983 1954 1981 1962	本科 初中 初中 初中 中专	吴继章	王文清	录音话筒：SAMSON C03U 录音声卡：SAMSON C03U 内置声卡 摄像机：索尼 NX5C 调查时间：2016.4.20—7.28
027	张北	张家口	张北	张北镇	教育街	晋语	张呼片	程满峰 张利彪 苗润花	男 男 女	1956 1987 1958	初中 中专 高中	刘汉青 关玲峰 叶云飞	杨静 刘会锋 徐继果	录音话筒：Rode NT-USB 录音声卡：话筒内置声卡 摄像机：索尼 NEX-FS700RH

(续表)

编号	调查点	地级	县级	乡镇级	村级	方言区	方言片	发音人	性别	出生年	文化程度	调查人	协助调查人	调查设备和调查时间
028	万全	张家口	万全区	万全镇	西南街	晋语	张呼片	俞文燕	女	1992	中专	盖海红 张宇华	高雪琴 刘凤霞 郑淑琳 郭景峰 车凤荣	调查时间：2017.7.19—8.25
								张英栋	男	1952	初中			
								蔡俊生	男	1959	大专			
								刘运涛	女	1970	初中			
								原巨纲	男	1956	高中	李巧兰 关彦焘 崔梦楼 王金苗 黄朝利	岳万 张静	录音话筒：SAMSON C03U 录音声卡：SAMSON C03U 内置声卡 摄像机：索尼 NEX-FS700RH 调查时间：2018.5.1—7.18
								孙虎	男	1988	中专			
								李香兰	女	1962	初中			
								吴然芳	女	1984	大学			
								王琴	女	1973	初中			
029	涿鹿	张家口	涿鹿	涿鹿镇	教场村	晋语	张呼片	桂永海	男	1959	高中	盖林海 李建昌 猴新华 钱璐 靳紫玺	崇敬红	录音话筒：SAMSON C03U 录音声卡：SAMSON C03U 内置声卡 摄像机：索尼 NX5C 罗技 BCC950 调查时间：2018.8.3—8.15
								王伟	男	1987	大专			
								张全平	女	1962	高中			
								候奕良	女	1990	大专			
								王永贵	男	1964	大专			
								任建国	女	1963	高中			
								张成胜	男	1972	大专			
								张玉林	女	1955	高中			
030	平山	石家庄	平山	平山镇	东关	晋语	张呼片	王文海	男	1953	高中	盖林海 李建昌 王涛 兰彦迎 张国飞	赵彦山 李艳	录音话筒：SAMSON C03U 录音声卡：SAMSON C03U 内置声卡 摄像机：索尼 NX5C 调查时间：2016.4.1—5.31
								崔小雷	男	1985	高中			
								李花芹	女	1958	高中			
								李卫	女	1986	中专			
								刘三联	女	1962	初中			

(续表)

编号	调查点	地级	县级	乡镇级	村级	方言区	方言片	发音人	性别	出生年	文化程度	调查人	协助调查人	调查设备和调查时间
031	鹿泉	石家庄	鹿泉	获鹿镇	三街	晋语	张呼片	阎振芳	男	1934	大专	盖林海 李建昌 马美茹 刘卓 杨杰华	齐伟	录音话筒：SAMSON C03U 录音声卡：SAMSON C03U 内置声卡 摄像机：索尼 NX5C 调查时间：2017.5.1—8.31
								尤超超	男	1983	高中			
								程俊巧	女	1961	高中			
								王秋花	女	1957	初中			
								韩家桐	男	1958	初中			
								刘岩	男	1988	中专			
								袁敏	女	1955	初中			
								苏静	女	1987	中专			
								袁子忠	男	1965	高中			
								高凤月	女	1963	高中			
								卞文英	女	1956	高中			
								齐承全	男	1955	初中			
								刘长海	男	1955	高中			
032	赞皇	石家庄	赞皇	赞皇镇	南街	晋语	张呼片	韩进国	男	1954	初中	盖林海 刘华 李建昌 刘汉青 郭鹏磊	白崇玉	录音话筒：SAMSON C03U 录音声卡：SAMSON C03U 内置声卡 摄像机：索尼 NX5C 罗技 BCC950 调查时间：2018.5.1—7.20
								李慧渊	男	1987	大专			
								张菊芬	女	1958	初中			
								任娟飞	女	1987	初中			
								李彦良	男	1966	大专			
								任怀玉	男	1966	大专			
								蔺艳瑞	女	1978	大专			
								李艳青	女	1969	初中			

（续表）

编号	调查点	地级	县级	乡镇级	村级	方言区	方言片	发音人	性别	出生年	文化程度	调查人	协助调查人	调查设备和调查时间
033	沙河	邢台	沙河	桥西	赵泗水	晋语	邯新片	马社民	男	1956	高中	孙顺卿 闫智卿 王怡蕾 黄薇	董少平	录音话筒：SAMSON C03U 录音声卡：SAMSON C03U 内置声卡 摄像机：索尼 HDR-PJ675 调查时间：2017.8.4—9.10
								石建波	男	1983	高中			
								李素玲	女	1953	高中			
								杨洁	女	1988	大专			
								董粉霞	女	1966	小学			
								李雪霞	女	1971	高中			
								亢海云	女	1961	高中			
034	邯郸	邯郸	邯山区	北张庄镇	王家湾	晋语	邯新片	王海勤	男	1951	初中	王锡丽 乔月涛 朱丽		录音话筒：SAMSON C03U 录音声卡：SAMSON C03U 内置声卡 摄像机：索尼 HDR-PJ675 调查时间：2017.7.10—7.22
								贺世广	男	1985	本科			
								冯素英	女	1957	高中			
								王珍	女	1985	中专			
								邢静	女	1985	初中			
								马素荣	女	1954	小学			
035	涉县	邯郸	涉县	涉城	（无）	晋语	邯新片	王晓平	男	1953	小学	王志勇 王建军 魏红华 齐晓威	宋金旗 申广明 王秀娟 王林花 武东梅	录音话筒：SAMSON C03U 录音声卡：SAMSON C03U 内置声卡 摄像机：索尼 NX5C 调查时间：2018.6.30—7.12
								程广玉	男	1988	初中			
								吴书枝	女	1958	高中			
								李江华	女	1988	高中			
								王振海	男	1962	高中			

后 记

《中国语言资源集·河北》共4卷（5册），分别为语音卷、词汇卷（上下）、语法卷和口头文化卷。该丛书的形成过程包括方言调查研究和书稿编写两个阶段。

河北语保工程共调查了35个方言点，35个调查点都是以语保工程"河北汉语方言调查项目·县/市/区"（如"河北汉语方言调查项目·阜平"）的形式完成的。项目负责人是河北省语委办公室主任王晖同志，工作秘书是河北省语委办公室的刘宏宇同志，首席专家是河北师范大学的吴继章教授。为完成这35个调查项目，我们先后组建了20个调查团队/课题组。这20个调查团队的负责人分别是：戴克良、沈丹萍、曹梦雪、侯建华、李旭、傅林、唐健雄、李小平、尹凯、李巧兰、郑莉、张兰英、刘义青、王志勇、吴丽君、田文静、吴继章、盖林海、孙顺、王锡丽。

方言调查研究阶段历时3年（2016年—2018年），调查内容包括：各方言点的音系，1000个单字音；1200个词语；50个句子以及一些文化方面的内容等。上述内容的纸笔记录部分大都反映在了丛书中。

调查的35个方言点中，属于冀鲁官话的有22个：兴隆、秦皇岛市北戴河区、昌黎、乐亭、蔚县、涞水、霸州、容城、雄县、安新、满城、阜平、定州、无极、辛集、衡水市桃城区、故城、巨鹿、邢台市桥东区、馆陶、沧县、献县；属于北京官话的有3个：平泉、滦平、廊坊市广阳区；属于中原官话的1个：魏县；属于晋语的有9个：张北、张家口市万全区、涿鹿、平山、石家庄市鹿泉区、赞皇、沙河、邯郸市邯山区、涉县。

3年当中，2016年完成了10个调查点的调查任务，分别是：秦皇岛市北戴河区、昌黎、乐亭、满城、无极、巨鹿、献县、平泉、魏县、平山。2017年原计划启动的调查点是11个。2017年，中共中央、国务院决定设立河北雄安新区。为服务国家重大战略需求，中国语言资源保护研究中心、河北省语委办经过沟通达成共识，向教育部语信司请示获得批复，确定将雄县、安新和容城3点纳入2017年调查规划。这样，2017年实际共完成14个方言点的调查任务，分别是：兴隆、霸州、容城、雄县、安新、辛集、故城、馆陶、沧县、滦平、张北、石家庄市鹿泉区、沙河市、邯郸市邯山区。2018年原计划启动的调查点是10个，其中包括提前于2017年完成的雄县方言点。2018年的调查开始之前，鉴于行政区划变化对调查点区域分布的影响等原因，我们又于2018年1月向教育部语信司和语保中心提出了增加调查点的申请，获批增加了阜平和赞皇两个调查点。2018年实际共完成11个方言点的调查任务，分别是：蔚县、涞水、阜平、定州、衡水市桃城区、邢台市桥东区、廊坊市广阳区、张家口市万全区、涿鹿、赞皇、涉县。

　　书稿编写阶段历时近两年（2019年—2020年），编写工作于2019年年中开始。2019年6月成立了丛书编写委员会并申报出版立项，7月初组织召开了编写工作研讨会议，会上就编写的第一步工作即单点校对任务进行了安排，要求各课题组在自我校对的基础上，进行分组互校。10月份完成了35个点的两轮校对任务，并将修改的情况按要求报送了语保中心。2020年1月省语委办组织专家针对校对和前期编写中发现的问题进行了集中研讨，对下一步的编写任务按照语音、词汇、语法和口头文化进行了明确分工。9位副主编，傅林、吴丽君、侯建华负责语音卷；盖林海、李旭、刘义青负责词汇卷；王志勇、李巧兰、李小平负责语法和口头文化卷；主编吴继章总负责。按照教育部语信司、语保中心的统一安排，2020年5月底到6月初，河北省语委办组织专家对已完成的部分书稿进行了中期检查（一审），同时向语保中心报送了部分书稿和其他相关材料；2020年6月到9月，继续编写工作，形成了完整书稿并进行了书稿的二审和全面修改；2020年10月到11月中旬，省语委办组织了对书稿的预验收，根据预验收中提出的问题和建议对书稿做了进一步的修改和完善。

　　在将35个调查点的纸笔调查内容编辑整理为丛书的过程中，除了反复校对之外，编写团队主要还做了以下几个方面的工作：一是按照经过多次修订的《中国语言资源集（分省）编写出版规范》制作了"调查点分布图"；确定了调查点相关内容在丛书各部分中的排序；完善了参考文献；增加了涵盖各调查点全部发音人、调查人信息以及调查设备和调查起止时间信息的附录，等等。二是统一了一些内容的表达或呈现方式，如语音卷中连读变调和儿化的内容，原调查材料中不都是表格的形式，即使是表格，各点的表格也不完全一致。经过编写过程中的多次修改，统一成现在丛书中基本一致的表格形式。三是通过专项调查增补了少数调查点原调查材料中欠缺的内容，如少数调查点缺少异读尤其是"新老异读"的内容，我们经过进一步调查进行了增补；再如少数调查点整理的儿化韵与基本韵母对应规律没能涵盖全部的基本韵母，我们也通过进一步调查做了补充。四是认真处理了各点之间用字不一致的问题。用字不一致，首先表现在一部分词缀、体成分、结构助词、语气词等虚成分因在不同的调查点读音不同或在同一调查点的不同句法位置上读音不同而导致的用字不一致。对这一类用字不一致，我们通过制定"关于'子''着''了''呢'等相关成分用字的意见"和"句尾语气词用字的建议"做了这方面用字的统一规定。另一类用字不一致多与对一些成分本字的认定有关，如与普通话"公猪"同义的方言词有的调查点原来记作"赠⁼儿""鬃儿",而"赠""鬃"的本字应是"豵",我们就将"赠⁼儿""鬃儿"统一为了"豵儿"。再如与普通话"吃早饭"同义的词语有的方言点原来记作"吃早些饭"。从有的方言点是"吃早下饭"和方位成分的"下"读"些"在河北方言中具有一定的普遍性这两个角度观察,可以推断这里"些"的本字是"下"。丛书的定稿中我们把"吃早些饭"都改为了"吃早下饭"。

  无论是"河北汉语方言调查项目"的立项、调查还是丛书的编写,河北的整个语保工程从始至终都得到了多方面的大力支持和帮助。语保中心的曹志耘老师、张世方老师、王莉宁老师、刘晓海老师、黄晓东老师、黄拾全老师通过工作交流和答疑解惑从多方面给我们以大量宝贵的指导和建议。语保中心核心专家组的张树铮老师、乔全生老师、汪国胜老师、黑维强老师、岳立静老师和张世方老师、王莉宁老师、黄晓东老师、黄拾全老师通过中期检查、预验收、验收等方式,指出我们调查描写中存在的问题,提出修改意见建议,向我们传授他们所在省市或高校语保工作的经验,为提高河北语保项目的质量和丛书的水平做出了重要贡献。河北省教育厅的领导,尤其是韩爱丽同志多年来一直在以极大的热情关心支持着语保项目,在项目经费的申请、发音人的选聘、与省内相关部门工作关系的协调等方面做了大量的工作。河北省各高校领导和老师们也都是我们语保工作的大力支持者。如河北师大的郑振峰副校长,地理科学学院的李仁杰院长,文学院的武建宇院长、袁世旭副院长,社科处的王颖宏老师,财务处的领导和老师们在调查团队的组建、语保项目经费的管理与使用、方言调查点分布图的设计与审查、参与项目老师们的调查与教学时间的协调等方面给予了大力的支持和帮助。河北各市县语言文字工作系统的领导和老师们通过他们的辛苦劳动,配合我们找到了理想的发音人,他们和发音人一起为我们的语保调查从根本上提供了保障,河北语保工作,他们都功不可没。唐山师范学院的张文光老师、石家庄经济职业学院的武青国老师、河北科技工程职业技术大学的黄卫静老师、邢台学院的郎瑞萍老师虽未担任课题组负责人,但在发音人的选聘、课题调查、丛书编写过程中的补充调查等方面做了大量的工作。在我们因专业调查人员不足,组建调查团队遇到困难时,我们还得到了京津同行的支持。我们的20个调查团队,有3个团队是由京津同行专家组成的,他们帮助我们完成了6个点的调查任务。在《中国语言资源集·河北》即将付梓之际,我们在此一并向他们表示衷心的感谢!

《中国语言资源集·河北》编者
2023年1月

图书在版编目（CIP）数据

中国语言资源集.河北.词汇卷/吴继章主编.—北京：商务印书馆，2023

ISBN 978-7-100-22450-5

Ⅰ.①中… Ⅱ.①吴… Ⅲ.①北方方言—词汇—方言研究—河北 Ⅳ.①H17

中国版本图书馆 CIP 数据核字 (2023) 第 083882 号

权利保留，侵权必究。

中国语言资源集·河北
词汇卷
吴继章　主编

商 务 印 书 馆 出 版
（北京王府井大街36号　邮政编码 100710）
商 务 印 书 馆 发 行
北京虎彩文化传播有限公司印刷
ISBN 978-7-100-22450-5

2023年12月第1版　开本 787×1092　1/16
2023年12月北京第1次印刷　印张 52　插页1

定价：368.00 元